Le chasseur noir :
Formes de pensée et formes
de société dans le monde grec

黑色猎手

古希腊世界的思想形式和社会形式

Pierre Vidal-Naquet

［法］皮埃尔·维达尔-纳凯　著

张竝　译

华东师范大学出版社

华东师范大学出版社六点分社　策划

纪念我的兄弟克劳德（1944–1964）

你好，背着空猎袋的猎手！
让读者你去确立关系。
谢谢，背着空猎袋的猎手，
让梦想家的你去捋顺关系。

勒内·夏尔 (René Char)《昔日的磨坊》(*Moulin premier*)

这本已出第3版的著作包含了一定量的具体修订和一小部分重要的修订。在此，我谨向任何对我指出错误的人，尤其是我的译者们致以谢意，其中特别要感谢我的荷兰同事布雷默(J. Bremmer)。

目　录

前言：确立关系 1

代序：政治话语的文明 12

第一章　空间与时间

第一节　《奥德赛》中土地和祭献之宗教与神话价值观 ...28

第二节　诸神的时间与人类的时间 59

第三节　毕达哥拉斯派埃帕米农达斯或左右翼战术问题...84

附录：毕达哥拉斯派埃帕米农达斯（1980年补要）.......... 102

第二章　青年与战士

第一节　雅典重装步兵的传统 109

第二节　黑色猎手与雅典青年男子学堂的起源 136

第三节　生食，希腊儿童与熟食 163

第三章　女性、奴隶与匠人

第一节　希腊奴隶是否是一个阶级？ 195

第二节　对希腊奴隶制历史文献的反思 207

第三节　伊利翁的雅典娜的不死的奴隶 233

第四节　传说、神话、乌托邦中的奴隶制与女性政治...252

第五节　暧昧性研究：柏拉图城邦里的匠人 274

第四章　所思、所居的城邦

第一节　希腊理性与城邦 300

第二节　雅典与亚特兰蒂斯：柏拉图神话的结构与意义..317

第三节　《治国者》里的柏拉图神话，黄金时代与历史的暧昧之处 343

第四节　德尔斐神庙之谜：关于马拉松基座(保撒尼阿斯，X，10，1–2) 363

参考文献 389

索引 439

前言：确立关系

我们先来说说这本书不是什么。有一种习俗，想让学者们到了退休的时候，将自己的scripta minora，①自己的kleine Schriften搜罗起来，编成一卷或几卷书。通常，都是由他们的学生在他们身故后完成这项搜集工作的，这么做既能予人予己方便，又能忠实于老师。一般而言，原来的页码都会被印在新版本的页边。拉丁语或德语的谚语说得好："篇幅短小的著作"和"鸿篇巨制"截然相反，后者能立刻变成书这种高贵的形式。

出于我自身的理由，而这些理由无疑又毫无"道理"可言，对我来说，在希腊的领域里，文章这种表达模式相比书而言，要远远适合于我。我曾经想去弥补这个弱项——如果这也算是个弱项的话——最近几年来，我用一种整体性的视角，写了无数篇论文；事实上，我还有一个隐隐约约的想法，即有朝一日，这本书终究会写出来。不过，这卷著作，尽管它确确实实包含了我想以更为个人化的方式就希腊世界所说的那些话，但它仍旧不是汇编，甚至都不能算是一本我文章的汇编本。

首先是因为所有的文章都不是搜罗起来的。希腊世界的经济史和社会史、制度史、犹太人世界的历史及其在希腊化时代与罗马

11

---

① scripta minora，拉丁语，意为"篇幅短小的著作"，与下面的德语kleine Shriften大致同义。——译注

时代同古希腊文化的接触、历史之史，以及宽泛而言，希腊世界在西方思想中的呈现史，都没有出现在该卷书中。同样，它也不是研究悲剧的文集，我是和让–皮埃尔·维尔南(Jean–Pierre Vernant)紧密合作从事该项研究的，这方面的著作都会写上我们两人的名字。

它也不是将已经出版的论文简单地叠加起来。所有这些随笔——除了一个例外——都经过了改写。那改写时有何限制，按照的是何种原则呢？像必须统一资料的呈现方式，修正细节上的错讹，在书中增加大量注释，以增强全书的条理性，这些都毋庸赘言。此外，还必须考虑到两种既对称又对立的资料。写作那些如今构成本书的章节前后耗时23年，始于1957年(那年编订了"诸神的时间与人类的时间"一文)，终于1980年。许多内容都是在这个期间写成的，有了许多新的发现，也有许多内容被打入了冷宫，而我也从中获益匪浅。显然，我不可能把自己都认为是错误的内容言之凿凿地刊在这本书里。我也不可能去把它重写一遍，仿佛时间丝毫没有流转。如此一来，也许就只能妥协折中了。我忽而频繁介入，忽而又保持克制低调。尤其是，写作随笔的那个时代还可以让我无拘无束地去处理所涉及的那些问题，照此来看，我的自由度或多或少来说还是挺大的。当一篇随笔想方设法要去解决一个"不解之谜"时，我当然会尽可能地将此后发表的文献全都纳入视野，看它们是采纳、进一步发挥我的那些假设，还是对之提出疑议。我经常会把那些有时候专门和我讨论的论文拿来己用。还有另一种恰好相反的情况，我会维持并展开自己的结论。和通行的规则相反，我并没有用特殊的印刷符号来指出哪儿有改动——有时候，改动真的可以说是数不胜数。所以，我并不会以清晰易懂为己任，那向来就不是我的所长：我要做的是写历史，不是去重塑历史。昨天或前天的文本并未陷入奥威尔所说的"记忆之洞"里，任何人均可使用它们，如果大家都觉得这样的操练有意思的话，那每个人就都能创作出这些作品的变体史。况且，无论什么样的研究若真能让我了解到自己的错误的话，我都会把它记下来。讲埃帕米农达斯 ① 的那篇随笔，我是和皮埃尔·列维克(Pierre Lévêque)合写的，经他的同意，在此重新刊了出来——对此，我深表感谢——文章虽未经改动，却附了附录，提出的都是我如今所提的那些问题。

该主题极为宽泛，对它所作的那些研究显然几乎没有改动。只是，我总是会在这儿或那儿，至少会用几个词，再借助于某些注释，来指出我觉得有问题的地方为什么必须要在今天提出来。

作为序言的那篇随笔是从一篇为百科全书写的文章中截取出来的，我自觉赋予了这篇随笔以纲领性的形式，且把在此无用的历史概述给删掉了。考虑到当今这个时代，很多人都不懂希腊语，所以大大缩减了希腊语的部分。

定稿及出版工作并不容易。事实上，时间拖了很长，7年间中断过好多次，首先是1974年1月19日，我要在南锡参加论文答辩，而后，1976年底，受安东尼·安德鲁斯(Anthony Andrewes)之邀，我又去了牛津，所以并不敢肯定自己是否能单枪匹马地把这工作做到底。其实，我也不是孤家寡人，多亏了那几年和尼科尔·洛罗(Nicole Loraux)的对话，这部作品的基础部分才能善始善终地收了尾。在几十次工作会议期间，她和我一起做出了这本书。无论如何感谢都抵不上作为见证的书中那些文字。至少，我很高兴这部著作差不多是和她的《雅典的创造和雅典娜的孩子们》(*L'Invention d'Athène et Les Enfants d'Athéna*)同期出版的。

我在前面说了这本书不是什么。现在就来宣告一下它包含了些什么。尽管书名叫作《黑色猎手》，但并不仅仅是因为取这个题目的那篇随笔在该书的布局中占有核心地位，而是因为对我而言，撰写这篇论文的时期是一个重要的阶段：我发现结构

---

① 埃帕米农达斯(Épaminondas, Ἐπαμεινώνδας)，另有译名"伊巴密浓达"。——译注

分析可作为试探性的工具来使用；最后还因为黑色猎手活跃于山间和林中，而我是通过山与林的那些疆界，而非平原，来涉及希腊城邦的。"古希腊世界的思想形式和社会形式"这样的副标题或许会更清晰，意义更明确。那个表达并列关系的连词在这儿点出了本质：有两个世界，我并未在书中研究它们，也并未为了它们去做研究，但我意图在这两个世界之间建立关联。

如果说我在尽可能远地回溯自己的工作史，那也是因为其间包含了我的勃勃雄心：按照历史评论的通常标准来看，我是要将天生无法勾连的事物勾连到一起，我有所不知的是，我做的某些勾连也能显得很独特，甚至很美，犹如不期然而遇一般，就像洛特雷亚蒙(Lotréamont)所说的，"在解剖台上，有一台缝纫机和一把雨伞"。乍一看(a priori)，为了理解阿里斯托芬的喜剧和希罗多德的历史是如何论及女性的，并不见得就得让两类截然不同的奴隶制唱对台戏。

思想形式，社会形式。一方面是文学、哲学、历史的文本，神话故事或描述性的分析，另一方面是社会实践，如战争、奴隶制、青少年机构、竖立纪念碑；一方面是对城邦及其公民的想象，有了想象，就会有真实，另一方面，城邦的世界又极为具体，有仪式、政治决策、劳作，因此就得去证明它们也具有想象的维度。是否从原则上讲，空间理论最抽象，凯旋的战争最具体呢？我的勾连的做法相当合理，就是将两类截然不同的研究作为对象，如此一来，我就能在这两个截然相异的领域内进行研究了。此处，我感兴趣的是他们的接合点。与社会实践研究不同的是，对神话进行结构分析，将神话分成各个系列，让它们彼此映射，再去揣摩它们逻辑上的关节点，就能出色地完成这项工作。但还是存在着危险，就是会遁入黑格尔所谓的"友善表象的宁静王国"之中，既然王国里的每间陋室都已事先勾画好，那些房间也就会挤得满满当当。相反的是，制度史、社会史、经济史，从事这方面研究的，英国有芬利

(M.I. Finley)，法国有伊丰·加尔朗(Yvon Garlan)、菲利普·戈蒂耶
(Philippe Gauthier)、克劳德·莫塞(Claude Mossé)、埃杜阿尔·威尔
(Édouard Will)，对我来说，只有在描述政治与社会活动中的各种 14
体制及实践时，将深刻的观点结合起来，他们的研究才会有价值。

文本性(textuel)与社会性(social)。在这卷书中，我会找到许多
分析，它们归根结底讲的就是如何让文本的意义显露出来。但比
方说，与让·波拉克(Jean Bollack)的想法相反的是，就我这方面而
言，我并不认为意义内在于文本当中，以及文本只能通过文本来解
读。照这派我们研究得还很不够的思想看来，在万不得已的情况
下，我们也应该在研究文本之前，将传统——传统始自亚历山大时
代的语文学家——积累起来的沉淀物从中清理出去。于是，文本就
会像从杂质中挖出的宝石，按其天然的纹理切削之后，重焕光彩。
但纯粹的文本是否存在呢？反之，我想，在最坏的情况下，一篇文
本并不仅仅只是通过文本的、政治的、社会的、制度的环境才会存
在，它也会在遗赠给我们的传统，并经由这种传统，通过手稿、语文
学家的研究工作、各种各样注疏者、历史学家而存在。对我来说，
文本的这种多维性(pluridimensionnalité)就处于历史多维观的核心
之处。纯粹的社会性也根本不存在。当然，关于社会性还是有许多
想象性(imaginaire)的成分在里面：希腊的悲剧作家不会像拉辛那
样写作，普通的雅典人也不会像弗里德里希二世那样行事，但社会
性——卡斯托里亚蒂斯(C. Castoriadis)[1]就理解得很到位——也就
是种想象性：克里斯梯尼时代，10个部族创建雅典城邦也是如此，
悲剧的诞生也是如此。社会性乃是重力，但它又不仅仅是重力。因
此之故，在文本性与社会性之间，在哲学文本，比如说柏拉图的哲
学文本，与像尼科尔·洛罗所说的"雅典的雅典史"之间，差距是极

[1] 科奈留斯·卡斯托里亚蒂斯(Cornelius Castoriadis; 1922–1997)，希腊裔法国哲学家、社会批评家、经济学家、精神分析学家。——译注

大的，但也存在关联。从这层意义上来看，我的史学研究就与伊格纳斯·梅耶尔森(Ignace Meyerson)及让-皮埃尔·维尔南所谓的"历史心理学"极为类似，但我们的进路也有差异。梅尔森和维尔南从心理学范畴出发，就此证明心理学范畴并非永恒不变，他们还和各类文本及政治与社会制度交锋——那是因为他们一直在寻找着后者。而我走的却是一条截然相反的路途。

然而，若要强调这些关系，要凸显其间的意义，就只有等到统一的世界创建起来，置于理念(Idée)或"生产力发展"的掌控之下才行。和笛卡尔想将灵魂与身体统一起来不同，我没有松果腺，所以没法将我的分析建基其上的——大体上是这样的——两个平面铰接起来。我当然和我的许多同代人一样，从马克思那儿(并不仅仅是马克思)了解到人并不总是言出必行，也不总是言行一致，但和马克思的这层关系，我并不想以完善的、简单的综合模式，也不想以目的论的、回溯往昔预想未来的模式，而是以不完善的、残篇断简的、批评指摘的模式，来体验之，阐释之。

由此可见，在社会性与想象性的铰接之处，我并没有遇见逻各斯(logos)的无限之链，而是不可避免地遇见了隐晦难明。意欲透明的企图也还是存在着，对关涉公元前5世纪希腊世界的整个研究而言，这种企图甚至还是很大的威胁，因为确切地说，这个世界想要以透明的模式来思考自身：想要拥有简单性，甚而是社会关系断然的清晰性，且存在一种昭然若揭的政治生活。然而，悲剧中的雅典是否可与喜剧的雅典、史学家的雅典、铭文上的雅典、纪念碑上的雅典都重合起来呢？在这些相异的"源头"中，我们有什么权利可以说，这个是真的，是现实的，那个是倒影返照？我们有什么权利将这一切统一起来时，不见一丝裂隙、裂口，甚至像与"规定性的"判断力相对立、通过特定概念来发现一般概念的最起码应该用到的康德所谓的"反思性的判断力"都不用呢？

社会性的这种本质上的隐晦难明倒是个很大的嘉奖，让我值得好好地花力气去找到其中的意涵，如果真的像雅克·布伦什维格(Jacques Brunschwig)所写的，那就必须"在被揭示出来的、被占有的或被觅得的绝对性(Absolus)的废墟之上"，"于人类的时间之中"放置"一些供话语交流的及共同劳作之用的简单耐用的工具"。①

该书的规划本来会是另外一番模样，我有个弱点，书本缺乏条理性我看不见，但书的统一性强，我就能看见。或许，为这样的规划作辩护，并不会做无用功。

序言力图去规定何为"希腊的言说"；说得再明确些，序言里写了一连串相对立的事物，这一连串的事物(systoichia)，从某种意义上说，乃是这一言说的母体。有教养的人和蛮子，主人和奴隶，男人和女人，公民和外邦人，成年人和儿童，战士和工匠，其中的某些对立事物，会在该书的剩下部分着重处理，而不会想方设法地把这些棘手的材料打入冷宫。

随后，有3篇论文论述"空间与时间"，虽然如此，我们还是会在本书中的其他部分再次发现这些论据。此处的空间与时间，并不涉及到比如说，像康德所构想的，是"可用来当作所有直观之基础的必要的呈现"。像《奥德赛》(*Odyssée*)所呈现的那种空间对现实和想象，诸神、恶魔及人类，牺牲与残忍之间的对立均有影响。荷马(Homère)之后的空间就成了城邦的空间，将军们必须在他们的战略中考虑这个空间，直到埃帕米农达斯在想象中将那些使公民实践系统化的规则全部打碎为止。讲述时间的论文也将我们从荷马导向了公元前4世纪的危机时期，使诸神与人类、祖先或后代的循环及谱系既相对立又相结合。

"青年与战士"——在书的这一部分，可以看到这两者是如何彼此相对应地在希腊城邦中发挥作用的，表面上是希腊城邦中

16

————————

① 《哲学杂志》(*Revue philosophique*)，89, 1964, p. 179。

心人物的重装步兵，"现实中"打架斗殴的重装步兵，以及起表率作用的重装步兵，公元前490年的马拉松战役，将会成为它的一个"传说"，因此，就有了重装步兵和想要成为重装步兵却尚未成功的那些年轻人，即那些18至20岁的青年男子，他们中有的人成功了，成了"黑色猎手"，有的人则没有成功。重装步兵，18至20岁的青年男子，战斗，服兵役，都是极其特殊的社会现象，但在这本书里，也会将他们作为神话人物、故事人物来进行研究，古典时代给我们留下了大量各种版本的文字，而神话资料正好可供我们分析。读了这部分的几篇论文后，大家或许就会注意到，反思正在不断地深入。我在书中放入这些可供互相参照的文本，并保持了撰写时的年代顺序，乃是有意为之。

　　"女人、奴隶与工匠"，是具体而微的城邦，也是异彩纷呈的城邦，书中是通过臣服于城邦的那些人、哪怕服务于城邦却仍被逐出政治生活的那些人，如伊利翁的雅典娜的女仆之类，来研究他们的——莫米里亚诺(A.Momigliano)曾说过，如果这个习俗真的是像传说中说的这么古老，那它就是特洛伊战争存在的唯一证据

17　——最后是工匠，和重装步兵相比，他们就要边缘得多了。

　　这些社会阶级在神话中、传说中、乌托邦里，以及在实际存在的社会生活中，均各有其历史，有时候古人思考这些历史时所用的措辞会对现代人有所启发，也会欺骗他们，这些社会阶级还有其各自内部的对立面(雅典的奴隶和斯巴达的希洛人①不同，古人思考与叙述他们的方式也不相同)，各有其彼此之间的关系：他们可以既是女人，也是奴隶，既是奴隶，又是工匠。喜剧作者笔下的女性政治(gynécocratie)并不必然与奴隶政治(doulocratie)相关。社会大众，即便被推翻在地，但关节并未受损；无论是阿耳戈斯、雅典，还是斯巴达，虚构的方式都会不一

---

① 也有按音译称之为"黑劳士"者。实为斯巴达的国有奴隶。——译注

样。雅典的工匠拥有政治权利，柏拉图想象出来的克里特城邦里的工匠却并不享有。这部分结合起来的几篇论文也可以让读者更好地理解前面的内容。亚里士多德已经认为，与成年公民相比，女人、奴隶、年轻人、工匠构成了一个有待规定的整体。

最后一部分"所思、所居的城邦"，讨论的是理性、柏拉图、菲狄亚斯和德尔斐神庙。柏拉图笔下的神话让我们了解到了两个城邦的两种故事版本：雅典和亚特兰蒂斯，往昔神话的两种形式，静止不变的城邦和历史中的城邦，重装步兵的城邦和水手的城邦，雅典的两种形式。克洛诺斯时代，宙斯时代：前者，《王制》里的神话有过描述，被诸神统治的人类无法生活于城邦中；后者，人类回忆着诸神，但仍朝着遗忘进发。

尽管这本文集以"德尔斐神庙之谜"戛然收尾，但从某种程度上看，其实是照赫拉特利特的93号残篇所说的"神谕所属的主人，德尔斐神庙的主人，既不明说亦不隐匿；而是示意"[①]这句话来行事的。阿波罗不会像人那样说是和否，人类并不了解，也不愿去了解何为含混，何为介入。更有甚者：自从有了德尔斐神庙之后，我们就能更深入地了解雅典，尤其是自从菲狄亚斯为了纪念马拉松战役，用雕塑来装点神庙那独特的底座之后，就更其如此了，他向我们呈现的那个形象与城邦通常呈现出来的方式截然不同。如果我们能深入理解保撒尼阿斯的文本的话，就能发现雅典人所呈现的乃是另一个雅典的形象。而我正是想以这个形象来结束该卷著作。 18

这种类型的著作乃是以个人背书的方式来表达生活，这种生活由交流、人情、对抗、教导构成，有取，也有予。我要指出的，逝者中间有，亨利·I·马鲁、安德烈·艾马尔、亨利·玛格丽特、罗杰·雷蒙东；健在者有米歇尔·奥斯坦、贝内代托·布拉沃、吕克·布里松、让尼·卡尔利耶、玛丽亚·达

---

① J.Bollack与H.Wismann翻译。

拉吉、让-皮埃尔·达尔蒙、马塞尔·德蒂埃纳、亨利·范·艾芬泰尔、德尼斯·福尔古、菲利普·戈蒂耶、斯泰拉·乔古蒂、维克托·戈德施密特、弗朗索瓦·阿尔托格、塞利·亨弗里斯、玛丽亚·若拉斯、洛朗斯·康恩、皮埃尔·列维克、杰罗姆·兰东、乔福瑞·里奥德、夏尔·马拉穆、理查德·玛丽恩斯特拉斯、弗朗索瓦·马斯佩罗、阿纳尔多·莫米里亚诺、朱塞佩·南齐、西蒙·彭布罗克、阿兰与安妮·施纳普、保琳·施密特、夏尔·塞加尔、莫·西松、埃杜阿尔·威尔。后者打破了根深蒂固的大学规制，同意组成一个博士学位评审团，对构成本书的其中10篇论文进行评审。他的友情，他的洞见，让我觉得弥足珍贵，还有克劳德·莫塞、让·普尤、克莱尔·普列奥——如今均已故去，他们和威尔一同组成了评审团，主席是洛朗·马尔丹。在M·路易·罗贝尔看来，我在使用碑铭文本方面受过良好的培训。迄今为止的20多年中，我一直是摩西·芬利和让-皮埃尔·维尔南的读者，现在则成了他们的门生。前者对我而言起到了"现实原则"的作用，这倒不是说一定要给"享乐原则"起一个名称，这样做反而是在滥用两者的相似性。维尔南则是另外一种情况。机缘巧合，我的第一篇论文《诸神的时间与人类的时间》在杂志上刊登的那一期，也登了他研究赫西俄德种族神话的论文。我就是在他的这项研究工作中学会了如何去阅读文本，还学到了很多东西，能让我更好地去看待、了解、理解维尔南。我是否应该补充一点，我是在路易·杰尔奈晚年时才认识他的，而这难道又是维尔南给我上的一堂大课？我妻子热纳维耶芙亲眼见证了这些文本的成型，说"要安全地保存好这些文稿，我想好好地读一读它们"。

　　我很高兴能向让尼·卡尔利耶、维维安·泰罗和弗里德里克·普斯基尔尼科夫致谢，他们准备了（包含了极其不同的意义）我的文稿，这项工作需要的是技巧、耐心和愿意修修补补的态度，而我的老朋友马诺里斯·帕帕托莫普洛斯则以他的古希腊知识和法语这一双重能力重读了我的这些文章，使我避免了许多错误，最后还要鸣谢所

19

有在古代社会比较研究中心工作的女士们和男士们。正如人们所说的(虽然有那么点怪),我要讲述的就是这样一个地方。

皮埃尔·维达尔–纳凯

巴黎,1980年1月

附注: 参考文献中还存在一些微小的不协调之处(比如有的时候用罗马数字,有的时候又用阿拉伯数字),对此,我向细心的读者表示歉意。

20

代序：政治话语的文明[*]

文明史很难逃脱一个双重危险：第一个观念其实是附属性的，同时包含了艺术、习俗、葬仪、烹饪，总之，所有这些事物既不属于政治史，经济与社会史，又不属于观念史；第二个观念则源自相反的诱惑，它认为所有置身于同一个时代的同一个群体之中的宗教、艺术、社会、经济、心灵方面的事实"彼此之间拥有充足的本质关联，可构成一个整体，该整体具有其固有的统一性与结构，且或多或少和机体的统一性及结构相似"。[①]

这另一种意图是有机论幻想的变体，研究希腊的史学家们就常常会屈服于这种诱惑，认为文明是一种永恒不变的本质。从而推论出，"印欧"人群约于公元前2000年前来到后来成为希腊的半岛上，他们讲的方言乃是古典时代希腊语及现代希腊语的祖先，这些群体在其萌芽中孕育的那些品质，使得荷马或亚里士多德的存在有了可能。由此看来，不把希腊文明的研究一直延伸至我们当今时代，是完全说不过去的：从迈锡尼(Mycènes)的书写板到尼可斯·卡赞扎基斯(Nikos Kazantzakis)[②]的作品，语言一直可以说是香火不

21

---

[*] 是《通用大百科全书》(*Encyclopaedia Universalis*)（第7卷）中一文的删节版，Paris, 1970, pp. 1009–1018。

[①] H. –I. Marrou，"文明"，p.327。

[②] 尼可斯·卡赞扎基斯(1883–1957)，希腊小说家、诗人，代表作有《基督的最后诱惑》、《自由与死亡》。——译注

绝；一代又一代的人从未停止过去理解自身。

然而，我在此论述的"希腊文明"则是与城邦的诞生、发展、成熟和危机的爆发相呼应的，也就是说，与介于迈锡尼世界末期和希腊化世界初期当中的这段时期相呼应。

城邦的诞生，城邦的发展：关于这一庞杂的历史现象，我们可以从经济和社会角度，从历史–叙事的角度来论及，暂时只将事件–言说(événement–discours)考虑进去即可。城邦是通过"逻各斯"来显现自身，讲述自身的，同样，城邦也是话语，是市政广场(agora)上言之有效的话语。这种言说，必须同时用它自身的语言和我们自己的语言来对其作出分析。整个文化是通过比对自然界来规定自身的，整个文化可被当作纵横格，将诸神、人类、动物和万物全都整合进来，为之编码。最常见的情况是，这种纵横格是暗含着的，得靠人种学家的研究工作来为其解码。希腊文明其中一个极具特色的特质，其一组组明显为它所独有的对立关系，研究者却是对之无从下手。"生"与"熟"只不过是生与熟而已。根本没有必要去推断出什么东西来。[①]

希腊文学最古老的文本，荷马史诗与赫西俄德的诗歌，对人类的状况下了人类学的、规范性的定义，而且它们所针对的只是人类的状况。人类被排除于黄金世代这一神圣时期之外，只是因家庭共同体(oikos)内部的农活而存在；人类再也不会同类相食："克罗尼德(宙斯)给人类所设的法律是，鱼、兽类、带翼的鸟自相残杀，是因为它们之间并不存在正义。"[②]整本《奥德赛》都想下这样一个定义。尤利西斯(Ulysse)的旅程途经的都是非人的国度，他遇见的都

22

---

① 克劳德·列维–斯特劳斯对这一点也很清楚："对蛮族神话的研究工作显得还很肤浅，如果可以这么说的话，我认为希腊神话就是这么一种情况"(见R.Bellour，"对话"，p.176)。
② 赫西俄德，《劳作与时日》(*Travaux*)，276–278。

是神祇、死者、同类相食者或吃海枣者。人，当然是指希腊人，乃是"吃粮食者"。①

　　在与诸神的关系中，既相联系又相疏离的特质是通过献祭、肉食——献祭的动物首先是耕牛——辅之以祭酒及象征性地摧毁谷物而确立起来的。诸神接纳了焚烧骨头和部分油脂而燃起的烟雾，怡怡然地嗅着这香气；人则彼此分食肉的精华部分。因此，希腊人就成了耕作者，饲养者和厨子；②但有一整段频谱却将这两个极端分隔而开：文化与野蛮，不但在献祭时，而且也在众神中间，不断重复着。夜晚与地下世界的神灵(还有欧墨尼得斯)则接纳甘甜如饴的"纯净"之物、"没有酒"的奠酒；献祭给他们的动物都会被整个儿焚烧掉。有些派别拒绝接受血淋淋的祭祀之物，像毕达哥拉斯(Pithagore)派就是如此，他们只献祭纯粹"天然的"植蔬：牛奶、蜂蜜和香料。但相反的是，天性野蛮的狄俄尼索斯神的祭仪，却是在大啖生肉当中臻至高潮的(吃生肉祭)。在链条的另一端，将牛这一人类的伴侣当祭品献出去，在万不得已的情况下杀生，都是要受到惩罚的。在宰牛祭宙斯节这一雅典守护神宙斯的节日期间，宰牛者和宰牛之物(祭司、刀)都会受到审判。③与狄俄尼索斯式的吃生肉一样，该节日最终也会举起屠刀(欧里庇得斯的《酒神的伴侣》中就有此等场景)，我们发现整场献祭仪式都能找到人类献祭时在观念上所作的限定，它会返回至野蛮状态，坠落至"原始"世界、乱伦的世界："犬儒主义者"在公元前4世纪末期，就建议返回至自然状态之中，对吃熟肉的行为大加挞伐，极力提倡乱伦和食人肉。与蛮荒自然的接触，希腊人在狩猎时就亲身做到了这一点。饲养者和耕作者的狩猎只是偶尔为之：被捕猎的野兽不能——除非遇到极其特殊的情况——用来献祭。正如神话和悲剧所表明的，作为捕猎者的

23

---

① 参阅下文，《奥德赛》中土地与献祭的宗教与神话价值观"。
② 现请参阅M. Detienne与J.-P·维尔南(主编)，《烹饪》(Cuisine)。
③ 参阅J.-L. Durand，"罪愆"(Délit)。

人，在与蛮荒自然直接接触时，是有着两张面孔的：狩猎是与蛮荒世界最高程度的断裂，希腊传说中的"文化英雄"无一例外均是捕猎者和兽类的毁灭者，但狩猎也是人类蛮性的一部分；因此，在神话中，最经常的情况是，会献祭捕猎来的动物，以替代祭献活人。

古代的这些界限在漫长的希腊历史中都会得到应用，尤其是自公元前6世纪末期起，还会被整合至撼动城邦的剧烈的政治冲突当中。黄金世代这一主题，这座素食者的天堂，与野蛮人的悲惨主题截然相对。城邦们都将文明的源起归功于自己，雅典也不例外，它使用艾琉西斯①的秘密祭仪说自己"发明"了农业。在公元前5世纪一段短暂而又辉煌的时期，使人类离开野蛮性的行为也被归于了人类自己（德谟克利特[Démocrite]的著作中就是这么说的），但这种情况并未维持多长时间。②

第二层对立从某种意义上说是从第一层对立中分流出来的：蛮族人肯定是非希腊人，也就是指不会说希腊语的那些人，这种情况就好比对俄国人来说，德国人都是"哑巴"一样。在荷马史诗中，蛮族人仅指附近的加里亚人（cariens）。在公元前5世纪的希罗多德的著作里，这样的关系要更微妙：希腊既是各族人安居乐业的国度，也是充斥着贫穷的国家，而最好的东西都是在天涯海角这样的地方才有，首先是黄金，它就只出现于主要的四个端点上。朝天涯海角行进，也就是朝非人的状态行进。从这层意义上来看，蛮族人就能从希腊人身上"推断出"自己和希腊人的习俗正好截然相反；埃及就是这种情况："埃及人生活的地方气候很独特，他们住在一条与其他河流迥然相异的河边，从任何方面来看，他们的风俗习惯都和其他族类相反"；公元前4世纪，历史学家厄福洛斯（Éphore）区分了两类西徐亚人，分别是吃生肉者和素食者，这是非人性的两个

---

① 艾琉西斯（Éleusis），雅典西北部的一座城市。——译注
② 参阅下文，"《王制》中柏拉图的神话"。

24 正相反对的端点。[1]与之相对的是，蛮族人也可以是起源：对希罗多德而言，许多希腊神祇都来自埃及，加里亚人对重装步兵的武器配备负有部分责任，话虽如此说，但这种说法似乎并无根据。[2]这种神话意义上的认识将会变得过时；希罗多德本人在其著作的开篇就说了"希腊人与蛮族人完成的丰功伟绩"。希腊人–蛮族人的对立关系并非是种族上的，而是文化和社会层面上的，法律的奴隶和专制君主的奴隶之间的对立，并不涵盖比如说欧洲–亚洲之间的那种泾渭分明的对立。此外，古希腊文化这一概念还征服了米底亚战争时期的那一代人。在成为马拉松战役的战胜者之前，米太亚德（Miltiade）曾在波斯国王手下任职，可见这种情况也并非孤例。公元前4世纪，古希腊文化的概念仍旧还是文化上的：是希腊人经受了古希腊的教育，而土生土长的蛮族人则灵活应变，纳为己用；但这个概念也在逐渐地发生转变：对亚里士多德而言，蛮族人天性就是当奴隶的料。文化上的这些概貌在古希腊时代正开始各就各位。

主人–奴隶这一对关系，尽管与以前的情况不无关联，但貌似仍是城邦文明的独创。荷马世界里有许多奴隶，但指称他们的那些词却和我们所谓的"自由身份的"仆人是同一个意思。在社会的尽底层，奴隶阶级与雇工交会，后者是并不附着于家庭共同体的农业工人。奴隶阶级这一概念只是随着公民概念的明确化而得以明确的，也就是说在公元前6世纪之前，这个概念的意思并不确实。当梭伦把因欠债而被贩为奴的雅典人遣返回国时，他也是将此后再也不会当奴隶的雅典人和其他人同时作了区分的。奴隶自此以后就

---

① 希罗多德，II, 35；厄福洛斯，*F.Gr.Hist.*, 70, 法语译本42。可参阅F. Hartog的《镜子》（*Miroir*）全书，该书思考了在希罗多德的著作中，什么样的人才算是蛮族人，其中所举的就是西徐亚人的例子。

② 希罗多德，II, 49–58(诸神)；I, 171(加里亚人)。关于这后一种传统看法，可参阅D. Fourgous，"武器的发明"。

成了异乡人。在古典时代，处处皆奴隶；其存在犹如天赐之物。公元前5世纪，语言将两种类型的奴隶混同了起来，它们是贩售于市场上的奴隶（有被蛮族贩子贩售的，也有城市沦陷后为奴的）和干农活者；但其间的区分已然彰显，只是就此而言，后者拥有政治上的诉求，而前者却没有。我们可以设想一下希洛人的城邦：自3个世纪以来，许多美塞尼亚(Messène)人沦为希洛人之后，又于公元前4世纪建立了城邦。我们甚至可以设想一下乌托邦里的奴隶城邦。希腊的理论家们自公元前4世纪起就已开始意识到其间的差异。柏拉图知道"最好不要让奴隶来自同一个国家，如果有可能的话，也不要让他们说同一种语言"[1]；换言之，奴隶应该会更喜欢当蛮族人。所以，我们还会回到早先的情况。[2]

毕达哥拉斯列出了一组对立的关系，[3]雌性要素都是在无度、偶数、多面、笨拙、晦暗等这一边，最终就是野蛮，而雄性则是文明的化身。这种对立关系极其明显，在城邦的文明中历久不衰。[4] "谁不同意男性的勇猛无边无际，内心厚颜无耻的女性恬不知耻的情爱总是和灾难相连？两者的结合总是会因毫无约束的欲望而遭背叛，这种欲望会臣服女性，使男人的家犹如兽窝。"[5]希腊城邦犹如男性的俱乐部，早已构想了一个专属女性的王国，即女战士的王国。亚里士多德比较了各种掌控关系，如灵魂对肉体，主人对奴隶，人类对动物，男人对女人，他在别处写道："女人既可以是好人，也可以是奴隶：只是，女人或许会更低等一点，而奴隶则完全属于中等偏下之列。"[6]柏拉图并不建议男人和女人平起平坐，而是建议要尽

----

① 柏拉图，《法义》(Lois)，VI, 777d。
② 参阅下文，"希腊的奴隶是一个阶级吗？"、"对希腊有关奴隶的历史文献所作的思考"和"奴隶制与女权政治"。
③ 转录于亚里士多德的《形而上学》(Métaph), A5, 986a 22–64。
④ 参阅N. Loraux，"女性种族"(Races des femmes)。
⑤ 埃斯库罗斯，《奠酒人》(Choéph.), P. Mazon译，译文经改动。
⑥ 亚里士多德，《诗学》(Poét.), 1454a 19–20与《政治学》(Pol.), I, 1254a, 16–19。

可能全面地利用男女的这层关系。然而，当民主制城邦无法设想城邦完全由奴隶来统治的时候，就会存在各种乌托邦，说得动听点，就是会对妇女政治产生各种各样奇思幻想。但在阿里斯托芬的喜剧(《吕西斯特拉忒》[Lysistrata]和《妇女公民大会》[L'Assemblée des femmes])里，掌权的女人都有奴隶。在奴隶方面，雅典和斯巴达之间，克里特岛和农耕城邦之间已然明显的差异，在此显得更是惊人；传说将奴隶的权力和女性(有塔兰托[Tarente]人，也有罗克里斯人[Locres Épizéphyrienne])的权力关联了起来；在克里特岛的戈尔图司(Gortyne)，女人和奴隶之间的婚姻是得到允许的，斯巴达的年轻女孩还和男孩子们一道参加训练，一道参加比赛。在其他地方，公民都是反对女性的，这和他们反对奴隶及外国人没有两样。

在柏拉图的《法义》中，童年期和青年期乃是生命中充满蛮性的部分，必须使之驯服，将精力花在为整个社会服务上面。因此，管理模范城邦的老年人("夜间议事会")就会有士兵随侍左右，用念咒来缓和暴力行为。"年资原则"①是希腊社会的特点。在斯巴达，至高无上的权威包括国王、监察官，之外，还有公民大会，叫作gérousia，就是长老议事会。在雅典，想当评议会成员，就必须年满30，而在公民大会上，年纪最长者则有权第一个发言，这一点，我们在荷马史诗里已经注意到了。在童年期和成年期之间，在战争和政治生活的这两段时期之间，有一段磨炼期和密仪传授期，我们知道，许多"原始"社会就是这样。斯巴达的那些"参加启蒙考试者"，也就是指精英青年，他们要在冬天的山间奔跑，练习飞翔，学习计谋，杀希洛人，在价值观完全颠倒之后，就能成为重装步兵。在克里特岛，年轻的"群氓"对成年人设定的"学徒期限"很不满意。在神话中，独自狩猎或小团体狩猎时，年轻人必须学会如何施计谋。狩猎场不在城市里，也不在田野上，而是在边境地区。我们

①　我的这个说法借用了P. Roussel的论文的标题。

了解到有两座城邦组织的年轻人比赛，就设在边境地区，神庙的附近。在雅典，18至20岁的青年男子也被叫作péripolos，意思就是指四周巡逻的人。青年男子的文化及武备教育主要采取两年兵役制这一世俗形式，大多是在边境地区的堡垒服役，喀罗内亚(chéroée)战役(公元前338年)之后，吕库古又重新恢复了该兵役制。在某些情况下，青年男子会穿黑色的短披风，此乃隐居的标志，他既不能上法庭，也不能当被告和原告，只有在涉及到财产继承、女儿继承遗产(指的是女儿是家庭唯一的继承人)或家里有人当了祭司时，才有例外。亚里士多德对此的解释是，年轻人在服兵役的时候不应受到打扰。讲到此种习俗的源起，他的解释很荒唐，但这种世俗化的做法本身却很重要，表明雅典人已经达到了很高的理性水平。① 在权力的最顶层，时值西西里远征的前夕(公元前415年)，雅典的公民大会以老年人和年轻人的名义，让尼西阿斯(Nicias)和阿尔西比亚德(Alcibiade)当堂对质。② 这样的辩论只有在民主制的大型城邦里才有可能发生，若放到其他地方，根本无法想象。而且，雅典人的事业又再一次超出了预先设定好的那些概貌。

在荷马笔下的世界里，文明与野蛮之间的对立并非城市与乡村间的对立，而是受教化的乡村与野蛮的乡村之间的对立。城市(polis)的在场，也就是指存在着一个强化的点，乡村(dêmos)的在场，也就是指存在着一小群我们只能称之为村民的人，城市的在场乃是一个标志，但它仍然没有未被西克洛普③ 放在法眼里的田间农活所代表的东西来得重要。在赫西俄德的诗里，对农民来说，城市就是一个遥远的世界，住着"吞噬馈赠品的国王们"。在城邦的世界里，野蛮的乡村(agros)继续存在于边境地区，那儿住着伐木工和季节性放牧的羊倌。我们已经知道，青年男子学校和启蒙考试均与

---

① 亚里士多德，《雅典政制》(*Const. ath.*)，42，5。
② 参阅下文，"黑色猎手"和"生食，希腊儿童与熟食"。
③ 库克洛佩斯(Cyclope)，天空之神乌拉诺斯之子。——译注

这些地区有联系；狄俄尼索斯与赫耳墨斯之间有场对话，就发生在乡村(agros)。赫耳墨斯说社会的教化行为就是在筚路蓝缕；他是公共空间之神，与由圣所(prytanée)象征的住宅(hestia)的封闭空间相对。狄俄尼索斯说的话却截然相反，他说的是野蛮天性的放纵，这种放纵甚至还波及到了得墨忒耳的麦田。欧里庇得斯的《酒神的伴侣》里就是这么说的。孤立地看，在城邦中，城市与乡村之间的区别被消减了，而柏拉图则从这样一个事实中得出了结果：每一个人都应该既住在中心地带，又住在郊远地带。但这种大实话所包含的意义却与斯巴达和雅典的截然相异，因为所有的居间状态只有别处才存在。归根结底，在斯巴达，城市并不存在：宏伟的中心地区几乎难觅踪迹；公民的土地(chôra politikê)都被分割成一块块耕地，以有利于那些羽翼丰满的斯巴达人，即homoioi。城市和乡村之间因此并无什么关联，但在战士和附属于他们的农民之间却是有关系的——更别提住在拉科尼亚(Laconie)的各个城邦的居民了。雅典却相反，在古典时代，市府的评议员(démote)会用大量奴隶来耕种土地，一般人们都没想到会是这样；无论大城市，还是学大城市样的小城市，乡镇地区都是它们的一个部分。伯罗奔尼撒(Péloponnèse)战争期间，把乡村扔给敌军，伯里克利的这条主要是为了保卫城市的战略终至于在城市和乡村之间产生了一个极其深远的危机，阿里斯托芬的作品里就对此有所体现。

公元前4世纪，随着生活有了愈益私密的特点之后，一种新型的都市生活也得到了发展(奥伦托斯①的住宅就是其中的一个例证)。吊诡的是，船队和海洋贸易的发展对雅典无论是稳定还是动荡均负有责任：之所以说稳定，是因为乡村人数不多的居民都已被梭伦和克里斯梯尼整合到了城市里，许多人都到船队里当起了船

---

① 奥伦托斯(Olynthe)，位于今克罗地亚的西南海岸地区，以盛产无花果知名。——译注

员，为"帝国"的收入作出了贡献；之所以说动荡，是因为这些进账是逐渐地集中到城市里去的。对因战争和政治动荡而背井离乡的大众，尤其是雇工来说，伊索克拉底对他们的建议是，若想摆脱这种状况，就不要再去重新建立城邦，而是在亚洲殖民。以后的情形就是这样。

在《伊利亚特》(*Iliade*)第18卷，赫法伊斯托斯在阿喀琉斯(Achille)的盾牌上锻造了城邦太平盛世的形象和城邦战火频仍的形象：在第一种情况中，有婚礼、宴会、司法上的规章制度，在另一种情况中，则是围城和埋伏；围攻者对这两种解决方案举棋不定：是摧毁城市、屠杀居民，还是将城市里的财富拿来分一杯羹好？这两难困境频繁出现于希腊的漫长历史之中。该主题颇为古老，因为我们早在公元前3000年前乌里姆[①]的"军旗"上就发现了此等画面，但希腊的解决方法却堪称独创。公元前7世纪初的"重装步兵改革"既是这次影响深远的政治嬗变的果，也是它的因。"第一个政体是战士的政体，甚至，最初是骑兵的政体"；[②]作为战斗的参与者，重装步兵便强行参与到了政治生活当中。[③]在战争中，城邦越是生死存亡，战士的武功就越是重要。可以说——而且这种说法并不夸张——对希腊人而言，战时状态乃是常态，和平反倒是例外，事实上，直到公元前386年为止，大多数我们所知道的由希腊人签订的条约都是暂时性地结一个联盟而已：要么结盟，要么为敌。因此，也可以说，希腊的历次战争就是由另一种方式来继续下去的和平。战时体制和公民体制是紧密平行的。

发生战斗的场地都是栽了麦子的平原地区，通常都是由双方挑选的。在任何一种情况下，直到公元前371年的埃帕米农达斯的

29

---

① 乌里姆(Ur)，坐落于古代美索不达米亚地区的苏美尔邦国(city-state)，坐落于如今伊拉克的济加尔省。——译注
② 亚里士多德，《政治学》，IV, 1297b 17–20。
③ 参阅下文，"雅典重装步兵的传统"。

那次战役(留克特拉[Leuctres]战役)为止，精英部队都是聚在右翼的。[1]战斗就是两翼之间的交锋，战斗结束后，不再乘胜追击的战胜者就会举起从敌方手里缴获的战利品和武器。甚至与波斯人的那次战斗从某个方面来说也是遵循了这种常规兵法。在交战的队列中，士兵紧紧地靠在一起，用盾牌替彼此遮挡，这种队形只不过是城邦团结性的一个翻版而已。伯罗奔尼撒战争却冲击了这种排兵布阵法；山区人打仗的时候，会施计谋，摧毁重装步兵的队伍。在大规模战争时，出现了"共同和平"的概念，这个概念首先是波斯国王(公元前386年)提出来的，后又由城邦霸主付诸实施，直到科林斯战役(公元前337年)那一天，马其顿(Macédonie)国王仍说要进行调停。在此期间，城邦发明了各种各样新的战争形式。比如像埃帕米农达斯发起的那场从左侧进攻的变革，要求在进攻的同时，攻占整齐匀称的空间，且没有哪个方位可以不受重视，这种兵法还受到了老早就摆脱了这些条条框框束缚的海战的影响。雅典将军伊菲克拉特斯麾下的雇佣军也重新发现了"黑色"战争，即用计设伏，在重装步兵鼎盛的时期，这种兵法是专门留给年轻人用的。守旧的色诺芬也发明了一些新的方法。当不得不在机巧战争和公民战争之间作选择时，柏拉图弃了前者，他在《王制》第2卷里曾清晰地描述过前者；但在他之外，演进仍在继续。

技艺(art; technê)和知识(science; épistêmê)之间的矛盾是希腊文明史上影响最深远的一个矛盾。从我们所谓的人类自然史的方面，也就是说从经人类加工、被人类整合的自然界的历史来看，人类的自然史指的也就是工匠的文明。当柏拉图想通过神话来认识世界是如何被制造出来的时，他设想出了démiurge，也就是指工匠。工匠乃是希腊历史上的秘密英雄。从雅典的瓷器到帕特农神

_____

[1] 参阅下文，"毕达哥拉斯信徒埃帕米农达斯"。

庙的工地，从比雷埃夫斯的军械库到希波克拉底学派的外科医生，在希腊世界所有造物的基座上，我们都发现了工匠。但是，研究社会的史学家却作出了截然不同的评价。对史学家来说，工匠这一类别并不存在。[①]在厄瑞克忒翁神庙的工地上，肩并肩劳作着的是公民们、外国佬们和奴隶们；所有的人都是工匠，但从社会视角来看，将他们隔绝开来的东西要远比将他们联合起来的东西重要得多。主技艺的神赫法伊斯托斯走起路来一瘸一拐的；创造者普罗米修斯（Prométhée），这位"思想虚伪狡诈的"英雄，既是人类的解放者，亦是宙斯的敌手，这清晰地表明了希腊人在面对这类无法正常融入社会机体的"专家"时所持的矛盾心情。《安提戈涅》（Antigone）里有篇有名的合唱歌，赞扬了人类的创造性，可是人虽是航海者、劳作者、驯兽者、狩猎者，却仍需在这技艺的学问中嵌入大地的律法和诸神的裁判，若没有这些，就会成为apolis，也就是说无城邦可言了——城邦尽管完全是个社会现象，却根本不事生产。有人解释说，在希腊的语言和思想中，针对劳作并无一个统一的范畴。[②]甚至都没有词汇来清晰明了地指称劳作者。色诺芬将technitês，即工匠、专业人员与géôrgos，即耕作者对立了起来，[③]但到希腊化时期，该词最终却有了一层喜剧演员、专业艺术家的意涵在里面了。

31

两种技艺，农业和战争，由于是很有特点的technê，所以仍旧逃过了被排除在社会之外的这种命运。但对希腊人而言，农业确实是需要付出努力，它并不是严格意义上的technê。色诺芬说，农业并不在于你是否懂得去"发现某种精妙的方法"，[④]还是对此一无所

---

① 参阅下文，"含混的研究：工匠在柏拉图城邦里的地位"。
② 参阅A.Aymard，"劳作的等级制"（Hiérarchie du travail），与J.–P.Vernant，"劳作"（Travail），1与2。
③ 色诺芬，《经济论》（*Écon.*），6，6。
④ 同上，20，2与5。

知，而毋宁说是在于是否有效，是否照顾得好。吊诡之处在于，正是这位在军事上可以算是个货真价实专家的作者，却将战争活动放到了与农业活动同一个层面上，因为他觉得这两者都需要投入到整个社会当中，而其他活动只不过是些专家事务，城邦也并不重视这样的专家。然而，在公元前4世纪，军事技艺的演变有了戏剧性的结果，但城邦却无法掌控之。柏拉图与智术师就曾针锋相对地针对技艺究竟具有何种功能而热火朝天地争论过。智术师不愿被人看作匠人(technicien)，而愿意被人视为传授arétê，即公民美德的教师。只要对公民有用，他们就会教授一门技艺，也就是修辞术。当埃利亚斯的希琵阿斯吹嘘自己身上穿的所有衣服都是亲手制作时，他也并未没有赞成去传授技艺，而只是说自给自足(autarkeia)①是一种理想状态。再没有什么能像自给自足那样与劳动分工的原则相左了，有时候只要探查描述一番，就会发现该原则作为一种发展生产的方式，尤其不会同自给自足扯上关系。柏拉图为了驳倒对手，则把他们贬至匠人之列，他在《高尔吉亚》里说智术师的修辞术是烹饪，而非医学。

　　哲学家将事实上可追溯至贵族制时代和诗人时代的这些对立的"生活方式"理论化了一番。对斯巴达的提尔泰奥斯(Tyrtée)②而言，勇气与其他所有的东西皆处于对立状态。品达有篇残篇将荣耀和富裕及象征海上探险活动的精神作了对立。③公元前6世纪，当科洛丰的色诺芬尼就奥林匹克竞技会的获胜者写道："我们的智慧

32

①　参阅柏拉图，《希琵阿斯后篇》(*Hippias mineur*)，368b–c与《自给自足者希琵阿斯》(《苏达辞书》[*Souda*]，见Hippias autarkeia)；亦请参阅J.–P. Vernant，"技术思想"(Pensée technique)，p.64，n.52。(《苏达辞书》，公元10至11世纪的拜占庭学者所编的一部百科全书。——译注)

②　提尔泰奥斯，约公元前7世纪的古希腊挽歌体诗人，主要为斯巴达上层社会写作。——译注

③　品达(Pindare)，残篇96(Puech)；关于这种类型的对立，可参阅R. Joly，《生活方式》(*Genres de vie*)。

(sophia)远比人和马的活力更有价值"①时，他说的是政治智慧。当
城邦发生危机时，毕达哥拉斯派或许就已经认为，理论生活与实践
生活，甚至和快乐生活(即享乐生活)相对立，但就算是为了贬低这
种看法，也仍没有人会把"技艺生活"这种类型给创建出来。柏拉
图将沉思床的理念的人的知识(épistêmê)同造床者的模仿对立了起
来。用其他的话说，这种对立和城邦的历史已是水乳交融。

　　希腊文明就是话语的文明，政治话语的文明。明辨一组组对
立关系的就是政治理性。文字中也是同样的话语，至少直到公元
前5世纪之前一直都是如此。几乎只是到公元前4世纪之前，外交
文书的文体才占上风，只需填补空白即可。政治话语必然是反逻
辑的：政治问题应该通过是或否来解决。其证据是，希腊思想是
通过在一组组事物中抉择来推导的，也许这种做法并无其他的根
源。像修昔底德(Thucydide)笔下的著作就被分成了论说和事实
叙述两种；任何时候，只要是在讲述细节，他就会使用介于logos
(话语)和ergon(事实)之间的对比来做到这一点。他的著作在表明
gnômê(合理的预见)同时，也付出了tychê(偶然性)的代价，而所谓
的Tychê将会变成希腊各城邦的伟大女神。归根结底，和平是赞同
gnômê的，而战争则支持tychê。Nomos(法律，习惯，风俗)与physis
(自然)这些词已很好地概括了这些互相对立的概念。Nomos的秩
序是由人类提出来的。在柏拉图的《高尔吉亚》里，卡利克勒斯
用自然来为暴君的暴力行为辩护；相反，对撰写《政体论》(Traité
du régime)的医生作家而言，②尽管人类能通过设定法律(lois)来模
仿自然，但那是因为人类并不知道自己是在模仿诸神创造并安排
的这个自然(nature)。因此，"自然"既是混乱之源，也是秩序之源
(在伊奥尼亚和意大利的"自然科学家"眼里，自然就是这么一回

33

────────────

① 色诺芬尼，Diels，残篇2，见Athénée, X, 413d。
② 希波克拉底(Hippocrate)，《政体论》(Du régime)，I, 11。

事)。恰是因为这个事实，希腊的文明才持续超越于人们假装已将之束之高阁的种种对立关系之上。

　　从伦理价值观层面来看，有一个很好的例证，那就是dikê—hybris这组对立关系，即正义(指诸神的正义)和傲慢。照此来看，这组对立关系也就能说明赫西俄德的《劳作与时日》这整首诗歌了，尤其是那段很有名的讲述种族神话的段落。[①]在梭伦和阿那克希曼德的时代，正义和傲慢已成了城邦的用语，而此时城邦也已扩展至了宇宙的架构之中。在悲剧中，所有的主人公，无论是安提戈涅，还是克瑞翁，在面对由城邦实现的平衡时，都感染上了傲慢。然而，在修昔底德那里，这些张力似乎消失不见了。只是，我们还是能说他只不过是将悲剧的价值观转移到了历史之中而已。他笔下的阿尔西比亚德成了apatê，而这恰恰是指让雅典人变得傲慢的那个惑人的欲念；[②]可是，修昔底德将这个事实合理化了，将悲剧价值观融入了正能量的宇宙之中。而希腊文明就是这样发展着的。它在运行的时候并不会循环往复，而是会发明，会更新。在雅典的古雅典娜神庙(约公元前560年)的门楣上，主教化的英雄赫拉克勒斯与特里同在有三个身体的妖怪的注视之下打斗不休。大约再过了120年之后，帕特农神庙的檐壁的壁柱间隙处总能见到野蛮的景象，让人想起了半人半马怪与拉庇泰人[③]争战的情形，但在其门楣上，则是太阳冉冉升起，月亮下沉，一派秩序井然的景色，而在西侧的门楣上，雅典娜(Athéna)与波塞冬(Poséidon)的冲突则在图像的正中间爆发出来，两边围绕着狄俄尼索斯与克菲索司河。这些主题一模一样，但起主导地位的还是井井有条的自然，而狄俄尼索斯也被整合进了由执政官—国王主持的各类仪式之中。诚然，这种情况维持的时间并不长。我们可以将普鲁塔克论及伯里克利时说的两则轶事拿来作对

34

---

① 参阅J.–P. Vernant，"种族神话"(Mythes des Races)，1与2。

② 参阅F.M. Cornford，《神话历史学家修昔底德》(*Thucydides Mythistoricus*)。

③ 拉庇泰人(Lapithes)，古代帖撒利亚一蛮族。——译注

比："伯里克利将所穿的大氅在自己和太阳之间展开后，将日蚀不合理的、错乱的意义消解掉了，他还戴着女人们挂在他脖颈上的那个护身符。"①   35

① R. Rémondon，"双语现象"(Bilinguisme)，p.146，依据的是普鲁塔克的《伯里克利》(Périclès)，35与38。

第一章 空间与时间

第一节 《奥德赛》中土地和祭献之宗教
与神话价值观*

　　该文论述的是土地，而我之所以引入这篇文章，是为了使那些并非借用自荷马，而是赫西俄德的资料得以再现。况且，《神谱》和《劳作与时日》并未像人们常常所认为的那样，仅仅局限于为后来的著作，而且还可为之前的或像《奥德赛》的例子那样，差不多是当时的著作起到启迪的作用。

　　《工作》中所说的"种族神话"和潘多拉神话，其与《神谱》中所写的普罗米修斯的神话，我相信我们都能从中提取出所谓的既是人类学的，也是规范性的独属人类境况的定义。独属有两层含义：赫西俄德笔下的人属于铁器时代，首先这意味着他并非黄金时代的人，在这个时代中，人类"如诸神般生活"，不会衰老，不会真正的死亡。"所有财物均归他们所有："盛产谷物的土地(ζείδωρος ἄρουρα)有着丰饶富足的收成，他们生活于快乐、和平的环境里，在田野上放牧(ἔργ ἐνέμοντο)，坐拥数不胜数的财物。"①在黄金

39

---

*　首次发表于《E.S.C.年鉴》(*Annals E.S.C.*)，25，9–10月，1970。后刊登于M.I.Finley（主编）《古希腊的土地问题》(*Problèmes de la terre en Grèce ancienne*)，La Haye et Paris，1973，pp.269–292。

①　《劳作与时日》，112–119；此处和下文，我会稍微改动Mazon的译文。关于"种族神话"，可参阅J.–P.Vernant的"种族神话"，1与2。

时代的世界和我们的世界之间，我认为说它们有种对立关系还是
比较贴切的——还有其他的对立关系——毋庸讳言，我指的就是
非劳作和劳作之间的对立。[1]与铁器时代、黄金时代相比，克洛诺
斯的时代其实绝对堪称典范——其他时代就没法这么自称。黄金
种族终其一生所了解的乃是英雄的种族，或至少是其中的某些
成员，且是在他们死后了解的；宙斯将他们和人区分了开来(διχ
ἀνθρώπων)，也和诸神相区别，"置于克洛诺斯的王国之下"，"在
大地的边缘"。"他们就无忧无虑地住在那里，住在幸福诸岛上，在
大洋深渊的旋风周边，对这些幸运的英雄们而言，盛产谷物的大地
每年都有三次良好的收成。"[2]因此，继"时间"中的黄金时代而来
的，就是"空间"的黄金时代，而空间指的就是"幸福"诸岛，土地的
自由是那儿的特点。

　另外，在潘多拉的传说里，[3]赫西俄德以某种方式提前将种族
神话的教训概括了一下，他说："人类的种族从前都生活于偏远的地
区，他们生活困顿，疲惫不堪(χαλεποῖο πόνοιο)，罹患疾病，惨遭
横死，因为人类在悲惨的境况中会很快衰老。"[4]

　被从黄金时代驱逐出去以后，人类便不可能成为神了，[5]但他
也不会再成为兽类，而第二次被"驱逐"掉的就是allêlophogia, 即

40

---

[1] 说实话，指的就是"铁器时代的种族"和先前其他种族之间的对立关系。甚至用青
铜器劳作的青铜时代的人类(χαλκῷ δ ἐιργάζοντο, 151)，也并非是严格意义上的
"劳作"，只是履行军事仪式而已(参阅J.–P.Vernant的"种族神话", 1, p.28)；至于
独一无二的"黄金种族"，就明确说过他们是不劳作的。
[2] 《劳作与时日》, 167–173；我将讲述克洛诺斯王国的第169行诗行重新放到了手稿
中原来所在的位置。
[3] J.–P.Vernant认为该神话故事与种族神话有着极其紧密的联系；参阅"种族神话",
1, p.32与51–54, 以及"普罗米修斯神话", pp.192–194。
[4] 《劳作与时日》, 90–93, 第93行诗行，我在这儿放入了《奥德赛》, 19, 360的引文。
(可参阅陈中梅所译《奥德赛》19, 360的译文 "不幸的逆境里，凡人的老态速增",
译林出版社, 2012。——译注)
[5] 我们很快就能发现其中插入了(Lehrs, Mazon就是遵循这个版本)《劳作与时日》的
第108行诗行，该诗行引入了种族神话，且与潘多拉神话联系了起来: Ὡς ὁμόθεν
γεγάασι θεοὶ θνητοί τ ἄνθρωποι, 意为 "因为诸神与凡人都有同样的起源"。

食人肉的习性：

> Τονδε γὰρ ἀνθρώποισι νόμον διέταζε Κρονίων
>
> ιχθύσι μὲν καὶ θηραὶ καὶ οἰωνοῖς πετεηνοῖς
>
> ἐσθέμεν ἀλλήλους, ἐπεὶ οὐ δίκη ἐστὶ μετ αὐτοῖς

"这就是克罗尼德[1]给人类立的法律，鱼、兽、带翼的鸟会互相吞食，因为它们中间并无正义可言。"[2]通过践行dikê，人类就可逃过兽类的处境。从而使人类不再吞食自己的同类。

包容度很窄，只不过是将排他性反转过来，起点补充的作用。在可耕地上劳作及相关的所有工作，栽种树木与饲养动物，尤其是就耕作而言，都能形成《劳作与时日》的这一主题。通过dikê，人甚至都能重新找到黄金时代，因为劳作乃是一项义务，至少可使人类、土地、畜群富足和丰饶："土地提供给他们[践行dikê的人]丰盈的生活；在他们的山头上，橡树的树冠结满了橡实，树干上遍布着蜜蜂；他们那毛茸茸的母羊因浓密的羊毛而身形沉重，他们的妻子哺乳着酷似乃父的男儿；他们欣欣向荣，永生永世；而且他们不用去海上，因盛产谷物的大地可给予他们累累的果实。"[3]

不过，人类的这项劳作本身是与占有连在一起的，这多亏了普罗米修斯的斡旋以及用火来烹煮食物起了作用，而以前火是被宙斯藏起来的。[4]为了弥补火种被窃一事，赫法伊斯托斯遵宙斯之命，

---

① 克洛尼德(Cronide, 或Cronides)指克洛诺斯的所有后裔，如宙斯、哈德斯、波塞冬、赫拉、得墨忒耳、赫斯提亚。——译注

② 《劳作与时日》，276–278。

③ 同上，232–237。我们知道这些主题在誓词里也是反复出现的；参阅阿姆披克图昂人(Amphictyons)的誓词，见埃斯基涅斯(Eschine)，《驳泰西封》(Contre Ctésiphon)，111，及Drériens人的誓词，见克里特岛铭文(Inscr. Cret.)，I, IX(Dréros), 1, 85–89。关于hybris旗开得胜的世界，他在种族神话结尾时作了描述，他说："父亲再也不与儿子相似，儿子也不与父亲相似"(《劳作与时日》，182)。(埃斯基涅斯，公元前4世纪的古希腊演说家，主张同马其顿的腓力和解。——译注)

④ 《劳作与时日》，47–50。

创造了潘多拉, 这泥土做成的女人。[①]《神谱》使《劳作与时日》中的建议变得更形明确。诸神与人类在梅可奈(Méconé)的那场争执有两段完全平行的插曲;[②]一是在重要的祭祀中祭献牛, 但分配不均, 诸神只能闻烟味, 而人类则吃了肉, 这便导致了宙斯没收火种, 普罗米修斯又劫取火种的事情, 另一则讲的是为了对诸神接受由普罗米修斯造成的现状作出弥补, 遂给境遇暧昧不明的人类送去了女人。可耕地、烹饪、献祭、性生活与家庭生活皆处于oikos [③]的内部, 在万不得已的时候, 它们甚至还能同政治生活一起形成一个整体, 其中每一项都无法与其他项脱离。介于黄金时代与食同类者(allélophagie)[④]之间的人类的境遇就这样被规定好了。[⑤]

我们在这里找到的由赫西俄德勾勒的那些框架有着只有在他身上才有的那些特点, 它们也是他那个时代危机的特点, 而这些框架以后也会一直在希腊思想中得到使用, 再使用。尤其是从公元前6世纪末起, 这些概貌与撼动希腊世界的剧烈的政治冲突都整合到了一起, 冲突使得思想家们针对原始人, 采纳了彼此形成鲜明对照的视点, 或"积极", 或"消极": 黄金时代与初人生活悲惨的

---

① 《劳作与时日》, 59–82。参阅J.-P.Vernant, "种族神话", 1, p.32–33, P. Pucci,《赫西俄德》(Hesiod), pp.82–135, 尤其是N. Loraux, "女性种族", pp.44–52。潘多拉是被作为传播不幸的礼物而赠给吃粮食(πῆμ ἀνδράσιν)的人类的(《劳作与时日》, 82)。在这儿提一下alphêstês还是应该的, 该词指吃粮食者, 是荷马所用的形容词, 由词根edod(吃)构成, 它与ômêstês既相平行, 又相对立, 后者指吃生食者, 亦即食肉者; 参阅P. Chantraine,《形成》(Formation), p.315。

② 平行论因反复使用ἔπειτα这个词而更形强化,《神谱》, 536与562。整起事件都是在这段持续发展的时间里展开的: "在飨宴的时候(ὅτ ἐκρίνοντο), 诸神与凡人之间产生了争执"(同上, 535)。参阅J.–P. Vernant的"普罗米修斯神话", pp.178–194与"会饮"(Table), pp.46–58。(古希腊语ἔπειτα意为"然后, 于是, 因此"之意。——译注)

③ 拉丁化古希腊语oikos为家庭共同体之意, 古希腊语为οἶκος(房屋, 住宅, 家)。——译注

④ 法语allélophagie与anthropophagie均解"食人肉", 但有细微差别, 后者只局限于吃人肉, 而前者除了吃人肉之外, 也吃其他的肉食。——译注

⑤ 我们会注意到赫西俄德的故事并未给人类历史上的游牧时代留下任何位置。人类, 要么是农耕者, 要么就是非人。

主题相对立。将这些冲突回溯至赫西俄德的时代说他反对进步^①

42

的这种做法会显得很诱人——有些人也肯定经不起这诱惑。从许多可用的资料的视角来看，他既是"编年原始主义"(primitivisme chronologique)的鼓吹者，也是"文化原始主义"(primitivisme culturel)的反对者，再也没有比这更有道理的说法了，因为正是他将开化者同食人肉者对立起来的。^②事实上，这两种态度可合二为一。

我并不建议在此研究这一后赫西俄德的文学，^③只是想说——其理由很快就会明了——赫西俄德笔下的黄金时代，克洛诺斯的时代，前烹饪时代和前祭献时代，"素食者的"时代，这些有很多文本都向我们描述过，^④就部分传统而言，那时也是食人肉的时代和活人献祭的时代。某些将相左的事物如此结合起来的文本会出现得比较晚。^⑤但我们没有忘记的是，自公元前4世纪起，犬儒派就已

---

① 有个颇有特点的例子是E. Havelock的著作《自由的性情》(*Liberal Temper*)里提供的，见该书第II章"退化的历史"，pp.36–51，此处并列分析了种族神话与柏拉图《王制》及《法义》里的神话故事。是否必须坚持这样一个事实，即既然当时并无严格意义上的历史观，所以在赫西俄德的时代，也既不会有进步的观念，也不会有退化的观念呢？由于聚焦于特定的时代且论述的是现实的观念冲突，因而Havelock的弟子T. Cole的著作《德谟克利特》(*Democritus*)相反就很有用。

② A.O. Lovejoy与G. Boas，《原始主义》(*Primitivism*)，p.196。

③ 上文所说的由Lovejoy和Boas汇编的文本当然是这项研究最珍贵的工具。关于《王制》里的神话，可参阅下文pp.372–373。

④ 比如，其中就有恩培多克勒(Empédocle)的《净化》(*Purification*)，法译本，128，Diels–Kranz：库普里斯(Cypris)统治时期，献祭时只用没药、乳香和蜂蜜。血祭被视为是可憎的行为，所有肉食祭也是；同样，在柏拉图《王制》272a–b的神话中，也持此种看法。素食主义在赫西俄德的文本里也是不言自明的。若想对该传统有一个整全的认识，可参阅J.Haussleiter，《素食主义》(*Vegetarismus*)。也可参阅近期出版的M.Detienne的《狄俄尼索斯》(*Dionysos*)，pp.135–160。(库普里斯，阿佛洛狄忒式的别名。——译注)

⑤ 欧赫迈罗斯(Évhémère)，Ennius译，见拉克坦提乌斯(Lactantius)所著*Div. Inst.*, I, 13, 2："萨图恩和他妻子及那个时代的其他人都有吃人肉的习惯，是朱庇特第一个阻止了这种习俗"；Den.Hal., *Ant.Rom.*："据说古人向克洛诺斯祭献的方式传到了迦太基人那儿后，在迦太基的城邦里便一直维持了下去"；Sext.Emp.，《Hyp.》，III, 208："有些人会把活人献祭给克洛诺斯，就像西徐亚人把外国人祭献给阿耳忒弥斯一样。"如想了解其他资料，可参阅Lovejoy与Boas，《原始主义》，pp.53–79。

将"自然主义"生活方式理论化了,它谴责棺葬和熟食,称颂生食、食人肉,特别是和文化相左的事物,如乱伦。[①]然而,我们若只是以理论家的视角来看待这种事的话,就大错特错了。在欧里庇得斯的《酒神的伴侣》中,于开篇处信使所描述的天堂般的氛围[②]及彭透斯的母亲因疯狂食生肉而杀死自己的儿子这一几乎堪称乱伦的行为之间摇摆不定。赫西俄德笔下的克洛诺斯也是吞噬了自己的孩子的神。[③]从某种意义上说,是柏拉图以自己的方式,也就是说做出选择之后,将这位种族神话的作者笔下的其余部分的内容进行了理论化,他将克洛诺斯时代视为食人肉尚不为人所知的时代。[④]

相反,农活和烹煮应该本质上是相连的,譬如在《古代医学》(*Ancienne Médecine*)一书中,希波克拉底证明了取代生食的谷物耕作,绝对会耕种那些用于烹煮的作物。[⑤]与赫西俄德的诗歌在说及农业、家庭生活及文明起源时所想说的意思有一个类似的关联之处,而该关联可在例如有关刻克洛普斯(Cécrops)[⑥]的古代神话中找到,刻克洛普斯亲眼见证了博祖盖斯(Bouzygès)[⑦]发明农活,而

---

① 参阅第欧根尼·拉尔修(Diog. Laert.),VI, 34, 72–73;狄翁·克里索斯托(Dion Chrys.),X, 29–30;尤利安(Julien),《论演讲》(*Orat.*),VI, 191–193。如需了解其他信息,可参阅Haussleiter,《素食主义》,pp.167–184。

② 欧里庇得斯,《酒神的伴侣》,677及以下。

③ 《神谱》,459及以下。一般而言,希腊文学在论及食生肉与食人肉这一主题时,除了由Haussleiter、Lovejoy及Boas引用的那些作品外,还可参阅A.-J. Festugière的"武功史"(Arétalogies)。(Arétalogies,指的是由神自己所写的故事,歌颂自己武功盖世,美德无双,期有超自然神力等。——译注)

④ 《治国者》,271d–e: Οὔτ᾽ ἄγριον ἦν οὐδὲν οὔτε ἀλλήλων ἐδωδαί, πόλεμός τε οὐκ ἐνῆν οὐδὲ στάσις τὸ παράπαν。"[兽类中间]毫无任何野蛮的种属;它们彼此不相蚕食,而且它们中间既无战争,亦无任何种类的政治纷争。"这儿说的是兽类,但故意用了"人的"词汇。

⑤ 希波克拉底,《古代医学》,III(Festugière)。

⑥ 刻克洛普斯,古希腊神话中为阿提卡城邦的创建者。——译注

⑦ 参阅花瓶复制品,由D.M. Robinson注疏,"博祖盖斯"(Bouzyges)。亦可参阅U. Kron,《种族英雄》(Phylenheroen),pp.95–96。(博祖盖斯,即特里普托勒摩斯(τρι-πτολημος),一说为阿提卡地区厄琉息斯的国王刻琉斯的儿子,一说是该亚和俄刻阿诺斯的儿子,后丰收及谷物女神得墨忒耳将农耕技术传授给了他。——译注)

且他还是一夫一妻制家庭和父系制的发明者。[①]此文的目的是想核
44 实，它们是否就是我们已在荷马史诗中见到的那些关联。

当尤利西斯认识到自己最终还是要回到伊塔刻时，他的第一
个动作就是亲吻那片"盛产谷物的土地"，以此向自己的祖国致敬：
Χαίρων ἦ γαίη, κύσε δὲ ζείδωρον ἄρουραν。[②]此处并不是仅仅讲
一个男人在重回自己的祖国时的举止，而且还涉及到了一个本质性
的关联，需要对此作出明确的分析。

但若要讲《奥德赛》，那就必须深入这部史诗去区分出那些不
同的"狂想曲"，"分析者们"应当遵循阐释者变化着的标准来勾勒
出那些"狂想曲"的面貌，这些标准虽然不可避免地会导向分歧，
也必然会变得难以掌控，但仍能通达各个整体，使得诗歌拥有本来
就应具有的意义。若想对此谈得很到位，就不可能像别人讲奈斯
托耳和忒勒马科斯[③]那样去讲库克罗普斯和卡鲁普索。[④]事实上，就
像人们常常所认为的那样，[⑤]《奥德赛》是将人们所谓的真实世界，
即伊塔刻的世界，尤其是斯巴达和普洛斯的世界，同神话中的宇
宙，大致来看，即阿尔基努斯(Alcinoos)国土上的那些故事，对立了
起来。同样，在莎士比亚(Shakespeare)的《暴风雨》中，以那不勒斯
和米兰为一方，以普罗斯佩罗的魔法岛为另一方，也是彼此对立。[⑥]
尤利西斯在基刻奈斯人那儿待过一段时间后，便深深地没入了这个

---

① 参阅由S.G.Pembroke汇编本，"女性"，pp.26–27、29–32，亦可参阅下文，"传说、
神话、乌托邦里的奴隶制和女性政治"。
② 《奥德赛》，13, 354。κύδε δὲ ζείδωρον ἄρουραν这一用语，诗人描写尤利西斯抵
达法伊阿基亚人的岛屿(5, 463)时已用过一次，但该诗句中的前半句却并未如此。
我们会发现这种对照法并非无关紧要之笔。
③ 奈斯托耳(Nestor)，普琉斯之子，普洛斯的国王。罗念生所译《伊利亚特》将其译为
涅斯托尔。忒勒马科斯(Télémaque)，奥德修斯和裴奈罗佩之子。——译注
④ 库克洛佩斯(Cyclope)，群居于库克洛普斯岛上的独眼巨人。卡鲁普索(Calypso)，仙
女，为阿特拉斯之女，曾与奥德修斯同居，并协其归航。——译注
⑤ 对《奥德赛》里两个世界的区别，G.Germain勾画时的立论极为翔实，见《创世纪》
(Genèse)，pp.511–582。
⑥ 参阅Ch.P.Segal，"法伊阿基亚人"(Phaeacians)，p.17。关于《暴风雨》中这种区分
的价值所在，可参阅R.Marienstras，"普罗斯佩罗"(Prospero)。

神话的宇宙中去了，基刻奈斯人是色雷斯的民族，是完全真实的存在，希罗多德也知道他们，[1]尤利西斯在这个宇宙里吃饭、争斗、劫掠，完全就像他在特洛伊时的所作所为，他在马勒亚海岬这个其行程中"真实的"地方经历了10天[2]的暴风雨之后，返回至伊塔刻。[3]

45

　　表明这种对立关系极为切题的证明是由文本本身提供的。忒勒马科斯的旅程并未与尤利西斯的旅程相交。在这两个宇宙间只存在两个接触区域。一个很明显具有魔幻色彩：墨奈劳斯[4]告诉尤利西斯的儿子，他是如何在埃及这片奇幻的土地上，从魔法师普罗丢斯那儿得知尤利西斯被拘禁在卡鲁普索的宫殿里。[5]另一个是法伊阿基亚的土地，近期有研究证明，那些专事摆渡的艄公占据的是关键性的位置，那地方正处在两个世界的交点。[6]还需要强调什么吗？尤利西斯的旅程与地理无关，相比"在阿尔基努斯那儿所讲的故事"，[7]在尤利西斯向裴奈罗佩和欧迈俄斯[8]讲述的"虚假的"故

---

① VII, 59、108、110。
② 确切地说，暴风雨共历时9天，在第10天，他就来到了食落拓枣的国度（Lotophages）（《奥德赛》, 9, 82–83）。"9这个数字本质上就是用来表示时间的，从这个意义上来看，第10天，或者说第10年，就会发生关键性的事件"（G.Germain,《神秘主义》[Mystique], p.13）。
③ "暴风雨在这片奇妙的土地上让英雄流离失所"（Der Sturm verschlägt den Helden ins Fabelland）（P. von der Mühll,《奥德赛》, c.720）。
④ 墨奈劳斯(Ménélas), 阿伽门农之弟，海伦的前夫。——译注
⑤ 《奥德赛》, 4, 555–558; 17, 138–144。正如奈斯托耳所言(3, 319–320)，墨奈劳斯是从"人类毫无希望返回的那个世界里"回来的。
⑥ 参阅Ch.P. Segal, "法伊阿基亚人"。然而，还有另一个地方，那地方可以交通，叫埃俄利亚(Éole)岛，但是一座浮动的岛屿(10, 3)。
⑦ 是否还有必要说，对打消倾心于荷马式地理且欲确定那些地方所在位置的爱好者的热情，我丝毫不抱希望，虽然归根结底，这样的玩法和为了重新采用我朋友J.-P. Darmon所作的一个对比，遂想要找到艾丽丝是从哪个兔窝进入"奇境"的做法同样荒谬？当然，这并不能阻止荷马式的"奇迹"像世界上的所有奇迹一样，都与"其时代的现实状况"，与主要是西地中海的部分，而且无疑在更久远的时候与西地中海都有关(参阅K.Meuli,《奥德赛》)。总之，在艾丽丝造访的那些"奇境"和维多利亚时代的英国之间，比起艾丽丝的"奇境"同满族治下的大清国之间，无疑会有更大的关系。
⑧ 欧迈俄斯(Eumée), 奥德修斯的猪倌。——译注

事中，①倒有许多是很真实的地貌。克里特岛、埃及和伊庇鲁斯都是

46 "现实"，这一点，没人会置疑！

对尤利西斯而言，从这个宇宙出来，就是从非人的世界，从超级人类(Superhumain)或低等人类(infrahumain)交替出现的世界，从卡鲁普索使之拥有神性、又险被基耳刻②堕入兽性的世界里，从必须离开之后方得返至正常状态的世界里抽身而出。从某种意义上说，整本《奥德赛》就是讲尤利西斯如何返至正常状态，如何心意已决地非要接纳人类境遇的故事。③

因此，若是非要说从食落拓枣者到卡鲁普索，一路经过库克洛佩斯和亡者之国，尤利西斯没碰到过一个严格意义上的大活人的话，那这种说法是丝毫不含悖论的。倒不是说我们有时候对此没有过迟疑。所以，莱斯特鲁戈奈斯④就有公共广场，那是政治生活的标志，但他们并不像人，而是像巨人。⑤至于基耳刻，我们首先要自问的是，她是女人还是女神，但归根到底，就像卡鲁普索一样，她只是徒有人形，会说话而已，是 δεινὴ θεὸς αὐδήεσσα,⑥ 即"会说人话的可怕女神"。有两次，尤利西斯问自己究竟在"什么样的吃粮食者"那里，也就是说在什么样的人那里，但确切地说，他并不

---

① 《奥德赛》, 14, 191–359; 19, 165–202。向裴奈罗佩讲的第二个故事(19, 262–306)有一个现实上的困难，因为尤利西斯之所以让法伊阿基亚人介入进来，显然他们也只能这么做，是由于裴奈罗佩还不知道那些尤利西斯的冒险故事和他的身份。因此，在由19世纪的评论家们发现的"增文"(interpolations)中，第273–286行的那些诗行极其罕见，所以毫无疑问必须将之保留下来。在第一个故事中，尤利西斯绕过马勒亚海岬，前往克里特岛(19, 187)，这个行程相当的合情合理，而且将"地理"真实性重新严丝合缝地确立了起来，以至真实过了头，又将之抛弃了事。那些在"谎言"中飘掠而过的"真话"以及与由"确凿的"故事所提供的"谎言"相对立的"真话"，都是荷马故事中的基本点，关于这一点，T. Todorov看得很清楚，见他的"故事"(Récit)。亦可参阅L. Kahn，"尤利西斯"(Ulysse)。
② 基耳刻(Circé)，日神之女，居住于埃阿亚。——译注
③ "奥德赛的活动基本上是向内的，归家的，朝向正常状态的"(W.B.Stanford,《尤利西斯》, p.50); 可特别参阅Segal, "法伊阿基亚人", p.274, n.3。
④ 莱斯特鲁戈奈斯(Lestrygons)，吃人生番。——译注
⑤ 《奥德赛》, 10, 114, 120。
⑥ 同上, 10, 136, 228; 11, 8; 12, 150, 449。

是在吃粮食的人那里,而是在食落拓枣者和莱斯特鲁戈奈斯人那里。[①]

从中就得出了这个极其重要的结论,即所有跟土地、耕地打交道的人,都会因此而特别开化,但根本就没在"故事"里出现过。[②] 居住着基科尼亚人(Cicones)的色雷斯是尤利西斯遇到的最后一个开化国家,他们吃羊肉,饮美酒,既给自己弄酒喝,又向库克洛佩斯奠酒。[③]

欧里庇得斯笔下的尤利西斯,从未知的国度启航时,问塞莱诺斯:[④]"城邦的城墙和壁垒在哪儿?"回答是:"哪儿都没有。在这些海岬上,根本就没有人,没有外国人。"[⑤]于是,只有防御工事见证了文明人的存在,但最多也就是短命的文明人。荷马笔下的尤利西斯亲自寻觅开垦的田地,记录人类的劳作。[⑥]当阿开亚人(Achéens)[⑦]来到基耳刻时,徒劳寻找着ἔργα βροτῶν,也就是指作物;他们想要的是森林和丛林,δρυμὰ πυκνὰ καὶ ὕλην,可以在那儿组织猎鹿。[⑧]在莱斯特鲁戈奈斯人那里,见到青烟就可使人想到家里的灶房,想到人迹,[⑨]但那儿既无牛耕的痕迹,亦无人的踪迹,ἔνθα

47

---

① 《奥德赛》,9, 89; 10, 191。同样,库克洛佩斯也不像个好的吃粮食者(10, 101)。
② W. Richter并不这样认为,见他的著作《农业》(*Landwirtschaft*)。
③ 9, 45及以下; 9, 165, 197。我不太明白Haussleiter为什么会把基科尼亚人视为吃人肉的生番!(《素食主义》,p.23。)该文本完全没作解释。
④ 塞莱诺斯(Silène),林神,为狄俄尼索斯的养父和老师。——译注
⑤ 欧里庇得斯,《库克洛佩斯》(*Cyclope*), 115–116, Méridier译。参阅Y. Garlan,"堡垒"(Fortifications), p.255。
⑥ 使用ζείδωρος ἄρουρα这一意为"盛产谷物的土地(也丰饶着生命)"的表达法并不能提供一个令人满意的标准,因为赫西俄德是在说到黄金时代的时候才用了这个表达法;然而,我注意到,该表达法共用了9次,3次只是指一个确定的地点:伊塔刻(13, 354)、法厄阿基亚(5, 463)、埃及(4, 229);其余几次意义宽泛,指的是某种类似于"低等世界"的地方。
⑦ 阿开亚人(Achéens),希腊人之总称。——译注
⑧ 《奥德赛》,10, 147, 150, 197, 251。
⑨ 同上,10, 98;基耳刻也有青烟飘来,10, 196。当从埃俄利亚回返的尤利西斯走近伊塔刻时,他看见人们在柴火边忙碌(purpoléontas), 10, 29。

μὲν οὔτε βοῶν οὔτ ἀνδρῶν φαίνετο ἔργα。[①]塞壬们(Sirènes)住在草原上，神祇们也是各有各的住地。[②]卡鲁普索所居的岛屿遍布密林，甚至还栽着葡萄树，但这种葡萄树完全不似栽种出来的。[③]但有棵树，极有人工的痕迹，就在故事所叙述的那个世界里，那就是橄榄树，这种树，尤利西斯拿来当床睡，是住宅里固定的一个点。[④]它处处可见，甚至还好几次救了尤利西斯的命，但形式却变动不居：

48　尤利西斯把它当作桩子刺瞎了库克洛佩斯的眼睛，把它当作工具的柄，用来造船。[⑤]诚然，在埃俄利亚岛，在基耳刻，在卡鲁普索的宫殿里，尤利西斯过得极为滋润，住在后面的那位女神那儿时，诗人还开玩笑，强调说人的饮食与神的饮食截然不同，[⑥]但没有人说得出这些食物来自何方，又是如何生产出来的。

　　耕地的缺失导致了另一个问题：用作献祭的食物的缺失，我们曾在赫西俄德的作品里发现这两者是如何紧密相关的。某种程度上说，我们可以扩展到这些故事的宇宙里去，赫耳墨斯上岛的时候，开玩笑地对卡鲁普索说："谁会跑遍这咸涩的茫茫大海？在你的岛屿沿岸，没有一座城市，人可用来向诸神献上隆重的百牛大祭。"

　　Οὐδέ τις ἄγχι βροτῶν πόλις, οἵ τε θεοῖσιν

　　ἱερά τε ῥέζουσι καὶ ἐχαίτους ἑκατόμβας[⑦]

　　从某种程度上说……给亡者献祭时，基耳刻予以了指点，她还

---

① 《奥德赛》，10，98。(这句古希腊语的意思是"既望不到牛群，亦无劳作的人影可见"，参阅陈中梅译《奥德赛》。——译注)
② 同上，12，159；参阅《致赫耳墨斯的颂歌》(*Hymne hom. à Hermès*)，72，欧里庇得斯，《希波克拉底》(*Hipp.*)，74。关于leimôn，可参阅A.Motte，《草原》(*Prairies*)，以及L. Kahn与N. Loraux，"亡者"(Mort)。(leimôn，草地、草场之意。——译注)
③ 同上，1，51；5，65及以下。
④ 同上，23，183及以下。
⑤ 同上，9，320；5，236；参阅Segal，"法伊阿基亚人"，p.45，62，63。
⑥ 同上，5，196–199。
⑦ 同上，5，101–102。

提供了羊羔,祭仪是在bothros[1]里举办的,且要用血来滋润亡者,[2]但与目的是滋养活人的祭献食物却有着天壤之别,而尤利西斯向泰瑞西阿斯[3]许诺,等自己返回后,会向他献上一头不育的母牛和一头黑色的公羊,也是同样的情况。[4]

在库克洛佩斯那里,与这些穴巨人形成鲜明对照的是,献祭是由尤利西斯的同伴们操作的。[5]不管怎么说,这次并没有做血祭,因为他们吃的都是奶酪,[6]而且在毗邻库克洛普斯的岛上供奉的也是奶酪——但无论如何,这是一次反常的祭仪,因为献祭用的是库克洛佩斯的绵羊肉,它们并非人类饲养的家畜——这让宙斯心里好生鄙视。[7]因此,纵令是人在献祭,哪怕是在非人的土地上,这样的献祭仍属反常。

49

现在可以差不多按顺序来重走一遍尤利西斯的旅程了,我们是从这样一个角度出发的,即各式各样他所遇见的非人(inhumanités)有哪些地方让我们感兴趣,而且我们认为坚称斯库拉[8]的非人性甚或亡者国度居民的非人性,并无多大益处。阿喀琉斯所说的话让人难以忘怀。[9]食落拓枣者虽然不吃粮食,但会吃花。他们向尤利西斯的同伴提供的食物竟然让他们丧失了记忆所及的人性的基本属性。[10]在这首诗中,就算尤利西斯不去想斯库拉的插曲,但他还会对此时时记得,尤其是他还得面对自己那些健忘的伙伴们。

库克洛佩斯的插曲提出了远为复杂的问题。本论文目标所涉

---

① 古希腊语为βόθρος,意为"地洞"、"穴"、"沟"。——译注
② 《奥德赛》,10, 516–521, 571–572; 11, 23–29。
③ 泰瑞西阿斯(Tirésias),忒拜的先知,曾预言奥德修斯的未来。——译注
④ 《奥德赛》,10, 524–525; 11, 30–33。
⑤ Θύσαμεν, 9, 231。
⑥ 《奥德赛》,232。关于不祭牛的日神献祭仪式,可参阅下文pp.54–55。
⑦ 同上,9, 552–555。
⑧ 斯库拉(Scylla),吃人海妖。——译注
⑨ 《奥德赛》,11, 488–491。
⑩ 同上,9, 84, 94–97。

的那些神话要素可另外用来作出对游牧民族——非人也是另一种人，即蛮子[①]——人种志的描述，这是一种不加遮掩的主张，强烈要求实现殖民。如果这些人懂得航海的话，"他们就会将自己所住的岛屿建得漂漂亮亮；土地不会贫瘠，会盛开各种各样果实；河岸边浪涛拍岸，泡沫迭起，草场柔软潮湿，可以在那儿种上永世不衰的葡萄树。劳作会很轻松，每年都能轻轻松松地迎来好收成，而且泥土丰饶，覆着一层肥沃的腐殖土"。[②]我们记得，尽管有这些看法，库克洛佩斯的世界却仍旧从地理上分成了两个部分，即"小岛"，完全蛮荒的土地，不知何为狩猎，尤利西斯的同伴们还在那里难忘地战斗，[③]以及库克洛佩斯人的牧场。这就说明存在着一种等级制：1)农耕者，2)狩猎者，3)放牧者，说亚里士多德也作过这样的区分，[④]也许并非无用之举。但库克洛佩斯人并不仅仅是野蛮的饲养者，既无政治制度，又不懂种植或撒种，[⑤]其实他们拥有的土地极像赫西俄德笔下的黄金时代："无需耕作、撒种，土地就能为他们提供一切，有优良的麦穗、葡萄树和成串的葡萄，宙斯的雨水让它们茁壮长大。"[⑥]库克洛佩斯人也养羊，但他们并无严格意义上的农用畜类：οὔτ᾽ ἄρα ποίμνησιν καταΐσχεται οὔτ᾽ ἀρότοισιν，意为"岛上既无畜群，亦无犁锄"。[⑦]即便我们可以不无讽刺地补充说，黄金时代

50

[①] 在尤利西斯旅途中遇见的那些人和野蛮人之间所具有的对等关系，清晰地出现在1, 198–199里，当时，伪装成门忒斯(Mentès)的雅典娜琢磨着尤利西斯是否并没有被野蛮人(chalépoi和lagrioi)俘获，而彼时，这位主人公也在自问，库克洛普斯的主人们究竟是些什么样的人：ὑδρισταί τε καὶ ἄγριοι οὐδὲ δίκαιοι, ἢὲ φιλόζεινοι(9, 175–176)；同样的质疑又出现在13, 201–202，那时是在伊塔剋，此时尤利西斯尚未明白自己已经到家。疑问还出现于尤利西斯下船登上法伊阿基亚的那一刻：6, 120–121。写下这些文字的时候，我已经读过G.S. Kirk论述库克洛佩斯的那一章节，见《神话》(Myth), pp.162–171。亦可参阅C. Calame的符号学分析，见"库克洛佩斯"(Cyclopes)。

[②] 《奥德赛》, 9, 130–135。

[③] 同上，116–120, 155–160。

[④] 《政治学》, 1, 1256a 30及以下。

[⑤] 《奥德赛》, 9, 108–115。

[⑥] 同上，109–111, Bérard译，译文经改动；亦可参阅123。

[⑦] 同上，122。

的葡萄酒很劣质，但上面这种说法总是没错的。[1]但确切地说，黄金时代的反题应该是食人肉的时代。[2]细节很独特，独特到以至于我们情不自禁地会去想他们的所作所为都是有意为之的：波鲁菲摩斯带来木头生火煮汤，但火对他一点用处都没有。这个怪物是不吃粮食的；即便被他吞食的那些人也是不吃熟食的，这点我们也能料到。他吃生食，似狮子一般，都是"内脏、肉、骨髓，吃得一丝不剩"，[3]他的所作所为丝毫未显出这是献祭的餐食，他首先把骨头剔除，这可是诸神爱享用的东西。尽管如此，这个黄金时代的食人狂却和诸神仍有着极具双重性的关系。诗人坚称库克洛佩斯人对神灵是有信仰的（πεποιθότες ἀθανάτοισιν[4]），同时这种信仰又让他们不愿去从事种植和农耕的劳作——尤利西斯对库克洛普斯和波塞冬的身世由来还是崇敬有加的[5]——，但他同时又坚称波鲁菲摩斯对尤利西斯以异乡人之神宙斯(Zeus Xénios)之名发出的召唤完全无动于衷："要知道库克洛佩斯人既对幸运的诸神毫不在乎，亦对持神盾的宙斯一无所谓。"[6]我们在此稍作停留：荷马——《伊利亚特》的作者——从某种意义上说对库克洛佩斯人是熟稔于心的，他们是Abioi(不吃食粮者)、挤马奶者和喝马奶者，是"人类当中最公正之人"。[7]这些人物(指西徐亚人)换上了Gabioi的名字，又重新出现在了埃斯库罗斯的《被解救的普罗米修斯》(Prométhée délivré)这出戏里。[8]他们也是"最公正者和最好客者。他们中间没人使用犁铧，

51

---

① 《奥德赛》, 357–359。
② 像Haussleiter在《素食主义》第23页所写的"独眼巨人波鲁菲摩斯(Cyclope Polyphème)食人肉的习惯似乎并非偶然行为"。仅仅这么去写，是不充分的。
③ 《奥德赛》, 9, 190–191, 234, 292–293。幸好，这些细节和其他一些细节被D. Page在其论著《奥德赛》中那个章节的第1–20页着重强调了一番，他比对了荷马笔下的库克洛普斯和民间传说里的库克洛佩斯。
④ 同上, 9, 107。
⑤ 同上, 1, 68–73。
⑥ 同上, 9, 275–276。
⑦ 《伊利亚特》, 13, 5–6。
⑧ 法语译本, 196 Nauck², 329 Mette, 转载于Lovejoy和Boas的《原始主义》, p.315。关于Abioi、Gabioi或Hippomolgoi, 亦可参阅Nicolas de Damas, F.Gr.Hist., 90, 104。(Gabioi指挤马奶者, Hippomologoi指喝马奶者。——译者)

也没人使用镢头来劈开泥块，切割土地，便于耕作。农田是靠自己来播种的(αὐτόσποροι γύαι)，向凡人供应取之不竭的食粮"。荷马文学上的传人会发展出一个讲述库克洛佩斯式生活类型的主题，即"优秀的野蛮人"具有何等样的特性；[①]但这么做并不仅仅涉及到文学上的传承。当厄福洛斯(Éphore)[②]引用荷马的Abioi时，他是将两种西徐亚人独立起来看待的，其一是食人肉者，另一是素食者(τοὺς δὲ καὶ τῶνἄλλων ζῴων ἀπέχεσθαι)，[③]他写道，从地理的空间来看，存在着神话上的对立关系，但也是一种结合关系：素食者和食人肉者一样，都是非人。[④]

52

埃俄利亚岛上的则是另一种类型的非人，极其古典的非人。相关细节值得我们稍微在此耽搁一会儿：这是一座漂浮的岛屿，"以青铜为墙"。耕地当然是没有，但有polis(城市)，人们在里面宴饮不休：但宴饮并非用来献祭，而躯体内填满风的公牛也不是杀来祭献给神的。[⑤]不过，埃俄利亚岛最大的怪异之处当然应该是乱伦。女人和女人之间不会交媾。埃俄洛斯[⑥]及其配偶的6个女儿却嫁给了她们的6个兄弟；[⑦]埃俄利亚的世界是封闭的：白昼宴饮，晚间睡眠，[⑧]不能算是人的oikos。

从某些方面看，莱斯特鲁戈奈斯人似乎像是库克洛佩斯人的

① 主要的文本都汇集在Lovejoy和Boas的《原始主义》第304, 358, 411页。最引人注目的或许是普鲁塔克转引的对尤利西斯的一个同伴讲的话，此人被基耳刻变成了一头猪，让他能同时体验到动物的生活和人类的生活，这人将波鲁菲摩斯富庶的土地同伊塔刻贫瘠的土地作了对比后，对"库克洛佩斯式的生火"大肆赞扬了一番(《猪》[Gryllos], 968f-987a)。
② 厄福洛斯，古希腊历史学家，为伊索克拉底的学生。——译注
③ F.Gr.Hist., 70, 42；亦可参阅希罗多德的《食人肉者》(Anthrophage), IV, 18, 这些人都住在沙漠边缘，是有限的人类。
④ 参阅上文p.43。在《伊利亚特》里，当阿喀琉斯与赫卡柏均痛不欲生或愤怒不堪时，都想把敌人吃掉：22, 347; 24, 212。(赫卡柏(Hécube)，赫克托尔的母亲。——译注)
⑤ 《奥德赛》, 10, 3-19。
⑥ 埃俄洛斯(Éole)，司掌风吹，住在埃俄利亚这座浮动的岛屿上。——译注
⑦ 《奥德赛》, 10, 6-7。
⑧ 同上, 10, 11-12。

对应物；该隐喻已不是讲狩猎，而是讲钓鱼：他们会像钓金枪鱼一样把希腊人钓上来，然后再吃掉。[1]在基耳刻那里，大自然首先是被当作狩猎场的；尤利西斯就在那儿猎得过一头怪物般的牡鹿。[2]在这儿，非人是同时以神的形式和兽的形式呈现出来的；但它具有双重身份：基耳刻的受害者都变成了野兽，像狮子和狼之类，尽管如此，这些野兽的举止仍像驯良的犬类。[3]基耳刻在谷物里加了鱼肉，[4]给尤利西斯的同伴们吃后，就将他们变成了猪，但仍保有记忆。[5]尤利西斯之所以能避开这样的命运，是因为他随身带着一棵植物，那就是著名的moly，[6]它绝佳地表明了倒置这一主题："根部黑色，花朵乳色"。[7]尤利西斯的伙伴们后来都醒了过来，但那些被变成野兽的人却没有。于是，等级制就断然地被亮了出来：1)人类，2)家畜，3)野兽。后两者不会再成为人类，或神奇般地又变回人形。[8]

　　基墨里亚人[9]作为亡者之国的邻居们，尽管拥有dêmos(民众)，有polis(城市)，但仍被排除在了人类之外，这么做出于一个事实，即他们像死人一样，都对太阳没反应。[10]

　　从某种意义上说，塞壬们可以说是食落拓枣者的凶猛版。她

53

---

① 《奥德赛》，10, 120–121。
② Δεινοῖο πελώριον, 10, 168; thêrion, 171; 关于基耳刻，可参阅Ch.P.Segal，"诱惑"(Temptations)。
③ 《奥德赛》，212–218。
④ 没有任何理由对手稿中第235行的sitôi这个词作改动。(sitôi, 古希腊语，意为"粮食"。——译注)
⑤ 《奥德赛》，239–243。
⑥ Moly, 陈中梅所译《奥德赛》里将其译为"莫利"，为一种可祛邪的魔草。——译注
⑦ 《奥德赛》，304。在第287行，赫耳墨斯只是向尤利西斯说，此草"佩于身上，自有祛病之绝佳功效"，τόδε φάρμακον ἐσθλὸν ἔχων, 意思是它能保你安然无恙。因此，它并不是我们所戴的那种护身符，而是一种可起抵御作用的物品。
⑧ 正是和人类亲近的神赫耳墨斯将莫利交给了尤利西斯，而欧迈俄斯杀猪祭献的对象也是赫耳墨斯(14, 435)。参阅L.Kahn，《赫耳墨斯》(Hermès)，注疏，pp.139–140。
⑨ 基墨里亚人(Cimmériens)，居于冥界附近的种族。——译注
⑩ 《奥德赛》，11, 14–16。

们的诱惑会使人永世不得回返，[1]但和食落拓枣者一样，塞壬们也容易被战胜。只有这几个阶段，尤利西斯才毫发无损地跨越了过去。库克洛普斯与人类的关系，犹如生食与熟食间的关系，塞壬们则属于腐烂的世界：那些遭她们构陷的受害者的尸体并不会遭吞噬，而是被留在死去的地方，日益腐烂。[2]

　　自开篇起[3]就已宣告的日神的牛群这段插曲，值得我们对之进一步详究一番。母牛和母羊都是不朽之身，换句话说，它们均可逃脱注定要劳作和用作献祭的动物那样的处境。正如基耳刻或卡鲁普索都有着凡人的样貌，正如死人乍一看也能被当作血肉之躯，日神的畜群也都有着家畜的样貌。只有一道禁令是反对屠杀它们的，对它们起保护作用。只要尤利西斯及其同伴们有粮吃，有酒喝，禁令就会受到尊重。[4]一旦粮草枯竭，替代的方法就会是这样：要么回归野蛮的本性，也就是说去狩猎，去钓鱼，这乃是一种合法的解决办法——而尤利西斯选的就是这个方法[5]——，要么就去成批宰杀禁猎的动物，这就又回到了将之视为家畜般对待，将之视为野兽而加以捕获的做法。此种解决办法，是他的伙伴们选择的。[6]但极有意思的是，荷马坚持的是这样一个事实，即祭司并没有必须用来献祭的东西：祭司在自己面前宰杀牺牲品时，应该抛扬oulai或oulochytai的做法，却被代之以扔橡树叶；[7]因此，"自然界的"产物就取代了农

---

① 《奥德赛》，12，42–43。参阅L.Kahn，"计谋"（Ruse）。对塞壬歌声所作的研究，以及对创作《奥德赛》的诗人所写的《伊利亚特》作的批评性解读，可参阅P.Pucci，"塞壬"（Sirens）。

② 至少，基耳刻就是这样来呈现事物的（同上，12，45–46）。当尤利西斯亲自讲述这则插曲时，骸骨却已消失不见，草地也已布满了鲜花（同上，12，159）。

③ 《奥德赛》，1，8–9。参阅J.–P. Vernant，"吃"（Manger），pp.240–249。

④ 同上，12，329–330。

⑤ 同上，331–333。

⑥ 同上，344及以下。

⑦ 同上，357–358；参阅Eustathe, ad 12, 359: καὶ τὰ ἑξῆς τῆς πολλαχοῦ δηλωθείσης θυτικῆς διασκευῆς; 亦可参阅ad 357。关于荷马史诗中献祭时oulai-oulochytai的作用，可参阅J.Rudhardt，《基本概念》（Notions fondamentales），p.253。（oulai，指[祭祀开始时撒在祭坛和待宰牛羊头上的]粗磨的大麦粉，oulochytai与oulai同义。——译注）

作物。与之平行的是，用于祭奠的酒也被水替换了。①献祭仪式事实
上的做法因此违背了献祭。况且，熟肉和生肉也开始呻吟了起来。②
当明确地涉及到不朽的兽类时，还能怎么做呢？人在献祭中的地
位，就是必死的兽类的肉体——其余的都得献给诸神：因此，日神
的牛群是不得用来献祭的。尤利西斯的伙伴们就是因为渎神，才没
活下来。③

　　神话世界里的这位主人公的最后一个阶段——自此以后，他
将孤身一人——将他引到了卡鲁普索的岛上，那儿是大海的中心。④
尤利西斯只要婚娶这位女神，就有可能成为不朽之身；⑤但确切地
说，卡鲁普索的岛屿是一个地方，我曾经提到过它，⑥在那儿，诸神
与凡人之间的正常交往，即献祭，是根本没有的。卡鲁普索念之若
渴的乃是反常的结合，但她也想起了先前的两次尝试，欧若拉和猎
神俄里昂之间的情爱，得墨忒耳和农神亚西翁之间的情爱，都落得
个惨不忍睹的下场。⑦古代的寓意阐释者在卡鲁普索的岛上发现了

---

① 《奥德赛》，12，362–363；最令人觉得奇怪的是，在荷马史诗的献祭中，盛在
chernibes里的水通常可用于宰杀前的准备工作（参阅Rudhardt，同上，p.254）；诗
人选择不去说这事，但却坚称宰杀之后需用酒来祭奠。以前，这段诗行曾吸引了S.
Eitrem的注意（《祭献》[Opferritus]，pp.278–280），他曾亲眼见过比血祭更古老的
仪式，所以持相信的态度，这种仪式就保存在phyllobolia（扔树叶）的做法中，某些
葬仪可资证明。"他们[尤利西斯的同伴们]都知道远古的时候，在其他地方，有过
这种做法。"说荷马的文本就此"所作的解释"没有任何意义，这种说法是毫无用
处的。L. Ziehen（《献祭》[Opfer]，c.582）不同意Etrem的观点，他认为是"诗人因环
境所迫而异想天开"。（chernibes，指洗手盆。——译注）
② 同上，395–396。
③ 《奥德赛》里令人惊异的埃塞俄比亚人，波塞冬的那些宾客们，在希罗多德的书里
（III，18与23–24）享用的食物与尤利西斯的同伴们的渎神之餐恰好形成反衬。在城
市前方的一座草场上，土地直接向他们提供了日神的案桌、煮熟的四足动物肉。埃
塞俄比亚人由于拥有芳香的返老还童泉，而几乎不会死。他们的尸体本身也感觉
不到朽坏。对日神而言，他们乃是主人，而非像尤利西斯的伙伴们那样是绝对陌生
的人。
④ 同上，1，50。
⑤ 同上，5，136；23，336。
⑥ 参阅上文，p.49。
⑦ 《奥德赛》，5，121–125。

身体的象征和须使人的灵魂同此种物质脱离开来的象征；[①]这当然不是本文想要说的：离开卡鲁普索之时，尤利西斯特意选择当人，以拒斥所有他觉得于己陌生的东西。[②]

面对我刚刚简略勾勒其特征的那个世纪，可见伊塔刻、普洛斯和斯巴达毋庸置疑均属于"盛产粮食的土地"。[③]伊塔刻本身是一座"山羊岛"，它无法像斯巴达那样喂养马匹，[④]但又是一片盛产谷物的土地，在这片土地上生长着葡萄树，"土地上有谷物、美酒，远比人们想象的要多，任何时候都雨水充沛，露水很大：是山羊栖息的好地方[……]，也是猪栖息的好地方"。[⑤]正如一段有名的——也很古老的——段落所指出的，国王要的就是，"黑土地生产小麦和大麦，树木结满了果实，畜群不歇地增多，仁慈的大海带来了鱼儿，各族民众欣欣向荣"。[⑥]恰是尤利西斯的小麦、大麦、美酒、牲口，再加上他的妻子，成了反驳求婚者的那场辩论的对象。因而，返回伊塔刻也就是返回至谷物的国度；然而，伊塔刻尚不是一个很富足的乡村。归西之前，尤利西斯应该"远至大海"。他应该前往比伊塔刻更远的地方，深入土地，直至他能把树枝当作扬谷的簸铲；[⑦]于是，向波塞冬的三重祭献就这么终止了他的冒险生活，稳定占了流浪的上

---

① 参阅F. Buffière，《荷马的神话》(*Mythes d'Homère*)，p.461及以下。

② 参阅Ch.P. Segal，"法伊阿基亚人"。

③ 同样，还有其他只简要提及的国度；尽管如此，这座岛，这座欧迈俄斯故乡的苏里亚岛(Syros)却提出了一个很特殊的问题。这儿涉及到的是盛产粮食和美酒的土地(15, 406)。但我们也知道那儿既无疾病，亦无饥馑，死亡也不严厉(406–409)。苏里亚位于"日落之处的边上"(409)，我们很难把这个名字去确定其位置。我得感谢F. Hartog将我的注意力吸引到了这一点上。同样，我也在这儿将神秘的"塔福斯"(Taphiens)提出的问题搁了一边。(塔福斯，为门忒斯[雅典娜的冒称]的故乡。——译注)

④ 《奥德赛》，4, 605–606。

⑤ 同上，13, 244–246，V.Bérard译；关于谷物，亦可参阅13, 354和20, 106–110(磨坊)；关于母牛，17, 181；尤利西斯在开法勒尼亚岛(Céphalonie)上也有母牛，20, 210。

⑥ 同上，19, 111–114；关于这篇其中王国的概念极其古老的——属于荷马的时代——文本，可参阅M.I. Finley，《尤利西斯的世界》(*Monde d'Ulysse*)，pp.119–120。

⑦ 同上，11, 128; 23, 275；参阅W.F.Hansen，"旅途"(Journey)。

风。

我想，再也不需要坚持说普洛斯和斯巴达盛产谷物的土地和饲养牲口的土地有何特点了。[①]只是，这样并不是说这三个国度都可以放在同一个平面上来看待。普洛斯是持久祭献的国家，乃虔诚的典范。当忒勒马科斯出现时，奈斯托耳正好要向波塞冬献祭；仪式上的所有细节都有提及。[②]稍后，雅典娜去献祭的地方逛了一圈，得到了好处。[③]斯巴达则不同，我们发现它的特点部分属于神话世界。墨奈劳斯的宫殿与尤利西斯的宫殿截然相异，里面有金饰、象牙和琥珀，极像阿尔基努斯的王宫，连宙斯都配住在里面。[④]斯巴达很像斯开里亚(Schéria)，[⑤]也有由赫法伊斯托斯打造的物品。[⑥]献祭在那儿是回溯性的；墨奈劳斯回忆起自己以此种方式和神话世界沟通，在得知尤利西斯就在卡鲁普索宫里的那次旅途中后，都不得不做了哪些事。[⑦]只是，墨奈劳斯今后的命运与尤利西斯的不同，他并没有死，而是住到了另一个称作香榭丽舍[⑧]的黄金时代里。[⑨]

普洛斯和斯巴达同样和伊塔刻截然相反，后者有另一个特点。它们的王国井然有序，君主会与其配偶同时现身，那儿的珍宝不容劫掠，社会生活的寻常规章都得到尊重。当忒勒马科斯抵达斯巴达时，墨奈劳斯正在庆祝自己儿子的婚礼。[⑩]在伊塔刻，则相反，我们发现对它的描写是，那是一个危机四伏的社会。王室三代人都由一个老人来代表，但他被一个女人和一个据描写显得有些迟钝的

57

---

① 比如，就普洛斯而言，可参阅3, 495, ἐς πεδίον πυρηφόρον; 就斯巴达而言，4, 41; 602–604等。
② 《奥德赛》, 3, 5及以下。
③ 同上, 3, 382及以下；425及以下；参阅细节有：大麦和洁净用水, 440及以下, 女人的吼叫, 450; 同样还有15, 222–223。
④ 比较4, 71–74与7, 86。
⑤ 斯开里亚(Schéria), 法伊阿基亚人的地域。——译注
⑥ 参阅4, 617; 15, 113–119; 7, 92。
⑦ 4, 352, 478。
⑧ 香榭丽舍, 指圣者的死后居所。——译注
⑨ 4, 563–569; 相反, 尤利西斯可以说："我并不是神"(16, 187)。
⑩ 4, 4及以下。

少年从王位上赶下台这件事，仍显得有些神秘兮兮，毕竟有人还将他和奈斯托耳作了比较。[①]总之，这是一个正在堕落、置身危机的社会，这也解释了为什么青年(kouroi)会爆发暴动，这样的社会亟待秩序重新恢复起来。

正巧献祭同时既标志着危机，又是用来解决的工具。谁会向伊塔刻献祭呢？如果我们坚持在使用ἱερεύω和σπένδω[②]这两个动词以及与之相关的动词时所用的那个标准，那所有人，包括求婚者就和尤利西斯及其一方就没什么区别了。[③]如果相反，我们对描述滴水不漏地向诸神献祭的那些文本颇为关注的话，那我们就会发现求婚者是不献祭的。说得更确切点，他们中只有一个人提出要向诸神祭酒，但说这话的是安菲诺摩斯，是尤利西斯屠杀这些求婚者时唯一未对之兵刃相向的人。[④]安提努斯(Antinoos)允诺要向阿波罗献祭，说他会按照规矩来行这仪式，会烹煮牲畜的大腿，但后来又食言了。[⑤]相反，在尤利西斯这一方，无论是回溯性的，还是注重当下的，献祭都是要永久进行的，欧迈俄斯的虔诚就得到了强调：Οὐδὲ συβώτης λήθετ ἄρ ἀθανάτων·φρεσὶ γὰρ κέχρητ ἀγαθῇσιν——"猪倌不会忘却不朽者；他是个很明智的人"。[⑥]不管

---

① 参阅1, 296–297与Finley《尤利西斯的世界》, pp.103–198的评注。尽管有古人的努力和新近的种种翻新的说法(K.Hirvonen,《母权制的生存》[*Matriarchal Survivals*], pp.135–162)，在裴奈罗佩这个讲起过母权制的人物身上，哪怕是一点点的"蛛丝马迹"都丝毫没有发现。裴奈罗佩的"特殊地位"只能由尤利西斯的不在场来加以说明。参阅J.–P. Vernant, "婚姻"(Mariages), pp.78–81。

② ἱερεύω意为"献祭；杀牲"，σπένδω意指"奠酒，酹酒，祭酒"。——译注

③ 参阅2, 56; 14, 74; 16, 454; 17, 181; 17, 600; 20, 2; 20, 264。

④ 参阅18, 153–156与414–418; 安菲诺摩斯(Amphinomos)之被杀出现于22, 94; 20, 276–279里的百牲祭究为何人所为，不得而知; 无论如何，行百牲祭的肯定不会是求婚者们。

⑤ 参阅21, 265–268。求婚者里的thyoskoos琉得斯(Liodès)被尤利西斯所杀(22, 312–329); 过去为求婚者的利益而行的献祭因而并未得到赞同。Thyoskoos为"占卜者"之意(参阅J. Casabona,《献祭》[*Sacrifices*], pp.118–119)。

⑥ 14, 420–421; 亦可参阅2, 432–433(忒勒马科斯), 4, 761与767(裴奈罗佩), 14, 445–448(欧迈俄斯); 18, 151(尤利西斯), 19–198(尤利西斯的"谎言"故事), 1, 60–62; 4, 762–764; 17, 241–243(回溯尤利西斯的献祭); 19, 397–398(追溯尤利西斯的外祖父[Autolycos]的献祭)。千万别忘了尤利西斯允诺的那些献祭(参阅上文, p.49, n.54与p.57, n.109)。

怎么说，从这样的比对中得出的结果是，必须承认ἱερεύω有时候的意思并非直接与宗教相关。[①]但这样的研究也有一个很重要的结果：献祭在《奥德赛》里有两次起到了标杆的作用：在人与非人之间，它是人的标杆；在人中间，它是社会与伦理的标杆。

不管怎么说，在像伊塔刻这样的人类世界中，至少有一个地方，能同神话的宇宙有着直接的接触：福耳库斯(Phorcys)的安身之所就有着所有这些接触，[②]福耳库斯是以库克洛普斯祖父的名字来命名的，那是一座献给宁芙们的洞穴，也就是说是献给掌管大自然和水的神祇的。我们还记得，这座洞穴有两个入口，一个是为诸神而设，一个是为凡人而设。[③]离它很近的地方有一棵神圣的橄榄树，就在那儿，[④]在树脚下，雅典娜和尤利西斯作了交谈。法伊阿基亚人(Phéaciens)将尤利西斯和他的宝藏就放在了那儿。

塞加尔(Ch.P.Segal)说得很好，法伊阿基亚人处于"两个世界之间"，[⑤]他们置身于故事的世界和现实世界的交叉点上，他们在诗中的基本职能就是要尤利西斯在各个宇宙间颠沛流离。

赤条条登船上岸至法伊阿基亚，"在既无神祇亦无凡人襄助"[⑥]的情况下——几乎如此——回返的尤利西斯栖息于一棵橄榄树下，令人惊奇的是，这棵橄榄树是双重的，ὁ μὲν φυλίης, ὁ δ

59

---

① Casabona写道："宴会的观念被放到了首要地位"（《献祭》，p.23）；确实，这是我们对此能说的最简要的话了。
② 《奥德赛》，1, 71；13, 96及以下。参阅Ch.P. Segal, "法伊阿基亚人", p.48。
③ 13, 109–112。
④ 13, 122, 372。
⑤ Ch.P.Segal, "法伊阿基亚人", p.17；亦可参阅同上，p.27："法伊阿基亚人完全成了尤利西斯回返现实世界的工具，他们也是这个想象中的王国的最后一抹正在逝去的回光返照。"Segal的整个说法，我觉得都应该保留下来，只是有时候成为他特色的"象征主义的"和"心理学上"的语汇却不行；也可参阅他的文章"过渡"(Transition)，与H.W.Clarke,《技艺》(Art), pp.52–56。1970年6月，在南特文学学院, F. Hartog在这个主题上就认赞成回忆往昔统治一说。
⑥ 《奥德赛》，5, 32；不过，他还是受到了伊诺–琉科塞娅(Inô–Leucothéa)与法伊阿基河神的帮助(5, 333–353; 5, 445–452)。(伊诺–琉科塞娅，卡德摩斯之女，原为凡人，后成仙得道。——译注)

ἐλαίης，它既是野生的，又是嫁接的，既是野生油橄榄树，又是橄榄树。[①]法伊阿基亚岛上的土地本身也是双重的，部分可与伊塔刻、普洛斯和斯巴达的土地相比拟，部分可与故事所叙世界的土地相比拟。法伊阿基亚人肯定囊括了殖民时代希腊人定居的所有有特点的要素，处于这有形的范围之内，"山脉与密林"[②]远在天边：耕地是建国者以前分配过的：ἐδάσσατ ἀρούρας。[③]那儿的田野上处处可见"人们在劳作"：ἀγροὺς καὶ ἔργ ἀνθρώπων，[④]而尤利西斯在旅途中所徒然寻找的也就是此等景象；坚固的乡镇与乡村判然有别：πόλις καὶ γαῖα；[⑤]国家有着丰盈的美酒、油料和谷物；阿尔基努斯自己就栽了长势极旺的葡萄树。[⑥]简言之，法伊阿基亚人乃是人上人；他们"懂得建造坚固的乡镇，所有人的田地都极其肥沃"。[⑦]尤利西斯下船登上法伊阿基亚岛，重新找到的其实就是他自己的人性：当他出现在娜乌茜卡[⑧]的家中时，他被比作了在山间捕猎的雄狮，牲口的宰杀者，雄鹿的猎杀者；当他离开这个国度，返回自己的家园时，就像个疲惫的农夫回到自己的家中。[⑨]

然而，法伊阿基亚的土地也是和伊塔刻的土地相对立的：阿尔

[①] 《奥德赛》，5，447；两棵树有着同一个躯干。整个古典时代都将phyliê解释为野生橄榄树（参阅Richter里的参考书目，同上，p.135）。只有某些现代文本认为那是爱神木（Pease，"橄榄树"［*Oelbaum*］，c.2006）。(φυλία并非野生橄榄树，而称油橄榄树，ἐλαία与前同意，见《古希腊语汉语词典》，罗念生、水建馥编。——译注)

[②] 5，279–280。

[③] 1.6，10。殖民时期的史学家们自然会注意到这句诗：最后，可参阅D.Asheri，"分配"（Distribuzioni），p.5。

[④] 《奥德赛》，6，259。

[⑤] 同上，6，177，191；亦可参阅δῆμόν τε πόλιν，6，3。(πόλις καὶ γαῖα，意为"城市与乡村"。——译注)

[⑥] 同上，6，76–79，99，293。

[⑦] 同上，8，560–561。

[⑧] 娜乌茜卡(Nausicaa)，阿尔基努斯和阿瑞忒之女。——译注

[⑨] 同上，6，130–133；13，21–35。

基努斯的花园①是一座魔幻的花园，无季节之变幻，西风神(Zéphyr)
吹拂着气息，葡萄树盛开着花朵，挂着绿色的葡萄和成熟的葡萄；
简言之，这儿并不仅仅是一座果园，而是黄金时代的一座小岛，置
身于法伊阿基亚的中心地带。相反，莱耳忒斯②的花园就再普通不
过了："每一根葡萄枝都有收获葡萄的时节，每一串葡萄都各有千
秋，会循着宙斯的季节而变换。"③—一方面，这儿就是克洛诺斯的时

---

① 《奥德赛》，7, 112–132；显然，若用荒谬的借口说"在[迈锡尼的那些城市]坚固而
又促狭的内城里，围墙之内根本不会有地方可以置放这么大面积的果园，能既当
葡萄园，又当菜园"(Bérard, C.U.F版, I, p.86)，那在《奥德赛》中剔除这段有名的
描写是不成问题的。还必须注意的是，该文本乌托邦式的神话式的特色也能在
古典时代清晰地感受得到；因此，扬布罗斯(Iamboulos)的希腊化时期的乌托邦里
就引用了120–121的诗行(Diodore, 2, 56)。关于阿尔基努斯的花园，还可参阅A.
Motte，《草原》(Prairies)，p.21。
② 莱耳忒斯(Laërte)，奥德修斯之父，忒勒马科斯的祖父。——译注
③ 《奥德赛》，24, 342–344, Bérard译；参阅Segal，同上，p.47；他在这里提出的一
个问题，我觉得自己没法解答。我觉得，我截至目前所写的那些进路和接下来的进
路，即我试图强化那些至少承认存在整体的"建构"的作者的地位，像G.S. Kirk
就说它是不朽的作曲家(a monumental composer)，都是想让荷马史诗与其所处的
时代保持着平衡(参阅G.S.Kirk，《歌》[Songs], pp.159–270；A.Parry的修订本，
"伊利亚特")。这也是我的立场，但必须承认的是，第24首诗有着特别的困难之
处，里面有各种反常之处，尤其是语言学上的，可以说是不胜枚举(参阅Page，《奥
德赛》，pp.101–136，给出了一种颇为极端的看法，与Kirk，《歌》，pp.248–251)。况
且，我们也知道希腊化时期的批评家们，如阿里斯塔克斯(Aristarque)和阿里斯托
芬(Aristophane)，都认为《奥德赛》终于第23首诗的第296诗行。难道我们真的以
为所有这些批评家的观点都是建立于假设之上，因此他们提出第7首诗和第24首
诗之间可以调和起来的看法也就荒唐无稽吗？对那些只以语言学模型为基础来作
结构分析的人而言，这个问题毫无意义，况且他们也看不出究竟是什么阻止了他
们对《伊利亚特》、《摩诃婆罗多》及《失乐园》进行"结构分析"。于是，这位历史
学家也就打个招呼，抽身而退了！但还是有可能以截然不同的眼光来看待问题的。
普罗普(Propp)和他那些或远或近的弟子们所作的研究(参阅V.I.Propp，《形态学》
[Morphologie]；Cl.Bremond，"消息"[Message]、"后裔"[postérité])表明，在"文
化的共通氛围"(air culturelle commune)中，复杂的叙事整体可化简至一小部分占
据不同地位的简单的要素。实际上，我觉得很清楚的是，在《奥德赛》里，黄金时代
花园这一主题要让人面对的是引领访客走向死亡的那个少女。我还觉得对史诗叙
事主题分析，像Milman Parry的研究所作的那样，最终都能导至同样的方向(参
阅A.B.Lord，《歌手》[Singer]，尤其是pp.68–98)，就此而言，这样的分析便表明了
古代的主题(而且我们并不清楚的是尤利西斯和莱耳忒斯最终的见面如何才能不
成为一个古代的主题)也能在往后固定下来。这两项研究如能结合起来的话，是会
有好处的。因此，我并不认为部分内容是历史拼凑起来的《奥德赛》从结构上说，
未尝不能成为均质化的《奥德赛》，但我必须承认的是，细节的论证仍很不够。

61 代，另一方面，又是宙斯的时代。[1]此类比对还能走得更深入。看守阿尔基努斯屋宅的犬只们，赫法伊斯托斯用金银锻造的作品，都是不朽之身，自然也会拥有永恒的青春；反之，每个人都知道阿耳戈斯犬的年纪肯定有尤利西斯不在家的那段时间那么长。[2]

现在，关于献祭还有什么好说的呢？在法伊阿基亚献祭，和在普洛斯或伊塔刻差不离：θεοῖσι ῥέζομεν ἱερὰ καλά，即"我

62 们将献给诸神优质的牺牲"，[3]阿尔基努斯就是这么说的。他们是按照尤利西斯离家之前的规章来献祭牛只的，[4]而且当法伊阿基亚人受到协宙斯之助的波塞冬的威胁，说要把他们悉数摧毁，他们的命运就悬在阿尔基努斯决定向他们祭献何物这样的结果上：ἑτοιμάσσαντο δὲ ταύρους，[5]即"他们准备了公牛"。这是法伊阿基亚人在史诗里的最后一幕戏，我们没去多想的是他们今后的命运会如何，这乃是命运悬空的一个独特的例证。然而，从同样的层面上来看，法伊阿基亚人并不是像其他人那样的人。阿尔基努斯可以说："当我们大肆铺张，向诸神祭献我们的牛时，他们会来坐于我们身边，和我们共同分享餐食。"[6]这种共同享用食物的做法和正

---

① 更确切地说，我们在这儿也有对等物，即赫西俄德和他的后继者们也是这么说的，因为我并没有忘记库克洛普斯的土地也是由宙斯养育的(9, 111, 358)。我们知道，荷马笔下的克洛诺斯只是被关在坦塔罗斯的宙斯的父亲而已(《伊利亚特》, 8, 478–481)。

② 《奥德赛》, 7, 91–92; 17, 290–327; 欧迈俄斯也养了几头完全现实中的、猎猎吠叫的狗。

③ 同上, 7, 191; 参阅7, 180–181。

④ 同上, 13, 26与13, 20, 30及以下(向宙斯祭酒)。

⑤ 同上, 13, 184。

⑥ 同上, 7, 201–203。法伊阿基亚人因此也就有了像埃塞俄比亚人一样的特权(1, 24–25); 亦可参阅6, 203–205："我们对不朽者来说是很珍贵的；我们居住僻远，在波涛汹涌的大海深处，在世界的尽头(eschatoi)，凡人从不会经常看望我们"; 参阅S. Eitrem, "法伊阿基亚"(Phaiaker), c.1523。在万神祭中所描写的与诸神的熟络(théoxénies)同与凡人的疏远是相辅相成的。当雅典娜参加由奈斯托耳及其儿子们敬称的祭献时(《奥德赛》, 3, 43及以下)，她是乔装打扮去的；相反，阿尔基努斯坚称这是一个事实，因为在法伊阿基亚人的国度里，诸神是不用乔装打扮的，οὔ τι κατακρύπτοσιν(7, 205)。献祭的餐食是当众享用的(δαίνυνταί τε παρ ἄμμι καθήμενοι ἔνθα περ ἡμεῖς, 7, 203)。同样，在埃塞俄比亚人那里，波塞冬也出席了宴饮(δαιτὶ παρήμενος, 1, 26)。表面上看，乔装改扮的雅典娜在奈斯托耳家里同样表现得很好(ἦλθε ἐς δαῖτα, 3, 420)。但自从变成了一只鸟，却被人认出时(3, 371–372)，她便又以隐形的女神形象去尝取自己的那一份祭献了(3, 435–436)。可见，奈斯托耳和忒勒马科斯并没有法伊阿基亚人那样的特权。

常的献祭截然不同, 相反, 正常情况下, 人和诸神是要分开的。[①]法伊阿基亚人当然也是人; 阿尔基努斯和尤利西斯彼此都称自己是必死之人,[②]而这恰恰就是人类的飘摇处境, 法伊阿基亚人最后一次出现于诗中时, 就体验到了这一点, 但他们也是ἀγχίθεοι, 即诸神的近亲; 此处涉及到的这个修饰语并非出于礼貌才用——该词在荷马笔下只出现过两次, 而且只是在谈起他们时才用的。[③]这些人, 从前乃是劫掠他们的库克洛佩斯人的邻居, 后被那乌西苏斯安置到"远离吃粮食者的人类"的地方, ἑκὰς ἀνδρῶν ἀλφηστάων。[④]正如我们曾经说过的, 从某种意义上讲, 他们就是库克洛佩斯人翻转过来的版本。[⑤]所有那些人类的美德, 热情好客的践行,[⑥]虔敬, 天赋的技艺和办节庆的技艺, 都是库克洛佩斯蛮子的对衬。但还可以说得更多, 说得更妙: 法伊阿基亚人与库克洛佩斯人之间古老的亲缘性和现在的疏离性阐明了其间有着更为微妙的关系。"阿尔基努斯说, 与诸神相比, 我们都是他们的近亲, 就像库克洛佩斯人和野蛮的巨人部族之间那样", ὥσπερ Κύκλωπές τε καὶ ἄγρια φῦλα Γιγάντων,[⑦]况且, 巨人族还被莱斯特鲁戈奈斯人同化了过去。[⑧]亲缘性和近亲性, 便邀请我们在研究法伊阿基亚的同时, 也要研究一

63

---

① 反之, 在赫西俄德的某个残篇中(Merkerbach–West, n°1), 同席进餐构成了献祭之前, 人与诸神之间确立起来的关系的一个特点。

② 参阅7, 196–198与13, 59–62。

③ 《奥德赛》, 5, 35与19, 279。

④ 同上, 6, 8。J.Strauss–Clay ("山羊岛")巧妙地作了假设, 他说这座住着法伊阿基亚人的岛屿非他, 就是山羊岛, 就在库克洛普斯的边上; 而且, 她还发展了这两种人之间的亲缘关系这一主题, 见《狂怒》(*Wrath*), p.125–132。

⑤ Segal, "法伊阿基亚人", p.33。

⑥ 只是热情好客的说法有些暧昧, 因为乔装的雅典娜预先告知过尤利西斯: "此地的外邦人待客之道极差; 对外乡人, 他们既不设宴招待, 亦不款款抚慰"(7, 32–33); 当然, 后来, 雅典娜的这席话并未得到任何佐证。但娜乌茜卡却早已说过(6, 205)人们极少来法伊阿基亚人的国度(参阅下文, n.144), 而雅典娜则用浓雾将尤利西斯裹起, "以防他穿城而过时, 某个骄横的法伊阿基亚人问他甚名谁, 出言不逊"(7, 14–17)。因此, 在法伊阿基亚人好客的底下, 我们清晰地看到了将法伊阿基亚同库克洛普斯相比对的那个影像。

⑦ 《奥德赛》, 7, 205–206。

⑧ 同上, 10, 120。

番这些故事所属的世界里的蛛丝马迹，以及背转过来的样貌。

下船登上阿尔基努斯的国度后，尤利西斯遇见了一个洗衣的少女，女孩邀他去找自己的父母。[①]在别处，他也遇见过一个在泉边汲水的少女，后者也向他抛出了同样的邀约，而这位少女就是莱斯特鲁戈奈斯国王的女儿。无论是食人的王国里，还是在好客的王国，尤利西斯总是先见到王后，再见到国王。[②]娜乌茜卡是少女还是女神呢？这个问题提得很庸常，[③]但必须好好看清的是，娜乌茜卡是一个长着神样相貌的少女，而基耳刻或卡鲁普索则是长着少女样貌的女神。[④]阿尔基努斯抛出的姻缘，以及谨言慎行的娜乌茜卡本人谈及尤利西斯时的似水柔情，[⑤]均让人想起两位女神强烈提出的那些计划。塞壬们，这些妖怪，乃是歌唱特洛伊战争的行吟诗人，[⑥]就像德摩道科斯[⑦]在阿尔基努斯宫中唱得尤利西斯泪流满面那样。[⑧]用诗歌的语言表达出来，一方代表了危险的一面，另一方则代表了祥和的一面。[⑨]

当然，我们可以提出异议，说像尤利西斯这样的人所身处的如许多的境遇会是无穷无尽的，说得没错。但或许有一点是极为独特的：尤利西斯在那些行事有效的法伊阿基亚舳公之前，就已遇到了第一个舳公，此人一路护送他直至伊塔刻的近旁：埃俄利亚，风的

---

① 《奥德赛》，7, 296–315。
② 同上，10, 103–115。
③ 同上，6, 16; 6, 67; 6, 102及以下; 7, 291; 8, 457。
④ 整个问题的症结就在于，在赫西俄德的诗歌里，问题出在潘多拉身上，她是第一个同时长得既像处女，又有着女神形象的女性(参阅N. Loraux，"女性种族"，pp.45–49)。
⑤ 《奥德赛》，6, 244–245; 7, 313。
⑥ 同上，12, 184–191。
⑦ 德摩道科斯(Démodocos)，法伊阿基亚的盲歌手。——译注
⑧ 《奥德赛》，8, 499–531。参阅F. Frontisi-Ducroux，"重拾的时光"(Temps retrouvé)，pp.542–543。
⑨ 参阅M. Detienne，《真理的主人们》(Maîtres de vérité)。

掌管者，①像法伊阿基亚人一样，埃俄利亚的一辈子都是在宴饮中度过的。在这两次"回返"中，尤利西斯睡着了，而他做的梦，在埃俄利亚那儿住过之后是场不祥的噩梦，而在中途停靠于斯开里亚时，却又是场祥和的清梦。②我们还记得，埃俄利亚一家人喜欢搞乱伦；可是，如果我们仔细读一读引入阿瑞忒③和阿尔基努斯谱系的那些诗行之后，就会发现法伊阿基亚的这对国王夫妇也是一般无异：

Ἀρήτη δ ὄνομ ἐστὶν ἐπώνυμον, ἐκ δὲ τοκήων

τῶν αὐτῶν οἷπερ τέκον Ἀλκίνοον βασιλῆα

65

"阿瑞忒是她最合适的姓名[最合适之人]，她和阿尔基努斯为共有的祖先所生。"④诚然，后文修正了这种印象，听众们肯定也能感觉到这一点：阿瑞忒并非阿尔基努斯的妹妹，而是他的侄女——然而，任凭添加的文字再怎么解释，也仍没有说服力。⑤

然而，我们在斯开里亚见到的"现实世界"，无论如何与旅途中的神话世界是没什么两样的。这在论述土地和献祭时已得到证明，但此种说法还可延伸至整体的社会组织。尤其是普洛斯、斯巴达、伊塔刻的社会体制都能在法伊阿基亚见到⑥，而宫殿里的组织

---

① 《奥德赛》，10, 21。
② 参阅10, 31与13, 92；关于《奥德赛》中梦这一主题，可参阅Ch.P.Segal，"过渡"，pp.324–329。
③ 阿瑞忒(Arétê)，阿尔基努斯之妻，法伊阿基亚人的王后。——译注
④ 《奥德赛》，7, 54–55。(据陈中梅所译《奥德赛》p.164，注疏2所言，阿瑞忒意为"被祈愿者"，含被祈愿而得来之意，故而阿瑞忒极受国民的崇敬。——译注)
⑤ 有条注解指出，"赫西俄德"认为阿瑞忒和阿尔基努斯就是兄妹关系(参阅《奥德赛注解》[Schol. Odys., 7, 54, p.325[Dindorf]=[Hésiode]，法译，122[Merkelbach-West]；亦可参阅Eustathe, ad 7, 65])。自此以后，就产生了两种解决办法：要么赞同注解者的话(E.P.Q.，同上)，认为τουτο μαχεται τοις εξης，即"与下文不符"，而且还可以像自A.Kirchhoff(《构成》[Composition], pp.54–56)以来所操作的那样，将第7首诗的56–58诗行和第146诗行(阿瑞忒被称为瑞克塞诺耳之女)视为添文，要么承认诗人先让这对国王夫妇表面上显得乱伦，后面又作了纠正；关于埃俄利亚和阿尔基努斯之间具相近性这一层意涵，可参阅G.Germain，《创世纪》，p.293。
⑥ 首先，当然是国王和王后；这样的一些表达格式可用来描述这对国王夫妇在普洛斯、斯巴达和斯开里亚的就寝情况(参阅3, 402–403；4, 304–305与7, 346–347)。

详情，伊塔刻和阿尔基努斯是一模一样的。这难道是"偶然"吗？尤利西斯和阿尔基努斯都有50名仆人，[1]这些一模一样的人物并未产生两个一模一样的社会。因此，在斯开里亚，至少肯定有一个"勃然大怒的年轻人"，此人是欧鲁阿洛斯(Euryale)，他羞辱了尤利西斯，但后来又被迫道了歉。[2]我们会在法伊阿基亚徒劳地寻找猪倌、牛倌和羊倌。我们会在伊塔刻徒劳地寻找那些有经验的水手，他们在没有领航员的情况下，也能指引法伊阿基亚的那些"永不犯错的艄公们"。[3]伊塔刻是一座岛屿，岛民们以前都是坐船外出的，现在再怎么看，它都不是一个水手的国度，即便尤利西斯已习得了必须的技能。一回到家后，他便将自己船上的物品，拿来纯粹敷地上之用，并将不忠的仆人们都吊死在上面所说的那艘船上。[4]

相反，法伊阿基亚是一个不可能存在的理想社会。在王国发生全面危机的时候，荷马向我们描述了一位懂得如何重建和平的国王，他统治着12个俯首称臣的国王，[5]统治着听话的儿子们，统治着一个女人，不管人们说什么，女人唯一的职能就是说情，[6]他还统治着其职责仅限于提供建议的老人们，[7]他们既不会像莱耳忒斯那样百般疏离，也不会像埃古普提俄斯[8]那样出言不逊。[9]阿尔基努斯的宫殿从某种意义上说是个完美的oikos，但我要重申一遍的是，它是

---

① 参阅22, 421与7, 103。
② 《奥德赛》，8, 131及以下；8, 396–412。
③ 同上，7, 318–320; 8, 558, 566; 16, 227–228。
④ 同上，22, 465–470。
⑤ 同上，8, 390–391。
⑥ 只需参照7, 146及以下，读这些诗行时不要对母权制有任何预设的概念，M. Lang的"口头技艺"(Oral Technique)，p.163也保留了这些诗行。
⑦ 参阅厄开纽斯的介入，7, 155–166。(厄开纽斯[Échénéos]，法伊阿基亚的长者。——译注)
⑧ 埃古普提俄斯(Égyptios)，伊塔刻的长老。——译注
⑨ 试比较厄开纽斯的演讲和埃古普提俄斯老人的演讲，2, 15–34。

不可能存在的; 法伊阿基亚人对兵刃相见是不加理会的,[1]他们还完全忽略了政治斗争: 我们可以拿第2首诗里伊塔刻暴风骤雨般的agora和法伊阿基亚人的集会作一下比较。[2]即便像忒勒马科斯那样最无经验的毛头小伙子也可以hypsagorês,[3]在agora上陈说一番, 毫无疑问, 我们在此直接触及到了一种历史的现实。我们会注意到, 普洛斯也避开了王权的危机, 墨奈劳斯的斯巴达亦是如此。这两者都是秩序井然的国家, 危机的历史现实之所以出现在那儿, 乃叙述的逻辑要求使然。伊塔刻的危机在人的世界里并不必然会在可见。[4]在以法伊阿基亚为一方, 普洛斯和斯巴达为另一方的这两者之间的区别究竟在哪里呢? 回答是毋庸置疑的, 它就在普洛斯和斯巴达国土的本质属性里。吊诡之处在于: 就在希腊的某些城邦着手海上冒险, 前往西方殖民时,《奥德赛》的诗人也将水手的城邦描述得极端乌托邦。从某种意义上说, 尤利西斯想在伊塔刻重建的, 恰是与法伊阿基亚人的国度可资比较的那种秩序, 但他并没有做到这一点: 斯开里亚东道主们的宴饮, 不管有没有诸神的参与, 都不是他所能获取的, 而在第24首诗中, 他还必须与遭其屠戮的求婚者们的家庭达成和解。法伊阿基亚人在人的世界里重新引入了这种秩序, 而他们的隐匿则导致了尤利西斯在其漫漫征途中所遇见的那些非人的奇幻故事。我们可以将斯开里亚看作是希腊文学中的首个乌托邦,[5]只是我们尚未来到政治乌托邦与黄金时代分离开来的那个时刻。[6]斯开里亚仍旧在法伊阿基亚, 将这个 "理想" 社会同另一个完

67

---

[1] 《奥德赛》, 8, 246。

[2] 同上, 8, 25及以下。

[3] 同上, 1, 385; 2, 65。(hypsagorês, 指 "阔谈胡说", 此处引用的是陈中梅所译《奥德赛》里的译文。——译注)

[4] 这一点是M.I.Finley以充足的理由让我注意到的。

[5] 参阅M.I.Finley,《尤利西斯的世界》, pp.123–125。

[6] 关于该主题, 可参阅M.I.Finley, "乌托邦主义"(Utopianisme)。我完全赞同Finley理论上的设想, 但我认为还是应该说, 在整个希腊化时代, 乌托邦都是将古代神话及千禧年主义同政治上的对抗紧密连接起来的(参阅L. Gernet, "未来的城邦"[Cité future])。这与公元前5世纪的状况并不相同; 像米利都的希波达莫斯(Hippodamos de Milet)那样的人所设想的乌托邦(亚里士多德,《政治学》, II, 1267b 30及以下)是无法通过参照神话思想来得到阐释的。

美城邦的代表区分开来的, 就是《伊利亚特》第18首诗中赫法伊斯托斯在阿喀琉斯的神盾上所绘的战争或和平景象, 此描绘中的所有元素, 从设伏到审判, 均是借用自现实世界。但黄金时代注定会消隐无踪, 而尤利西斯的旅程也只能是回返伊塔刻了。[①]

① 对此还有各种后续研究, 尤其是H.Foley,《直喻》(*Similes*), 及以下, 与S.Saïd,《罪行》(*Crimes*)。

第二节　诸神的时间与人类的时间*

"就古希腊文化而言[……]，时间的展开是循环的，而非直线型的。它被清晰明了的理想准则所掌控，将真切的及整全的存在视为其自身及与自身保持同一者，视为永恒与持久，它将运动和生成看作现实当中低等的等级，在这等级之中，同一性——最多——只能被循环的法则以持久和永恒的形式加以领会。"

普奇(H.–Ch. Puech)就是如此[1]概括了一个理论，这是一种传统的理论，保有一定程度的真理。因此，我们在本章中并不想向这种阐释开战，且剥夺犹太–基督教思想的荣耀地位，不去承认它对人之历史性所作的规定。但如此泛泛而谈地以整体的方式去表达出来，这样的真理就会冒着无法关注所有事实的风险。[2]在那愈是要严格这么做的地方，真理就越会常常以肤浅的、仓促的方式呈现出来。当我们获知古人只"了解"循环的时间，也就是说宇宙的时间时，[3]我们想说的是他们忽视了另一种时间，或者说他们是胸有成竹地将之摒弃了吗？只有唯一一种获得普遍接受的调研方法能够作出证明。因此，就必须召唤出大量的史诗文本、悲剧文本或历史

69

---

* 刊登于《宗教历史杂志》(*Revue de l'histoire des religions*)，1960年1–3月，pp.55–80，副标题如下："论希腊人尘世体验的若干方面"(Essai sur quelques aspects de l'expérience temporelle des Grecs)。

[1] "时间"(Temps)，p.34；亦可参阅"诺斯替教义"(Gnose)，pp.217–224。我们还可在下述的著作中找到对这一古典论题所作的阐述：Mircea Eliade，《永恒回归》(*Éternel retour*)；O.Cullmann，《基督与时间》(*Christ et le Temps*)；F.M. Cornford，《原理》(*Principium*)，p.168及以下；I. Meyerson，"时间"(Temps)。通过对比，我们还可指出A. Momigliano后来所作的基础性研究，"时间"(Time)，以及R. Caillois部分受到现有的研究所启发的一些评注，或许受启发的痕迹还很深，"循环时间"(Temps circulaire)。

[2] 参阅V.Goldschmidt的总体性评注，《斯多阿派的体系》(*Système stoïcien*)，pp.49–64，与F.Châtelet，"历史的时间"(Temps de l'histoire)，特别是p.363, n.1。

[3] 参阅B.A.Van Groningen独创性的尝试，见《吸握》(*Grip*)。

文本，甚至于演讲文本，[1]以及纯粹的哲学文本。

如果希腊的古典时代果真彻头彻尾地经历了"历史的恐怖"（米尔西亚·埃利亚德[2]），那这样的事实就应该处处都可见到。然而，只需打开比如说铭文的汇编本，就会发现里面根本什么都没有。当希腊城邦在德尔斐神庙呼召米底亚战争的历次胜利时，[3]当保撒尼阿斯说他自己是普拉塔亚战役中军队的首脑时，[4]当庆祝埃翁大捷的雅典人将他们的现在同久远的往昔相连时，[5]我们只能说"这些人类活动并[不具备]'自主的'内在价值"。[6]在这些镌刻的献辞中，我们根本就找不到这种古代东方以之为特色的"神权政治的"历史概念，科林伍德(R.G.Collingwood)曾对这种特色作过很棒的分析。[7]城邦，经由其文字，断言自己掌控了时间。最后，我们还要注意到如果我们只谈"永恒回归"的话，那这样的争论是会走样70 的。永恒回归就其本来应有的意义而言，是一个极为特别的教义，它在希腊思想中的地位是确确实实的，但受到了限制。如果如年轻时的帕斯卡所言，所有的争论都是在围绕着"直线和圆形"的话：那这份概要[8]所涉及的就不是去反对循环时间和线性时间，而是证明从荷马到柏拉图，在诸神的时间和人类的时间当中，究竟确立起

---

① 参阅V. Goldschmidt，《斯多阿派的体系》，p.50。
② 米尔西亚·埃利亚德(Mircea Eliade; 1907–1986)，罗马尼亚历史学家、哲学家，执教于芝加哥大学。——译注
③ R. Meiggs与D. Lewis，《选集》(Selection)，n°27。
④ 《讽刺短诗集》(Anthol. Palat.)，VI, 197，转载于Meiggs与Lewis的《选集》，p.60。
⑤ 参阅F. Jacoby的评注，"讽刺性短诗"(Epigrams)，pp.510–517，与N. Loraux，《创新》(Invention)，pp.60–61。
⑥ M. Eliade，《永恒回归》，p.18。
⑦ 《观念》(Idea)，p.14。可特别参阅对镌刻摩押王米沙胜利的石碑所作的分析(公元前9世纪)。我们还可以在希腊碑铭和此种类型的"给神的公报"之间轻易地给出大量比对。
⑧ 很快就能写完，但体系上并不完整。在其他人之后，比如说，重新审视"埃利亚派的诡辩"，是于事无补的。我们不会再像现象学研究希腊宗教时欲对时间作规定那样，去研究时间。比如可参阅G. Dumézil，《时间与神话》(Temps et Mythe)。

了何种关系。①

荷马笔下的英雄想要拥有的是一种全面循环的时间观念，但他并没有手段去达成这一点。他的宇宙学知识并未超越某些极端空泛的概念，就像有人说的，它们甚至和许多"原始人"②一样原始。因此，为将传统的概貌应用至荷马世界的那些尝试，当其避开纯粹简单的错误时，似乎并不能看清本质性的东西，亦即看不清人类的种种行为。③

然而，《伊利亚特》从开篇起，就告诉我们：缪斯受召前来从头叙述一则故事(ta prôta)，而这则故事只能诉求于"宙斯的意志"方能得到解释。

阿开奥斯军队里瘟疫横行乃是记录在人的簿册里的神的决策，但这种事只有祭司克律塞斯、占卜者卡尔卡斯④与诗人才明白。因而，神的时间，及神话的时间，是与人的时间，及真实的时间，相对立的。

缪斯们都是记忆女神的女儿，但在荷马那里，她们都允许诗人像神一样去掌控混乱的时间与人类的空间："现在请对我说吧，居住于奥林匹斯山的缪斯——因为你们都是女神，处处亲在，知晓一切；我们只是传闻，我们啊，我们一无所知——，请对我说吧，缪斯

---

① 在写这些文字的时候，我未加理会的是下面一点，即对当时受西西里的狄奥多罗斯(Diordore de Sicile)启发的维柯(G.B.Vico)而言，所有的人类国家都会相继经历诸神、英雄和人类的时间。这只不过是一种纯粹的文字游戏而已。

② 参阅M.P.Nilsson，《原始时间》(*Primitive Time*)，特别是p.110及以下与p.362。

③ 尤其可参阅R.B.Onians，《起源》(*Origins*)。作者尝试从词源学上阐释荷马史诗中指称其所在时代的那些主要语汇。一方面，所提出的那些词源常常不太具说服力；另一方面，根本没法证明所演绎出的那些意义有着可被人感知的那层意义。即便我们对此加以认可，比如说，télos(目标)和polos(转动的枢轴)意思相近，但我们仍会对τελεσφόρος ἐνιαυτός(《伊利亚特》，XIX, 32)这一表达方式意指"全年形成的整全的圆环"(Onians，同上，p.443)表示怀疑。此外，关于Onians接下来的方法有哪些风险，可参阅A. Meillet，《语言》(*Langue*)，pp.65—67，与J. Paulhan，《证明》(*Preuve*)。

④ 克律塞斯(Chrysès)，克律塞城阿波罗神庙的祭司；卡尔卡斯(Calchas)，希腊联军里的占卜师。——译注

[……]，阿开奥斯人中间谁会首先剥取血淋淋的铠甲，而此时(ἐπεί)声名显赫的撼动大地者就会使战斗有利于他们。"①因为，对人类的观察者而言，时间确乎是乱成一团。阿喀琉斯拔剑出鞘，后又收剑入鞘，他的助手们却并不能理解这尘世的序列意有何指。事实上，隐身的雅典娜对他讲了话，而她的那番话，正如夏雷(R. Schaerer)所言，"在他面前开启了看待时间的视野"。②"来，我要向你宣告，这样的事情会成为事实：正因为他傲慢无礼，今后你会有三倍的光荣礼物。"③因此，人类时间之所以会混乱不堪便得到了解释，其因就在诸神时间的秩序之中。"请你告诉我，在这世界上，人类的灵魂究有何物？每天清晨，人与神的父亲就会往里添加"，④这样的秩序当然复杂，而其本身也是引导世界的各种力量"折中"的结果，但秩序仍然是秩序，它允许荷马向背负着黄金天秤的宙斯展示阿喀琉斯与赫克托尔的"死亡判决"(Kères)，并观察到那天是赫克托尔的"丧命之日"(aisimon hêmar)，后者在天秤上更沉。⑤折中是有限的，诸神随心所欲地玩弄着人的时间，像雅典娜重焕青春，或尤利西斯变老。⑥

---

① 《奥德赛》，II, 484–487; XIV, 508–510(Mazon译); 亦可参阅XII, 175及以下 "F. Robert注意到，尤其是，诗歌灵感中神的因素似乎具有一种力量，能让各式各样大量的事实起死回生，等大规模地保存、固定、展现某种信息，而人类的记忆力应没有能力支撑这种做法"(《荷马》[Homère], p.13)。亦可参阅Van Groningen，《吸握》，p.99。

② René Schaerer，《古代的人》(Homme antique), p.17。

③ 《伊利亚特》，I, 211–214。(文中所引《伊利亚特》的诗行，译者均参考罗念生的译本。——译注)

④ 《奥德赛》，XVIII, 136–137。我们来举一个典型的例子：当格劳科斯(Glaucos)讲自己的故事时(《伊利亚特》，VI, 145及以下)，他就开始说那样做是毫无用处的，还展现了一幅有名的图像："正如树叶诞生，人也如此……"，然后，他就将自己的家族同神联系在了一起。

⑤ 《伊利亚特》，XXII, 208–211。我们知道白昼是某样从天而降的东西(参阅Onians，《起源》，p.411)。R. Schaerer研究过天秤这幅图像，以及它在希腊文学中意味着什么(《古代的人》，多处); 亦可参阅M.Detienne，《真理的主人们》，pp.37–39。

⑥ 《奥德赛》，XIII, 429及以下。

从希腊文学出发，就有了互相对立的两种类型时间，我们还可将 "感受的" 和 "心智的" 这两个修饰语用在它们身上。在何种情况下，可以超越这样的对立呢？[1]

事实上，从我们涉及到赫西俄德的诗歌来看，其视角的变化就极大。而在《神谱》中，诸神的时间是循着极长的线性序列走的，人的 "劳作与时日" 是以他们所能做的那样组织起来的，围绕着季节的节奏而衰败下去。就我们的看法而言，《神谱》是一部很重要的作品。[2]因为，在希腊，第一次出现了神的世界以 "历史" 神话的形式被组织起来。[3]总之，神话很复杂，它可被分解成两个，甚至三个 "层级"，[4]用于阐释各种类型的思想。赫西俄德的世界首先（我们遵循文本的顺序来看）是一个没有造物主的世界，各种自然力量因卡俄斯(chaos)与纽克斯(nuit)[5]成双成对之故而彼此分离着，就像极传统的东方的宇宙起源论那样。从某种意义上说，这些事件是在线性的时间里舒展开的，但只需凑近看，就能观察到这一谱系与编年的概貌放在上面有点画蛇添足。因此，在卡俄斯(Chaos)的后裔与该亚(Gaia)的后裔之间并无关联；况且，该亚的大部分孩子生到世上来，并无 "男性"

73

---

[1] 我们可以继续分析、证明，比如说，荷马编年史里的不尽协调之处。裴奈罗佩不会变老。奈斯托耳永远是个老头。在后一种情况下，难道涉及的是 "神话时间" 的法则，就像Van Groningen所想的（《吸握》，p.96），或者相反，如A.W.Gomme的《希腊的态度》(Greek Attitude)第一章里所讲的，诗人很难与 "编年" 合拍吗？最后，为了研究荷马史诗里关于时间的其他层面，我们来看看H. Fränkel的 "理解时间" (Zeitauffassung)对此所作的研究。他特别指出(pp.2–5)，克洛诺斯从未受过约束，这便意味着究竟时间段有多长，其实特征很模糊，且全凭感情因素起作用。
[2] 赫西俄德不仅在希腊哲学史上具有重要地位，在伊奥尼亚的自然学派中更其如此，这点经常被人提及，尤其是V. Goldschmidt, "神学" (Theologia); Cornford,《原理》，p.193及以下；我在发表这篇文字时，并不了解J.–P. Vernant的 "种族神话" 1里所作的研究，我们在《宗教历史杂志》的同一卷里也可以找到他的文章。亦可参阅P. Philippson, "谱系" (Genealogie)。
[3] R.G. Collingwood将这种 "准历史" 简单地称作 "神话"（《观念》，p.15）。
[4] P. Phillipson将之称为 "世界层级" (Weltstufe)。
[5] 卡俄斯(chaos)，即混沌，纽克斯(Nuit)，即夜神。——译注

的协助。①纽克斯(Nuit)也是如此。相反，从这第一质料分离出来以后，完美神性的谱系便进入了时间——直线型的时间——，由乌拉诺斯(Ouranos)及其后裔们，即克洛诺斯和宙斯，②形成了系列，该系列本身归属于皇族的历史。这样的一个系列有一个目标: 宙斯赢得胜利——且最终——统管诸天的王位。此等胜利是在时间里展开的，也就是说，是在未明确性中展开的，而赫西俄德在写最后一场战役，即与提丰(Typhée)的争斗时，则特意告诉我们，所有这一切并非一蹴而就。③最终，宙斯的胜利影响到了往昔，他即便在诞生之前就已运用起自己的意志了。④

神的历史因而就有了某种"意义"，存在着一种神的时间，进入此等时间的权利只有荷马史诗及缪斯的弟子们才有。但随宙斯的意志兴之所至而来的这个时间，难道不会使人的时间，甚至其存在完全失去意义吗? 荷马笔下的英雄们大部分时间都是家族与诸神有关联: "宙斯之子"几乎成了礼貌的修饰语! 相反，在诸神与人类之间，创造种族的神话乃成了难以逾越的障碍;⑤甚至黄金种族也并非不朽者的女儿，该种族是由不朽者所造，但只是由于第四种族，即英雄的种族的出现而中断，该种族是唯一一个拥有历史特征的种族,⑥于是在初民和我们之间，"衰落"便无可挽回了。确切地说，铁的种族本身就只能痛苦地活在世间: "他们白天过得疲惫

---

① P. Philippson，《谱系》，p.10及以下。

② 乌拉诺斯–克洛诺斯，第137诗行; 克洛诺斯–宙斯，第457诗行。

③ Καὶ νύ κεν ἔπλετο ἔργον ἀμήχανον ἤματι κείνῳ, καί κεν ο γε θνητοῖσι καὶ αθανατοισι ἀνάξεν(第836–837行)。"于是这一天就会发生无可挽回的事情，由提丰来当凡人和不死者的王"(Mazon译)。提丰被切成碎块让人想起了东方宇宙起源论里极其古老的那些故事类型，提阿马特(Tiamat)被马尔杜克(Marduk)所杀，巴比伦国王马尔杜克会定期"复述"这样的宇宙起源论(参阅Cornford，《原理》，p.218及以下)。

④ 第465行。P. Mazon不敢删去这一行，并说《神谱》"不止一次地出现这种类型的矛盾"(见其下的注疏)。

⑤ 《劳作与时日》，第109行。

⑥ 衰落的中断提出的这个问题，P. Mazon有过说法(《劳作与时日》，p.60)，另也有其他的解读方法，见V. Goldschmidt的《神学》与J.–P. Vernant的"种族神话"，1与2。

悲惨, 晚上则忧心如炬, 而这全是诸神带给他们的。"①针对此种境
遇, 赫西俄德的诗提出了一个疗救方法: 日复一日地重复单调的田
间劳作。这乃是希腊文学中第一次宣告人类的时间为循环时间的
说法。不过, 此等循环还不太有规律, 和所有原始的历法无甚区别;
每个月, 每一天均有其美德或缺陷, 既然时日"源自宙斯",②那美德
或缺陷也就起源于神了。

　　对背井离乡者来说, 这些抒情诗, 这些疗救法仍旧很无力。
恶, 对他而言, 仍是同样。人被说成"蜉蝣", 并非是因为他生命短
暂, 而是因为他的处境与时间相连。③时间本身并非他物, 而是生
命中断续相继的事件。这就是著名诗人阿尔基罗库斯④的诗歌所
令人想起的: "γίγνωσκε δ οἷος ῥυσμὸς ἀνθρώπους ἔχει", "要
知道人所臣服的究竟是何种节奏",⑤巴库利得斯⑥则与之呼应:

"因琐碎的忧心所扰, 人所经历的时间唯有这一种命运"(ὅντινα
κουφόταται, θυμὸν δονέουσαι μέπιμναι, ὅβον ἄν ζώη χρόνον,
τόν δ ἔλαχεν)。⑦这乃是一种衰落的时间, 于是抒情诗就呼吁更高

75

---

① 《劳作与时日》, 176–178(Mazon译)。
② Ἤματα Διόθεν, 《劳作与时日》, 765。我们会将前面这句话同E. Benveniste的《时
　间》(Tempus)里的评注进行比对: 对拉丁语族的农民来说, 时间, "首先是天空的
　状态, 构成大气且赋予其时光质素的各元素的比例, 与此同时, 还要看是否符合这
　种气象学的状况, 才能着手干活"(p.15)。这就是tempus的原始含义, 与weather的
　关联要比time更近。
③ 我们还记得品达的诗(《阿波罗颂歌》[Pyth.], VIII, 95–97): Ἐπάμεροι τί δέ τις, τί
　δ ὄυτις, σικιᾶς ὄναρ ἄνθρωπος。"与时间相连; 它是何物, 又非何物? 人乃阴影
　之梦。"Éphéméros一词的意思已经H. Fränkel详加解释, 见"蜉蝣"(Ephemeros)和
　"理解时间", pp.23–29。
④ 阿尔基罗库斯(Archiloque), 与荷马齐名的古希腊早期诗人。——译注
⑤ Fr., 66(Bergk)。E. Benveniste, "节奏"(Rythme), 证明了节奏(rythmos)指称的
　是"每时每刻的形式, 由运动、机动、流动之物所承担, 这并不是一种有机的形
　式"(p.407)。
⑥ 巴库利得斯(Bacchylide), 公元前5世纪古希腊诗人。——译注
⑦ I, 780–781(Desrousseaux修订文本并翻译)。亦可参阅R. Schaerer《古代的人》,
　p.135里所引的那些文本。

贵的时间，即梭伦重建正义时所谓的"复仇时间"，①品达就此巧妙地说"货真价实的真理的唯一见证，就是时间"(ὅ τ ἐξέλεγχων μόνος ἀλάθειαν ἐτήτυμον χρόνος)，②唯有时间流淌不息，所以正是时间造就了历史。除了时间之外，品达③还祈求永恒：在他的诗歌中，我们发现首次提到了三种生命的序列，可让哲人出离人的时间。

"我看得很清楚，我们是，我们都是生活于此的人，只不过是幽灵或轻巧的阴影"，④索福克勒斯的一个人物说。如同抒情诗人一样，悲剧中的英雄也被抛入了这个他无法理解的世界中。"只需一天，就能使人的整个命运来来回回地过个遍"：⑤索福克勒斯的每一部悲剧确切地说都只讲述一天的时间；俄狄浦斯(Œdipe)的调查就是仅在一天内展开的，最终结局仍是一个出其不意的探子得胜，那就是时间："时间，看清一切，任凭你如何躲藏，它总能发现你。今天，它要揭示出这婚姻已根本算不得婚姻，从中出生的是那父亲和孩子们。"⑥人的时间，《特剌喀斯少女》(Trachiniennes)里的歌队是这样说的："快乐与忧愁总是在每个人身上循环往复(κυκλοῦσιν)：犹如我们看见的大熊星座那圈成圆环的星星"，⑦它就这样嵌入至更大的范围内，那"至尊的时间"(pankratês

---

① Fr., 4, 第16行(Bergk)。
② 品达，《奥林匹亚颂歌》(Ol.)，X，65–67。
③ 《奥林匹亚颂歌》，II，123及以下。永恒这种经常性的文字游戏是通过这样的表达方式来形成象征的："克洛诺斯的城堡"。从与时间相连到遍历三种生命，就出现了一种必须强调的演化过程，但此处所涉的尚不是希罗多德所谓的整体循环论(II，123)。我在这儿还不会触及宗教派别内就时间的种种表征所提出的问题，特别是俄尔甫斯派更是全未论及，关于该主题，我1960年的文章论述有误，P. Boyancé立刻就将谬误之处指了出来。
④ 《埃阿斯》(Ajax)，125–126(Mazon译)。
⑤ 同上，131；参阅H. Fränkel，"理解时间"，p.35。
⑥ 《俄狄浦斯王》(O.R.)，438。
⑦ 索福克勒斯，《特剌喀斯少女》(Trach.)，129及以下。我们要注意天文学上所作的对比，此处让人想起了并不是秩序中的规整性，而是无序中的规整性。参阅J. De Romilly，"循环"(Cycles)，pp.150–151。

chronos)[8]之内，被提升至神圣的尊严那样的高度。

按照"精神的"变动这种根本不可能的、却又是重要的信息来源，米利都的泰勒斯(Thalès)预言了一次日蚀；在另一种情况下，因得益于其气象学的知识，他又在自己的压榨机里放入了所有的橄榄收成。[1]对天文的反思让米利都(Milet)学派得以构建起绝对循环的宇宙时间观。在阿那克西曼德的作品里，"存在物彼此澄清，且依循时间的命令，因对方的不义而互相报复"；[2]其表现"源于每年的循环中热量与潮湿的冲突[……]"，[3]但也是城邦及其以正义为理想的产物，[4]且以无限期重复的方式，扩展至整个世界的源起。[5]《神谱》中一组组两两相对的关系就这样被传输进了这样一个圆圈中。诸神的时间成了宇宙的时间。赫西俄德的批评，阿那克西曼德没有明说，赫拉克利特(Héraclite)却说得很清楚。这位以弗所人[6]高屋建瓴般地宣称相对之物均具有同一性，[7]他观察到"从圆周上看，起点与终点完全吻合"，[8]他批评赫西俄德，说"他既不了解夜，也不了解昼；因其完全同一"，[9]他还将白昼彼此区分，完全无视它们具有根本的等值

① 索福克勒斯，《特剌喀斯少女》，609。
② 希罗多德，I, 74；亚里士多德，《政治学》，I, II, 1259a 9–19；第欧根尼·拉尔修，I, 25。关于泰勒斯预言的编造性质，可参阅O. Neugebauer，《精确的科学》(*Exact Sciences*)，pp.142–143。
③ Fr., 1(Diels)。
④ Cornford，《原理》，p.168。
⑤ 参阅J.–P. Vernant总括性的评注，"从神话到理性"(Du mythe à la raison)。
⑥ 我们会发现阿那克西曼德体系的一种总括性的、大部分均为臆测的视角，见Ch. Mugler的著作，《两个主题》(*Deux thèmes*)，p.17及以下；请特别参阅Ch. H. Kahn，《阿那克西曼德》(*Anaximander*)，p.166–198。
⑦ 指赫拉克利特。——译注
⑧ 比如，可参阅fr.，67及88(Diels)。
⑨ Fr., 103(Diels)，Battistini译。人被剥夺了这种特权，照克罗顿的阿尔克迈翁的说法："人死，皆因其无法将始与终相系"(fr., 2, Diels)。(克罗顿的阿尔克迈翁[Alcméon de Crotone]，古希腊自然哲学家，据传为毕达哥拉斯的学生。——译注)
⑩ Fr., 57(Diels)；参阅《神谱》，123及以下。

77

性。[1]

如果我们作个补充，认为若想信赖学说史的传统，赫拉克利特就会对"大年"或宇宙年作出评估，[2]我们会注意到，所谓"古希腊"的时间概念，其种种本质特征均是在这位以弗所人的思想中固化下来的。[3]

正是应该在此种范畴的内部，照"永恒回归"一词确切的意义，来制定这一学说。但我们准备得极不充分，没法确定其起源。著名的欧德谟(Eudème)残篇是唯一一份提及其起源的文献："同样的时间会重新回返，如某些人说会，某些人说不会吗？我们对此无可置喙，[……]如果必须信任毕达哥拉斯派[……]，我要告诉你们的是，你们应手拿棍子，像现在这样一动不动地坐定，万物均是如此，这是成为同一者的数字井然有序(eulogon)的时间：只有唯一一个相同的运动。"[4]很有可能既对灵魂、又对星体循环诸问题感兴趣的该学派能将自身提升至宇宙法则的这个高度。但何时如此，又是如何做到的呢？对历史循环论的种种思考，毋庸置疑是很古老，但它们究竟起到何种作用？我们对古老的毕达哥拉斯派的了解丝毫

78

---

[1] Fr., 106(Diels)。

[2] 参阅埃提乌斯(Aetius)，II，32，3与森索里努斯(Censorinus)，18，11=Diels，22[12]，A13。尽管如此，还可参阅G.S.Kirk，《赫拉克利特》(*Heraclitus*)，p.300及以下，照他的看法，"大年"并无宇宙起源论方面，而有人类学方面的意义。如果我们循着他的推论前行，最终就会同意在赫拉克利特的作品里，人类循环与天体循环是对应的。

[3] 我们会明白的是，在该研究的范围内，我们并不会遵循其他伊奥尼亚或意大利"生理学家"的著作中所说的阿那克西曼德的发现会造成哪些后果的说法。比如，恩培多克勒的思想就是完全与之平行的。

[4] 欧德谟，《物理学》(*Phys.*)，B III，fr.，51，引自辛普利西乌斯(Simplicius)，《物理学》，732，26=Diels，58[45]，B34。因此，该文本是通过相当晚近的一位作者传到我们这儿的。确实，就是通过6世纪的拜占庭人辛普利西乌斯，我们才了解到阿那克西曼德的残篇1。不管是否古老，该文本着重强调的是"永恒回归"究为何意，虽仅仅只是一个段落，但仍很合某些理论家的口味。参阅Th.Gomperz，《思想家》(*Penseurs*)，I，p.175及以下对该文本所作的评注。Gomperz承认他对毕达哥拉斯派起到了应有的作用，但他正确地注意到历史循环论与永恒回归并不一定会有关联。

无助于使我们对此等世界图景产生确实的看法。[①]再怎么样，就算康福德(F.M.Cornford)能极其深入地循迹追踪阿那克西曼德的"原始"思想，[②]要坚持这一点还是一种幻想。不用提细节的各式变体，也不用提埃利亚派对神圣时间的断然否认，但肯定的是，过了一个多世纪后，德谟克利特的思想已是截然不同。世界多元性这一观念是将循环时间排除在外的。[③]看来，德谟克利特本人及其同时代的那些智术师们自此以后更看重的是人类本身的问题。

说实话，他们都是从更古老的传统汲取灵感的。"诸神一开始就并未向凡人昭示万物，其目的就是要让人类随着时间的推移，发现这样反而更好。"[④]色诺芬尼的神被抛入了时间之外的超验之中；[⑤]从宇宙论的视角来看，循环观保留了其完整的价值，[⑥]但与之平行的是，人类世界也有其自己的历史，如果该发现会遭到荷马与赫西俄

---

① R.P.Festugière所谓的公元前4世纪下半叶"宇宙神"宗教的发展提供了一个极有可能属实的日期，若柏拉图的思想在这方面仍只是停留于半途，且亚里士多德认识到该学说的精髓的话，就更有这个可能性了(《问题集》[Prob.]，XVII，916a，28及以下)。

② 《原理》，p.168及以下。

③ 参阅Ch. Mugler，《两个主题》，p.145及以下。实际上，因伊壁鸠鲁派之后的资料来源特别丰富，所以这个问题就变得很复杂，很纠葛。想让我们谨守最古老的证词，可我们只观察到下面的情况：德谟克利特只有一篇文本(亚里士多德，《物理学》[Phys.]，VIII，1，251b 16=Diels，69[55]，A71)向我们说了时间，就是为了告诉我们时间是"不可再生的"。尽管如此，我们却注意到这位亚里士多德(同上，VIII，252a=Diels，68[55]，A65)指责了德谟克利特用自然事件的历史去解释这些事件的做法，而且还在他处(同上，II，196a 24=Diels，68[55]，A69)，面对德谟克利特举出的证据，对那些用偶然性来解释世界形成，用自然法则来解释人类形成的观点提出了批评。因此，能解决如此复杂的问题的某个层面的，就只有阿布德拉派(Abdéritain)的自然与伦理之间存在种种关系的说法。德谟克利特笔下的人类生活其实是根据时间，或者毋宁说是以与时间反其道而行之的方法组织起来的(参阅fr.，66，119，183，203)。与我先前所写的内容相反的是，还应在这些参引资料上将"世界小系统"(Petit Système du monde)的残篇(Diels，68[55]，A5，p.135及以下)补充进去。这些文本反对人类历史上的技术进步和伦理进步，且通过对政治的反思来部分地解决这个两难困境；我觉得，德谟克利特究竟占据何种地位的问题如今已得到了T. Cole的证明，见《德谟克利特》(Democritus)。

④ 色诺芬尼，fr.，18(Diels)。

⑤ 关于色诺芬尼神学的原创性，参阅W. Jaeger，《神学》(Théologie)，pp.45–62。

⑥ 参阅fr.，27："万物来自大地，万物终于大地。"

德①以伦理之名所作的批评, 那肯定绝非偶然。

这个如此这般被勾勒出的主题在公元前5世纪下半叶突飞猛进了起来, 全都聚焦到了"首创者"(premier inventeur)②主题身上。技艺不再被视为是诸神的赐赠, 也不再是因"普罗米修斯盗火种"而致的结果, 而是全凭人类自己逐渐占有的。该主题在赫西俄德那里总是萦绕不去, 不过智术师们更甚, 他们本身就是technai的发明者或这方面的专业人士, 于是他们就在自己身上寻找古人的影子:高尔吉亚赞颂帕拉墨得斯(Palamède), 此人是掌管发明者的国王。③克里提亚斯的西西弗(Sisyphe de Critias)就走得更远了:"有一段时期, 人类的生活尚未完全形成。"④长篇大论的悲剧刚开始的时候也是像这样只讲述社会中的人与神的发明创造。人们根本无法想象可以将赫西俄德的世界完全颠倒过来。⑤

80

历史在公元前5世纪的思想中占有一席之地, 便使得我们可以因此来质询一下史学家们。他们自己也在像"发明者"一般讲话、思考。史学诞生的最初标志或许就是海卡泰欧斯(Hécatée)、希罗多德和修昔底德作品开篇出现的史学家的名字。⑥因此, 对我们的研究来说, 没有什么比了解史学家如何描述时间这个问题更重要

---

① 色诺芬尼, fr., 1, 14。

② 有关该问题的文献被A.Klein-Günther很好地搜集了起来, 见《首创者》(*Prôtos heurétès*)。亦可参阅P.–M.Schuhl, 《形成》, pp.348–350。

③ 在智术师那里, 该主题似与对自然与法的论争有着紧密的联系。

④ Fr., 24(Diels)。

⑤ 这也是《安提戈涅》有名的歌队所唱的主题, 331及以下:"这世上奇异的事情虽多, 却没有一件比人更奇异", 从中可听出是在赞扬人的技艺有多高明:"语言、思想快如风, 座座城邦都从抱负中来, 这一切都是人自己教自己学来的"(Mazon译), 但歌队唱辞的结尾仍忠于传统的思想(参阅Ch.P. Segal, "安提戈涅"[Antigone])。思想的此种运动成了各类新异发明的源起, 老普林尼(《自然史》[*H.N.*], VII, 57)与克莱芒(Clément)的*Strom.*, I, 74里就能找到这种说法。与之平行的是, 普洛狄科斯(Prodicos)(fr., 5, Diels)将诸神的发现同技艺的创新联接了起来, 而照普罗塔戈拉斯的说法(fr., 4, Diels), 人时日苦短, 所以没法对诸神的存在评头评足。

⑥ 参阅F. Jacoby, "历史编纂学"(Geschichtschreibung), pp.1–2。

了。[①] "希罗多德说,就我们所知,波律克拉铁斯是[……]希腊人中第一个梦想海上霸国的人——我没把克诺索斯人米诺斯和那些在他之前掌握过制海权的人考虑在内,我觉得在所谓人的时代里,他是时代中的第一个这么想的人"[②](τῆς δὲ ἀνθρωπηίης λεγομένης γενεῆς)。因此,人类的历史是和神话相左的;[③]自从希罗多德通过追忆希腊人与东方人之间冲突源起的种种传统说法之后,宣称只能限于寻找"第一个主动采取行动来冒犯希腊人的人"[④]时,人类的历史刚被引入就被扫除了出去。况且,人类的此种时间概念还很拖沓;如果米诺斯被放回到神话中去的话,那埃及似乎就成了人类历史的典范了。1340年来,没有产生过任何一个人形的神。太阳变了4次住所,人则继续代代相继。[⑤]没有什么比希罗多德将其前辈海卡泰欧斯推上前台那样的插曲能更好地阐明此种广袤的视野了: 海卡泰欧斯在埃及祭司面前,吹嘘自己是神的第16代后裔;他的交谈者则以向他展示345尊雕像作为对他的回答,那些都是他的前辈: 都是父传子般代代相继而下的人类。[⑥]人类时间,也就是不确定的和自由的时间,所以就此而言,它肯定没有马拉松之前的场景来得典型: 米太亚德对卡利马科斯说: "全都指望你了(ἐν σοὶ νῦν... ἔστι)或者是让雅典成为奴隶,或者是使雅典变得自由,甚至连哈尔莫狄欧斯

81

———————

① 参阅M.I.Finley的重要文章"神话"(Myth)。
② III, 122, Legrand译;逐字翻译: 从人类的世代起(参阅《引言》[Introduction],p.39)。我是这样来理解这篇文本的,他将人类的人子同诸神的人子对立了起来,米诺斯的例子就说明了这种情况。
③ 也就是说,从种属上来说,属于海卡泰欧斯的"谱系"。但这些谱系仅限于人类的"事件"。此种论证法在修昔底德的作品里又会回过来反对希罗多德。
④ I, 5。
⑤ II, 142。
⑥ II, 143–144。以平行的方式在希罗多德的著作里研究时间与空间的开端,还是很有意思的。伊奥尼亚史学家的空间是象征性的几何空间,希罗多德的空间保留了无数这种古老的踪迹,但朝如我所想的那种商人的空间过渡却也很干脆;关于该领域,我写过仍有待开发,进行过行之有效的研究的有F. Hartog,《镜子》,该书证明了它萦绕不去的存在,一直写到希罗多德的人种学,希腊类型的公民空间。我还要推荐的是W.A. Hiedel的著作《希腊地图》(Greek Maps)。

和阿里斯托盖通都比不上你。[……]如果我们在某些雅典人沾染上不健康的想法之前就交战的话，只要神对我们公正，我们就还是会赢得胜利的。"①在这样的条件下，我们是否有权说希罗多德讲的是循环时间呢？②这位历史学家清楚地影射了"诞生之轮"的理论，但那就像是种埃及的发明，无需对此太放在心上。③事实上，这根本就不是一种时间观，而只是希罗多德在其著作中讲述古老的历史事件时所运用的一种手段而已。人物的彼此召唤，彼此呼应，均与时间无关。从许多方面来看，克洛伊索斯只是薛西斯的第一个版本。叙述并未在时间里组织起来：弗兰克尔(H.Fränkel)写道"对希罗多德而言，时间并非生命之弧的独一坐标，相反是所叙述的事件的一种职能。它流动的时候，事件就展开，它停滞的时候，就是对事件的描述，它倒转的时候，就会讲了儿子之后，再往回讲他的父亲"。④说得再确切些，迈尔斯(J.L.Myres)⑤的启发性分析表明了希罗多德作品的构成，他是在三角楣上雕花，而非门楣上。不过，他用颇具力度的文字所作的"调查"并不在"永恒回归的神话"之列。

在一篇有名的文本中，修昔底德提及了在经过科基拉的动荡之后希腊的道德状况，他写道："由于这些冲突，我看到诸多城邦被被大量灾祸侵袭，因为只要人性仍旧保持原样，这种情况就会照旧产生，以后也永远会如此，但不管是增多还是减少，变换了什么形

---

① VI, 109, 参阅J.L.Myres, 《希罗多德》(*Herodotus*), pp.52-54。不言而喻的是, 诸神并不总是公平的。但诸神也从来不会首肯或协助人类去制定决策。最让人惊异的是, 在雅典娜介入进来, 为阿开亚人不遗余力地出谋划策时, 对希罗多德的故事里神干预之前从薛西斯的梦里截取出的三条建议(VII, 8-19)所作的比较。就荷马而言, 位置正好颠倒过来。在人的边上可以找到秩序, 甚或是睿智。荷马是站在奥林匹亚山巅写下这些文字的, 希罗多德除了知道神谕会做些可疑的干预之外, 对有关诸神的思想并不了解。
② 正如I. Meyerson所作的, 见《时间》(*Temps*), p.339。
③ III, 123。同样, 克洛伊索斯向居鲁士建言, 他说的是"人间的万事万物都是在滚动的车轮之上的"(I, 207)。
④ "风格特征"(Stileigenheit), p.85。该段文字由Meyerson翻译, 见《时间》。
⑤ 《希罗多德》, p.79及以下。

式, 有什么样的变体(métabolai), 它们都仍然会干预时局。"①在修
昔底德的作品里, 时间因此就在"永远"和"变换"之间摇摆不定,
尽管在这篇文本中发现历史纯粹循环的概念,②肯定是种错误, 但
相反的意见也不尽准确。当修昔底德来定义自己的作品的时候, 就
发现有一种方法, 即"按照如其所是的人性(en vertu du caractère
humain qui est le leur), 能对往昔和将来的事情看得清楚, 将来要
么与过去相似, 要么与之相类"。③这就是那个有名的ktêma es aiei
的意思。看来, 我们能在此引入由戈德施密特(V. Goldschmidt)在
讲完全不同的事情时所提出的那种区分, 即逻辑时间与历史时间相
对立。④修昔底德的独创性在于他对两者都很熟悉。修昔底德乃是
希腊医学的继承人和门生, 他早期从医的时候, 就是遵循希波克
拉底的文章, "专事预测, 按照自己所见的病人, 提了解并预测现
在的、过去的和未来的事情"。⑤因此, 这就能解释修昔底德作品中
的无数段落似乎都具有循环时间特征这一问题。帝国主义的递归
推论和普通法使得米诺斯成了先驱者, 成为雅典帝国主义的典范,
并将盟军的统帅阿伽门农(Agamemnon)与伯拉西达和吉利浦斯⑥
的盟军作了对比。⑦罗米依(J. de Romilly)的分析证明了修昔底德叙

83

---

① III, 82(R. Weil与J. de Romilly翻译, C.U.F., 译文稍作改动)。
② 参阅A.W. Gomme,《评注》(Commentary), I, 专门针对此观点的评论。
③ 修昔底德, I, 22。我并不认为我们能像A.W. Gomme(《评注》, I, 专门针对此观点
的评论)那样断言, 即对修昔底德的希腊读者而言, 未来就是现在。
④ "逻辑时间"(Temps logique)。
⑤ 希波克拉底,《诊断》(Prognostic), I。修昔底德与这位医生之间的关联, C.N.
Cochrane作过明确的阐述, 见《修昔底德》(Thucydides), 之后, 就涌现了许多这方
面的研究工作。
⑥ 米诺斯(Minos), 希腊第一位拥有海军者; 伯拉西达(Brasidas), 拉凯代蒙人, 在战
争中崭露头角; 吉利浦斯(Gylippe), 拉凯代蒙的将军。参阅《伯罗奔尼撒战争史》,
徐岩松译注, 上海人民出版社, 2012。——译注
⑦ 参阅Grundy,《修昔底德》(Thucydides), p.419, 与J. de Romilly,《历史与理性》
(Histoire et Raison), pp.276–278。后者评论道: "我们可以说他对事件的叙述定然
会冒着太讲究合理化的风险, 就此而言, 这种叙述其实是来自将历史统一起来的
方法类型。"虽然我不可能说得比这更好, 但我还是不敢肯定此处所说的内容是
否就像J. de Romilly讲的那样, 是修昔底德相对而言的失败之处。他根本就不是
现代史学家眼中的历史学家。修昔底德从来没有离自己瞄准的目标这么近。而科林
伍德就是从这层意义出发, 说他是历史心理学之父, 而非历史学之父的(《观念》,
p.29及以下)。

述中的时间，哪怕最细枝末节之处，也都很有逻辑。相对常见的是
这种情况，即"编年上的简单叠合就能构成[……]一个有条理的、
包罗万象的系列"。①同样常见的还有一些短暂的系列被交错安排，
以便"在行为中让避开参与者本人的各种关系显露出来"。②尽管如
此，这些评论只有当我们还记得在修昔底德的著作中历史时间总是
与逻辑时间紧密相连的时候，才能说得通。同样的事件因此也易于
得出两种预期的阐释。尽管从某些方面来看，我们觉得第一卷很像
是一组预期呈现的画卷，但修昔底德自开篇起就断言过，伯罗奔尼
撒战争乃是"影响了希腊和部分野蛮世界的最具震撼力(kinêsis)"③
的战争；因此，此乃独一的事件，过去任何事件都无法与之相提
并论。这些叙述好似逻辑一样发挥着作用，将最厉害的重要性赋
予敌对各方彼此或赢或败的每一个时刻。④这样的一种双重性在
修昔底德的作品中并不是一种简单的风格问题；很容易就能证明

84 他作品中的双重性如何与其彼此有着诸多重大对立的历史视野
相呼应，对立出现在康福德⑤以前强调过的gnômê与tychê⑥之间，出
现在论说与事实之间，出现在法律与自然之间，甚或出现在和平
与战争之间。⑦早已出现于荷马史诗中的秩序和无序于时间之中的
古老对话，就这样在修昔底德的作品里觅得了焕然一新的表达方
式。⑧

　　根据这些事实来看，现在必须快速地将时间问题以公元前4世
纪人们所提的那种形式呈现出来。如果柏拉图和伊索克拉底的世
界整体与希罗多德及智术师们的世界相对，因修昔底德所说的那

---

① J. de Romilly，《历史与理性》，p.46。
② 《历史与理性》，p.58。
③ 修昔底德，I, 2。
④ 关于吉利浦斯抵达叙拉古的叙述，可参阅J. de Romilly的评注，《历史与理性》，
　　p.57。
⑤ 《神话史学家修昔底德》(*Thucydides Mythistoricus*)。
⑥ gnômê意为"判断"，tychê意为"命运"。——译注
⑦ 参阅修昔底德，III, 82："和平繁荣时期，城邦与个人精神都更好，因为他们不会遇
　　到身不由己的(anankas)境况"(R.Weil与J. de Romilly翻译)。
⑧ 如需了解总览性的观点，参阅J. de Romilly，"进步"(Progrès)。

场可怕的危机而彼此对立，那他就是因此而弄清来龙去脉的。对时间的反思在公元前4世纪可获得一种崭新的形象，尽管得彻底地改变其意义，但它还是不得不将前人的成果整合进来。甚至像柏拉图那样的人都无法忽视时间和历史。公元前4世纪的作家们，首先是演讲家们，都会一刻不停地召唤历史。但确切地说，这儿涉及的是召唤；往昔成了典范的来源。像伊索克拉底那样的人也会假装不去理会神话时间与历史时间之间的区别。在最好的情况下，往昔会重新变成诸神的时间，蒙受神恩的时间。[1]对雅典的各式赞颂之辞堆砌了各种各样的回忆和神话故事。公元前5世纪，修昔底德笔下的伯里克利在那场著名的葬礼演讲中，并未追溯到米底亚战争那代人之外的世代。公元前4世纪，往昔不再是往昔，而是成了人们很想了解的现在，成了抵御不可抗拒的演变过程的支柱。[2]没有什么比德谟斯提尼对马拉松战役的老战士们（marathonomaques）的永恒呼吁更典型的了。[3]只有这位演讲家或许才敢于批评伟大先人的神话、对手埃斯基涅斯，还有那位说亚历山大时代的世界已经改变，并讲了这句耸人听闻的话的人："的的确确，我们还没有像人那样活过。"[4]

在这种情况下，喀罗内亚战役阵亡者的墓志铭上就都召唤起了时间（Temps），这位唯一被指定的神祇，但它并非历史的时间，而是"监

---

① 这些文本均经过G.Schmitz–Kahlmann的分析，见《典范》（*Beispiel*）。了解伊索克拉底如何使用首创者这个主题，还是挺有意思的。运用该主题，是为城邦着想（参阅《颂词》[*Panég.*]，47及以下），但城邦本身也应该全身心地为诸神着想（同上，28及以下）。伊索克拉底的历史主义，如同整个历史主义一样，关心的都是现在。雅典应该在希腊当拥有一半神性的恩主（évergète）。而这都是它所召唤的那些国王的命运。

② 现在，我要求助于N. Loraux，《创新》，II，3与III，书中还有丰富的书目。

③ 所有这些事实均得到Van Groningen出色的分析，见《吸握》，多处。但他错在认为这是希腊思想中永在的特征。此外，德谟斯提尼一些罕见的文本中有一篇很有特色，德氏在文中说自己感受到了时间的流逝（《反腓力辞》[*Philipp.*]，III，47及以下），影射公元前4世纪唯以大规模的形式行之有效发展起来的那种technê是种进步：那就是军事技艺。

④ 埃斯基涅斯，《驳泰西封》，132；参阅《使命》（*Ambassade*），75。

管凡人万事万物的神"。[1]

在柏拉图的思想中，最初的尘世体验乃是直线型的时间体验。《巴门尼德》的第二个假设讲的就是抗拒时间，表述是："如果存在一(l'UN)"(ἕν εἰ ἔστιν)，此处所讲的时间，是"先有的"时间，且通过自前往后的过程来简单地规定自身，而这只能是直线型的时间。[2]同样，在《泰阿泰德》里，普罗塔戈拉斯的假设是：知识，就是感觉，孕育了宇宙的活动，换言之，这儿说的就是赫拉克利特所谓的无逻各斯介入的生成。[3]同样，恰如赫拉克利特所言，生成就是一连串对立。"万物均有始"便受缚于这条法则，[4]因此，苏格拉底在狱中脱离束缚，轮流体验到痛苦和快乐之后，就理解了何为真理。"在人身上，同时存在着两种事物，它们均彼此拒斥，但当人追踪一方且将之捕获时，他也总是得去捕获另一方，仿佛长了一个脑袋，却有两种本质。"[5]然而，以这样的序列为基础，是无法建立起科学的。《巴门尼德》里参与时间的一是即刻静止不动的，它同时比本身既老又年轻。[6]它承负着所有的矛盾，参与至时间当中，因此在变化的同时，它也只能"在这相异于瞬间的[7]

86

---

① Tod，《选择》(Selection)，II，n°176。正如我们所见，该主题在悲剧的结尾处很常见。我不是很确定，神的时间侵入人类世界，是否真如A.-J. Festugière所想的那样(《宇宙神》，p.155及以下)，乃公元前4世纪乐观主义的标志。我们对演讲家的影射只局限于历史时间，但研究一下公元前4世纪民事诉讼辩护词还是很有意思的，随着商业技术的进步，犹如魔怪且很难将之封闭于合同之中的古老的时间概念，是在何种程度上消失的。参阅L. Gernet，"时间"(Temps)。
② 《巴门尼德》，155及以下。Cornford的注疏极为出色，见《巴门尼德》(Parmenides)，专门论述此处的注疏。
③ 《泰阿泰德》，155b–c。
④ 《斐多》，70d。
⑤ 同上，60b，Robin译。
⑥ 《巴门尼德》，152b及以下。亦可参阅《泰阿泰德》，155b–c。
⑦ 同上，156d–e。我从该文本中抽掉的"第三种假设"只不过是第二种假设的延伸，可参阅F.M. Cornford(《巴门尼德》，专门论述此观点的注疏)与L. Brisson("瞬间"[Instant])，第二种假设的结论(如果存在一，它会参与至所有的对立中去，尤其是由时间引致的对立)最先得到反复论述。

(ἡ ἐξαίφνης αὕτη φύσις ἄτοπος)、外在于时间的本质之中"做
到这一点。因而，对线性时间的分析导致了对立同时发生、"大与小
的模糊二元性"这一结果，对柏拉图而言，这就是物质的等值物，[①]
也就是说是不可知事物的等值物。线性时间，就是时间之死。柏
拉图明确地告诉我们："假设存在某种直线型的生成(εὐθεῖά τις
εἴη ἡ γένεσις)，它从其中一种对立物出发，朝向某个方向进发，但
后者只是与之面对面，并不会从相反的方向朝另一个对立物前行，
且不会折返；那么，你就会明白，万物终将固定于同样的形象中，
这同样的状态会在万物中确立下来，且终止生成。"[②]事实上，这是
从感觉的层级上来讲的，这种感觉似乎具有严格的循环时间性。
在《斐多》里，尽管对话尚未超越该形像的辩证法水平，对不朽的
期望也只不过像是在发愿赌咒一般，依凭的是"古老传统"(此处
指的是毕达哥斯派)的"咒语"，但苏格拉底仍断言必然会存在
一种"对各个世代的永恒补偿，使之像一个回旋的圆圈"。[③]此种假
设会让哲学家和立法者拥有安全感。哲学家将让其同行们相信有
这样的或那样的存在。"时间太短了吧"，人们会不无嘲讽地对他
说。"同整体的时间相比，此种时限便什么都不是了"[④](εἰς οὐδὲν
μεὲν οὖν ὥς γε πρὸς τὸν ἅπαντα)。智者对不信神的人有一句话：
"孩子，你还年轻，随时间之进展(προιὼν ὁ χρόνος)，汝将会对诸

87

---

① 亚里士多德，《形而上学》(*Métaph.*)，A6，987b及以下。参阅《斐勒布》(*Phil.*)，
　　24c–d；《蒂迈欧》(*Tim.*)，52d。该推论源自赫拉克利特(参阅Diels，22[12]，A22)。
② 《斐多》，72b。另一方面，V. Goldschmidt证明了("悲剧"[Tragédie])，对悲剧的
　　批评，对人类生活的模仿，"使话语无法撤消，行为无法修复，严丝合缝连贯的
　　事件受生成因果性的决定"(p.58)，而这也就是对线性时间的批评。我们要向V.
　　Goldschmidt提出的是，有明确目的的悲剧非索福克勒斯或埃斯库罗斯所长，在他
　　们的作品中，终场都是将行为交由诸神的时间来决断(比如，可参阅《普罗米修斯》
　　的结尾或《俄狄浦斯在科罗诺斯》的结尾)，倒是欧里庇得斯的"人道主义"悲剧更
　　有这种特点。
③ 同上，70c、77e、72a–b。参阅V. Goldschmidt，《对话》(*Dialogues*)，p.183–185。
④ 《王制》，498d。

多观点改变看法, 会回过头来思考现在的想法",①不仅应该在"反思园"②(sôphronistêria)里理解自身, 还要多看看伟大的神话, 神话里说了"有生命者"永远会"根据命运的秩序和法则作出改变"。③让那些无法归化的不信神者④预见到死刑本身并不能成为"最高的惩罚"。由对立之物交替规范的方式构成的世界因此就是柏拉图意识中明确给定的世界, 但就像所有的给定的世界一样, 这个世界也只能通过使本质迂回绕行的方式才有价值。因此, 只有末世论的伟大神话里的循环才会使世界运转起来。整个生成都是"为了本质"⑤(οὐσίας ἕνεκα)。如此组织起来的生成、季节的循环都会"朝88 着本质而生成"⑥(γένεσις εἰς οὐσίαν)。这也就是严格意义上所说的情况, 就像《蒂迈欧》里那个著名的段落所规定的那样。⑦时间就是创造, 也就是说就是混合, 它"诞生"自造物神面对自己所造世界、欲使之更像自己的模型时的那种快乐。如此显现而出的——与天在一起——是"某个永恒流动的图像[⋯⋯]遵循数字的法则而发展着"。时间就是指**创世**因着它而能与理念世界更为接近。从本体论上来说, 时间源出于世界的灵魂, 是主要的自动机, 因此它也

---

① 《法义》, 888a–b(Diès译)。
② 同上, 908e, 我觉得"感化所"(Diès)太弱了。
③ 同上, 904c。
④ 同上, 909a–c。这至少是柏拉图在《王制》里的思想。无论是厄尔神话(《王制》, 614b及以下), 还是《斐德若》里的神话(246a及以下), 都无法预见《斐德若》(114d)和《高尔吉亚》(614c及以下)里的终极的拯救(也就是说, 在《斐德若》里, 灵魂若是找到了翅膀, 也就肯定不会重新坠落了), 抑或永恒惩罚: 因此, 从时间里连根拔起, 在柏拉图眼里看来就成了不可能了(不过, 还可参阅《王制》, 615d)。
⑤ 《斐勒布》, 54c。并非如Diès和Robin所理解的那样是指存在。Ousia先前已被定义为 αυτο καθ αυτο(53d)。
⑥ 同上, 26a–b。这就是这个表达法的意义所在(参阅L.Robin, 《柏拉图》[Platon], p.155)。
⑦ 《蒂迈欧》, 37c–d及以下。涉及该文本时, 可以对柏拉图主义允许对此所作的那种理解作一下说明。参阅L. Brisson, 《同一与他者》(Même et Autre), pp.392–393。

是运动, 但此种运动是有节制的, 甚而还是否定的。①星球被创造出来, 是为了对时间的数字作出描述。况且, 那还是多元的时间。每个星体都是时间的指示器, 每个种属均"有其圆圈[……]它就在这圆圈里运动"。②但这种多元性是有等级制的。存在愈是逐级往下, 物质部分就愈是增多, 灵魂的圆圈会遭受"许许多多的断裂和各种各样的动荡, 圆圈的旋转几乎无法保持下去"。③时间因此而脱离正轨。此种等级制最终将由共同的尺度, 即大年来掌管, 当所有的圆圈全体重新采取最初的运动形式, 使得运动因此而无效时, 大年就形成了。④在像人类生活这样的世界里, 属于线性时间的事物也能依此得到解释……这世界既是老的, 又是年轻的, 因为星球轨道的定期漂移会造成灾难。⑤如果说老人比孩童更明智, 那是因为老人圆圈的旋转要比另一方的圆圈的旋转更好。⑥但这样的进步是"随着时间"(ἐπιόντος τοῦ χρόνου)而发生的, 也就是说, 是模仿永恒而发生的。同所有的活物一样, 在人这样的混合体中, 时间也是循环的, 就此而言, 确切地说, 神占了物质的上风。《法义》里对此就说得很明白。三位老人讲了话, 其中一位是哲学家——但他未谈及此——, 只有他们的年龄还算接近神性, 他们循着螺旋弧线而行,

89

----

① 这种依赖性并未出现于《蒂迈欧》里, 因为这只是造物神的虚构。见《法义》(890d), "灵魂引领着万物绕圈而行"(Robin译)。显然这就是循环运动(κατ ἀριθμὸνν κυκλούμενον)[38a]; 根本就无需反驳讲牛顿时间的A.E.Taylor (《蒂迈欧》[Timaeous], 见专门的注疏, 及pp.678–691), 及讲"单一"时间的Ch.Mugler(《两个主题》, p.59及以下)。参阅F.M.Cornford, 《宇宙论》(Cosmology), 见专门的注疏, 及J.Moreau, "关于穆格勒(Mugler)"(Compte rendu Mugler), pp.365–366。

② 《王制》, 546a。

③ 《蒂迈欧》, 43d–e(Rivaud译)。

④ 同上, 39d。

⑤ 同上, 22d。

⑥ 同上, 43b。《王制》里的哲学家们要到50岁才有权冥思善(《王制》, 540a), 也就是说从时间里脱身而出。因而, 柏拉图所取的态度与德谟克利特相反(fr., 183, Diels), 对后者来说, 年龄并不能使人明智。"我们都知道'幸福是否会随着时间的增长而增长'这样的问题经常引起各个学派的争论, 很久以后, 普罗提诺还为此专门写了文章"(V. Goldschmidt, 《斯多阿体系》, p.55)。

反复描摹着理想 "音乐"。①马革奈希亚人城邦里的非哲学家所能达到的最高等级的概念乃是世界灵魂，这是一种从理想典范上切割下来的灵魂，就像莫罗(J. Moreau)所说的那样，②但它仍是宇宙时间的源泉。"人类种族与时间整体拥有自然的亲近性，人类陪伴着时间，而且还将一直陪伴它而去；就此而言，人类只要代代相传，就将不朽，由于它们永远同一，保持统一，一代代人就参与至不朽当中去。"③这种参与性应该得到规范。在《法义》里的城邦，宇宙时间是镌刻于根本法(Constitution)之中的，是镌刻于宗教生活之中的，是立足于城邦的土地之上的，就像铭刻于参加喀罗内亚战役的士兵的墓碑之上。公民们在12个主神中间被分配至12个部族，土地被分成12个区划，无论是城市还是平原都是一样。每年有不少于300场庆典仪式。最后，至高的信仰崇拜就是对星体的崇拜。④在宇宙循环和物质的骚动之间，柏拉图式的历史将通过与时间的严格平

90 行而得到规范。初一看，历史时间只不过是偶然与无序。柏拉图观察到 "万物都在偏离"(φερόμενα ὁρῶντα πάντη πάντως)，"各种状态不停地磕磕绊绊地从僭主制走向寡头制，再走向民主制"。⑤彼此矛盾的时间造成了最糟糕的矛盾状态：永久的战争。⑥但无法在偶然的——亦非历史的——基础上建立历史哲学。自然主义者们，克里提亚斯、德谟克利特和普罗塔戈拉斯的继承者们，都受了骗，他们都借助偶然性来阐释世界的创造，借助人类的技艺——发

---

① 《法义》，659c–d，参阅M. Van Houtte，《政治哲学》(*Philosophie politique*)，p.24。关于柏拉图最后一部作品里所讲的老年人的功能，参阅R.Schaerer，"辩证之途"(Itinéraire dialectique)。

② J. Moreau，《世界灵魂》(*Âme du monde*)，p.68。

③ 《法义》，721c(Places译)；参阅《会饮》，207a及以下。

④ 同上，828b–c，745b–e，967a及以下；参阅O.Reverdin，《宗教》(*Religion*)，pp.62–73，及P.Boyancé，"星体宗教"(Religion astrale)；亦可参阅P.Lévêque与P.Vidal-Naquet，《克里斯梯尼》(*Clisthène*)，pp.140–146与下文，"对模糊性的研究"。

⑤ 《信笺》VII，325e–326d(Souilhé译)。

⑥ 《法义》，626a。

明——来阐释人的立法。①洞穴囚徒都在"辨别经过的物体","极其确切地回想起那些最先或最后，或全体定期经过的事物"，他们就此便相信自己很在行，能预测出今后将发生何事。②在这些阴影当中，修昔底德代表了某种王权。希罗多德同样也被放到了他应在的位置上。历史庞大无比，但那仍是循环的历史，定期的灾难就是它的节奏，埃及之所以能逃过，并非是因为人本身，而是因为人与诸神亲近之故。③对那能一览"无限的、无可度量的"漫长时间的人而言，显而易见的是，"成千上万座城市相继涌现，而且那些消失的城市规模也是同样宏大、数量也是多到数不胜数。各种形式的根本法难道不也是再三地为人所熟知？有时，小的变成了大的，大的变成了小的，好的变成了坏的，坏的又变成了好的"。④这就是柏拉图式历史里所镌刻着的内容。在其内部，那既非是善的历史——进步——亦非是恶的历史——衰落。尽管《王制》第八和第九卷以赫西俄德的方式描述理想城邦朝向僭主制的演进过程，尽管《治国者》里的神话能明确表示在宙斯的统治下（以这种新的方式暗指赫西俄德），人正朝向相异的"地域"行进，⑤但这些文本仍只能被重新放入其上下文中才能得到理解。理想城邦的衰落是其发生于时间之外的建构过程中的对应物。续接纯粹之善而来的是纯粹之恶。宙斯的循环是克洛诺斯循环的对应物，是永恒的另一种象征。⑥

91

---

① 《法义》，889b–e。

② 《王制》，516c–d，Chambry译。

③ 《蒂迈欧》，21e–22b。在希罗多德的著作里，梭伦和撒伊司的祭司之间的那场著名对话与海卡泰欧斯同底比斯的阿蒙的祭司之间的对话平行。

④ 《法义》，676b–c，Places译，译文经改动。希罗多德本身并不相信演化是不可逆转的："我将在我的叙述进程中前行，不加区别地遍历人类的大城邦和小城邦；因为以前规模大的，大部分都小了；而我这个时代规模大的，以前则是小的"（I, 5）。

⑤ 《政治家》，273d。参阅下文"雅典与阿特兰蒂斯"，p.349, n.72，及《政治家》里的神话"，p.371。

⑥ 克洛诺斯循环里的人，老人生，孩童死。

在这两种情况下，历史时间解体，不再成为混合体。[①]在城邦的系列中有良好的秩序，但此种秩序并非历史的秩序。[②]然而，即便在严格意义上的人类历史的范畴内，哲学家仍是自由的，而且我们也无法在柏拉图的著作中找到历史的意义，虽然历史并不属于有意义的领域之内。《法义》第3卷出色地描绘了这种事物的状态。公元前5世纪智术师们的那些人本主义历史的庞大主题，尤其是技术与政治进步的主题，人类发明创造的主题，又在此重现了。[③]柏拉图甚至92 对神话时间与历史时间作了区分，总之，伊索克拉底是把它们混淆在一起的。[④]机械进步是指将人类从家庭带往村镇、从村镇带往城市，从城市带往人群稠密之处，由此便诞生了polis，随之也就出现了phronêsis；[⑤]我们还看见诞生了"大量恶行和大量美德"。[⑥]于是，借助于或好或坏的tychê，柏拉图随时随地都在向他笔下的人物们提供是趋向善还是趋向恶的分岔可能性。善，就是斯巴达的根本法，有三种历史机遇：两个国王，吕库古，创设监察官一职。[⑦]恶，就是阿耳戈斯和美塞尼亚的国王所作的选择，他们的根本法只能导向战争，亦即照克里特岛人克利尼亚和拉凯代蒙人麦吉卢的说法，是

① 参阅V. Goldschmidt,《宗教》, pp.118–120, 及L.Robin,《柏拉图》, p.278。
② 在这点及其他许多方面，亚里士多德完全虚构了柏拉图(《政治学》, VII[V], 1316a及以下)。循此方法的有K.R. Popper,《开放的城邦》(*Cité ouverte*), I。在这部洋洋洒洒的著作中，作者使柏拉图成了黑格尔、马克思和希特勒的先驱，有时提出一些极其出色、但也是几乎完全无益的论战(参阅G.J. de Vries,《安提西尼》[*Antisthenes*], R.Bambrough,《柏拉图、波普尔》[*Plato, Popper*], 与R.C. Levinson,《为柏拉图辩护》[*Defense of Plato*], 以及L. Brisson的《柏拉图》, III, p.191里汇集的书目)。
③ 《法义》, 677b及以下。在《政治家》的神话中(274c–d)，人类的创新被描绘成是神的赐赠。这儿涉及到的是同样的现实出现于两种不同的范畴内。在《政治家》里描绘了无可救药的衰落过程之后，柏拉图坚称他的那些"原始人"具有彻底的依赖性。但从柏拉图式的视角来看，"创新"只有在其受到神的模板启发之时才有意义。
④ 同上, 683a。
⑤ phronêsis, 意为"傲慢; 聪明, 精明"。——译注
⑥ 《法义》, 678a。
⑦ 同上, 691d及以下。

斯巴达和克里特的选择。[①]堪称同一种现实的双重面相!《法义》的
"历史"叙述在决定构建理想城邦处收尾。因此,人的时间若要有
意义的话,就只有等它终结后,在完全围绕诸神时间建造城邦这个
范畴——可能性微乎其微——内而言才可行。然而,这是柏拉图晚
期哲学的本质特点,他要的就是使时间神圣化。经久的时间会以其
自己的方式从永恒里生发而出。"唯有小心翼翼的轻微改变,将进
步分配于漫长的时间段内",[②]方得避免灾难,对一座古老的城邦而
言,进入对立循环就堪称灾难。

　　从荷马到柏拉图,诸神和人类就这样不歇地玩着极其复杂的
游戏。无缘无故的游戏,本身就缺乏意义吗? 这个问题值得我们
再作另一项专门的研究,需比宇宙起源论这个研究更广、更复杂。
让我们最感震惊的是,公元前5世纪产生出现了"知识"与"历史"
的分化。一方面,为对变化有所了解,宇宙起源论只能采取循环的　　93
形式;另一方面,有种看法,认为人类从灵性上和物质上日益脱离
孩童状态。这是否是希腊文明最为璀璨时期的那时候的人的看法
呢? 悲观主义在修昔底德的作品里已昭然若揭。恰是从他这儿,重
复的观念才在历史里得到再现。身为城邦危机时期的同代人——
密涅瓦的鸟儿只有夜间才会起飞,柏拉图概述且整合了其前辈的
成果,以古老的方式作出猛烈的反应。但柏拉图的思想,虽然标志
着一个转折点,却并未终结。　　94

---

① 《法义》,686a及以下,625c及以下。
② 同上,736d。

第三节　毕达哥拉斯派埃帕米农达斯或左右翼战术问题*

Ἐπαμεινώνδας ἀνὴρ ἔνδοξος

ἐπὶ παιδείᾳ καὶ φιλοσοφίᾳ

埃帕米农达斯，名望卓著

无论是学养，抑或哲学

——普鲁塔克，《阿格西劳斯》(Agésilas)，27

　　尽管埃帕米农达斯在留克特拉(公元前371年)和曼丁尼亚(公元前362年)这两次大捷中还提出了棘手的问题，评注家门对此也是说法精妙，异见纷呈，但有一点是公认的，完全无需对此争论：即这位底比斯人将自己的成功归于两次战术上的改革：一则采纳斜向队形(loxê phalanx)，另一则自左翼发起进攻。而这第二次改革，我们将

95　对之作出分析，加以阐释。[1]

　　在留克特拉，[2]数字上的下风是极为明显的，埃帕米农达斯召集最优秀的步兵面向由斯巴达国王克列奥姆布洛图斯指挥的敌军右翼。普鲁塔克完美地用一句话概述了色诺芬和狄奥多罗斯叙述中的共同点："战斗期间，他将方阵斜向插入左翼"(τὴν φάλαγγα λοξὴνἐπὶ τὸ εὐώνυμον)。[3]此种完全与希腊人的军事传统相悖的战术决定了战斗的胜利。

---

* 　该篇经编订的论文系与P.Lévêque合作完成，发表于《历史》(Historia)，9(1960)，pp.294–308。

① 　此外，第一次改革是受底比斯传统的启发(参阅修昔底德，IV, 93)。

② 　关于此次战役的主要见证有：色诺芬，《希腊史》(Hell.)，VI, 4, 1–16；狄奥多罗斯(Diod.)，XV, 51–56；保撒尼阿斯，IX, 13；普鲁塔克，《佩罗皮达斯》(Pélopidas)，20–23。现代书目中重要的著作均由Kromayer–Veith给出，见《战场》(Schlachtfelder)，IV, p.290, 及Kromayer–Veith，《战役地图集》(Schlachten–Atlas)，IV, pp.33–34(图5, nº4和5)；Glotz–Cohen，《希腊历史》(Histoire grecque)，III, pp.148–149；H. Bengtson，《希腊史》(Griechische Geschichte)，p.277, n.4与5。

③ 　《佩罗皮达斯》，23。

　　在结盟的双方爆发的战斗中，这位底比斯人的战术想象力要比留克特拉的那次更引人注目，曼丁尼亚的交锋更复杂，这也引得古人对此众说纷纭。[1]尽管如此，对于我们所关心的那个问题，狄奥多罗斯和色诺芬是完全一致的。狄奥多罗斯的描述毫无疑问是跟着厄福洛斯走的，轻松地再现了留克特拉的战景。埃帕米农达斯军队里的最好的兵员都在左翼(底比斯人是建立在阿卡狄亚人的战术之上的)，面向敌军右翼，按照传统，敌军的右翼均由盟军(斯巴达人和曼丁尼亚人)的精兵构成。色诺芬的叙述当然不够准确。那已是《希腊史》的收尾文字了，叙述者稍稍有点用力过猛。但当作者提及联军的左翼时，就是为了将雅典人放在那儿，并指出埃帕米农达斯在雅典人的对面只部署了少量的部队作屏障，而此时却用最强的侧翼[2]去攻击敌军的右翼。因此，左翼进攻得胜，骑兵起到了突击的作用，而埃帕米农达斯却在这场战斗中马革裹尸。[3]

　　必须重复的是，将最优秀的部队集结于左翼乃是战术上的真正变革，与整个传统都是大异其趣。因为，在埃帕米农达斯之前，由最高统帅[4]统领的精锐部队[5]都在右翼，而在联军参战的情

96

---

① 色诺芬，《希腊史》，VII，5，18–27；狄奥多罗斯，XV，84–87。现代书目见Kromayer的《战场》，I，p.24及以下，p.317及以下，以及Kromayer–Veith的《战役地图集》，IV，pp.35–36(图5，n°7和8)；Glotz–Cohen，《希腊史》，III，pp.176–177；H. Bengtson，《希腊历史》，p.284，n.4。

② 《希腊史》，VII，5，23。

③ 我们的该次战役的阐释来自J. Hatzfeld，见他编订的《希腊史》(*Helléniques*)，C.U.F.，II，p.26，n.1。但有一处令人遗憾的失误，见VII，5，23，是翻译上的失误，ἀπὸ τοῦ εὐωνύμου κέρατος，他将其译为"右翼"。Kromayer的不同说法(最后，可参阅《战役地图集》，同上)并未涉及我们的主题。这位底比斯人的战术后来会被视为底比斯战术；而普鲁塔克夸张的修辞法也就由此而来，见《爱情故事》(*Quest. rom.*)，78，282e。"确实，底比斯人在留克特拉用左翼击溃了敌军，占据了上风，后在各大战役中继续使左翼起到了独霸群雄的作用。"(εὐωνύμου，形容词原型为εὐωνύμους，意为"名字吉利的"，因古希腊人认为右边吉祥，左边不吉，遂将不吉利的左边改称为吉祥的一边，所以上述的希腊语应为"自左翼"。——译注)

④ 在马拉松战役中，右翼是军司令官所在的侧翼(希罗多德，VI，111)。无论在悲剧中(欧里庇得斯，《祈援女》[*Suppl.*]，656–657)，还是在斯巴达的军队中(色诺芬，《斯巴达政制》[*Rép. des Lacéd.*]，XIII，6)，国王都是在右翼。关于该问题，我们将在K. Lugebil的一篇重要文章中找到其他参考书目，见"国家宪法"(Staatsverfassung)，pp.604–624。

⑤ 显然，这儿只是涉及到了步兵。骑兵通常情况下都会被分成两组同等的、对称的部队。

况下，都是盟主城邦的部队或战斗中的直接利益方的部队位于右翼。[1]因此，在马拉松，[2]只有非雅典人的分遣队，如普拉塔伊阿的部队，才会在左翼战斗。在普拉塔伊阿，接受拉凯代蒙人统帅的雅典人都是占据左翼。[3]公元前424年，在德里昂，底比斯

97 人绝大多数情况下都会被部署到右翼。[4]在第一次曼丁尼亚战斗（公元前418年）中，曼丁尼亚人构成了右翼，而阿耳戈斯人位于中央，雅典人则编到左翼，修昔底德的解释是："曼丁尼亚人之所以占据右翼，是因为战斗是在他们的土地上打响的。"[5]当然，在埃帕米农达斯之前，唯有右翼才会起进攻的作用。[6]此种排兵布阵法是希腊的精神，它是如此的自然，以致于色诺芬都很尊重右翼的优先权，尽管他在《居鲁士劝学录》第7卷开头描述那场理想的战斗，也就是说居鲁士和克罗伊斯之间的战斗时，完全借用了这位底比斯人

---

[1] 右翼与盟主的统帅权具有同一性，这尤其在普鲁塔克的《阿里斯提德》(*Aristide*)，16里得到了确认（引自希罗多德，IX, 16）："拉凯代蒙人自愿将右翼让出，这就等于是以某种方式交出了统帅权"；亦可参阅普鲁塔克，《爱情故事》，78, 282e。还可以来看一看狄奥多罗斯讲述的一桩有趣的轶事（见I, 67（亦可参阅希罗多德，II, 30）：在普撒美提科斯的乡野中，希腊雇佣军都被置于国王的右侧，这引起埃及人极大的不满，遂而弃军而逃。关于这则轶事的真实性，可参阅J.G.Griffiths的书目资料，见"三则注疏"(Three Notes)，pp.144–149。

[2] 希罗多德，VI, 111。

[3] 希罗多德，IX, 28。泰吉亚人徒劳地和雅典人争夺左翼战斗的权利（参阅IX, 26）。作为补偿，泰吉亚人便被安置到了斯巴达人的紧左侧；希罗多德明确说："在普通士兵当中，斯巴达人都会选泰吉亚人当伴，既是为了向他们表示敬意，也是因为他们勇敢之故。"出于技术上的原因，斯巴达人后来又向同波斯人打过仗的雅典人建议彼此调换位置，以便能和波斯人直接面对面。雅典人对此决议欢欣鼓舞，认为斯巴达人愿意放弃统帅权：参阅希罗多德，IX, 46，及普鲁塔克《阿里斯提德》，16。但这样的做法被波斯人挫败。这则轶事被普鲁塔克认为是雅典人的编造，见《论希罗多德的恶意》(*De la malignité d'Hérodote*)，872a及以下；亦可参阅W.J. Woodhouse，"普拉塔伊阿"(Plataiai)，pp.41–43。

[4] 修昔底德，IV, 93。

[5] 修昔底德，V, 67。就在这一段里，修昔底德还解释说，"斯基里提斯人"（来自拉科尼亚北部山区的轻装部队）占据左翼。但确切地说，此处并未像J. Voilquin和J. de Romilly所翻译的那样，涉及到"特权"问题。这位历史学家只是注意到："只有拉凯代蒙人才为自己在队列中占据了这个位置。"

[6] 两方的右翼都有可能打胜仗，这通常就会导致谁都没打赢；由此，色诺芬对阿格西劳斯在喀罗内亚的表现赞赏有加：在打败了敌军的左翼之后，他又变换阵线，去打败右翼，从而战胜了奥科麦诺斯的军队（《希腊史》，IV, 3, 16–19）。

的天才战术。① 况且，就此而言，埃帕米农达斯的这一大胆创举前景如何也并未即刻显现出来。从格拉尼科战役到伊达斯佩战役，与这位底比斯人一脉相承的亚历山大只能在严格意义上的对阵战中枉然地将战术上的改革蓄积起来，而且他仍会一直统帅右翼。②

98

　　这种陆战是否也适用于海战呢？随着公元前5世纪在拉戴和阿吉努赛之间爆发战争，回答就更复杂了，海战的战术要比陆战战术改动得更快、更彻底。我们对伊奥尼亚在拉代战役中的排兵布阵法一无所知，也就是在这次战斗中，第一次diekplous（冲破敌军阵线）的尝试得到了证实。③ 在萨拉米斯，和在普拉塔伊阿及米卡列一样，斯巴达人占据右翼，雅典人占据左翼。④ 然而，在放猪岛一战（公元前433年）中，科基拉人这一边有占据右翼的雅典人，作为侦察兵；面对他们的科林斯人布于左翼，有快捷如箭的舰船。⑤ 在这场战斗中，传统的秩序已是荡然无存，不过，修昔底德强调的仍是古老的那一面。⑥ 自此以后，在诺帕克图斯一战中，伯罗奔

----

① 色诺芬，《居鲁士劝学录》，VII，1（尤其是23—27）。克罗伊斯手下的埃及人排成纵深的百行，模仿的是留克特拉一战中的底比斯人的阵法，"在这队形中，至少有50排盾的纵深"（《希腊史》，VI，4，12），以对抗拉凯代蒙人的12排盾。（需注意的是，在德里昂战斗中，底比斯人就只排成了25排：修昔底德，IV，93。）居鲁士使用战车，就像埃帕米农达斯在曼丁尼亚采用骑兵。按照居鲁士的命令，军事行动分两个时间发动，但每一次都是先从右翼开战。第一时间：攻击侧翼，以避开克罗伊斯大范围展开的军队的包围；居鲁士攻打右翼，只是到后来才由阿尔塔革赛斯攻击左翼。第二时间：真正的战斗是由阿布拉达塔斯发起的，居鲁士命其占据右翼。两翼有着有机的联系，这是公元前5世纪才得到广泛认可的战术：在亚历山大之前，埃帕米农达斯就知道如何从中汲取灵感，显然这丝毫没有阻碍他左翼进攻的创举。

② 参阅U. Wilcken，《亚历山大》（*Alexandre*），p.92, 109, 141, 188。

③ 希罗多德，VI，12。参阅P.H. Legrand，编订《历史》（*Histoires*），C.U.F.，VI，p.13，n.2。

④ 希罗多德，VIII，84—85。从左翼投入战斗的阵法是偶然为之的：面对蛮族人舰队的进攻，希腊人都准备撤退，此时有一位雅典人，帕列涅区的阿美尼亚斯冲向敌船，打响了战斗。

⑤ 修昔底德，I，48。同样，在塞斯托斯战斗中，明达鲁斯占据了左翼的快船：参阅修昔底德，VIII，104。

⑥ I，49。修昔底德对我们说（参阅I，49; II，89; VII，62），用"古代的方式"打仗，就必须理解在这样一场战斗中，聚在桥上的士兵要比舰船的演化起更重要的作用。士兵的队形并未被提到。

尼撒人最好的舰船是否应该安置在右翼已根本不重要了。[①]埃帕米农达斯在陆上是否受了海战战术的启发呢? 如果回答是正面的, 那就必须看一看另一件事, 就是色诺芬在那个著名的段落中给出的这位底比斯人在曼丁尼亚的画像, 后者"率领军队, 突击队在前, 犹如三层桨战船的船艏" (ὁ δὲ τὸ στράτευμα ἀντίπρωρον ὥσπερ τριήρη προσῆγε)。[②]可是, 尽管这是发生于公元前363年的一次远征, 但就我们所知, 在这次远征当中, 并未发生过一次严格意义上的海战, 埃帕米农达斯的海战经验似乎并不足道。在能解释他的大胆之前, 我们应该审视一下传统战术的各种起源和动机。

在着手处理这个问题之前, 我们马上就碰到了修昔底德的一篇有名的文本, 文中提出了一种解释, 大多数评注家都认为这种说法有道理。[③]叙述了曼丁尼亚的战斗(公元前418年), 解释了国王阿基斯的部署之后, 这位历史学家便写道:"所有的军队都会这样行动: 交锋后, 军队有个偏向右翼的习惯, 两军交战中的任何一方都会从右翼攻入敌军的左翼。这是因为每个士兵由于害怕受到攻击, 便都尽可能贴紧右侧的盾牌, 以保护自己裸露出来的身体一侧, 他会觉得队伍越是收得紧, 他就越会觉得安全。该部署的第一责任

---

① 修昔底德, II, 90。

② 《希腊史》, VII, 5, 23。我们引用的是J. Hatzfeld的译文。

③ 关于传统理论, 可特别参阅W.Rüstow和H.Köchly的表述, 见《军事事务》(*Kriegswesen*), p.126与p.143。K.Lugebil ("国家宪法", p.605)得出了一种很不错的社会学解释, 但他马上又将之扬弃, 借口是在古典战斗中, 左翼并非最糟糕的部位, 而是次坏的部位。这一点是无庸置辩的: 参阅, 关于马拉松战役, 希罗多德, VIII, 148; 关于普拉塔伊阿, 同上, IX, 26及以下(以及普鲁塔克, 《论希罗多德的恶意》, 872a, 对他来说, 雅典人与泰吉亚人之间的冲突只是 περὶ τῶν δευτερείων); 亦可参阅欧里庇德斯《祈援女》, 659里的帕拉罗斯, 以及欧里庇得斯《赫拉克利得斯》(*Héraclides*), 671里的许罗斯。但很明显的是, 在一个分成右和左的世界里, 中间便根本没了重要性。相反, Kromayer和Veith(《陆军军务》[*Heerwesen*], p.85与p.94)却在右翼进攻的倾向和将精锐部队置于右翼的习惯之间作了区分。(帕拉罗斯[Paralos], 雅典英雄, 被誉为航海的发明者; 许罗斯[Hyllos], 古希腊神话人物, 赫拉克勒斯及得伊阿涅拉的儿子。——译注)

人是右翼纵队的指挥官，他最不想让自己那裸露的一侧遭敌军的击打；出于同样的害怕，其他人便也有了这样的担心。"①仔细阅读这篇文本的话，就会发现这样的推论很机械，也说得相当合理，但这个推论只能说明希腊人战斗中机械的一面；可完全无法理解的是，就在这场战斗中，阿基斯为何要小心翼翼地将某些拉凯代蒙人安置到右翼的最右端去。②简言之，严格来说，他对军队的行动可以说是了解的，但却无法认同战斗队形的部署。不过，我们要承认的是，尽管情况还远未达到确定的程度，但修昔底德本是想提出一种全面的解释的。从他这方面来说，这样的"唯理论"并不让人吃惊，尤其是如果把这段段落放到其背景当中去看就更是如此了。因为这位史学家刚刚提出了一种并非不合理的习惯上的解释，即斯巴达人是随着长笛手的节奏来投入战斗的："这跟宗教无关，而是一种调节步伐、有节奏往前冲的方式，这样就不会使行与行之间拉开距离，也能使大部队牵制住敌军。"③这样的建议，即便适合于修昔底德的时代，但显然无法充分地解释他所描述的此种阵法的起源。④这难道不是和前者的阵法一样吗？

根据我们的看法，修昔底德的另一段段落可以说明情况。在公元前427年祖国被围的围攻战中，普拉塔伊阿人是穿着奇怪的装束溜出城的，他是这样来描述的："他们带着轻装备，只有左脚穿鞋，

100

---

① 修昔底德，V, 71(Voilquin译，译文略作改动)。让盾牌兵坚守左翼几乎没什么用。修昔底德给出的解释遭到了W.J.Woodhouse("曼丁尼亚"[Mantineia], pp.72–73)的猛烈批评，修昔底德想将这种现象归于纯粹身体上的原因(每个人都应扛一面重盾，这样他的步伐就会偏向右翼了)。《反题》(Contra)，参阅A.W.Gomme，《散论》(Essays), pp.134–135。
② 修昔底德，V, 67。严格意义上的右翼都是由泰吉特人占据的：他们之所以有这样的特权，很有可能是因为战斗是在阿卡狄亚，及他们传统上相邻的敌邦曼丁尼亚人那儿展开的。我们已经发现，出于同样的理由，曼丁尼亚人也占据着联军的右翼。而且，靠他们最近的都是一些阿卡狄亚人。
③ 修昔底德，V, 70。
④ 可特别参阅保撒尼阿斯关于斯巴达的缪斯圣殿所说的话，缪斯是为战士步伐打节拍的长笛手、里拉琴手、西塔尔琴手的保护神。

以防行走时在烂泥里滑倒。"①

　　修昔底德在此所作的解释说明了什么呢? 究竟是像有些人说的, 赤着的脚, 还是像另一些人说的, 穿鞋的脚, 可以防止在烂泥里滑倒呢?②事实上, 德奥纳(W.Deonna)在采用了弗雷泽(Frazer)③的说法后, 证明了无论是在造型艺术, 还是在"生活"当中, 赤脚都是和地下神灵的祭仪有关, 修昔底德这一段文字只能借助于许多例子里所说的monokrêpides④的这种说法才能得到理解。因此, 这位历史学家给我们作的解释, 是在公然滥用唯理论。⑤事实上, 对很长时间以来一直被接受的, 布阵时右边具首要性, 希腊军队的调动要优先于埃帕米农达斯所作的解释, 也是同样的问题。必须从技术上的解释, 过渡到社会学的解释。

　　确实, 在右与左的对立关系中, 我们都能辨认出集体的呈现方

---

① 修昔底德, III, 22。
② 我们来重读一下A.W.Gomme的评论, 在这点上他说得很奇怪(《评论》[Commentary], II, p.283): "裸露的右脚可以防止他们滑到泥里, 并不是像有些人所想的, 靠的是穿鞋的左脚(参阅Marchant)。在这样的天气里, 为着这样的目的, 穿上某种类型的鞋子还是很正常的; 出于特殊的理由, 有一只脚会不穿鞋子。阿诺德(Arnold)巧妙地引用了斯科特(Scott)的《最后的吟游诗人》(Last Minstrel)中第4首第18行的诗句: 每只强壮的膝盖都裸露着, 以帮助攀爬云梯的战士。"让我们吃惊的是, 这里将膝盖和脚相比, 把岩石和烂泥相比。
③ 《金枝》(Rameau d'or), II, p.259。
④ 该词是W.Deonna一篇文章的题目。也可参阅该作者所写的《左脚的胼胝》(Cornes gauches)。从这两篇研究文章中可以得出的结论是, 根据各种可能性来看, 左侧是献给地下神灵的。关于造型艺术里的monokrêpides, 可参阅W.Amelung的"仪式"(Rito); 关于左脚穿鞋, 可参阅p.131。在W.Deonna的研究文章中, 我们会注意到在军事生活中有相当的多的地方都提到了这种现象。犯了一个明显失误的作者写道(p.57)普拉塔伊阿人只有右脚才穿鞋, 这便在这件事实和罗马人的devotio(虔诚)之间建立了类比关系。事实上, 只需作大量比较性的研究调查, 就可对这样的行为作出解释, 其仪式上的涵义是毋庸置疑的。保罗·克洛岱尔(Paul Claudel)的《丝缎鞋》(Le Soulier de satin)就建立在相似的仪式上。另一种对单脚穿鞋(monosandalisme)所作的解释, 宗教意味也不少, 该解释是由A.Brelich提出的, 见"单脚穿鞋"(Monosandales), p.469及以下: 单脚穿鞋是低等肢体不完善性的一个弱化的变体, 常常让英雄们痛苦不堪, 不完善性被视为是臻至完善性的一个条件; 参阅pp.473–474, 此处讲到了修昔底德的作品。(monokrêpides, 意为"单脚穿鞋"。——译注)
⑤ 我们不想由此就说修昔底德的解释丝毫没有价值。这样的起源问题是我们向自己提出的。

式中哪一个部分具有优越性,它经常同神圣与世俗的对立相呼应。[1]自从有了"几乎无足轻重的身体具有不对称性"[2]的看法之后,人类社会便因此而发展出一套空间完全不对称性的呈现方式。原始的希腊人对这个事实提供了一个出色的说明,[3]而且在很多地方都溢出了古典时代的范畴。[4]因而,在荷马史诗中,右便永远成了强力和生命的积极的一侧;左则成了衰弱和死亡消极的一侧;从右发散出生机勃勃的、有益健康的影响力,而左只能是受到了衰弱消沉、有害身心的影响。居扬德尔(J. Cuillandre)对荷马史诗作了长篇大论、条分缕析的分析之后,也令人信服地承认了这一点,他有时候会在辨微逐幽的时候迷失方向,但在极具说服力的整体描述方面却不会。[5]

关于荷马,居扬德尔比照古毕达哥拉斯派的做法还是正确的。因为毕达哥拉斯派将分散于《伊利亚特》和《奥德赛》中的内容作了系统化。[6]亚里士多德的《形而上学》[7]给我们留下了一组对照表(即著名的systoichia),[8]该表由十组本质对立的事物构成,"某些毕达哥拉斯派成员"则将所有的现实事物都排了进去。右–左这一对也被放了里面,与有限–无限、偶–奇、单–多、好–坏、方–长这些

---

[1] 我们在这儿再来看看R.Hertz的经典论文,"右手"(Main droite)。在最近的一篇文章"右手"(Main droite)中,P.–M. Schuhl提出在强调如何对右和左的问题作解释时,Bichat是现代首个提出社会学阐释具有重要性的人。

[2] 这是R. Hertz的解释,见"右手",p.107, n.34。或许还应该作细微的辨别。

[3] 希腊语使用形容词来指称这些概念的做法清楚地反映了右与左的单极性:参阅P. Chantraine, "左"(Gauche)。

[4] 关于古典时代该问题的综览,可参阅W.Kroll的一个学生所写的论文:Alois Gornatowski, "右"(Recht);不幸的是,作者根本没使用他所引用的那些庞大的文本资料。还可以研究现代语境下的这个问题:因此,在一本表面上看像科学著作的书里,R.Kobler(Weg)声称自己证明了,右手之所以具有重要性,乃是使用武器征服文明的结果——原始人都是左撇子。

[5] 《右与左》。参阅F. Robert的判断,"关于居扬德尔"(Compte rendu J. Cuillandre)。

[6] "毕达哥拉斯派只是规范了古代极端流行的表现方式,并使之成形"(R.Hertz, "右手", p.98, n.3)。

[7] I, 5, 986a 15=Diels[7] 54(45)B 5。

[8] systoichia, 意为"系列"。——译注

对子排在了一起。在这位斯塔吉拉人(Stagirite)[①]看来，这明显就是古代的对照表，因为他明确地说，该表是毕达哥拉斯派取自克罗顿的阿尔克迈翁或由阿尔克迈翁取自毕达哥拉斯派。[②]宇宙也逃不脱对现实事物所作的这类总括性的分类。根据亚里士多德的《论天》(De caelo)[③]里的说法，毕达哥拉斯派认为天就是一团有右有左的物体："有人声称天有右与左——我认为这些人就是所谓的毕达哥拉斯派，因为只有他们才会使用这样的理论"(P.Moraux译)。辛普利西乌斯[④]在其对《论天》的评注中解释这一段时，对自己引用的亚里士多德的一篇已轶失的文章有这样的说法："毕达哥拉斯派将善说成是右、上、前，将恶说成是左、下、后，亚里士多德本人在其毕达哥拉斯派箴言录中也持此种看法。"

右的此种卓越性与"只闻其声不见其人的教学法"(acousmatiques)[⑤]的某些实践有关，其中就有这样的两种规则，其一要求从右侧进入神殿，另一要求一定要先给右脚穿鞋(反过来的做法就是先给左脚穿鞋)。[⑥]

---

① 斯塔吉拉人就是指亚里士多德，其绰号即为斯塔吉拉斯人，因他出生于色雷斯的斯塔吉拉，故名。——译注
② 这个断言颇有歧义性，所有我们觉得纯粹只是假设，毫无用处，尤其A. Rey给出的说法更是如此(《青年》[Jeunesse]，p.374)，他只是将systoichia追溯到了菲洛劳斯。(菲洛劳斯[Philolaos]，公元前5世纪的毕达哥拉斯派哲学家，认为地球非宇宙中心。——译注)
③ II, 2, 284b 6=Diels[7] 58(45)B 30。亦可参阅该文的后段，对这一理论作了明确的陈述，见II, 285a 10 (Diels[7] 58[45]B 31)："因此，毕达哥拉斯派只讲右与左这两个原则，就相当奇怪了"(P. Moraux译)。
④ P.386, 20(Heiberg)=亚里士多德，fr., 200(Rose)= Diels[7] 58(45)B 30。辛普利西乌斯随后便读者注意，右与左本质上是和善与恶相连的，其关联程度要远超上与下、前与后。
⑤ acousmatiques的教学法源于毕达哥拉斯派教学时，用帘子将学生和老师隔开，其目的是使学生只听老师的声音，而无需受老师动作的干扰。——译注
⑥ 扬布利柯(Jambli.)，《毕达哥拉斯生平》(Vie de Pyth.)，83，与《劝勉录》(Protr.)，21, 11= Diels[7] 58(45)C 4 p.464, 及C 6 p.466。我们还将普鲁塔克的奇怪说法同这两篇文章作对比，见《论不良的羞耻心》(De la mauvaise pudeur)，8：叉腿的时候，毕达哥拉斯派总是注意不让左腿搁在右腿上。在所有这些例子中，行为应该始自右边，即神圣的一侧：参阅A. Delatte，《研究论文集》(Études)，p.300，与J. Cuillandre，《右与左》，p.470。

　　此种定性的拓扑学可在低等世界里找到,有着"俄尔甫斯教仪派"或毕达哥拉斯派倾向的某些宗派可为其代表。下面就是l'Y的象征论所教给我们的东西:"在冥界(triodos)的十字路口,盘踞着法官和灵魂。他们会依灵魂的长处将其发往右边,认为其可穿越而入香榭丽舍;他们将该被投入塔尔塔斯河的恶人逐入左边。"[①]

　　左与右的二元论,尽管有着很明显的毕达哥拉斯派的特点,但其事实上是浸润于公元前5世纪整个希腊思想的全盛期之中的。比方说,巴门尼德、阿那克萨哥拉、恩培多克勒及希波克拉底之类的医生所有共有的传统,是与子宫右侧为男孩、左侧为女孩这样的概念相联系的。[②]此外,这样的信念在古典时代的医界亦非孤例。因此,右眼、右胸就要比其相应的左侧更强更好;[③]而且,还在怀孕的女性那里,确立了男性胎儿和右胸之间的关联;[④]还有,"烧灼或切割右侧会很危险:因为,右侧更有力量,这一侧的疾病强度也更大"。[⑤]由于这些文本很有可能可追溯到公元前4世纪

104

105

---

①　F. Cumont,《永恒的光亮》(*Lux perpetua*), pp.279–280. 至于毕达哥拉斯派的l'Y的各种标志会出现在墓地的石碑上,可参阅F.Cumont,《葬仪里的象征》(*Symbolisme funéraire*), p.247; Ch.Picard, "表现"(Représentation)与"油贩"(Marchand d'huile), p.154.这些文章确认了此种拓扑学的系统化特征。文章均见于Gornatowski,《右》, p.48及以下。最著名的就是佩特里亚(Pételia)出土的那块有名的"俄尔甫斯教仪派"的石板(文本见Diels[7] I [66] 17),上面指明必须避开左侧哈得斯的住所,前往右侧的记忆(Mémoire)之河。关于所有这些问题,可参见E. Ronde,《灵》(*Psyché*), p.444, n.4. J.G.Griffiths的研究文章,见"三则注疏",以及S.Morenze的研究文章,见《右》(*Rechts*),都能将这样的评注扩展应用至埃及人对亡者所作的评判中。随后相反的观点愈来愈占上风,我们也很乐意强调这些观点:比如,可参阅Wiedemann,《埃及史》(*Geschichte Aegyptens*), p.135.但接下来也要表明,在埃及人那里,左也是荣耀的方位;参阅B.A. Van Gronningen,《史学家希罗多德》(*Herodotos Historien*), I, p.121.

②　由此便有了巴门尼德的诗句,Diels[7] 28(18)B 17: "右边男孩,左边女孩"。写作《箴言录》(*Aphorismes*)的医生,V, 48(p.545 Littré)更谨慎: "男性胚胎更靠右,女性胚胎更靠左。"据Bourgey(《观察》[*Observation*], pp.36–37)的推算,《箴言录》写于公元前5世纪末。我们在古典时代遇到的相似的文本,都收集在了Gornatowski的著作中,见《右》, pp.39–44.亦可参阅A. Rey,《青年》, p.444.

③　《传染病》(*Épidémies*), II, 6, 16(p.136 Littré)。

④　《箴言录》, V, 38(p.544 Littré)。

⑤　《疾病》(*Maladies*), III(p.154 Littré)。同样的"观察"也出现在亚里士多德那儿。因而,在动物那里,右边更好(《动物各部分》[*Des parties des an.*], 665b 22及以下)。在人那里,心脏在左侧,这样就可弥补这一侧特别寒冷的缺陷(同上,666b 7)。

初，①而且其所占的地位远比古典希腊时期医学在paideia中的地位大，所以就更让人吃惊了。②

因此，我们面对的传统相当强大，照我们看来，它完全能够对希腊人将右翼视为进攻翼的这种习惯解释清楚。③况且，我们与修昔底德所说的差得也不远，因为右手投标枪，左手持防御性武器，即盾牌的做法是"很正常的"。④

在这样的条件下，公元前5世纪就必然会出现一场真正的变革，那时候是以"知识"发展为特点的伯里克利时期，⑤对传统的批判极为活跃。它在三个层面上展开：technê（要求使用双手），⑥解剖学，对几何空间的反思。希腊的医学在批判性思想的这些进展中处于抉择的境地，至少在前两个层面上是这样。当阿波罗尼亚的第欧根尼描述血管的体系时，⑦对大部分动脉都是避而不谈，他建立的是一个完全对称的血管网络，是以对右与左的持续区分为基础的。⑧相平行的是，具有"积极"精神的《论医生的办公场所》(Sur l'officine du médecin)一文的作者宣称⑨必须"用单手和双

---

① 根据Bourgey，《观察》，pp.33–41。

② 尤其可参阅W. Jaeger，《教育》(Paideia)，III，p.445及以下。

③ 要记得，在《伊利亚特》中，是阿喀琉斯占据了阿开亚人战阵的最右翼，而埃阿斯占据的是最左翼：参阅J. Cuillandre，《右与左》，p.18及以下。当我们回忆这两位英雄在史诗和悲剧中所起的作用时，根本不可能看不见偶然性所起的作用。

④ 参阅J. Cuillandre，《右与左》，p.471，及人类学的讨论。

⑤ 关于公元前5世纪下半叶的启蒙运动(Aufklärung)层面，P.–M.Schuhl说得很清晰，见《形成》，p.318及以下。

⑥ "在阿那克萨哥拉看来，通过使用双手，人就成了动物中最有理性者了"，亚里士多德说(《动物各部分》，687a 8=Diels⁷ 59[46] A 102)："阿那克萨哥拉声称这是因为人正是因为有了双手才成了动物中最智慧者"(P. Louis译)。

⑦ Diels⁷ 64[51] B 6。参阅J.Zafiropulo，《阿波罗尼亚的第欧根尼》(Diogène d'Apollonie)，p.86及以下。

⑧ 关于《人的部位》(Les lieux de l'homme)这篇文章，我们也可作相似的评论，只是该文似乎可追溯到公元前5世纪(Bourgey，《观察》，p.37)。这些参考书目使上述所引的亚里士多德的谬误显得愈发触目惊心。

⑨ 《论医生的办公场所》，4(Kuehlewein)。该文似可追溯到公元4世纪初(Bourgey，《观察》，pp.33–34)。关于这篇文章及其所激发的精神，可参阅Bourgey，同上，pp.60–61。

手来练习做任何事情; 因为这两种做法颇为相似"。①

同样, 恰是出于借用自技术的这些理由, 特别是借用自军事技术的这些理由, 柏拉图才在《法义》第7卷中为使用双手的必要性正了名:② "关于这一点, 确实偏见很盛行, 但几乎没人认识到这是偏见。[……]从我们的所有行为来看, 大家都相信右与左之间天然就有着禀赋上的差别; 就手而言, 它们的功能却无任何可见的差异, 因为对脚和其他低等肢体而言也是这样, 只有保姆和母亲们的愚蠢, 才使得我们成了只有一只手的人。由此可见, 双臂的能力是一样的, 是我们的习惯造就了它们的不等同, 无法像它们应该的那样来为我们服务。"柏拉图证明了这样的偏见在现时的生活中已经是很危险的了, 当涉及到军事教育和操作武器时, 就更是不祥之兆了。③

在公元前450至前430年间,④开俄斯的希波克拉底(Hippocrate de Chios)出版了《几何要素》(*Éléments de géométrie*)的前几卷。尽管正如希腊人所想的那样, 这本几何著作也假定有一个同质的空间, 但这位几何学家却无法解释清楚这项假设。其实, 就我们所知, 是毕达哥拉斯派克罗顿的菲洛劳斯(Philolaos de Crotone)——该学派第一位以书面形式向公众揭示这一学说的成员,⑤而且他还是思想家, 对几何学作了规范, 普鲁塔克对我们说, 几何学乃是

107

---

① 除了针对technê所作的这些简短评语之外, 还应该对希腊工匠劳作时以何种方式使用双手进行调研。

② 794d –795d。关于其发展的初始阶段, 我们引用的是A. Diès引文。

③ 柏拉图在此是作为功利主义的立法者来推论这一切的, 就像在《王制》(V, 455a及以下)里一样, 对别人认为他那些本质实用的论点太女性化的看法, 他作了辩护。我们所引的《法义》, P.–M.Schuhl已作了评注, 见《右手》, 2。P.–M.Schuhl证明在其他很多场合, 柏拉图在论述右与左的问题时, 都有毕达哥拉斯派传统的影子。同样需注意的是, 亚里士多德虽满足于在《政治家》里引用柏拉图的观点(II, 1274b 12, 但根据Newman的看法, 这段文字只是评注而已), 但他仍从自己这方面出发, 极富推理性地观察到右手更有天赋, 但所有人都能变得左右手都很灵巧。

④ P.H. Michel, 《毕达哥拉斯》(*Pythagore*), p.247。

⑤ Demetrius, 见第欧根尼·拉尔修, VIII, 85=Diels[7] 44[32] A 1; 扬布利柯, 《毕达哥拉斯生平》, 199=Diels[7] 14[4] 17。

ἀρχὴ καὶ μητρόπολις...τῶν ἄλλων(μαθημάτων)，即 "其他学科
的中心和中枢" ①——先于其他任何人，断言了空间的统一性和同质
性的。②

因为，在斯托庇阿(Stobée)归在菲洛劳斯名下的《酒神的女
祭司》(Bacchantes)这篇文本就是这么说的：Ὁ κόσμος εἷς ἐστιν,

108

---

① 《会饮问题集》(*Quest. de table*)，VIII, 2, 1, 718e = Diels⁷ 44 [32] A 79。
② 由于这儿需列举的理由太多，所以我们就将菲洛劳斯的残篇均视为他的真迹。我
们知道，相反的观点一直以来都是占上风的。我们不会在此提已是很久之前的那
场争执，因为总的来说，这样就得追溯到Bywater的那篇文章"残篇"(Fragments)
了。E. Frank的反证法(hypercriticisme)将毕达哥拉斯派驳得体无完肤，甚至于认
为菲洛劳斯就是个"神话人物"，是由柏拉图创作出来的文学虚构，还有一位巧
妙的编造者围绕该虚构写了《所谓的毕达哥拉斯派》(*Péri Physios: Sogenannten
Pythagoreer*)，详见各处及p.294, n.1。针对他的夸大其词，尤其是E. Zeller和R.
Mondolfo(《哲学》[*Filosofia*], I, 2, pp.367–385)，以及G. de Santillana和W. Pitts作
了反击，他们的文章都很紧凑，但目的性很强("菲洛劳斯"[Philolaus])。可认为非
其真迹的观点仍旧得到了J.E.Raven的支持，见《毕达哥拉斯派》(Pythagoreans)，
p.93及以下，以及Kirk与Raven，《前苏格拉底哲学家》(*Presocratic Philosophers*)，
pp.306–311。我们还可以找到两本专事澄清的著作，两者都赞成真迹的观点，见
P.Wuilleumier，《塔兰托》(Tarente)，pp.566–573，及P.H.Michel，《毕达哥拉斯》
pp.258–261。我们将满意地发现，赞成真迹说的主要论点首先是相反观点论据不
足，它们经常是从激情昂扬的逻辑出发，而这种类型的争论也就是被这样的逻辑
激活的。因此，P. Tannery("菲洛劳斯的残篇"[Fragments philolaïques])就坚持声
称这样一个事实，即*Péri Physios*只是自公元1世纪起才开始被人引用的。但不用
费多大劲，就可引用亚里士多德的《欧德谟伦理学》(*Éth. Eud.*)，II, 8, 1225a 30 =
Diels⁷ 44 [32] B 16,《斐多》里毋庸置疑的影射(86a)及《斐勒布》里有可能所作的
影射(17d及以下)，和该书有可能对斯珀西波斯(Speusippe)的一本著作(《神学、算
数》[*Theolog. Arithm.*], p.82, 10 De Falco = Diels⁷ 44 [32] A 13)所产生的影响。甚
至，在论及亚里士多德的态度时，我们经常会忘记他并不是历史学家，见E. Zeller的
"菲洛劳斯"颇有道理的评注，至于对手的最新著作，可参阅J.E. Raven，他坚持两
个基本点(参阅Kirk与Raven，《前苏格拉底哲学家》，pp.309–310)。他说，首先，即
便Mondolfo成功地解释了所有可疑的细节问题，但仍无法反驳"怎么去看待所有
那些不认同残篇的强有力的论据，毕竟疑点和不寻常之处实在是太多了"(p.309)。
但他忘了的是，在上述的假设中，"可疑的"细节只不过是令人起疑的细节。就算
再万不得已，哪怕许多人都觉得拿破仑是太阳神附体，我们还是会对拿破仑是否
存在进行仔细权衡的。另一方面，他对我们说，菲洛劳斯的残篇极像亚里士多德
就毕达哥拉斯派所写的文章。当我们参照受到诘问的这些文本时，会发现这样的
论据颇可质疑，尤其是我们能轻易地将他的论点扭转过来。现在应该来结束这场
狂热的争执了，恰好V. Goldschmidt(《斯多阿派的体系》，pp.50–52)也对此作了揭
示，他认为这种狂热就是要，比方说，告诉别人德谟克利特的箴言有着柏拉图的调
调。直到目前，没有人能解释得清楚，不管是不是受到了亚里士多德的启发，编造
者为什么要说菲洛劳斯是毕达哥拉斯派里的异见分子，而他的异见又只有在其生
活写书的那个时期里才会有意义，才会引起别人的兴趣。

ἤρξατο δὲ γίγνεσθαι ἀπὸ τοῦ μέσου καὶ ἀπὸ τοῦ μέσου εἰς τὸ ἄνω διὰ τῶν αὐτῶν τοῖς κάτω ἔστι γὰρ τὰ ἄνω τοῦ μέσου ὑπεναντίως κείμενα τοῖ ς κάτω τοῖσ γὰρ κατωτάτω τὰ μέσα ἐστὶν ὥσπερ τὰ ἀνωτάτω καὶ τὰ ἄλλα ὡσαύτως πρὸς γὰρ τὸ μέσον κατὰ ταὐτά ἐστιν ἑκάτερα, ὅσα μὴ μετενήνεκται。①

可翻译如下:"世界乃是一;它从中间开始生成,从中间出发,以同样的方式向上和向下[发展]。因为上,相对于中间,与下对称。因为中间与其他相比,会处于更下面,或处于更上面。因为有了中间,这两个区域中每一个都处在了相同的关系中,除非它们移动。"②菲洛劳斯在此表现得就像个毕达哥拉斯派的异端分子,③而他也就此证明了上和下这两个概念具有相对性。当然,文中无疑是通过καὶ τὰ ἄλλα ὡσαύτως这一表达式来提及右与左的,但如果还记得毕达哥拉斯派将右和上(等同于善)、左和下(等同于恶)作了

109

---

① 斯托庇阿,《劝诫录》(*Flor.*), I, 15, 7 = Diels⁷ 44 [32] B 17。该文本被归入真迹残篇当中,但正如Diels所指出的,该著作的书名很有可能源于亚历山大时期。至于所转录的koinê一词,经常是拿来提问题之用的,不管什么时代,它都可以作这样的用途。Diels所作的修正没有什么可质疑之处,至少总体上如此。参阅对该残篇所作的第一份评论,见A.Boeckh,《菲洛劳斯》(*Philolaos*), p.90及以下。亦可参阅Chaignet,《毕达哥拉斯》, p.234。在斯托庇阿的著作(《劝诫录》, I, 15-16)里,菲洛劳斯的文本在Aetius的评注本(《同意》[*Placita*], II, 10, 1 = Diels,《希腊评注本》[*Dox. gr.*], p.339)里的段落之后,后者认为毕达哥拉斯、柏拉图和亚里士多德创建了建基于区分右与左之上的宇宙论;与此同时,还对宇宙的高度和深度这些概念具有相对性作出了批评。很显然,这是在笨拙地模仿柏拉图(《蒂迈欧》, 62c)、亚里士多德(《论天》, II, 2, 284b及以下)、毫无疑问,还模仿了我们的这篇菲洛劳斯的文本。
② 我们将这篇文本同Aetius的评注本里的两个段落比对一下,后者差不多包含了我们对菲洛劳斯宇宙论的全部认识(II, 7, 7与III, 11, 3 = Diels7 44 [32] A 16与17)。这儿提到了"上",但这个上被定义为περιέχον,即包围之意。菲洛劳斯将此包围称作奥林匹斯。Kosmos一词专门用在次星体(substellaire)的世界中。该细节成了个难题,但并未像Diels所说的那样,与残篇17构成矛盾,在残篇1、2、6中, kosmos是在宽泛的意义上使用的,所以这个难题就更明显了。
③ 关于菲洛劳斯的思想在毕达哥拉斯派里颇具新颖性的话题,可参阅M.Timpanaro Cardini,"宇宙"(Cosmo)。就地球运动这个问题而言,这些新颖性得到了Aetius的确认,见III, 13, 1-2 = Diels⁷ 44 [32] A21。

对比的话，那么就会发现从伦理上来说集中于这两个方向之间的宇宙这一观念在此就成了问题。①

　　菲洛劳斯的这篇残篇不可避免地会使人想到《蒂迈欧》的一个段落。②柏拉图在这儿借蒂迈欧这另一位"意大利"思想家之口说："本质上说，存在着两个不同的、对立的区域，将一切(Tout)分成两个部分来分享，一个向下(τὸν μὲν κάτω)，将占据着某团物质的所有东西都朝这个方向牵去，另一个向上(τὸν δὲ ἄνω)，没有任何东西会从其内部往上牵去，但要去承认这种说法就错了。因为整座天都是球形的，它的各个部分均与中心保持着相等的距离，以相同的方式构成了各个端点，而这中心也与各个端点等距，因此必须承认中心和所有端点都是等距的。这就是宇宙的本质，上述各端点的本质，我们可以把它们放在上方，而下方的本质，似乎不应给它一个完全与之不相称的名字吧？"然后就是整整一页说蒂迈欧拒绝自然区域的理论，③至少应该从中抽取几行来读一读："简言之，就像我们刚才说的，既然一切(Tout)是球形，那就无需说一个区域为上，另一个为下了。"④

　　然而，柏拉图的对话录中很少有像《蒂迈欧》那样"毕达哥拉斯化"的文本。⑤说得确切些，古人都是直接将《蒂迈欧》和菲洛劳

110

---

① 由于菲洛劳斯很少会死忠于这个亚里士多德的systoichia(人们奇怪地将之归在亚里士多德的名下)，而且除了偶与奇之外，他还将这些组合混合起来，再引入进来，那样的问题也就不太会令人惊讶了，混合后的结果是：偶–奇(artiopéritton)，也就是说它们很有可能还是统一体(Diels 44 [32] B 5)；参阅亚里士多德，《形而上学》，I, 5, 986a 17。关于该主题，可参阅P.H.Michel，"毕达哥拉斯"，p.335。
② 62c–d。我们引用的是A.Rivaud的译文。与菲洛劳斯残篇的对比已由A. Boeckh作出，见《菲洛劳斯》，p.92。亚里士多德将会抛弃这样的论证(《论天》，II, 2, 285a 30)。
③ 也就是说，总体而言，该理论将会获得亚里士多德的支持。不言而喻的是，如果不说是《蒂迈欧》的话，许多博学之士都会将这段段落看作是后亚里士多德时期所写的了。
④ 《蒂迈欧》，63a。
⑤ A.E.Taylor的评注就证明了这一点，只是有些夸大。我们知道若干年前起，这位批评家就试图使毕达哥拉斯派在柏拉图体系的形成中占据重要的席位。比如说，可参阅V. Goldschmidt，《克拉底鲁》(Cratyle)，p.117及以下；P.Boyancé，"游叙弗伦"(Euthyphron)，p.146及以下；"星体宗教"(Religion astrale)，p.312及以下。另一方面，Henri Margueritte很久以来就在高等研究实践学院进行类似的研究了。

斯的名字连在一起的。[①]况且，还有好几则故事，虽然有不同之处，且后来都经过了修正，[②]但仍向我们证明了柏拉图在西西里，要么是为菲洛劳斯本人，要么是为他的父母中的一方或弟子，买了一本或几本书，[③]他还可以参考这些书，让自己写成《蒂迈欧》。[④]这应该是谣言，是诽谤柏拉图的人，特别是亚历士多塞诺斯(Aristoxène)四处散播的中伤之词，而人们一般也都会接受这些谣言。[⑤]我们特别强调的那种对比或许可以对相似的谣言是如何产生的作出解释。

在公元前5到前4世纪之交，右与左的传统表现方式就这样被打开了一个缺口。公元前4世纪，柏拉图既反思了士兵的technê，即右手和左手都能拿武器，还反思了几何空间，他认为自己对此所作的谴责有盖棺论定之效。在这同一个时代，埃帕米农达斯也因对传统赋予右翼优越性的做法嗤之以鼻而令其对手震惊不已。毫无疑问的是，必须在所有这些事实之间建立起关联。不过，我们对约公元前400年底比斯的社会环境的了解应该能使我们找到更确切的答案。

库隆革命之后不久，毕达哥拉斯派的成员便被逐出美塔彭提昂，星散而去。其中就有菲洛劳斯，他回到希腊中部后，在底比斯住

111

----

① 由此，便产生了一个由C.Ritter作出的没什么用的假设(《研究》[Untersuchungen]，p.174, 181–182)，他认为菲洛劳斯就是《蒂迈欧》里的第五个神秘人物。

② 我们都可以在Diels7 44 [32] A 1与8里找到这些文章。第欧根尼·拉尔修，VIII, 85里赫尔米普斯(Hermippos)的叙述并没有提及亚历山大的米那！(米那，古希腊货币单位，合100德拉克马。——译注)

③ 关于该故事的不同形式，可参阅A.E.Taylor，《评注》(Commentary)，p.39–40; J. Burnet，《曙光》(Aurore)，p.321及以下; P. Wuilleumier，《塔兰托》，p.568。我们只能同意J. Burnet的说法，即这些文本中没有一本说此书是菲洛劳斯本人所写：至少可参阅第欧根尼·拉尔修，VIII, 85里的赫尔米普斯。

④ 自公元前3世纪前30年起，该文就从讽刺诗人狄蒙(Timon le Sillographe)好好嘲讽了一通，从格利乌斯(Aulu–Gelle)转引的这些诗句里可看出这一点，见III, 17, 4，而且，诗里根本就没提菲洛劳斯："你用这么大一笔钱换了这么一本小书，你还要用这些名不见经传的玩意儿，学着去写'蒂迈欧'。"

⑤ 参阅J. Burnet，《曙光》，p.32。

了一段时间。《斐多》①里有段著名的文字让我们知道了底比斯人西米亚斯和克贝都是这位克罗顿人②的听众，苏格拉底受死的时候，这两个年轻人都在场。另一方面，对传统忠贞不渝也让毕达哥拉斯派成员吕西斯最心爱的弟子埃帕米农达斯③逃到了底比斯，普鲁塔克就有篇文本说埃帕米农达斯没菲洛劳斯这么走运。④还有篇证词，虽然晚了点，但直接就说菲洛劳斯是想要攻占留克特拉的始作俑者："谁在这场战斗中得胜，谁就能成为毕达哥拉斯派成员菲洛劳斯的弟子"。在这儿，诺努斯不管是给了我们一则珍贵的线索，还是一则错误的信息，反正都是让我们满头雾水，难道他是在承认他向我们描述的这个"满心欢喜地学习了起来，把闲暇时间都用来听课和研究哲学"⑤的少年心智上完全受到了这位毕达哥拉斯派重要成员的影响？⑥战士和哲学家在这位底比斯英雄里合二为一，古典时代对此深信不疑。有一个名叫埃利亚的阿尔西达马斯的同时代人，

① 61d："西米亚斯和你，都在菲洛劳斯身边生活过，难道就没人教过你们这种类型的问题吗？" 61e："当菲洛劳斯在我们中间逗留时，我就想对他说了。"这两位底比斯人（参阅色诺芬，《回忆苏格拉底》[*Mém.*]，III，11，17，及Robin，《斐多概述》[*Notice du Phédon*]，C.U.F.，p.XIV），看来应该是由菲洛劳斯起头的毕达哥拉斯派秘密小组的成员。

② 克罗顿人指菲洛劳斯。——译注

③ Corn. Nep.，《埃帕米农达斯》(*Epaminondas*)，2，2；西塞罗，《论演讲者》(*De l'orateur*)，III，139，《论义务》(*De devoirs*)，I，155；狄奥多罗斯，X，II，12；普鲁塔克，《论苏格拉底的精灵》(*Sur le démon de Socrate*)，16；保撒尼阿斯，IX，13，1；埃里亚努斯(Élien)，《驳杂的历史》(*Hist. Var.*)，V，17；第欧根尼·拉尔修，VIII，1，5；Porph.，《毕达哥拉斯生平》(*Vie de Pyth.*)，55；扬布利柯，《毕达哥拉斯生平》，250。狄奥多罗斯(XVI，2)了解该传统不合常规的一个版本，该版本说马其顿的腓力和埃帕米农达斯都是吕西斯的学生：参阅A.Aymard，"腓力"(Philippe)，p.418及以下。这位西西里人的这番蠢话并不会使人认为埃帕米农达斯和吕西斯的相遇是纯粹的文学虚构(E.Frank，同上，p.294，n.1)。关于吕西斯，参阅P. Wuilleumier，《塔兰托》，pp.564—565。

④ 《论苏格拉底的精灵》，13：只有菲洛劳斯和吕西斯躲开了该教派在美塔彭提斯的房子发生的火灾。关于这则故事的各个版本，可参阅P.Wuilleumier，《塔兰托》，p.564，n.3。

⑤ 普鲁塔克，《佩罗庇达斯》(*Pélopidas*)，4，II。确实，将哲学家埃帕米农达斯和纯粹的军人佩罗庇达斯对比得出的这幅图像或许还有那么点牵强：参阅Bersanetti，"佩罗庇达斯"(Pelopida)，p.86及以下。

⑥ 我们越是彻底忽略埃帕米农达斯的出生日期，编年史就越不会掣肘：参阅Swoboda，"埃帕米农达斯"(Epameinondas)，col.2675。

已经注意到底比斯的兴盛恰好与这位身为哲学家的执政者的掌权期很是符合："在底比斯，城邦的兴盛繁荣与首领们成为哲学家的时间相符合。"[1]6个世纪后，埃里亚努斯在一篇论修辞的文章里自问"哲学家们打仗是否也会很在行"[2]这个问题，他的回答是肯定的，其中举的一个例子就是埃帕米农达斯。如果你们能亦步亦趋地跟着我们的这个假设走，那你们确实就能认识到，这位底比斯人显现得像是一个天才的兵法家，是不能不去看他的哲学的，他之所以如此，都是多拜哲学所赐。[3]

113

---

[1] 转引自亚里士多德，《修辞学》(*Rhét.*)，II，23，1398b 18。该文本用了一系列的省略三段论，也就是说这样的准三段论依赖的乃是逼真性。

[2] 《驳杂的历史》，VII，14。

[3] 确实，雅典的水兵们并不见得需要一个哲学家，才能让自己放弃先前强加给他们的那个传统(这儿也可参阅p.99)。但大海这个最近才被征服的成果，不像封闭的土地那样，而是少有禁忌的空间。在雅典统帅佛米奥向手下士兵的讲话中，修昔底德(II，89)满怀钦佩之情地表明，在自由的大海上，可以让富有经验的水兵们在运兵上有更多的余地，而不用像在陆地上打仗那样处处受限。希腊海战战术上最古老的创新diekplous，是指这样的兵法，即每艘舰只一驶入两艘敌舰当中后，便调转船头驶开，再引诱，有了这样的转变，自然也就抛弃了右翼的优越性。

附录：毕达哥拉斯派埃帕米农达斯(1980年补要)

除一些无关紧要的细节之外，[1]诸位刚刚读到的那篇文章是1958年写成的，发表于1960年。对列维克和对我而言，这项研究是对空间与军事及政治机构之间的关系作出的反思，于是，几年以后，我们又合作发表了《雅典人克里斯梯尼》(*Clisthène l'Athénien*)。经列维克同意，我在原文的基础上作了些澄清，意图适应新的需要，必要时再补充新的内容，并写清楚今天，我们是如何看待20年前自己所提的那些问题的。不言而喻的是，如果我们根本没有作这些反思的话，那这篇文章是不会出现于现在的这本书里的。

总而言之，这样的调整将遵循文本的顺序。

无论是关于留克特拉，还是关于曼丁尼亚，近期的研究工作，虽然对澄清两场战役的叙述上的细节弥足珍贵，但它们对我们所知的埃帕米农达斯和左翼进攻方面的内容均未作任何改动。[2]况且，也没有任何人对我们之前复原这位底比斯统帅的独创性提出异议。公元前426年的奥尔派战役，是德谟斯提尼的雅典人、美塞尼亚联军和某些阿卡纳尼亚人，同伯罗奔尼撒人和安布拉基亚人之间争斗，这在以前是根本没有过的事情。[3]从雅典人这方面说，德谟斯提尼向来都是和一部分雅典军队及美塞尼亚人在右翼；面对这种情况，修昔底德在这儿的叙述就没那么清晰了，不过他仍然很明确地说奥尔派战役中的安布拉基亚人是"这些地区最优秀的士兵"，他们都和往常一样待在右翼，因为他们是在自己的领土上打

---

[1] 使参考引文规格化和现代化，修正细节的不确之处，用法语译文替换部分希腊语文本的引文。

[2] 最重要的研究文章是W.K.Pritchett的《拓扑学》(*Topography*)，I, pp.49–58(关于留克特拉战役)，尤其是J.K.Anderson，《理论》(*Theory*)，pp.192–224。

[3] 我在这儿对Raymond Weil的反驳作出答复。

仗;尽管如此,他们也仍和伯罗奔尼撒军队混合在一起。虽然事实情况是拉凯代蒙的统帅攸里罗库斯和某些精锐部队占据左翼,但也并不因此就表明这是一次打破规则的真正特例。战斗结束得很经典,雅典人的右翼部队大获全胜。[①]

伊冯·加尔兰(Yvon Garlan)注意到,在说及只有左脚穿鞋的普拉塔伊阿人莫名其妙的脱逃时,他发现"根本就作不出任何解释,就算能作出解释,显得也[……]并不充分"。[②]因为,按照布莱利希(Brelich)[③]的说法,我们能够比自己所想的还可以走得更远。[④]毋庸置疑的是,在希腊神话中,单脚穿鞋者乃是英雄的特征之一,从而肯定了野蛮世界同城邦世界之间的关联。因此,品达的第四首《德尔斐颂》(*IVᵉ Pythique*)里的小伊阿宋之所以收复伊奥尔克斯,就是为了驱逐篡权者珀利阿斯。而后者"只看了一眼,便颤栗起来,因为他知道这些人就是右脚穿鞋者"。青年的这种行为——因为对伊阿宋(Iason)的描绘就是对青年的描绘[⑤]——凭什么就可让你理解修昔底德的叙述呢?试图突围的被围困者是重装步兵,都是成年人。没讲重装步兵战斗的背景,只是说他们趁着夜色逃了出来,自然而然也就重新找到了少年时代仪式中的装备。他们都有一把匕首,但只有一套护身甲,没有重装步兵的装备。当然,修昔底德并不这样看,除了这个"荒谬的"细节之外,他所讲的单脚穿鞋者的细节极其"合理",或者说具有合理性。但这个细节还是有问题,他老老实实地将这个细节告诉了我们,倒使得我们可以据此

116

---

① 修昔底德, III, 106–108, 埃帕米农达斯之后, 我注意到一个进攻左翼的例子, 是亚历山大和伊利里亚、阿利阿尼叛军发动的, 《远征记》(*Anabase*), I, 5, 3。

② 《攻城术》(*Poliorcétique*) p.121, n.6。

③ "单脚穿鞋", pp.473–474。

④ 总之, 我在这儿再次用到了1977年2月在阿尔布莱斯勒(Arbresle)所作的报告, 会上, 托马斯·莫尔中心(Centre Thomas Moror)散发了油印文稿; N. Loraux从自己的着眼点出发, 得出了和我极其相似的结论。

⑤ 《德尔斐颂》, IV, 96; 我会在"黑色猎手"这一章里回到青年这个人物上, 见下文, p.154。

作出反驳。

罗伯特·赫尔茨(Robert Hertz)去世后，声誉日隆，他对人类社会中的象征领域作了现代化的探寻，对右和左所作的研究成果如今也堪称先锋。[1]在他所打开的路线中，右与左之间的对立(或至少是区别)已在许多社会得到了研究。比如说，在南印度，这种对立构成了种姓制的象征要素。[2]

由于涉及到的是希腊世界，所以文献资料还是挺多的：撇除已经引用过的刻有"俄尔甫斯教仪"的石板外，[3]还要再加上保存在马里布盖提博物馆(Getty de Malibu, 加利福尼亚州)里的一层金箔；亡者受邀前来饮用常青泉，ἐπὶ δεξιὰ λευκὴ κυπάρισσος, "右侧，可以看到白色的柏树"。[4]尤其是，在将"极性"和"相似性"作为古代思想的论据形式进行研究的时候，利奥德(G.E.R.Lloyd)顺藤摸瓜，列举了右与左的对立，此外还有干与湿、热与冷、雄与雌，以及其他许多对立。[5]

117　　我们试图证明埃帕米农达斯的军事技艺必须以智识上的转变为前提，否则的话，用卡斯托里亚蒂斯(C.Castoriadis)的话说，就需要社会想象力发生变化了。[6]我向来都觉得这是不言而喻的事，即便我们会对毕达哥拉斯派哲学家菲洛劳斯在这场转变中起到何种作用加以讨论也无妨。但说句实话，我觉得菲洛劳斯在这件事情上起到的是本质上象征性的作用；我们建议过用一个名称来指称这场"智识上的革命"：城邦向几何化的空间敞开了自身。发生这样的

---

① 参阅M.Matarasso, "罗伯特·赫尔茨"(Robert Hertz)；此外，赫尔茨的研究文章被置于由R. Needham(主编)编的基础读物汇编的首篇，见《右和左》(*Right and Left*)；如需了解分析象征领域的例子，可参阅P. Bourdieu,《概要》(*Esquisse*)，pp.45–69与211–218(卡比利亚的房屋就像是翻转过来的世界)。

② F. Zimmermann, "几何学"(Géométrie)。

③ 上文, p.105, n.44。

④ J. Breslin,《祈祷者》(*Prayer*)，包括pp.8–9对平行的文本所作的附注。

⑤ 《极性》(*Polarity*)，pp.37–41，及"右与左"，从中可以找到完整的资料。他对巴门尼德的看法，遭到了O. Kember的质疑，见后者的"右与左"。

⑥ C. Castoriadis,《想象》(*Imaginaire*)。

事，我觉得是绝对无可置疑的。只是，今天我觉得它的发展并不像我20年前所想的那样简单和单义。比如说，亚里士多德既是自然领域的理论家，又是哲学家，他批驳毕达哥拉斯派，证明了右和左这两个概念的相关特点，[①]这一点是很令人惊讶的。

对这位哲学家事实上的或假定的作品进行讨论也继之而发生了。[②]比如，照利奥德的说法，他就深入研究了希波克拉底的专论《古代医学》。[③]那《酒神的女祭司》这篇文本讲的又是什么呢？我们转引了狄尔斯(Diels)和克兰茨(Kranz)的《前苏格拉底的弟子》(Vorsokratiker)这个版本，错误地宣称那些修正都没问题。他们建议我们还是要把第三句句子用上去：Τοῖς γὰρ κάτω τὸ κατωτάτω <μέρος> ἐστὶν ὥσπερ τὰ ἀνωτάτω καὶ τὰ ἄλλα ὡσαύτως，要去这样理解："对那些在下方的人来说，坐落于下方的区域对其他人而言，似乎就像一个极为高级的区域"，然后还要去这样理解："因为这两者[最高和最低]与中央有着同样的关系，除了这层保留之外，它们所处的方位正好彼此相反。"这还是没有改变这篇文本的基本含义。还需要讨论的是，它在菲洛劳斯体系里的地位，其中有人辩称他们认为绝大部分残篇都是真实的，但另一些人却持完全相反的看法。[④]我并未介入这场争论，对所有人来说，其中也包括我，这确乎是一个假设，其所要求的回答完全外在于残篇本身。[⑤]如今，我觉得这个问题是次要的。

118

---

① 《论天》，II, 2, 284b–285b。

② 大部分残篇的真实性都在 M. Timpanaro Cardini 的选集中得到了确认，见《毕达哥拉斯派》(Pitagorici)(我们引用的残篇，可参阅p.237)；不过，这位作者认为在这篇残篇中根本无法确认右与左的相关特点；但花了很大力气论证菲洛劳斯的该传统的真实性的是W. Burkert，《口头传说》(Lore)，pp.218–298；在同样的意义上，还有K. von Fritz，"菲洛劳斯"(Philolaos)。

③ "谁受到了攻击？"(Who is attacked)。

④ 该文本既得到了W.Buckert的认可，见《口头传说》，p.268，也得到了J. Mansfeld的认可，见《关于七》(Peri Hebdomadôn)，pp.62–63；除了méros(小)、mégas(大)之外，这些文稿都让人无法理解。

⑤ W. Burkert(《口头传说》，p.268及以下)将之与希波克拉底对比，为其真实性辩护，见《关于七》(Sur les septénaires)，II；J. Mansfeld的著作试图证明这篇文论完全是后来者所写，显然其所持的态度正好相反；关于菲洛劳斯的kosmos极具几何性的观点，可参阅R.E.Siegel，"赫斯提亚"(Hestia)。

从何种意义上而言，埃帕米农达斯是个毕达哥拉斯派呢？近期的研究虽或简短或冗长地确认了这一点，却并未提出哲学与战术之间有何关系这样的问题，[1]但如果他们认为我们的资料来源让我们得出了另外的结论的话，那这样的对比就更需要了。1960年发表的这篇文论所辩护的这一假设是否得到了有保留的采纳呢？只有在我们的研究既涉及到军事技术领域的专家，又涉及到哲学史专家，而且让人种学家和社会学家同样感兴趣的意义上，这个问题才值得提出来。在后面的这个领域内，我们的结论颇受欢迎；[2]在某些哲学史家那儿也是亦然，[3]当然并非所有人都是如此：库尔特·冯·弗里茨(Kurt von Fritz)从这篇论证极为详尽的文章里，只抓住一句句子，这句句子的大意(cum grano salis)是如果我们参引的是相当晚近的诺努斯(Nonnos)的证言，那埃帕米农达斯肯定就是菲洛劳斯的弟子，对此他还愤愤不平；该证词并未出现于现代版的"证言"(testimonia)汇编本中。[4]

119

还有研究希腊骑兵和重装步兵的历史学家。其中只有一位史学家，即普里切特(W.K.Pritchett)，确实是辛辛苦苦地读了我们的文章，认真考虑了我们就左右翼军事功能方面所说的话。只是对他本人所说的"将右翼同精锐部队结合起来的做法具有社会学或哲

---

① 同样，也可参阅M.Fortina，《埃帕米农达斯》(*Epaminonda*)，Turin，1958，pp.3–6；我们阅读了该作者的这本专论后，发现她也就在三处匆匆提及了左翼进攻的问题，见p.31和p.97；作出更深入的研究的是M. Sordi，"埃帕米农达斯"(Epaminonda)。M. Sordi尤其依赖的是西西里的狄奥多罗斯，15, 52–54，我们在该文中发现哲学家埃帕米农达斯是要将不祥的预言勾消而掉。当然，这只是一个传说，但没有任何人讲述过比如说有关伊非克拉特斯或卡利德摩斯的类似的轶事。(伊非克拉特斯[Iphicrate]，雅典将军，鞋匠的儿子，活跃于公元前4世纪上半叶；卡利德摩斯[Charidémos]，公元前4世纪希腊佣军首领，公元前367年，在雅典将军伊非克拉特斯的率领下攻打安菲波利斯[Amphipolis]。——译注)

② 参阅M. Matarasso，"罗伯特·赫尔茨"(Robert Hertz)，p.141与146；F. Zimmermann，"几何"，p.1393，该文提到了："优越性的意义可被颠倒过来，左将会获得荣耀。"

③ P.–M. Schuhl，"埃帕米农达斯"；G.E.R.Lloyd，"右与左"，p.186；V. Goldshmidt，《斯多亚派体系》，p.233。

④ K. von Fritz，"菲洛劳斯"(Philolaos)，col.456。

学根源"①的做法并未明确表态,他特别引用了修昔底德的文本(V,71),认为最好还是将军事上的解释用在军事实践上。至于安德森(J.K.Anderson),他客气地写道:"我并不相信埃帕米农达斯是出于形而上的考虑来安排自己的纵深左翼的,但皮埃尔·列维克和皮埃尔·维达尔–纳凯却看了出来。"②因为空间如果是社会的给定条件的话,那毋庸置疑的是,空间也会是形而上的⋯⋯对军事行为,必须要用军事上的理由;这么说,等于说出了一切,但他们忘了,这和我们中世纪先人所说的话如出一辙,即只有同类才能对同类产生作用,可自从我们摆脱了这个"观念"起,就突然出现了好几个智识上的转变。

那些也是这样演绎推论的人最好还是应该将自己的推论发挥到极致;修昔底德对他们来说肯定不够,因为他援引的并非严格意义上的技术或军事现象:因为当每个士兵发现自己的一侧身体暴露在外的时候,会感到"恐惧"。③有个批评家找到了一个很好的解决方法,该方法既是物质上的,又是军事上的:"如果说希腊军队倾向于右翼,那是出于一个简单的事实,即战斗队伍中的每个士兵都会带一面又大又沉的盾牌"(a big heavy shield)。④对这类解释感到沾沾自喜,是很容易的,很"显而易见的",但也会导致对另一种模式的解释产生反弹,感到惊恐。考克维尔(G.Cawkwell)就是如此,他在最近所作的大量研究中,也观察到了这个我们试图搞明白的"革命性的变化",⑤但他在解释的时候,却退缩了,对此未发一言。确实存在着大量思想上的因循——在这个例子中,就更不用说了——在我们的研究领域里,这种情况堪称根深蒂固。无论是对历

120

---

① 《战争》(War), II, pp.190–193(引文, p.192)。
② 《理论》, p.322, n.45。
③ 参阅J. de Romilly, C.U.F.版, p.154, n.1。
④ W.J.Woodhouse, "曼丁尼亚", p.72。
⑤ G.Cawkwell, "埃帕米农达斯"(Epaminondas), p.261。

史, 还是对希腊文学的认识, 社会学均能提供纷繁交错的解释网络, 军事上的事件就是好几个系列的"因"的产物, 而非全然出于技术上的或军事上的理由, 这说起来容易, 但要去承认每一个人都欲坚守自己的领域, 不容他人侵犯践踏, 却要困难得多。使线条纵横交错, 就像我们试图所作的那样, 就会引发防御性的反应, 这一点我们本应预见得到, 因为自1949年起, 乔治·杜梅齐尔(Georges Dumézil)在为了某个比我们的研究远为宽泛得多的事业而戮力奋战的时候, 就曾令人难忘地描述过这类现象。在谈及拉丁语学者和东方学者的反对者时, 他写道: "[……]让人恐惧的是, 这些学者会出于坚守其所作研究的历史及现有的工作条件, 而不会[……], 在面对可资比较的大量方法时, 应该像各个门类的东方学者那样, 拥有同样的柔韧性, 同样的自由度。"①希腊世界的专家们也需要做一些韧性疗法才行。

121

---

① 乔治, 杜梅齐尔, 《印欧遗产》(*Héritage indo-européen*), p.247。

第二章　青年与战士

第一节　雅典重装步兵的传统*

在《卡德摩斯与斯巴达人》(*Cadmos et les Spartes*)的开篇，维昂(F.Vian)就作出了一个评论，我认为，该评论极好地概括了近期针对希腊诸城邦"战争职能"所作的研究："我们可以毫无悖论地断言古希腊的社会组织忽视了战争这个门类：尽管诸城邦自然是有军事机构的，但除了斯巴达之外，但在这一类型的行为中，其中均未包含专业群体：首先是贵族，除了其他几项特权之外，他们还有一项保卫国家的特权，其次，尤其是在民主制政体中，这项职责逐渐地与全体公民共享。"[①]这个说法有些过，我们可以在两个方向上对之加以修正：在斯巴达，军事行为中自然是有一个专业群体的，但这个群体，即同辈(semblables)群体(或曰有同等权利的贵族公民[pairs]群体)，[②]当然也是和构成复杂的全体拉凯代蒙人，至少是和斯巴达人的城邦混合在一起的：斯巴达的agôgè[③]同时创造出了经过

125

---

* 首度发表于J.–P. Vernant(主编)的《古希腊的战争问题》(*Problèmes de la guerre en Grèce ancienne*)一书中，Mouton, Paris et La Haye, 1968, pp.161–181。对该文的修正得益于Philippe Gauthier与Sally Humphreys。

① F. Vian,《卡德摩斯与斯巴达人》(*Cadmos*), p.5。

② 我建议一劳永逸地抛弃"同等者"(les égaux)这样的译文，该词未能很好地阐释希腊文homoioi。希罗多德，然后是修昔底德，在这个词的使用(普通意义上或制度层面上)上都费过周章，参阅N. Loraux, "美丽的死亡"(Belle Mort), p.107。

③ agôgè，意为教育、培训。——译注

全面训练的公民和战士。

相反，当"贵族"占有维昂所谓的"特权"时，我觉得他们的"贵族身份"便与其战士的素质完全不可分割了。

闲话休提，同样真实的是，在雅典，总之也就是在古典时代，军事组织都是和公民组织相混合的：这并不是说公民只要是战士，就能统治城邦，而是说雅典人只要是公民，就能发动战争。德蒂埃纳(M. Detienne)[1]提到，或许在那个时代，公民大会(assemblée)首先就是战士大会，将他们组织起来，是为了比如说讨论战利品的分配问题。我们长期以来一直在寻找这个时代的"遗存"；但这项事业看来是徒劳无望了。[2]战争行为当然是一个典范，但初一看，在古典时代，情况却并非如此。克劳德·莫塞(Claude Mossé)向我们提供了一定数量的具有确切意义的例子，这些例子清楚地证明了，对希腊诸城邦的军队和舰队来说，polis[3]才是典范。[4]确实，甚至都可以引用萨拉米斯这样的明证，在这场战役中，并非舰队拯救了城邦，而是建基于舰船之上的城邦受到了著名的"木头城墙"神谕的庇佑；对成分混杂的部队来说也同样成立，西西里的尼西亚斯统帅的士兵中，严格意义上的雅典人并不占大多数。更有甚者，《远征记》里的雇佣军也是五花八门，在杀了几个征募官之后，雇佣军选出了自己的统帅，举行公民大会商讨议题，简言之，照泰纳(Taine)的说法，他们的行为就像"游动共和国"。这儿还涉及到一个古典城邦的突出特点，该特点远远延伸到了希腊化时代，不仅仅罗得岛是如此，公元前3至前1世纪的各式各样小村镇里的铭文也向我们表明，他们

---

① "几何"(Géométrie)。在诸多意图重构这一遥远往昔时代的尝试中，就我看来，成果最丰赡的要属Henri Jeanmaire的那部有时过于大胆，但又才华横溢的著作《船底涂层》(Couroi)。

② P.Briant（《安提戈涅》[Antigone], pp.279–350）并未理解我1968年亲自响应的那个理论，他将战士大会视为了马其顿王国的基层政治和司法机构。

③ polis, 意为城邦。——译注

④ 参阅Cl. Mossé，"阿尔奇戴莫斯"(Archidamos)、"军队与城邦"(Armée et cité)、"军队的作用"(Rôle de l'armée)、"政治的作用"(Rôle politique)。

对公民军队还是颇感到自豪的。但和公元前4世纪的雅典一样,那 126
儿的公民士兵(soldat–citoyen)也逐渐地成了某种好似古代梦想的
东西,原则仍旧很显眼,几乎是太显眼了。

　　既然这儿要说的是雅典,那就让我们来说一说雅典的重装步
兵,他们构成了军队的中坚,乃是整个公民军队的精髓所在。从亚
里士多德和《雅典政制》,一直到晚近撰写泛论和专论的那些作
者,[①]他们都很高兴能竖起一幅关于这种重装步兵及其组织的和谐
画像。说实话,晚近的那些作者根本就逃不脱这样一种企图——
亚里士多德并不了解这种企图,他描述的是自己亲眼所见的东
西——即要将近两个世纪的历史演变错综复杂地交融到一起,用
从公元前5世纪末,甚而是公元前4世纪末的作者中提取出来的指
征来阐释马拉松战役中的军队。历史现实虽然简单,但和谐化却是
万万要不得的。

　　在亚里士多德的时代,适合服兵役的雅典人(与在另一种编制中
服役的重装步兵并无任何区别)分成42个年龄组,兵役应从19岁起到
60岁止。[②]这种简单的划分法得到了同时代证言及各种评注[③]的确证,
故而可以在42个组别中区分出前两者,即néôtanoi或éphebès;最后十
组称为presbytatoi,剩余的则构成了部队的大部分。

　　这种区分法毫无疑问很古老,因为修昔底德对之很熟悉,但它
只应用于以当兵为职业的雅典人身上。[④] 127

---

① 之后的重要著作有W.K.Pritchett的(《战争》,1,2与3),还可以算上J.K.Anderson
　的《军事理论》(*Military Theory*)。古代著作中,最有用的仍然是J.Kromayer和G.
　Veith的《陆军军务》。
② 《雅典政制》,53,4与7。
③ 参阅Ch. Pélékidis,《青年男子学堂》(*Éphébie*),p.48。
④ 修昔底德,I,105,与II,13。在后一篇文本中,这位历史学家断然地说重装步兵是
　由pesbytatoi和néôtanoi组成的,且将他们同当重装步兵的外国人作了对比。第一
　篇文本中提及的麦加拉战役这段插曲在Lysias,《墓前演说》(*Épitaphios*),49–53
　里有详尽评注;他坚称战士的年龄可使之成为特例,当上重武装步兵,参阅N.
　Loraux,《创新》,p.136。(néôtanoi和éphebès均指"年轻人", presbytatoi指"年长
　者"。——译注)

如此富有创意的机制产生在亚里士多德的时代：42个组别中每一个组均已英雄的名字来命名；这些英雄(ἐπώνυμοι τῶν ἡλικιῶν, ἐπώνυμοι τῶν λήξεων)不仅仅用来称呼"组别"，还用来指称公断人(diaitètai)。这些出现于公元前403-前402年的行政官员其实是在达到60岁的雅典人中招募来的。年纪一到，他们就算进入了老年人的行列，42个组别的循环对他们而言也已戛然而止：自此以后，他们的名号就被达到19岁的青年男子拿去用了。[①]我们并不了解该体系究竟是什么时候得到启用的，但亚里士多德讲到的这个机制是已经启用了的。我们对这些富有教育意义的英雄的名单也不太清楚。[②]其中只有一个英雄的名字得到了了确认。[③]

那么，究竟谁可以在雅典当兵呢，是士兵–公民吗？在亚里士多德的时代，公民身份和在军队里任职指的是同一件事。因为"年

---

① 可参阅亚里士多德，《雅典政制》，53，4；其他关于这些名号的文本基本上就是《大词源论》(*Etym. Magnum*)(是《固有词源论》[*Etym. genuinum*]的后续著作)，见"词源"(Epônymoi)；《苏达辞书》，同上。亦可参阅《德谟斯提尼评注》(*Schol. De Démosth.*)，21，83，书中讲述了被选为公断人的达到60岁年龄的那些人，"60"表达的是一种正派人的形象，E.Koch作了解释，见"文件簿典"(Lêxiarchicon grammateion)，p.16，论"50"。参阅Ch.Pélékidis，《青年男子学堂》，p.100, n.1和n.2。

② 无论如何，不应该将它们混淆，就像Ch.Pélékidis那样，《青年男子学堂》，同上，书中说有100个英雄，是德谟斯提尼从10个与之同名的部落中抽取出来的。

③ 参阅Ch.Habicht，"新碑文"(Neue Inschriften)，pp.143–146，对庞培附近发现的333/332的碑文作了评注，该碑是由阿扬狄斯(Aiantis)部落的青年男子祭献的，Ch. Habicht证明了英雄穆尼乔斯(Mounichos)只能是青年男子组以之为名的英雄，改组就是以他之名赢得胜利的。我认为在他之后可建立第二项认证工作。因为我后来注意到穆尼乔斯既非区划(dème)的名称，亦非部落的名称，而是阿提卡一年当中某个月份(和某个节日)的名称。另一个人物帕诺普斯(Panops)也是传说中的人物，彭提乌斯(Pontius)与赫西奇乌斯(Hésychius)也与这种说法相呼应(见"帕诺普斯"：ἥρως ἀττικὸς καὶ ἐν τοῖς ἐπωνύμοις)。我们对这位英雄堪称一无所知，只有柏拉图提到过他(《吕西斯》，203a)；尽管如此，吕库古(Durrbach法语译文，3)仍表明"其他希腊人"是将帕诺普西亚(Panopsia)说成节日的，与阿提卡一年当中的第四个月份相呼应，于是雅典人就称该月为普亚诺普西亚(Pynanopsia)。在这种情况下，将42个或多或少人为创造出来的英雄中的12个与阿提卡一年当中的12个月份相确认，难道不是件很有意思的事？我不敢将这个提议推得过远，因为另一种解释也具有可能性，H. Jeanmaire就强调了在穆尼奇翁(Mounichion)和普亚诺普西翁(Pyanopsion)庆祝的节日就有秘仪性质的特点，故而将这种用法同"青年男子"秘仪联系了起来(《船底涂层》，pp.244–245)。

纪达到18岁、成为区民(démote)"①的年轻人可获得城邦法律的承认。尽管亚里士多德并不使用这个词，但一般而言他仍承认这段铭文是出现在"文件簿典"(Lêxiarchicon grammateion)中的，每个镇区(dème)也都有这样的登记簿。②在那个时代，此种登记簿关涉的是所有未来的公民，所有的青年男子。但我们是否能将亚里士多德的时代追溯至公元前5世纪末由民主制雅典构成的大改革，亦即克里斯梯尼改革的时代呢? 这位雅典的历史学家——观念学家——于公元前4世纪草拟了"地米斯托克利敕令"，该敕令的副本已在特洛伊岑(Trézène)③找到，这已是板上钉钉的事。④在描述萨拉米斯战役前夜城邦所作的备战工作时，他明确表明按照"文件簿典"，可将雅典人调往舰队服役。但这方面有一部分重建工作，我们根本无法以之作为基础。⑤

我们能否遵循相反的道路，从仅针对重装步兵的"文件簿典"着手，想象一下它逐渐渗透至所有可以调动的雅典人身上，甚而包括雇工呢? 以前，跟随像托普弗(J.Toepffer)和哈比希特(Ch. Habicht)这样的学者，我还相信这一点；⑥现在是再也不相信了。关于这一制度的现代诸理论事实上就眼下来说，只是反映了古代文献难以调和的歧义性和矛盾性。⑦最老的文件是一份可追溯到阿尔

① 亚里士多德，《雅典政制》，42，1。
② 参阅Ch. Pélékidis，《青年男子学堂》，p.87。
③ 为今伯罗奔尼撒半岛上的东北部的城市。——译注
④ R.Meiggs与D.M.Lewis，《选集》，n°23，11，29—30；和该文献的"创新者"M.H. Jameson一样（"条款" [Provision]，pp.399—400），他们都认为我们在这一点上掌握了公元前480年雅典的直接资料。我的看法却与之截然不同，主要根据的是J.与L. Robert的评论，见"学报"(Bulletins)，1961，n°320与1962，n°135—143。尽管对该细节持反对意见，但我仍然认为P.Amandry（"地米斯托克利" [Thémistocle]）与Ch. Habicht（"虚假文书" [Falsche Urkunden]）在基本点上都是驳不倒的。
⑤ 正如H. Van Effenterre在"克里斯特你"(Clisthène)的第11页所说的那样，此外，我觉得这篇文章已将我说服，使我意识到自己在几个基本点上犯了错。
⑥ J. Toepffer，"镇区簿册"(Gemeidebuch)；Ch.Habicht，"虚假文书"，pp.5—6。
⑦ 我们将发现所有这些都汇集在了E. Koch，"文件簿典"，J. Toepffer，"镇区簿册"，H. Van Effenterre，"克里斯梯尼"里面。总之，这儿应由词典学家来作出定义。正如我所见的，埃斯基涅斯的著作《驳蒂马库》(Contre Timarque)，103里并未证明只有"文件簿典"里内容才提到klêros。(klêros, 指田产。——译注)

129　奇戴莫斯(Alcidamas)战争的铭文，[1]该铭文损毁严重，只能从中得出某些结论。

　　然而，还有另一种范畴的文件：即公元前5世纪的死者登记簿，亦即雅典阵亡士兵的清单。这样的文件当然不致于很透明，可以使我们立马与公元前5世纪的社会现状接上头；但就像洛罗(N. Loraux)所证明的那样，它们至少能更好地勾勒出雅典身份认同方面的问题。[2]没有任何地方说雇工是被排斥在这些名单之外的。"重装步兵"一词至多也只不过出现过一次；[3]相反，这些名单提到了某些边缘等级：奴隶、同额纳税的外国人(isotèle)[4]、纯粹的外国人，甚至还有步行或骑马的弓箭手，他们或是雅典人，或是"蛮族人"。在这最后一种情况下，对立并不仅仅存在于公民和外国人之间；它处处皆在，就像这份名单上，弓箭手和正规士兵之间存在着的那种古老的对立那样，大量文本都见证了它，许多花瓶上的诗歌也写到了它，[5]这种对立还同样镌刻在了各团体中：弓箭手，这些"可怕的魔鬼"[6]，并不能像其他士兵那样按照同样的流程支付税费。[7]有一则铭文甚至还将"自由堡"(Éleuthères)的居民归在了一边，自由堡指的是边境的一处堡垒，其地位与雅典城邦相比，尚不是很清晰；[8]我们
130　想到了亚里士多德讲起的，当公共商议会讨论的是与邻邦的关系

---

① I.G. I² 79, 11, 5–7。对该文本的传统解读得到了B.D.Meritt的修正，见《研究》(Studies)，p.26，部分内容参照了H. Van Effenterre的《克里斯梯尼》，p.11。

② N. Loraux，《创新》，pp.32–37，是建立在对D.W.Bradeen的《阵亡者名单》(Casualty List)的基本研究之上的，见1, 2与3，亦即《公共广场》(Agora)，XVII。

③ 《公共广场》，XVII，n°23：《重装步兵》(hopl)。

④ 指与雅典公民缴纳同等税额(即8个德拉克马)的外国人。——译注

⑤ 参阅下文，"生食，希腊儿童和熟食"，p.193。至于花瓶，F. Lissarrague正在进行的研究工作将会有所涉及。

⑥ F.Hiller Von Gaertringen，"前欧几里德时代的碑文"(Voreuklidische Steine)，p.668。

⑦ I.G. I² 79里也说到了这一点。

⑧ I.G. I² 948。我们还可以找到其他例子，也都讲的是边境区域，见D.W. Bradeen，"阵亡士兵名单"，3，p.150。

时,禁止居住在边境地区附近的公民参与讨论的惯例。[1]

那在这些"雅典人"当中,究竟谁会为雅典而死呢? 当修昔底德抄录德里昂战役(公元前424年)的阵亡者名单时,就亲自提出了这个问题; 雅典人这个词是在两层意义上加以使用的: 面对波奥提亚人(Béotiens)时,该词指的是全体战士,面对轻装部队时(psiloi),它仅指重装步兵。[2]正是他们构成了公民军队的坚硬核心。

在任何情况下都无需讨论,且毋庸置疑的,乃是指在伯罗奔尼撒战争之前,并非任何人都能当上重装步兵。不管"文件簿典"如何精确定位其职能,反正重装步兵人名录让城邦知道了该兵种多少人员能用来构成重装步兵军团。当然,每个重装步兵都是自己花钱购买装备的。[3]没有比调动这些人员更简单的事了,也没有比调动这些人员(相对来说)更为人所熟知的事了。人们把征召令贴在公元前5世纪最后25年建成的用英雄名字命名的纪念碑前。[4]照这些情况来看,调动工作或涉及部分,或涉及全体: 阿里斯托芬笔下的农民抱怨说看见自己的名字频繁地常出现在那些名单上,还提出建议,说只要敢说出短短的这几个字: Αὔριον δ᾽ἔστ ἥξοδος(明朝奔赴战场),[5]就能诅咒军队统帅,"那个遭神恨的步兵司令"。[6]不过,原则上,还是应该优先征召那些尚未打过仗的人参战。[7]

自德谟斯提尼以来,雅典就成了10个部落的城邦,这种基本的划分法也出现在了军队里:"武装人员一直以来都很像克里斯梯尼

---

① 亚里士多德,《政治学》,VII, 1330a 20。
② 修昔底德,IV, 101, 2。参阅N.Loraux的证明,见《创新》,p.34。
③ 这些文本都汇集在了F. Lammert的《名录》(Katalogos)中,德谟斯提尼(13, 167, 4)还认识"名录之外"的士兵。
④ 关于该纪念碑作为公民生活重心的角色这一问题,可参阅P.Lévèque与P.Vidal-Naquet,《克里斯梯尼》(Clisthène),p.72;关于日期,参阅下文,"德尔斐之谜",n.10。
⑤ 《和平》(La Paix),1181。
⑥ 同上,1171。
⑦ Lysias,《为了士兵》(Pour le soldat),15。

131 时代城邦的模样。"①首先是统帅，然后是指挥10个重装步兵军团的
步兵司令，公元前431年，每个军团有1300名士兵；②10个taxeis本身
再会被分成lochoi③（或许和小部落[Trittye]相应）。战争期间，战士
均由各部落安排，遵照并非随便下达的命令行事；在10具柏木棺材
的前方，宣读为祖国马革裹尸的阵亡士兵的葬礼演说词；④显然，死
者登记簿记录了公民属于哪个部落的大量信息。⑤这样一来，我们就
能描绘出重装步兵共和国的理想概貌。我们来简要地说一说这幅
图画中的几个基本特征。

雅典的重装步兵都需自己出资，所以他们也就有能力购买重装
备，但装备太重，还需要配个仆役跟在身边；他们都属于梭伦所定
等级制里的三个第一等级。他们构成了小有产者的军队：重装步兵
团乃是农民兵团。此种类型的军队，和斯巴达的军队一样，只适合
于一种类型的战斗，即平原战斗，方阵对方阵，战场都是经一致同
意确定下来的。而且，这最后一种特征还是米底亚战争时期整个希
腊世界的特征：在希罗多德的笔下，波斯人玛尔多纽斯对此很是诧
异："有人对我说，战斗越是混乱，希腊人就越是会往里冲，这是
他们的习惯，而且想都不想，毫无审慎可言；宣战后，敌对双方都
会找一片最适宜双方的场地，然后就在那里开战；战胜者也会有惨
重的损失，而战败者，就更不用说了：他们都会被彻底歼灭。"⑥这样
的军队所认可的其实是一种季节性的战斗，战场春天开放，秋季关
闭。

---

① G.Glotz，《希腊历史》（*Histoire grecque*），II，p.342。
② 修昔底德，II，13。
③ taxeis可译为"分团"，lochoi可译为"小分团"。——译注
④ 修昔底德，II，34。
⑤ 在N.Loraux，《创新》，p.23里，我们会发现必须填写的资料都记得很精确。
⑥ 希罗多德，VII，9（A.Barguet译）；战场也会划定界限，神话中奈斯托耳和尤利塔利
翁（Eurythalion），即铁该亚的阿里亚托斯（Ariaithos de Tégée）之间的战斗就是在
封闭的场地里进行的，参阅F.Gr.Hist，316，fr.，1。如需了解对希罗多德该文本的注
疏，可参阅Y.Garlan，《攻城术》（*Poliorcétique*），pp.20–22。

相反，此种类型的军队很不适应敌军的追击、围攻战：围攻波提狄亚的重装步兵攻城攻了很长时间；[1]在山区作战时：德谟斯提尼统帅的重装步兵在埃托利亚被身手敏捷的轻装士兵杀得死伤惨重。[2]

其他用重装步兵兵团作为战时手段的大型希腊城邦无不具有其中的任何一个特点，但雅典却因一种极其显眼的独特性而脱颖而出，即非职业性(non-professionalisme)的观念在任何地方都没有像这儿推得这么远。在修昔底德的一个著名段落中，伯里克利就曾下过这样的断言：[3]"我们同样因自己备战的方式而与对手不同。[……]我们的信心很少建立在备战和计谋上，毋宁说，是建立于我们对敌时的骁勇善战上的。而就教育方面来说，我们是和那些持从青年起就艰苦训练以期成为男子汉的价值观的人相反的，虽然我们生活无忧无虑，但我们至少和那些处于相同境况的人一样可以很好地面对危险。[……]总之，尽管我们生活得很好，没有什么艰难困苦，但我们的勇气却并非法律使然，而毋宁说在于我们愿意面对危险的性格，这样对我们来说有一个好处：即我们无需预先承受苦难来应对即将到来的考验，当我们遇到了这样的考验时，我们也能像一直处于苦难中的人那样有着莫大的勇气。"应该可以感受到这篇文章里的极端傲慢之情，也应该能看到他对重装步兵团理想的质疑究竟有多深。由于依赖的乃是这样的文献，所以一想到义务兵役制本来是能在吕库古时代之前就在雅典建立起来的说法，威拉莫维茨(Wilamowitz)就火冒三丈："那样的一种制度和éleuthéria，和parrhêsia，和雅典的煽动家们引以为豪的ζῆν ὡς ἄν τις βούληται都差别极大[4]。面对这种制度，一开始起就不会摇头

---

[1]　参阅Y.Garlan，《攻城术》，p.106–108。
[2]　修昔底德，III，86–98。
[3]　II，39，J. de Romilly译(经过改动)；参阅N.Loraux，《创新》，pp.152–153。
[4]　éleuthéria，意为"自由；解放"；parrhêsia意为"言论自由"。——译注

（否定）的人，雅典的生活和思想同这样的人就会完全相异，即便此

人关于这些主题写了大部头著作也罢。"①

就算不用这么极端，也可以自问这种由10个部落组成的军队、这种因克里斯梯尼改革而创建起来的重装步兵和农民的兵团究竟是什么时候存在的，重装步兵兵团究竟从什么时候起才真正在雅典成了占主导地位的军事力量。我认为答案还是很简洁明晰的，就是古代经全体一致同意的传统：事实上，雅典第一次，无论如何也是最后一次忠实于我刚才提到的这一理想方案的，是在公元前490年的马拉松战役期间，也就是那次重要改革的17年之后。

我说得很清楚，古代的传统都是经全体一致同意的：当然，这并不意味着就不能去批评它了。

公元前4世纪，柏拉图决定加入重装步兵团，参加陆战，后来他会在一幅由两部分组成的独特的作品中，将萨拉米斯的耻辱和马拉松及普拉塔伊阿的荣耀进行对比。②当代研究中最意味深长的一个成果就是证明了在公元前5世纪的时候，有一场颇为相似的论战，它和第一次及第二次米底亚战争的钦慕者唱的是对台戏。有一首说马拉松战役的讽刺短诗颂扬了那些内心坚不可摧的人（Ἐν ἄρα τοῖς ἀδά[μας ἐν στέθεσι θυμός]）在城门前布成战斗队形，勇对不可胜数的敌军（ὅτ αἰχμὲν στεσαμ πρόσθε πυλον ἀν [τία μυριάσιν]），按照客蒙（Cimon）的时间，即约公元前465年，这首诗毫无疑问已铭刻在了对贵族制大肆赞扬的那个时期里，而之前，有一篇无疑是说及了第二次米底亚战争的文章，却赞扬了那些"步行、乘着快船，使整个希腊免于见到自己被奴役的那一天的人"：

Ἔσχον γὰρ πεζοί τε [καὶ ὀκυπόρον ἐπὶ νεο]ν

---

① 《亚里士多德》(*Aristoteles*)，I, p.191。
② 《法义》，IV, 707a–d。

Ηελλά[δα μ]ὲ πᾶσαν δούλιο[ν ἐμαρ ἰδεν].[①]

由于提到了马拉松战役，所以说我们部分也是传统的囚徒，而这个传统极有可能彰显了某些特征。但这样的传统本身却是极具重要性的古代历史的既定条件。照此看来，我们也应该很自觉地忠于这个传统。

于是，马拉松战役就被呈现为了战役的典范。[②]就雅典人这一边来看，马拉松战役是一场纯粹的重装步兵战，"有长枪和盾牌，战士彼此紧挨"。[③]凑巧，波斯那一方面所没有的骑兵，[④]也已不再出现于雅典的战场上。雅典的hippeis都得靠步行打仗。在克里斯梯尼之前，雅典有一队由96名骑兵组成的骑兵队，一艘船（naucrarie）配两名骑兵。[⑤]尽管骑兵队是确实存在着的，但它却并未参加战斗。轻装步兵也没有了，这样的缺席有时候显得很奇怪。[⑥]不过，保撒尼阿斯指出除了雅典和普拉塔伊阿的重装步兵之外，还有事先已获自由身的奴隶；他们阵亡的话，是和普拉塔伊阿人葬在同一个墓地里的；[⑦]我们并不知道他们究竟起了什么作用：也许只是当仆役，是配

---

① 这些文本都转载于R.Meiggs与D.M.Lewis的《选集》，n°26，且由之作注；我们可以在书中找到书目，重要的那篇文章是P.Amandry的"马拉松战役的讽刺短诗"（Épigrammes de Marathon）。参阅下文"德尔菲之谜"，n.71。
② 我觉得，重构工作做得最好的是W.K.Pritchett，《马拉松战役》（Marathon），结合作者的研究，还补充了地形图，"重访马拉松"（Marathon revisited）。亦可参阅J.Labarbe的分析，见《海军法》（Loi navale），pp.162–172。关于马拉松战役的传说，可参阅N.Loraux，"马拉松战役"（Marathon）。
③ 亚里士多德，《胡蜂》（Guêpes），1081–1083。关于马拉松战役中重装步兵的武器配备，让人马上就想起了阿里斯提昂的重装步兵石碑，参阅W.K.Pritchett，"马拉松战役"，pp.172–174。（阿里斯提昂（Aristion），公元前6世纪的古希腊雕刻家。——译注）
④ 由此出现了约定俗成的表达法chôris hippeis，见于《自给自足者希琶阿斯》；参阅W.K.Pritchett，《马拉松战役》，pp.170–172。（chôris hippeis，指"没有骑兵"，hippeis意为"骑兵"。——译注）
⑤ Pollux, 8, 108。
⑥ K.J.Beloch，《历史》（Geschichte），II, 1, p.21; II, 2, p.80。
⑦ 保撒尼阿斯，I, 32, 3; VII, 15, 7。参阅K.W.Welwei，《无人身自由者》（Unfreie），pp.22–35与41。

给重装步兵的，以便紧要关头加强雅典阵列当中的力量。[①]

战役本身是极其严格地遵守古代与古典时代战斗的规则的。雅典军队名义上的首领自然会占据右翼："在雅典人中间有项法律，司令官占据右翼。"[②]普鲁塔克甚至告诉了我们一个很奇怪的细节。[③]阿扬狄斯(Aiantis)部族占据队伍的右翼；普鲁塔克给出的解释是该部族在"米太亚德敕令"时期是五百人议事会的成员(prytanie)；不幸的是，谁都知道该敕令是公元前4世纪捏造出来的，而且更有甚者，过了很久之后，还有人提到敕令开头列出的五百人议事会成员。[④]如果有关资料属实的话，那就能由这样一个事实以雄辩的方式来加以解释，这个事实就是阿扬狄斯就是司令官阿披德纳伊的卡利马科斯的部族，而且确切地说，马拉松战役就是在阿扬狄斯部族的领土上开打的。[⑤]

不过，战斗中完美的排兵布阵法掩盖了一个极其失衡的地方，单单战斗关键时刻很有可能会投入奴隶这个情况就泄露了这种失衡。在马拉松战役中，雅典人共9000人，再加上1000名普拉塔伊阿人。[⑥]这9000名雅典人极有可能就是18至60岁之间可支配的总兵额，仅限于纳税的重装步兵，也就是说仅限于梭伦确立的等级制中的三个第一等级。[⑦]可是公元前507年通过的克里斯梯尼时期的根本法原则上却要求调动所有的力量，使之整合在一起，确切地说，这将赋予公元前5世纪的雅典历史以极为惊人的"现代"特征。另一方面，我们能加以承认的是那个时代的雅典人口(呈全面增长之势)差不多有3万公民；公元前483年，也就是地米斯托克利颁布"海军法"

---

① J. Labarbe，《海军法》，p.170。
② 希罗多德，VI, 111.关于右翼的这种优先性在埃帕米农达斯之前的陆战中从未有过例外，可参阅上文"毕达哥拉斯派埃帕米农达斯"。
③ 《会饮问题集》，628a–629a。
④ 参阅Ch.Habicht，"虚假文书"，p.20。
⑤ 参阅W.K.Pritchett，《马拉松战役》，pp.147–148与n.79。
⑥ 参阅对这些数字的讨论和证明，见J. Labarbe，《海军法》，pp.162–168。
⑦ ID.，同上，p.172。

的那个时期，4万雅典成年男子和青少年都在声称自己可以从拉乌利昂(Laurion)发现的珍宝中分得一杯羹，[①]这也就表明了再怎么样(青春期固定在16岁)也会有3万多名战士。面对可怕的危险，甚至连城邦的存亡都受到威胁时，年轻的雅典民主制因此也只能"调动"不到三分之一的可支配兵员：浪费确实可以说是触目惊心。

在这一幕幕争锋夺利的失衡的正剧当中，公元前5和前4世纪的雅典历史首先在于充分利用了全体公民，其次在于它比之走得还要远得多，因为西西里远征军差不多可以说都是雅典人，这和拿破仑的大军都是法国人性质一样，到公元前4世纪，有了雇佣军之后，公民士兵就淡出了。重装步兵兵团(塞拉麦涅斯)，[②]或农民兵团(福尔米希奥斯)，[③]后来成为政治方针，于公元前411年占据了一段时间的上风。据说，公元前411年的"5000"重装步兵实为9000人；[④]我们就这样稀里糊涂地发现了马拉松战役的士兵数目。但今后让欧里庇得斯，以及之后的伊索克拉底、柏拉图、色诺芬或亚里士多德倾心不已的这项方针，[⑤]却被认为与民主制的实践直接对立。

问题并不在于去详述介于马拉松战役和喀罗内亚战役之后的这段时间内雅典军事组织经历了哪些转变；我只会谈本质性的东西。人的潜力在马拉松一役利用得极不充分，而雅典今后也不会把大部分潜力用于陆军，而是要用在海军身上。雅典的海军在阿尔铁米西昂一战中投入了3.6万兵力，根据拉巴尔布(J. Labarbe)的估算，

136

---

① ID.，同上，pp.199–211。

② 塞拉麦涅斯(Théramène)，公元前5世纪的雅典政治家，参与过多次政变，并两度在雅典的寡头政府中任职。——译注

③ 关于这两个概念，可参阅R. Goossens，《欧里庇得斯》(Euripide)，pp.556–559，与Cl. Mossé，《终局》(Fin)，pp.251–253。

④ 参阅吕西亚斯，《为勃鲁斯特拉图斯辩护》(Pour Polystratos)，13。

⑤ 比如，可参阅亚里士多德，《政治学》，V，1303a9–10，解释雅典因Gnôrimoi都死了，所以就衰落了下去，在伯罗奔尼撒战争期间，Gnôrimoi构成了重装步兵兵团；亦可参阅《雅典政制》，26，I。参阅其他书目，P. Spahn，《中层》(Mittelschicht)，尤其是pp.7–14。(Gnôrimoi，意为"知名人士"。——译注)

在其中3.4万多的雅典人里，只有1734名重装步兵应召以此身份参加了战斗。[①]萨拉米斯战役的数字也与之相似。[②]地米斯托克利的《海军法》只能从最终不使用这些军力的角度来看才能说得通。但我们并不是说这是唯一的一种可能性。在普拉塔伊阿一战中，据说斯巴达轻而易举地就派出了3.5万名希洛士兵，因此使用的军力达到了4.5万人，数目庞大，而雅典人则有可能再一次调动了所有可用的重装步兵，但也只有8000人。[③]所以，陆军是再也不会有任何转变了。

然而，这种转变还是发生了，主要是从伯罗奔尼撒战争开始的；由于雅典并非孤军奋战，加上或多或少在所有的希腊城邦里战争的技艺都在演化，所以个中原因更为复杂。然而，我还是想坚持一点，即其中有一个因素发生了影响，那就是海战模式及其所代表、所提出的新的技术性（technicité）的问题。海战的策略，首先是受到了陆战策略的启发，随着像diekplous或périplous[④]之类创新的出现，海战也就不再是粗浅的了，伯罗奔尼撒战争期间，传统的右翼至上性也消失不见了。[⑤]当色诺芬将曼丁尼亚一战中埃帕米农达斯军队里的先头部队同"三层桨战船的舰艏撞角"[⑥]相比时，或许这其中确实有着不同寻常的东西。然而，这两个领域似乎是截然分开的：伯里克利想要战胜伯罗奔尼撒人，因为"跟航海领域有关的事情都是专门的事务"（τὸ δὲ ναυτικὸν τέχνης

---

① J. Labarbe，《海军法》，p.182。
② ID.，同上，p.188。
③ 希罗多德，IX，28—29。至于轻装步兵，希罗多德的文本说得极其含糊，很难让人搞明白。我赞同J. Labarbe《海军法》p.190的注疏里所作的解释，他认为雅典人与绝大多数希腊人相反，并不提供轻装步兵。
④ diekplous，指穿破敌军防线；périplous，指环绕航行。——译注
⑤ 主要的参引资料详见上文，"毕达哥拉斯派埃帕米农达斯"，p.99。
⑥ 《希腊史》，VII，5，23。

137

ἐστίν)，[1]就算从希腊人的对手的眼中看来，像希腊人将之放在第一位的technê要的也就是一直不停的创新。[2]甚至公元前4世纪的时候，伊索克拉还不无底遗憾地为雅典选择了地米斯托克利作辩护，并对陆上实力和海上实力相对立的原因作了解释：前者说的是eutaxia（队形操练）、道德规训（sôphrosynê）、服从（peitharchia）；而后者则属于不同的technai。[3]不过，伯里克利仍亲自告诉雅典人："我们从陆战领域获得的海战经验，要比我们的对手从海战领域获得的陆战经验要多。"[4]我们别忘了一些人在海军服役，另一些人在陆军服役的情况是没有的，说得更确切，是越来越少了，但既当步兵，又当水兵的人却越来越多了。海军同时既是典范，又是失衡的因素，也是旧组织遭摧毁的因素。虽说海军允许起用未参加马拉松战役的雇工，但吊诡的是，它也能调动上层阶级。海军中通常当重装步兵的一部分人还被保留了三层桨战舰舰长的职责。

138

本质性的转变会在哪些方向上发生呢？从用人的层面上来看，海军给出的例子是以后才有的，是在紧迫的军事需求的压力下产生的，但仍然还是要到以后才会有。将雇工整编入重装步兵当中去显然才是主要的事实，当时是这样认为的，国家来提供武器，就像国家向三层桨战舰的舰长提供船只和帆缆索具一样。事实上，我们对这样的整编知之甚少，但对épibates[5]的雇工（即登船的重装步兵）参与西西里远征这件事还是有所知晓的。[6]

---

① 修昔底德, I, 142。
② 参阅修昔底德, I, 71, 此处确实是指出了创新、technê和雅典之间的融会贯通之处。这儿引用的是一场抱着实用目的的演讲；相反，在葬礼演说中，对所有属于technê的内容都会闭口不谈。
③ 《泛雅典娜女神颂词》（*Panath.*), 116。
④ 修昔底德, I, 142。
⑤ épibates, 即"船上"之意。——译注
⑥ 修昔底德, VI, 43; 但在这些重装步兵和"名录"上的那些人之间的区别仍旧是有的。Harpocration在s.v. thêtes kai thêtikon里引用了安提丰的一篇残篇（"他说要将所有雇工都变成重装步兵"），但我们并不知道这句句子的主语是谁，也不知道该文本究竟想要说什么；无论如何，这应该是伯罗奔尼撒战争期间很晚才出现的事实，因为在同样的那个标题下引用的阿里斯托芬的《宾客》（*Convives*）里也讨论了这个问题。(Harpocration, 欧乌阿雷里奥斯, 公元前2世纪亚历山大里亚的希腊语法学家。——译注)

外国侨民(métèques)不像人们想的那样，他们很少有惹麻烦的：在公元前5世纪，该词指的就是底层的雅典人；如果说雅典人是精美的花朵，外国人是一捆捆谷物的话，那他们就是糟糠。[①]自此以后，面对服兵役的重装步兵，原则上他们自然就和尚未被公民大会接纳的年轻人(néôtatoi)、干不动活的老人(presbytatoi)无甚差别了，所以就跑到驻防军里当兵去了。[②]可是一旦遇到紧急情况，他们还是会参加远征，在公元前424年的德里昂战斗期间，雅典的统帅希波克拉忒斯的麾下就有外国侨民，还有"正好都在的外国人"。[③]

139　尽管有马拉松战役的先例，但使用奴隶却极为鲜见。公元前5世纪最清晰明了的一个例子涉及的并不是陆军，而是阿吉努塞的舰队；[④]不过，雅典人后来还是将奴隶招募至军队，尤其是喀罗内亚战役之后。[⑤]

也就是在这儿，包容了其他城邦军队的雅典军队的多样化出现了。不过，我们需注意不要对此夸大其辞，尽管如此，保守的各种因素还是很强大的。一句话，我们仅限于指出弓箭手部队是如何发展的，[⑥]通常来说，弓箭手部队都是轻装部队，他们行军的速度

---

① 参阅阿里斯托芬，《阿卡奈人》(Acharn.)，502–508，及J. Taillardat的注疏，《图像》(Images)，pp.391–393。
② 参阅修昔底德，II, 13。
③ 修昔底德，IV, 90与94。毫无疑问，这儿讲的是盟军中诸城邦当时住在雅典的公民。M.Clerc(《外国侨民》[Métèques]，p.43)就是这个说法；作出论证的是Ph. Gauthier，"外国人"(Xenoi)，pp.51–52。关于外国侨民和重装步兵服役的情况，现在可参阅D.Whitehead，《外国居民》(Metic)，pp.82–86。
④ 参阅色诺芬，《希腊史》，I, 6, 24；铭文I.G.II², 1951，并不像人们所想的以及我说的那样，它们并不是阿吉努塞人的墓志铭，而是海军的名录：参阅Y.Garlan，"希腊奴隶1"(Esclaves grecs 1)，该文依据的是D.R.Laing尚未编订出版的论文。
⑤ 吕库古，《驳列奥克拉忒斯》(Contre Léocrates)，41，对将奴隶和外国人整编入军队作了评论，并感到惋惜：前者都获得了自由身，后者中有些人则入了籍，而(因死亡)而丧失公民权利与政治权利(atimie)的公民也会得到恢复；关于该插曲，亦可参阅Hypéride, fr., 27–29(Jensen)。(希佩里德斯[Hypéride]，古希腊雅典演说家。——译注)
⑥ 参阅A. Plassart，"弓箭手"(Archers)。

极慢,[①]但不会比大规模借鉴自外国人的专业化部队,[②]骑兵部队更慢。[③]

到了伯罗奔尼撒战争的最后阶段,仍旧是在公元前4世纪,出现了极其深远的演进过程:无论是在将军这一层级,[④]还是变为雇佣军的普通士兵这一层级,专业性都得到了发展。[⑤]战斗变得代价愈来愈高昂,斗争精神让位给了戮力杀敌的意愿,战斗期间,士兵均持新月形小盾(peltastes)的"奇袭队"、"别动队"、"游击队"彼此争锋相对。老狄俄努西斯[⑥]大量起用了擅长攻城的专才,[⑦]伊非克拉特斯、[⑧]埃帕米农达斯则从不同的方面说明了这些转变,而马其顿的腓力则对这些转变作了概括。和往昔的对比差异太明显,以致于连对历史演化木知木觉的德谟斯提尼也在一篇激动人心的文章里提到了以前季节性的、光明正大的战争同现在不择手段的持久战之间的对比。[⑨]战术家埃涅阿斯[⑩]用自己的方式描述了公元前4世纪的这个暴力世界。

在公民士兵(soldat-citoyen)的大时代里,"战争的职能"并未因此而消失:最终,无论是陆战还是海战,这种职能终究扩展到了

140

---

① 公元前424年,雅典还没有轻装部队可投入战斗,以前也没有。(参阅修昔底德,IV,94)。

② 西西里远征期间,投石兵都是罗得岛人,一部分弓箭手是克里特人,轻装上阵的士兵都是麦加拉人(修昔底德,VI, 43)。

③ 在西西里,雅典人总共带去了30名骑兵。关于雅典人骑兵的发展,重要的著作仍然是A.Martin,《骑兵》(Cavaliers);也可参阅J.K. Anderson,《骑兵》(Horsemanship), pp.140-154,如需对公元前4世纪有一个整体的看法的话,可参阅《理论》(Theory)。

④ "军事事务"方面的专家出现了;智术师埃乌图德摩斯(Euthydème)和狄俄尼索多(Dionysodore)就出现在了色诺芬和柏拉图的对话录中。

⑤ 只需参考H.W.Parke,《雇佣军士兵》(Mercenary Soldiers)和A. Aymard的研究文章"雇佣军的地位"(Mercenariat)即可。

⑥ 老狄俄努西斯(Denys l'Ancien),公元前5—前4世纪的叙拉古僭主。——译注

⑦ 参阅Y. Garlan,《攻城术》,pp.156-159。

⑧ 伊非克拉特斯(Iphicrate),公元前4世纪的军队统帅和政治家。——译注

⑨ 《反腓力词》(Philipp.), III, 47-50。

⑩ 战术家埃涅阿斯(Énée le Tacticien),公元前4世纪的军人、作家,写过《攻城术》(Poliorcétique)一书。——译注

整个城邦身上。如果我们现在通过战争职能这一观念去理解政治思想的某种形式，即将捍卫城邦的任务赋予特定的专业化群体这种形式，那我们就会非常吃惊地观察到，这种观念在伯罗奔尼撒战争期间竟然再次出现于光天化日之下，尽管已无重装步兵，但它仍旧不可避免地成了其复兴过程中的首选项(应该是出现于公元前411年)。骑兵的神话也是如此，它之所以成为神话，皆因长期的贵族传统所致，但也是因为民主制努力想要使骑兵不仅仅在阅兵时当摆设用的缘故。阿里斯托芬《骑士》(Cavaliers，公元前424年)里令人震惊的合唱领队独白(parabase)由克列翁领唱，反对的是好战的重装步兵和民主制，在看了些混战的场面，说到马拉松战役和萨拉米斯战役之后，着重赞美起了作为士兵和作为人的骑士："对我们来说，就是要去捍卫城邦，且不计报偿，心地高尚，也要捍卫我们的神祇。除此之外，一无所求，只有一个小小的请求，唯此一个：如果和平永不再来，那就请终结我们的苦难，不要妒忌我们的长发和我们擦刮干净的四肢。"[1]色诺芬将会继承这个传统。

到了公元前4世纪，我们还会走得更远，我会在这儿稍稍对柏拉图说上几句。在《拉克斯》(Lachès)这篇"苏格拉底式的"对话中，出现了两名将军，一个叫尼西亚斯，是个众所周知的政治家，另一个叫拉克斯，是个专职军人，他们讨论了hoplomachie(剑术)的长处和劣处，以及通常意义上的军事知识。尼西亚斯说自己支持军事技艺多样化这一概念，其中不仅包括列队战斗，也包括单打独斗。拉克斯驳斥他时基于的理由是拉凯代蒙人的例子，也就是说基于军事中勇气这一彻底社会化的概念，对technê则完全拒斥；他为传统意义上的重装步兵战斗辩护，为了更好地将这样的战斗说成是典范，他甚至可以避免去说到自己的名字。[2]苏格拉底的介入则将两

141

---

① 《骑士》(Cav.)，576–580，Van Daele译。(原文所用的strigile是指古希腊人擦刮身上汗垢的皮具，故有"擦刮干净"一说。——译注)
② 《拉克斯》，181e–184c。

者所代表的东西全部拆碎，他既驳斥了传统的概念，也驳斥了对勇气所下的几个更具"科学性"和更具"技术性"的定义。[①]因此，当拉克斯将勇敢的人定义为坚守阵地，与敌人作战，而这自提尔泰奥斯以来，一直就是斯巴达的理想时，苏格拉底便回答了他，让他想想"西徐亚人的例子"，他们"据说战斗也很勇猛，撤退和追击都很在行"，只是这个例子由于说的不是希腊的战斗和风俗，所以就被抛弃了，还有拉凯代蒙人撤退到普拉塔伊阿时也很有战术。[②]这篇文本之所以重要，是因为对传统的勇气观和军事生活的观点所作的所有批评在柏拉图最后的作品里，即在《法义》的前3卷里极富表达力地铺陈了开来，总之可以在里面找到这方面的概述。

我们在这里触及到了柏拉图正剧里的其中一个结。Technê首先使最重要的海战的特点呈现了出来，就此而言，柏拉图是完全否认这种说法的，因为这些都是传统的价值观，他在《拉克斯》和《法义》里对此所作的批评极其尖锐。在提及雅典人的海上命运时，他写道："事实上，他们好几次失去自己的7个孩子[献给弥诺陶洛斯][③]的行为，要比将陆上行走脚步稳健的重装步兵转变成海上的重装步兵有价值得多，他们习惯老是匆匆忙忙地跑开，奔跑着退到船上，认为面对敌人的进攻时不愿让自己被杀没什么好羞愧的，当他们丢了武器，毫不羞惭地逃跑时，他们总能找到各种各样借口，认为这是再自然不过的事儿。"[④]而这恰恰是因为海战的胜利都是由于柏拉图所谴责的那些technai的缘故。[⑤]

142

不过，陆战自身也变成了某种专业人员的事务，对此柏拉图比

----

① 苏格拉底意味深长地说重装步兵战斗(hoplitikon)好像成了唯一的军事技艺(《拉克斯》, 191d)。
② 《拉克斯》, 190e–191c。这篇对话在说到西徐亚人(IV, 120–127)和斯巴达人(VII, 104与IX, 71)的理想时，背后当然指的是希罗多德: 关于这些文本，可参阅F. Hartog, 《镜子》, p.70, 与N. Loraux, "美丽的死亡"。
③ 弥诺陶洛斯, 古希腊神话中的半人半牛怪物。——译注
④ 《法义》, IV, 706bc; E. des Places译。
⑤ 同上, 707ab。

任何人都知道得清楚。正是观察到了这个真理，才越过了将会通往
"理想"城邦的阶段，亦即先是战士，然后是哲学家的阶段，来到
了《王制》第2卷里的"初级城邦"那儿。"如果你还记得这件事的
话，那我们就都会认为一人是不可能从事好几项职业的。[……]你
难道不认为那些战斗都只属于一个职业? [……]如果是这样的
话，那按照战争必须所是的那个样子来从事战争这项职业不就是
最重要的了吗? 这项职业是不是太简单了，以致于农民、鞋匠或不
管什么样的手艺人在干自己的活的同时还能去当兵? [……]是不是
拿块盾牌，或其他武器，或打仗用的工具，有朝一日就能在重装步
兵团里当个优秀的士兵?"①那如何才能将坚守所有希腊城邦传统
的公民军队和technê这样的现实调和起来呢，尽管表面并非如此，
但technê对拉凯代蒙的重装步兵和雅典的重装步兵都是持谴责态
度的? 柏拉图的"解决方案"，就是整本《王制》，也就是说城邦本
质上是一体，其实是分割成了3个等级，当中的等级是战士，但权力
掌握在哲学家手上，尽管如此，还是要通过对战士进行教育才能
143　解决这个问题。柏拉图会在《蒂迈欧》和《克里提亚》的序言里，用
"空间化"的方式将这个问题呈现出来，并用战士的躯体来象征原
初的雅典卫城，使之成为不变的存在。②可是，当到了生命终点的时
候，柏拉图却不得不在军事technê和城邦的传统概念之间做出选
择，他摒弃了《王制》里的技术激进主义，而在《法义》里，以自己
的方式，赞成"农民兵团"这样的方案。技术上的担心只出现在对
未来的公民重装步兵(hoplite-citoyen)实施的某些教育形式当中。
与传统的重装步兵相反的是，马格涅特城邦里的重装步兵也会像

---

① 《王制》，II, 374ad。参阅下文"暧昧性研究"，p.292。
② 《克里提亚》(Crit.)，112b; 参阅下文"雅典和阿特兰蒂斯"，p.346。

西徐亚的弓箭手那样，用两只手来操作。[1]

就在柏拉图彻底摒弃专业化士兵之后不久，雅典又将再一次返回到"知识与道德改革"的氛围当中，喀罗内亚战役以及吕库古行政化管理(administration)所导致的结果就有这层特点，它以公民士兵为楷模，将青年男子学堂(éphébie)这样的机构推上了前台，而该学堂从其根源上来看，无疑是"战争职能"的某种古老形式。对是否设立青年男子学堂有过争论，但争也完全是白争。威拉莫维茨认同这样一种观点，[2]即青年男子学堂是公元前336/335年硬生生建起来的一个机构这种说法根本就站不住脚，而且从来就没站住脚过。[3]《雅典政制》第42章描述过这个机构，先前没多久的或同时代的一定数量的铭文[4]也曾提到过它，从这些铭文可推知这乃是有意为之的政治意愿，但将它和先前时代鲜为人知的青年男子学堂混淆起来，同修昔底德谈到过的那些nêôtatoi，甚或同那些"青年男子"混同起来，约公元前372年，年轻的埃斯基涅斯就是其中的一员，却可以说是很危险的一件事。[5]

"青年男子誓词"很古老这一点本身没什么好受质疑，发现了该誓词的碑文正好可以让我么了解一下其中的一篇官方文本：[6]需前往供奉古老的生育女神阿格劳洛斯(Aglauros)的神殿里宣誓；[7]青年男子学堂这个组织会令人想起城邦里的人以年龄大小划分群

144

---

[1]　《法义》，VII, 794d–795d。关于这篇文本，参阅上文"毕达哥拉斯派埃帕米农达斯"，p.107, 以及P.–M. Schuhl的研究文章，"右手"，2。

[2]　《亚里士多德》(Aristoteles), I, pp.193–194; 关于这场争论，可参阅Ch. Pélékidis,《青年男子学堂》，pp.7–17。

[3]　参阅L. Robert,《研究论文集》(Études), p.306。

[4]　参阅下文"黑色猎手"，pp.152–154(连同书目)。

[5]　《论虚假的使命》(Amb.), 167。埃斯基涅斯曾当过péripolos，也就是说驻守在阿提卡的堡垒里。

[6]　参阅L.Robert,《研究论文集》，pp.296–307. Ch. Pélékidis的《青年男子学堂》末尾列出书目，pp.110–113；还可参阅下文"黑色猎手"，p.151, n.1。

[7]　H.Jeanmaire,《船底涂层》，p.308；亦可参阅R.Merkelbach, "阿格劳洛斯"(Aglauros)。关于该神殿，可参阅J.Bousquet, "阿格劳洛斯"(Aglaurides), p.664。

体的时代。①但确切地说，最多也就是会让人想起来而已。即便像
"青年男子誓词"这样的官方文件也不应该仅仅放在什么时候写
成这样的背景中加以研究，因为日期有可能是真实的，也有可能只
是假定，还应该研究它的公布日期，在当时的那种情况下，吕库古
时代的阿卡奈区②对誓词还是很在意的。然而，这份文件是和所谓的
"普拉塔伊阿誓词"出现于同一块碑上的，我们知道有个名叫埃斯
基涅斯的演说家就很喜欢援引这篇誓词，以及米太亚德的"敕令"
和最近在特罗伊泽(Trézène)找到的地米斯托克利的"敕令"。③可
见，很难从青年男子学堂那儿区分出哪个是真正古老的，哪个是仿
古之作。

　　不管怎么说，亚里士多德笔下的青年男子学堂包含了所有公
民，而且学堂也是为学员今后当上重装步兵做准备的。④城邦发放给
他们的武器是重装步兵设备里的其中一部分，这些武器的形象都
刻画在了"誓词碑"、长枪和圆形盾牌上。⑤也就是说，就我们也只
知道的其所采取的这种形式来看，不能认为青年男子学堂根本没
有我们所说的那种创新，最先加入了重装步兵兵团的雇工，也是由
国家提供武器的。⑥

145

　　我认为，必须承认公元前4世纪后60多年间重装步兵某些古老

---

① 除了Jeanmaire的著作之外，这儿还应该提及P.Roussel的重要论文，"年资原则"(Principe d'ancienneté)。
② 阿卡奈区(Acharnes)，是古希腊阿提卡最大的区。——译注
③ 德谟斯提尼，《论使命》(Amb.)，303。关于公元前4世纪编纂史书时找到的所有这些文件，我要再一次参引|Ch. Habicht的《虚假文书》。
④ 尽管如此，青年男子不仅要学习"像重装步兵那样战斗，还要学射箭、投标枪、操作投石器"(《雅典政制》，42，3)。因而，公元前5世纪末与前4世纪的这些创新都能从青年男子的操作训练上反映出来。
⑤ 亚里士多德，《雅典政制》，42，4。
⑥ 雅典人还有另一种靠国家提供武器的范畴：战争孤儿(参阅柏拉图，《墨涅克塞诺斯》[Ménex.]，248e–249d)；G.Mathieu("青年男子学堂")过度强调了公元前4世纪青年男子学堂刚开办时该机构的重要性；R.Stroud刊登了一份新的文献，见"忒奥索狄得斯"(Theozotides)；参阅N.Loraux，"修昔底德"(Thucydide)，pp.61–64。

的特色又重新活跃、普及了起来。它们就这样一直存在着；但为了推进这个问题，就应该像佩列基狄斯(Ch.Pélékidis)做的那样，从另一个层面入手。

根据亚里士多德的说法，青年男子在服两年的驻防军兵役期间，"无法诉讼，既不能当被告，也不能当原告，除非出现继承财产，女儿继承遗产或家人当祭司这样的情况。"[1]我们已经比较可信地对许多社会从童年过渡到成年之间为时两年的潜在期作了比较。[2]但在雅典，这段潜在期，我们可以拿来同拉凯代蒙人的武备训练(crytie)比较一下，雅典的这段时期从某种意义上说是被拆成了两半。青年男子——从公民的层面上来讲；年纪达到18岁的少年——也是指达到hêbê，即青春期的男孩。不过，在古代的雅典，存在着一种法定的青春期，即性成熟，这样就能让绝大部分雅典人参与拉乌利昂分钱的事：ἔμελλον λάξεσθαι ὀρχιδὸν ἕκαστος δέκα δραχμάς，"每个人只要性成熟，就都能接触到这笔钱，分得10德拉克马"，[3]性成熟也就是指16岁。这就是为什么用ἐπὶ διετιὲς ἡβῆσαι这一表达法来指称年届18成为青年男子(éphèbe)的原因，而性成熟，即hêbê之后过两年也就到了18岁。[4]这样就进入了一个崭新的过渡时期——也是一个悖论的时期，因为从18岁起，他就成了成年人——"服兵役"期满后，他就可以是拥有全部权利的公民了。只是正如佩列基狄斯所发现的，自克里斯梯尼以来，这种青春期似乎部分存在着两种不同的范畴，一种是我们讲过的镇区(dème)民的范畴，另一种是胞族(phratrie)民的范畴。[5]

146

---

① 亚里士多德，《雅典政制》，42，5。

② 参阅P. Roussel，"关于布勒诺"(Compte rendu de A. Brenot)。

③ 希罗多德，VII，144；J. Labarbe澄清了这句话的意思，见《海军法律》，pp.61-73。

④ 参阅J. Labarbe，《海军法律》，同上，与Ch. Pélékidis，《青年男子学堂》，pp.51-60。

⑤ 这种平行关系早在公元前4世纪就已确立起来(比如可参阅伊塞尤斯[Isée]，II，14；一名被收养的儿童解释了他的养父将其带入所在区、胞族[phratrie]、宗教社团[orgéon]时，对他的地位所作的安排："他把我领入他的胞族里时，这些人都在场，他把我登记在他住的那个区和宗教社团内"[dan ses orgéons])，P. Roussel译。(伊塞尤斯，公元前4世纪古希腊雅典的演说家，历史学家——译注。

我们对胞族知之甚少，[①]通常我们都认为自德谟斯提尼建区之后，从某种意义上说，胞族就成了固化的、"独立的"(déconnectée)组织。[②]这点应该是可以肯定的；相反，胞族似乎在伯里克利的时代得到了重组，当时伯里克利制定了一项有名的法律，确立了有关公民权(citoyenneté)的各项规定。[③]胞族在继续演化着，很难说明镇区的各个组织对胞族产生过影响，也很难确定没产生过影响。唯一的一份可让我们一窥公元前4世纪上半叶胞族功能的是让我们了解到德摩提奥尼得斯(Démotionides)铭文的文献，[④]该文献规定至少在接纳某些新成员的时候，得有一年的推迟期，也就是说至少得有一个潜在期，这和阿帕图里亚节(Apatouries)[⑤]的祭献头发(coureion)与胞族民(phratères)投票之间的潜在期差不多：Τὴν δὲ διαδικασίαν τὸ λοιπὸν ἐναι τῶι ὑστέρωι ἔτει ἢ ᾧ ἂν τὸ κόρεον θύσῃ, τῇ Κορεώτιδι Ἀπατορίων（"自男儿成年节祭发仪式

---

① 此后，所作的基础研究有D.Roussel，《部落》(Tribu)，pp.93–157。此外，我们还可在C. Rolley的文章中发现之前的重要书目，见"地母节神庙"(Thesmophorion)。在证明了从公民时期的胞族无论如何也无法追溯到前公民时期或许存在的胞族时，D. Roussel也让我对自己本来相信的诸如M. Gurarducci(《胞族》[Fratria]，I与II)这方面的理论产生了怀疑。

② M. Guarducci，《胞族》(Fratria)，I，p.17："从拥有共同谱系的国家身上分离出来的组织"(Organismo separato del ceppo commune dello stato)。

③ 参阅A. Andrews，"斐洛考卢斯"(Philochoros)。

④ I.G. II², 1237；R.Dareste、B.Haussoullier、Th.Reinach，《希腊司法铭文汇编》(Recueill des inscriptions juridiques grecques)，II，nº29，Dittenberger，《综论》(Sylloge³)，nº921。德摩提奥尼得斯是指设于德凯莱亚(Décélie)区内的一个胞族；最后可参阅D.Roussel，《部落》，pp.141–147，不过此处并未涉及到上面所提的那个问题。

⑤ 阿帕图里亚节(Ἀπατούρια, Apatouries)，是古希腊某些地区的宗教节日。雅典的该节日举办于10月，为期3日，第一日(δόρπεια)，胞族举行宴会和晚会，第二日(ἀναρρύειν)举办公共祭献，由国家出资赞助，第三日(κουρεῶτις)，父亲或监护人带着去年该节日之后法定出生的孩子至胞族宣布，向宙斯和雅典娜祭献山羊或绵羊后，登记在册。Couréôtis，或源自κοῦρος，意为"青年男子"，或源自κείρω，即"理发"之意，因为年轻男子会在这一日理发，将剪下的头发献给阿耳忒弥斯。——译注

[Couréôtis])的祭献头发后一年起, 即可判断是否可将之纳入"）。[①]

对Couréôtis这个词有过很多争论, 但现在公认的是祭献coureion, 亦即将少年的头发祭献给神, 是和青春期相呼应的。[②] 未来的青年男子(οἱ μέλλοντες ἐφηβεύειν)在祭发奠酒仪式(Oinistêria)与祭献头发之前, 会向赫拉克勒斯奠一量器的酒。[③]但对头发的影射(επὶν ἀποκείρασθαι)似乎表明此处所说的并不是所谓的18岁才能入学的青年男子公民学堂, 而是指传统意义上的青春期, 亦即部落范围之内的16岁仪式。[④]

阿帕图里亚节乃是胞族的节日, 在这个场合里, 新的青年男子会登记在册, 他们的父亲会替其起誓, 说他们是雅典人, 是雅典人的儿子。[⑤]当胞族在历史中出现时, 具有军事层面上的意涵: 奈斯托耳就是以胞族来分配手下人的。[⑥]更有甚者, 据说有一则追本溯源的神话解释了阿帕图里亚节的起源, 说是源自雅典国王提摩伊忒斯(Thymoïtès)及其取代者科德里得斯人(Codrides)的祖先美兰托斯(Mélanthos), 与波奥提亚的国王克桑托斯(Xanthos)及其身边披黑山羊皮的狄俄尼索斯(Dionysos Mélanaigis)之间的边界决斗(duel

---

① 《综论》, n°921, 26–28。A.Andrews试图用值得关注的论据来证明diadikasia存在某些例外情况, 并非所有的胞族都会用到这个程序, 在该文献讲到diadikasia的时候, 这个程序也非硬性规定("斐洛考卢斯", p.3)。但如果这项确立的规定并非如Dittenberger所言的那样, 有着普遍适用的范围的话, 那如何来理解to loipon, 即"自此以后"这个词呢? 不管怎么说, 公元前396/395年确立的这项规定到公元前350年的时候就被废除了(参阅墨涅克赛诺斯对115–126行所作的修正)。(diadikasia, 为"判决"之意。——译注)

② 参阅J. Labarbe, "祭献头发"(Coureion)。

③ 赫苏基奥斯(Hésychius), 见Oinistêria; Pollux, VI, 22; Photius,《词典》(Lexique), 见Oinistêria。Oinistêria很可能是在阿帕图里亚节上举行的(参阅L. Deubner,《节日》[Feste], p.233, Ch. Pélékidis对此有所保留, 见《青年男子学堂》, pp.63–64)。(米利都的赫苏基奥斯, 古罗马查士丁尼时代, 即公元6世纪用希腊语写作的历史学家与传记作家。Oinistêria, 指雅典人给自己的孩子剃发, 同时向赫拉克勒斯奠酒, 并祝胞族民身体健康的仪式。——译注)

④ 剃光头是阿帕图里亚节参与者必要要做的事(参阅色诺芬,《希腊史》, I, 7, 8), 但他的证言究竟是什么意思却并不明朗。

⑤ 《大词源论》, 见Apatouria。

⑥ 《伊利亚特》, I, 362–363。参阅A. Andrews, "胞族", 文中说胞族是公元前9—前8世纪由贵族制国家创建起来的。

frontalier)，美兰托斯诡计多端(apathê)，唯有他击败了波奥提亚。[①]

　　下一章，我还会就该神话的意义作出阐释。让梅尔(H. Jeanmaire)从中正确地看出了"即位主题"，因为提摩伊忒斯的支持者美兰托斯因其赢得胜利而使自己继任了国王，[②]而且该神话使科

148　德洛斯(Codros)的父亲成了雅典的最后一任国王。[③]此处，我只是说一下这个故事是发生在边境地区的。我们知道青年男子在其誓言中说到了"祖国的界石、小麦、大麦、葡萄树、橄榄树、无花果树"，[④]在古典时代，他们"服兵役"时一般都会去边境的堡垒地区，有一份晚近、真实的文献(公元前128年)就表明他们是在边境地区献身于阿提卡诸神的。[⑤]或许这可以用来强化这样一种解释，即古代的青年男子学堂就是初涉军事生活的地方，此时年轻男子都会准备加入胞族，而古典时代的青年男子学堂就是古代使之适应此种生活的机构。不管怎么说，公元前4世纪，战争职能观念的回潮，就像通过再次重组青年男子学堂这种做法体现了出来一样，它并非指一种残留下来的陈迹，而是明确表明只要这种观念是彻头彻尾的战争

---

① 重要的参考书目是赫拉尼库斯(Hellanicos)，见Fr.Gr.Hist., fr., 23。我所知的所有资料来源均在下文列出，"黑色猎手"，n.19。(赫拉尼库斯，公元前5世纪的古希腊编年史家。——译注)

② 《船底涂层》，p.382。(该神话说的是，阿提卡与底比斯之间为了边境城市奥诺俄[Œnoé]而连年争战，因相持不下，两国遂决定由国王来一场决斗定胜负，但阿提卡国王提摩伊忒斯害怕与底比斯国王克桑托斯相斗，于是在全国发出告示，凡能打败克桑托斯者即可登基为王，提摩伊忒斯手下的官员美兰托斯[美塞尼亚的国王，遭赫拉克勒斯的后人驱逐，按神谕所示，前往阿提卡定居，成了公民，当了官]响应，前往决斗。决斗场上，狄俄尼索斯手持黑盾[一说披黑山羊皮]出现在了克桑托斯的背后，美兰托斯遂而指责克桑托斯违反决斗规则，请外援相助，克桑托斯惊讶之余回头看是谁前来襄助于他，美兰托斯趁此时机，一枪便把克桑托斯刺死，于是当上了国王。——译注)

③ 此处指的雅典最后一任国王是指雅典传说中的最后一任，即第17任国王科德洛斯，其父就是美兰托斯。——译注

④ 青年男子的誓词，见Ch.Pélékidis，《青年男子学堂》，p.113、119–120，G.Daux译。

⑤ O.W.Reinmuth，"青年男子学堂铭文"，p.228、224，与Ch.Pélékidis，《青年男子学堂》，p.271。

动因的话，那雅典城邦就处于危机之中。①

---

① 不可能在结束这儿的内容时，而不明确提及马克斯·韦伯(Max Weber)对古典城邦所作的描述，他认为古典城邦与中世纪的城邦相反，前者乃是战士的联合体(《城市》[*The City*], pp.192–226)。从另一方面来看，无论D.Roussel怎么说(《部落》，p.123和p.131, n.2)，我在征引马克斯·韦伯的时候，根本就不是指"城邦首先是人们为了应对战争而组建起来的军事机构"。

第二节　黑色猎手与雅典青年男子学堂的起源*

在发现《雅典政制》之前,[①]甚或之后,对雅典的青年男子学堂都饱有争议。这段为时两年的"兵役",到底是照亚里士多德在第42章的简要描述,乃完全是吕库古治下完全人工的创造(威拉莫维茨的论题),还是相反,是源自雅典的政制,甚至极其古老,公元前9世纪的学者还将之与武备训练作了比较?

这场争论在今日看来已显古老,经过最近这30年的发现和研
151　究之后,我们首先可方便地论及两点。[②]

1. 吕库古时代的青年男子学堂从各方面来看均非古老的机构。雅典的这位政治家会对可能存在于他之前的学堂作合理化调整。

2. 青年男子学堂可在古代青年人为今后当好公民和一家之主

---

* 此文对刊登于《E.S.C年鉴》(*Annales E.S.C.*)23(1968年), pp.947–964的论文作了大量改动,该文也有英文版:"黑色猎手与雅典青年男子学堂的起源"(The Black Hunter and the Origin of the Athenian Ephebeia),见《剑桥历史比较语言学协会会议纪要》(*Proceedings of the Cambridge Philological Society*), 194(1968年), pp.49–64;意大利文版,经改动:"黑色猎手"(Il Cacciatore nero),见M.Detienne (主编),《神话:历史与评论导览》(*Il Mito. Guida storica e critica*), Bari, 1975, pp.53–72、245–252。我还注意到有大量就该文所作的评论,尤其是O.Picard,以及P.G.Maxwell–Stuart的批评文字,"黑色披风"(Black Coats)。

① 亚里士多德的《雅典政制》是1880年在埃及沙漠中发现的。参阅《雅典政制》,林志纯译,上海人民出版社, 2011年,见"英译者序言", p.4。——译注

② 关于这场争论,可参阅U. von Wilamowitz–Moellendorf,《亚里士多德》, I, pp.193–194; L.Robert,《研究文集》, pp.297–307(有青年男子学堂誓词的正式文本); H. Jeanmaire,《船底涂层》; C.Pélékidis,《青年男子学堂》(有完整的书目); H.–I. Marrou,《教育》(*Éducation*), pp.163–168、521–522、539–544。建立于铭文之上的论证认为青年男子学堂存在于公元前361年,在吕库古掌控雅典政制生活之前即已大规模存在,见O.W. Reinmuth,《青年男子学堂》, pp.123–138。确实,对Reinmuth以之为据的那些铭文的日期, F.W. Mitchel也提出了质疑,见"青年男子铭文"(Ephebic Inscription),但该碑文的发现者M.J. Mitsos却有能力捍卫其观点(参阅J. et L. Robert, "学报"[Bulletin], 1976, nº194),尤其是Ph. Gauthier决定性地对一篇至今尚未得到使用的文献,即色诺芬的《雅典的收入》(*Revenues*), IV, 51–52所作的评论,他同时证明了青年男子学堂存在于吕库古之前(《雅典的收入》中说是公元前335年),而且在其之前,该学堂并未强制推行到所有的年轻公民身上(参阅《雅典的收入》, pp.190–195)。

而实践的学徒制中找到其根源；简言之，就是指当好社团成员。几乎无需提及比较人种学(ethnologie comparée)在发现古代入社仪式时所起的作用。自1913年起，亨利·让梅尔(Henri Jeanmaire)就已以之为据了。[1]之后不久，鲁塞尔(P.Roussel)对亚里士多德的说法作了评论。我们知道青年男子"既不能当被告，也不能当原告，除非出现继承财产，女儿继承遗产或家人当祭司这样的情况"。亚里士多德的解释很简单：青年男子在服兵役时不应分心，但几乎只有在他的那个时代才会这样，鲁塞尔说："青年男子学堂和服兵役截然不同。那是童年期与彻底参与社会生活之间的过渡时期。[……]在青年人最终加入社会团体之前的那段时期，与青年人保持距离的生活是一个在各个社会和希腊、拉凯代蒙人那儿均得到有力论证的事实，我们可以在这儿重新找到这方面的踪迹。"[2]

对青年公民来说，"最终加入"有两种基本形式：婚姻和参加重装步兵方阵，参加陆军或海军。

152

只要这两个条件未得到实现，尤其是第二个条件没有在古典时代的雅典实现，那年轻人相对于城邦的状况就仍旧会显得暧昧不明：他既属于城邦，又不属于城邦。

鉴于象征性的空间并不总是与真实空间相符，故而此种暧昧性因青年男子在城邦的空间内所占的地位而令人惊异地呈现了出来。当埃斯基涅斯提及他就属于青年男子学堂的那一代人，亦即公元前370年左右时，他明确表明自己出了童年期后，就当了两年的"这片土地的péripolos"。[3]Péripolos从词源上讲，就是指围绕着(城邦)走来走去，当柏拉图在《法义》中模仿青年男子学堂这样的机构时，就让自己笔下的agronomoi在边境地区一会儿朝一个方向，一

---

[1] "武备训练"(Cryptie)。
[2] P. Roussel,《关于布勒诺》，p.459，评论《雅典政制》，42, 5。
[3] 埃斯基涅斯，《论使命》，167。

会儿朝另一个方向，绕着城邦走动。[①]在公元前4世纪，当péripolos的青年男子[②]通常都会驻守在边境的堡垒内：帕纳克通(Panacton)、德凯莱亚(Décélie)、拉蒙特(Rhamonte)等。据说，扛轻武器的年轻人[③]都只能从乡村地区开始[④]其正式服役，因而他们也就自然而然地当起了巡逻员，巡逻员这个词也可以是péripolos一词的译法。但这些年轻人都会和外国人或新近入籍的雅典人有关联。埃斯基涅斯当过péripoloi，随后就同与之年纪相仿的青年人及雇佣兵参加了——从此以后，他就成了néos——对外的远征。[⑤]修昔底德有两次提到péripoloi，是为了将他们与公元前425年尼塞牙附近的伏击战中，同普拉塔伊阿人、新近入籍的雅典人放在一起，还有后来为了提及公元前411年刺杀弗吕尼科斯[⑥]一事，刺杀者正是péripolos和他的一名阿耳戈斯同谋。此外，其他的资料来源都明确表明弗吕尼科斯这两名谋刺者都是外国人。[⑦]因此，这个词既可同时指雅典的年轻人，亦可指服役的外国人。他们彼此均处于城邦的边缘，但青年男子的边缘性显然只是暂时性的。他们与边境世界的关系很

---

① 《法义》，VI, 760b。参阅下文，"暧昧性研究"。(Agronomoi, 指负责乡村事务的官员。——译注)

② 关于希腊世界内péripoloi的总体状况，可参阅L.Robert,《希腊史》(*Hellenica*), X, pp.283–292; 最近来自阿卡纳尼亚(Acarnanie)和伊庇鲁斯(Épire)的两份证言也可以添加上去：参阅J. et J. Robert, "学报", 1973, nos229与260。(Acarnanie即指古希腊西部地区的阿卡纳尼亚，Épire指巴尔干地区的伊庇鲁斯，位于希腊与阿尔巴尼亚交界地区。——译注)

③ 因此色诺芬,《雅典的收入》, IV, 52, 使用了πελτάζειν这个动词，而取代了όπλιτεύειν一词，peltê是指轻型盾牌(参阅Ph.Gauthier,《雅典的收入》, pp.192–193)。(πελτάζειν, 指"持轻盾[步兵]", όπλιτεύειν指"持重甲[步兵]"。——译注)

④ 年轻人全面介入军事行动这一插曲颇为独特，所以经常会被提及；在麦加拉战役这一插曲中，néôtatoi就是与presbytatoi并肩作战的(参阅修昔底德, I, 105, 4, 与Lysias,《墓前演说》, 50–53, 及N. Loraux的评论，见《创新》, p.136)。

⑤ 埃斯基涅斯,《论使命》, 168。(Néos, 意为"青年人", 此处意指"新兵"。——译注)

⑥ 弗吕尼科斯(Phrynichos), 公元前5世纪的雅典贵族与政治家，公元前411年9月，被刺杀于公民大会上。——译注

⑦ 修昔底德, IV, 67–68; VIII, 92, 2; Lysias,《驳阿哥拉托斯》(*Contre Agoratos*), 71;《综论》, 108(=Meiggs–Lewis, nº85)。这些文本细节上的矛盾之处，我们在此不予涉及。

复杂。作为年轻士兵,他们实际上占据了城邦因堡垒而变得有形化的边境地区。克里特也是同样,那儿的铭文——比如,德雷洛斯人(Drériens)的誓词——向我们表明在占据着phrouria的所谓oureia[①]的年轻人与全体公民之间有着泾渭分明的区别。[②]在宣读使之成为重装步兵的誓词时,他们证明了在城邦与邻邦之间有界碑,而与界碑相关的则是小麦、大麦、葡萄树、橄榄树、无花果树,也就是说与之相连的乃是农耕土地的世界。

现在稍稍离题,来讲一讲一篇并非雅典人所作的诗歌文本,这样或许能使我们更好地理解一些事情。关于希腊拥有双重角色的青年男子话说得最漂亮的,或许是品达的《第四首德尔斐颂》里的伊阿宋。奥尔科斯的老国王珀利阿斯"通过神谕知道自己会死在埃俄利亚高贵的儿辈手中"。[③]他得到的警告是"首先要藐视所有只有一只脚穿鞋的人",这些人会"从陡峭的藏身之所"跑到"显眼的土地上",他们"要不是外国人,要不就是城里人"。[④]伊阿宋实际上来自偏远的地方,置身于野蛮的大自然,人马怪凯隆及其女儿们将他抚养长大,他既像外国人一般受到接待,又像公民一般向自己的同胞们讲话,[⑤]他是个已经20岁的成年男子,有着双重身份,扛两把长枪,既穿马格涅特人的服装,又披野蛮人的豹皮:

154

$$\dot{\epsilon}\sigma\theta\dot{\alpha}\varsigma\ \delta\ \dot{\alpha}\mu\varphi o\tau\dot{\epsilon}\rho\alpha\ \nu\iota\nu\ \ddot{\epsilon}\chi\epsilon\nu$$

---

① Phrouria指"堡垒",关于oureia,见下一个注疏。——译注
② 参阅《克里特铭文》(*Inscr. Cret.*), I, IX(Dréros), I, 126–127;关于οὐρεύω=在边境堡垒服役的年轻士兵(参阅H. van Effenterre,"克里特的堡垒"[Fortins crétois]);如需了解两座城邦(阿耳戈斯与斯巴达)的领土与将之相隔的边境地区之间泾渭分明的正式区别,可参阅修昔底德,V, 41, 2(=H. Bengston,《国际条约》[*Staatsverträge*], 192)。
③ Ἐξ ἀγαυῶν Αἰολιδᾶν θανέμεν χείρεσσιν ἢ βουλαῖς ἀκάμπτοις(126–129)。该文本明确将战争和私底下的企图对立了起来。我会在下文对此种对立的价值所在作出解释。
④ Ξεῖνος αἴτ ὢν ἀστός(138)。
⑤ Κεδνοὶ πολῖται(207–208)。

ἅ τε Μαγνήτων ἐπιχώριος ἁρμόζοισα θαητοῖσι γυίοις,

ἀμφὶ δὲ παρδαλέᾳ στέγετο φρίσσοντας ὄμβρους. [①]

雅典青年男子作为成年期的标志会剪掉的头发，如今又开始披至肩部。[②]此乃延长了的少年期；我们并未处于社会的现实中，而是置身于神话当中。

在雅典，青年男子的此种身份地位上的暧昧性，这一次，作为社会现实，从某种意义上被切分了开来。

正如拉巴尔布所很好理解的，[③]在被纳入城邦内部的官方青年男子学堂边缘，仍旧残存着一种更古老的被纳入胞族内部的青年男子学堂；ἐπὶ διετὲς ἡβῆσαι这一表达法就是从中而来的，既指该词公民意义上所言的青年男子，亦即年纪达到18岁，又如这些词所指称的，指达到了hêbê；简而言之，就是指两年之后就成了青年男子。拉巴尔布很好地证明了前者的青年男子学堂是专为coureion献祭而设的，指年纪达到16岁，就要祭牲且割献自己的头发。我要补充一点的是，至少在某种情况下，"德摩提奥尼得斯规章"[④]让我们了解到，要被纳入胞族内部，只能在割献自己的头发之后过一年的潜在期后才行。

这种祭仪是在Couréôtis的时候举行的，也就是说要到伊奥尼亚世界的大型胞族节日阿帕图里亚节的第3日才举行，该节日至少要到Pyanepsion(10月)才举办，该月会举行一连串的节日，尤其是让梅尔对这些节日都有过出色的描述，比如年轻人在季节好的时候干完农活后返回的那些节日。

正是在穷本溯源地研究阿帕图里亚节的神话时，我才对该项

---

① 140–144。
② 145–148。
③ "剃头铺"(Koureion)；关于επι διετες ηβησαι的意义，可参阅J.Labarbe，《海军法律》，pp.65–67，与C.Pélékidis，《青年男子学堂》，pp.51–60。
④ 《综论》，921, 27–28。

研究的对象进行了反思。

该神话自公元前5世纪起一直到普赛洛斯(Psellos)和采采斯(Tzetzès)①的时代，都有无数文本提到过它，当然，他们也只不过是在重复引述这些更古老的资料而已。总体而言，它们并非具有很大史料价值和文学价值的文本。除了保撒尼阿斯和斯特拉彭(Strabon)②对此所作的影射之外，我们还在奥古斯都时代生平不明的神话编纂家科农(Conon)，在波里安(Polyen)，在弗隆坦(Frontin)的作品里都找到了我们的这个神话。此外，评注和词典的条目里也都有。③就这些文本的状态而言，完全不可能区别何者是古代的版本，何者是晚近的版本，也不可能把神话的来龙去脉写清楚。所以我会对几个主要的变体做一下清理工作，来讲一下历史。

我们现在阿提卡-波奥提亚的边境地区，置身于穷乡僻壤的边界(eschatia)，这儿是"世界的尽头"，山峦林立，位处希腊几个城邦交界处，邦与邦之间的关系都不佳，这儿是猎手和

① 普赛洛斯(1018–1078?)，拜占庭僧侣、作家、哲学家、政治家、史学家；采采斯(1110–1185?)，拜占庭语法学家和诗人。——译注
② 斯特拉彭(公元前64–公元25?年)，古希腊地理学家。——译注
③ 下面就是提到神话的资料来源的清单，当然可以说还不完整：Hellanicos, F.Gr.Hist., 4, 125(325a, 23)=Schol. T。柏拉图，《会饮》，208d; Éphore, F.Gr.Hist., 70, 22=Harpokration, s.v. Apatouria; Conon, 《叙述》(*Narrations*), F.Gr.Hist., 26, 39; Strab., IX, 393; Frontin, 《策略》(*Stratagèmes*), II, 5, 41; Polyen, 《策略》(*Stratagèmes*), I, 19; Justin, II, 6, 16–21; 保撒尼阿斯, II, 18–19, IX, 5, 16; Eusèbe, 《编年史》(*Chronique*), p.56(Schoene); Jean d'Antioche, Fr.Hist.Gr., IV, 539, 19; Proclus, 《蒂迈欧评注》(*Comm. au Timée*), 27e, 88, II(Diels); Nonnos, 《酒神节》(*Dionysiaques*), XXVII, 301–308; Apostolios, 《希腊谚语》(*Paroem. gr.*), III, p.294(Leutsch); Psellos, 《实名论》(*De Act. nomin.*), in Migne, P.G., 122, p.1018; Tzetzes, 《阿里斯托芬"蛙"评注》(*Comm. à Aristoph. Gren.*), 798, éd., W.J.W.Koster, IV, 3, pp.907–909, Lycoph., 776; 《大词源论》, s.vv. Apatouria, Kouréôtis; 《塞吉拉词典》(*Lexicon Seguieranum*), in Bekker, Anecd. graec., I, pp.416–417; 《埃琉斯·阿里斯提德评注》(*Schol. Aelius Aristide*), III, p.111(Dindorf); 阿里斯托芬评注, 《阿卡奈人》, 146, 《和平》890; 《苏达辞书》, p.265、350、451、458(Adler); Georges le Syncelle, ap. Mueller, Fr.Hist.Gr., IV, p.539; 该文档最近由F.J.Fernandez Nieto汇集且评注，见《战争回忆录》(*Acuerdos belicos*), II, n°3, pp.15–20。

牧羊人的地盘，纷争经久不断，①这些边境地区对各希腊城邦而言都有存在的必要，可以让年轻士兵到这儿来打仗，布莱利希（A.Brelich）认为这些战斗都具有仪式化的特征。②其中一次冲突是在雅典人和波奥提亚人之间爆发的。有时是为了争夺奥诺俄和帕纳克通，有时又是为了争夺美拉奈（边境的一个区）。据欧乌阿雷里奥斯（Harpocration）所引，厄福洛斯（Éphore）说冲突是ὑπὲρ τῆς Μελανίας χώρας。关于帕纳克通，我只是注意到每逢阿帕图里亚节举办时，那儿都会有一年一度的献祭活动。③从波奥提亚那一方来看，国王克桑托斯又名克桑提奥斯，即金发之意；而雅典这一方，国王叫做提摩伊忒斯，是忒修斯（Thesée）这一脉的最后一位国王。两人决定通过monomachia的方式，即单挑来最终了结这个问题，但提摩伊忒斯又临阵退缩了（因为他太老了，阿里斯托芬一剧《和平》的评注者及埃琉斯·阿里斯提德的评注者都是这么说的）。据某些文本所言，又有一位支持者为了继任国王的这个诺言来到了雅典阵营，此人就是美兰托斯（或称美兰提奥斯）。于是，黑发人与金发人打了起来。

战斗正酣之际，美兰托斯猛然叫了起来："克桑托斯，你丝毫不遵守比赛的规则，竟有人前来襄助与你。"惊讶之余的克桑托斯遂转身查看，于是美兰托斯趁此时机，把他给杀了。那到底发生了什么事呢？各种文本有各式各样的说法。有的（波里安、弗隆坦）说这纯粹是诡计，哈利代（Halliday）④把这故事和马克·吐温笔下的汤姆·索亚作了比较，后者叫道："看你后边，姑姑"，从而避开了抽来的皮鞭，因他姑姑执意要抽他；另一则文本（《塞吉拉词典》）说美兰托斯是在向欺骗之神宙斯（Zeus Apaténor）恳求；而大部分文本都

---

① 参阅L.Robert，《莱斯博斯》（*Lesbos*），pp.304–305。
② A.Brelich，《战争，不育》（*Guerre, Agoni*）。
③ 《综论》，485，很有可能经过了修复。
④ "克桑托斯–美兰托斯"（Xanthos–Melanthos），p.179。

提到了狄俄尼索斯，把他说成是晚间出没的披着黑山羊皮的狄俄尼索斯，νυκτερινὸς καὶ μελάναιγις，普鲁塔克指的似乎就是这个，该神话在这个边境地区应该是糅合了对解放者宙斯(Eleuthère)的信仰。之后，得胜的美兰托斯就当了雅典的国王。[①]

　　无论何种情况，我们都可以通过追根溯源的文字游戏来对阿帕图里亚节作出解释。该节日是为了纪念这个apatê，即这次诡计的，把它说成是狄俄尼索斯、宙斯或美兰托斯的诡计都行，[②]虽然《阿卡奈人》的评注家(以及《苏达辞书》所遵循的那位语法学家)从该词中认出了一种差不多算是褒义的解释：Ἀπατούρια = Ὁμοπατόρια。我们认为Ἀπατούρια的首字母α是个系辞(Copulativum)，所以阿帕图里亚节就是指那些拥有共同父亲的人的节日，换言之也就是胞族的节日。

　　自然，很久以来，就有人一直尝试着去阐释这个神话。当然，首先是历史范畴内的解释。自托普弗(J.Toepffer)的《阿提卡谱系》(Attische Genealogie)[③]一书出版以来，这样的著作就相继推了出来，直到雅各比(F. Jacoby)对雅典诸历史学家所作的出色评注为止。他们认为可以将美兰托斯视作历史人物。美兰托斯是内莱乌斯的后裔(Néléide)，是科德洛斯的父亲，此君由于另一个诡计(假扮成农民)，成功地让自己被敌人所杀，从而应验神谕，拯救了雅典。美兰托斯也是墨东一脉(Médontides)胞族的"祖先"。还有人尝试确定该故事诞生的日期。威拉莫维茨在1886年写道，不会发生在公元前508年之前，因为阿提卡与波奥提亚之间的边界只是到了这一

157

---

① 《会饮问题集》，692c；《苏达辞书》，见"黑色"(Melas)条目，p.350 Adler。
② 这儿还不仅仅是追根溯源的文字游戏。正如P. Schmitt所表明的，保撒尼阿斯有一份证言，说在特洛伊岑(Trézène)海域内的斯法利亚岛(île de Sphaeria)上，有一座阿帕图里亚节的雅典娜神庙，在少女参加秘密祭仪的过程当中起着重要的作用。Apatê "本源"的意思是指波塞冬和忒修斯之母雅典娜的结合(参阅保撒尼阿斯，II, 33, 与P. Schmitt，"阿帕图里亚节的雅典娜"[Athéna Apatouria])。
③ 《阿提卡谱系》，pp.225–241。

年才固定下来。①雅各比并不否认这则故事的神话特性，但也承认故事也有可能源于边境地区的一场小冲突。②

　　然而，在曼哈特（Mannhardt）、弗雷泽，甚或简·哈里森（Jane Harrison）的思想形式框架内，第一个尝试从整体上作出神话解释的乃是乌瑟纳（H.Usener）。③他的观察是，这场战斗是发生在黑发人和金发人之间的战斗。某些古代作者也感受到了这一点。因此，波里安引用了或者说发明了发生于交锋之前的那个神谕：τῷ Ξάνθῳ τεύξας ὁ Μέλας φόνον ἔσχε Μελαίνας。在策划了谋刺金发人的事件之后，黑发人便夺取了Mélanai，即黑色的国度。因此，乌瑟纳使这场战斗有了形象化的呈现方式，即认为它是冬与夏之间的仪式化的战斗。这种阐释尤其得到了法内尔（Farnell）、库克（Cook）、罗斯（H.J.Rose）及其他作者的欢迎，④但根本没有解释需要解释的东西：这场战斗同阿帕图里亚节之间的关系。当尼尔森（Nilsson）用相同理论的变体，使同狄俄尼索斯信仰相连的agôn⑤成了某种悲剧的最初形式时，也是一样。⑥很久之后，亨利·让梅尔才会给出一种截然不同的神话阐释。⑦他认为本质上而言，美兰托斯和克桑托斯的战斗就是马上比武的仪式，或许后面还会跟着仪式队列（美兰托斯的名字被保撒尼阿斯替换成了仪式队列长安德洛彭波斯），经由这种仪式队列，王权的候选人就可确立其对领土的掌控权。事实上，根据普鲁塔克的说法，⑧埃涅斯的国王菲弥俄斯

---

① "奥罗珀斯"（Oropos），p.112, n.2。
② F.Gr.Hist., IIIb, II, p.50。
③ "神的同义词"（Göttliche Synonyme），pp.365–369。乌瑟纳遵循的是E. Maas的观点，见后者的"关于托普弗"（Compte rendu Toepffer），n.2与3；亦可参阅乌瑟纳，"神圣的行为"（Heilige Handlung），pp.301–313。
④ L.R.Farnell，"狄俄尼索斯"（Dionysia）；《信仰》（Cults），pp.130–131, 134–136，此种阐释和下文所说的Nilsson的观点也颇为相近；A.Cook，《宙斯》（Zeus），I，p.689；H.J.Rose，《手册》（Handbook），pp.131–133。
⑤ agôn意为"运动会；竞技场"。——译注
⑥ "起源"（Ursprung），pp.674–677。
⑦ 《船底涂层》，pp.382–383。亦可参阅Y. Garlan，《战争》，pp.15–17。
⑧ 《希腊问题》（Questions grecques），13, 294bc。

就是在伊那柯斯谷确立其权利的, 他所用的方式完全一样, 决斗时也几乎像我们一样用了apatê。我们还想到了雅典人和米提列涅人的西吉昂战役期间, 皮塔库斯与弗吕农之间的那种颇具传奇色彩的著名决斗。[①]

只是, 就我所知, 布莱利希在我引用过的那本著作里花了几页篇幅, 意图对该神话和阿帕图里亚节这一胞族的节日之间有可能存在的关系作出解释, 青年男子都会参加这个节日, 在胞族的内部祭献上自己的头发。他特别强调了年轻人在边境地区发生战斗的频率, 并说Agenéios(无须的)狄俄尼索斯就是披黑山羊皮的狄俄尼索斯, 他在其他地方都被叫作hêbôn(少年); 但他没进一步发挥这个解释。[②]

就我个人而言, 他所作的解释中, 有三个事实吸引了我的注意力。

1. 故事中边境的所在地与雅典青年男子的边境所在地相符, 他们的誓词中就证实了存在祖国的界碑。

2. 故事中实施apatê的地方。从某种意义上说向模范青年男子所建议的行为与他们誓词中要求其所遵守的行为, 怎么会截然不同? 一方面, 是单挑和诡计, 另一方面, 是重装步兵和正大光明的战斗。或许对荷马史诗的读者而言, 美兰托斯这个名字极富联想性。正如, 多隆是《伊利亚特》里诡计多端的坏蛋, [③]美兰提奥斯或美兰托在《奥德赛》里则是忘恩负义的牧羊人, 他的姊妹美兰托也是个忘恩负义的女仆。[④]他们的父亲名叫多利俄斯, 鬼点子也很

159

---

① 资料来源见Ed. Will,《科林斯人》(*Korinthiaka*), pp.381–383。
② 《战争, 不育》, pp.56–59。Marie Delcourt在《皮洛斯》(*Pyrrhos*)第18页的解释之所以根基不稳, 是因为用的资料不准确。
③ L.Gernet, "多隆" (Dolon); 参阅Annie Schnapp–Gourbeillon,《狮子》(*Lions*), pp.104–131与F. Lissarrague, "多隆" (Dolon)。
④ 参阅《奥德赛》, 陈中梅译, 其相对于美兰提俄斯、美兰托的译名是墨朗西俄斯、墨兰索。——译注

多。①

3. 最后, 我被这故事中黑色占主导地位惊到了: 美兰托斯这个名字, 某些文本所说的战斗发生的地方美拉奈(Mélanai), 都是指披黑山羊皮的狄俄尼索斯(Dionysos Mélanaigis)。然而, 神话故事中的这种颜色在雅典青年男子的生活中也有制度上的对应。至少在某些庄重的场合内, 青年男子都要着黑色的短披风, 到公元2世纪, 由于赫罗狄斯·阿提库斯(Hérode Atticus)的解囊相助, 短披风被一种白色的服装取而代之。②如此慷慨也就证明了这样的仪式是再也不会被包含在内了。解释过I.G.. II² 3606铭文的鲁塞尔以前曾表明这都是因为忒修斯这位杰出的青年男子在返回克里特时 "忘了" 撤160 换自己船上被视为纪念黑色短披风的那张帷子之故。③病因学并不是解释, 而乔治·汤姆逊(George Thomson)则解释说这种黑色的服装就像是遁居仪式上的装束。④

占主导地位的这种黑色有着某种极其独特的涵义。比如, 只需查看一下由拉德克(G.Radke)⑤认真完成的目录, 就能发现在庆祝青年人加入社团的节日期间, 黑色竟然在仪式上大获全胜, 这一点着实令人震惊不已。

---

① 美兰托斯, 多利俄斯之子,《奥德赛》, XVII, 212; XXII, 159; 美兰托, 多利俄斯之女,《奥德赛》, XVIII, 322。但多利俄斯本人也是莱耳忒斯的老仆人, 是一个令人同情的人物(参阅《奥德赛》, XXIV, 222, 387, 397及以下)。

② 该观点受到了P.G.Maxwell-Stuart的辩驳,《黑色披风》, pp.113–115。他试图减弱Philostrate(《智术师生平》, II, 550)的证言的重要性, 照他的说法, 青年男子只有在参加公民大会和公共游行时才会穿黑色短披风。但他的论证并不成功, 因为尽管他也熟悉我所认为的P. Roussel的那篇关键性文章, 还在随后的注疏中作了引用, 但Maxwell-Stuart仍坚持认为向赫罗得斯·阿提科斯的慷慨致以敬意的I.G. II² 1132的铭文指的是后者的父亲克劳狄乌斯·阿提库斯(Claudius Atticus), 而赫罗狄斯是完成了乃父的心愿。然而, 在这篇 "埃勾斯之儿忘却了他的父亲" (λήθην πάτρος Αἰγείδεω)的文本中, 说的乃是忒修斯。另一方面, 根本无法证明这段铭文是在影射艾琉西斯的神话(Mystère d'Éleusis)。反之, 在注意到对我的批评所作的两个重要评论后, 我就删除了我的 "黑色" 文档中我对之阐释得很糟糕的色诺芬的文本(《希腊史》, I, 7, 8), 以及被我曲解的花瓶上的证言。

③ "黑色短披风" (Chlamydes noirs)。

④ 《埃斯库罗斯》(Aeschylus), p.107。

⑤ 《颜色》(Farbe)。

为了试着更好地提出这些问题,我会迂回至一个经常被拿来与阿提卡的青年男子学堂相比的,而且从某些方面看,尽管涉及到的是数量远少得多的青年人,但的确是与之相平行的制度:那就是拉凯代蒙人的武备训练。我们知道,那些让我们了解该制度的资料,其来源数量并不多。①

武备训练或许是为进入军事生活作前期的准备工作,给柏拉图作注的那位评注家就是这么明确地说;这样的训练也可与雅典的péripoloi所受的训练相比,上个世纪,科奇力(Koechly)以及更坚持这种看法的瓦克斯穆斯(Wachsmuth)就已经有过这样的推断,后者说得很清楚,即这种军事学徒采取的是逐猎希洛人的这一独特形式。②

自1913年起,亨利·让梅尔刊登在《希腊研究杂志》(Revue des études grecques)上的那篇令人肃然起敬的文章借助于同非洲各个社会相比较,从而表明了武备训练的基本特点(某些进入青春期的年轻人团体被强迫隔离开来,如在穷乡僻壤生活,以希洛人当牺牲品的杀戮行为)都能在黑非洲的秘密入会仪式和秘密社团(狼人、豹人)中找到。那么,在这种情况下,武备训练的军事职能又是什么呢?让梅尔的回答直截了当:"斯巴达的整个军事史都是在反对让斯巴达的重装步兵在荆棘丛里匍匐前行,攀登岩石和高墙这样的理念。"他还不无幽默地补充道,如果晚上去山里住几天这样的武备训练确实是在为进入军事生活而作训练的话,那在温泉关战役期间,厄菲阿尔忒斯(Éphialtès)小径应该就能

161

---

① 柏拉图,《法义》,I, 633b,及针对该文本所作的那些极其重要的评注;赫拉克利特,见Fr.Hist.Gr., II, 210;普鲁塔克,《吕库古》,28。在公元前3世纪的斯巴达,克列欧美涅斯(Cléomène)当政时期,达摩提勒斯(Damotélès)是武备训练的校长,也就是说是奉命设伏的支队队长(普鲁塔克,《克列欧美涅斯》,28)。
② Koechly,《武备训练》(Cryptia);W.Wachsmuth,《古代文化研究》(Alterthumskunde), I, p.462, II, p.304。将自由的、更少"路易·菲利普式的"、"共和国之父"的阐释同军事上的阐释作一番比较,还是很有意思的:H.Wallon,《武备训练》。照他们的眼里看来,武备训练本质上就是警察机构。

被认出来，受到保护。[①]

我认为让梅尔既说得很有道理，也说得大错特错。他没发现的是，武备训练并非与重装步兵的生活无关；它是一个既与重装步兵制度对称的制度，也是与之相反的制度。事实上，我们要竖起一幅画，画上的内容都是那些资料来源告诉我们的。重装步兵从头到脚都是武装着的，这点和武备学员相反，后者是gymnos，也就是说没有武器（这是柏拉图的评注），或者说只有一把小匕首（普鲁塔克语）。方阵里的成员都和小团体里单个的人或活着的人相反；年轻人要在山上奔跑，在平原上打仗；武学员要在隆冬时节操练（柏拉图语），这点和重装步兵相左，后者只是在季节好的时候，也就是修昔底德说的夏季，才当战士；重装步兵会设计搞刺杀，这一点同提尔泰奥斯忠心耿耿、大肆赞扬的战士相对立；年轻人只在夜间活动，打仗者都得趁着白天。这位评注家告诉我们，武备学员用早餐的时候都是碰到什么吃什么，很有可能他们也没时间来做菜，尤其是重装步兵都会用共餐（Syssitie）。最后还要补充一点的是，武备学员经常会去那些某种意义上说已变成敌方领土的边境地区，因为有一种可与罗马传令祭司的仪式相类的仪式，监察官们会向希洛人宣战。[②]

简言之，在重装步兵这一边，一切都讲究阵势，即taxis；[③]在武备学员这一边，一切都要动计谋，即apatê，讲的是混乱，无理性。用列维–斯特劳斯（Lévi Strauss）的话来说，我觉得重装步兵是在文化这一侧，在熟食这一侧，而武备学员则在自然这一侧，在生食这一

---

① "武备训练"，p.142。
② 普鲁塔克，《吕库古》，28, 7。如需了解此种传统这一重要特点的防御性质，可参阅 M.I.Finley, "斯巴达"（Sparta），p.147。
③ 当然，我在这儿只是着重于呈现；正如N.Loraux（参阅"美丽的死亡"）所说的，斯巴达重装步兵的社会实践要更复杂。

侧, 不过这个 "自然", "野蛮的" 特性本身也是组织好的。[①]这就是我们所能引申出来的评论。在克里特, 年轻人的agélai, 也就是 "他们放牧的畜群", 此处引用的是尚特兰(P.Chantraine)对该词的解释, [②]则是与hétaireiai, 即成年手工行会会员相对立。我们还可以继续进行对比, 但只需表明武备训练通过倒置的做法, 对列维—斯特劳斯所谓的逻辑的倒置, 即到那时候斯巴达的年轻精英都会最终抛弃童年的生活, 作夸大化处理就够了。

在《极性与相类》(*Polarity and Analogy*)这部著作中, 利奥德出色地证明了极性原则在古典时代(époque archaïque)希腊思想家的推理过程中起了重要的作用。不过, 我认为该书的结论本可以轻易地扩展至古典化时代(époque classique)。[③]比如说, 如果不用极性这个概念的话, 该如何来理解修昔底德呢? 合理化的(gnômê)决策与偶然性(tychê)及清谈胜于行动相对立, 就像米利都人的宇宙论中热与冷或湿与干相对立一样。

我对此所作的建议, 就像大家已经了解的那样, 是不要再在以书的形式表现的思想中, 而是要在社会制度中, 去研究极性的各种标志。我在这儿并不是说 "思想" 和 "制度" 事实上是否是 "人类精神" 唯一的以及同样的现实这样的话, 就像列维—斯特劳斯所想的那样。

在我看来, 我们能将依据对武备训练分析所得的结果扩展开来, 作一番概括归纳。我认为, 我们应该承认在雅典以及在希腊世

---

① 参阅Cl.Lévi Strauss, "三角" (Triangle), 见《生食》(*cru*); N.Yalman, "生食" (Raw)。亦可参阅R.Jaulin,《莎拉之死》(*Mort Sara*), pp.40—119、141—171, 极其精辟地描述了该书作者 "加入" Tchad部落的过程。关于 "赤身" 战士与 "装备" 战士之间另一种类型的对立, 现在可参阅G. Dumézil,《神话与史诗》(*Mythe et Épopée*), I, pp.63—65。

② 《研究论文集》(*Études*), p.32。

③ 古典时代(époque archaïque)指公元前8世纪至前480年这段时间的古希腊; 古典化时代(époque classique)指公元前5世纪至前323年(亚历山大大帝驾崩)。其间的分水岭为公元前480年雅典战胜波斯的萨拉米斯战役。——译注

界的其他地区，在古老的制度一直保存到希腊化鼎盛时期的斯巴
达、克里特，童年到成年的过渡期，战争与婚姻的过渡期，在仪式
163　中和在神话中都被夸大化了，其所用的方式就是我们所谓的对称倒
置法。这种类型的许多事实都已经在根内普(Van Gennep)出版于
1909年的有关"过渡期仪式"的著作中研究过了。①

比如，我要提一下的是，在阿耳戈斯，女孩子都会在结婚场
合上戴胡子，在斯巴达，女孩结婚的时候，"会被交到一个所谓的
nympheutria的女人手中，她会给女孩剃平头，给她穿上男装和男
鞋，让她睡草褥，一个人睡，而且没有光亮。"②如果我们还记得希
罗多德的说法，③他说阿耳戈斯的成年人都应该刮光胡子，斯巴达成
年人会让头发疯长，那这些事实之间彻底的平行关系还是能一目了
然的。因此，这儿就有了双层的倒转。

但我们还是回到雅典，回到这些"回归的"节日上吧，它们都是
在皮阿内普西翁月(Pyanepsion)④举办的，青年男子在这些节日上起
到了重要的作用，对我们来说，这些节日确切地说到了见习期结束
时，会变得更有特点。很有可能是到了这个时刻，青年男子们都会到
阿格劳洛斯神洞(Aglaurion)里宣读那个有名的誓言，接受武器。

在距阿帕图里亚节很近的一个日期，即皮阿内普西翁月7号，会
举办经常得到研究的葡萄枝节(Oschophories)。⑤葡萄枝节所依凭的
起源神话确切地说就是忒修斯战胜弥诺陶洛斯后返家的故事，他
置身的是一个"悖论的"处境，虽因打了胜仗而满心欢喜，但父亲

---

① 《过渡期的仪式》(Rite de passage)。关于逻辑倒置的概念，必须参考列维–斯特
劳斯的著作；关于它在神话里，有时候在希腊伪历史的逻辑中有何作用，可参阅S.
Pembroke，"女性"。
② 普鲁塔克，《女性的美德》(Vertu des femmes)，245f，《吕库古》，15，5。
③ I，82。
④ Pyanepsion，为阿提卡阴历的4月，相当于公历10月下旬至11月上半月。——译注
⑤ 关于葡萄枝节，可参阅A.Mommsen，《节日》(Feste)，p.36，278–282；A.R. Van
der Loeff，"关于葡萄枝节"(De Oschophoriis)；L.Deubner，《节日》(Feste)，
pp.142–146；A.Severyns，《研究》(Recherches)，pp.243–254；H. Jeanmaire，《船底
涂层》，pp.346–347，524，588；F.Jacoby，F.Gr.Hist，IIIb I(1954)，pp.285–304，IIIb
II，pp.193–222；P. Faure，《洞穴》(Cavernes)，pp.170–172。

的死亡又让他悲不自胜。[①]我要说的是青年男子的短披风就是为了
纪念其父死亡而制做的。

　　我并没有去彻底分析与这个节日有关的、截然不同的传统，[②]而
是着重强调了某些遭忽略的事实。

　　1. 葡萄枝节中，有一个处于边缘地位的、边境地区的génos起
到了至关重要的作用，那是安顿在雅典的"萨拉米斯人"的génos。
正是这个génos让人扛着葡萄累累的葡萄枝，即Oschophores。[③]

　　2. 该节日首先会有parapompê，即带领雅典人前往坐落于法莱
隆的斯基拉斯人雅典娜（Athéna Skiras）神庙的仪式队列。Skiron这
个词指的是石灰岩土地，土质极差，都是灰泥。雅各比证明了[④]斯
基拉斯（Skiras）、斯基洛斯（Skiros）、斯基隆（Skiron）一般都指称边
远地带，曾经的或现在的边境地区。因此，斯基拉斯就是萨拉米斯
的称号，斯基隆坐落于雅典和麦加拉的古代边境地区等。前往斯基
拉斯人雅典娜神庙去的仪式队列由paides构成，领头的是两个扮成
女孩的男孩，即两名paides amphithaleis，[⑤]他们还扛着oschoi。普鲁
塔克对这种异装行为所作的解释是，在克里特由忒修斯带领的7名
"少女"中间，其实有两名男扮女装的男孩。[⑥]我不会在此触及被斯

164

---

① 普鲁塔克，《忒修斯》（*Thésée*），22, 4。
② F. Jacoby, 见他对Philochore的两篇残篇14–16所作的评论（F.Gr.Hist, IIIb I suppl.,
　pp.286–289），他将文本上的和词汇上的资料来源全都整合了起来。唯一一份重要
　的碑铭文献就是那份意义重大的铭文（公元前363年），它使我们有了一份能将萨拉
　米斯人génos的两个支系协调起来的文献，该铭文已出版，W.S.Ferguson对之作了
　详细注疏，见"萨拉米斯人"（Salaminioi）。现在还可参阅F. Sokolowski，《神圣的
　法律·附录》（*Lois sacrées. Suppl.*），nº19。（génos, 意为"氏族；种族"。——译注）
③ 参阅该铭文，上引，I, 49。这个génos还有"deipnohores"，即"扛食物者"，他们
　会在法莱隆（Phalère）举办节庆期间给"隐居的"年轻人提供吃食。亦可参阅M.P.
　Nilsson，"萨拉米斯人"（Salaminioi）。
④ F.Gr.Hist., IIIb II, pp.200–203。斯基拉斯人雅典娜神庙本身被说成是ἔξω τῆς πό-
　λεως, 即"城邦外"之意（《大词源论》，p.717,28）。
⑤ 这些词的本来意思是：父母双亲都健在的孩子，但在thallos, 即"小树枝"这个词
　的影响下，再加上受到像葡萄枝节这个节庆的影响，amphithalês已演化成了"带小
　树枝者"之意；参阅L.Robert，"Amphithalês"。（paide, 意为"学童"；oschoi, 意为
　"小树条；葡萄树枝"。——译注）
⑥ 参阅普鲁塔克，《忒修斯》，23，引用了古典化时代阿提卡史学家Démon; Proclus,
　《实用知识》（*Chrestomathie*）（见Phobius，《书目》[*Bibliothèque*], 239），88–
　91(Séveryns)。

基拉斯人雅典娜介入进来的节庆所提出的那些极难回答的问题：

165　我指的是葡萄枝节，但也指斯基拉(Skira)或Skirophoria。[1]传统的状态就是这样，所以很难在不同的节日中间分配那些证言。我只是注意到斯基拉斯人雅典娜似乎和异装习俗有重要的关联。在阿里斯托芬的《妇女公民大会》(*Assemblée des femmes*)[2]里，斯基拉节上的普拉克萨戈拉及其女朋友们决定女扮男装，戴上假胡须，其中一个女人的丈夫正好是萨拉米斯人。此外，普鲁塔克还叙述了[3]雅典人如何用男扮女装的方法攻占了萨拉米斯(又称斯基拉斯)，就是这件事"促使"在斯基拉狄翁(Skiradion)的海岬上每年举行一次庆典。

　　与parapompê和扛着oschoi的异装paides平行的是，葡萄枝节有跑步比赛，即青年男子的agôn或hamillos，关于这一点，对我们最

166　有帮助的是普洛克鲁斯(Proclus)，[4]他就从狄俄尼索斯神庙一直跑

---

① 这两个词均指公历6月中至7月中举办的"雅典娜节日"。——译注

② 18–25, 38；亦可参阅《蛙》，204。这些事实尚未被注意到。

③ 《梭伦》(*Solon*)，8–9。

④ Proclus，同上，91–92：Εἴπετο δὲ τοῖς νεανίαις ὅ χορὸς καὶ ἦδε τὰ μέλη, ἐξ ἑκάστης δὲ φυλῆς ἔφηβοι διημιλλῶντο πρὸς ἀλλήλους δρόμῳ。"合唱团跟着年轻人(仪式队列里有两名乔装打扮的男孩)，在这个场合中唱起了(葡萄枝节的)歌曲。每个部落的青年男子都会比赛谁跑得更快。"亦可参阅《毒与解毒剂评注》(*Schol. Nicandre. Alexipharmak.*)，109a, pp.69–70 Gaymonat。上引铭文，n.53，似乎就是在影射61–62行中的这项比赛(hamillos)："Génos的两个支系轮流祭献，为比赛做好准备。"文学传统则是不可救药的混乱。那些资料来源似乎至少将四个节日搞混了起来：葡萄枝节、斯基拉节、雅典娜节(les Skirophories)、地母节(les Thesmophories)。第一个和第四个节日都是皮阿诺普西翁月的节日(地母节是妇女节)。但斯基拉又是什么呢？阿里斯托德摩斯(Aristodémos)(F.Gr.Hist., 383, 9, 引自Athénée, II, 495e)，这位希腊化时代末期的波奥提亚作者将青年男子的比赛归于斯基拉节，和在葡萄枝节中一样，斯基拉斯人雅典娜也会介入该节日当中，我们则参照普洛克鲁斯的说法，则将这种竞赛归于葡萄枝节。如果斯基拉节如另外一篇文本(《阿里斯托芬"妇女公民大会"评注》[*Schol. Aristoph. Assemblée*])所言，就是斯基洛弗里翁月(Skirophorion)12号，亦即6月12日举办的这个节日，那就没法想象那些资料来源所说的竞跑者还得扛着结得成熟葡萄的葡萄枝奔跑这种做法！这就是为什么我没法同意F. Jacoby所写的内容(F.Gr.Hist., IIIb I, p.302)："我们的传统相当清晰，仪式队列得到葡萄枝节的证实，竞跑则得到了雅典娜节(les Skirophories)的确证"Skirophories节也就是Skira节，他在文中插入了普洛克鲁斯的一部分文本，认为澄清了上述的传统。在斯巴达存在着一种仪式化的竞跑比赛，和我们的文章中描写的内容极像，和竞跑者也得扛着葡萄的胞族节有关系，这更能支持我们在此所力挺的那个阐释。关于斯基拉节，大家可以读一下S.Dow和R.F.Healey，《日历》(*Calendar*)，pp.16–17, 33, 39–41, 44。不过，读该书的时候得小心，正如J et L. Robert所证明的那样，见《学报》，1963，n°217，还有其他作者也持此种看法，特别是J. Pouilloux和G. Roux。

到了法莱隆。在这项跑步比赛中，要么是每个部落的两名代表之间比试，要么是每个部落出两名代表，与其他部落互相比试。胜出者将饮Pentaploa，那是一种混合了油、葡萄酒、蜂蜜、奶酪和面粉的饮料。法莱隆的庆典里特别包含了遁居和共餐(deipnophorie)，回程时的kômos，[①]之后是奠酒，庆典结束后，便返回雅典。普鲁塔克告诉我们，传报者不会被戴上花环，但他的棍子会被套上花环：埃莱莱乌(Eleleu)这样的快乐的喊声与哀号声尤乌(Iou)、尤乌交替起伏，以纪念埃勾斯(Égée)之死。[②]

因而，葡萄枝节是建基于一系列反衬之上的。最明显的是男性与女性之间的对立。仪式队列中就有反衬，但有男扮女装男孩的仪式队列和青年男子的竞跑也是对立的。

因为，竞跑特别具有男性气概。在克里特，dromeus，就是指成年人；[③]从童年的agéla出来，变为成人，在拉托(Latô)就被叫作ἐγδραμεῖν = "奔跑外出"。[④]拜占庭的阿里斯托芬[⑤]告诉我们，[⑥]apodromos是指尚未参加公共竞跑的少男。而且，葡萄枝节的竞跑也与拉凯代蒙的卡尔内亚节(Karneia，[⑦]胞族节)上的扛葡萄竞跑(Staphylodromies)呈平行关系，届时，每个部落五名未婚青年男子会参加这场比赛。[⑧]

---

① kômos，意为庆祝酒神节一类的节日，或为祝贺竞技获胜者而举行的载歌载舞的狂欢。——译注
② Aristodémos，同上；Proclus，同上；普鲁塔克，《忒修斯》，22。
③ 参阅，R.F. Willetts，《贵族社会》(*Aristocratic Society*)，pp.11–14。(Dromeus，意为"奔跑者"。希腊语是δρομευς。——译注)
④ 《克里特铭文》(*Inscr. Cret.*)，I，XVI(Latô)，5，21。
⑤ 拜占庭的阿里斯托芬(Aristophane de Byzance；公元前257—前180年)，古希腊语法学家、批评家。拜占庭为色雷斯的首府，坐落于如今伊斯坦布尔一侧博斯普鲁斯海峡的入海口处。——译注
⑥ "克里特人把青年男子叫作apodromoi，因为他们尚未参加竞跑"(Eustathe，《伊利亚特评注》[*Commentaire de l'Iliade*]，1592–58)；参阅R.F.Willetts，《贵族社会》，同上。
⑦ 卡尔内亚(Karneia)，为阿波罗的别称之一，卡尔内亚节即为庆祝阿波罗的节日，在公历8月下半月至9月上半月举行。——译注
⑧ 资料来源均由J.E. Harrison汇集，见《忒弥斯》(*Themis*)，p.234。

最后，快乐与悲哀相对立，正如普鲁塔克在一篇文本中所说的，我认为人们将该阐释视为后出的看法是错误的。

此外，有一个众所周知的事实，即我们在葡萄枝节的仪式
167　队列中遇到的男扮女装这个例子，对古希腊社会，和对其他社会而言，都是一种使年轻人进入成年及婚姻年龄的夸张的做法。在希腊神话中，经典的例子有斯基洛斯的阿喀琉斯，他假扮成少女，但一看到武器就原形毕露。[①]然而，我们仍会认为重要的并非异装的性质，而是它所突出的那种反衬。譬如，亮–暗之间的对立也颇为意味深长。尚未成年的年轻人有时会被叫作skotioi(暗)，[②]而葡萄枝节的neaniai都是eskiatraphoménoi(在暗中养育)。[③]在克里特，加入成年阶层的仪典似乎在马拉(Malla)和德雷洛斯(Dréros)都有，举行过裸身仪式之后，才会将重装步兵的武器交由他们。参加加入守夜仪式的年轻人在德雷洛斯都是azôstoi("没有武器"，这是赫苏基奥斯[Hésychius][④]的解释)，是panazôstoi(完全没有武器)，在马拉和德雷洛斯都叫作egdyoménoi，[⑤]也就是衣不蔽体者(就没有武器的意义上来理解)。同样，在法埃斯托斯(Phaestos)还有脱衣节(Ekdysia)，源于女孩变成男孩的一则故事，这样就在女孩–男孩及赤身–武装之间

---

①　参阅H.Jeanmaire，《船底涂层》，pp.354–355；M.Delcourt，《双性人》(*Hermaphrodite*)，pp.5–27，里面搜集了大量例证；亦可参阅B. Bettelheim，《伤痕》(*blessures*)，pp.132–148。

②　《欧里庇得斯"阿尔刻提斯"评注》(*Scholies d'Euripide, Alceste*)，489。

③　普鲁塔克，《忒修斯》，23, 3；Proclus，同上，89。我们还会提及诸如泛雅典娜节(Panathénées)的守夜(Pannychis)之类的节日就同时既是夜间的节庆，又是专为年轻人而设的(参阅欧里庇得斯，《赫拉克利得斯》，780–783)；亦可参阅希罗多德提到的仪式(III, 48)，P. Schmitt也对之作过研究，见《僭主史》(*Histoire de tyran*)，pp.226–227。

④　米利都的赫苏基奥斯，公元6世纪的史学家、传记作家，用希腊语写作。——译注

⑤　参阅《克里特铭文》，I, IX(Dréros), 1, 11–12, 99–100, XIX(Malla), 1, 18，M. Guarducci评注，p.87；参阅E.Schwyzer，"Eid"；H. Van Effenterre，《誓词》(*Serment*)。

建立了关联。[①]

　　年轻男子在将要变为成年人时性倒错的经历毋庸置疑与直至现在所分析的那些事实都有关系，最后提及这一点或许并非无用。只要提到厄福洛斯[②]关于克里特年轻人harpagê的那篇著名文本就足够了，那年轻人的情人带着他在田野上生活了两个月，狩猎，休息。回到城里后，年轻人拿到了武器，使自己成了一名重装步兵。

　　现在，我要来讲一下狩猎这个主题，狩猎出现在这篇文章和这本书的题目中，仍有待我去解释，如果可能的话，我还要说明为什么要去取这样一个名字。

　　正如尚特兰所说，[③]狩猎基本上是和agros相关的，也就是说是和耕田之外的地区，与希腊诸城邦接壤处的eschatiai[④]相关。柏拉图笔下的青年男子，叫作agronomos，即负责保卫边境地区之意。[⑤]此外，狩猎也是英雄们的活动，它们是青年男子的榜样，以至于奥特(F.Orth)在保利–维索瓦百科全书(Pauly–Wissowa)里那篇叫作《狩猎》(Jagd)的文章里写道，[⑥]所有的英雄不言而喻都是狩猎者，而狩猎者也都是英雄。从某种意义上说，狩猎完全在蛮子、生食、

---

① 参阅Anton. Lib.，《变形记》(*Métamorphoses*)，17，M. Papathomopoulos评注，见C.U.F.版；参阅R.F.Willetts，《克里特的宗教信仰》(*Cretan Cults*)，pp.175–178。

② F.Gr.Hist.，70，149，见Strabon，10，483。

③ 《研究论文集》，p.40及以下。

④ Eschatiai, 意为"边界，边境"。——译注

⑤ 《法义》，VI，760e–761a。

⑥ C. 559。关于古典希腊时代的狩猎，主要的成就仍旧是O.Manns，《狩猎》。J. Aymard的简论《罗马的狩猎》(*Chasses romaines*)，也包含了一些关于希腊世纪的信息。也可参阅A.Brelich，*Eroi*(索引，见"狩猎"[Caccia])。我在第一次发表这篇文章时，没注意到K.Kerényi的文章"狩猎神"(Dio Cacciatore)，该文提出了几个与此处论及的内容相近的问题。1973年12月，Alain Schnapp的论文《再现》(*Représentation*)更新了这个问题。可参阅他在论文出版期间写的文章"想象狩猎"(Immagini di caccia)，以及A.Brelich的《少男》(*Paides*)，pp.198–199，及H.W. Pleket颇具启发性的论文"同业公会法人团体"(Collegium)。

夜晚一侧①——拉凯代蒙武备学员的技艺就是狩猎的技艺，但这只是从一种意义上而言的，因为必须立即引入差别。

我会从柏拉图那篇众所周知的文章开始讲起，一直讲到《法义》中论教育的那部分②为止。按照《智术师》里所认定的那种技巧，柏拉图会引入一系列差别。每一次，他都会指出左侧，亦即恶的那一侧，还有右侧。因为钓鱼要用到渔网，所以整个就属于左侧。故而，我仅限于论述狩猎与捕获（θήϱεναῖς τε καὶ ἄγϱα）走兽。但还有一个明显的差异：我将把夜间狩猎排除出去，因为那种狩猎要用到网和陷阱。可以说，只有同骑兵及重装步兵的士气相符合的狩猎才是可行的狩猎（不过，捕鸟在耕田之外的地区和山区也受到了容忍，ἐν ἀγϱοῖς καὶ ὄϱεσιν）那就是围猎或投枪捕猎，这样的狩猎都要用到自己的双手。"但夜间狩猎只能信任捕兽网和陷阱，根本没人会去这样狩猎……"

当然，在面对这样一篇文本，也必须考虑柏拉图的二分法技巧和他内在的道德观。或许，还应该考虑品达的道德观，他曾提到阿喀琉斯没带狗、没使诡计、没用兽网就杀死了雄鹿，因为他边跑边控制住了它们，③而这就让我们想到了克里特的dromeus。

事实上，有好几篇文本将不用兽网、而用投枪、白天狩猎有时会集体出动、属于重装步兵伦理范围内的成年人狩猎，与基本上使用兽网的少年狩猎、夜间狩猎、黑色狩猎，对立了起来。集体捕猎的英雄原型，当然就是卡鲁东（Calydon）的狩猎，是对那头黑色野猪的狩猎。然而，正像有人说的："使用捕兽网并未出现于与卡鲁东

① 在重装步兵与弓箭手之间比较哪个更有美德的那场有名的争论中（欧里庇得斯，《赫拉克勒斯》，153-158），弓箭手被贬低为打猎野兽之辈。
② 《法义》，VI, 822d-824a。
③ 《涅米森林里的女狩猎者》（Néméennes），III, 51及以下。

169

的野猪相关的可塑性颇强的传说中",[①]当然,也未出现在文学传统中。因为其中涉及到了许多希腊英雄的狩猎。同样,赫格桑德洛斯(Hégésandros)[②]所说的马其顿的习俗表明了在没用捕兽网杀死一头野猪之前,不准休息和用晚餐。可怜的卡珊德拉尽管是个优秀的猎手,但仍应该等到35岁才能享受这样的好处。我们的阐释是:一个年轻人若是没有什么出色的成绩,是无法完全参与许多古希腊社会以之为特色的共餐活动的。

在斯巴达,我注意到有两个特点,表明狩猎整合入重装步兵伦理的程度有多深。根据普鲁塔克的说法,[③]所有参与共餐的人如果要祭祀的话都应该在共餐桌上放上初次捕获的猎获物,如果刚打过猎,就要交上一部分野物。如果祭司或狩猎结束得很晚,就有权在自己家用晚餐,但其他人也必须(以某种方式)在场: τοὺς δ ἄλλους ἔδει παρεῖναι。色诺芬从自己的角度出发对我们说,[④]猎狗与马均需共用,未使用的粮草应该藏在指定的地方,以便后来的狩猎者取用。

面对这些英雄业绩和这些集体的实践行为,独自狩猎和用网狩猎就经常显得像是小孩子的把戏了。

文献相当多。诚然,有一些是极晚近的文本。未婚和拒绝结婚的年轻人的原型希波吕托斯(Hippolyte),根据奥皮亚诺斯(Oppien)[⑤]的说法,乃是捕兽网的发明者。令年轻的菲利奥斯(Philios)[⑥]印象深刻的第一次经历,就是手无寸铁地宰了一头狮子;

---

① 参阅P.Chantraine,《研究论文集》,pp.64–65,其观点建基于P. de la Coste-Messelière的《德尔斐博物馆》(Musée de Delphes),pp.130–152。

② 《阿忒那奥斯》(Athénée),I,18a。(赫格桑德洛斯,古希腊作家。——译注)

③ 《吕库古》,12,4。

④ 《斯巴达政制》(Rép. Lac.),6,3–4。

⑤ Oppien,《狩猎术》(Cynég.),2,25。(叙利亚的奥皮亚诺斯[Oppien de Syrie],公元前3世纪初人,生活于罗马的叙利亚地区,写过一些训诫诗及《狩猎术》。希波吕托斯,忒修斯之子。——译注)

⑥ Anton. Lib.《变形记》(Métamorph.),12。

他杀狮子的时候没用捕兽网，而是用了典型的apatê：把它给灌醉了。正是有着这样的考量，我们或许才能解释为什么在这一体现了科林斯技艺的名为"Olpè Chigi"[1]（朱利亚别墅[Villa Giulia]）的著名文献中，描绘蛮荒地带攀爬者的饰带与体现骑兵及队列齐整的重装步兵的饰带相对立的缘故。依据这些对立，我们就能理解《伊利亚特》里的奈斯托耳有两次出现在战事当中的原因：先是作为轻武装配备的年轻人，参加夜间劫掠母牛的行动，后成为成年人，配上了重装备。[2]

不过，我今天会借用的那些基础文献，讲的是希腊年轻人成为某个人物之前，在他生活中相续的各个阶段中，狩猎所起的作用，称之为人物还是挺适合的，因为明确地说，那时候他就是"黑色猎手"，即Mélaniôn。

在《吕西斯特拉忒》781–796行，老年人合唱团吟唱了下面这首歌：

171
"我要为你讲的这个故事，我孩提时起即已听过。有这样一个年轻人（néaniskos），也就是Mélaniôn，他为了躲避婚姻，逃入了沙漠（ἐς ἐρημίαν）。他居于群山间，亲自编织兽网捕猎野兔。他从未回过家，只因对女人厌恶至极。"

Mélaniôn是作为青年男子出现在此的，但从某种意义上说，如果这个青年男子是希波吕托斯这样的人的话，说不定会受到挫折，威拉莫维茨在其评注中就是这么看的。[3]仔细读一读这首歌，我们就能从中发现孤独猎手的神话故事传播甚广，这样的猎手忧郁、厌女、对阿耳忒弥斯[4]百般羞辱，有两次甚至突破了社会与性的行为

---

① Olpè Chigi为古希腊彩陶，由佚名艺术家创作于约公元前640年的科林斯。——译注
② 《伊利亚特》，XI，760–762，该文本由B.Bravo作了关键性的评注，见"劫掠"（Sulân）。
③ 《吕西斯特拉忒》，pp.169–170。
④ 阿耳忒弥斯，古希腊神话里的女猎神。——译注

规则。众所周知的此类人物有猎手俄里翁(Orion)，照奥皮亚诺斯的说法，恰好就是他发明了夜间狩猎。[①]

当然，也不应该固着于这一点上。那我们就来把这首歌放到它的神话背景当中去。

Mélaniôn的故事是和一位少女，阿耳卡狄亚的阿塔兰忒(Atalante)联系在一起的，此女乃是女猎手，也是跑步的行家里手。他们的传奇故事发生于离边境的山区很近的地方帕尔特尼奥斯(Parthénios)，坐落于阿耳戈利达(Argolida)与阿耳卡狄亚(Arcadie)之间。相距最近的村落，照保撒尼阿斯的说法，[②]叫作美兰盖亚(Mélangeia)。身为Mélaniôn的阿塔兰忒成长于山区，由一头阿耳忒弥斯豢养的熊喂大。欧里庇得斯说她因在社会上犯了错而遭到库普里斯的憎恨，这和Mélaniôn犯错倒是颇为相类。在泰奥格尼斯(Théognis)那里，她是这样的形象，"这位金发的阿塔兰忒行走于高耸的山巅之上，逃避着婚姻的欲望"。她是赫西俄德一篇残篇里步履轻捷的阿塔兰忒，从阿波罗多洛斯(Apollodore)的叙述来看，这位少女躲开了半人半马怪的好几次强奸企图。埃里亚努斯(Élien)从她身上只看到了童贞，就像阿里斯托芬的歌队从Mélaniôn身上只看到了对婚姻的逃避一样。根据阿波罗多洛斯的有名的叙述来看，回到家后，她向竞婚者发起了比赛跑步的挑战，这次竞跑，她做好了充分的准备。又有两次，她践踏了男性的世界。根据色诺芬的说法，Mélaniôn身为猎手，若才干出众，就能成为阿塔兰忒的夫婿。那些传播甚广的神话故事(阿波罗多洛斯)说他施行了女性的apatê(让阿芙洛狄忒的3只苹果相继掉落)，从而在

172

[①] 《狩猎术》，II, 28–29。俄里翁最初是野兽的毁灭者，是装备着大块青铜的杀手；参阅《奥德赛》，II, 572及以下；根据普鲁塔克(《论爱》[*Sur l'amour*], 757b)的说法，第一个"设陷阱捕兽"的猎手是阿瑞斯泰俄斯(Aristée)。(阿瑞斯泰俄斯是阿波罗之子，为农神。——译注)

[②] VIII, 6, 4。

竞跑中战胜了阿塔兰忒，牵到了她的手。在奥林匹亚的库普塞洛斯(Kypsélos)出土的盒子上都有对这两个人的描绘。①这两个人都参加了卡鲁东的狩猎，肯定是在他们还活着的时候。这对夫妻出现在了"弗朗索瓦花瓶"上，她呈亮色，他呈暗色，而一只白犬则正准备向一头黑色的野猪扑去。他们有一个儿子，名字很有特色，叫帕特诺帕尤斯(Parthénopaios)。②又有一次，他们违反了希腊的性行为规范，在宙斯和库贝莱(Cybèle)的神殿里交合。他们都被变成了狮子，因为当时认为狮子是不会交尾的。③

从某种意义上说，雅典的青年男子都是黑色猎手的衣钵传人。总之，黑色猎手就是受挫的青年男子，每逢转折关头，这样的青年男子就有可能会受挫。④大量的阿提卡花瓶表明年轻的男子都是和自己的狗一起出门的。或许它们以自己的方式提出了如何才能进入年轻人的生命当中去这个问题。

现在可以下结论了。从历史上来看，在古典和古典化时代的希腊，青年男子乃是重装步兵之前的阶段(pré-hoplite)，经由这个阶段，再加上过渡仪式所提供的戏剧化 的象征形式，他就成了重装步兵的对立面(anti-hoplite)，时而成了黑色，时而成了少女，时而又

---

① 欧里庇德斯，fr.530(Nauck²); Théognis, 1291-4; [赫西俄德], fr.73, 2; 76, 5, 20(Merkelabach-West); [Apollodore], III, 9, 2; Élien,《杂史》(Hist. Var.), XIII, 1; 色诺芬,《狩猎术》(Cynég.), I, 7; 泡撒尼阿斯, V, 19, 2。我们还可以找到关于阿塔兰忒的文学上的资料来源，比如W. Immerwahr的论文，《阿塔兰忒》(Atalanta)。C.M.Bowra的散论，"阿塔兰忒"，尽管主要是写史文朋的诗，但也颇富启发意义。往后，基础的文章是G. Arrigoni, "阿塔兰忒"; 也可参阅M.Detienne, "豹"(Panthère), pp.82-88、99-102、105-110。关于苹果的故事，可参阅J. Trumpf, "苹果"(Aepfel), p.20。

② Ανδρόπαις ανήρ, 意为"小男人"，这是埃斯库罗斯的说法，见《七将攻忒拜》(Sept), 544; 名字本身意为"在少女的脸上"。

③ Apollodore, III, 9, 2; 奥维德(Ovide),《变形记》(Métamorph.), 10, 560-567;《梵蒂冈的神话编写者》(Mythographe du Vatican), I, 39(Mai); Hygin,《童话故事》(Fables), 185; Servius,《埃涅阿斯纪评注》(Comm. à l'Én.), 3, 113。阿塔兰忒配偶的名字随资料来源的不同而有所相异。

④ 这种类型的神话人物总是会遭遇到所有那些拒绝如此过渡的人：这儿的研究主题尚未有人勘探过。

成了诡计多端的猎手。不管怎么说，像美兰托斯这样的神话成了其典范，也就没什么好吃惊了。[①]从技术层面上讲，青年男子都是配的轻装备，与重装步兵处于对立面能确保维持很长时间以来暗藏于地下的、先前的那些反重装步兵的战争形式，而到了伯罗奔尼撒战争和公元前4世纪的时候，这种形式又将敞露于光天化日之下。[②]边境地区的人，那些eschatiai，在其重装步兵誓词[③]中证明了祖国的各个边界，这些边界同耕田、小麦、大麦、橄榄树、葡萄树、无花果树均联系在一起。

173

推得再远的话，对青年男子学堂所作的这种分析或许可使我们对战争在希腊人的神话传统中究竟起何作用这一点进行反思。早在希腊和罗马的重装步兵改革之前很久，印欧人就已熟悉战争职能所具有的双层面向：秩序的面向，它终有一天会成为方阵和军团的秩序，还有无序以及个人建功立业的面向。[④]通过这种个人建功立业的行为本身，年轻的战士就能很快地证明自己，它当然属于fuor，属于Lyssa，属于celeritas，属于mênos，[⑤]而杜梅齐尔坚持这个观点也是有道理的。但爱尔兰库丘林(Cuchullain)[⑥]的丰功伟绩，使得他从边境返回时充满了艰难险阻，而这些丰功伟绩同样也是一些诡计，[⑦]同样，在李维(Tite-Live)的叙述中，贺拉斯也是巧施诡

---

① 在"菲罗克忒忒斯"(Philoctète)一文中，我尝试着依据此处汇集的资料，来证明我们能够说索福克勒斯的《菲罗克忒忒斯》也是讲青年男子的。
② 色诺芬在他专写战争和狩猎的那部书里花了很大的篇幅用象征性的方式出色地描述了此种演进过程。当他向年轻人和成年人推荐狩猎，认为这是一种为战争铺路的有效方式时，他是用论战的形式来反对重武装步兵的传统。整个这个论战的层面似乎丝毫没有被人所察觉。
③ 只有在这个限度之内，我才接受H.W. Pleket("同业公会法人团体"，p.294)关于青年男子是未来重装步兵的观点。关于青年男子的誓词与重装步兵的誓词，可参阅P. Siewert，"青年男子的誓词"(Ephebic Oath)。
④ 比如，可参阅G.Dumézil，《观念》(Idéologie)，pp.57–58。
⑤ 这4个词分别意为"狂暴"、"疯狂"、"迅疾"、"威猛"。——译注
⑥ 库丘林，凯尔特神话中半人半神的英雄。——译注
⑦ 参阅G.Dumézil，《贺拉斯》(Horace)，p.37，《层面》(Aspects)，p.23；亦可参阅F. Vian，"战争职能"(Fonction guerrière)。在罗马研究的领域里，J.-P. Morel的几项研究重新对年龄层级体系之内的juventus(青年)作了大量探析：参阅"对青春期的预见"(Pube praesenti)、"青年"(La Juventus)、"舞者"(Pantomimus)与"青年"(Jeunesse)。

计，打败了3个库里阿提乌斯人(Curiaces)，这样的功绩，希罗多德[①]在他的战争叙事中也给出了一个与之平行的独特的故事，在杜列亚(Thyréatide)的边境地区，300名斯巴达人与300名阿耳戈斯人角力。由此可见，年轻的贺拉斯可以说是"黑色猎手"的远亲吧。

174

---

① I, 68。

第三节 生食，希腊儿童与熟食*

我憎恨旅行

和那些探险者

——克劳德·列维–斯特劳斯

1724年，耶稣会教团的会士拉斐托(R.P.J.–F.Lafitau)在巴黎出版了一部著作《美洲野蛮人的风俗与初民时代的风俗之比较》(*Mœurs des sauvages amériquains comparées aux mœurs des premiers temps*)。[1]在这朴素的书名底下，关涉到了古典时代历史编纂学中某种类型的事件。这位出生于波尔多殷实的商人与银行家家庭的传教士，自1712至1717年间住在加拿大，与加尼耶(P. Garnier)比邻而居，后者是阿尔冈昆人、休伦人和易洛魁人(Iroquois)方面的行家。作为该领域的人种学家，拉斐托当然不是让西方征服者从中获得这些知识的第一个传教士，也非第一个欧洲人。反思伴随着发现，总之自16世纪起构建起来的人种学是研究野蛮人的社会的科学，面对由绵绵不绝的历史牵引而出的世界，野蛮人的社会被认为是固化不变的。拉斐托的独创性在其他地方。[2]莫米里亚诺概括得相当好，他写道他的书"向世界揭示了这样一种简单的真理，即希腊人以前也曾经是野蛮人"。[3]诚然，修昔底德也

177

---

* 发表于J. Le Goff与P.Nora，《创造历史》(*Faire de l'histoire*), III, Gallimard, Paris, 1974, pp.137–168。在该文翻译成英文时，Richard Gordon向我提出了极其宝贵的意见。

[1] 我会引用4卷本《风俗》(*Mœurs*)的第2版，见–12°。

[2] 特别参阅K.Kaspar，《印第安人》(*Indianer*)，及这篇论文中引用的那些作者，尤其是A. Van Gennep, "贡品" (Contributions)；M.Duchet的《人类学与历史》(*Anthropologie et histoire*)里的某些地方，p.14、15、72、99、101、105，尤其是"人种学论" (Discours ethnologique)，以及E.Lemay, "新世界" (Nouveau Monde)，及S. Pembroke, "家庭" (Family), pp.277–279。

[3] A. Momigliano，《研究论文集》(*Studies*), p.141。

差不多说过同样的话："有相当多的证据证明古希腊世界与如今的野蛮人世界都是一回事"（I, 6, 6），但我们都把这点给忘了，蒙田悲叹征服美洲所带来的后果，他时不时会地会和历史的相对主义走得很近，他写道："但愿如此崇高的征服成果落入亚历山大或那些古希腊人和古罗马人的手中，但愿如此变动不居的许许多多帝国和民族任由他们的手轻轻拂去野蛮人身上的戾气，为之开辟新的天地，增强且促进大自然产出的那些优良的种籽，只要有必要，不仅仅将彼处的技艺融入土地的耕作和城市的美化上面，还要将希腊和罗马的美德融入那片原始的国土"（III, 6）。拉斐托要比修昔底德走得更远，因为并不仅仅是希腊遥远的往昔与野蛮人的世界相遭遇，古典化时代的希腊也是如此。这位耶稣会神甫用自己的方式终结了古人与今人之间的争执。希腊人和罗马人，甚至以某种方式来讲，还有希伯来人，从某种意义上而言，希伯来人更为关键，但就文艺复兴及17世纪的学识教养来看，他们均已丧失了其所独有的文化上的优势。拉斐托以令人难以置信的大胆写道："我承认，如果古代作家能给予我光明，让我更为了解野蛮人的美好盛世，那野蛮人的习俗也能给予我光明，让我能够解释清楚古代作家身上的某些事情。"拉斐托据此完全采取了与人类学的另一位创建者，即西班牙耶稣会士何塞·德·阿科斯塔（José de Acosta）相对立的立场，后者是《印第安人自然与伦理史》（*Historia natural y moral de las Indias*）一书的作者，该书于1590年在塞维利亚出版，几乎立刻就被译成了法语和英语，对他而言，除了宗教上的因素之外，希腊-罗马世界仍旧是文明的准则。诚然，拉斐托身为博闻强识的传教士，与古典传统还是若相契合的，他还发现了古典时代的一位主保圣人："关于不同民族（peuple）的风俗与习俗的知识，有些地方极有裨益，极其令人感兴趣，以致于荷马认为应该使之成为整篇诗歌的主题。他的目的就是要让人了解主人公尤利西斯有多睿智，攻占特洛伊之后, 由于涅普顿①勃然大怒, 他不得不马不停蹄地远离自己的国家伊塔刻, 却从各种各样航行中的失误里获得好处, 了解了各个种族(nation)的风俗, 愠怒的风使他不得不靠岸停船, 这样他就能抓住每一次机会了解风俗中有什么地方好, 值得赞扬。"②但这些种族并不仅仅是尤利西斯在阿尔基努斯宫中想象出来的民族, 他们也是希腊人本身, 因此, 他们具有双重地位, 既是知识(science)的创立者, 又是知识的对象。

读者的眼中展现出象征性的形象, 拉斐托便是由此引入了自己的著作。他自己对此又是如何阐释的呢?③作家——似乎是位女性——坐于书桌旁(身着古代服装), 忙于"在古典时代、金字塔、方尖碑、万神像[带有诸多神祇特征]、徽章、古代作者之间, 在好几种叙述、书信、游记和美洲的其他古玩之间进行对比, 而她自己就坐在这当中"。尤其是我们认出了躺在地上的那个摔翻过来的偶像竟然就是以弗所的阿耳忒弥斯(Artémis d'Éphèse)。两个精灵则帮助她完成这项工作。一个左手握着赫耳墨斯的权杖, 右手捏着长管烟斗; 另一个面对着一只易洛魁人的乌龟和一块响板或是一把西斯特琴, 后者装点着这尊希腊化时代的东方小雕像。上方, 在最原初的那对夫妇④之上, 基督复活, 童贞女升天, 四周环绕着天使, ⑤将祭坛围在当中, 圣餐饼在祭坛上熠熠闪光。最后, 时间是在那儿, 179 是为了召唤作家深入至"万物的根源", 让她"用手指触摸所有有着人的根源、着有我们宗教根底的纪念碑都具有的那种关联"。我没去理会拉斐托是否将背生双翼、手握长柄镰刀的时间视为古典

① 涅普顿, 罗马神话中的海神。——译注
② Lafitau, 《风俗》, I, p.3。
③ 同上, I, "第1卷中用插图和图像进行解释"; 如需了解使用大量书目作出详细评注, 现在可参阅M. de Certeau, "拉斐托"(Lafitau)。
④ 指亚当和夏娃。——译注
⑤ 很难说留胡须的那个人物是先知, 还是正在向亚当和夏娃讲话的永恒的天父, 后者的可能性更大。拉斐托对此未着一言。

时代的形象。我们现在确切知道的是[①]那形象什么也不是。"时间老人"(Vieillard–Temps)这位古代的萨图恩和中世纪的死神的传承者，只是到文艺复兴时期才初具形象；他是大发现时代的同代人，拉斐托笔下的画家关注的是他的气魄，而非他毁灭的层面(长柄镰刀没起作用)。对这位耶稣会的神甫而言，在时间的效用和对比之间，照我们今天的说法是在"历时性"和"共时性"之间，并不存在任何矛盾之处。

将印第安人的习俗与希腊的习俗作对比也很合理，因为印第安人和希腊人彼此都是亚当和夏娃的后裔。场景的统一是由犹太–基督教中的神话人物及象征赋予的。更且，拉斐托努力用自己的方式来叙述神话的历史沿革，在印第安人中间寻找希腊人及其蛮子邻居的那些远亲(在这方面，他再一次同其先驱者阿科斯塔相异，阿科斯塔当然认为美洲的印第安人来自古老的大陆——他猜那地方是白令海峡——但他又立马明确地指出祖先更像野蛮人和猎手，而不像国务活动家和纯洁之人[mas hombres salvages y cazadores, que no gente república y pulida]的说法根本不可能成立；野蛮人和猎手，其特征显得既冗赘，又富有特色)，[②]但很难忽视(他也没忽视)的是，甚至在他所处的那个世纪之前，主要是自大发现以来，另一个亚当的问题，或者说另外好几个亚当的问题，就被提了出来，[③]有时候是为了替将印第安人降格为奴的做法正名，有时候却又相反，是为了表明他们并未受原罪的影响。与拉斐托的作品如此亲近的上帝之死，将画面的上端完全压制住了，且以某种方式使事物保持了原来的状态。由此可见，我们还是有权利去作出比较，也就是说以某种方式，将"时间老人"撤销了事吗？

---

① E.Panofsky，《寓意画》(Iconologie)，pp.105–130。
② José de Acosta，《印第安人》，p.34；1598年的法语译文，p.50，冲淡了这篇文本。
③ 最后，可参阅L.Poliakov，《雅利安神话》(Mythe aryen)，p.125及以下。

19世纪的进化论以其自身的构造使拉斐托的图示第一次有了世俗化的特征。1861年，巴霍芬(J.J.Bachofen)在斯图加特出版了《母权制》(*Das Mutterrecht*)一书。这本著作一开篇，这位瑞士学者就利用了在今天已出名的那份希罗多德的证言(I, 173)：吕奇亚人不是以自己的父亲，而是以自己的母亲给自己取名的，而这也是易洛魁人的习俗。这份证言并未逃过拉斐托的眼睛；更有甚者，他还汇集了所有可得到的证言，而人们也应该按他的说法称之为"母权制"和"母系氏族制"：他说"女权政治或女性帝国极其普遍地扩散了开来。"[①]在将吕奇亚人和易洛魁人、休伦人比较之后，他最初的想法就是认为美洲的印第安人都是吕奇亚人的后裔。[②]只是古代母权制所谓的普适化又使之有所犹豫；但他又没有可供替换的解决方案；于是他的结论就是"美洲大部分民族最初都来自于占据希腊大陆及其诸岛屿的野蛮人"，[③]然后才出现了希腊人。巴霍芬则并不需要这样的假设。对他而言，"母权制"是整个人类均需经历的一个阶段，是和化成母亲胸脯的大自然热切接触的阶段，先于父权制造成的文化上的断裂。摩根(L.H.Morgan)甚至早在读过巴霍芬之前，而且这时候应该也不了解拉斐托，就已将吕奇亚人和易洛魁人作了比较。[④]1877年，当他终于可以进行综合的时候(《古代社会》[*Ancient Society*])，被拉斐托不停祈求的上帝，他就几乎毫未提及，书中说要向这些"野蛮人"和这些"蛮子"致敬，他们辛勤的劳作乃是"最高智慧(Suprême Intelligence)计划的一部分，其目的是为了使蛮子[le barbare]能从野蛮人[le sauvage]发展而来，而文明人(l'homme civilisé)则从蛮子发展而来"；这种情况的存在虽

---

①　Lafitau,《风俗》, I, p.71。

②　同上，p.64。

③　同上，p.82–83。

④　L.H.Morgan, "谱系"(Descent), p.145；参阅S.Pembroke, "女性"(Women), p.3。

181 不引人注目，但有其自身的必须性，因为社会进化平行论至少部分可以通过所有人都存在此种情况，甚至原始社会启示(Révélation)的蛛丝马迹，至少是"观念的萌芽"而得到解释，从一个阶段到另一个阶段的社会进化会让这些"观念的萌芽"蓬勃发展起来。被恩格斯(1884年的《家庭的起源》[*L'Origine de la famille*])世俗化了的摩根的图示作了既合理又天真的比较。为了与这两个社会相遭遇，就必须而且只要确定在社会进化的轴线上，它们究竟处在哪个位置上就行。易洛魁人处于未开化状态(barbarie)的低级的边缘部分，荷马史诗中的希腊则占据着上层的边缘地带。就算如此，但这么多的制度又是怎么一回事呢？拉斐托看得很清楚这么多的制度都可存在于截然不同的社会当中吗？我们是否应该，比如说，不要再去比对西方中世纪尚武的社会与荷马史诗中的社会呢，我们的借口是用马克思和恩格斯的话来说，一个属于"奴隶制拥护者"(esclavagiste)的古典时代，而另一个则属于"封建"时代？我们都同意作出牺牲，让这个问题稍稍移一下位。因为这两者其实是一回事，要么尤其是像马克思的苏维埃版本所想的那样，我们切切实实地承认所有人都已经历或都将经历同样的阶段，但这种看法站不住脚，[①]要么，比方说，将"封建制度"的存在仅限于西方中世纪和日本的社会中，比对的场域将大大受到限制，这就等于是在我们的研究领域里排除了整整一系列调研工作，尽管这些研究工作已经证明了这样的演进过程仍在运行着。

我刚刚引用了刘易斯·摩根(Lewis Morgan)，但让我们感到惋惜的是，作为一个同时受过易洛魁和美国双重教育的人，而且尽管由于这种双重的教育，或者说恰是因为这种双重的教育，他

---

① 比如，可参阅各类讨论，见R.Garaudy(主编)，《亚洲的生产模式》(*Mode de production asiatique*)，M.Godelier，"前言"(Préface)，P.Vidal-Naquet，"序言"(Avant-propos)，G.Sofri，《亚洲的生产模式》，与P.Anderson，《专制主义国家》(*État absolutiste*)，pp.290-386。

才坚称人类的家庭具有统一性，可他的著作首先说的却是人类学家对希腊世界的关注。《古代社会》出版前6年，即1871年，爱德华·泰勒(Edward B. Taylor)的《原始文化》(*Primitive Culture*)第1版(自1876年起，该书便被译成了法语)面世，经由泰勒及其弟子，尤其是安德鲁·朗(Andrew Lang; 1844–1912)与弗雷泽(J.G.Frazer; 1854–1941)，在马克斯·缪勒(Max Müller)的"比较神话学"破灭之后，[1]希腊化时代才终于被人类学家所触及。[2]当然，在摩根和泰勒之间有许多交会点，但视角却根本不同。泰勒的著作一开始就持对立观，且对存在好的野蛮人的看法完全持保留意见，他将野蛮状态和文明，自然就是帝国主义的西方文明，对立了起来。然而，这样的对比用极其简单的方法就能证明其合理性，因为野蛮世界乃是文明世界内部的残存(survivances，泰勒极力推广这一概念)："简而言之，就拿那些历经如此漫长的时间几乎毫无改变的事情为例，你们就可绘制出一幅图画，你们将会发现英国农夫和中非黑人的头发根本就没变化。"[3]在西方的低等阶级和世界其余地方的低等种族之间，存在着本质上的统一性，这种情况在高等层级是找不到的：在泰勒的时代，英国的皇冠和非洲的酋长身份尚未比对过。更且，泰勒甚至还认为这就是各类图腾崇拜表现形式的根源所在："人的精神状态和兽类的精神状态截然不同的观念在文明世界占

---

① 参阅H.Gaidoz，"比较神话学"(Mythologie comparée)，c.97–99。关于这种转变及其他转变，可参阅M. Detienne最近发表的"重新思考"(Repenser)，pp.72–77。

② 比如，可参阅1908年由R. Marett编订的宣言类型的著作，见《人类学与古典时代》(*Anthropology and the Classics*)，参与编写的有五名"古典学家"和一名人类史学家A.Lang；该宣言对他这一代人的研究工作作了总结。

③ Tylor，《原始文明》(*Civilisation primitive*)，I, p.8。第三和第四章专门写了"残存性"这一概念。关于E.B. Tylor及其同时代人，可参阅P.Mercier，《人类学史》(*Histoire de l'anthropologie*)，p.50及以下；关于Tylor著作中残存性这一概念，M.T. Hodgen也有稍许涉及，见《幸存》(*Survivals*)，pp.36–66。尤其可参阅J.W.Burrow，《进化》(*Evolution*)，pp.228–259。

据极大的主导地位，以致于在低等种族中鲜有碰到此种情况。"[1]
183 从19世纪的视角来看，所有东西都打下了进化论的烙印，那希腊世界有什么地位呢？朗(A.Lang)给出了极其清晰的定义，他是那个时代的关键性人物，因为他同时既是记者，又是专长宏大历史和微末小史的史学家，也是第一流的人类学家。毋庸置疑的是，在荷马的时代，希腊世界整个都属于文明。难道从那时起，就不存在历朝历代了吗？但同样毋庸置疑的是，希腊人也意识到他们曾经是野蛮人。他们的仪式和他们的神话包含了许多暧昧难明的元素，从献祭活人到食人肉，无不如此。残存性这一概念，与进化概念一样，都在此处起到了战略上的作用。希腊人曾经是野蛮人；他们现在再也不是了，他们的神话从往昔时代残存了下来，[2]而且神话说的都是他们的祖先做过的事。因此，对比就能与等级制携手共进了。

　　浪漫主义时代与实证论时代所作的各种综合如今均已坍塌或减缓了速度，甚至于令人再也无法认出来。我们用稍晚时代的一个切片为例；在那个时代，人种学一边是弗雷泽的天下，另一边是马林诺夫斯基(Malinowski)的天下，那史学家是否再次有权用到对比呢？一方面，以事实为重的人会从他所钦敬且熟知的希腊罗马世界出发，不厌其烦地塞住保撒尼阿斯或奥维德的漏洞，而根本无需说这样就能对被其继任者所杀的尼米(Nemi)的祭司–国王(prêtre-roi)，死于十字架上的基督或埃及法老的国王–神祇(roi–dieu)进行对比，另一方面，史无前例地认真反思美拉尼西亚的社会功能，而美拉尼西亚人很快就被认定为是野蛮人；[3]史学家的这个选择似乎理所当然地站不住脚。不过，二人中，从萨洛门·雷纳克(Salomon

---

[1] Tylor,《原始文明》, I, p.545。
[2] A.Lang,《神话, 膜拜》(Mythes, Cultes), pp.235–267。我们将注意到, p.70是在向拉斐托致敬, "或许是第一位认为希腊神话和仪式及其他古代仪式的某些特征乃是图腾崇拜残余(survivances)的作家"。如需了解现代的批评观点, 可参阅M. Detienne, "咬啮"(Ronger), 尤其是pp.231–233。
[3] 参阅E. Leach, "弗雷泽和马林诺夫斯基"(Frazer et Malinowski)。

Reinach)直到我们时代，当然是弗雷泽在法国及其他地方发挥了更重要的影响。除了几个罕见的例外，[1]我们归于马林诺夫斯基且被其后继者，尤其是拉德克利夫–布朗(Radcliffe–Brown)提炼出的核心概念的，乃是"社会功能"这一概念，该核心概念从未被古典时代的史学家们用过。当然，这并不是一个清晰独特的概念，我们完全有理由坚持认为马林诺夫斯基所说的"功能"一词有两层含义；有机论的含义——一种制度就是一个发挥某种功能的元素，在社会整体中起作用——；逻辑与象征的含义——在社会关系的形式化中，神话的象征功能。[2]不过，其间还有一条从未被人走过的通途。我们可以对人类学再次呈现极为不同的向度表示遗憾，其"结构主义"只不过是众多向度中的一种而已，但它却赢得了许多史学家的青睐——完全是流行所向。那么，这个问题今天又是如何提出的呢？最现代的研究远没有达到方便史学家选择的地步，它只不过使史学家感到更痛苦，因为任何一个史学家如今都知道其研究的客体从严格意义上来讲既不独特，也不具有普遍性(即便"人类精神"的普适性已代替了弗雷泽的经验论的普适性也罢)；任何一个史学家都知道布列塔尼某座村庄的历史实相(vérité)究竟如何，是无法单单在布列塔尼的这座村庄里找到的，但不同的元历史学(métahistoire)向他所呈现的内容，从或多或少经过更新的马克思主义到精神分析学，从价格曲线原理到通用逻辑原理，最终都会使他重新回返至他的村庄那儿去。

结构人类学就是其中一种元历史学，是史学家所做的其中一种尝试，它极具挑战性，也极具刺激性。当然，就此而言，依据索绪尔的语言学模型，史学家会更看重共时性，而非历时性，结构人类学从来就没有针对那种研究发起过全方位的挑战，对该研究而

184

---

[1]　尤其是M.I.Finley，《尤利西斯的世界》(*Monde d'Ulysse*)。
[2]　参阅P.Panoff，《马林诺夫斯基》(*Malinowski*)，p.109。

言，尽管并非是为了修辞或教学之用去画那幅论文的作者们所谓的
"图画"，但时间仍让人觉得若是没了它，就再也没有什么好关注
的了。不过，这一挑战并未压制先前时代发起的那些挑战；它只是
又在那些挑战上面添了一份而已。因为像结构主义试图去做的那
样，虽不无成功，但要去确证，甚或去证明"人类精神"是一个放诸
四海而皆准的逻辑操作工具，能为历史学家带来他已经失去的、再
也无法找回的、根本就不应抱任何希望的安全感，肯定是不够的。
因为"人类精神"本身并非历史研究的对象，而且假定、甚至证明其
普遍存在的人种学家也并未声称确实是这么一回事，虽然他们所作
的研究确实是想"重新将文化整合入自然中，最终将生活整合入其
整体的物理–化学状态之中"。[1]"生者的逻辑"也是事物本身的逻
辑，[2]它并不属于具有建构功能却未能建构成功、不停地创建且再
创建其应用领域以及其"计谋"的历史理性。[3]

　　不过，相反的是，若以每一个短暂的事件均有其独特性为名，
说什么"对再也不可能见第二次的东西，我们也要去爱"的这种做
法并非是一种态度，能让历史学家在里面闭门造车，因为个体的偶
性若是不成系列的话，是完全无法让人理解的。布列塔尼的村庄内
嵌于布列塔尼，法国，西方之中；它也内嵌于"凯尔特"的世界中；
研究其民俗就能迫使自己去研究爱尔兰或高卢的民俗，但就算只看
一眼奥弗涅或普罗旺斯的民俗，也不可能毫无成效。[4]无论如何，史
学家注定只能随时随地去描绘一系列的民俗，再去整体描述之，对
之所下的定义永远都只是暂时的——"希腊文化"具整体性，但如

----

[1]　参阅Cl. Lévi–Strauss，《野性的思维》(Pensée sauvage)，p.327。
[2]　参阅Lévi–Strauss，"终场"(Finale)，见《裸体的人》(L'Homme nu)，从该角度看很
　　吸引人。
[3]　参阅P. Veyne，《历史》(Histoire)。
[4]　关于布列塔尼，而是普瓦图的神话故事，可参阅J. Le Goff与E. Le Roy Ladurie，"双
　　尾美人鱼"(Mélusine)。(双尾美人鱼，是欧洲传说与民俗中居于圣泉与河流中的女
　　精灵。——译注)

果将它同色雷斯或伊利里亚的世界，甚至于同整个地中海世界隔离开来的话，这种说法就会很虚幻——，它只能同时固着于空间轴和时间轴上，如果说它临时采纳了像生食或熟食之类具"普遍性"的范畴的话，那也得永远让这些范畴运行起来才行。

　　拉斐托以其自己的方式理解且预见到了这一两难困境："各民族的习俗和风俗可让我们通过对比这些风俗和这些习俗而掌握更为特定的认知，而在这些习俗中，有一些普遍性的习俗是建立在各民族父传子的原初观念之上的，尽管路途遥远，鲜有交流，但它们大部分几乎都没什么变动，或者说至少没有明显感知得到的变动。就是这些观念与大部分共通生活中的习俗有关。当然，从中我们得不出任何结论。因此，我在必须作对比的时候，虽可轻而易举地引证随便哪个民族的习俗，但除了能从这些习俗同最初的古典时代的习俗有关联的看法中得出结论以外，是提取不出其他任何结论的。因而，只需使用新发现的民族截然不同的、具有特色的特点，以及史学家们一直替我们保存下来的古代诸民族的那些特点，我们就能尝试着作出推测，比较一下这些不同的特点，将它们彼此之间比对一番。"[1]当然，"普遍"与"独特"一样，自从出现了这位耶稣会传教士之后，都是在变的，但让人赞赏的仍旧是，这样一篇文本，无论是杜梅齐尔的著作还是列维–斯特劳斯的著作，都能把它拿来当卷首的题词来用。

　　在拉斐托试图将之串联起来的如许多人类制度当中，有一种制度，人种学研究赋予了其独特的广度：我要说的就是秘仪传授（initiation)，用最新的定义来描述的话，就是说"通过仪式和口头教诲，可使参与秘仪传授的主体或主体群获得宗教与社会地位的急遽变化。从哲学上讲，秘仪传授相当于实存的政体在本体论上的

---

① Lafitau，《风俗》，I，pp.44–45。

变动。经历一番考验后，新加入者就能获得与秘仪传授之前截然不同的存在"。[①]在拉斐托之前，就有人很好地辨认出并确认了其中一些秘仪传授，直到今天，它们仍旧是我们最了解的，也是库存里最详细的秘仪传授：通过这些程序，年轻的"野蛮人"就进入了成年人的共同体。《弗吉尼亚史》(*Histoire de la Virginie*)一书的作者是这样描写印第安年轻人所履行的那些仪式的："可以说，他们必须变得又聋又哑，要学习崭新的知识。[……]他们以某种方式死去后

187 再重新开始，[……]他们会变成大人，忘了自己曾经是个孩子。"[②]但拉斐托对这种最初的解释作了双重改进：不仅仅按照惯例将秘仪传授视为被接纳入共同体之中，还认为是被整合入了更为限定的团体(秘密社团)当中，如宗教秘仪传授、萨满教秘仪传授等；与此种通常的调研计划项相符合的是，他还将印第安人的秘仪传授与古典文明所熟知的那些秘仪传授，如艾琉西斯的秘仪，以及斯巴达和克里特，甚至中世纪的教育，作对比：因为骑士阶层的接纳仪式也被视为是一种秘仪传授，这种观点可以说是相当大胆。[③]

事实上，要等到1909年根内普(A.V.Gennep)的《过渡仪式》(*Rites de passage*)一书的出版，这个范围才会扩大，才会有形式化的第一次尝试，法国民俗学家才能证明这些程序所构成的庞大的整体可分成三项：隔离仪式，边缘仪式，加入仪式。

显然，这样的布局也首先表明了时间与专属于"过渡仪式"的空间是区隔开来的。那时间呢？它的节奏并非如数学家们发明的出来的那样是连续性的，"时间的规律性本质上并非自然的一部分：这是人赋予它的概念，是我们出于对自身特殊的诸种目的而投射于

---

① M.Eliade，《乡愁》(*Nostalgie*)，pp.222–223。
② R.Beverley，《弗吉尼亚》(*Virginie*)，pp.285–286。
③ Lafitau，《风俗》，I, p.201–256; II, p.1–70, 283–288。

环境之上的"。[1]过渡仪式的时间自身也是人类的作品：年是由仪式来标出其节律的，仪式本身则让被接纳入秘密社团者从日常性进入特殊性之中，然后又再次回到日常性中，自此以后，便有了时间。为了让仪式也能铭刻入空间中，就必须使之也被分割开来：社会生活的人化（humaniser）空间，可随意成为象征性圣地的边缘空间，或真实或形象的"荆棘丛"，森林或山脉，[2]这些都无关紧要，只要它能让人觉得是另外一种东西就成：再万不得已，"跳房子游戏"里的地狱和天堂也可提供一个绝佳的例证。空间与时间因而就成了"二元的"，而范·根内普定义的行动节奏则是三元的。形式主义，化妆舞会，颠倒的角色，里奇（Ed. Leach）便是这样定义这三种类型的角色的，而人则随着这三种角色在仪式化的行为中发挥作用。[3]就拿年轻人加入战争生活为例吧，这三个词均能通过军服、边缘时刻中无数种形式的伪装、暂时将男人转换成女人体现出来，这样的转换同样也会使之采纳与"正常"生活中本应有的行为截然相反的行为。

也有可能可以举出澳大利亚人、非洲人或美洲印第安人身上的这种节奏的例证，但只要我们坚持这一极为宽泛的层面，我们实际上就并不一定非要到历史中，或"尘世"中才能使用维尔纳（P. Veyne）借用自亚里士多德哲学的那套术语。

因此，我们来看看在历史上的一个既定的社会，即古代和古典化时代的希腊社会中，这些概念——因为涉及到的是概念——会有什么变化。最近瑞士考古学家对坐落于埃乌波亚（Eubée）的埃列特里亚（Érétrie）的希腊城市进行了挖掘，其中重要的是发掘出了

188

---

① E.Leach，《批评》（*Critique*），p.225；关于Van Gennep与"过渡仪式"概念，可参阅 N.Belmont，《范·根内普》（*Van Gennep*），pp.69–81。

② A.Margarido，"秘仪传授文本"（Textos Iniciaticos），很好地证明了在秘仪传授仪式中，同样的空间有时能在野蛮人的世界里起作用，有时又能在人化的空间里起作用，说实话，秘仪传授仪式的这个功能就是使年龄划分和"野蛮"世界人化。

③ 《评论》，pp.229–230。

一座小墓地，墓地周围环绕着亲王或国王的坟墓。这些文物可追溯至公元前8世纪末到公元前7世纪初那段时间，而古代城邦就是在那个时期成型的。[①]这些挖掘出来的坟墓形成了一个双重群体：西边，只有火葬场；东边，是土葬场。这儿并未涉及到模式的变化，因为两个群体都是同一时代的；这儿也没涉及到我们在其他地方发现的两种习俗之间的竞争，比如说公元前9世纪在雅典的凯拉摩斯（Céramique）就是那样。这儿涉及到的是展现层面上的刻意为之的、意义重大的对立：那些土葬的坟墓都是儿童墓，那些火葬的坟墓都是成人墓。两个性别在两个群体中体现出来，他们之间的对立很明显，在火葬墓里，其中一座墓出现了武器，在另一座墓里则出现了珠宝。此次发掘工作的发起人克劳德·别拉尔（Claude Bérard）对此作了高度评价，"在埃列特里亚，只有还没到青少年的儿童才会被土葬，火葬则适用于适婚年龄的女孩和已婚妇女，年轻人以及能使用长枪和列队参加战斗的男人"。[②]他在试图确定到哪个年龄层葬仪才会变化时，认为在埃列特里亚，极有可能还有其他地方，[③]界限应该会设在16岁左右。于是，简单的考古资料清单（但这样的清单是否就真的很单纯呢？）就可用来对过渡仪式进行研究，对希腊青少年来说，这种仪式会将从自然至文化的转化，或者也可以就这些术语更物质化的层面来说，从生食到熟食的转化，进行戏剧化

189

---

① 参阅Cl.Bérard，《埃列特里亚三世》（*Eletria III*），他的著作引发了《埃乌波亚的社会与殖民制度》（*Société et Colonisation eubéennes*）对之进行了讨论（尤其是P. Auderson、A.Mele、R. Martin和E.Lepore）；我们觉得Cl.Bérard将这些反对意见扩展了开来（"英雄墓"[Hérôon]）。如需了解通论，可参阅A.M.Snodgrass，《希腊城邦的崛起》（*Rise of the Greek State*）。

② Cl. Bérard，《埃列特里亚三世》，p.50。同样，在马拉松战役中，雅典骑兵（andres）都是被火葬的，而与雅典人并肩战斗却又未在同一队列里的普拉塔伊阿人和奴隶则是土葬（参阅D. Kurtz与J. Boardman，《葬仪》[*Burial Customs*]，p.246，以及N. Loraux从中得出的结论，见《死亡》[*Mourir*]，p.810）。

③ 考古学家经常会忽视儿童墓和青少年墓，因为这些尸体几乎都是毫无差别地直接躺在地上，但他们发现婴儿墓却受到精心打理（尸体都是被放入双耳尖底瓮中），成人墓也是如此（骨灰瓮）。但有可能他们都是死于2至18岁（参阅Cl.Bérard，《埃列特里亚三世》，p.52）。

处理。这项仪式相对而言较为出名，在古代和古典化时代的雅典，照别拉尔的说法，那是被接纳入胞族内的一种仪式。秘仪传授的仪典是在伊奥尼亚地区阿帕图里亚节的第三天开始的(参加节日的人都有共同的父辈，也就是从分类学意义上说，都是"兄弟")：Couréôtis这个词源于给牲畜和人剪毛剃发(coura)的行为，或许还会令人想起年轻的战士(couros)。在雅典，标志着青年男子被接纳入胞族内的祭献coureion的活动是在16岁时举办的。①

然而，有一个细节让我们认识到对"历时性"不容忽视。埃列特里亚及其他地区用以表明童年–成年对立的火葬–土葬的对立，并不见得就比火葬被引入希腊各界的时间要早，而且这种对立只能在迈锡尼世界衰落之后才有可能产生。

190

总而言之，许多人认为是拉斐托发现了希腊秘仪传授的仪式与"原始"社会秘仪传授仪式相平行，尤其在20世纪，这一发现引发了这方面的大量研究，最近意大利历史学家布莱利希在其出版于1969年的《少男少女》(*Paides e Parthenoi*)一书中对此进行了综合。②维尔南尤其使用了神话传说方面的资料，并分析了不同的宗教节日，从这些研究中得出了一个颇有道理的结论："如果这些过渡仪式对男孩来说意味着他们达到了成为战士的条件，对在这些仪式中与男孩相关的女孩，尤其是让自己处于隐退期的女孩来说，秘仪传授的种种考验则等于是在为婚配做准备。在这层规划之上，突出了战争与婚姻这两种类型的制度之间既相关联、又相独立的意涵。婚姻之于女孩就如战争之于男孩：对两者而言，这些仪式标

---

① 参阅Cl.Bérard，"祭献头发"(Koureion)；J.–P.Vernant，"城邦的战争"(Guerre des cités)；还可参阅上文，"雅典重装步兵的传统"与"黑色猎手"。

② 特别要记得的著作是，H.Jeanmaire的"武备训练"和《船底涂层》，M.P. Nilsson的"基础"(Grundlagen)，P.Roussel，"年资原则"，"黑色短披风"，G. Thomson，《埃斯库罗斯》，以及A.Brelich本人的著作《战争，不育》和"秘仪传授"(Initiation)；关于Paides(和Nilsson、J. Harrison、H. Jeanmaire……先前所作的尝试)，可参阅Cl.Calame，"语文学和人类学"(Philologie et Anthropologie)，以及Chr. Sourvinou–Inwood，"关于少男"(Compte rendu de Paides)。

志着他们各自已达成了自身的本质，离开了彼此相属的状态。"①因此便解释了比如说这样一个事实，即雅典的青年男子都会穿"黑色短披风"，甚至于在像艾琉西斯秘仪中列队行进这样庄重的场合下，②宣过誓后，说不定还会一直穿着重装步兵的军服；③从而也解释了这些节日和神话故事经常对少男达致成年期的过程进行戏剧化处理，会让他男扮女装，而少女则通过着男装来达成变身为女人的条件。④从中我们可认出里奇定义的这三个词汇：形式化，化妆舞会，倒置。

特别值得一提的是，青年男子学堂的男性仪式可让我们画出一幅分成两个部分的画：一方面是重装步兵，白天在平原上战斗，紧密抱团，迎头而上，忠贞不渝；另一方面是青年男子（或拉凯代蒙人的武备学员），晚间经常前往边境地区战斗，⑤使用遭重装步兵与公民谴责的各种类型的诡计，因此与其融入城邦时所应有的行为举止恰恰相反。难道我们不也是一方面是文化，另一方面是自然，一方面是野蛮，必要时变得女性化，另一方是文明生活吗？柏拉图与希腊其他许多思想家一样，都将童年定义为生命中野蛮的部分。⑥将极性原则作为其展现世界的基础的希腊人，⑦和我们一样，也能用图表这种形式将为世界分出节律的对立关系分两

---

① J.-P.Vernant，"城邦的战争"，p.38；关于婚姻，可参阅Cl.Calame，《歌队》（*Chœurs*），I，pp.239-240，与P.Schmitt，"阿帕图里亚的雅典娜"（Athéna Apatouria）。

② 参阅P. Roussel，"黑色短披风"，与P.G.Maxwell Stuart，"黑色风衣"，以及上文，"黑色猎手"，p.161。

③ 参阅P. Vidal-Naquet，"斐洛考卢斯"，pp.161-163，我们可在书中发现先前的那些讨论。

④ 其中（大量的文学作品）可参阅L.Gernet与A.Boulanger，《希腊守护神》（*Génie grec*），pp.39-40；H.Jeanmaire，《船底涂层》，p.442；M.Delcourt，《双性人》；J.-P. Vernant，"城邦的战争"，p.39。

⑤ 参阅A.Brelich，《战争，不育》，以及P. Ellinger，"石膏"（Gypse），研究的是讲述战争诡计的神话故事中一种特别激进的形式。

⑥ 参阅《蒂迈欧》，44ab；《法义》，II，653de，666ac。

⑦ 参阅G.E.R.Llyod，《极性》（*Polarity*）。

栏列出来。因此，按照亚里士多德的说法，毕达哥拉斯派"了解十项原则，他们将之分成平行的两栏：限定与非限定，单数与双数，一与多，右与左，男与女，静止与运动，直线与曲线，光亮与晦暗，好与坏，正方形与长方形"，[①]用到希腊文化不同层面的话，这个清单，我们可以轻易地使之延长：主人与奴隶，希腊人与蛮子，公民与外国人，还可以说，阿波罗与狄俄尼索斯。这儿的古代思想极大地超越了现代的结构分析；比如说，我们来想象一下，亚里士多德会在何种层面上询问成人–儿童，男人–女人，主人–奴隶，雇主–匠人这些对子，它们既可重叠在一起，而在何种范围内，又不会重叠在一起；[②]神知道智术师、悲剧作家和哲学家是否善于将physis(自然)与nomos(法律，习俗)进行对质、对立和比对。

192

　　这些对子和其他对子还可被视为形成了希腊言说的纬线，但结构主义人类学家和史学家却无法用同样的方式来处理它们。比如，这是否也涉及到了青年男子和重装步兵、见习战士和成人战士之间的对立关系呢？比对者依赖杜梅齐尔的著作后将会注意到，像独自战斗的青年男子这样的赤身战士(也就是非重武装配备的战士)与融合入整体中、全副武装配备的集成(intégré)战士之间的对立，比青年男子–重装步兵这样的对子要早出现得多，因为重装步兵的战斗在希腊只是到公元前7世纪方才出现，但我们却能在印欧世界的其他地方觉察到这种对立。对立关系虽然如出一辙，但表达用的词却并不相同。因此，在印度史诗中，"重装"士兵就是指弓箭手，而希腊的弓箭却是野蛮人的武器。[③]杜梅齐尔会反对说"印欧人"，或至少他们所使用的那些概念，还只是属于历史，但

---

① 《形而上学》，A, 5, 986a 22—26, J.Tricot译。
② 《政治学》，I, 12, 1259a 37及以下。
③ 参阅G.Dumézil，《神话与史诗》(Mythes et Épopée)，I, pp.63–65, 与J. Le Coff与P. Vidal–Naquet, "布罗塞里昂森林"(Brocéliande), pp.273–275。在希腊世界和中世纪世界中，我可以说存在着"弓箭+"与"弓箭—"的模式；在《奥德赛》末尾，尤利西斯所用的弓箭就是弓箭+的典范。

他在研究了罗马的战士秘仪传授仪式之后，不仅仅参考了印度-伊朗人和爱尔兰人，还参考了加拿大的红皮印第安人："在世界的这个地方，即加拿大西部的英属哥伦比亚地区，我们对之所作的解释可谓众说纷纭，而印度-伊朗关于三头怪（Tricéphale）的传说则讲得最明白。"[①]如果可能的话，这儿的解释就会完全非历史化（anhistorique）：没有任何一个史学家会作出同时将红皮印第安人、印度-伊朗人和罗马人统包的假设；更确切地说，这样一个整体非他，就是普遍意义上的人类而已。或者，可以更进一步，说它是"人类精神"。但希腊世界的史学家感兴趣的却是我们所谓的重装步兵这样一种有着明确日期的现实，以及另一种有着明确日期的现实，该制度最初出现于铭文上的证言似乎可追溯至公元前361/360年，过了约35年后，亚里士多德对它的功能作出了解释。我所指的是雅典的青年男子学堂及其在希腊世界其他地方的相应机构。

193

自从我们开始理解希腊历史起，就发现希腊历史的特色就在于其极不平衡的发展，这种不平衡是如此厉害，以致于对公元前5世纪的雅典人而言，某些毋庸置疑是希腊种群的人也被认作是"野蛮人"，这个词差不多和16世纪征服者眼中的巴西印第安人是同一个意思。[②]既然现代的历史学家效法修昔底德，认为在斯巴达与雅典之间，在保守主义的典范和拒不接受历史及公元前5世纪反其道而行之选择同历史运动相符合的城邦典范之间的对立，是古典时代的其中一个重大事实，那我们就来看看对男性和女性的"秘仪传授"究竟会有什么样的解读。换言之，我们会让这两组对立关系发生变化：即年轻人–成年人，男孩–女孩（或男人–女人）。

亚里士多德描述的青年男子学堂指的是公民所服的兵役。[③]如这位哲学家所阐释的那样，此种两年制兵役完全不是加入公民

---

① G.Dumézil，《贺拉斯》，p.128；着重处为我所加。
② 比如，可参阅修昔底德，III, 94。
③ 关于该文本，可参阅C.Pélékidis详尽的注疏，见《青年男子学堂》，p.83及以下，以及A.Brelich，《少男》，pp.216–227。关于日期的推定，可参阅上文"黑色猎手"，p.152。

共同体之前与世隔绝的预备期，因为很明确的是，年轻人服兵役之前就已经在评议员的名单上作了登记：对公民素质的了解要早于考察期，而非考察期的结果。只有一点，参照的是其他事物，而非对军事义务的简单履行，它是这样说的："在两年的驻防期间，他们会穿短披风，不用交任何捐税。为了使他们不致找借口缺勤，他们不能打官司，既不能当被告，也不能当原告，除非涉及到收取继承的遗产，女儿继承遗产或家里有人当祭司。"[1] 短披风被认为并非"退居"仪式上所穿的服装，而是指我们的军装。至于不得打官司的禁令，亚里士多德只给出了纯粹世俗的理由，显然，他能像这样自然而然地看待这些事物，还是很重要的。起源问题是另一个问题，很久以前，我们就已观察到"在最终加入社会群体之前，年轻人过着离群索居的生活这样一个事实在各种社会中都有很好的证明，我们在希腊的拉凯代蒙人那里就能找到这样的踪迹"。[2] 尽管如此，但"踪迹"这个词又是什么意思呢？社会中的某个机构所施行的功能能否与其起源相混淆呢？我们的中学毕业会考能否被其中世纪的起源解释清楚呢？阿里斯托芬的喜剧当然不能靠季节性的丰产习俗来加以解释，就像剑桥学派想要做的那样。[3] 当然，社会是了解惰性和反复的，但社会并不会生活于往昔之中。往昔只有在处于心理、习惯、阐释的当下时刻之时，才能发挥影响。现在再来谈谈青年男子学堂，很显然，在亚里士多德的时代，对青年男子留守于边境野外防御工事内所作的常规阐释并不是指年轻人进入或再次进入城邦之前必须要与世隔绝，而是指他们必须驻守在那儿。当修昔底德顺便提到公元前423年，péripoloi（照字面理解，是指巡防人员），也就是指青年男子，和普拉塔伊阿这样新来的公民一起，于尼塞亚(Nisaia)附近夜间埋伏

194

---

[1] 《雅典政制》，42，4，Mathieu和Haussoullier翻译。
[2] P.Roussel，"关于布勒诺"，p.459。
[3] 参阅F.M.Cornford，《阁楼喜剧》(Attic Comedy)，尤其是pp.53—69。

时，当然暗指青年男子(尚)未像其他人那样成为公民，他们是和使用非常规的战争手段联系在一起的，但说这种阐释在当时那个时代是否颇为通行，则还需要好好证明一下。不管怎么说，在亚里士多德的时代，显见是没有这种解释的。

对历史进程的审视可以让我们大致了解过去究竟发生了什么。最古老的青年男子学堂是内嵌于胞族范围之内的，这一古老的机构在公元前5世纪当然又被激活了，但在克里斯梯尼改革(公元前508年)之后，其职能却大大削减，主要是为了区划单位着想而设。从该词公民的、军事的意义上而言，要到18岁才能成为青年男子；195 而就胞族的意义上而言，则是到16岁就可成为青年男子。标志着到达成年期的过渡仪式是在胞族的范围内完成，其首要之处就是祭献头发。神话故事、喜剧、宗教节日、一个像柏拉图那样的哲学家，甚至还有像我们尝试去证明的那样，如索福克勒斯的一整出悲剧《斐洛考卢斯》(Philoctète)，①都留存下来了另一样东西：秘仪传授仪式的"踪迹"，在该仪式中，年轻人，亦即"黑色的"和狡猾的猎手，被派往边境地区，直到他达成了古代社会象征性地让其年轻人完成的"功绩"为止。这类仪式在克里特特别活跃，在希腊化时期，像德雷洛斯之类的城邦的正式用语和城市、乡村及边境地区的防御工事并不相同，后者的教育机构将青少年群体(agélai)同成年人的社团(hétaireiai)对立了起来，也就是说在雅典，就极端理性化的、遑论世俗化的公民生活而言，自然与文化绝大部分都是脱节的。况且毫不犹豫就抛弃了与"古代"社会作对比的布莱利希也对雅典的青年男子学堂进行了反思，他注意到"我们从中观察到的秘仪传授仪式起源时的诸要素，自此以后便没有了其原初功

---

① P.Vidal-Naquet，"斐洛考卢斯"，尽管V. Di Benedetto的"斐洛考卢斯"(Il Filottete)提出了反对意见，但我的基本结论仍旧未变。

能上的条理性"。①当然，"年资原则"仍旧起作用。在雅典的公民大会上，长者是最先发言的。在公民大会(Ecclésia)上未曾有过的对重大事件进行辩论的期间，像想要知道雅典是否会派遣精锐部队远征西西里(公元前415年)时，尼西亚斯(Nicias)就求助于老年人的团结一致，以之与阿尔西比亚德及其年轻人所提的疯狂方案相抗衡，因此，这么做是想让年龄分层的古老机制能发挥作用；阿尔西比亚德要求雅典人不要害怕年轻人：城邦就是由年轻人和老年人组成的。他们要去制服的就是这个整体。②然而，雅典很不幸，阿尔西比亚德占了上风；至少他的演讲暗示了城邦就是整体，它包含了各年龄层之间的对立，甚至还要大范围将这种对立取消掉。

196

　　尼西亚斯所说的"老年人"大致认为年轻人掌权的城邦就是个颠倒的世界；喜剧诗人阿里斯托芬在《吕西斯特拉忒》或《妇女公民大会》里描绘这个颠倒混乱的乌托邦式世界时，在雅典妇女的手中放了用来掌握权力和做出决策的工具。确切地说，在《吕西斯特拉忒》(公元前411年)里，剧中雅典夫妇若和睦相处做不到的话，可自行决定是否继续相爱，为了使他们所享有的公民角色合理化，妇女歌队使用了公民大会(Ecclésia)上的措辞，宣称："城里人请听好了，因为我们涉及到的是一个对城邦有益的主题；既然城邦的哺育使我生活富足而有光彩，那我这么做也就合情合理。自7岁起，我就学了刺绣(arrhéphore)；10岁，我就为我们的守护神(archégètis)③碾磨谷物；之后，用藏红花(crocote)妆点自己，在布劳洛尼亚节

---

① A.Brelich，"少男"，p.227。
② 修昔底德，Ⅵ, 13, 17, 18。
③ 那谁是女保护神(archégètis)呢？我和许多注疏者都认为指的只能是雅典娜。认为这儿其实涉及到的是阿耳忒弥斯的说法还需要有充分的理由才行，此外，整个段落，无论是语序，还是标点符号，都并不确定，参阅Ch.Sourvinou-Inwood，"吕西斯特拉忒，641-647"(Lysistrata 641-647)，以及近期M.B.Walbank，"阿耳忒弥斯"(Artemis)，后者认为整个段落其实说的就是布劳隆的周期。

(Brauronies)[①]上扮演母熊；最后，长成漂亮的大姑娘后，我成了头顶贡品篮的少女(canéphore)，戴着用干无花果串成的颈链。"[②]乍一解读，我们就有了一幅各等级的女性参加秘仪传授的图景，可将它拿来同斯巴达存在着的男孩图景相比较。[③]但这样的说法是根本不存在的，这篇论述应该被理解为是一种观念：雅典女性并非严格意义上的女公民，少女并非未来的女公民，城邦会让她们超越具有教育性质的秘仪传授的那些阶段。雅典城邦的构建是将女性排除在外的，同样，从另外的角度看，它也是建立在对外国人和奴隶的排斥之上的。女性唯一的公民角色就是生出公民，自公元前451年伯里克利法颁布起，强加于她们身上的条件就是成为公民的女儿。

197

《吕西斯特拉忒》里的歌队所作的推论，就好像雅典女性其实就是城邦似的。那些阶段乃是伪循环(pseudo-cycle)的阶段。况且，她们中大多数什么都不明白，或者说几乎是不参加过渡仪式的：刺绣者只不过是选出来的两名贵族女孩而已。她们主要负责编织女神所穿的长袍(péplos)，在Arrhéphoria(或曰Arrhétophoria)这一极其神秘的仪式中起关键作用。[④]尤其是磨谷物的女孩会为雅典娜崇拜祭仪准备面粉和面包，头顶贡品篮的少女(canéphore)会顶着篮子参加泛雅典娜节的庄重游行；简言之，少女们在这儿的职能就是为共同体服务，即便存在着秘仪传授仪式的某些特征，如特制的服

---

① 布劳洛尼亚节，是阿提卡地区的节日，每5年在小镇布劳隆(Brauron)举办一次，以纪念布劳洛尼亚人阿耳忒弥斯。——译注

② 《吕西斯特拉忒》，638–647。

③ 参阅A. Brelich，《少男》，p.229及以下，该文本对初次解读所作的批评颇为合理。我同意A. Brelich的观点，但Cl. Calame的评注也值得一看，见《歌队》，I, pp.67–69。

④ 重要的文本是保撒尼阿斯，I, 27, 3；这些资料是由Cook汇编的(而且注疏相当奇怪)，见《宙斯》(Zeus)，III, 1, pp.165–191，主要的汇编者是W.Burkert，"Kekropidensage"，该文强调了仪式的秘仪传授诸面向，但我认为他并未将该仪式与从一个年龄层到另一年龄层的过渡性联系起来。关于arrhéphore这个名字，可参阅A.Brelich，《少男》，p.233与282。(Arrhéphoria，意为捧着雅典娜的袍子进行的游行。——译注)

装,甚至刺绣者的隐退,但我们还是没有发现年龄层今后的命运和这儿有什么关联,尽管出于从来没有人理解过的喜剧目的,阿里斯托芬就是如此将事物呈现出来的。[1]每逢节日,城邦就会更新自己与神祇的联系。雅典人是不会去超越某个阶段的。

截然不同、更为复杂的情况是布劳隆的阿耳忒弥斯神殿里的小"母熊"这个例子。小姑娘们所扮演的这种动物的名字乃是蛮荒自然女神阿耳忒弥斯的名字,注疏家们对此种崇拜和阿提卡其他阿耳忒弥斯神殿[2]的看法,追溯到公元前5世纪上半叶的考古证据,最终[3]对该仪式的性质有了明确的说法:即之前很久就发生的隐退成了婚姻的条件。比如说注疏家欧乌阿雷里奥斯说,少女必须"为了莫尼奇亚山的阿耳忒弥斯或布劳隆,在婚前扮演母熊"。处于源头上的传说故事通过援引原初时刻男孩屠戮母熊以替换一开始的祭献活人,然后使用小女孩–小母熊的替代仪式(rituel–substitut)的做法,来解释此种必要性。[4]尽管有各种变体,但该神话仍很容易得到阐释:替代屠戮野兽所包含的那种发展着的文化,此种发展的责任人是男性,而女孩则应在婚前、甚至青春期之前经由仪式来了解"野蛮"时期。对布劳隆瓷器文献的审视证明荣耀女神的这些仪式要求(二者择一?)的是裸体和着衣("藏红花"是指藏红花色的长袍),这或许是一种对从野蛮状态过渡到文明状态所作的戏剧化处理的方式。但无论如何只有少量雅典少女才有可能扮演母熊,从神殿的规模就可看出,这种说法是肯定不会错的。对阿里斯托芬所作

198

---

① 关于此类过渡性的喜剧意涵,可参阅N.Loraux,"喜剧中的卫城"(Acropole comique)。

② 这些文本均由A.Brelich汇编,见《少男》,pp.247–249。

③ 参阅L.G.Kahil,"阿提卡的阿耳忒弥斯"(Artémis attique),I与II;"布劳隆的阿耳忒弥斯"(Artémis de Brauron)。

④ 这两个时间有时候是混在一起的。

的那个注疏是我们手头掌握的最确切的文献，①它同时也说"母熊"就是"遴选出来的"少女，而且女神早已决定——在该仪式奠基的原初时刻——雅典少女只有扮演母熊为男性服务之后才能和男性结合在一起。因此，这势必就是在承认即便小母熊代表的是女性共同体，恰如Boulê（议事会）代表城邦的那层意义所言，但她们仍然是"精挑细选"出来的精英，而秘仪传授就是专为她们这种人准备的。总之，人种学家对这种流程是再熟悉不过了，其实那就是"秘密社会"的那种流程，小规模群体完成一项涉及公共利益的任务，于是特定等级的秘仪传授仪式专为他们而设也就在预料之中了。

如果我们还回忆得起在维尔南说"婚姻之于女孩就如战争之于男孩"这个可应用于无数社会的表达式之后、我们原则上所提的那个平行论的话，那我们就会发现在雅典事情究竟是如何发生转折的。对男孩而言：用作举办进入青少年期仪式的青年男子学堂，与所有人均需服兵役的青年男子学堂，是隔绝开来的；就此而言，并不存在凭出身、财富、加入某某祭司家族所形成的特权群体。至多也就是家族范畴的主题：继承遗产，通过娶"有继承权的"女孩而免使oikos无人继承，这些情况都会中断此种义务。依据财富的多寡，雅典的年轻人以后可当水兵，当骑士或当重装步兵，他肯定会成为青年男子，发洋溢着重装步兵精神状态的誓言："我不会抛弃队伍里自己的战友"；秘仪传授意义上的仪式从某种角度而言，是与公民的秘仪传授流程相分离的。但显然，少女们就完全不是这样：她们的婚姻当然也包含众所周知的"过渡仪式"（跨过门槛，投入丈夫的怀抱），婚姻使她们有权参与像地母节（Thesmophories）那些特别针对女性和女公民的庆典，②可以说，只要她们是雅典人，那

199

---

① 《吕西斯特拉忒注疏》(*Scholie de Lysistrata*)，645；参阅A.Brelich，《少男》，p.263及以下。
② 参阅M.Detienne，《花园》(*Jardins*)，pp.149–159，以及"暴力优生学"(Violentes Eugénies)。

使这些女性聚合起来、允许她们参与的唯一政治形式就只能是那样的大会。但严格意义上所说的针对各年龄层的秘仪传授尽管所有人都要参与，但其所遵循的是和男性秘仪传授相反的路径。这样的秘仪传授只关注一个极小的结婚群体，她们只能通过借代法才能代表城邦。

古代作家，尤其是雅典人，传递给我们的对斯巴达的看法，使我们认为斯巴达就是一个拒绝历史的社会，它扎根于万古不变的"吕库古根本法"(Constitution de Lycurge)[1]当中。当现代人并未屈就于"斯巴达幻景"时，他们所作的努力便主要在于将斯巴达这一特例进行"规范化"，汤因比(A.J.Toynbee)就曾想使斯巴达成为他所谓的那样一种"文明"。规范化也是比如说让梅尔在《船底涂层与克里特神祇》(*Couroi et Courètes*)一书中所想做的事，他在"吕库古面具之下"发现了一个从各方面来看均可与非洲社会相比的社会，芬利(M.I.Finley)也是这么做的，他证明古典斯巴达有3个基本的面向：农业基础结构，分成homoioi(有同等权利的贵族公民)、非公民的自由民(périèques)和希洛人这样的等级，行政与军事体制，由过渡仪式、教育(agôgê)、年龄划分、共餐等形成的一个整体，这三个基本面向并非铁板一块地发展、构架而成，"公元前6世纪的革命"呈现给古典斯巴达的是一个扎根于年龄划分的各种要素和机构创新、转化和重新活跃的复杂进程，它们在传递过程中表面上显得未受到任何影响。[2]

有一点是真实的，即神话层面上的雅典青年男子就是实践层面上的斯巴达武备学员：从任何一个方面来看，武备学员都是重装步兵的对立面(anti-hoplite)；武备学员都是离开城市到处游荡、躲藏、不与人交往、"赤身裸体"的年轻人，也就是说并没有重武装

200

---

[1]　现在主要可参阅E.N.Tigerstedt，《传奇》(*Legend*)，及E.Rawson，《传说》(*Tradition*)。

[2]　参阅M.I. Finley，"斯巴达"，p.145。

配备，他们待在山上和乡间，自己找食吃，晚上就出去杀希洛人，监察官们为了使这样的谋杀行为不被污点化，每年都会宣布这是一场战争。根据柏拉图《法义》注疏家的说法，[①]这种隐退行为要维持整整一年时间，但柏拉图本人则说这是冬天才会发生的事。只要返回这篇文本，了解重装步兵的生活规则和道德及社会的行为规则就行，重装步兵的美德要比斯巴达其他地方到处尊崇的那种美德要高：共同生活和共餐，夏季白天在平原上开阔的地方战斗，面对面与方阵遭遇。只是，正如只有少量雅典女人才会扮演"母熊"，也只有少量斯巴达人才会过这种亨利·让梅尔拿来与非洲"变狼妄想"（lycanthropie）作对比的生活。[②]普鲁塔克明确说只有"最机智的"斯巴达年轻人才会被挑选出来超越这一过渡仪式，很有可能，成为全能型男人和战士的武备学员会被选入由300名"骑兵"（其实是步兵）构成的精锐军团，这样的军团尤其是要履行治安任务。[③]事实上，不可能将在斯巴达社会中发挥了有效职能的武备学堂隔离开来，这种职能自公元前8世纪起就得到了详细阐述，时间可追溯到征服美塞尼亚那时候：面对美塞尼亚和拉科尼亚受奴役民众燎原般的暴动，所有人都赞成维持警察国家的状态。武备学员，和雅典充满神秘色彩的青年男子一样，都是善用计谋的猎手，但他们是希洛人的猎手。[④]武备学员临时性的野蛮行为乃是一种高度社会化、甚至政治化的野蛮行为：这种野蛮行为直接是为了维护政治和社会的秩序。

乍一看，若是没有对斯巴达年轻人的教育，也就是所谓的agôgê，任何一个斯巴达人都不会将自己称为全能型的公民，这种教育就像是由各种"原始"类型的秘仪传授仪式构成的整体，即便

---

① 《法义》，III，633b。
② H.Jeanmaire，《船底涂层》，p.540及以下。
③ 参阅H.Jeanmaire，《船底涂层》，p.542–545。
④ 参阅W.Wachsmuth，《古代知识》（Alterthumskunde），I，p.462；II，p.304。

在古典化时代乃至以后，也仍旧发挥着效力。甚至斯巴达是唯一一个我们至少了解不同"年龄层"名称的希腊城邦，这些年龄层划分了童年、青年和成年。[①]某罗马史学家写道："吕库古规定儿童不应被带至公共场所，而是应被带到乡野上，以便他们不致早年就只知享受，而是要让他们劳作，体会艰辛，于是他决定他们只有到成年时才能进入城市。"[②]"荆棘丛"和城市，童年与成年：这些对立可以说是相当的清楚。切近看的话，就会发现事情并非如此的昭然若揭。首先我们观察到这个惊人的事实，但它又没有得到注疏家们的重视：即如要去确定斯巴达年轻人何时成为拥有全部权利的成年人，会很困难，甚而根本不可能做到；在修昔底德笔下，伯里克利站在雅典人这一边，在断言"以艰苦训练作为代价"，斯巴达人"从小时候起就进行具有勇武气概的训练"（ἐπιπόνῳ ἀσκήσει εὐθὺς νέοι ὄντες τὸ ἀνδρεῖον μετέρχονται）的时候，对斯巴达人年龄分层混乱的状态取笑了一番。[③]毫无疑问，我们都知道到约20或21岁的时候，斯巴达的irène（也就是青年男子）会成为sphaireus，亦即打球者，[④]但这个时刻并不会显得特别的戏剧化：在斯巴达，根本就没有雅典青年男子成为重装步兵时的宣誓，而这种宣誓也存在于从各方面看都与斯巴达、而非雅典相近的其他社会里，比如说克里特。我们有时候会依据色诺芬的文本，来肯定这种传统也是存在着的，[⑤]但他的文本对此却未发一言，甚至说得截然相反："对那些超越了少年期、从此以后可担任高级行政官职的人而言，其他希腊人却废除了保持身体活力的义务，只是要他们继续在军队里服役；但吕库古却颁发命令，说针对这个年龄层的人，狩猎是最好的职业，除非

202

---

① 欲了解最近的讨论，可参阅A.Brelich，《少男》，p.116及以下。
② Justin, III, 3, 6。
③ 修昔底德，II, 39, 1，附N.Loraux的阐释，见"赫柏与安德烈娅"（Hébè et Andreia），p.6。
④ 保撒尼阿斯，III, 14, 6。
⑤ A.Brelich，《少男》，p.125。

他们因对城邦负有义务而无法去狩猎，因为狩猎可使年轻人有能力承受军队里的劳动。"①很难说斯巴达的成年期是否是童年期的延长，或童年期是否并非进入成年生活和战士生活之前的训练期。不管怎么说，与其他地方发生的事情相反，比如说克里特，婚姻根本就不是少年期的终结：结婚后好几年时间里，年轻的丈夫仍将继续兵营生活，只能偷偷摸摸地和妻子相会。②但在其他希腊城邦，献祭头发标志着少年期的结束，而在斯巴达，成年人则有披长发的习俗。③献祭头发是一种过渡仪式，因为献祭包含了之前和之后两个过程；这和留发不同，留发根本不需要举行仪典。当然，我们对斯巴达年轻人经历的种种考验进行了研究，发现其中最有名的几项考验就是冒着危险到奥尔提亚的阿耳忒弥斯(Artémis Orthia)的祭坛里偷奶酪，④通过剩下来的秘仪传授仪式，甚至还有假死，⑤但任何一种考验均未起到关键性的作用。

相反，让喜欢读这些描写agôgê的有名文本，即色诺芬的《斯巴达政制》(République des Lacédémoniens)和普鲁塔克的《吕库古传》(*Vie de Lycurgue*)的读者感到震惊的是，斯巴达的童年似乎同时有着"野蛮性"和重装步兵文化的特色：儿童同时既是野兽，又是前重装步兵(pré-hoplite)，因为那些严格意义上的军事机构可以说对斯巴达的教育起到了刺激作用。就我们直接所见而言，那些用词也颇有特色。为了指称年轻人团伙，古人会同时使用agéla这个词，畜群之意，和ila这个词，确切地说该词指的是士兵小分队。⑥色诺芬的描述别具特色：儿童像那些武备学员一样，都已习惯于

---

① 色诺芬，《斯巴达政制》(Rép. des Lacéd.)，IV, 7, F. Ollier译，译文略有改动。
② 色诺芬，同上，I, 5；普鲁塔克，《吕库古传》，15。
③ 希罗多德，I, 82；普鲁塔克，《吕库古传》，1。
④ 色诺芬，同上，II, 9；不应使这种用法同后来演变成的罗马时代的场景混淆起来。
⑤ A. Brelich，《少男》，p.136。
⑥ 普鲁塔克，《吕库古传》，16；色诺芬，《斯巴达政制》，II, 11。M.P.Nilsson，"基础"，p.312，他认为普鲁塔克著作里的agélê意思就是指ila。团伙首领的正式称号，经铭文确证，是Bouagos，意为牧牛人。

耍诡计、偷窃、夜间行动, syssities(共餐)的时候都和成年人混坐在一起。[①]有一种仪式相当引人注目: 在斯巴达的Plataniste(梧桐树)林里, 定期会有两队(moirai, 这是斯巴达军队里的用词)拉凯代蒙的"青年男子"遭遇。战斗同时既有重装步兵的性质, 又有野蛮人的性质, 因为其中一定数量的防守动作, 包括撕咬都是得到允许的; 战斗之前先要向混合了野蛮人特质的好战之神阿瑞斯(Ényalios)[②]献两头狗, 也就是说献的是驯化最到位的动物——确切地说, 是两头幼犬。之前还会让两头野猪相斗, 尽管野猪很野蛮, 但也已éthades, 即被驯化。两方中得胜的野猪通常会给与之搭配的那队年轻人带路。[③]发生的所有这些情况表明, "野蛮"和"文化"似乎并非在互相对抗, 必须对其中的对立加以戏剧化处理, 而是应尽可能地将对立两方聚合到一起。[④]戏剧化只会针对武备学员。

204

拉斐托已经注意到斯巴达女性的地位与希腊其他地方截然相异, 他甚至就此说出了"女权政治"这个词。[⑤]普遍而言, 在最古老的或者说最仿古的希腊城邦里, 我们可以说性别之间的对立, 与像雅典这样的民主城邦相比, 感觉上要小得多。在后者的城市里, 女性的权力属于喜剧和乌托邦; 在斯巴达, 在罗克里斯(Locride), 还有其他地方, 女性的权力是内嵌于历史-传奇这一传统之内的, 而且和缺乏独立性的权力相连。[⑥]在斯巴达这样的特

---

① 色诺芬, 同上, II, 58, V, 5; 参阅普鲁塔克,《吕库古传》, 12。
② Ényalios是战神(Αρης; Arès)的别号。——译注
③ 保撒尼阿斯, III, 14, 8–10; 20, 8。竞赛的一队年轻人因向奥尔提亚的阿耳忒弥斯所作的献词而为我们所熟知, 这队年轻人会起一个无疑具有"狩猎"之意的名字; 另一队人马似乎比的是音乐。参阅, A. Brelich,《少男》, p.175。
④ 我们也可以来看看制度上所用的隐喻究竟有何用意: 正如N. Loraux("美丽的死亡", p.116)所指出的, 在温泉关战役的最后阶段, 300名斯巴达战士, 也就是后来成为国王卫队(Hippeis)的古老的武备学员, 战斗的时候"手抓牙咬"或"像种猪似的拼命抵抗着"(希罗多德, VII, 225, 与阿里斯托芬,《吕西斯特拉忒》, 1254–1256)。
⑤ Lafitau,《风俗》, I, p.73。
⑥ 参阅下文"奴隶制与女权政治", p.273。

例中，以及我们所知的"女性秘仪传授"[1]这样的特例中，该如何提出这个问题呢？斯巴达的女性在结婚的时候当然了解那些倒置仪式，它们和我们从希腊世界其他地方了解到的仪式相近：少女"被交到名为nympheutria的妇女手中，她剃光她们的头发，让她们穿上男人的服装和鞋子，让她们躺在草垫上，孤身一人，黑灯瞎火"，[2]但宽泛言之，我们发现斯巴达的童年和少女不太像是一种由仪式划分节律的准备期，也不太像是为了结婚，而是像在重复一种男性制度。这并不是说斯巴达女人时刻准备着参加战争，就像柏拉图的《王制》和《法义》里所说的女公民那样，而是说除了繁殖优秀儿童之外，根本就不存在什么女性职能。斯巴达的家庭几乎不能算是城邦的一种构造：相反，它努力要让家庭生活减至最精简的程度。

无论如何，我们从有关古代传统的罕见文献资料中所能获得的印象，并不是少女的教育和少男的教育之间的"平行关系"，[3]而是一种模仿(décalque)的平行关系：存在着少女的agélai，[4]也存在着少男的agélai；严格说来，女性的裸体在某些庆典中和男性的裸体一般无异；[5]体能训练和竞赛，两个性别都有；[6]很容易举出例子和参考资料。模仿说当然并不全面：小姑娘和少女并未被分配至不同的"年龄层"；在许多崇拜仪式中，女孩的作用与男孩的作用并不相同；像奥尔提亚的阿耳忒弥斯祭坛上的那种耐力考验只有男孩才能参与；同样，武备学堂也是严格限于男性的机构，古斯巴达所有专属政治意义上的机构也是如此。从斯巴达少女该词全面充分的意义上来看，她就是指"有缺陷的男孩"。

----

① 参阅A.Brelich，《少男》，pp.157–166，与Cl.Calame，《歌队》，I, pp.251–357。
② 普鲁塔克，《妇女的美德》(*Vertus des femmes*)，245f；《吕库古传》，15。
③ A.Brelich，《少男》，p.157。
④ Pindare, fr., 112(Snell)。
⑤ 普鲁塔克，《吕库古传》，14–15。
⑥ 色诺芬，《斯巴达政制》，I, 4。

毫无疑问，我们现在发现了雅典和斯巴达之间的平行关系已把我们带向何方，打了这么多场照面之后，我们还是会被它牵着鼻子走。从一个希腊城邦到另一个希腊城邦，作为秘仪传授语言基础的那些词语无疑都没变，在这门语言中，我们会轻易地发现现代人类学让我们去揭示的那些对立关系。但阶段论的布局太不相同，我们可以说斯巴达和雅典在实践中采取对立的方式几乎和修昔底德的论述中所采用的方式一样严格。然而，这样的对立关系明显就是着重于减少差异的历史演进的结果。毫无疑问，希腊社会本身乃是"历史"社会，我们知道被对立起来的是"寒冷社会与温热社会：一方由于其所赋予自己的制度，而试图用几乎自动的方式来取消历史因素对其平衡和持续性所能造成的影响；另一方则断然地将历史生成内在化于自身，使之成为其自身发展的动力"；[①]但斯巴达恰好就是这种类型的社会，它拒绝将历史内在化，但在面对其他希腊城邦时，则又成了复杂的历史文明的产物。提出这个问题是为了知道在向人种学家借用了他们使之适应于结构主义语言学的那些研究工具之后，是否就不会再轮到我们来提出关于他们的这种综合化的迫切要求，而他们由于赋予了历时轴线与共时图景同样的重要性，所以也就恰好向我们提出了这个要求。[②]除了符号体系之外，我们自己研究的那些社会——当然得撇开它们那种超历史的(transhistorique)、甚而超人种学的(transethnographique)科学意义不谈——甚至沉淀物或踪迹包含进去的那些符号体系究竟意味着什么，而每个社会是否也都会将艺术品或遗迹以文本的形式遗存于道上呢？埃德加·莫兰(Edgar Morin)曾提及这个奇异的宇宙，说它是遍布着旅游指南的宇宙："它类似于广袤的月亮园博物馆(Luna-Park-musée)。国家没有社会学[和历史学]，这对人种学、考

① Cl.Lévi-Strauss，《野性的思维》，pp.309-310。
② 在该方向上所做的最好的那些尝试，我们可指出如N.Wachtel，"阿亚拉的苹果"(Poma de Ayala)，和R.I.Zuidema，《库斯科》(Cuzco)(由N. Wachtel作序)。

古学、民俗和千奇百怪的东西倒是很有好处。"[①]古代与现代人种学家令人钦佩的研究工作极大地拓宽了史学家的"话题"(topique)，但没有历史的人种学是否就会成为一种与高等旅游截然不同的东西呢？

① E. Morin，《人的政治》(*Politique de l'homme*)，p.223。

207

第三章　女性、奴隶与匠人

第一节　希腊奴隶是否是一个阶级?*

在希腊社会中, 奴隶是否是一个阶级? 这个问题或许并不如其表面上显现的那样无足轻重, 以这样的形式来提问就要求研究希腊的历史学家作出某些澄清。

我觉得我们关于社会阶级的现代概念是与三个截然相异的现象关联在一起的, 我会在此以纯粹经验之谈不加选择地把它们列举出来。

1. 一个阶级, 就是指一群人在社会阶层中占据着一个经过明确定义的位置。这就是我们在论及 "大资产阶级" 或 "小资产阶级", 所谓的 "中产阶级" 或 "底层阶级" 时用通用的语言所表达的意思。我们就是以此种敏锐的经验之见了解到盎格鲁–撒克逊的作者们曾使用过这个词汇。显然, 并非偶然的是, 名为《罗马中产阶级》(*The Roman Middle Class*) 一书的作者英国历史学家希尔(Hill)在此书中专门写了这些罗马骑士, 而尼可莱(C.Nicolet)则在他的论著中证明了直到奥古斯都时代, 罗马骑兵都没有构成一个阶级, 而是构成了一个等级。

211

---

* 初版发表于《当今理性》(*Raison présente*), 6(1968), 然后又发表在D.Roche (主编)的《秩序与阶级》(*Ordres et Classes*), 社会历史研讨会, Saint–Cloud, 1967年5月24至25日, Paris–La Haye, 1973, pp.29–36。

2. 一个社会阶级在生产关系中占据了一个经规定的位置；这乃是马克思主义的主要成就，而坚持这个观点实乃毫无益处。

3. 最后，一个社会阶级对公共利益有清醒的认识，使用共同的语言，在政治和社会活动中参与共同的行为。这一点我们也应归之于马克思，我会简单地涉及到《路易·波拿巴的雾月十八日》(18-Brumaire de Louis Bonaparte)论述法国经营小块土地的小农的文字，"这庞大的人群都生活在同样的条件下，但还没有彼此因那些复杂的关系而联合起来"，每个人都知道马克思的结论是什么，他用的是"阶级"一词的两层可能含有的意思："在此范围内，成千上万的农民家庭均生活于那些经济环境中，彼此分隔，他们的生活类型、他们的利益和他们的文化与其他社会阶级里的人彼此对立，而他们就构成了一个阶级。但在此范围之内，在经营小块土地的农民中间，只存在局部的团结，他们对利益的认同在自身中间既未创造出任何共同体，任何民族的纽带，也未创造出任何政治组织，所有他们又没有构成一个阶级。"①

显然，很容易想办法将这三个有关等级、生产关系和意识的概念应用到希腊的古典时代和奴隶身上，但在投身于这场小小的游戏之中并使之无效之前，还是要绕一点弯路。我的第一个观点可概括如下：我们都已习惯于将古代社会视为是由主人和奴隶组成的——马克思本人在其《共产党宣言》(Manifeste Communiste)的开篇也是这么说的，但必须来这么看问题：1)情况并非永远如此，2)即便在古典化时代，也有两种类型的社会相遭遇，其中只有一个可被视为确切意义上的"拥护奴隶制"(esclavagiste)，这时才应该用到这个词。

在希腊，奴隶就是doulos，这个词自从在迈锡尼石板上以doero

212

---

① 《雾月18日》，pp.126–127(译文略有改动)。我在此处给出马克思的文本，是为了对特别是G.E.M. de Sainte–Croix的"卡尔·马克思"(Karl Marx)，pp.30–31中对我所提的异议作出回应。

的形式出现以来就已存在, 但该词的存在并不意味着迈锡尼的社会事实上已经了解到在自由人和奴隶之间存有着断然的、决定性的分别。其实, doero一词似乎有许多意思。我们会简单地将doero和诸神的doero区分开来; 我们还会引入各种细微的差别: 比如说, 我们会说到一个女人是doero的女儿和一个属于制陶人这一阶层的女人。其中的事实太过混乱, 以致于苏联历史学家伦茨曼(J.A. Lencman)完全被迈锡尼社会 "拥护奴隶制" 的解释所折服, 从而认为在那个时代的自由人和奴隶之间有着天壤之别, 他就doero这个词写道, 若不是该词本来的意思的话, 我们就根本没有任何严肃的理由将doero视为奴隶。[①]在这种情况下, 我们为什么就不能走得更远呢?

在荷马的社会, 或更确切地说, 若我们用词不当的话, 就是在荷马史诗所提及和想象的社会里, 当然存在着奴隶, 被掳掠的妇女, 战俘, 商业萌芽阶段所希求的奴隶, 但并不是只有奴隶才处于社会等级的底端, 他的地位也不是最糟。尤其是经常有人说奴隶并不悲惨, 芬利就曾比任何人更好地证明了这一点;[②]农业工人只拥有自己的臂膀, 而和财产、oikos不具有任何永久的关系, 所以雇工(thète)才最悲惨。简言之, 在荷马的社会和迈锡尼的社会里, 在自由人和奴隶之间存在着一系列的身份。

现在, 我们来越过几个世纪, 直接去往古典化时代。我们认为那时候有两种正相反对的典型, 它们公开对峙, 从社会层面上讲也是如此——我们会说: 它们是雅典的典型和斯巴达的典型。当然情况大致如此, 因为在斯巴达存在着极为独特的特点, 所以没法称之为寡头制国家, 但尽管如此, 大体说来, 若对斯巴达来说是这样的话, 那对帖撒利亚或克里特来说也都是如此。

213

---

① 　《奴隶制》(*Esclavage*), p.181。
② 　参阅《尤利西斯的世界》, pp.68–70。尽管如此, 这样的断言还是遭到了A.Mele的质疑, 见《社会》(*Società*), p.107及以下。

在雅典，情况则要简单得多，我们读六年级起对此就已很熟悉。存在着公民、侨民、奴隶，当然也有财富水平的差异，城市与乡村之间的差别，我还得补充一点，还有年龄的差异，因为雅典的"根本法"是将"青年人"和"老年人"对立起来的。

显然，在奴隶的世界内部，有着巨大的差异。这和宪兵、公务员或矿工，和摆摊或当农业工人不是同一回事，但从法律上看，就个人身份的观点来讲，这些差异至少在公元前5世纪还微乎其微。有个极好的证明，我会在不止一个雅典人的经历那儿找到。假设有个人声称自己是公民，但其身份受到了质疑；首先，他会在自己所在的区的公民大会上接受评判。如果区级宣称他不是公民，那他就会被贬至侨民一级，仍保有个体的自由，但若他无法接受这样的判决，向更高的法院提出申诉(éphésis)，那这场纷争就会被转至最高法院(héliée)的人民法庭。如果他在那儿败诉，那他就会被卖为奴。相反，一个被解放的奴隶在有权力享有公民称号之前，只能——这是被解放奴隶的通常命运——获得侨民身份。简而言之，这种做法干脆利落，很激进，也同时表明了雅典社会里的三个范畴，公民，外国居民(étranger résidant)和奴隶——这种纯粹的外国人，就是芬利所说的外人(outsider)——实际上就是雅典的真实写照。

几乎不再需要强调这样一个观点，即在任何一种情况下，这三个范畴均不构成我们在任何一个层面上所定义的那种阶级，即便我们承认莫塞(Cl.Mossé)的说法也罢，他认为公元前4世纪构成了一个同时包含了公民和入籍的外国人(包括曾经为奴的人)的富人群体。[1]

我们的教科书也告诉我们，说斯巴达的社会分成三个部分：有同等权利的贵族公民(pairs; homoioi)、非公民的自由民(périèques)、希洛人——但这种区分与雅典无丝毫共同之处。希

---

[1] Cl. Mossé，"阶级"(Classes)，pp.27–28。

洛人和homoioi乃是两个极端，我们无法说自由的范畴可完美地应用于有同等权利的贵族公民身上，也没法说奴隶的类别可运用于希洛人身上。我们就把非公民的自由民撇在一边，况且关于这类人，我们可以说是知之甚少，他们是包含于拉凯代蒙国（État lacédémonien）的各个城邦的公民。Homoioi这个名称听上去不错，但即便在公元前5世纪，它都丝毫没有形成一个同质的社会群体。必须强调的是在homoioi的内部存在着一些特定的群体，像武备学员，这些年轻人都跑到战场上去建功立业去了，如由近卫军官（hippagrètes）统领的300名hippeis（骑兵）就是这样，尽管起了这个名称，但他们仍旧徒步行军，和使节（agathoergoi）一样，希罗多德对我们讲过这些使节（I, 67），他们都是从"骑兵"里遴选出来完成秘密使命的，任期5年。此外，经历过agôgê，即斯巴达教育的所有斯巴达年轻人都能成为homoios，但并非所有人都能这样，我们观察到在公元前5世纪出现了多层中间层，类别愈来愈多，其中某些类别可回溯至极其遥远的时代。有一种情况是hypomeiones，指的是没有可继承租地，即klêros的斯巴达人，还有因军事上的原因而降职的那些人，他们形成了一个特殊的类别，我们称之为trésantes，亦即惶恐者。[1]至于希洛人，可以说是很复杂。一名希洛人可以是一名mothax，古代的资料来源一会儿将这个词解释为指称出生在家宅里的奴隶，一会儿又说是指和斯巴达人一同长大的希洛人，而且也将经历未来享有同等权利之贵族公民获得的那种agôgê。被解放的希洛人将成为néodamode，即镇区（damos）的新成员，但仍无法成为homoios。简言之，斯巴达的社会的特点就是这一系列身份，但我们无法清晰地去描述自由是从哪儿开始的，奴隶制又是从哪儿终结的，因为实际上，即便是"平等者"，也不是该词雅典意义上的自由

---

[1]　参阅N. Loraux, "美丽的死亡", pp.108–112。

人。细微的差异有很多，其他乡村社会似乎也是这样，尤其是克里特的社会。在那儿，当我们描述受奴役群体，有时候是"拥有全部权利的"公民的群体时，又会遇到各种各样的丰富用语。因此，不应让自己受这样一个事实的欺骗，即同样一个词，像意为受奴役群体的douleia，在公元前5世纪一份条约（修昔底德，V, 23）里，在雅典就是奴隶，而在斯巴达，则指希洛人。

现在，我们来让我们的社会群体骚动起来。在让这两种类型的社会活跃起来的极端暴力的社会冲突中——尤其是公元前4世纪——奴隶到底起到了何种作用呢？对古典化希腊阶级斗争最惊人的描述或许是柏拉图在《王制》卷7、卷8和卷9开篇的那些话。柏拉图自称是斯巴达的景仰者，但他的"信息"基本上都是雅典的和西西里的；他在西西里观察了军事僭主制(tyrannie militaire)的功能，并虚晃一枪，说理想的共和国会变成荣誉制(timocratie)、寡头制、民主制、僭主制，从而从公元前5和前4世纪受到审视和修正的历史中取用自己的材料。在所有这些"事件"中，奴隶究竟扮演了何种作用呢？作用很小，但不能说全然没有。在我们看来，在据认为解释了民主制登基的那个关键时刻，柏拉图又是如何想的呢？他首先作了军事上的分析。他说让寡头来发动战争几乎肯定是不可能的事：他们要么被迫武装民众，但又比敌人更害怕民众，要么不这么做的话，他们就会在战争中发现自己只是oligoi，人数极少。柏拉图在一篇引人注意的文本（《王制》，VIII, 556d）里提到了战斗队列中存在着两种并行的现象，富人这一边，都躲在阴凉底下吃饭，纯是脑满肠肥之辈，而穷人这一边，则是骨瘦如柴，顶着灼人的烈日，心里思忖着："这些人都是因为其他人太怯懦才这么有钱。"柏拉图告诉我们，"当战胜敌军的穷人屠杀了一些人，又驱逐了另一些人，和那些留在政府里任职的官员们平分秋色之时"，民主制也就建立起来了。奴隶，则只字都没提到。柏拉图只是在说明人身上的三个层级，即理性、勇气、低等欲望，说在这种类型的社会里，第一和第二位都是第三位的奴隶，才隐喻性地说到了奴隶制；他在说明dêmos时，说它是由有产农民(autourgoi)、游手好闲者(apragmones)、占有者构成的；显然，任何时候都没有将奴隶包括进去。奴隶要到更晚之时，也就是僭主制登临的时候，才会介入进来。事实上，柏拉图在这儿承认僭主从主人手上剥夺了奴隶，解放了他们，使之与主人平起平坐，而这些与公民平起平坐的人，柏拉图说，也就这样穿上了奴隶制的号衣(《王制》，VIII, 569ac)。确实，此处涉及到了一种有时候会得到使用的政治手段，所以也就成了近来研究的对象。[1]

柏拉图的描述完全得到了我们从雅典历史中了解到的情况的确认，或许公元前6世纪民主制草创时期是例外，在那个时代，自由人和奴隶之间的区别并不像我们所说的公元前6世纪末起的那种区别这么泾渭分明。随后，奴隶来了次集体清算，于是便成了我在这篇短文开头所说的第三种意义上的阶级吗？非也，甚至在最戏剧化的插曲中，也不是这么回事，那时候，有两万名奴隶(主要都是匠人，即cheirotechnai，这些人是靠自己的双手劳动的，无疑他们中间有许多矿工)因斯巴达侵占狄凯里亚(Décélie)而逃跑(修昔底德，VII, 27)。这些奴隶什么都没要求：既没要求管理雅典，也没要求集体获得公民权；那些希腊人当然要求获得其原来就有的公民权，所有人都要求获得自由，这是很自然的事，但没有一个人有雄心，说要成为雅典的统帅，成为执政官。在公元前4世纪，是有某些确切的例子，有些奴隶有这样的雄心；但在任何一种情况下，奴隶群体均未集体提出过这样的要求。

这难道是说奴隶并未起到重要的作用吗？事实上，恰是奴隶使公民的身份变得明确起来。从公元前6世纪起，有一个经典的例子，那就是开俄斯(Chios)，在这座城邦里第一次出现了民主制度，泰

---

[1]　C. Mossé，"奴隶的角色"(Rôle des esclaves)。

奥彭波斯(Théopompe)①告诉我们，开俄斯人第一次到国外去获取奴隶。芬利有个很有名的说法："简而言之，希腊历史有一个层面，即自由和奴隶制携手共进，都跑在了前头。"②

217 　　奴隶使社会得以发动起来，这倒不是因为奴隶包揽了所有粗笨的活儿(这种说法根本不对)，而是因为他的反公民(anticitoyen)、绝对外人的身份使得公民的身份得到了发展；因为奴隶贸易，简单说就是贸易，货币经济，使相当数量的雅典人成了公民。这就是说我在这儿所捍卫的观点完全和19世纪亨利·瓦隆(Henri Wallon)及福斯特·德·库朗热(Fustel de Coulanges)相反。仍然是19世纪，史学大家科拉多·巴尔巴加罗(Corrado Barbagallo)在他那本名著③中给出了解释，他说奴隶制的存在败坏了，甚而毒化了各个阶层之间的社会关系。我认为情况恰恰相反。当然，我也认为主人和奴隶之间的对立关系就是古代世界的基本矛盾，但无论任何时候，这些主人和这些奴隶在当时的社会实践中均未有过直接的对峙。为了让大家更好地理解我，我这就来举一个古代世界之外的例子：在14世纪的佛罗伦萨———一般而言，就是指中世纪的意大利城邦———基本的矛盾乃是城市与城郊居民(contado)之间的矛盾。一旦越过佛罗伦萨的那些门户，人们就进入了与这座城市截然不同的空间之中；农民，即contadino，并非通常意义上的佛罗伦萨公民。毫无疑问，存在这样一个事实，即佛罗伦萨只是部分开发了乡村地区，对乡村也只是施加部分的管制力，但这种基本的对立关系并未能阻止14世纪佛罗伦萨的社会斗争本质上也使都市的各个群体呈彼此对抗之势。

　　现在，我们到斯巴达、帖撒利亚或克里特类型的乡村社会去看一看。对比相当惊人。有一个简单的事实说明了这种情况：在第二

---

① 　泰奥彭波斯，出生于开俄斯，公元前4世纪的古希腊历史学家。——译注

② 　Théopompe, fr., 122(Jacoby); M.I. Finley,《奴工》(*Slave Labour*), p.164。

③ 　C. Barbagallo,《没落》(*Déclin*)。

次米底亚战争期间，雅典和斯巴达均彼此倾尽了所有的人力资源。雅典的舰队征调了3万多名公民；斯巴达在普拉塔伊阿从homoioi中征调了5万名重装步兵，同样数量的非公民的自由民和3.5万名希洛人。仅这一个事实就使这两种体制产生了本质性的差异。除非存在例外情况，在雅典调动奴隶根本不成问题，如若要让他们参军，就会解放他们。由此可知，尽管希洛人离拥有全部权利的公民还差得很远，但他仍能在政治活动中发挥作用，而且是重要的作用。在斯巴达，希洛人在政治上提出要求是可能的，但在雅典，奴隶若是提出政治上的要求，就会被认为很不合适。

218

在斯巴达，这样的要求趋向于两个可能的方向：一是分裂，希洛人就梦想脱离美塞尼亚，当埃帕米农达斯的那场战役敲开了重建美塞尼亚的通途之时，这个梦想就会实现；另一个很简单，就是融入斯巴达：这一点并非不重要。公元前4世纪的那些插曲已是尽人皆知；我只说一下这样的一个插曲，时间可追溯到伯罗奔尼撒战争，是修昔底德告诉我们的(IV, 80)。监察官们发布了一份郑重其事的公告，以怂恿认为自己已为斯巴达忠心耿耿服务了这么多年的那些希洛人衡量自己能否从奴隶身解放出来。最骁勇者、最相称者事实上就会认为自己很符合监察官们的要求。监察官从中挑选出2000名希洛人，他们欢天喜地地脱了奴隶身，在头上戴上了冠饰。之后，他们就消失了，消失得无影无踪。我认为，这段插曲清晰地表明了要求有多强烈，镇压又有多酷烈，因为斯巴达正是靠希洛人的暴乱才能展现其存在。一个奴隶逃到雅典，不是什么大事，而狄凯里亚战争期间，有两万名奴隶逃走，就算得上是一场灾难。但两万名奴隶可通过购入其他奴隶而被替换掉；在斯巴达，购买其他希洛人尚未被提上日程，因为一个希洛人并不是一样可在市场上买卖的物品；这也就是为什么希洛人的抗争运动会使斯巴达的等级彻底遭到质疑。在公元前3世纪末和公元前2世纪初，僭主纳比斯(Nabis)试图解决斯巴达的这个问题；他甚至还下决心向弗拉米尼乌斯(Flaminius)作了解释, 在一篇李维以自己的方式复述的演讲稿中, 他说 "我们的立法者既不想让城邦落入某些公民的——也就是你们所谓的元老院——手中, 也不想由一两个等级来掌控城邦; 相反, 他认为只要财产平等和荣誉平等, 就会有很多人拿起武器保卫自己的国家".[①]这样的断言口气实在太大! 纳比斯假借吕库古之名而拟定的规划其实非他, 就是雅典于公元前6世纪已经实行过的那个规划。他显然做的有点晚了, 可以说, 他缺的只是使雅典, 首先是奴隶的发展, 成为可能的条件。因此, 我们发现doulos这同一个词指称的乃是截然相异的社会现实, 但最奇异的或许是去发现人们究竟到多晚才意识到这个差异的。什么时候? 回答很清楚: 公元前4世纪, 当时, 斯巴达、克里特或帖撒利亚类型的社会正在解体。于是, 出现了那些理论家们, 柏拉图, 亚里士多德学派, 他们对将人置于 "自由人和奴隶"[②]之间的这些怪异的身份进行了思考。但这个时刻——表面上, 在那个时代, 奴隶制的古典形式, 即商品奴隶制(esclavage marchandise)甚嚣尘上——也是提出崭新问题的时刻, 就此而言, 在希腊化时期的世界中, 无论是希腊诸城邦还是君主制的命运所依赖的那些劳动力本质上均已不再是像我们所了解的古典城邦里的那种奴隶制, 但埃及或东方的广大的依附农民, 却连亚里士多德都认为他们是 "天生的奴隶"。

我在这儿并不会涉及这些问题, 而只限于作简短的评论。公元前2世纪和公元前3世纪初奴隶暴动的现象并不应使人以为自此以后就存在着一个该词现代意义上的奴隶阶级, 或多或少包含了大多数受奴役民众。公元前139—前133年, 像西西里这样的暴动是由牧羊人起先举事的, 牧羊人武装反抗的国土长期以来就在农民和畜牧者之间有着根深蒂固的传统冲突, 那儿的大农庄其实就

① Tite–Live, XXXIV, 32, 18; 参阅C.Mossé, "纳比斯"(Nabis)。
② 参阅下文 "对希腊奴隶制的历史文献所作的思考"; 亦可参阅M.I.Finley, "奴隶制与自由之间"(Between Slavery and Freedom)。

是大型的畜牧企业。我认为，这样的暴动本质上与霍布斯鲍姆(E. Hobsbawm)在其《原始的暴动》(*Primitive Rebels*)[1]一书里所分析的那些暴动难以区分开来。无论什么时候，都不可能正二八经地勾画出一个无阶级的理想社会。况且，暴动奴隶的领袖也会自称为王；他会以安条克的名义聚敛钱财，并在这些钱财之上出现一个西西里的古老神祇埃纳的得墨忒耳(Déméter d'Enna)。倘若它能维持长久的话，那毫无疑问这些暴动也会有自己的奴隶。[2]就此而言，希腊化–罗马时代的奴隶并不像古典化时代的城邦里那样是一盘散沙，城邦组织乃是他们行为的界限。史学家叙拉古的宁佛多罗斯(Nymphodôros de Syracuse)讲述了一则希腊化时代有点悲剧性的轶事，是个很好的见证，而这则轶事也为我提供了结论。[3]场景设在开俄斯，该城邦生活着第一批买来的奴隶。那儿发生了奴隶逃跑事件，经过好几个来回之后，其中有一个类似于侠盗罗宾汉(Robin des Bois)的叫德里马科斯(Drimacos)的奴隶便向开俄斯人建议来解决这个问题。他的结论是和奴隶休战，不要再去"回收奴隶"(récupérations)。今后将遭(轻微)劫掠的所有货栈均可烙上官印，以免受到事态发展的影响。至于在逃的奴隶，他建议将没有正当理由出走的奴隶送还回来。他说，如果他们去意已决，那我就会看管住他们，但如果情况相反的话，我就会把他们送还回来。所以，逃跑的奴隶就会少很多。只是，他看管的那些奴隶都拿着武

220

---

① E.J.Hobsbawm，《原始人》(*Primitifs*)。

② 在公元前104年起的西西里第二次奴隶暴动期间，莫尔甘蒂纳(Morgantina)城遭奴隶围攻，领头者是"国王"萨尔维乌斯(Salvius)；奴隶这侧和遭围攻者这一侧一样，均许诺莫尔甘蒂纳的奴隶若是选择正确的话，即可获得自由(Diod. de Sic., 36, 4, 5–8)；这则插曲说明狄奥多罗斯(Diodore)的宽泛断言是有局限的，根据其断言，穷苦的自由人都是自愿投奔暴乱者一方的(Id., 36, 11)：首先，我们有这则基于事实的陈述，其次，我们或许只有这一则理论上的断论。关于这则插曲，可参阅M.I.Finley，《西西里》(*Sicily*)，pp.139–145，与A. Momigliano，《蛮子的智慧》(*Sagesses barbares*)，p.47。

③ Fr., 4(Jacoby)，转引自Athénée, VI, 265c–266e。关于该文本，可参阅S. Mazzarino，《斯多亚派思想家》(*Pensiero storico*)，pp.49–50与505, n.363；A. Fuks在"奴隶战争"(Slave Wars)里所作的尝试，从所述事实的日期来看，并不具有说服力。

器，还是害怕他们的主人。尽管如此，德里马科斯仍然出于好意这么做了，他年老之后，开俄斯人悬赏通缉他的首级，甚至于要求为了城邦着想而去割下他的脑袋，以获得说好的大量补偿。岛上的公民们最终将这位叛军的典型人物竖立为英雄，当骚动出现在受奴役的民众中间时，他就会萦回在他们的梦中。

　　历史并没有说他是否在自己的营房门上贴上了这样一句箴言，就像乔治·奥威尔(George Orwell)《动物农庄》(*Animal Farm*)里的那个主人公那样，那句箴言是这么说的："所有奴隶都是平等的，221　但有的奴隶要比其他人更平等。"①

---

　①　我们将注意到M.I.Finley在《古代奴隶制》(*Ancient Slavery*)第77页的论述是与该文展开的论据相符的。

第二节　对希腊奴隶制历史文献的反思*

阿泰纳尤斯(Athénée)①的《智术师的宴饮》(*Banquet des sophistes*)第6卷②中关于希腊奴隶制的词汇和历史方面的文献极为丰富,他引用了历史学家开俄斯的泰奥彭波斯的一篇文本,我们可以说在近年来关于奴隶制的讨论中,他就处于核心地位,他说:"开俄斯人是帖撒利亚人和拉凯代蒙人之后首先使用奴隶的希腊人,但他们却和后者获取奴隶所用的方式不同。事实上,正如我们所见,拉凯代蒙人和帖撒利亚人均依据在他们之前居住于其现在所占的这个国家的希腊人的作法,构建了他们自己的奴隶等级(douleia):前者依据的是阿开亚人的做法,帖撒利亚人依据的是佩莱比亚人(Perrhèbes)和马格涅特人(Magnètes)的做法。一方将沦为奴隶的人称为希洛人,另一方则称之为佩奈斯特人(pénestes)。至于开俄斯人,他们都是将蛮子变成了自己的仆人(oikétai),他们在这么做的时候会为此付一笔钱。"③

为什么要说这篇有名的文本处于所有讨论的核心呢? 可将它与以"开俄斯根本法"(Constitution de Chios)④之名为人知晓的那篇铭文中《反腓力辞》(*Philippiques*)第17卷残篇作一比较,芬利就此提出了一个很有名的说法:"简而言之,希腊历史有一个层面,

233

---

* 发表于《1971年奴隶制研讨会会议纪要》(*Actes du Colloque 1971 sur l'esclavage*, Annales litt. de l'Université de Besançon), Paris, 1973, pp.25–44;译文略有更正,见L. Sichirollo(主编),《古代与现代的奴隶制》(*Schiavitù antica e moderna*), Naples, pp.159–181。

① 阿泰纳尤斯,生活于公元前3—前2世纪的希腊博学之士和语法学家。——译注

② 该文本质上是已在贝藏松(Besançon)宣读过的论文。我自然已将针讨论中针对此文的评论以及发表后P. Lévêque、Cl.Mossé和J. Ducat就此问题所作的研究都考虑了进去。

③ F.Gr.Hist, 115, fr., 122, 见Ath., VI, 265bc。关于泰奥彭波斯的综合论述,可参阅A.Momigliano, "泰奥彭波斯"(Teopompo), 该文和其他几篇补充书目均出现于《第三篇论文》(*Terzo contributo*), I, pp.367–392。

④ 最新版是R.Meiggs和D.M.Lewis的《选择》(*Selection*), n°8。如今,我们可将该文本追溯至公元前570年左右。

即自由和奴隶制携手共进，都跑在了前头。"[1]而且，我们的文本相当清晰地将希腊人所熟知的两类奴隶制对立了起来：一者是希洛人的奴隶制，一者是商品奴隶制（照盎格鲁撒克逊人的说法是chattel-slavery）。确实，这方面有许多很明确的对立关系。编年史上的对立：之前，是老的奴隶制（在更早之前，根本就没有奴隶制）；之后，是新的奴隶制。类型上的对立，也可以说是"民族"上的对立："老的"奴隶都是希腊人，"新的"奴隶都是蛮子。最后，是获取方式上的对立："老的"奴隶之所以沦为奴隶，皆因军事上被征服之故，"新的"奴隶则相反，是通过市场机制花钱买来的。

　　洛策（D.Lotze）出版于1959年的著作的书名取自亚历山大里亚的语法学家波卢克斯（Pollux）的一则说法，波卢克斯试图对那些介于"自由人和奴隶"[2]之间的人下一个定义，自从洛策的这本书出版以来，大部分关于奴隶制的讨论都是在对泰奥彭波斯就两种"奴隶制"之间的区别涉及多大的范围进行衡量。（但所谓的两种奴隶制的说法是在滥用语言，因为确切地说，其中一个受奴役等级，即chattel-slavery有着极为清晰的身份，而另一个等级却是本来就难以作出清晰明了的定义。）在该领域所作的研究工作大家都很了解。[3]就此而言，我自己也尝试着去推进这场讨论，我的努力出现在两个方向上。我在重述了克劳德·莫塞[4]的

224

----

[1]　"奴工"，p.164，亦可见《奴隶制》(Slavery)，p.72；现在还可参阅《古代奴隶制》，pp.67–92。

[2]　D. Lotze，《中间阶层》(Metaxy)；参阅Pollux, III, 83。

[3]　可特别参阅M.I. Finley，"奴隶身份"(Servile Statuses)，"奴隶制与自由之间"；D.Lotze，"类人"(Woikees)；Cl. Mossé，"奴隶的作用"；P.Oliva，"希洛人"(Helots)；R.F.Willetts，"奴隶体制"(Servile System)。这份名单自然还缺了很多，这些作者的观点都很一致，尤其是当他们声称信仰马克思主义时就更其如此了；P.Oliva就将奴隶制视为一种"尚未得到发展的"形式，而Willetts则完全正确地认为古典化时代的奴隶制是截然不同的；但当他说到"农奴"(serfs)时，却与欧洲中世纪时代相混淆了起来。R.F.Willetts在一篇后来的文章（《术语》[Terminology]，pp.67–68)中重提了这个问题；尽管有这些评论，但我仍然不认为不可以用"奴隶"(bondsmen)来取代"农奴"(serfs)一词。

[4]　见"奴隶的作用"。

说法之后，是要去证明政治领域中的奴隶的两个范畴是彼此对立的。①"商品奴隶制"(esclaves-marchandises)在政治上完全无能动性，甚至当他们成批成批地聚在一起时，就像拉乌利昂的阿提卡矿场上那样，仍然使得希腊人、佩奈斯特人等展开的极其明显的政治活动毫无下文。让拉乌利昂的矿工和雅典的雇工联合起来，要求采取激进的民主制，这种想法根本就是莫名其妙；相反，我们可以发现，公元前397年，在斯巴达，基那敦(Cinadon)意图将拉凯代蒙人中所有低等级的人聚合起来反抗homoioi；正如色诺芬的著作②中监察官们的眼线所说的："据说领头者只不过是一小撮人，都值得信赖，但那些人说过所有的希洛人、新公民(neodamodes)、低等级的人(hypomeiones)和非公民的自由人都是这种想法的同谋者：因为，每一次，这些人只要一提到斯巴达人，他们中没一个人会隐藏这种想法，即把那些斯巴达人吃掉，甚而生吞活剥下去，是件大快人心的事。"我甚至觉得这种行为上的对立极具本质性，因为问题就在于古典化时代的骚动和暴动都具有政治上的特性(也就是说参与者没有什么目标，只想获得个体的自由)，而这也清清楚楚地表明了泰奥彭波斯将这种类型的"奴隶"视为比另一种类型的奴隶要更为古老，即便那些文本并未正式向我们说到这一点。③此外，一方的活跃，另一方的怠惰也反映在了军事领域里：希洛人在拉凯代蒙的军队里服役，而雅典的奴隶只能在特殊的和紧急的情况下才会得到征召，④因为服役就等于解放了他们。

225

---

① P. Vidal-Naquet，"经济与社会"(Économie et Société)，p.127及以下，以及上文"奴隶是否是一个阶级？"。
② 色诺芬，《希腊史》，III, 4, 4—11。(此处有误，应为III, 3, 4—11。——译注)
③ 参阅下文说到的公元前4世纪彭特的海拉克列斯(Héraclée du Pont)的暴动。我们还可以参考俟名史学家叙述的有关建立以弗所的传说，见Malakos, F.Gr.Hist. 552, fr., 1，见Ath., VI, 267ab。以弗所是由1000名暴动的萨摩斯人(samiens)建立起来的，获准后，他们获得了移居以弗所的权利。如果这则轶事有哪怕一点点历史上的根据的话，那它也只能和乡村地区的家仆(dépendants ruraux)相似；M. Sakellariou就很清楚地看出了这一点，见《希腊移民》(Migration grecque)，p.127。
④ 参阅Y. Garlan，"希腊奴隶"(Esclaves grecs)，1。

　　我的第二个进路则截然不同，因为它迂回走上了神话之途，走上了传说故事和乌托邦的那条道路。[1]从希腊城邦建立于将女性、奴隶、外国人排除在外（年轻人也会临时被排除）的这一事实出发，我试图发现女性和奴隶在"颠倒的世界"这一想象的情境下的状态，从某种意义上说，我们觉得他们就像是"正常"社会的翻转版。然而，我们观察到，当谈到斯巴达、阿耳戈斯、罗克里斯，简言之，"希洛人的"奴隶制国家时，这个"颠倒的世界"就成了由奴隶和女性统治的世界。相反，阿里斯托芬在其《妇女公民大会》里倒是能很好地呈现出一个妇女掌权的社会，但奴隶却仍旧得卖力地劳作；同样，在《吕西斯特拉忒》里，无论是外国侨民，还是奴隶，都和夺取雅典卫城沾不上边儿。受奴役者掌权，根本不可能，而且也完全没提到议事日程上来。[2]

　　我在这儿还要通过第三个迂回方法来"测试"此种对立关系是否合情合理，那就是历史文献的迂回法。事实上，向我们提供了出发点的泰奥彭波斯的文本不可能是随便哪个时代写出来的。粗略看来，我们可以将写作日期确定为公元前4世纪前30年，也就是腓力的统治末期或亚历山大远征的初期这段时间。[3]因此，我们就可以确定是在希腊准备不再奴役希腊人、而是奴役蛮子的那个时期，也就是在那个时候，即公元前437年，亚里士多德离开了学园（Académie），演发出了他的"天生为奴"的理论，而且他还很关注拉凯代蒙的希洛人和克里特的"非公民的自由民"。从而，像泰奥彭波斯这样的后续文本也就可以相当容易地得到理解了。因此，在随后的那一代人里，提麦奥斯（Timée）[4]也将谈起引入"用钱买

---

① 参阅下文"奴隶制和女权政治"。
② 关于女性和匠人之间的类比，可参阅下文"暧昧性研究"，p.315；关于《吕西斯特拉忒》，可参阅N. Loraux，"喜剧的卫城"（Acropole comique）。
③ 关于《反腓力辞》的写作日期，可参阅W.R.Connor，《泰奥彭波斯》（*Theopompus*），p.5。
④ 此处或是指陶罗梅尼翁的提麦奥斯（Timée de Tauroménion），公元前4—前3世纪的希腊历史学家。——译注

来的"奴隶，但他没说要引入开俄斯，而是说要引入像罗克里斯人
(Locriens)和波奇司人(Phocidiens)这样的古代希腊人中间；他们
并不是用来代替受奴役的希腊人，而是代替履行国内工作的年轻
人。[1]此外，阿泰纳尤斯卷六的那篇文本也很好地见证了历史学家
和语文学家这方面的兴趣，尤其是围绕希腊化时期的拜占庭的阿
里斯托芬(Aristophane de Byzance)，以及有着往昔时代残存遗迹
的怪异的奴隶身份；[2]要往前回溯着实很不容易。

　　然而，有很多迹象表明在泰奥彭波斯的时代，由于对奴隶制的
起源缺乏历史意义上的反思，关于奴隶制可能拥有的最佳讨论形
式，以及由此出现的关于"希洛人的"奴隶制和chattel-slavery奴隶 227
制孰优孰劣的讨论，就变成了对流通货币的讨论。最清晰的证言或
许在柏拉图的最后一部著作中可以找到，该书出版于他死后(公元
前347年)，这部著作就是《法义》。[3]柏拉图说："就各方观点看来，
困难就在于奴隶问题"：τὰ δὲ δὴ τῶν οἰκετῶν χαλεπὰ πάντῃ，[4]
而这并不仅仅是理论上的困难，这么说出于这样一个事实，即劳
动力(cheptel humain)使用起来"并不方便"(777b)。"对几乎所有
希腊人来说，拉凯代蒙人实践的希洛人制度(hilotisme)都提供了一
个讨论和争执的主题，有的人觉得这种制度适逢其时，另一些人
则觉得不是这么回事。他们对自从马利安度罗伊人(Mariandyniens)
变为奴隶之后由赫拉克利亚人(Héracléotes)实践的奴隶制却没

---

① F.Gr.Hist., 566, fr., 11–12, 见Ath., VI, 264cd与272ab, 与Polybe, XII, 5, 1及以下。
② 参阅下文的一些参考资料。A.Momigliano在泰奥彭波斯文本的谱系中提示了一个令我感兴趣的研究方向：至少有两位希腊化时代末期的历史学家，即Posidonios d'Apamée(F.Gr.Hist., 87, fr., 38)和Nicolas de Damas(F.Gr.Hist., 90, fr. 95), 在chattel-slavery发明了之后，汇集了发生在开俄斯人身上的种种不幸的轶事。毫无疑问，我们应该以同样的方式来解释德马斯科领导的奴隶暴动这个插曲，就像Nymphodôros de Syracuse(F.Gr.Hist., 572, fr. 4)叙述的那样。这些文本(由Ath.引用, 见VI, 266ef)的特点是洋溢着情绪上的反应，在面对chattel-slavery时，希腊化时代末期的某些知识阶层对此还是很熟悉的。
③ 参阅G.R.Morrow, 《柏拉图的奴隶制法律》(Plato's Law of Slavery), pp.32–39。
④ 《法义》, VI, 776b。

什么争执，对帖撒利亚的佩奈斯特人(πενεστικὸν ἔθνος)也是如此"(776c–d)。这些争执有一个实际原因，柏拉图很清晰地阐明了这一点：美塞尼亚人持续的暴乱说明城邦获取的是形成一个群体的，尤其是能讲同一种语言的奴隶(777cd)。如果想正确使用奴隶的劳动，那就必须在某种意义上使奴隶在社会上变成一盘散沙，也就是说必须让他们既不是来自同一个国家，又不讲同一种语言(777d)。换言之，必须使他们成为陌路人，[①]要在足够广袤的地理空间中征募他们，使得他们根本就不可能来自同一个民族。柏拉图就是这样选择的，这么做有利于"商品奴隶制"。总而言之，柏拉图在《法义》中得出的那些结论可从他在《王制》中提出的那个公理推导出来：即不应将希腊人沦为奴隶。[②]这后一个公理毫无疑问几乎各处都有，但柏拉图却像泰奥彭波斯那样，但又比泰奥彭波斯要早，通过《法义》断然地在希洛人和市场上买卖的奴隶之间设定泾渭分明的对立关系，而证明了这种想法的独创性。关于这一点，亚里士多德根本就没有照搬，[③]当时有人问他比如说获取了并未形成一个同质性群体的奴隶之后，该如何避免威胁着斯巴达和帖撒利亚的革命的危险。

228

由此可知，就我们所知的情况来看，在泰奥彭波斯之前，没有人梦想过将此种对立关系置于历史的视角来看待，而他却区分了之前的希洛人和佩奈斯特人以及之后的付钱买来的奴隶。

因此，就让我们回到这篇主要的文本上来，因为仔细想一想，就会发现里面有许多特别之处。我们已经发现，泰奥彭波斯是将"买来的"奴隶和蛮子，"古代的"奴隶和希腊人等同起来的。当

---

① 后面我还会回到马利安度罗伊人提出的这个问题，他们是赫拉克利亚人管辖的比赛尼亚附属民。

② 《王制》，V, 469c。

③ 《政治学》，I, 1255a 28; II, 1269a 35及以下; VII, 1330a 25及以下。关于天生为奴的理论及其限定，可参阅V. Goldschmidt, "亚里士多德的理论"(Théorie aristotélicienne)，这篇文章稍有矛盾之处。

然，前者的等同也提出了一个有效性的问题。按照晚近研究的看法，成批集中起来的奴隶，首先是阿提卡拉乌利昂的那些奴隶，诚然大部分均非希腊人构成，①但说贸易是获取奴隶的专有方式也是不正确的：畜牧、海盗，尤其是战争也起了很大的作用。更有甚者，对许多希腊人（而且对柏拉图本人）而言，奴隶制可成为他们个体命运可能具有的一种前景。如果从公元前4世纪起，我们回溯到先前的一个世纪，尤其是那些悲剧作家，那我们就会观察到奴隶制远未与商品概念和蛮子的身份关联起来，它显得像是一种个体的灾难，会威胁到每个人，无论是希腊人还是蛮子。②泰奥彭波斯——及其后继者——坚持认为买卖行为具有某些相对比较清晰的普通动机。经济活动的发展——具有很大的相关性——建立于利润之上，亚里士多德称之为"货殖论"（Chrématistique），简言之，公元前4世纪的整个这一变动宣告了希腊化时期的冒险行为具有这样的特点：在希腊世界之外多渠道地获取奴隶劳工，这可以得到多方证言。

不过，倘若我们想要避开概述性的说法，那我们势必就只能首先自问在泰奥彭波斯之前，奴隶制最早有何种呈现样态。③不过，要回答这个问题，也可以证明在奴隶制起到本质作用的城邦的世界里，起源问题是经由之前和之后这些词语提出来的，但之前并不像泰奥彭波斯笔下声称的位于严格意义上所说的历史之中，而是在传说或神话之中。

最古老的证言将我们领到了希腊历史文献的诸多源头上，因为我们发现希罗多德对其前辈米利都的海卡泰欧斯（Hécatée de Milet）所叙述的雅典传说提出了反对意见；④问题出在对阿提卡的

229

---

① 尤其可参阅S. Lauffer，《矿奴》（*Die Bergwerkssklaven*）。
② 参阅V. Cuffel，"奴隶制的概念"（Concept of Slavery）。
③ 当我此后谈及奴隶制时，若无明确说明，指的就是chattel-slavery。
④ 希罗多德，VI, 137，引用了Hécatée（F.Gr.Hist., 1, fr. 127）。

佩拉司吉人(Pélasges)前往列姆诺斯(Lemnos)这件事的解释上。照海卡泰欧斯的说法，佩拉司吉人受到了不公正的对待，被从他们的土地上逐走了，而那片土地是雅典人为了建造雅典卫城原初的城墙，而补偿让与他们的。雅典的版本，即那份珍贵的民间传说的残篇，却是另一种说法："正如后来所说的，住在叙美托斯(Hymette)山脚下的佩拉司吉人将这片土地当作基地，用来羞辱雅典人。他们的妻子和孩子①都会定期去九孔泉找水。因为，这个时候，雅典人，和其他希腊人一样，都还没有用家仆(oikétai)。可是，在每次找水的途中，他们总会遭到佩拉司吉人的羞辱和藐视。"提麦奥斯把青年人的劳作放在了奴隶劳作之前。希罗多德在早先的神话中，则将女人和孩子聚到了一起。事实上，寻找一个历史时刻，即劳作都是由女人和孩子，而且仅仅由他们来完成的历史时刻，根本就是徒
230 劳无益。②断言有一个时期，都是由女人和儿童来干活的，就等于是将奴隶和女人与儿童这些被排除于希腊城邦之外的其他人作对比，这等于是迂回通过神话来定义社会的等级制，③而历史并不是这样书写的。此外，阿里斯托芬的同时代人喜剧作家斐列克拉托斯(Phérecrate)也给我们提供了一份相似的证言。阿泰纳尤斯保存了其喜剧作品《野蛮人》(Les Sauvages)中的四行诗，诗中提到了原始时代，即文明之前的时代。④"那个时候，没人有奴隶，不管是马奈

---

① 除了唯一的一份例外，所有原稿都会用到这后一个细节，虽然大部分编订者都会将它删掉。事实上，是女人，而且只有女人才会遭到佩拉司吉人的劫掠。但希罗多德在描绘神话时代的时候，将这种家务活赋予女人和孩子，也就是说赋予所有非男人的人，而非仅仅女人，也是很自然的事。我们还会补充一点，即这样的一篇文本可以让人理解像pais这样的词如何能同时指称儿童和奴隶的；关于罗马世界的类似事实，可参阅J. Maurin, "臭味"(Puer)。

② 这儿并未涉及家外活(travail extérieur)和家务活(travail intérieur)之间的对立，这和希罗多德谈到埃及时对我们说的相反(II, 35)，在希腊，家外活都是男人来干的，而家务活则属于女人份内之事。女人和儿童在此再次成了取代了奴隶身份的劳作者。

③ 亚里士多德了解等级制中的其他人(参阅《政治学》，I, 1253b 1及以下)。

④ Phérecrate, fr. 10(Kock, I, p.147), 见Ath., VI, 263b。

斯(Manès)，还是塞吉斯(Sékis)，①都不用，但女人应该包揽家里的所有家务活。天刚蒙蒙亮，她们就应该磨谷物：村里会响彻她们磨动石磨时的声响。"这儿提到了村子(kômê)，很有意思：我们现在已经来到了前公民时代。

我们再往前回溯到神话时代，一直到雅典喜剧作家们经常提到的赫西俄德的黄金时代；阿泰纳尤斯是这样评论它的："古代的喜剧诗人，当他们说起往昔时代的生活时(περὶ τοῦ ἀρχαίου βίου)，都会说那时候根本不需要奴隶。"②随后的引文也令人相当感兴趣，是克拉提诺斯(Cratinos)《财神》(Ploutoi)里的诗行，比如："他们以前的国王是克洛诺斯，他那时候喜欢做面包"，③不消说，根本就没有奴隶来做面包；还有更令人感兴趣的忒列克莱德斯(Télécleidès)《邻邦联盟》(Amphictyons)里的诗行，诗中说那是一个乐土福地，有许多奴隶，但他们并不上工："他们一边掷骰子，一边吃着母猪外阴和其他点心。"④人们经常说，我也正好写过，⑤说希腊的乌托邦并不是指废除了奴隶制。我认为，真正的说法是乌托邦之被定义，有赖于现存社会的激进批评，有赖于想要将社会构建得——尽管像《妇女公民大会》那样荒唐——合理的想法。但当乌托邦只是简单移置到了未来对黄金时代的论述之中时，它就不对了。还有，阿泰纳尤斯引用了一篇珍贵的文本，该文本讲的是想象中的未来，但当然是出于直觉，这个想象中的未来也被归入了对黄金时代的描述之中。克拉忒斯(Cratès)的《野兽》(Thérioi)里的两个人物谈论着未来："A：再也没有人有奴隶，不管是男的还是女的。B：那又怎样，难道老人要自己照顾自己吗？A：当然不用，因为我造出来

231

---

① 马奈斯是个典型的弗利吉亚人(phrygien)的名字；至于塞吉斯（"小女仆"），则是个典型的"奴隶名"；参阅O. Masson，"奴隶的名字"(Nom des esclaves)。
② Ath., VI, 267e。
③ Cratinos, fr. 165(Kock, I, p.64)，见Ath.，同上。
④ Télécleidès, fr. 1(Kock, I, p.209)，见Ath., VI, 268bc。
⑤ 参阅下文"奴隶制与女权政治"，pp.268–269。

的东西都能起作用"，他还说热水只要从大海通到厕所里就行了。①
这和傅立叶(Fourier)所说的将海水转化成柠檬水完全不是一回事，
但它和民间的"魔板"主题混合在一起，也就昭示着终将出现亚里
士多德的那篇著名文本："如果每样工具只要简单地发一个指令，
甚或只要预想到想要让它做什么，就能履行适合它的工作，就像
人们所说的代达罗斯(Dédale)的雕像或赫法伊斯托斯的三脚架那
样，诗人说，它们能自己跑到诸神的大会上，如果用同样的方式，梭
子自己织布，拨子自行弹拨西塔琴，那匠人的总管也就不需要工人，
主人也就不需要奴隶了。"②

　　无论如何，不管人朝向往昔还是面向未来，对拥护奴隶制的
城邦来说，没有奴隶的时代定然是在历史之外，是在前公民时代
或后公民时代的之前或之后，甚至从极大的范围来讲，是在文明
本身之前或之后。此外，相当引人注目的是，希腊史学家在用合理
的演绎法重构希腊的往昔岁月时，我说的是修昔底德的《考古学》
(Archéologie)，却并未提及奴隶制初期的情况。我们认为这足以使
泰奥彭波斯提出的那个问题的独创性和新颖性凸显出来，但也使
得我们要去研究对另一种形式的奴隶制的反思，是否并不是泰奥
232　彭波斯亲眼见证的某种危机的原点。

　　这位开俄斯历史学家解释希洛人和佩奈斯特人源起的那个理
论乃是征服论，该理论与公元前4世纪和希腊化时代许多作者所表
达的或所提示的(阿泰纳尤斯的引文一直都很不明确)理论相似，他
们论述了斯巴达、帖撒利亚、克里特、彭特的海拉克列斯。③因此，

---

① Cratès, fr. 14(Kock, I, p.133)，见Ath., VI, 267ef。
② 亚里士多德，《政治学》，I, 1253b 32–38；事实上，在这篇著名的文本中，有着相当
　　明显的喜剧化情境。
③ 比如Archémachos(公元前3世纪？)，F.Gr.Hist., 424, fr. 1，见Ath., VI, 264ab；
　　Callistratos(拜占庭的阿里斯托芬的弟子，公元前2世纪)，F.Gr.Hist., 348, fr. 4，见
　　Ath., VI, 263de；Philocratès(公元前4世纪？)，F.Gr.Hist., 602, fr. 2，见Ath., VI,
　　264a；Sosicratès(公元前2世纪)，F.Gr. Hist., 461, fr. 4，见Ath., VI, 263f。

优比乌斯·阿尔克马科斯(Eubéen Archémacos)讲述了古代一小部分波奥提亚人在准备夺取后来成为波奥提亚的那片地区时，受到帖撒利亚侵犯者的打击，于是他们决定留在原地，与帖撒利亚人订立条约(homologia)，按条约的说法，他们可以成为后者的奴隶，只要不将他们逐出国土，不屠戮他们就行。关于这份最初的奴役契约所形成的这一理论存在着多个不同的版本；因此，阿帕梅的波西多尼奥斯(Posidonios d'Apamée)在其他人之后解释道，马利安度罗伊人成了赫拉克利亚人的"奴隶"，条件是他们不会被驱逐，也不会遭贩卖。[①]

我们可以很好地表明，该理论获得了极大的成功，因为虽然有各种细微的差异，但现代史学家就是这样来看待希洛人制度的；这当然不是因为他们在拿奴役契约这则轶事来说事，而是因为他们中大部分人都承认希洛人、佩奈斯特人、克拉罗泰人(clarotes)[②]等都是多利安人之前的种群。就此而言，他们也是泰奥彭波斯、厄福洛斯和其他某些作家的继承者。自然，关于斯巴达，文献可以说浩如烟海，而关于斯巴达和希洛人制度的源起，像希腊人是如何展现自己的，我现在就会来讲一讲。当然，问题并不在于要去深挖这个问题，也不在于要去激活以前卡尔施泰德(Kahrstedt)与艾伦伯格(Ehrenberg)之间的对立，后来亨利·让梅尔在其《船底涂层与克里特神祇》一书中对两方都作了一通反驳。尽管基希勒(Fr. Kiechle)出力甚勤，[③]但我仍然很怀疑他是否好歹能最终证明这个问题。正如鲁塞尔所说的，"我们没能证明非公民的自由民并非多利安人，希洛人的农奴身份只是因侵略者独占土地而导致的结果"。[④]我们在

233

217

拉科尼亚所用的语言和所写的文字中丝毫没有发现多利安人之前的任何蛛丝马迹，这对希洛人根本说明不了任何问题；但只要调整一下问题，毋宁说只要去证明这个问题根本解决不了就行了。受此情况的激发，汤因比最近评论道："关于希洛人制度日期及其初期的情况，至少存在四种不同的、无法调和的传说。这表明这四种传说都只是假说，并不存在货真价实的回忆文字。"①

但倘若这个重要的问题无法解决的话，那关于各类起源论的论述的各个版本就该值得好好研究一下，其中就包括我们知道丝毫不存在真实性的那些论述，而17至19世纪在法国流播甚广的那个理论也值得好好研究一番，该理论认为法兰克人征服者的后裔都是贵族，被征服的高卢–罗马人的后裔都是平民。②我们在此提出几个基本的原则，第一个原则至少应该关涉严格意义上的历史，而非仅仅是对历史的论述。

1. 对公元前4世纪的雅典人而言，像希洛人或佩奈斯特人这样的希腊人的依附性的处境还是很让人吃惊的。我们的态度恰恰应该相反。在第一个千年的地中海世界里，让人感到吃惊的，甚至目瞪口呆的，如果可以这样说的话，并非依附性，而是自由，我的意思是，比如说，雅典农民自梭伦以来所获得的那种自由。只有在自由或者解放的这个独特的基础上，才能理解希腊人对我们所说的那些话。

2. 让人感兴趣的，以及在这儿应该让我们关心的，是在某个时刻，而非其他时刻，希腊的历史学家们对希洛人制度的起源提出了质询。我们应该尝试着去发现为什么会出现这样的质询。

3. 斯巴达的社会体被分成了希洛人、非公民的自由民和homoioi；这是一个加诸于古人身上，也是加诸于我们身上的已知

---

① 《问题集》(*Problems*), p.195。
② 关于英国历史文献中相似的例子，可参阅M.I.Finley，《古代体制》(*Ancestral Constitution*)。

的事实。是否能从历史上去理解它，并对此作出解释呢？希腊人本质上恰恰和我们处于同样的境地。当然，我们比他们更有考古学上的优势，但直到现在，考古学都没有发现希洛人太多的东西，所以考古学无法解释该社会群体究竟是如何构成的。但除了这个并不具有太大重要性的事实之外，希腊人做的其实和我们都一样，他们依据资料建立了推论的方法：希洛人是什么，非公民的自由民是什么。

从我们提出这些问题起，回答可以说是多得无穷无尽。当然，这个问题比我在这儿说的要简单；希腊人尤其应该考虑存在着两类希洛人：拉科尼亚的希腊人和美塞尼亚的希洛人，后者为了"重建"美塞尼亚，一刻不停地暴动着，而前者的要求毋宁说是要对拉凯代蒙人的社会来一场革命性的转化。他们还应该考虑一下那个传说，即提尔泰奥斯诗中所提供的那份最古老的证言：斯巴达的形成是入侵的结果，入侵者是赫拉克利得斯率领的多利安人，他们侵占了从前是阿开亚人的领土，其首都叫作阿米可列斯（Amyclées）。

然而，一旦承认这一点，就会发现古典时代的历史学家其推论方式和现代人是一样的。比方说，有什么比发现我的同代人格施尼策（F. Gschnitzer）用非此即彼的逻辑方法提出非公民的自由民的起源问题更让人讶异的呢：要么非公民的自由民是丧失了特权的斯巴达人，要么他们就是拉凯代蒙国内处于某种状态的非斯巴达人；[1]那历史事实是否永远会遵循排除法的逻辑法则呢？

依据我刚刚谈到的那些资料，那有可能解决斯巴达问题的方法究竟会是什么呢？

1. 我们千万不要提这样的问题。

2. 我们可以承认拉凯代蒙人上面提到的三个等级的差异有其内在的起源，它是历史演化的结果，或是某个戏剧化事件的结果，

235

---

[1] F. Gschnitzer，《依附之地》（*Abhängige Orte*），pp.146–150。

比方说，赐予某个身份之类。

3. 我们也可以说非公民的自由民和希洛人都是被征服种群的后裔，但不能认为这个推论必然适用于所有的希洛人，因为美塞尼亚人就形成了一个特殊的等级。

4. 我们还可以承认非公民的自由民和希洛人并不具有同样的起源，一方提出了一个历史问题，另一方却没有。

自然，我这是简化的说法，要把事情搞得复杂化是很容易的，[1]但大概言之，我刚才粗略勾勒的那些假说都是由希腊史学家们提出来的。[2]

希罗多德是怎么说的呢? 对他而言，多利安人是一个流浪民族，但他根深蒂固的希腊文化情结却使他很不喜欢雅典的伊奥尼亚人，当然，也有佩拉司吉人——是希腊化的佩拉司吉人，而非希腊人。[3]所有多利安人之前的民族都不得不从伯罗奔尼撒移居出去，但有三个例外，而它们彼此也各有不同: 阿耳卡狄亚人没有移居;[4]阿开亚人离开了拉科尼亚，夺取了成为阿开亚(Achaië)的伯罗奔尼撒的这片地区(迫使伊奥尼亚人逃离);[5]库努里亚人(Cynuriens)在阿耳戈斯与拉科尼亚的边界地区安顿下来，被多利安人同化。[6]因此，安顿于伯罗奔尼撒的，除了多利安人之外，则都是"无数有名城邦"的占据者们，他们是埃里司的埃托利亚人(Étoliens d'Élis)、埃尔米奥内和阿西涅的德律欧坡人(Dryopes d'Hermionè et d'Asinè)、列姆诺斯人(Lemniens)，换言之，即住在半岛西侧的帕洛列阿塔伊

---

① 从现在起，我们还是可以说成为多利安人入侵的牺牲品的种群要么可以整体移居出去，要么部分人仍居住于祖先的土地上。
② 这方面的研究因E.N. Tigerstedt的那本漂亮的著作《传奇》(*Legend*)而变得很方便。
③ 希罗多德, II, 17; I, 56。
④ 同上, II, 171; VIII, 73。
⑤ 同上, VIII, 73; 参阅I, 145与VII, 94。
⑥ 同上, VIII, 73。

人(Paroréates)。①另一方面, 希罗多德也很熟悉美塞尼亚人, 对他来说, 尽管并未明言, 但他认为美塞尼亚人就是和攻占之时就在那儿的斯巴达人拥有相同权利的多利安人, 当时有两个双生子国王出生了, 建立了两个王朝, 他们就是普罗克列斯(Proclès)与埃乌律司铁涅斯(Eurysthénès)。②希罗多德好几次暗示了我们所谓的第三次美塞尼亚战争, 而且他还说自米底亚战争结束以来, 这差不多也算是一场持久性的战争;③但他根本就没把希洛人的概念和美塞尼亚人的概念搞混起来, 而且当他暗指希洛人时, 好像总是指那些身份事实上低一等的人, 但他从来就没有对他们的这种身份的起源提出过任何一个问题。④

修昔底德的推论方式稍有不同。他也熟悉美塞尼亚人, 而且他还明确地说他们不仅讲多利安语, 还极为精确地说他们讲的是拉凯代蒙人的方言。⑤当他叙述公元前465年(?)的起义时, 说那次起义是图里亚(Thouria)和埃塔亚(Aithaia)的希洛人和非公民的自由民发动的, 他还补充道 "大多数希洛人都是沦为奴隶的古美塞尼亚人的后代, 这也就解释了我们为什么把他们都叫做美塞尼亚人的缘故"。⑥在涉及到非美塞尼亚人的希洛人时, 修昔底德没有丝毫暗示他们并非源自于多利安人: 斯巴达人不信任的是雅典人, 而非希洛人, 斯巴达人总认为雅典人属于一个不同的种族, 在他们眼里看来, 正是由于不信任, 所以将雅典人派遣的攻打伊索麦(Ithôme)起义者的远征军驱逐出去做得很对。⑦修昔底德终究没有对非美塞尼亚人的希洛人的起源提出任何问题, 但他讲过好几次, 特别是坚持

---

① 希罗多德, VIII, 73。
② 同上, VI, 52。
③ 同上, III, 47; V, 49; IX, 35, 64。
④ 同上, VI, 58, 75, 80–81; VII, 229; VIII, 25; IX, 10, 28–29, 80, 85。
⑤ 修昔底德, III, 112, 4; IV, 3, 3。
⑥ 同上, I, 102。
⑦ 同上, I, 102, 3。

认为要对被臣服的希洛人严密监控。[1]

然而，在公元前4世纪的时候，文献中出现了首批论述拉科尼
亚的希洛人身份起源的理论，而且我们震惊地发现那些同时代人
对该起源问题给出的版本都是截然相对的。

于是，叙拉古的安条克(Antiochos de Syracuse)将该身份追溯
到了第一次美塞尼亚战争时期，但他是这样说的："对那些没参加
远征(攻打美塞尼亚人)的拉凯代蒙人发布了敕令，给了他们奴隶的
身份，称之为希洛人。"因此，照这种阐释法，那就是拉凯代蒙人在
历史进程中沦入了低等的身份，[2]该身份可与古典化时代所谓"惶恐
者"(trésantes)的那些人的地位相比，这些人都是懦夫，毫无价值，
故而应受到贬损。[3]

另一个理论，也就是征服理论，首先要从编年史的角度来讲，
它不太引人注目，出现于莱斯博斯的赫拉尼科斯(Hellanicos de
Lesbos)的引文中，见于欧乌阿雷里奥斯的词典里："希洛人就是
拉凯代蒙人的奴隶，但非天生为奴；他们是赫洛斯(Hélos)城邦的
居民中首批被俘的人。"[4]通过对拉科尼亚的城邦赫洛斯(Hélos)及
希洛人(hilotes)词语上的对比，可发现这就是我们所说的征服版。
赫拉尼科斯的证言在公元前五世纪来说堪称独一无二，但该假说
在随后一个世纪也获得了很大的成功。我们已经发现泰奥彭波斯
(他重述了赫洛斯的荒谬历史)也持多利安人入侵一说。至于其同

---

[1] 尤其可参阅IV, 80。

[2] F.Gr.Hist., 555, fr. 13, 见Strab., VI, 3, 2。Ἐκρίθησαν δοῦλοι καὶ ὠνομάσθησαν
εἵλωτες。尽管P. Lévêque(《土地与农民》[Terre et Paysans], p.115)对此持有异议，
但我仍然看不出怎么才能说这篇文本不是论述希洛人制度起源的。该论述包含了
两个时期: 1)决定没有资格的人应该沦入受奴役的境地; 2)这些奴隶被称为希洛
人。

[3] 希罗多德，VII, 23; 普鲁塔克，《阿格西劳斯传》(Agésilas), 30;《吕库古传》, 21,
2; 修昔底德当然也在V, 34里暗示了这种身份。关于trésantes, 可参阅N. Loraux,
"美丽的死亡", pp.111–112。

[4] F.Gr.Hist., 4, fr. 188, 见Harpocration s.v. εἰλωτεύειν; 参阅Jacoby的注疏ad loc。
有关赫洛斯词源上的轶事，也同样为泰奥彭波斯所知，见F.Gr.Hist., 115, fr. 13, 见
Ath., VI, 272a, 以及其他作者, J. Ducat都会提到他们，见《希洛人的制度》, p.9。

时代人、同样是伊索克拉底弟子的厄福洛斯，则有一篇很长的残篇
由斯特拉彭保存了下来，[1]他的叙述是这样的：多利安人入侵之时，238
大多数阿开亚人都离开了自己的国家。该国被分成了6个部分（与古
典时代拉凯代蒙军队的6个mores[2]相应）。其中一个，就是阿米可列
斯，被派给了菲洛诺摩斯（Philonomos），这位阿开亚人交出了国家，
并劝说该国首脑移居他处。[3]斯巴达成了王国的中心，但当地的国王
们却都被派去管理各个区域。由于缺少人力（leipandria），当地的国
王们也就受赫拉克利得斯之邀将同住者（synoikoi）的身份给了那些
需要的外国人。这些外国人，被称为希洛人，[4]他们也是斯巴达的臣
民和非公民的自由民（ὑπακούοντας δ ἅπαντας τοὺς περιοίκους
Σπαρτιατῶν），但和他们的主人拥有同等的权利，他们可以从这种
公民身份里得到好处，还可以当官。到了随后那代人那里，国王阿
吉斯（Agis）剥夺了他们的这种公民身份，强迫他们缴纳贡赋。所有
人都接受了，只有赫洛斯人除外，他们脱离了出去，但后来还是被征
服，遂宣布他们具有奴隶身份，而且有个明确的条件，即他们的所
有者既不能解放他们，也不能把他们卖到外头去。总而言之，这就
是最初的奴役契约理论的出发点，而我们也有过机会接触过这种
理论。此外，我们发现厄福洛斯编的这个历史神话有个好处：它可
让我们了解希洛人的存在和非公民的自由民的存在。他们都是"外
国人"，首先是被接纳到拉凯代蒙城邦内部的，随后又分别被降低
了身份。我们甚至可以怀疑厄福洛斯事实上是将两个传说故事，即
认为非公民的自由民和希洛人是征服的牺牲品的传说和把斯巴达
人降为奴的传说，调和到了一起。只是，要知道的是厄福洛斯通过

---

① F.Gr.Hist., 70, fr. 116与117，见Strab., VIII, 4, 7与5, 4。Jacoby的注疏消除了刚接触
　该文本时引发的所有模棱两可之处。
② mores（原型为mora），指斯巴达陆军的一个团，共6个团，每团的兵员为400—900不
　等。——译注
③ 参阅Strab., VIII, 5, 5。
④ Meineke建议应先提到赫洛斯城，再提希洛人。

"外国人"想弄明白什么事。我们刚才所分析的第117号残篇由于一点都不明确，所以没法让我们坚持那个观点，所以也根本用不着把这些"外国人"视为阿开亚人，[①]但第116号残篇在美塞尼亚人这件事上却毫不含糊："当克莱斯丰忒斯(Cresphontès)占领美塞尼亚后，就把它分成5座城邦，并在坐落于该国中心的斯泰尼克拉罗斯(Stényclaros)安顿下了他自己的王室居民。在其他城邦，像皮洛斯(Pylos)、里翁(Rhion)、美索拉(Mesola)和夏马提斯(Hyametis)，他都派去了国王，让所有美塞尼亚人都拥有和多利安人同等的权利。多利安人为此勃然大怒，他便又改了主意；只有斯泰尼克拉罗斯有城邦的地位，那里汇聚着所有的多利安人。"因此，可以毫无歧义地看出，"外国人"都是非多利安人，而且都是该国的原初居民，因为很难去想象对美塞尼亚有效的，会对斯巴达无效。

尽管有各种变体，厄福洛斯的版本仍得到了极大成功。保撒尼阿斯还参考了比如说一个相邻的版本，来说明希洛人的身份，阿吉斯过后的好几代人都是国王阿尔卡美诺斯(Alcamenos)掌权。[②]总而言之，保撒尼阿斯可以说是基希勒的先驱，他也稀释了多利安人征服论，使之融入到了各个阶段里。

不过，在公元前4世纪，要让这个版本——并非厄福洛斯发明的——得到一致同意还差得很远。当柏拉图在《王制》(因而早于厄福洛斯)里处理如何从模范城邦过渡到拉凯代蒙类型的"荣誉寡头制"城邦时，是这样用综合的方式概述斯巴达体制的："经过如许多暴力和战争，他们总算同意瓜分和侵占那些土地和住宅，那些以前视他们的同胞(也就是低等阶层的成员)为自由人、朋友和农夫的人，现在都开始奴役他们，将之视为非公民的自由民和奴隶

---

① 比如说，L. Pareti就是这么推论的，见《古斯巴达》(*Sparta arcaica*), pp.190–191。
② 保撒尼阿斯，III, 20, 6。普鲁塔克，则有另一个候选人：国王苏斯(Soos)(参阅《吕库古传》, 2, 1)。

239

(oikétai)，而他们自己则继续忙于战争和看管其他人。"①文中丝毫没有影射非公民的自由民和希洛人具有"阿开亚人"的起源，当柏拉图在《法义》第3卷里阐述斯巴达、美塞尼亚和阿耳戈斯这3座多利安城邦的建立过程时，也完全没有这方面的内容；这乃是内部的演化，只有这种演化才能解释斯巴达的成功和另两座城邦迅速衰落的个中原因。②　240

　　至于伊索克拉底，他遵循的是自己演讲的逻辑，而且对各种迥然相异的版本也都很熟悉。在写于公元前366年的《阿尔奇达摩斯》(Alchidamos)一文里，虚构了对一位斯巴达君王的讲话，该君王承认多利安人中的美塞尼亚人的祖先以前曾臣服于拉凯代蒙人，这么做是为了惩罚他们谋杀了拉凯代蒙人建国的国王克莱斯丰忒斯，但阿尔奇达摩斯却拒绝将最近由埃帕米农达斯解放的"美塞尼亚人"同过去的美塞尼亚人等同起来。"事实上，是希洛人确立了我们的边界。"③因此，该版本与征服理论并不兼容，但在撰写于公元前342—前339年，亦即在厄福洛斯那本相应的著作之后的《泛雅典娜女神颂词》(Panathénaïque)中，伊索克拉底却叙述了一段截然不同的历史，这段历史有点像柏拉图《法义》的对立物。当美塞尼亚和阿耳戈斯经历了与其他希腊城邦相类似的演化过程，即从寡头制演变为民主制时，斯巴达仍旧一直是纷扰不断(stasis)，这是它的特色。斯巴达人将他们的人民沦为了非公民的自由民，而非使之融入共同体之中：Tòν δῆμον περιοίκους ποιήσασθαι,

---

① 《王制》，VIII, 547b–c, E. Chambry翻译，译文略作改动。要阐释该文本很困难，因为它是从两个层面上展开的：一者，柏拉图叙述了模范城邦里共同占有一切的公民们是如何用战争这一唯一的职能来瓜分土地，并使领导等级变得专门化的。另一方面，他又以自己的方式叙述了斯巴达国是如何建立起来的。我们要补充一点的是，柏拉图城邦里的低等阶层成员的"公民"身份是极端可疑的，亚里士多德很喜欢突出该文本或真实或想象的矛盾之处（《政治学》，II, 1264a 25及以下）。但确切地说，这番评论应该会使我们承认柏拉图在此遵循的是斯巴达历史的"历史"版本。
② 《法义》，III, 683a及以下。
③ 《阿尔奇达摩斯》，16, 28, 87。

κατάδουλευσαμένους αὐτῶν τὰς ψυχὰς οὐδὲν ἧττον ἢ τὰς τῶν οἰκετῶν。这后面的表达方式究竟有何意指呢? 在同对奴隶的粗暴对待比较之后，为什么暗示要把老百姓(âmes populaires)都沦为奴隶呢? 这里面不会只涉及到非公民的自由民，因为伊索克拉底明确地说斯巴达人窃取了将这些人不经审判即处死刑的权利，这点只能适合于希洛人。该文本只有在我们承认作者将全体附属民，亦即包括非公民的自由民和希洛人，[1]全都塞进同一个等级里，而且他或许也在同样暗指说不定在公元前4世纪的斯巴达，存在着古典类型的奴隶时，[2]才说得通。

241

我们现在在已对历史上针对希洛人制度的阐释类型过了一遍。很容易就能看出，大体上来讲，这些说法都是和泰奥彭波斯向我们讲的奴隶制初期的情况完全对立。不管给出什么样的解释，希洛人制度总是让人觉得它的起源并不在历史之前，而是在历史之后。不管提议什么样的解释，里面所涉及到的人都总是让人觉得以前他们都是自由身。如果泰奥彭波斯一方面向我们解释多利安人入侵的那些牺牲品如何成为希洛人，同时还向我们解释在美塞尼亚的几次战争期间，一定数量的希洛人，即Epeunaktoi，被弄到斯巴达人的战场上，以代替战争中倒下的homoioi，[3]那也不会是偶然为之。在这种情况下，奴役现象是可以逆转的。一个希洛人曾经是自由身，他能再次成为自由身，他没有任何理由是天生的奴隶。相反，人们是不

---

① 《泛雅典娜女神颂词》，177–180。对该文本的阐释各种各样: Cl.Mossé("非公民的自由民"[Périèques])认为伊索克拉底暗指的是非公民的自由民，而且只是在指他们; J.Ducat则质疑我的阐释，但他也像我一样承认其中"对希洛人身份说不定存在着混淆(在一篇极富论辩性的文章里，或多或少会刻意为之)"("希洛人制度"，p.9)。

② 柏拉图暗指存在着奴隶: 参阅《阿尔奇达摩斯》，122d，该文本是Cl.Mossé向我指出的。尽管如此，我们仍可从不同的角度来阐释这篇文本，并认为伊索克拉底在此是在泛指奴隶。

③ F.Gr.Hist., 115, fr. 171，见Ath., VI, 271cd; 参阅S.Pembroke，"罗克里斯"(Locres)，p.1246。泰奥彭波斯将这些Epeunaktoi同希巨昂(Sicyone)的奴隶等级Katônakophoroi作了对比，fr. 176，见Ath., VI, 271d。

会买卖自由人的，只会买卖奴隶，只有在历史之前，才有过一段没有奴隶的时间。奴隶的命运本身却无法逆转。

希腊的历史文献是在公元前6世纪末的城邦范围内形成的，只有城邦才需要以之作参考；因此，那儿的希洛人有自己的一席之地，因为就算他们处于最底层，也属于拉凯代蒙国的一分子；商品奴隶是私有财产（即便城邦占有了他们）；他们是极其困难地才被植入了历史之中的。但确切地说，泰奥彭波斯写过一篇主要的作品《反腓力辞》（Philippiques），正如题目所示，该作品是聚焦于马其顿国王身上的，在这个领域里，泰奥彭波斯是一个转折点。

那是否必须补充说，被同化的希洛人就是希腊人，其他人，至少从历史文献的角度来看，就是蛮子呢？但人们可以从中抽出马利安度罗伊人的例子来加以反对，因此就必须对这个反对作出回应。

我们在这儿提出一个起点性的假设。在古典化时代蛮族人希腊化过程中的诸多因素中，是否不必让乡村地区某些人成为牺牲品的奴役状态占据重要位置呢？我们能给出的最古老的例证或许出自叙拉古的基里里奥人（Kyllirioi de Syracuse），希罗多德对我们说，在盖隆（Gélon）夺取权力之前不久，聚合在乡村地区（dêmos）的他们就被逐出了Gamoroi，即那些寡头的城邦。①我认为，我们是在徒劳地寻找希腊城邦的民众与西凯莱斯（Sicules）的自由民之间联盟的唯一例证。但最为引人注目的情况或许是彭特的海拉克列斯的马利安度罗伊人，关于他们，我们相对来说知道得还比较多，毫无疑问这是因为海拉克列斯（Héraclée）的僭主克列阿尔科斯（Cléarchos）曾是柏拉图和伊索克拉底的学生。②

马利安度罗伊人是公元前5世纪比提尼亚或帕普拉哥尼亚（paphlagonien）的蛮族人，赫拉克利得斯人就是在这片土地上建

---

① VII, 155。
② 参阅Memnon, F.Gr.Hist., 434, fr. 1, 见Photius,《书目》（Bibl.）224。

立了自己的城邦的，但他们也占据了凯尔贝罗斯(Cerbère)的洞穴。①
人们有意把他们说成是蛮子，但要我说的话，他们只是不拘礼节而
已，就像自荷马时代起的加里亚人那样。②这种蛮族特性以后也未

243　　完全消失。③马利安度罗伊人仍旧是蛮族人，④但老实说，地理学家
斯特拉波却不太知道他们。他们是荷马史诗里后来消失的考寇涅
斯人(Caucônes)，还是无论是方言还是种族均与之毫无差别的
比提尼亚人？⑤对替海拉克列斯的公民们耕耘土地的马利安度罗
伊人，斯特拉波可以说是根本就不了解，哪怕是间接的了解也没达
到。

　　我们发现，公元前4世纪的历史文献都把他们放到了希洛人和
佩奈斯特人那一边，而泰奥彭波斯本人则似乎把他们算作那些我
们所谓的最初的奴役契约的民族。⑥这种分类法难道并未意味着他
们是处于一个希腊化的广泛范围之内吗？有两类事实有利于这个
假设。古典化时代的海拉克列斯的历史特别动荡，尤其是许多地
方都说到了亚里士多德好多次暗指过城邦所经历的革命。⑦毫无疑

---

① Hécatée, F.Gr.Hist., 1, 198; 希罗多德, I, 28, III, 90, VII, 72; 色诺芬,《远征记》,
　VI, 2, 1。关于马利安度罗伊人，所有的文献现在均由D. Asheri汇编于"彭特的海
　拉克列斯"(Herakleia Pontike), pp.17–23内。
② Phérécrate就是这么看的，fr. 68(Kock, I, p.163)，见Ath., XIV, 653a, 文中，有人
　嘲笑他们的方言和由此引起的困惑；关于他们的祭司吟唱的葬礼歌，也可参阅
　Nymphis, F.Gr.Hist., 432, fr. 5, 见Ath., XIV, 619b–620c。保撒尼阿斯, V, 26, 5,
　他还了解到由海拉克列斯的创建者麦加拉人和波奥提亚人在奥林匹亚所作的献
　辞，"关于马利安度罗伊的蛮族人"(sur les barbares mariandyniens)。
③ 比如，可参阅《彭托斯–埃乌克谢诺斯旅行记》(Périple du Pont-Euxin), 27(G.
　G.M., I, p.408)的佚名作者。其中，Eustathe暗指他们所用的毒药：乌头(《游历者德
　尼斯的注疏》[Commentaire à Denys le Périégète], G.G.M., II, p.354)。
④ 相当晚近的证言是帝国时代的一份葬礼铭文，由Constantin Porphyrogénète保存在
　其《主题书》(Livre des thèmes, C.I.G. 3188)中，叙述的是某行省总督的生平；其任
　职的地方就位于加拉太(Galatie)和彭特(Pont)的马利安度罗伊人的国土上。
⑤ Strab., XII, 3, 2–9。
⑥ F.Gr.Hist., 115, fr. 388, 见Strab., XII, 3, 4。斯特拉彭的文本并未正式说泰奥
　彭波斯得对这样的断论负责。而Callistratos则断言有人给他们起了"部族脚
　夫"(dôrophoroi)的称呼，以避免仆人(oikétai)一词所具有的那种尖刻的意味(参阅
　F.Gr.Hist., 347, fr. 4, 见Ath., VI, 263de)。
⑦ 《政治学》, V, 1304b 31, 1305b 4, 1305b 36。关于海拉克列斯的历史，尤其是克
　列阿尔科斯的僭主制，可参阅W. Hoepfner的简短概述，见《彭特的海拉克列斯》
　(Herakleia pontike),

问，海拉克列斯恰是由于具有这种极其特出的特点，才能至少在某个时期，拥有船帆林立的舰队，虽然公民的人口还极少，亚里士多德明确地说，这主要是因为那儿的许多人都是"非公民的自由民和农民(geôrgoi)"（也就是说都是马利安度罗伊人）；[1]但我们要自问的是，这种境况是否在整个公元前4世纪一直延续着。事实上，战术家埃涅阿斯(Énée le Tacticien)有篇文本，引起了皮皮迪(D.M. Pippidi)的关注，[2]该文本证明海拉克列斯有过一次意义深远的类似于克里斯梯尼之类的体制改革。希望能够监控富人的穷人用60个百人团(hékatostyes)的体制替换掉了3个多利安部族，每个部族或许有12个百人团的体制。这样一种改革难道没有伴随着公民群体的扩大，若不是这样的话，那改革不是就失去了大部分意义吗? 这至少是一种我们能提出的假设。公元前364年，僭主克列阿尔科斯掌权，依赖起了dêmos。他强迫大家平分土地，解放大贵族的奴隶，迫使这些奴隶和大贵族的女儿们结婚。[3]那这些究竟是什么人呢? 很有可能就是马利安度罗伊人，其中至少有一部分人就是这样获得解放的。[4]不过，结婚这段插曲还是很有特色的: 我们只有在占有乡村依附民的城邦里才能找到这样的场合(topos)。[5]这些和赫拉克利亚女人通婚的奴隶难道不是希腊化的蛮子吗? 我们至少还可以就此提出这个问题。

不过，我们还可以从另一种角度来触及这个问题。自公

244

---

[1]　《政治学》, VII, 1327b 10–15。Périèque一词其实在亚里士多德笔下一直是指受奴役的乡村人口; 参阅, R.F.Willetts, "王位空位期"(Interregnum), p.496。

[2]　Énée, XI, 10–11(Dain–Bon); D.M. Pippidi, "政治斗争"(Luttes politiques)。

[3]　参阅Justin, XVI, 3–5。尽管Justin所谓的平民(plebs)明显就是民众(dêmos), 但元老们(senatores)极有可能是寡头(oligoi), 而非议事会主席(bouleutes)。

[4]　参阅Cl. Mossé, "努力的作用", pp.357–359。

[5]　在下文 "奴隶制与王权政治" 里所列举的那些例证上, pp.274–276, 我们还可以补充纳比斯的例子, 纳比斯也强迫希洛人和斯巴达的妇女通婚; 关于这些事实, 可参阅,《政治学》, XVI, 13, 1, 以及Cl.Mossé的论文, "纳比斯"(Nabis), 及B. Shimron,《纳比斯》(Nabis)。总体上, 我支持这种断论, 虽然D. Asheri提出了反对意见, 见 "逼婚"(Mariage forcé)。

元前5世纪的希罗多德到希腊化罗马时代的普罗马提达斯
(Promathidas)、安菲忒奥斯(Amphitheos)、宁菲斯(Nymphis)、
多米提乌斯–卡里斯特拉托斯(Domitius–Callistratos)和迈姆农
(Memnon)，海拉克列斯有一大批历史学家和神话编写者；[①]他们的
残篇主要由罗得岛的阿波罗尼乌斯(Apollonios de Rhodes)的史诗
《阿耳戈号英雄航海记》(*Argonautiques*)的注疏家们汇集起来的，
其中有整整一则故事是在马利安度罗伊人的国度发生的。

245

这些神话故事丝毫没说马利安度罗伊人是乡村依附民，但从另
一个层面上来看，史诗的内容还是挺令人感兴趣的。阿耳戈号的英
雄们一旦踏上小亚细亚的海岸，就遇到了两类蛮子：对穆希的别布
里斯人(Bébryces de Mysie)充满敌意者会毫无保留地与别布里斯
人的敌人，即马利安度罗伊人及他们的国王吕科斯(Lycos)交上朋
友，英雄们同国王在和谐(Homonoia)神殿里订立了条约，[②]或许这是
神话将原初的奴役契约移植了过来。好的蛮子的主题本身很平庸
(只要想想马赛建城的传说故事就行了)；最令人感兴趣的是这个神
话强调了欢迎他们的其中一条理由：国王吕科斯的父亲是达斯库
罗斯(Dascylos)，祖父是坦塔罗斯(Tantale)，因而他也是普里吉亚人
佩罗普斯(Pélops)的外甥，为了表明对佩罗普斯的敬意，国王就热
烈欢迎了阿耳戈号船上的英雄们。[③]然而，尤其是在希腊化时代，和
诸神及希腊英雄们的亲缘关系毫无疑问也是希腊文化的一种表达
模式，[④]国王吕科斯可被视为往昔时代马利安度罗伊人希腊化的英

---

① 他们的残篇都汇编于Jacoby的文集n°31和nos 430–434；关于马利安度罗伊人及其
铁矿，可参阅L. Robert，"小亚细亚"(Asie Mineures)，pp.5–10。

② Ap. de Rh.，《阿耳戈号英雄航海记》(*Arg.*)，II，352及以下，722及以下。

③ Nymphis，F.Gr.Hist.，432，fr. 4，见《罗得岛的阿波罗尼乌斯注疏》(*Scholies d'Ap.
de Rh.*)，II，752。有可能，但只是有可能而已，希罗多德也暗示了此种亲缘关系：
F.Gr.Hist.，31，fr. 49。遗憾的是，该文本太简略了，而且受损严重。

④ 我所知道的最佳的例证是尚未编订的一则铭文，由H.Metzger在Lètôon de
Xanthos(公元前3世纪)发现的，该铭文在吕奇亚人(Lyciens)和首府内的多利安人
之间建立了共通的谱系。我们知道，吕奇亚人也是希腊化最厉害的民族。通常可参
阅D. Musti，《血族关系》(*Syngéneia*)。

雄。

话虽如此说，但马利安度罗伊人的例子也自有规则可循，我们在说他们的时候，和说希洛人与佩奈斯特人并无二致。我们从历史上解释了他们是如何沦为奴隶的，因为他们的受奴役状态并非向来就是如此的：他们中有一定数量的人至少都能从中脱身而出。

毫无疑问，我们可看出这个说法会达成几种结论。现在我们来清晰明了地说一说它们。在泰奥彭波斯注重知识性的步骤中，围绕"希洛"类型的奴隶所作的反思可作为对chattel-slavery初期情状的反思模型。无论如何，这种反思堪称史无前例。

可以这么说，此种优越性的个中原因，希洛人并不难察觉。在整个古典化时代，人们都在徒劳地寻找着奴隶制体制危机的蛛丝马迹。[1]相反，我们可以说乡村依附性的旧模式永远处于危机之中，这是希腊历史的一大主要特色，而且自远古时代起就已如此。在公元前5世纪，美塞尼亚的希洛人发生暴动，已非什么新鲜事。[2]后来，到该世纪末期，帖撒利亚的佩奈斯特人又开始骚动起来。[3]在公元前4世纪，古代主要城邦，即斯巴达的政治与社会的平衡已被摧毁。自公元前369年起，建设美塞尼亚已可想见，而且它也确实又复生了，这起事件在希腊世界引起了极大的震动，尤其是对从纳乌帕克托斯(Naupactos)到西西里在在可见的流散(diaspora)在外的美塞尼亚人发出了召唤，这无疑是一次大事件，令史学家们对希洛人的命运进行了反思。甚至克里特也不再像是长久以来所是的那种避难所。亚里士多德以前对它所作的描绘无疑是对其孤岛的状态褒扬有加——"非公民的自由民等级在克里特静若止水，而希洛人则时

246

---

[1] 出于我不太明了的几个原因，这种句子引起了一些争论：比如，可参阅D.Musti，"交换价值"(Valore di scambio)，pp.170–171；我觉得他的意思很清楚：古典化的古典时代在穿越好几个世纪的过程中，自由人与奴隶之间并无严重的冲突。

[2] 但可参阅J. Ducat的一些保留意见，见"希洛人制度"，pp.24–38以及他对"蔑视希洛人"的研究。

[3] 色诺芬，《希腊史》，II, 3, 36；参阅Cl.Mossé，"奴隶的作用"，pp.354–355。

常暴动"——；但他又立刻作了补充，说"最近外国军队的到来让人立马就看出克里特的制度有多脆弱"。[①]

希洛人的历史因此就成了该体制危机的产物；但我们还可以将这样的反思延伸下去。希腊人在亚洲观察到的，以及他们的城邦和王国均从中受益[②]的乡村依附模式是和希腊人对希洛人和佩奈斯特人直接了解到的情况根本不同的。同样令人感兴趣的是希腊化的征服在何种程度上并未对那些希腊农民造成部分影响，公元前四世纪的动荡将他们中有些人解放了出来，又将另一些人抛到了传统社会等级之外。[③]比如，可以思考一下克里特的弓箭手。就此可自问奴役蛮族人，即亚里士多德所说的天生的奴隶，是否并非解放希腊该群体所导致的后果。

247　　　　不过，这又是另一段历史了。

---

① 《政治学》，II，1272b 15–23；关于这次入侵，或许是指公元前345年法莱科斯人（Phalaikos）及其雇佣军干的，或者是公元前333年阿吉斯干的，参阅ap. H. Van Effenterre，《克里特》(Crète)，p.80及以下。

② 参阅P. Briant，"拉奥伊"(Laoi)。

③ 若想了解旧的希腊乡村地区在征兵区域内所占的重要地位，只需稍微看看M. Launey的论文《希腊化的武器》(Armées hellénistiques)对某些人物的生平所作的研究(prosopographie)即可。

第三节 伊利翁的雅典娜的不死的奴隶*

1911年, 阿道夫·威尔海姆(Adolf Wilhelm)详细靡遗地对1895年在毗邻罗克里斯(Locride)西边的维特尼查(Vitrinitsa)(又名奥羊忒亚[Oianthéia]?)发现的一块铭文作了注疏。自从他给它起了die Lokrische Mädcheninschrift, 即"罗克里斯少女铭文"这个名字之后, 该铭文即为人所知。[①]该文本享有名至实归的名声。事实上, 此处涉及到的是一份直接的文献, 是以东罗克里斯的纳里卡(Naryka)城邦与以阿羊忒亚人(Aianteioi)[②]为一方及罗克里斯人为另一方之间的一份协约, 也许该协约可回溯至公元前3世纪的前30年,[③]它讲的一次实践已经许多文学文本的证实, 即罗克里斯人将少女遣至特洛阿司(Troade)[④]的伊利翁(Ilion)的雅典娜神庙, 以补赎俄里琉斯(Oïleus)之子埃阿斯在攻占特洛伊时犯下的罪行: 因他试图强奸普里阿摩斯的女儿及受阿波罗启示的预言者卡珊德拉。可以说, 该文

249

---

* 发表于《希腊世界, 献给普雷奥》(*Le Monde grec, Hommages à Cl. Préaux*), Bruxelles, 1975, pp.496–470, 该论文吸取了Benedetto Bravo、Philippe Gauthier、Victor Goldschmidt和Christian Le Roy的批评而作了修改, 谨此致谢。

① A.Wilhelm, "少女铭文"(Mädcheninschrift); 该铭文文本如今又收录在了I.G. IX 1² 3, 706(G.Klaffenbach), 见H.Schmitt,《国际条约》(*Staatsverträge*), III, n°472, pp.118–126; 我们在后者这本汇编中将找到重要的书目。对确立该文本具有特别重要性的, 尤其是A.Nikitskij的论文, "阿羊忒亚"(Aianteia)。关于将这些女孩遣往特洛伊的专属宗教意义和仪式层面上的研究, 如今可参阅F.Graf, "少女"(Mädchen)。

② Aiantenioi的确切身份根本就未被精确地定义过: 是部族, 还是胞族, 我们不得而知; A.Wilhelm只是颇有道理地写道(《少女铭文》, p.172): "初看, Aiantenioi应是埃阿斯这一谱系上的, 全体后代都可追溯到他身上"; 若要把它说成是一个部族的话, 那就不可能援引下文将会引用的Servius的文本。

③ 根据H.Schmitt按照其他作者的说法, 他认为公元前272年之前, 根本就没提到过奥彭特(Oponte)城邦的罗克里斯人隶属其间的波奥提亚联盟(《国家契约》, III, p.125)。根据Klaffenbach的说法, 这应该是公元前3世纪初的事情。我不会在此讨论这个问题。

④ 严格说来, 该文本只是简单提到了派遣少女这回事, 但没明确说目的地在哪儿, 至少在保存下来的那部分文献上未提及。

本认为这一部族只会简单的礼拜仪式，世俗化很严重，或至少使古代的习俗染上了政治色彩：阿羊忒亚人和纳里卡城邦提供少女，但作为交换，他们也会获得一定数量的否决的和积极的特权（优先进入法庭，免于提供人质等）。少女们的父母会得到赔偿金，用于支付少女的着装和妆容（κόσμον καὶ τροφάν, 1, 10）。但碰巧有许多地方，在我们希望它能保存完好的地方却受损严重。如果我们将维特尼查的铭文单独与文学传统相联系的话，那我们是否就会知道这个以少妇形式脱颖而出的独特的部族呢？在1和9行，只是有关"少女"（τὰς κόρα[ς], τᾶν κορᾶν）的问题，但我们知道在10和23行，用的是复数（κόραιν），无论是现在还是过去，少女们都是两两结对，因为23行说人们将在尽可能广的范围内为古老的两两结对的少女们主持公道（ἐπιδικῆσαι τοῖν πρόσθ[ε]ν κὰτ τὸ δυν[ατόν]）。不幸的是，在第10行，肯定明确说了少女们在伊利翁的雅典娜（Athéna Ilias）近旁服侍要多长时间，但石头在这儿碎了，我们只是读到针对女孩们的着装和妆容，人们将会向两名少女中的每一个女孩提供15米那，直到……（καὶ τοῖν

250 κόραιν ἑκατέραι πεντεκαίδεκα μνᾶς ἐν κόσμον καὶ τροφὰν παρέχειν, ἔντε κα...）。[1]我们在这儿只能对石头的沉默表示尊敬，希望有朝一日该文本的另一个版本能在罗克里斯或其他地方昭示于天下。

不过，文学传说倒是特别的丰富：诗人、史学家和地理编年史

---

① A.Wilhelm认为（《少女铭文》，p.220）是指直到她们成婚，该铭文只能恢复成这样：ἔντε κα[ἐν ἀνδρὸς ἔλθῃ?]。还作了另外几次修复的尝试，我们可以在Schmitt的《国家契约》，III, p.121这个版本的注释中找到对这几次修复的说明。这位作者不无道理地留下了空白。与少女成婚说同样有道理的是，或者说在认为她们成婚的同时，我们也会想到自埃阿斯犯下罪行以来即压于罗克里斯人身上的这层义务一旦结束，她们返回伊利翁，返回至自己的胞族时的情形。

家、专业的论文作者、神话编纂者、注疏者，①难道就不能去填补这层空隙吗？

　　这篇论文的目的显然并不是为了整体论述这份材料。已经有许多人这么做过。传说当然会告诉我们下面几点，即本质上讲，作为正规文献的碑铭学文本并不是要对我们说：埃阿斯犯了什么罪过，有什么即刻显现出来的和未来才会显现的后果，使被视为同谋的罗克里斯人会受到长达千年的惩罚。最古老的直接证言出自战术家 251 埃涅阿斯，此人可追溯到公元前4世纪中叶，他已经表明有一个构造得很好的传说：在罗克里斯人和伊利翁的居民之间，建立起了某种agôn。前者想要在雅典娜的圣殿里让人深入了解他们的那些年轻女孩们，根据埃涅阿斯的说法，他们总是能成功地做到这一点，而后者则想方设法想要阻止他们这么做。好几篇文本（提麦奥斯、吕柯普隆及其注疏者、普鲁塔克、伪阿波罗多洛斯、埃里亚努斯、采采斯的文本，采采斯的叙述和伪阿波罗多洛斯的叙述即可说完全一样）特别强调了变成伊利翁的雅典娜的奴隶的罗克里斯人在躲过

---

① 这儿的一份清单，我希望会较为全面：Énée le Tact.，《攻城术》，31, 24; Timée, F.Gr.Hist.，566F 146a(引自《吕柯普隆的古代注疏》[Scholies anciennes de Lycophron]，ad 1155)与b(有疑点，引自J. Tzetzès，《吕柯普隆》[Lycophronica]，ad 1141); Lycophron, Alex., 1141–1173, 1141诗行的注疏(引用Callimaque，《原因》[Aitia]，I, fr. 35 Pfeiffer)–1172(引用Timée)与1141诗行的J. Tzetzès的注疏(引用Timée和Callimaque)–1162;《政治学》，12, 5, 6–9; Strab., 13, 1, 40, 600–601(依据Démétrios de Skepsis的说法); 普鲁塔克，《神的正义延迟论》(Délais de la justice divine)，12, 557d(引用一佚名诗人的作品); [Apoll.], Épit., VI, 20–22; Élien, Hist.Var., fr. 47, II, pp.205–206 Hercher(依据《苏达辞书》中好几篇文本修复); Jamblique，《毕达哥拉斯生平》(Vie de Pyth.)，42; Saint Jérôme，《驳霍维尼安》(Contre Jovinien)，I, 41; Serv.，《埃涅阿斯纪注疏》(Comm. à l'Én.)，I, 41(引用罗马史学家Annaeus Placidius); Scholies A D à l'Il, 13, 66(引用Callimaque的《原因》)。A.Wilhelm和那些局部论述"罗克里斯少女铭文"的作者自然都为所有这些文本加了注疏，就我所知，这些文本最初是由I. Casaubon在为他的Énée的版本所写的一条注释中加上去的，该版本是在他的Polybe的版本之前，Paris, 1609, p.89; 莱比锡1818年重版《战术家埃涅阿斯注疏》[Aenae Tactici Commentarius...rec. Is Casauboni])，并有附录，pp.243–244。要注意的是Casaubon很熟悉圣哲罗姆(Saint Jérôme)的文本，后者尚未被近来的作者引用过。我们将在A.J.Reinach的论文"起源"(Origine)中找到经过翻译的重组在一起方便查阅的证言。除了必要的精确性之外，此后我在求教于古代文本时，只会提及作者的名字。

了死亡之后，处境有多么悲惨，还强调了他们生活平庸，葬礼也是办得低人一等。而圣哲罗姆则满足于评论说她们的贞洁未曾引起任何流言蜚语。

所提及的这些文本表明关于在伊利翁由那些年轻女孩所完成的服务，其起源及确切的本质，是存在过论战的。对我来说，问题并不在于是否要去穷究这场论战的所有细枝末节。这项赎罪的仪式是何时开始的呢？自特洛伊战争末期起就已开始，大多数文本都这么心平气和地说道。但斯特拉彭却表明对此是有争议的，而且关于特洛阿司其他几个城邦的博学之士所坚信的看法，他认为追溯到波斯人占领之前更久远的时代是不成问题的。哪些城邦，哪些人类团体会将年轻女孩们供应出来呢？是全体罗克里斯人用抽签的方式吗（吕柯普隆、卡利马科斯[Callimaque]、伪阿波罗多洛斯、《伊利亚特》的注疏者）？是一百个贵族家族构成的一个群体就此进行了抽签吗（波吕比乌斯）？[1]还是像塞尔维乌斯（Servius）所说的（引用阿奈乌斯·普拉西都斯[Annaeus Placidus]的说法），而且他的断言印证了少女铭文（Mädcheninschrift），即埃阿斯乃是这个王国的首领？我并不想去重新提出这些问题，当然我只是想就那些"历史的"依据，甚至于该仪式的"考古学"提出自己的看法。[2]我的看法相当简单：要对罗克里斯人在特洛伊服务的持续时间好好思考一番。然而，关于这一点，我们已经发现，维特尼查的铭文并未加以澄清，该传说——这

252

---

① 关于波吕比乌斯（Polybe）的文本，可参阅S.Pembroke，"罗克里斯人"，pp.1250–1255，该文的解读认为罗克里斯人乃是准母权制，我觉得这是很关键的看法。

② 比如，可参阅L.Lerat，《罗克里斯人》（Locriens）所作的很棒的讨论，pp.19–22。关于考古学的证据，其是否存在，就我看来十分可疑，参阅W.Leaf（遵循Brückner的方法），《特洛伊》（Troy），pp.126–144。该作者在附录C里汇集了许多文本，pp.392–396；其他考古学方面的研究，有G.Huxley，"特洛伊八世"（Troy VIII），老实说简直是胡言乱语。该作者认为已经"发现了"罗克里斯人的骨骸！但它们都已经被扔进大海里去了。

一事实很久以来就受到注意，被人评注了——具有双重性。[1]第一个
系列的文本均断言罗克里斯的少女们应服侍女神直至终老而死。
无疑，吕柯普隆就是这么认为的。在《亚历山德拉》(*Alexandra*)[2]一
诗的第1150至1161行，卡珊德拉宣称：

1150　……你啊，伊莱乌斯的整栋屋宇，赫多达克斯的种族
　　　　你们所有人，因我渎神的婚礼，
　　　　你们就必须向着阿格里斯卡的女神(雅典娜)大肆赎罪，
　　　　历时千年，支付处女的贡品，
　　　　让那些命运已定的处女就此老去！

1155　就她们而言，这些陌生之地的陌生人，此乃毫无荣耀的坟
　　　　墓，
　　　　那凄惨的坟墓，沙岸上的阵阵海浪将之消抹殆尽
　　　　终至，在不结果的树上，用火焰燃烧她们的躯体，
　　　　赫法伊斯托斯，将那灰烬逐浪而洒
　　　　那灰烬将从特拉隆的峰巅上直扑而下！

1160　夜晚，其他与将死的处女
　　　　相等数量的处女
　　　　又将来到……

　　　伪阿波罗多洛斯的《概述》(*Épitome*)也持此说，且补充了一
个更富诗情画意的细节：“罗克里斯人不无艰难地重新赢回了自己
的国家，3年后，虽然瘟疫肆虐罗克里斯，但他们听从神谕向其发

---

[1]　就此所作的最好的讨论是A.Momigliano，“罗克里斯少女”(Locrian Maidens)，该
　　文于我助益颇大，尽管最后我还是采取了截然不同的立场。
[2]　我不会在此重新就《亚历山德拉》的日期进行讨论，我和许多很好的作者都认为，
　　该日期是在公元前3世纪的第一个30年间。
[3]　除了改动了一个字，其他译文均出自A.J.Reinach，“起源”，pp.26–27。

出的命令, 平息伊利翁的雅典娜的怒火, 在千年的时间段内, 派出
两名年轻女孩代为祈求。这个命运首先降落到了佩里贝(Péribée)
和克莱奥帕特拉(Cléopâtre)的身上。[……]最初的少女们死去后,
253　他们又派出了其他人; 她们夜间穿城①而过, 害怕遭到屠杀, 就这样
稀里糊涂地来到了圣殿的外面。后来, 他们又派出了婴儿和他们的
奶妈(μετέπειτα δὲ βρέφη μετὰ τροφῶν ἔπεμπον)。就这样千年
流逝, 来到了波奇司(Phocide)一战之后[公元前347/346年结束],
于是他们也就不再派遣祈援女了。"最后的这些细节被采采斯在
其对《亚历山德拉》第1141–1145行诗行作评注时直接转述, 或者
说他依据相同的出处, 极有可能错误地将之归于提麦奥斯②的身上:
"最早来到特洛伊的罗克里斯少女是佩里贝和克莱奥帕特拉。罗
克里斯人首先会派少女去, 其次会派一岁的婴儿(εἶτα τὰ βρέφη
ἐνιαύσια)③过去。"采采斯本人也说波奇司战役之后这项仪式即告
终止。

　　普鲁塔克④引用的佚名诗人里也有同样的传说: "不穿大氅, 光
着脚丫, 仿佛奴隶一般, 她们头发剃光, 就这样清洁着雅典娜祭坛
周围的地方, 于是乎垂垂老矣(καὶ εἰ βαρὺ γῆρας ἱκάνοι)。"在这
份清单上⑤是否还有必要再添上由吕柯普隆的注疏者所引用的历史
学家提麦奥斯(约公元前300年)这个名字呢? 眼下, 我仅局限于将
初看很像吕柯普隆叙述的那篇文本翻译过来: "提麦奥斯说来到

---

① 该细节使得G.Huxley的假设("特洛伊八世")显得更加荒谬, 该文依据的是
temenos extra muros(专供神所用的另带围墙的土地)这一说法。事实上, 在希腊化
时代, 雅典娜神庙虽位处小山岗的北部, 但肯定是在城里。
② 将之归于提麦奥斯的做法令人生疑, 对此有很好的论据, 尤其是Wilamowitz的看
法, 见其《伊利翁》(Ilias), pp.387–388。F. Jacoby在其对提麦奥斯146号残篇作笺
注时对这场讨论作了概述。Jacoby本人在其引用采采斯的话时, 并未提及提麦奥
斯之名。采采斯同样也引用了卡利马斯, 但提到后者名字就算有什么价值的话,
也只能从该传说的整体来看才有意义。
③ 或是ἐνιαυσιαῖα; 关于该形容词的价值, 请参见下文。
④ 人们就此作了各种假设(循环诗人、欧福隆[Euphorion]、卡利马斯……), 我对此
并不表态。
⑤ 比如, 就像Momigliano所写的, 见其"罗克里斯少女", p.51。

[伊利翁]的年轻女孩共有两名，她们都是雅典娜圣殿里的奴隶。如果一人死去，那就会另有一人前来替换之（ἑτέραν παραγίνεσθαι ἀνι αὐτῆς）。死去的那人不得葬于特洛伊人的近旁，而是用荒野上 254 的木头（ἀγρίοις ξύλοις）焚烧，她的骨骸会被扔入海中。"

　　相反，另有一系列文本却断言，少女们应该都是每年派遣——替换的。也许，这样的信息是最古老的那篇文献告诉我们的，那就是战术家埃涅阿斯的《攻城术》（公元前4世纪中叶）。在解释伊利翁人徒劳地想要阻止罗克里斯人来到他们的地方后，他又补充道：Αλλ οἱ Λοκροὶ προσέχοντες τῷ λαθεῖν, λανθάνουσιν ἀωὰ ἔτεα πολλὰ εἰσάγοντες σώματα，我们可以这样翻译："但罗克里斯人在经年累月之中悄无声息地来到了他们的地方，在所有人都不知道的情况下，进来了很多人。"[①] 斯特拉彭对此说得很是断然；他在重述伊利翁公民们的版本之后，写道："Αἱ γοῦν Λοκρίδες παρθένοι μικρὸν ὄστερον ἀρξάμεναι ἐνεπέμποντο κατ ἔτος"（"[特洛伊陷落]之后不久，每年会派遣罗克里斯的少女们前往。"）埃里亚努斯也是这样说的：Ὁ Ἀπόλλων φησὶ πρὸς Λοκροὺς μὴ ἂν αὐτοῖς

---

① 该文本和译文提出了几个问题。1)我遵照Wilhelm（"少女铭文"，p.175）的说法，采纳Sauppe的推测，即这儿用的是οἱ Λοκροί，而非ὀλίγοι，埃涅阿斯近来的出版商们（Oldfather和Dain）都犯了错，忘了提及这个推测。从古文字学角度讲，这个推测是很说得通的，而且意思也更清楚。2)埃涅阿斯的手稿中的ανετεα在第一个ε上加了signum corruptionis（隔断符号）。Orelli和后来埃涅阿斯的出版商们这样翻译是有理由的：ἀνὰ ἔτεα ου ἀν ἔτεα。但该表述所表达的意思却有问题：Oldfather和A.M. Bon的理解是："年复一年"；Momigliano写道（"罗克里斯少女"，p.50）："ἀνὰ ἔτεα这几个字不该被刻意挤压在一起"，而且，实际上，并不存在像希罗多德，VIII, 65里ἀνὰ πάντα ἔτεα或ἀνὰ πᾶν ἔτος（希罗多德，I, 136；III, 160；II, 99）这样的情况。秉承此种精神，我就将之译成"经年累月之中"。我还对πολλά一词的职能有些犹豫，Oldfather在注释（Loeb丛书版的p.169）中的说法是这个形容词与ἔτεα一词有关；这么说也有可能，因为持续很长时间这个概念也由这样的表达方式引入了先前的句子中：ἐκ τοσούτου χρόνου。正如Momigliano所说的，不管什么原因，埃涅阿斯的这篇文本和先前提到的那个传说无法调和起来。我维持自己对该文本的阐释，虽然F. Graf提出了反对意见，见其"少女"（Mädchen），p.66，n.30。

τὸ δεινὸν λωφῆσαι, εἰ μὴ πέμποιεν ἀνὰ πᾶν ἔτος δύο παρθένους ἐς τὴν Ἴλιον τῇ Ἀθηνᾷ Κασάνδρας ποινὴν ἕως ἂν ἱλεώσητε τὴν θεόν. （"阿波罗对罗克里斯人宣讲，说他们若是每年不派两名少女去伊利翁服侍雅典娜，用来惩罚对卡珊德拉所犯的罪行，直到能平息女神的怒火的话，他们的不幸永无终止之日。"）塞尔维乌斯也持如此看法，他引用阿奈乌斯·普拉西都斯的话：Dicitur enim Minerva in tantum ob vitiatam Cassandram in templo solius Aiacis pœna non fuisse contenta ut postea per orasibi ad sacrificium mitti.（"因为有人说密涅瓦对卡珊德拉在其神庙里被强暴一事仅埃阿斯遭惩罚颇感不满，于是她发布神谕说每年埃阿斯的王国里均需派一名贵族少女前往伊利翁，以达祭献之目的。"）[1]最终，吕柯普隆的《亚历山德拉》第1141行的古代注疏也说得很断然：Ἔχρμεν ὁ θεὸς <β> παρθένους ἐνιαυσιαίας εἰς Τροίαν τῇ Ἀθηνᾷ ἀποστέλλειν ἐπὶ α ἔτη（"神发布神谕，命令两名[2]少女每年均需被派往特洛伊的雅典娜处。"）[3]

这个双重传说究竟该如何阐释呢？如有人所说的，最有可能的、最"自然的"解决方法，难道不就是去承认该传说是和这项仪式的演化息息相关的吗？比如，威尔海姆就是这样推论的："困难肯定是在于如何通过承认在不同的时代该项服侍工作也具有不同的形式这种方法来解决。"[4]古代的资料来源完全没有直接对我们这么说，但很清楚的是某些作者也是这样推论的，不过该传说的最

---

[1] 我们注意到塞尔维乌斯与传说有个区别，他说的是一名少女；吕柯普隆的《亚历山德拉》第1159行的古代注疏断言，第二次，罗克里斯人认为惩罚已足够，便只派遣了一名少女当雅典娜的侍女：πέμπει οὐκέτι β, ἀλλὰ μίαν, ἀρκοῦσαν εἶναι δοκοῦντας τὴν τιμωρίαν; 关于该文本，请参阅下文。

[2] 该数字是由E. Scheer复原的。

[3] 某些未持此说的作者并未参与这场争论：波吕比乌斯、扬布利柯、圣哲罗姆和《伊利亚特》的注疏者。

[4] "少女铭文"，p.219。

初的证人们并不能算在内。有哪些编年史上的征象传递给我们了
呢？好几篇文本让我们了解到强加于罗克里斯人身上的这项服侍工
作总共持续了1000年的时间，当然起算时间是从特洛伊的回归算起
的。[①]这些文本全都隶属于这第一部传说(我不想说它是最古老的传
说)的范围之内，该传说说的就是少女们就这样在那儿老去、死去。
唯有一篇文本明确否认了这个期限是有定论的。[②]同样是这篇文本，
虽然很不幸的残损不堪，但仍暗指该项服侍工作被刻意地中断过。
罗克里斯人当时受到了神的再次干预的打击(土地贫瘠不堪)，之
后他们遂决定再次将少女们递送过去，但"认为这个惩罚应该足够
了"(ἀρκοῦσαν εἶναι δοκοῦντας τὴν τιμωρίαν)，他们决定不再
派遣两名少女，而是只派一名。我们先不去考虑普鲁塔克那个没什
么用的说法，他说："没过多长时间，罗克里斯人就不再将少女们
派往特洛伊了。"但这个 οὐ πολὺς χρόνος 究指何意呢？说的是普
鲁塔克的时间吗？于是，我们又跌入到了考古学或旅游业里去了。
他只是简单引用了自己手头的资料来源吗？但这个资料来源又是什
么呢？[③]

　　有两篇极为相似的文本——出现在拜占庭的博学之士那
里——同时在说，只是稍有不同——他们没派少女们，而是派了婴
儿和他们的奶妈——"波奇司战役之后"该项服侍工作就彻底停
止了。但后一个观点却产生了困难。首先因为《少女铭文》证明[④]在
提到的这场战役(公元前347/346年)结束之后好几十年的时间里，

256

---

① 吕柯普隆、《亚历山德拉》第1141行的注疏者，荷马的注疏者、伪阿波罗多洛斯的
　《概述》、圣哲罗姆、扬布利柯、对《亚历山德拉》第1141行作注疏的采采斯。
② 此处说的是《亚历山德拉》第1159行的注疏者：ὁ δὲ χρησμὸς οὐκ εἶχεν ὡρισμέ-
　νον χρόνον，从而表明这位注疏者就该传说所搜集的资料远不具有同质性。
③ 像Schmitt所作的那样(《国际条约》，III，p.125)，援引向来只能当作凑数之用的资
　料来源，如波西多尼奥斯的资料那般，是毫无用处的。
④ 除非我们同意C.Robert(《古代英雄传说》[Heldensage]，p.1274)里的观点，认为该
　铭文并不是指将少女派遣至伊利翁，而是将之遣至罗克里斯西部的某个圣殿；但
　这种假设几乎没什么可信性。

该项服侍工作仍然一直存在着，尽管形式已经更新，其次是因为该文本本身提出了这些问题。我们来引用采采斯文本里所说的话吧：Χιλίων δ ἐτῶν παρελθόντων μετὰ τὸν Φωκικὸν πόλεμον ἐπαύσαντο τῆς τοιαύτης θυσίας。[①]我们是这样理解的："[特洛伊回归之后]，波奇司战役之后，已过去千年，他们终止了这样一项祭献活动。"然而，我们要说的是特洛伊战争的1000周年，尽管对于伊利翁的陷落，古代博学之士均采纳了某个日期，但其仍无法与"第三次圣战"的结束日期相吻合；[②]因此，我们搞不明白的是两个彼此无法调和的编年史上的征候是如何相继出现的。所以，我们要自问的是，是否不该这样去阅读，即用Τρωικόν来代替Φωκικόν。[③]该文本当时有可能只是说罗克里斯人等待着特洛伊陷落后的1000周年的到来，以结束其身上的义务。很难去说波奇司战役没特洛伊战役出名，因为lectio difficilior[④]的原则肯定会断然支持Φωκικόν，但认为争论依旧存在也是有道理的。

257

---

① 《概述》里这句句子的末尾是这样说的：ἱκέτιδας ἐπαύσαντο πέμποντες。意为："他们便不再派遣祈援女子"。

② F.Jacoby在其对提麦奥斯的146号残篇注疏时理所当然地提到了这一点：甚至认为特洛伊战争结束日期要比古典时代其他博学者采纳的时间更古老(公元前1334/1333年)的Douris，也没把第三次圣战放到夺取特洛伊之后1000年那个时候。难道是因为他觉得传统资料的编年有问题，因为圣哲罗姆只是写道罗克里斯女人被派遣至伊利翁这件事历时(per annos)近(circiter)千年吗？Casaubon就已经依据"近"(circiter)这个词将蒂迈欧的断言同他对编年史的了解调和了起来。E.Manni则试图用另一种方式解决该问题：波奇司战役应被认为是高卢人进攻德尔斐发动的(公元前278年)，这样就差不多与希罗多德所说的特洛伊战争的1000周年(Locridi)相吻合了。不幸的是，没有任何东西可让人认为高卢人的这次袭击可被称为"波奇司战役"。

③ 就我所知，这种推测是由L. Sebastiani在其《吕柯普隆》(Lycophron)及对采采斯的《注疏集》(Scholies)第一次提出的，见Rome, 1803, p.297，他认为很显然的是告诉读者这根本就不是原稿里的文本实属无益。C.G.Müller在其撰写的关于这些文本的著作中有条注释也是这么认为的(Leipzig, 1811, p.939, n.29)，他依据的是Casaubon的推论。A.Momigliano完全无视这种看法，不经讨论即将之抛弃，见其"罗克里斯少女"，p.49, n.2，但W.Leaf却没这么做，见其"特洛伊"(Troy)，p.132。

④ 拉丁语lectio difficilior是文本批评的一项原则，意为"最难读者最有力"，意指当诸文本对某个义项发生诸多歧义时，最不寻常的释读说不定就是最原初的解释。——译注

还有一篇对所有关于编年史的讨论来说都很重要的文本，出自埃里亚努斯之手。该文本实际上损毁得很厉害，以至于刚读的时候，会让人觉得很荒谬。他说了什么呢？在提及阿波罗神谕强制要求每年派遣少女至伊利翁的雅典娜处之后，埃里亚努斯说"少女们被派往特洛伊，直至终老而死(κατεγήρασαν)"，[①]那些应继她们而来的女孩却最终没有来。[②]于是，女人们开始分娩出残废和怪物"。[③]罗克里斯人便向德尔斐神庙诉求。神谕先是对他们不理不睬，然后在他们的坚持之下，才提醒他们所犯的过错。罗克里斯人遂向安提柯求助，"让她来操心设计罗克里斯城邦，而城邦则会上缴贡赋"(τιθέντας τὴν κρίσιν ὑπὲρ τοῦ τίνα χρὴ Λοκρικὴ πόλιν πέμπειν δασμόν)。国王颁布法令，说"该问题应由命运来了断"(προσέταξε κλήρω διακριθῆναι)。

面对说法截然不同的这些错综纷杂的文本，卡索邦(Casaubon)却说这是一段historia nobilissima(有名的历史)，现代人会对此作何种反应呢？我尚未深入庞大书目的细枝末节之中，所以远远不敢自以为是地说自己已熟知一切，我只是说整个有关编年史的讨论都是围绕着"波奇司战役之后"以及重新被"安提柯国王"夺取回来后，"服侍工作中断"可能发生的日期究竟是在何时这一问题。安提柯国王究竟是何许人也？3名可能的候选者均有自己的支持者。[④]但安提柯三世(Antigone Doson, 公元前227—前221年为国王)似可被排除在外：在他之前的"少女铭文"似是在该项仪式复兴(revival)之后出现的，虽然这样一种复兴(revival)早就已经发

258

---

① 关于καταγηράσκω—词的意思，可参阅P.Treves—文 "衰落" (Consenesco)附录里的评论(pp.149–153)。
② 当然还缺了一句句子；显然这儿不可能说的是最初被派到特洛伊的女孩(参阅A.J. Reinach, "起源", p. 35)。
③ 罗克里斯的女人显然并不是特洛伊的 "神庙之奴"，如A.J.Reinach所想的那样，见其 "起源", p.35。
④ 参阅A.Wilhelm, "少女铭文", pp.186–187。

生了。还剩下安提柯一世(Antigone le Borgne，公元前306—前301年为国王)和安提柯二世(Antigone Gonatas，公元前276—前239年为马其顿国王)。^①如果无论如何必须做个选择的话，我会选安提柯一世，他是特洛阿司的主人，自公元前306年起，就掌控了围绕着伊利翁的雅典娜神庙的特洛阿司城邦联盟，^②虽说组织得并不好，但他仍是最佳的选择。有鉴于此，就有可能提出一种编年史的解释。将伪阿波罗多洛斯和采采斯(认为服侍工作是在波奇司战役之后停止的)的文本结合起来，就会发现狄奥多罗斯有个受人欢迎的看法，他告诉我们埃阿斯的祖国纳里卡，确切地说已于公元前352年被波奇司人毁灭，^③而埃里亚努斯的文本尽管冒着不太严谨的风险，但那于公元前4世纪中叶中断的古老的仪式由"安提柯国王"在之后几十年间重新建立起来的说法，还是很有可能的。难道还不能从原则上提出这样一种看法，即我分析过的这两种主要的传说一对应于古代的实践，一对应于更新后的实践？也就是说，分类究竟是如何进行的？我相当不安地观察到现代人划分成了两个阵营。难道必须承认在古典时代和古典化时代，补给的做法是每年1次，而到了希腊化时代，则成了经常性的行为？^④但如何才能将该论题与斯

---

① 认为是前者的有Schmitt，《国际条约》，III，p.125，认为是后者的有Momigliano，"罗克里斯少女"，pp.52—53。

② 这篇最古老的文献"证明在公元前306年之前一段时间及之后一段时间，该联盟及其与安提柯的种种关系都是存在着的"(参阅L.Robert，《特洛阿司的货币》[*Monnaies en Troade*]，pp.20—22)。安提柯一世对希腊诸城邦的干预政策(关于安提柯一生初期的情况，P.Brian最近还专门为此撰写了专题著作，《安替柯》[*Antigone*])是众所周知的：比如，可参阅那篇关于忒奥斯(Téos)和列别多斯(Lébédos)如何聚合村落建立城市的著名铭文(Dittenberger, Sylloge³, 344)。让人惊讶的是，我在Momigliano笔下读到了这样的话："安提柯国王的独断专行如今是能得到更好解释的，只要伊利翁并不属于他的管辖范围——也就是说，只要安提柯就是指安提柯二世就行"("罗克里斯少女"，p.53，n.1)。同样，支持安提柯二世一说的有F.Graf("少女"[Mädchen]，p.64)，他的理由是独眼安提柯(Antigone Monophthalmos)的时代距撰写维特尼查敕令的那个时代极为遥远。但不管怎么说，还是存在着好几十年时间的间隔期，我看不出再来个20年又或少个20年又有什么关系。

③ Dior, 16, 38, 5。

④ 这是P.Corssen阐发的论题，见"遣送"(Sendung)，pp.197–198；该作者因而将"罗克里斯少女铭文"第10行修复成ἔντε κα[ζώηι。

特拉彭对我们说的调和起来呢, 毕竟在涉及到小亚细亚时, 斯特拉彭并不缺博学的信息提供者? 是否必须反着思考, 即终身服侍的做法到了希腊化时代变得更人性化, 成了每年轮换制? [①]但这种假设很难说清楚我们拥有的那份最古老的证言, 即埃涅阿斯的文本, 即便他是该服侍工作暂时中断时的同代人, 但他关注的仍是在此之前的时代。

最别具匠心的阐释则是很久以后由莫米里亚诺提出来的。希腊化时代有1年的间歇期, 这是得到明证的(斯特拉彭、塞尔维乌斯、《亚历山德里亚》第1141行的注释者、埃涅阿斯)。在古典时代和古典化时代(埃涅阿斯)也有可能这样, 尽管我们可以承认这项时间有点偏长的服侍工作是在其被重新采用后才得到缓和的。[②]那 260 如何去解释吕柯普隆以及莫米里亚诺读到的提麦奥斯的版本呢? 是否必须认为女先知卡珊德拉预言了尚未发生过的事呢? 解决方法可如下: 提麦奥斯(公元前4世纪末)和吕柯普隆(公元前3世纪初)在该项服侍工作中断期间应会这样明确地写道:"其文学活动的适当时期就在中止上贡和恢复上贡之间的那个间隔期内。"[③]于是给巴洛克式的夸张留下了自由发挥的地盘, 而接着当起了信息源头的吕柯普隆、诗人们和神话编纂者们则随心所欲地把玩着他的那个事实性的版本。

然而, 我仍然相信即便这样的解释初看上去极具说服力, 当然更不必说(a fortiori)我提到过的其他那些假设, 但对古代那些丰富的著作的本质特征却仍了解得不够充分, 尤其是希腊化时期和罗马时期的那些特征。但莫米里亚诺对此比任何人都要了解得清楚, 古

---

① 最终, 该论题被Schmitt采纳, 见"国际条约", III, p.123。
② 自严至松的观点古已有之; Casaubon写过(loc. cit.): Puto verum esse quod Timaeus [也就是指采采斯] de tempore, quo immnae institutum, mitescentibus in dies magis magisque hominum ingeniis, omitti coepit.
③ "罗克里斯少女", p.52。

代作家和我们一样，也是文本的阅读者，当他们就某某事件提出新的版本时，并不总是因为他们发现了某份新的文件或某个新的传说，而是因为他们仔细地——通常并不仔细——读过了文本，他们懂得如何为己所用，如何去驳斥或调和那些文本。

至于我们所关心的那个主题，伍尔特海姆(J. Würtheim)之前针对古代博学之士的文本提供过一个颇为出色的批评性释读的范本。①如何去解释提麦奥斯名下那个传说中婴儿及其乳母被遣至伊利翁的这件事，而且采采斯和伪阿波罗多洛斯的文本里也出现了这种说法？所有这一切都只不过是因为παρθένοι ἐνιαυσῖαι，②也就是说服侍期1年的少女们，被看作了1岁的女孩，这样接下来就能用βρέφη，即婴儿来替换παρθένοι了。因而，令人动容的轶事也就从传说当中消失了。无疑，我们可以用与《亚历山大里亚》第1159行吕柯普隆的注疏相类似的推论来作出解释。按照该文献，罗克里斯人首先会派遣两名年轻女孩过去，之后则只派一名。该作者会在那些读本中遇见塞尔维乌斯的那个版本: unam puellam，③于是就想将这则"信息"同自己在他处了解到的内容调和起来。

莫米里亚诺认为极其重要的埃里亚努斯的文本，实际上通过"安提柯国王"的介入，而向我们提供了一则闻所未闻的、无疑也是颇为珍贵的信息，所以肯定会受到批评性的重构。④我们再来读一读它。阿波罗向罗克里斯人宣称"若他们不是每年向雅典娜派遣两名年轻女孩前往伊利翁的话，那他们的不幸就不会停歇"。埃

261

---

① J.Würtheim，《埃阿斯起源论》(*De Aiacis origine*)，p.110；他的论证得到A. Wilhelm的采纳，见"少女铭文"，p.184，也得到了A.Momigliano的采纳，见"罗克里斯少女"，p.50，n.2；而Nikitskij则认为("阿羊忒亚"，p.15)提到的βρέφη ἐνιαύσια μετὰ τῶν τροφῶν αὐτῶν，即"1岁的婴儿及其乳母"，会在trophos(乳母)和trophê之间造成混淆，在《少女铭文》这篇文本中，后者指的是保证供应少女。但这其实是徒劳无益地认为在文学传统和碑铭文献之间发生了交叉感染。
② 该表达法出现在《亚历山大里亚》第1141行的古代注释者文中。
③ 拉丁语，意为"一个女孩"。——译注
④ 埃里亚努斯文本拼凑的特色被Nikitskij全盘接受，见"阿羊忒亚"，p.16。

里亚努斯就是这么写的, 我将之称为第二传说。但该文本随后又说
"被遣往特洛伊的年轻女孩在那儿终老而死, 而本应接替她们的
人却并未来到。"然而, 说年轻女孩"老去"倒恰恰是追随第一传说
的那些作者所坚称的其中一种观点: 吕柯普隆在第1144行就用了分
词γηροβοσχοῦσαι, 即"受骗上当, 直至老去", 被普鲁塔克引用的
这位诗人谈到的是"沉重的衰老"。怎么就不见埃里亚努斯尽其所
能地将自己在这些文本中遇见的那两个传说调和起来呢?

　　是否有可能比这些附带的评论走得更远呢, 简言之, 是否有可
能表明可将使这两种受争议的传说相隔开的表面上不可逾越的分
歧弱化一下呢? 我觉得可以, 克莱尔·普列奥(Claire Préaux)的一项
研究就将我们带上了这条路。[1]牲口租约说的是"牢固的租养牲口契
约", 这是一种颇为有名的契约形式, 在古代和现代的地中海世界
已经广泛证实, 尤其是在希腊化时期和罗马时期的埃及纸莎草中
得到很好的展现:"承租人保证替换死畜或走失的牲口, 俾使牲畜
可被叫作athanatos,[2]及不死之意。"对牲口有用的对人也有用, 我
们知道有个有名的波斯守卫队的例子, 讲的就是"不死队", 任何一
名成员若生病或死亡, 则此人就会被代替, 故数目仍保持不变。[3]显
然, 荷马在说到鸽子给宙斯带去仙食(不朽的饮料)时, 却被普兰克
塔伊(Planctes)高处的岩壁逮个正着:

262

Ἀλλά τε καὶ τῶν αἰὲν ἀφαιρεῖται λὶς πέτρη

ἀλλ ἄλλην ἐνίησι Πατὴρ ἐναρίθμιον εἶναι

---

① "牲口"(Troupeaux)。在Claire Préaux之前, A.Wilhelm就已用了这个进路(《雅典
的收入》[*Poroi*], p.26)。

② Cl.Préaux, "牲口", p.161。关于该制度, 有J.L.Robert提供的书目, 见"学
报"(Bulletin), 1976, nº327, 以及Ph. Gauthier的书目, 见《雅典的收入》(Poroi),
p.139。还可加上J. Triantaphyllopoulos, "希腊罗马变体"(Varia graeco-romana),
pp.183–184。

③ 希罗多德, VII, 83与211; 我从未研究过"不死队"这一称号的由来, 该称号也可用
来称呼法兰西学院的院士, 但众所周知的是, 他们有这个称号并非因其著作的价
值, 著作是个变量, 而是因为其维持不变的数目。

> 但光秃的岩壁，每次，都会逮到一个
>
> 宙斯只得将之替换，以重新维持这个数字。①

克莱尔·普列奥有个优点，即他提到这些不死者的契约也同样存在于古典希腊人当中。我们向色诺芬的《收入》(公元前355年)借用一个——难以受到攻击的——例子。②根据诸多可能性来看，公元前5世纪的雅典战术家尼塞拉图斯(Nicératos)的儿子尼西阿斯(Nicias)"以前在银矿里拥有1000个人；他把他们借给色雷斯人索西阿斯(Sosias le Thrace)，条件是后者要付给他每人每天1奥波尔，而且人数永远不可少"：ἐφ ᾧ ὀβολὸν μὲν ἀτελῆ ἑκάστον τῆς ἡμέρας ἀποδιδόναι, τὸν δ ἀριθμὸν ἴσους ἀεὶ παρέχειν。索西阿斯因此就需保证，若是他从尼西阿斯手里租来的银矿上的那些奴隶消失不见电话，那他就得自己出钱补上。由于涉及的是一笔大数目，而且又是在矿上干活，这条条款显然并不是在做做样子。

我的建议是这种类型的契约，其起源如果不是根植于罗克里斯人与伊利翁的雅典娜之间那层关系的话，不管如何来看，该关系都要远远复杂得多，至少也是根植于我所分析的那个双重传说。那这双重言说究竟有何共同之处呢？就是说在伊利翁出现的罗克里斯女人的数目应该是两名(我们记得，该数字出现于两类叙述中)。我们倾向于过度解读的提麦奥斯的那篇残篇清晰简单地表达了这

---

① 《奥德赛》，XII，64–65(V.Bérard译)。荷马史诗里的这个例子，J. Triantaphyllopoulos并未提出来，见"希腊罗马变体"，后者举了其他的例子，但并非所有的例子都能令人信服。然而，我赞同他一点的是，在太阳牛(Bœufs du Soleil)那段著名的插曲(《奥德赛》，XII，127–130)中，荷马暗中对不朽可能含有的两层意思作了把玩。柏拉图在《王制》(X，611a)里也有相类似的手法："你认为存在的总是相同的灵魂；既然它们既不会消亡，又不致增多，则它们数目上便不会减少分毫；因为如果某个不朽者的群体会增长的话，那它必是从必死者中增长起来的，最终，所有人都会不朽"(Chambry译)。群体的不朽和个体的不朽因此便连接在与荷马文本相反的秩序之中。但究竟哪个概念先有呢？我们也可以来看看《蒂迈欧》41d和《斐多》61a–e，文中出现了人的主题和神看管牲畜的主题。我要感谢V. Goldschmidt将我的注意力吸引至这些文本上面。

② 色诺芬，《收入》，4，14–15。

个观点: εἰ δὲ τις ἀποθάνοι, ἑτέραν παραγίνεσθαι ἀντ αὐτῆς.[1]
但这份关键性的文献毫无疑问也是吕柯普隆的版本, 虽然这位作者说的话远不具有决断性。在《亚历山德里亚》1160–1161行提及其中一名"年轻女孩"(老)死后发生什么事时, 他说道: ἄλλαι δὲ νύκτωρ ταῖς θανουμέναις ἴσαι ἵξονται……("与死去女孩相同数量的其他女孩晚上就赶来了。"[2])除了晚上这个细节之外, 我们的看法和尼西阿斯–索西阿斯预见的那些条件是完全一样的。有说"年轻女孩"是被伊利翁人投石打死的, 如有些文本所言, 有说她们终老而亡, 如吕柯普隆、普鲁塔克和埃里亚努斯想象的那样, 有说她们病亡或旅行时意外身故, 或者很简单, 像另一个传说所想的那样认为她们结束了服侍期, 所以必须派人去替换之。而罗克里斯人就得这么做。

264

毫无疑问, 正如克莱尔·普列奥分析的那份契约里所写的, 此处并未涉及到παρέχειν, 而是πέμπειν,[3]不是指供应, 而是指派遣, 运送; pompê一词的概念并非老早就有, 但在伊利翁永远出现的这一主题存在于所有文本中却是毋庸置疑的。那是否能依据这一共同的出发点将往昔之事呈现出来呢? 其中一个传说强调了起因于雅典娜的这种供给行为还是和"牢固的租养牺牲畜契约"及尼西阿斯–索西阿斯契约相象的, 也是指要有源源不断的奴隶数目: ἥτε

---

[1] 同样可见, 采采斯, 《亚历山大里亚的吕柯普隆注疏》, 1141: καὶ πάλιν οἱ Λοκροὶ ἑτέρας ἐστελλον.

[2] 毫无疑问, 该表达法的意思, 这位注疏者理解得极其到位: ὅσαι γὰρ ἀπέθνησκον, τοσαῦται ἀντ αὐτῶν ἐστέλλοντο ἐν Τρωάδι παρὰ τῶν Λοκρῶν("越是有人死, 罗克里斯人就越是要把人遣至特洛阿司。") "Ebensoviel wie die Toten", 这是Wilamowitz的翻译(《伊利翁》[Ilias], p.387)。自文艺复兴以来, 人们经常理解的"与死者相类似"的说法是错误的。就此主题作出正当评论的是Reinach的"起源", p.26, n.3, 以及Momigliano的"罗克里斯少女", p.51。

[3] 该动词在几乎所有的希腊文本中都出现过; 例外的是埃涅阿斯那些文本, 他说的是自从伊利翁以来, 而没说自从罗克里斯以来, 还有波吕比乌斯, 他使用了动词ἀποστέλλειν。塞尔维乌斯说: ad sacrificium mitti, 这句话是翻译pompê一词的概念。或许Nikitskij在《少女铭文》第2行中恢复πέμψειν一词是有道理的。(ad scrificium mitti, 拉丁语, 意为"将祭品派遣出去"。——译注)

δοῦλαι，即"如同奴隶"，这是被普鲁塔克引用的那位诗人所说的话，ἐδούλευον，即"她们是奴隶"，则是提麦奥斯的残篇里所说的。① 吕柯普隆则将埃阿斯所犯的罪行转换成对婚姻法的冒犯，他通过剥夺这些"年轻女孩"的婚姻快乐和母性快乐，而颇为有力地扩大了这个出发点。相反，另一个传说，强调的是该服侍工作每年一次的特性，因而也就去除了其中的戏剧性成分，将之转变成更为庸常的礼拜仪式。我们发现维特尼查的铭文也是朝向这个进路的。②

265　在这种情况下，其实就有可能像莫米里亚诺所做的那样，认为我们还不如在希腊化时代，以及在"安提柯国王"介入之后，在原始契约里铭刻的这些各异的可能性中，选择一种相对快速的更新模式。

　　总而言之，如果我的分析是正确的话，也就是说如果我们的传说其实是通过对"不死"（"不死"仅限于千年）契约的体现才能得到阐释的话，那我就并不认为在复原原初的契约时，我们还有丝毫成功的可能。每年派遣是不可能的，我们可以想一下，这个过程和向德洛斯（Délos）运送极北地区贡物③的过程很相似，但我们并未看出以什么样的名义，才能说这种做法是原始的。至于该传说中吕柯普隆作为首个见证人所认为的另一种结局，确乎有种令人不安的过分的巴洛克特色。因此，还不如承认我们的无知，并说古代的契约就

---

① 我说的是其中一个传说，这是因为我很犹豫是否要使用埃涅阿斯的sômata一词，该词就是指罗克里斯女人。无疑，sôma这个词当后面没有跟着明确其意义的形容词，且指的是人类的时候，它很多时候就是意指奴隶，但也有例外情况（参阅P. Ducrey，《囚徒》[Prisonniers]，pp.26–29里的讨论）。在该传说的内部，说"年轻女孩"在伊利翁翁垂垂老矣，但她们的身份地位却并不明晰。就伪阿波罗多洛斯而言，这些女孩指的就是"祈援女"；吕柯普隆和采采斯坚称她们身负的这项任务有多卑贱。A.J.Reinach在翻译这一切的时候用的都是"hiérodulie"这个词（同上，见各处）。（hiérodulie，指古希腊的神庙奴隶。——译注）
② 因此，在第10行所建议的那些复原工作中，我觉得最具启发性的就是Nikitskij的做法：ἔντε κα[ἐπανέλθωντι]，意即"直至她们重返"。
③ 参阅希罗多德，IV, 32–34, Ph.Bruneau评注，见《研究论文集》（Recherches），pp.39–44。

这么简单，它就这么导致了这个双重的传说为好。至少这才是我愿意去证明的东西。

---

① F.Graf对我的反对(见"少女"，p.66，n.29)表明他认为我已经能知道怎么去复原这份原始契约，而他却丝毫做不到这一点。

第四节　传说、神话、乌托邦中的奴隶制与女性政治*

　　这项研究想要在两个反思域内建立某种接合点。第一个很古典，属于社会史；近年来专门对这种类型的受奴役群体，亦即波卢克斯所描绘的μεταξὺ δὲ ἐλεύθερων καὶ δούλων，即自由人与奴隶、拉凯代蒙的希洛人、帖撒利亚的佩奈斯特人、克里特的克拉罗泰人等，均可用这个结论来很好地归纳一下，这个结论我借自于芬利的文章：[①]古典时代起自这样一个社会，其中个体的身份是沿着某个连续体逐级排定的，一端为自由人，另一端为非自由人，该时代一直延展到社会的构型——其理想的典范或类型是由古典时代的雅典提供的——其中公民与奴隶之间的对立很干脆，很激烈，很彻底。

　　当然，如果我们只考虑一方面是斯巴达的homoioi，另一方面是雅典的公民，那我们就能像别人经常做的那样，教导说在民主制城邦与柏拉图认可的荣誉制之间，只有程度上的简单差异。这两类城邦(如果我们添上纳税寡头制[oligarchies censitaires]的话)，就有三类城邦均为平均主义，但各方的数目却并不相等。尽管人们将这种社会机体视作一个整体，但它们彼此并不等同。

　　依循这类反思，我试图前往别处去证明[②]关于雅典奴隶在政治上的无用这一点，没人会花片刻时间想象一下奴隶也能成为那样的人，要求获得行政官职，这点是和希洛人及佩奈斯特人现实的政

＊　该文经大范围修订，原文发表于Cl.Nicolet(主编)的《古典时代社会结构研究》(*Recherches sur les structures sociales dans l'Antiquité classique*)，Paris, C.N.R.S., 1970, pp.63–80；该文的译文在添加了大量补充，作了大量修正之后，发表于L. Sichirollo(主编)的《古代与现代的奴隶制度》(*Schiavitù antica e moderna*)，Naples, 1979, pp.117–136。

①　"奴隶制与自由之间"，p.249；亦可参阅D.Lotze的总括性研究，见《中间阶层》。

②　参阅P.Vidal–Naquet，"经济与社会"(Économie et Société)，尤其是pp.127–149；"希腊奴隶是否是一个阶级"，上文；亦可参阅Cl.Mossé，"奴隶的角色"(Rôle des esclaves)，这篇文章对我相当有用。

治活动相对立的。直到纳比斯时代的斯巴达历史就部分而言已成了斯巴达人反叛或请愿的历史。柏拉图极好地理解了这个教训，他说："如果人们想让奴隶更温顺，那就会尽量不让他们来自同一个祖国(patriôtas)，讲同一种语言"(《法义》，777d)。

　　我想在这儿对这些结论核实一番，但我的材料并非借自政治史，而是神话思想提供的资料，列维–斯特劳斯曾表明这些资料该如何得到分析。当然，由智者传统提供给我们的希腊神话应加以区别化对待。为简明扼要起见，我在此将起源神话(le mythe d'origine)或布局性的神话与传奇奥义(la tradition légendaire)作一下区分，前者被希腊人视为宇宙论，社会被含入与社会相分离的宇宙及纯粹公民领域①当中，每个城邦均经由此类神话得以表达呈现出来，社会也被包含入"起源"当中，那是由混乱至秩序、由自然至文化的过程，后者将各种神话元素整合进去，但被视为、被描述为历史。而乌托邦，则明确地置身于神话与社会的关节点上，它之所以在这儿让我们感兴趣，是因为它所保存的东西和它所否定的东西都同样重要。我来引用一下刘易斯·孟福德(Lewis Mumford)的话：希腊乌托邦者"无法承认打碎社会阶级永久区分论，或确立战争机制以终结这种区分的可能性，哪怕将之作为一种遥远的理想也不成。他们觉得废除婚姻和私有财产要比摆脱奴隶制、阶级控制或战争乌托邦更容易"。②

　　那为何要在这项研究中将奴隶的命运和女性的命运结合起来呢？因为希腊城邦就其古典典范而言，是由一个双重排斥来定义的：排斥女性，希腊城邦乃是"男性俱乐部"，排斥奴隶，因为它是"公民俱乐部"；我甚至应该说是三重排斥，因为外国人本身也遭拒斥，但奴隶的例子或许只不过限制了外国人的这个例子。

①　参阅J.–P.Vernant，《起源》，尤其是pp.96–113。
②　L.Mumford，"乌托邦"(Utopia)，p.277；亦可参阅M.I.Finley，"乌托邦主义"(Utopianism)，pp.178–192，尤其是pp.187–189。

当然，这两类拒斥并未确切地处于同一个平面上。然而，在女性的命运和奴隶的命运之间仍有一层关联，至少有一个希腊人曾这么说过：他就是亚里士多德。在一篇他主要讲斯巴达的文本中，[①]他提到女性构成了"城邦的大多数"，τὸ ἥμισυ τῆς πόλεως，因此立法者应对她们多加关照，这位哲学家将对女性疏于(anesis)关照与对希洛人疏于关照的各自危险作了比较。在这两种情况下，都有直接而又切近意义上的危险：对希洛人太过纵容会导致其反叛，要求平等；至于女性，如果由她们来统治执政者的话，那她们也就会因此而统治城邦(καίτοι τί διαφέρει γυναῖκας ἄρχειν ἢ τοὺς ἄρχοντας ὑπὸ τῶν γυναικῶν ἄρχεσθαι)。

亚里士多德又回到了这个问题上，但这次处理的是民主制的情况；[②]危险相同，但政治上没那么直接，也没那么切近：关于国内的奴隶或女性政治(γυναικοκρατία τε περὶ τὰς οἰκίας)的anesis会将民主制城邦导向僭主制，这并不是指严格意义上的奴隶掌权，也不是指女性掌权。亚里士多德只是明确地说，女性和奴隶是不会密谋反对僭主的，因为和民主制治下一样，僭主对他们还是挺宽大的。

最后还必须提及一点，即对亚里士多德而言，主人与奴隶之间的对立为一方面，男性与女性的对立为另一方面，此种对立和身体与灵魂、控制方与被控制方[③]之间的对立位于同一个等级，他难道没有在别处断言道："女性也能是个好人，奴隶亦然；只是，女性有可能更为低等，而奴隶则完全微不足道"(καίτοι γε ἴσως τούτων τὸ μὲν χεῖρον, τὸ δὲ ὅλως φαῦλόν ἐστιν)？[④]我们将会发现，此间的细微差异值得牢记心中。

269

---

① 《政治学》，I, 1269b 12及以下。
② 同上，VII(V), 1313b 32及以下。
③ 同上，I, 1254a 34及以下。
④ 《诗学》，1454a 20。

希腊是否一方面熟悉有关奴隶权力的传统，一方面也熟悉女性权力的传统呢？在这两个传统之间是否有关联呢？如果我们坚持第一种观点，将希腊化时代既著名又模糊的某些插曲，如帕加马的阿里斯托尼可斯(Aristonicos de Pergame; 即欧迈尼斯三世[Eumène III])的"太阳城邦"，[①]或叙拉古的宁佛多罗斯叙述的有关开俄斯的轶事[②]搁至一边，那奴隶城邦(Doulopolis或doulôn polis)的神话文献就会被很快汇集起来。该表达法——还必须强调一下吗？——对希腊人而言自相矛盾。阿纳克桑德里德斯(Anaxandride)是个平庸的喜剧作者，他的《安喀塞斯》(Anchise)里的一个人物很清楚地表明了这一点："嗨，根本就没有专为奴隶的城邦"——Οὐκ ἔστι δούλων ὦγαθ οὐδαμοῦ πόλις。[③]历史学家、喜剧作家(天哪！词典编纂学家就喜欢引用他们)和悲剧注疏者(paroemiographes)都对我们说有人提到了"奴隶城邦"[④]、一个神话中的地方，在那儿只要(海卡泰欧斯)提供一块石头，就能自动获得自由身，在这个传说中，该城邦与恶人的城邦(Ponêropolis)，[⑤]甚或只有祭司一个人才是自由身的城邦均无甚区别。[⑥]

270

---

① 关于该主题，请参阅Louis Robert,《城市》(Villes), pp.264–271; J.–C.Dumont, "阿里斯托尼可斯"(Aristonicos), pp.189–196; M.I. Finley, "乌托邦主义", pp.183–184。

② 见Ath., VI, 265c–266e; 参阅P.Vidal–Naquet, "希腊奴隶是否是一个阶级？", 上文p.221; 关于该事件所作的历史阐释的尝试，请参阅A. Fuks, "奴隶战争"(Slave War; 结论颇可疑)。

③ Anaxandride, II, 137, 4, Kock。

④ Hécatée, fr.345, Jacoby, (Stéph. de Byz.); Cratinos, I, 76, 208, Kock(Stéph. de Byz); Eupolis, I, 312, 197, Kock(Hésychius); Éphore, fr.50, Jacoby(Souda); Mnaséas, Fr.Hist.Gr., III, 149, fr.38(Paroemiogr., Append. III, 91, p.433, Leutsch); Sosicratès, F.Gr.Hist., 461, fr.2, Jacoby(Souda); 普林尼，H.N., V, 44; Olympianos, 见Stéph. de Byz., s.v. Doulôn polis; Apostolios, VII, 37。关于Doulôn polis, 可参阅Hésychius、Stéphane de Byzance和《苏达辞书》(Souda)。

⑤ 普林尼，H.N., IV, 41; 普鲁塔克，《论好奇》(De la curiosité), 520b; 这座神话中的城市本来是会由马其顿的腓力建于色雷斯的。

⑥ Hécatée, fr.345, Jacoby。

他们对这些文本的唯一兴趣就是如何确定"奴隶城邦"的方位：一会儿在蛮族的土地上(埃及、利比亚、加里亚[Carie]、叙利亚、阿拉伯半岛)，一会儿在克里特。认定其方位在后者的历史学家索西克拉忒斯(Sosicratès)，[①]确切地说，是对指称该国的"奴隶"，甚而"自由人与奴隶之间的中间阶层"感兴趣，[②]这片古典意义上的国土，其词汇用语都是有差异的。没有任何一篇文本暗示过在践行严格意义上的奴隶制的希腊各地区存在"奴隶城邦"，而且希腊的奴隶制因贸易而更为发达。[③]因此，似乎当希腊人想要给"奴隶城邦"下定义的时候，他们便只能在绝对的外在形态(蛮族的国家)和定位于"奴隶"，确切地说，完全不是奴隶的国家之间作选择。从某种意义上讲，逃离美塞尼亚及其创建的其他城邦的希洛人，于公元前5世纪创建的纳乌帕克托斯(Naupacte)，或在埃帕米农达斯战役之后得到复兴的美塞尼亚(Messène)，也可以添加到克里特的Doulopolis里。再者，即便成了希洛人，美塞尼亚人仍一向被认为是希腊人和多利安人，与拉凯代蒙人具有同等的资格。保撒尼阿斯(IV, 27, 11)不仅断言他们中有些人即便被流放出美塞尼亚达3个世纪之久，但多利安的方言仍未被丢弃，他还认为在帝国时代，这些人仍旧是伯罗奔尼撒半岛上最纯种的人。因此，他再三重申这些类型极为特殊的"奴隶"有存在的权利，或者说有权获得政治复兴。[④]

那现在女性又如何呢？该领域的研究因西蒙·彭布罗克(Simon

---

① Stéphane de Byzance也是这么说的。
② 参阅第4残篇，Jacoby(见Ath., VI, 263f)，与P.Vidal–Naquet，"经济与社会"，p.128, n.46。
③ 反对我们的人说有叙拉古的宁佛多罗斯提及的开俄斯奴隶营(参阅上文，n.10)，或公元前2世纪建于西西里埃纳(Enna)四周的奴隶王国；但这儿指的是由奴隶创建的机构，而非指所谓的奴隶"城邦"。
④ 参阅上文，"对希腊奴隶制历史文献的反思"，p.237。

Pembroke)对希腊"母权制"传统的研究而有了深入的进展。[①]上个世纪,巴霍芬(J.J.Bachofen)及后来者恩格斯(F.Engels),以及其他许多人均发现"母权制"是人类历史的一个普遍阶段。该现象的"残余",比如希罗多德描述的吕奇亚人的体制(I, 173),就显得像是往昔时代的见证。彭布罗克并未仅限于去证明古代的证言是如何无法抵御自相矛盾的考证,比如说,他并未仅限于去证明尽管吕奇亚人是母系氏族制,但他们的铭文却无迹可循,他突出了母权制这一概念的逻辑职能。无论说的是希腊神话里的女战士,还是吕奇亚人,希腊城邦这样的男性俱乐部在其史学家和"人种志学者"的口中,他们总是互相对立的;希罗多德在描述埃及的习俗时,认为它是希腊习俗的倒置(II, 35),于是他在论述倒置(reversal)的这项功能时,便提供了一个颇令人赞赏的例子。同样,想象中的女战士国度也是希腊城邦的倒置,其方位就正好颠倒过来。还有,列姆诺斯这座以其"残酷"闻名的岛屿,也同样被描述成了"女性政治"。[②]当《奠酒人》(Choéphores)的歌队想起克吕泰墨斯特拉(Clytemnestre)时,说她就是女人中的男人(femme-homme),[③]"要男人命的女人",[④] θῆλυς ἄρσενος φονεύς,人间怪物,尚未跨越将野蛮与文明相隔的那道障碍之人,他说:"夫妻间的合体竟遭辜负,被无羁的欲望所臣服,那欲望驯服了女人,无论是男人这方还是兽类这方均是如此"(599–601);但马松(P. Mazon)用"驯服了女人"来翻译的那个词thêlukratês也可以指:属于女性权力的东西,首先犯

272

---

① S.G.Pembroke,"最后"(Last);"女性"(Women);"罗克里斯"。S.G.Pembroke的论证丝毫未因K.Hirvonen的《母权制残余》(*Matriarchal Survivals*)这篇论文而受到怀疑,尽管后者忽略了他的这些论证。

② 参阅由G.Dumézil汇编的文本,见《列姆诺斯的女性》(*Lemniennes*)。至少有一篇文本(《圣经·启示录》,I, 9, 17)在说到列姆诺斯时就使用了gynaikokratouménè这个词。

③ 关于克吕泰墨斯特拉这个被希腊悲剧视为篡权者的人物,其男性功能,可参阅J.–P. Vernant,"赫斯提亚"(Hestia), pp.134–139,与F.I.Zeitlin,"憎女者"(Misogyny)。

④ 埃斯库罗斯, Ag., 1231.

下罪行、令人引以为例的(631—634)就是列姆诺斯的女人，这些女人的"权力"在谋杀其丈夫的行为中得到了彰显。

不过，这项传统也告诉了我们，女性也有为了荣誉而施行权力的，但那些文本并不仅限于雅典，[①]还包括了斯巴达这一毫无疑问最具男性气概的城邦，以及亚里士多德认为会受女性政治危害的城邦。因此，普鲁塔克就用了列奥尼达(Léonidas)的妻子戈尔哥(Gorgô)说的一句话，照希罗多德的说法(V, 51)，此女曾阻止了克律欧美涅斯听从米利都的阿里司塔哥拉斯(Aristagoras)的建议。有个女人对她说："唯有你们，拉凯代蒙的女人，才能指挥男人"，她就回道："只有我们才能生养男人。"[②]当柏拉图让女性在《王制》里占据一席之地时，恰是斯巴达，而非雅典，启发了他。

或许在这样的情况下，很难去检视是否存在某个用某种方式将女性权力与奴隶权力相结合的传统。这项传统至少存在着三个例证，现在正好可以用平行的方式来对它们作一番研究。

第一个例子与一个显见的历史事实有关联：塞披亚(Sépeia)一役，阿耳戈斯军队在拉凯代蒙军队面前惨败，日期摇摆不定，根据 273 阐释者的说法，介于公元前520—前494年间。[③]我们的第一位见证人希罗多德[④]先用了诗一般的神谕，接着又说了说事实情况。他预

---

① 关于雅典起源的神话，可参阅下文，p.285。
② 《吕库古传》(*Lyc.*)，14—8；亦可参阅《拉凯代蒙的女先知》(*Apopht. des Lac.*)，227e，《女性的美德》(*Vertus des femmes*)，240e。
③ 在该主题极为丰富、常常又很空洞的文献里，我分离出了两篇有用的文章，尽管其所有结论我并不全盘接受，它们是S.Luria，"女性爱国主义"(*Frauenpatriotismus*)，和R.F. Willetts，"王位空位期"；参阅R. Crahay《文献》(*Littérature*)，pp.172—175的总结。该文本与其他许多相似的文本，以及大量以这篇文章为对象的文本，都由我的朋友David Asheri重新研究过，见其"强制婚姻"(Mariage forcé)。Asheri的现实主义视角与我的视角截然不同，但他掌握的相当丰富的文献却让我对该问题作了重新审视。我还参照了R. Van Compernolle的文章"奴隶政制"(Doulocratie)，该文和目前的研究工作有几个歧义，后者的意图和方法，他并未涉及。
④ 希罗多德，VI, 77与83。

见到了一种戏剧化的处境, 即 "女人将占据男人的上风, 在阿耳戈斯人中间获得荣耀" (Ἀλλ ὅταν ἡ θήλεια τὸν ἄρσενα νικήσασα | ἐξελάση καὶ κῦδος ἐν Ἀργείοισιν ἄρηται)。败北的阿耳戈斯已鲜见男人——"神谕还宣告, 许多阿耳戈斯女人都会撕扯自己的脸", 也就是说她们都在服丧, 而由奴隶担纲大梁, 直到年轻的男公民们成人为止。当时, "奴隶" 都跑到提律恩司(Tirynthe)避难去了, 可见他们后来是被阿耳戈斯人赶了出来。有两个已知条件: 于是, 根据希罗多德的看法, 女性的权力和奴隶的权力既同时在场, 又彼此分离。此种分离到希罗多德的后继者那儿则会消失不见, 无疑这么做是以付出篡改原初资料为代价的, 但由于我们在此并不试图去重构事实, 而是欲将逻辑从神话中抽离出来, 所以这样也无甚大碍。无论如何, 在希罗多德那里, 阿耳戈斯的世界已经是一个颠倒过来的世界了: 女性征服了男性, 奴隶掌握了权力。[1]

事实上, 普鲁塔克[2]以自己的方式阐释了希罗多德的看法, 借他之口说在缺乏男人的城邦里, "奴隶" 都会和女公民结婚, 他按照史学家阿耳戈斯的苏格拉底(Socrate d'Argos)的说法, 引入了一个新的人物, 即女诗人泰勒希拉(Télesilla), 她让阿耳戈斯女人穿上男人的衣服, 用她们来保卫这座城市, 然后又赋予她们权利竖起一座缅怀战神埃努阿里奥斯(Ényalios)的纪念碑。特别是, 普鲁塔克还说了这则故事如何成了阿耳戈斯一向庆祝的节日的源起, 该节日叫作hybristica, 用以纪念女人的勇敢, 节日期间, 男人和女人会互穿对方的衣服。

274

保撒尼阿斯[3]遵循的是另一个版本, 他断言泰勒希拉会利用所有有助于保卫城市的人: 女人、年轻人、老人、奴隶(oikétai), 简

---

① "最好要牢记的是ἡ θήλεια τὸν ἄρσενα νικήσασα体现了一个众所周知的观点, 指的是颠倒的状态" (R.F.Willetts, "王位空位期", p.502)。
② 《女性的美德》, 245c与s。
③ II, 20, 8–9。

言之，她会利用所有通常情况下均会被排除于战斗城邦之外的元素。

那么，这些奴隶究竟是什么样的人呢？尽管亚里士多德提到过"奴隶的王位空位期"[1]这段插曲，但他仍丝毫没有暗示过女人，而是仅限于说阿耳戈斯人"不得不承认[在城邦里]有一定数量的非公民的自由民"。很幸运，我们已能证明[2]对亚里士多德而言，"非公民的自由民"一词通常指乡村的依附民（bondsmen），类同于拉科尼亚的希洛人。事实上，我们在这些文本里谈到的阿耳戈斯"奴隶"无疑和人们在阿耳戈斯称呼的"裸兵"（gymnètes）[3]之类奴隶类别混淆了起来，后者也就是"裸露"之意，与穿重装步兵装的人相对。同样重要的是还要指出亚里士多德虽然想给出一个可资对比的例子，但这次却跑到了雅典，并未暗指招募奴隶一事，而是指招募未列于名单上的重装步兵，也就是指雇工、最后一个纳税等级的公民。

很久之后的一些文本中有一个著名的传说，给出了与阿耳戈斯这段插曲明确的平行关系，甚而使人对此产生了怀疑。这次我们要去坐落于大希腊（Grande Grèce）的库迈（Cumes），公元前505/504年，阿里斯托德摩斯（Aristodémos）在那儿建立了僭政，将贵族们杀的杀，流放的流放，还向杀害了主人的奴隶分发了他们的财产和妻女。[4]根据我们的主要来源哈利卡纳苏斯的狄奥尼修斯（Denys d'Halicarnasse）的说法，还需要处理男童的命运。阿里斯托德摩斯首先想把他们全杀光，后来在母亲们及其新结的伴侣的介入之下，遂决定把他们打发到乡村为奴，从事农活和放牧。世界颠倒了过

---

① 《政治学》，VII（V），1302b 33–1303a 14。
② R.F.Willetts，"王位空位期"，p.496。
③ gymnètes指古希腊的轻步兵，由穷人构成，无铠甲，通常配备弓、弹弓或标枪，有时也会配备剑或木棍。——译注
④ Den. Hal., A.R., VII, 8。

来。年轻的贵族占据了服侍他们的"奴隶的"位置。[1]到目前为止，这个故事仍可成为"现实主义"阐释的对象。后来发生的事就更奇怪了。因为这些年轻的农奴被当女孩养了起来：留卷曲的长发，还用发网保护头发，袍子镶着边，平时都会撑伞，频繁洗浴，喷香水。[2]很难不让人想到这与阿耳戈斯Hybristica或雅典葡萄枝节相类似。[3]有一段时间，"男孩子们"——显然和阿耳戈斯一样，都是同样的年纪——起而反抗，在流亡者的帮助下，推翻了僭主。[4]这段插曲的"女性政治"维度是普鲁塔克提供的。[5]一流亡者的女儿色诺克里忒(Xénocrité)成了阿里斯托德摩斯的妻子。就是她说服年轻人推翻了僭主，协助她的还有个佚名的库迈女人，后者让年轻人注意到在这座城邦里，只有阿里斯托德摩斯是个男人(anêr)。[6]再一次，女性权力和奴隶权力在此携起手来，女人确保使合法性延续了下去，但要确切地说那些人就是"奴隶"又不容易。不过，"希洛人的"类型明显指的是生活于农村、试图在政治上集体行动的人，这些人比起"希腊人的"类型更具可信度。

第二个例子，我将借自于一个著名的传说，讲的是罗克里斯·埃披捷庇里欧司(Locres Épizéphyriennes)在意大利南部是如何起源的，那儿是罗克里斯人的殖民地，首府为欧彭忒斯(Opuntes)，又名欧佐拉伊(Ozoles)，对此我们所知不多。[7]这次建城的行为在亚里士多德和波吕比乌斯之间有过尖锐的争论，前者也很有可能是指撰写罗克里斯根本法(Constitution de Locres)的那位逍遥派作者，后者则是西西里史学家陶罗梅尼翁的提麦奥斯

275

---

[1] Den. Hal., A.R., VII, 9, 2–3。

[2] 同上，VII, 9, 3–5。

[3] 参阅上文"黑色猎手"，pp.166–167。

[4] Den. Hal., A.R., VII, 8。

[5] 《女性的美德》，261e–262d。

[6] 同上，262b。

[7] 参阅讨论文字，见L.Lerat，《罗克里斯人》(Locriens)，II, pp.22–25。Lerat倾向于罗克里斯人源于西方的说法。

(Timée de Tauroménion)，这场论争是波吕比乌斯在其反驳提麦奥斯的论战性著作中告诉我们的。[①]亚里士多德已宣称罗克里斯是由那些不受称道的人，亦即逃亡的奴隶和奴隶贩子建立起来的，提麦奥斯则作了反驳，他主张的是在远古时代，"希腊不管何地，均未曾受花钱买来的奴隶的奴役"。[②]波吕比乌斯无疑重复了亚里士多德的话，他说斯巴达在美塞尼亚战争（无疑是指第一次战争）中的盟邦罗克里斯人发现，就算有誓约在身，就像那个讲塔兰托起源的传奇故事那样，但至少在实践中，自己仍没法和妻子好好相处，而后者却会求助于替代的配偶，即他们的奴隶。而正是这些女人和这些奴隶将会殖民意大利南部。由此可知，在该殖民地中，继承而来的名誉原初并非来自男人，而是来自女人：Πάντα τὰ διὰ προγόνων ἔνδοξα παρ αὐτοῖς ἀπὸ τῶν γυναικῶν οὐκ ἀπὸ τῶν ἀνδρῶν ἐστιν。[③]罗克里斯的某些建城女性其实来自百个贵族家庭，她们拥有每年派遣两名年轻女孩前去服侍伊利翁的雅典娜的"特权"。[④]

想要和解的精神首先将注意到将亚里士多德与提麦奥斯调和起来并不是没有可能，至少从能使传说变得更具条理性来说是如此。事实上，似乎真有一份著名的铭文，[⑤]即加拉克西迪(Galaxidi；西罗克里斯)青铜铭文，确证古代(公元前5世纪初)在罗克里斯存在

---

① 《政治学》，XII，5-11；提麦奥斯的这篇文本就是Jacoby的汇编本中的第12号残篇。这则叙述同波吕比乌斯的故事，也就是亚里士多德所说的故事相似，该叙述是公元1世纪某作家的注疏者提供的：《旅行作家狄奥尼修斯注疏》(*Schol. à Denys le Périég.*)，366(Geogr. Graec. Minor., II, 495, 30, Mueller)。参阅F.W. Walbank，《注疏集》(*Commentary*)，II, ad loc.，尤其是Pembroke("罗克里斯人")，他对这些文本作了深入研究；以同样的精神为指导，Ch. Sourvinou-Inwood，"誓词"(Votum)，pp.188-194；R.Van Compernolle的长篇研究文章("传说"[Tradizioni])斟酌了亚里士多德和波吕比乌斯按照实证历史的规则所述的传说，认为其毫无价值：该研究与我们的研究并不相称。

② 差不多就是这篇文本又出现在Athénée, VI, 264c, 272a = fr.11 Jacoby。

③ 《政治学》，XII，5，6。

④ 这份重要的文献出自H. Schmitt的铭文，见《国际条约》，III，n°472；参阅上文"伊利翁的雅典娜的不死的奴隶"。

⑤ R.Meiggs和D.Lewis，《选集》，n°20。该书目忽略了《希腊司法铭文》(*Inscriptions juridiques grecques*)内的重要注释，见I, XI, pp.180-192；亦可参阅L.Lerat，《罗克里斯人》，pp.29-31与141-142，我仔细地看了这些内容。

着奴隶制(hilotisme)。这份由罗克里斯人从东部到纳乌帕克托斯所确立起来的殖民地规章其实预见了(第43–45行)，若官员不为申诉人维护公道的话，那没收来的财产、连同"奴隶"的土地都会成为官员的囊中物: Καὶ χρέματα παματοφαγεῖσθαι, τὸ μέρος μέτα Φοικιατᾶν。尽管赫苏基奥斯在注疏中将仅此一例的οἰκιήτης解为购得的奴隶，[1]但若将罗克里斯的Φοικιήτης与克里特的Φοικεύς相对比的话，似乎也没什么好令人生疑的地方，前者是与公民的土地挂钩，后者的意思就等同于希洛人。因此，没有任何东西能否认，在亚里士多德和波吕比乌斯所认可的该传说中，罗克里斯的"奴隶"就是其女主人的配偶，他们和阿耳戈斯的gymnètes完全不一样。

　　女性的角色并非无足轻重; 这倒不是因为波吕比乌斯就像是在说别人让他说的话，他曾说在罗克里斯·埃披捷庇里欧司，贵族身份都是由女人传给后代的; 他只是观察到在罗克里斯"贵族身份"的源头上，有一群女人; 她们都是女公民，某种程度上都来自于大家庭; 她们的配偶都是奴隶。[2]波吕比乌斯也有同样的记忆，他的解释是游行队伍领头的是女孩，而非男孩，而这个现象就来自于西凯莱斯。[3]

　　我们将会发现在塔兰托起源(Origines de Tarente)这一各种形式都远为复杂的传说中，在女公民和"奴隶"之间就存在着这种联系。[4]

　　如果所有的来源都能一致表明塔兰托的创建者在其起源

277

---

① Οἰκιήτης · ὠνητὸς δοῦλος。
② 该观点最终是由Pembroke确立起来的，见"罗克里斯"。正是这位作者，又证明了从《讽刺短诗集》(*Anth. Pal.*), VI, 265(2801–02 Gow–Page)里什么都提取不出来，这一点对罗克里斯的母系后裔颇为不利。在希腊的罗克里斯人中间，L.Lerat也根本找不到母系谱系的蛛丝马迹(《罗克里斯人》, II, pp.139–140)。
③ 波吕比乌斯, XII, 5, 10–11。
④ 来源与书目均由P.Wuilleumier提供，见《塔兰托》(*Tarente*), pp.39–47; J.Bérard,《殖民化》(*Colonisation*), pp.162–175; S.Pembroke("罗克里斯")在他的文章中花了很大篇幅专门写了这个传说，我从中获益匪浅; 现在亦可参阅M. Corsano, "斯巴达与塔兰托"(Sparte et Tarente)。

国斯巴达是不受欢迎的少数人，而这一群少数人名叫"处女之子"(Parthénies),^①那该传说至少就有三重意思。最古老的那一重是由修昔底德的同时代人叙拉古的安条克^②提出来的，他的解释是在第一次美塞尼亚战争期间，斯巴达人让那些未曾战斗过的人丧失了信誉，将之判为奴隶(ἐκρίθησαν δοῦλοι)，自此以后就称之为希洛人，而他们的子孙后代也就被叫作Parthénies。那些人组织的一场阴谋被监察官们发现后，被逐出了城邦，于是他们就起身去了意大利。除了塔兰托的起源这个神话之外，还存在拉凯代蒙"奴隶制"起源的神话。最初一批希洛人几乎可以说都是惶恐者(trésantes)，是拉凯代蒙人中的卑微阶层。

斯特拉波本人则对公元前4世纪史学家厄福洛斯所认同的这一传说持反对意见，而厄福洛斯也是或直接或间接地像许多人一样在鹦鹉学舌。^③与美塞尼亚人开战的拉凯代蒙人已发下誓言，胜利之前是不会回家的；战争拖了很长时间，一代又一代人已难以为继；于是他们决定让未宣过誓的年轻人返回斯巴达，使他们尽可能地同所有年轻女孩同床共枕(συγγίνεσθαι ταῖς παρθένοις ἁπάσαις ἅπαντας)。^④混居而生的孩子都只识其母，不识其父，于是就都被叫作Parthénies。总而言之，这些人都是未通过正规婚姻途径，而是通过原始杂居出生的。^⑤

第三个传说最简单，与罗克里斯·埃披捷庇里欧司起源的传

---

① 意为非婚生子女。——译注
② 安条克，引自Strabon, VI, 3, 2, pp.278–279 = fr.13 Jacoby。
③ 厄福洛斯引自Strabon, VI, 3, 3, pp.279–280 = fr.216 Jacoby。或直接或间接的模仿厄福洛斯的人有很多；尤其可参阅波吕比乌斯，XII, 6b, 5; XII, 6b 9; Den. Hal., XIX, 2–4; Justin, III, 4, 3–11。
④ 类似的表达法出现在Justin的文本里: promiscuos omnium feminarum concubitus（意为"和所有女人同床共枕"——译注），也出现在Denys d'Halicarnasse的文本里: ἐκ τούτων γίνονται τῶν ἀδιακρίτων ἐπιμιξιῶν παῖδες。亦可参阅Servius,《埃涅阿斯纪评注》, III, 551: "sine ullo discrimine nupitarum"（意为"根本无需单独成婚"——译注）；但当父亲的这次都是奴隶。
⑤ 关于希罗多德笔下的这种践行方式，可参阅M.Rosellini和S.Saïd, "习俗"(Usages)。

说相类：斯巴达的女人在其丈夫因参战而不在家的时候，与她们的
奴隶睡觉。Parthénies就是这种同床共寝而生出的私生子。①

    其他文献就很难再塞入这三个系列中了。亚里士多德有一
段简短的文字似乎在说Parthénies承受着政治上的歧视，尽管他
们的出身算不上什么问题。②出版于1827年的西西里的狄奥多罗斯
(Diodore de Sicile)的残篇③又把事情给搞得复杂起来，该文本讲的
是第一次美塞尼亚战争结束之后，斯巴达突然发生了叛乱。叛乱者
主要部分都被叫作épeunaktai，按照赫苏基奥斯的定义，该词也就
是指床上的"伴侣"(sugkomêtai)；正是这些人密谋起事，然后想要
同德尔斐神庙建立关系，好去创建一处殖民地，而另一方面，那些
Parthénies在阴谋败露时，却与斯巴达达成了一致意见。说后者都
是前者的儿子，这种说法很诱人，但无法证明。④赫苏基奥斯越是要
用Parthéinai这个词来注解相邻的词épeunaktoi，通常就越是会引
起混淆。但泰奥彭波斯却解释了什么叫作épeunaktai，或者就像他
所称呼的，什么叫作épeunaktoi：⑤美塞尼亚战争期间，希洛人占据
了阵亡的斯巴达人的位置，但不是在后者配偶的床上，而是ἐπὶ τὰς

---

① [Acron]与Porphyrion，《贺拉斯"颂歌"注疏》(*Sch. à Hor. Odes*)，II, 6, 12；
Servius，《埃涅阿斯记评注》，III, 551；aux Egl., X, 57；Héraclide，《政治学》
(*Pol.*)，XXVI(见Mueller, Frag.Hist.Graec., II, p.220)= 43 Arstt., fr.611, 57 Rose。

② 《政治学》，VII(V), 1306b 28(Ross)。亚里士多德刚才还在坚持说寡头制之所以
危险，是因为"人群是由那些因自己的价值与[上级]平起平坐而骄傲自满的人构成
时(ὅταν ἦ τὸ πλῆθος τῶν πεφροη ματισμένων ὡς ὁμοίων κατ ἀρετήν)；
因此，在拉凯代蒙，那些人就被称为Parthénies，都来自于同类者(Semblables)；拉
凯代蒙人逮到他们搞阴谋诡计后，就他们打发出去建塔兰托了"：οἷον ἐν Λακε-
δαίμονι οἱ λεγόμενοι Παρθενίαι(ἐκ τῶν ὁμοίων γὰρ ἦσαν)οὒς φωράσαντες
ἐπιβουλεύσαντας ἀπέστειλαν Τάραντος οἰκιστάς。ἐκ τῶν ὁμοιων这一表达
法的意思是很含糊的。它也可以指："那些成为同类者一部分的人"，但这样一来这
段文字就会变得毫无意义。正如我们所理解的，我们觉得这样的解释完全和厄福
洛斯的说法，甚至同安条克的说法都完全兼容。

③ Diod., VIII, 21。Diodore的另一篇文本(XV, 66)几乎完全认同厄福洛斯的看法。
Justin的文本，III, 5，与Diod., VIII, 21相类似，都是在确指第二次美塞尼亚战争。

④ 通常而言，阐释者们在注解Diodore这篇文本时，混淆了起来；作区分的功能要归
于S.Pembroke，"罗克里斯人"。

⑤ Ath., VI, 271cd = Théopompe, fr.171 Jacoby。

280 στιβάδας，也就是说是在后者的行军床上。①并非不重要的是，我还观察到在指向斯巴达的那些神话当中，"奴隶"还能接替公民从事其基本职能，即军事职能。

　　这些大相径庭的叙述仍有一个不变的要素：在我们分析过的这三个传说中，女人就算无法确保严格意义上的权力，也至少能确保人口持续增长。总之，Parthénies即指先是年轻女孩的儿子，然后才是男人的儿子。发生变化的恰恰就是父亲；但这些变化又构成了一个极具连贯性的整体。在第一种情况下，他们都是懦夫，在第二种情况下是年轻人，在第三种情况下则是"奴隶"，或许在亚里士多德那儿，他们在政治上都是低人一等的人。在第一种情况下，他们遭到了道德法庭的排斥，第二种情况下遭社会法庭排斥，第三种情况下取决于他们在年龄阶层这一体系里的位置，第四种情况下取决于他们在政治等级里的处境。这些变化都有一个共同的主题：Parthénies的父亲并不存在于城邦里；他们乃是边缘人。阿耳戈斯的"奴隶"、罗克里斯女创建者的配偶也都是这种情况。正常的等级制被颠倒了过来。

　　尽管如此，这些以极其混乱的方式提及塔兰托和赫雷基乌姆（Rhegium）如何建成的叙述性文本，恰恰明示了这种颠倒。②有一则神谕建议后面那座城邦的创建者就在公山羊被母山羊占有的地方安营扎寨，"在那儿，公的被母的占有"，τὸν ἄρρενα ὑπὸ τῆς θηλείας ὀπυόμενον，这句话又让我们想起了阿耳戈斯的神谕。③那则神谕是通过一棵野生无花果树（公）被一株葡萄藤（母）缠绕而得

① 我论证的时候参考了Pembroke，"罗克里斯人"。
② 参阅G.Vallet，《赫雷基乌姆》(Rhegium)，pp.68–77；J.Ducat，"故事"(Récits)；N. Valenza Mele，"赫拉"(Hera)，特别是pp.512–517，后者的研究重述了本文所采纳的那些结论，并使之更为明确；D. Musti也持相同的看法，见"罗克里斯"(Locri)。
③ Héraclide Lembos，《政治学》(Pol.)，XXV(见Mueller, Fr.Hist.Gr., II, p.220)；Diod., VIII, 23, 2(我的引文)；Den. Hal., A.R., XIX, 2。

到阐释的。①另一种描述颠倒过来的世界的方式是,像塔兰托的创建者所宣称的那样,说这座新的城市将在朗朗晴空下雨的地方建立起来。②所有这些对立关系可以轻而易举地互相转换。　281

　　这个颠倒的世界以独一无二的方式将女人和"奴隶"挪到了前台,但这样的世界也能让人理解。正如希洛人参与战争那样,他们对这世界的参与(如同泰奥彭波斯的épeunaktoi这样的情况)根本不是斯巴达的反常现象③——相反的是,雅典的逻辑是解放奴隶还应伴随着对奴隶的特别使用④——,奴隶和女自由民的婚庆这种现象,戈尔图斯的法律已有预见: [αἰ κ ŏ δολος] | ἐπὶ τὰν ἐλευθέραν ἐλθὸν ὀπυίει, |ἐλεύθερ ἔμ|εν τὰ τέκνα, αἰ δέ κ|ἀ ἐλευθέρα ἐπὶ τὸν δολον, δολ ἔμ|εν τὰ τέκνα. "如果奴隶(dôlos)要去女自由民家里娶她,他们的孩子就将成为自由民,但若女自由民要去奴隶家里与之成婚,他们的孩子则仍将是奴隶。"⑤

　　在古典时代,斯巴达的婚姻本身并未明确预见到这样的结合方式,这样至少赋予了女方配偶——以及男方配偶——以替换配

---

① 无花果树–公山羊出现在了塔兰托,但也只不过是把树上的一些枝枝杈杈投入了海中(Diod., VIII, 21c, Den. Hal., A.R., XIX, 1)。

② 保撒尼阿斯, X, 6–8。"纯净的天空"就是Aïthra,是塔兰托创建者法兰托斯(Phalanthos)的配偶。她边给丈夫捉虱子边哭。

③ 参阅希罗多德, IX, 29;修昔底德, IV, 80等。

④ 阿里斯托芬,《蛙》,694–695与注疏;吕库古,《驳列奥克拉特斯》,41;参阅L.Robert,《研究论文集》(Études), pp.118–126,以及Y.Garlan,"希腊奴隶"(Esclaves grecs),1与2,以及K.W.Welwel,《奴隶》(Unfreie)。

⑤ 《克里特铭文》, IV, n°72, col. VI, 56, col. VII, 1及以后。Ὀπυίεν,在雅典喜剧作品的语言中,类似于"接吻",在戈尔图斯,则成了技术性的用语,指结为夫妇。Dôlos的确切身份已费了许多笔墨,戈尔图斯的法律让人熟悉了另一种奴隶,即woikeus,没有人会怀疑它和斯巴达的希洛人同义。H. Van Effenterre(《克里特》[Crète], p.92)的结论是dôlos指的是司法层面,而woikeus则指同一个人的社会层面。M.I.Finley("奴隶身份"[The Servile Statuses], pp.168–172)在展开了利普修斯(Lipsius)的论证后,所下的结论认为这两种人完全相同。"法典"的最后一位编者、R.F.Willetts,戈尔图斯都更保守: "δολος一词,有时候与Φοικεύς相同,有时候又指chattel slave"(p.14)。比如, dôlos确实能在广场上买卖(参阅col. VII, 10)。我的个人结论是,在戈尔图斯的法律得到重新编订时,社会现实也已发生了变化(尤其是引入了奴隶贸易),但语汇并未由此而完全划一。

282　偶的可能性。[1]

此外，奴隶与女人之间的联合也存在于罗马的宗教背景之下。举办农神节(Saturnalia)期间，domini(主人)服侍servi(奴隶)，举办母亲节(Matronalia)期间，女人受到其配偶的尊崇，还盛办酒宴供男servi(奴隶)享用。[2]此处出现的这一补充性的特点使得古罗马同斯巴达、而非雅典更相近。

在雅典，雅典女人同奴隶结婚是想都不用想的。再说了，雅典的婚姻观也要严格得多[3]除了特殊情况下，长女继承之外，婚姻就等于是把οἶκος里的年轻女孩过到了另一个家庭里去，有许多众所周知的证言都表明斯巴达人可同时隶属于两个οἶκοι。[4]紧急情况下的行为本身也是各不相同的。有个传说也许可追溯到亚里士多德，该传说确认在缺乏男人的时候，雅典人允准公民们和另一个女公民、而非自己的妻子生孩子[5]当然，只有公民才会与这种事有关。问题并不在于是否以合法的途径在外国侨民或奴隶中间募得起替代作用的男配偶，因为甚至就连外国侨民也会定期参军。

为了证明在该领域内斯巴达的典范如何与雅典的典范相悖，我们就得从两个相平行的故事出发，这两个故事都是希罗多德讲述

---

① 参阅色诺芬，《斯巴达政制》(*Rép. des Lacéd.*)，I，7-8。
② Macrobe, I, 12, 7; Joh. Lyd.,《男性》(*Men*), 3, 22; Justin, XLIII, 1(Saturnalia); Macrobe, I, 12, 7; 23, 24; Joh. Lyd.,《男性》, 3, 22(Matronalia); 参阅G. Dumézil,《罗马的宗教》(*Religion romaine*), p.588。
③ 参阅J.–P.Vernant, "婚姻"(Mariage)。
④ 色诺芬，《斯巴达政制》，I，7-8；普鲁塔克，《吕库古传》，15。
⑤ 第欧根尼·拉尔修, 2, 26; Ath., XIII; 556a-b, 引用了归于亚里士多德的《论出身高贵》(*Péri eugéneias*); Aul. Gell., N.A., XV, 20, 6, 18-21。关于该主题，可参阅J. Pépin研究亚里士多德的《残篇与证言》(*Fragments et témoignages*), Paris, 1968, pp.123-125; 关于该"敕令"的真实性，可参阅A.R.W. Harrison,《法律》(*Law*), I, p.17。与第欧根尼·拉尔修相反，Athénée和Aulu–Gelle讲的是二婚。D.Asheri("逼婚")给这篇文献添上了Dion Chrysostome论奴隶制的第二篇演讲稿(XV, 3)，这种做法是错误的。照这篇修辞术文本的说法，缺乏男人(Oliganthropie)的时候，雅典女人生的孩子，父亲都是陌生人。但这些孩子并非公民。

的，都对列姆诺斯岛的存在提出了质疑，其中一个讲斯巴达，另一个讲雅典[1]。

阿耳戈号船工(Argonautes)的后裔和列姆诺斯的女人出现在了拉凯代蒙，这说明他们都是当地的米尼埃伊人(Minyens；在佩拉司吉人之前)。斯巴达人款待他们，与之交换妻子，然后，这些外邦人就变得傲慢自大起来，于是他们就决定将这些人全部处死。当时，"米尼埃伊人"都与妻子互换衣服，而为妻子所救。他们就这样异装逃向了山里。[2]后来他们在铁拉(Théra)殖民，这件事才算尘埃落定。相反，在雅典，佩拉司吉人之所以被城邦赶走，是因为他们羞辱了雅典的女孩子们。于是他们就到列姆诺斯殖民去了。为了报复，他们抢走雅典女人，作自己的小妾。这些女人就在阿提卡的语言和习俗这样的环境中抚养自己的孩子。于是，这件事情就在屠杀小妾和孩子之后尘埃落定了。[3]总而言之，这个故事与斯巴达的故事正好相反。在斯巴达，与外族人结婚导致了殖民；在雅典，当外邦人的小妾导致了屠杀，和"列姆诺斯暴行"这样的版本。这两个社会持有的价值观所作的判断本身也是对称的、相反的。

雅典人的婚姻，至少自公元前451年的法律起，就处在了两个同样都会遭到谴责的极端之间。一个当然是指乱伦："吃鸟肉的鸟还会纯洁吗？"[4]，埃斯库罗斯笔下的达纳俄斯(Danaos)说。但欧里庇德斯笔下的忒修斯却对阿耳戈斯人义愤填膺，因后者偏信阿波罗神谕而把自己的女儿喂给野猪和狮子这两种野兽吃，他指的是图得墨斯(Tydée)及波吕涅刻斯(Polynice)这两个外邦人："什么！你把

---

① 希罗多德, IV, 145(斯巴达)与VI, 137(雅典)。
② G.Dumézil(《列姆诺斯女人》[Lemniennes], pp.51–53)在这个神话中发现了斯巴达异装游行这一仪式的起源；亦可参阅S.Pembroke的评论，见"罗克里斯人"，p.1266。
③ G.Dumézil, 同上, pp.11–12, 他在这个神话中找到了支持分离仪式和秘仪传授仪式的证据。我在此勾勒出的阐释完全不具排他性；我只是建议大家好好注意一下为什么这个故事讲的是雅典。
④ 埃斯库罗斯,《祈援女》, 226。

阿耳戈斯女人交给那些外邦人。[……]你就这么轻率地听信福玻斯
(Phoibos)①的神谕，把自己的女儿嫁给外邦人。[……]你这是在玷污
自己这个种族的纯净血统，亵渎你的家宅。"②

284　　当然，雅典这片古老的迎客之地，对据说在殖民伊奥尼亚之前
整天躲在家里的皮洛斯的涅列得斯(Néléides de Pylos)③而言，其神
话的底子里拥有的只不过是与斯巴达的传说相类似的那些传说，
但发生的所有这一切就好像在表明，在古典时代，与外邦人通婚的
概念都是隐而不显似的。至于相反的现象，雅典男人与外邦女人通
婚——贵族阶层极其常见——还有民主制，原则上到了公元前451
年就终止了。

　　事实上，由于晚近发现的资料来源，我们确实拥有了一个能加
以重构的神话，能同时告诉我们男性民主制的起源和雅典婚姻的
起源。④瓦罗(Varron)对我们说，当雅典娜和波塞冬为了谁能成为刻
克洛普斯的雅典的庇护神而发生冲突时，一则神谕向国王显现，命
他与全体雅典人，包括妇女，共同商议，决定何者为城邦之神；⑤女
性作为一个单位，人数比男性多，于是就选了雅典娜。男人心生报
复之意，决定"自此以后，雅典女人再也不得投票，孩子再也不能
随母姓，任何人都不得叫女人的名字"。其实，在古典时代的城邦，
根本就不存在雅典女人，只存在雅典男人的配偶和女儿。即便在颠
倒角色的喜剧中，情况也确乎如此。阿里斯托芬在《地母节妇女》
(Thesmophories)里讲到女人提建议时，说的是妇众，而非雅典女人
这样的民众。⑥第二项决议得到了诸多文本的解释，它们都将刻克洛

①　福玻斯为阿波罗的别号。——译注
②　欧里庇德斯，《祈援女》，135及以下。
③　参阅M.Sakellariou，《希腊移民》(Migration grecque)里对这些传奇故事所作的研
　　究。
④　此种重构的好处本质上得归功于S.Pembroke，《女性》，pp.26–27与29–32。
⑤　Varron, ap. Augustin，《上帝之城》(Cité de Dieu)，18，9。
⑥　《地母节妇女》，335–336；372–373。参阅N.Loraux，"雅典人的名字"(Le nom
　　athénien)，见《雅典娜的孩子们》(Les Enfants d'Athéna)。

普斯明确为婚姻的创立者。①这些文本解释了用在他身上的diphuês
这个修饰语，该词意为双重本质之人，之所以未像人们通常所以为
的那样，是因为他既是人，又是兽，但也是因为作为婚姻创立者的
他告诉了世人每个人都有一个父亲，一个母亲。正如克列阿尔科
斯(Cléarque)所言，以前，两性的结合只是偶然行为，无人能确认其
父，这说明每个人只是靠母亲的名字方能为人所知。刻克洛普斯所
做的工作因此就使之成了文明的英雄，此外，阿里斯托芬的注疏者
也是这么说的：ἀπὸ ἀγριότητος εἰς ημερότητα ἤγαγεν。("他将
[雅典人]从蛮荒状态引向了文明。")瓦罗的文本所说的女性政治
(不仅仅指女性投票，还指她们占大多数)因而也就与本质状态，即
原初的混乱状况相符了。我们发现这些特征也出现在了讲塔兰托起
源的那个故事里，但这个故事只是对塔兰托而言才具有原初性；在
斯巴达，它只不过是被插入到了历史中去，用来确证现实社会的某
些实践行为。

　　无论如何，尽管我们刚才所提的那些文本让我们了解到了雅
典的婚姻"起源"和将女性排斥于政治生活之外的起源，但对奴隶
的命运和女性的命运之间的关联，或者相反，对它们之间的区别，
仍是不着一词。然而，恰是因为这一点，才造成雅典为一方，斯巴达
或罗克里斯为另一方，以完美的对称形式彼此对立着。

　　我们发现在"颠倒的世界"这样的处境中，正如与第一次美
塞尼亚战争相关的那些传奇故事所描述的那样，"奴隶"的晋级
会临时伴随着母系血脉延续下去。在古典化时代，雅典也有其"颠
倒的世界"：尤其是阿里斯托芬的那些"乌托邦"喜剧。在《鸟》
(Oiseaux)中，戴胜鸟有只鸟奴隶；让雅典人略感惊讶的是，此奴

285

① Cléarque, 见Athénée, XIII, 555d(见Mueller, Frag.Hist.Graec., II, p.319, fr.49)；
Justin, II, 6; Charax, fr.38 Jacoby; Jean d'Antioche(见Mueller, 同上, IV, p.547,
fr.13); Nonnos, 《狄俄尼索斯记》(Dionysiaca), 41, 383;《阿里斯托芬 "普洛托
斯" 注疏》(Scholies d'Aristophane, Ploutos), 773。

隶的回答是："既然以前[戴胜鸟]是个人，那它至少也该有个奴隶。"[①]在《吕西斯特拉忒》里，女人占据了雅典卫城，[②]而"颠倒的世界"这一主题也就以向阿耳戈斯发布神谕这一形式，非常直接地显现了出来："就在此处，当燕子偎依于戴胜鸟身前，而戴胜鸟却疾飞而去，掩藏着自己的阳具，那彼此的肉欲也就此停歇。万物都被兀自在上大发雷霆的宙斯上下颠倒翻了个个儿(τὰ δ ὑπέρτερα νέρτερα)。"[③]吕西斯特拉忒并未少借助于西徐亚弓箭手，而奴隶们有好几次也就是这么现身的。[④]

不过，就吸引我们的这一主题而言，可供选择的无疑应是《妇女公民大会》。这部剧作是基于双重异装这一点的，我指的是斯基拉斯人雅典娜节，节日期间，女人都要戴上胡子，[⑤]从这部喜剧作品的异装身上可发现雅典女人都会扮成男人，以便到公民大会(Ecclésia)上投票支持赋予她们权力的那部通论。共产主义体制一旦确定，即被视为在实现民主制，这表明无论是显见的还是隐在的财富皆应公用，包括奴隶：有的人富甲天下，有的人一无所有，这是无法让人接受的。土地本身当然也将由奴隶来耕作，在此期间，他们的主人则需静静地等待开饭时间。[⑥]所有这一切都太庸常；不太庸常的则毫无疑问是该女性共产主义民主制所作的性暗示。女人们都想恰当地分配到年轻男子——毋庸置疑，肯定是指年轻公民——的搂抱。[⑦]在此种情况下，男奴根本就没被提及。相反，人们明

---

① 《鸟》，70及以下。

② 《吕西斯特拉忒》，345及以下。

③ 同上，770–773，参阅R.F. Willetts，"王位空位期"，p.496。

④ 同上，18，184，241。关于喜剧中颠倒的世界，可参阅H.Kenner，《颠倒的世界》(Verkehrten Welt)，pp.69–82，与J.–C.Carrière，《狂欢节》(Carnaval)，pp.85–91。

⑤ 阿里斯托芬，《妇女公民大会》，18，25，38。关于斯基拉斯人雅典娜节期间女扮男装(travestissements féminins–masculins)和男扮女装(trasvestissements masculins–féminins)，参阅上文，p.166。

⑥ 同上，593，602，631，651–653；亦可参阅《普罗图斯》(Ploutus)，510。

⑦ 同上，944–945。

显是在小心翼翼地将女奴从公民之爱当中排除出去。还是将她们配给她们那当奴隶的伴侣更合适。①

因此, 亚里士多德的说法仍旧为真; 在女人和奴隶之间存在某些区别。阿里斯托芬的乌托邦让女人成了城邦的上层, 占据一半, 柏拉图也是如此, 他几乎将女人放在了同男人平起平坐的地位上, 但奴隶呢, 他们完全算不上是城邦里的人, 而发生的所有这一切似乎都在表明, 无论是神话、传奇故事, 还是乌托邦, 都考虑到了这个事实, 总之还是近来的事实。②有一则神话解释了女性在雅典地位低下, 以此被当作某个隔离野蛮性与公民秩序之无序性的元素, 但自由人与奴隶之间的隔离却丝毫无此类问题。287

在古代社会, 斯巴达最知名, 在这些社会中情况却并非如此。"奴隶制"在那儿被视为是有历史源头的——我说起过一个与此相关的传说, 但尚有其他许多传说——而女性的命运和奴隶的命运有好几次似乎都联系到了一起。他们在好些地方彼此交集, 而这些地方则在隔离自由人与非自由人的这一连续体中不断变化着。

至于雅典与斯巴达之间的对立, 则已经越出了这项有待加强的研究了。288

----

① 《妇女公民大会》, 725–727。
② 什么时候? 我们不得而知。这有一个过程, 应该是在公元前451年伯里克利颁布那项法律的那段时间吧。如果必须相信普鲁塔克所引的所有那些梭伦的法律, 那我们就会注意到《梭伦传》(Vie de Solon; 21, 4与1, 6)里两篇文本之间所暗含的对比之处, 使用"有关遗嘱的法律", 使受女人影响的立遗嘱者丧失立遗嘱的资格, γυναικὶ πειθόμενος, 以及禁止奴隶涂油以锻炼身体和从事鸡奸行为——毋庸置疑, 这儿指的就是年轻公民。后面的那则禁令, 普鲁塔克提到两次(《七贤会饮》[Banquet des Sept Sages], 152d, 与《论爱》[Sur l'amour], 751b)。存在着一种碑铭学上的平行关系: 关于"安达尼亚秘仪"(Mystères d'Andania)里的铭文(Sylloge3, 736, 109 = Sokolowski, 《神圣的法律》, n°65), 我们读到: δουλος δὲ μηθεὶς ἀλειφέσθω("任何一个奴隶均不可涂油")。这些文本作为"梭伦之法"的可信度并不高, 但它们对上文引述的亚里士多德的那篇文本毕竟还是作出了很好的说明。诚然, 在《论爱》(Dialogue sur l'amour)里, 说不久之后, 梭伦就没再对奴隶与女人(自由民)之间的性关系令行禁止了, χρῆσθαι δὲ σονουσίαις γυναικῶν οὐκ ἐκώλυσε, 但如果让我来说的话, 我就会认为这种言之凿凿的否定性表述在此毫无意义, 因为其语境已清楚地表明, 对普鲁塔克本人而言, 这只不过是其对话录中人物自行推导出来的, 而未被视为是古代的传统。

第五节　暧昧性研究：柏拉图城邦里的匠人*

　　本项研究要处理的问题是：匠人在柏拉图的终极政治构架，即《法义》中所处的地位，初看似乎并不属于暧昧性之范畴。文本第8卷与人们所期望的一样，写得清晰、明白。我们可以这样来翻译这段话："现在按照该原则，我们还应该来处理与手艺人[démiurges]相关的问题。首先，没有一个当地人[也就是说，《法义》里的城邦没有一个公民]会辛辛苦苦地去从事手艺[创世]活，当地人的仆人也不愿去从事。"[1]柏拉图立马就认为自己的解释很在理，他的解释是人无法同时从事两项职业。当个公民，就是一种职业，这是在培育美德：ἡ τῆς ἀρετῆς ἐπιμέλεια;[2]是完全排他性的美德。因此，柏拉图的法律就具有双重性，因为它同时涉及到了匠人和公民。那些僭越法律的人会受到公众的羞辱(oneidos)或引发公民的义愤(atimia)，也就是说，支配城邦的乃是最沉重的道德制裁。至于匠人，他们无法同时从事两项职业，无论是直接为之还是间接而为都不行，否则会遭罚款或驱逐。换句话说，一个铁匠无法同时当个木匠，但他也不能当木器行的老板，让其他木匠替他干活挣钱。[3]

　　这篇文本丝毫无出人意料之处。于是，迪耶斯(A.Diès)就理所当然地让阅读其《法义》版本[4]的读者去参考《王制》里两篇平行的文本。第2卷中，柏拉图提出了所谓的劳动分工原则，我还不如把它

---

① 《法义》，III, 846d; 坦率地说，我受到了L. Robin(Pléiade)和A. Diès(Budé)译文的启发。通篇文章均是如此。在该文本这一确切的例子里，尤其是L. Robin似乎为我正确地指明了方向。

② 《法义》，VIII, 847a。

③ 同上，VIII, 847a。

④ p.91, n.1。

叫作职业分工：[1] "耕作者无疑不会亲自去做把犁出来，如果一定要做把好犁的话，他也不会去制作其他农具；泥瓦匠也不会去制作自己的工具；事实上，这方面他还差得远呢；纺织匠和鞋匠也都不会。"[2] 在第3卷中，这位哲学家又回到了只从事一份职业的原则上来，而且再一次强调了质量规则："难道结果不就是我们先前说的每个人从事一份职业最合适，即唯一职业的观点吗，若想干好几份活，就会一事无成，至少从确立口碑的方面来看是这样？"[3] 从中可以发现柏拉图的城邦与雅典共和国鼎盛时期的情况恰好相反，"鞋匠就当鞋匠，除修鞋外别再干什么舵手，耕作者就当耕作者，除劳作外别当什么法官，战士就当战士，除了军事活动外，别再去挣钱捞外快，而且所有人都该这样。"[4]

290

在柏拉图对话录里针锋相对的这些人物里，有一个人的论点与通行之论正好相悖，他就是普罗塔戈拉斯。据说，他解释了依据哪些原则，在雅典这样的城邦里，木匠、铁匠、船东的意见在政治领域内还是很重要的，任何人都不该因他们缺乏资格而求全责备之，[5]普罗塔戈拉斯依照以其之名来命名的这篇对话录里自己所展开的那则有名的神话，作了回答：我们每个人除了适合自己的technai之外——事实上，每个个体均是如此——还会掌握少部分technê politiquê，即宙斯赐予人类政术(art politique)这样的天赋。[6]

---

① 参阅M.I.Finley，《亚里士多德》(*Aristotle*)，pp.27–28。
② 《王制》，II，370c–d，E.Chambry译，略有改动。希腊传统整体上注重产品的质量，而非数量；柏拉图只有唯一一篇文本是个例外(《王制》，II，370c)，他说："当每个人都只做一样东西的时候，他就能做得又多又好，而且更轻松"；毋庸置疑，这应该是一个颇为独特的直觉，我得感谢G.Salviat让我注意到了这篇文本，但不该忘记的是柏拉图的作品总体而言，和其他希腊思想家的看法无甚差别；这就是为什么我讲的是职业分工，而非劳动分工，不像其他人所认为的那样，如G.Cambiano，《技艺》(*Tecniche*)，pp.170–171。我会不止一次参考这篇重要的文本，有时候会重新对其持批评态度。
③ 同上，III，394e，E.Chambry译。
④ 同上，397e。
⑤ 《普罗塔戈拉斯》(*Protagoras*)，319d。
⑥ 同上，322c。

现在来引用一下坎比亚诺(G.Cambiano)的话："唯有一门与匠人的技艺不同的技艺，能确保有序共存，使得社会可利用这些技艺，获致其所包含的种种好处。而这就是政术。它是普罗塔戈拉斯叙述的那则神话的中心论题。"[①]当然，还必须补充一点的是，恰是普罗塔戈拉斯所阐发的这一理论创建起了民主制，也就是说，恰是他把柏拉图给抛弃了。

事实上，对柏拉图笔下的普罗塔戈拉斯而言，民主制城邦拥有的教育机构能使所有人从中获益。[②]一个受过教育的人，尽管是个痞子，但在面对野蛮人时，似乎仍像个正义的匠人(dêmiourgos)。[③]

291 我们暂且把指称匠人的这个模棱两可的词放进括号里去。后面我们会再回到它上面来。面对普罗塔戈拉斯，每个人都知道柏拉图会有什么样的解决方法。为了让城邦里的每个人都能尽好自己的本分，最好将各项工作区隔开来。在《王制》中，匠人和农夫[④]形成了第三等级，或者说，如若我们想用杜梅齐尔式的用语来表达的话，可以把它说成城邦范式里的第三职能，而士兵位列第二，哲学家则位列第一。现在我们来看看《蒂迈欧》和《克里提亚斯》，在前者这篇对话录的引言部分和后者这篇对话录中，柏拉图声称在历史中嵌入了《王制》里的城邦，并使之运转了起来，[⑤]尽管还有这样一个意味深长的变体，说是诸神取代掌权的哲学家在管理城邦。于是，柏拉图立刻重申了唯一职业这项原则，[⑥]而我们也毫不吃惊地观察到在《克里提亚斯》的神话中的原始雅典内，由雅典娜圣殿和

---

① G.Cambiano，《技艺》，p.16。
② 参阅G.Cambiano，《技艺》，pp.19–21。
③ 《普罗塔戈拉斯》，327c。
④ 柏拉图虽将他们连在一起，但还是从中清晰地作了区分；必须对他们多加留意，不要像E.Chambry那样把他们译成"农夫和其他匠人"（《王制》，II, 371a)，而是要译成"耕作者再加上匠人"；《蒂迈欧》，17c里也有同样的说法。
⑤ 《蒂迈欧》，19c。
⑥ 同上，17cd。

赫法伊斯托斯圣殿掌控的卫城，只是被一群士兵占据着。[1]至于耕作者和匠人，则只能住在郊区。

如果我现在就去参考约定俗成所谓的该主题的文献的话，那我就会一无所知。在专门研究《法义》的准历史性质的社会学专论中，莫罗(G.E.R.Morrow)就此只写了短短的一章，他只是把这篇我们视为出发点的文本作了发挥性的处理，严格地说，将匠人的命运同商人的命运作了比较。但在专论《柏拉图和技艺》(Platon et les Techniques)一书中，坎比亚诺在说及《法义》中的城邦时，却也没走得有多远；他只不过是注意到了在这篇对话录中，"匠人一直要比商人和奴隶受重视，但他在城邦内部仍旧不享有任何公民权，也无法行使任何权力"。[2]他在重复了《普罗塔戈拉斯》里的那些话之后，又作了补充，说政术，即technê politiquê在《王制》里只掌握于有知识的人手中，此后再与所有公民，也就是说所有地产主分享。[3]最后，皮耶拉尔(M. Piérart)和很多人一样，也喜欢将《法义》里城邦的"理论与现实"比较一番，他为我们这篇文本专门写了短短的一章，主要涉及到了柏拉图笔下的匠人以及很少有人知道的戈尔图斯(Gortyne)。[4]所有这些说得也都很合理，但就柏拉图关于匠人在城邦中的位置所作的终极性的反思而言，我们并没从中了解到多少。

当然，有一个问题，柏拉图的所有注疏者却都忘了提出来。在匠人(artisan)的社会地位与手艺(artisanat)的隐喻性地位之间有着很重要的差异。柏拉图每一次想要引证一项经过正确定义的活动

292

---

[1]　《克里提亚斯》，112b.参阅下文，"雅典与阿特兰蒂斯"，p.346。
[2]　G.E.R.Morrow，《克里特城邦》(Cretan City)，pp.139–148；G.Cambiano，《技艺》，p.244；D.Whitehead，《侨民》(Metic)，pp.129–135专论匠人和外邦人的一章写得很好。
[3]　同上。
[4]　M. Piérart，《柏拉图》(Platon)，pp.41–47。

使之作为其对象时，总会直接地或间接地指匠人的活动。①

柏拉图将织工明确定义为政治的典范，也就是说织工掌握了统治术(le science du gouvernement)，②但在这之前柏拉图却并不承认牧人所具有的"天然的"典范性，而这其实已超越了隐喻的层级；况且，在《法义》中，这位哲学家还胸有成竹地作了解释，说政治属于technê，而非本质(physis)。③但这根本无法阻止将国王完全与掌握技艺的专业人士，包括织工，对立起来这一做法："在城邦里，所有制造(δημιουργοῦσι)或大或小的工具的技艺都属于辅助性的地位。事实上，若没有它们，也就根本不会存在polis和政治，但另一方面我们归之于他们的王术(art royal)也同样完全无法实施起来。"④但被哲学家作为国王典范而加以利用的织工却有一个悖论，因为纺织术在希腊人类学中，是一项本质上为女性从事的活动，⑤而与柏拉图的文本极其相似、以资对照的乃是一篇著名的演讲，吕西斯特拉忒就在该文中阐释了政术和替人纺织大氅的技艺其实完全是一回事。⑥

我会再回到另一种匠人身上，这种匠人也让人颇费踌躇，他就是《蒂迈欧》里的démiurge。然而，尽管大量总括性的或局部性的研究有价值，也有意义，但柏拉图却似乎在希腊思想的这股宏阔的潮流中占据了一个有利地位，即拒绝赋予démiruge的活动以任何高贵的特性。难道不能向埃德加·齐尔泽尔(Edgar Zilsel)说尽管有菲

---

① 关于隐喻，可参阅P.Louis，《隐喻》(*Métaphores*)，pp.203–207；为了能直接利用所指称的技艺，已引用过的G.Cambiano的那本著作(《技艺》)提供了一份极为全面的目录。

② 《治国者》(*Pol.*)，305e；关于典范这一概念，参阅V.Goldschmidt，《典范》(*Paradigme*)。

③ 《治国者》，275bc，与《法义》，X，889de。

④ 同上，287d，A.Diès译；288b里提到了织工。

⑤ 参阅L.Gernet，"古代宴会"(Frairies antiques)，p.42，n.29，与"权利与前权利"(Droit et Prédroit)，p.202。L.Gernet尤其依赖于戈尔图斯的法律，II，51；III，26。

⑥ 《吕西斯特拉忒》(*Lysistrata*)，574–587；参阅J.Taillardat，《图像》(*Images*)，§684，与N. Loraux，"喜剧的卫城"(Acropole comique)，p.171与pp.191–192。

狄亚斯(Phidias)、阿佩莱斯(Apelle)和宙克西斯(Zeuxis),但在古典时代,"受诸神激发的只有舌头,而非手"。①

不过,这项规则,就部分而言,难道并非幻视的结果? 最近有本书②重新发现了几乎已被遗忘的精神领域,它从这头到那一头横穿了整个希腊文化史,我们可以把它叫作"智谋"(ruse de l'intelligence),即mêtis。无论是织工还是陶工,属于mêtis之列的匠人之诀窍与猎手、窥视者、垂钓者、参与埋伏的年轻士兵那动物般的灵巧恰相仿佛。柏拉图在mêtis的历史上占有一席之地,而该卷书的其他作者也举例提到了《会饮》里的厄洛斯(Éros),与在表象与观念之间辟出通路的无数媒介一样,也在被宙斯吞噬的女神的孙辈们之间占有一席之地。③但当涉及到mêtis长期被遮蔽的状态,那就要去理解为什么"由那些自称为其继承者的人所作的关于希腊人的博学的论述中,围绕智谋竟沉默了如此长的时间",要负责任的还是柏拉图,尽管"柏拉图式的真理将以种种适当的方式去理解智慧整个层面的做法打入了冷宫,但事实上它对西方形而上学思想的纠缠却从未停歇过"。④

然而,为了更切近地研究再怎么研究都不为过的柏拉图的文本,我们就会发现在这庞大的体量中,它们所描写的却并非是形式的宇宙,而是我们的宇宙,而这些描述手艺的文本尽管表面上显得明晰敞亮,但它们仍然会激起更多的不安感。而这不安感应该是始自——在某些罕见的情况下,也确实是始自⑤——technê和

294

---

① E.Zilsel,《天才观》(Geniebegriff),p.27; 我要感谢M.I.Finley告诉了我这本书。

② M.Detienne与J.–P.Vernant,《智谋》(Mètis)。今后,在关于mêtis的文献上,还能加上L.Kahn的《赫耳墨斯》(Hermès)。

③ 《智谋》,p.142; 参阅《会饮》,202b–204c。

④ M.Detienne与J.–P.Vernant,《智谋》,p.306。最后那句引文就是该书的最后一句话,但我自作主张将问句改成了陈述句。

⑤ 在此,除了G.Cambiano的《技艺》之外,主要还需引用Mme. P. de Fidio的"匠人"(Demiurgo),以及L.Brisson的《同一与他者》(Même et Autre)一书第一章的pp.27–106; 我们还可在H.Joly的《颠覆》一书中找到一些有用的提示。

dêmiourgos这两个关键词。

    Technê一词当然是柏拉图语汇中最模棱两可、最闪烁光芒的词之一。柏拉图在《克拉底鲁》中意识到了究竟是谁假装用hexis nou，即理性根植于我们自身这一事实，来解释这个词，[①]这乃是一种居高临下地解释该词的方式。这并不能阻止柏拉图立刻在"该篇文论的高潮点"上，从technê讲到mêchanê，即从技艺(art)讲到机巧(artifice)，[②]也就是说，是从mêtis最微末的层级上来讲解。正如坎比亚诺很恰当地指出的一点，即"从柏拉图的视角来看，épistêmè、dynamis和technê形成了一个彼此强化、彼此明确的概念体系"。[③]比如说，《王制》从由数学掌控的这样一个整体出发，将technai、dianoiai和épistêmai关联了起来：技艺、智力活动(opérations intellectuels)和知识(sciences)，以及各门技艺中的这样一种technê，也就是polémiquê，[④]即战术，它的存在甚而标出了该篇对话的转折点。而这恰恰是因为战争乃是一种职业，柏拉图将《王制》中那些操作此职业的人及卫护者们，同那些从事其他职业的人区分了开来，后者的这些职业是《法义》里的公民所不允许从事的。[⑤]

    Dêmiourgos一词在希腊语中有一段复杂的历史，因为就自荷马以来我们所遵循的那个演变进程来看，一方面，它指某些城邦的最高行政官，经常是指——但也不尽然如此——多利安人的城邦，另一方面，即指手艺人(peuple des artisans)。[⑥]像赫苏基奥斯这样的专

---

① 《克拉底鲁》，414b。
② 同上，415a；是Nicole Loraux向我指出这篇文本的，它是《克拉底鲁》的转折处之一。
③ G. Cambiano，《技艺》，pp.90–91。关于technê与épistêmê成为其一部分的语义学领域，主要的文论是J. Lyons的《结构语义学》(*Structural semantics*)，应将mêtis这一概念考虑进去，才能使其所作的分析更为完整。
④ 《王制》，VII，522c。
⑤ 同上，II，374ad。
⑥ 在海量的书目中，我特别要提K.Murakawa，《匠人》(*Demiourgos*)，该文的结论在L.Brisson的《同一与他者》，pp.88–97中也有；F.Bader，《匠人》(*Dèmiourgos*)，尤其可参阅pp.133–141；P. de Fidio，《匠人》，pp.234–240。

业语法学家,①饶有兴味地注意到该词有两种意涵,从词源上来讲,它指"专注于dêmia,即关涉到dêmos的那些事物",②而它本身,就我们所关心的东西而言,却无多大的关系。极有意思的是,我们观察到高尔吉亚以及后来的亚里士多德都在把玩该词的两层含义:有制造研钵者,也有拉里萨(Larissa)的"démiurges",即制造公民者。③在公元前5与前4世纪,人们已经从语言上意识到此种暧昧性。其实,柏拉图笔下的dêmiourgos当然是指技术人员、严格意义上的匠人、吟游诗人、医师、画师或雕刻师,④所有这些人物都有一个共同点,即他们都是和物质世界相关联的;但也包含《蒂迈欧》里的创世者和《克拉底鲁》与《法义》里的立法者:"我认为,理所当然的是,再怎么样,总归会有根本不愿去追求任何价值的最低等的匠人。"⑤

　　不过,柏拉图愈是使用另一个词指称严格意义上的那些匠人,在我们以之为出发点的《法义》这篇文本里对该词的使用就愈是令人震惊:形容词banausos(和名词banausia),这是一个贬义程度

296

----

① S.v. dêmiourgos;参阅F. Bader,《匠人》,p.133。

② F. Bader,《匠人》,p.136;作者令人信服地反驳了传统的释义:"为民众劳作者"。

③ 亚里士多德,《政治学》,III,1257b 29及以下;关于démiurgie和政治体制的其他例子,参阅亚里士多德,《政治学》,IV,1291a 33;V,1310b 22。有一个特例,即柏拉图那篇很难懂的文本(《王制》,IV,433d),该文讨论的就是这个美德,正义,在城邦所及的部分都能见到它们:καὶ ἐν παιδὶ καὶ ἐν γυναικὶ καὶ δούλῳ καὶ ἐλευθέρῳ καὶ δημιουργῷ καὶ ἄρχοντι καὶ ἀρχομένῳ,意为"有了这样的美德,儿童、女人、奴隶、自由民、匠人、统治者和被统治者就都能各安其位"(E. Chambry译)。这些词的顺序提出了一个未曾解决的问题,正如C. Despotopoulos("奴隶制"[Esclavage])所相信的那样,该问题从这份名单中刻意不去提及奴隶来看出;柏拉图在自由民之前,很自然地提到了那些或暂时或最终会被剥夺公民身份的人:女人、儿童、奴隶。确切地说,在自由民之后,应该是dêmiourgos的位置,但若放到统治者之前,就会有问题。Pia de Fidio("匠人",p.238)也援引了《王制》I,342e,在这篇文本中,控制是和démiurgie关联在一起的。

④ 参阅《伊翁》,531c;《普罗塔戈拉斯》,327e;《王制》,VII,529e,各自说到了吟游诗人、医师、画师和雕刻师。

⑤ 《克拉底鲁》,389a;立法者被定义为人类当中难得一遇的匠人;参阅V. Goldschmidt,《克拉底鲁》(Cratyle),p.147。我引用的是《法义》,V,746d,E. des Places译;参阅G.E.R.Morrow《匠人》(Demiurge)对这篇文本所作的注疏。

很高的词。①柏拉图使用该词，是为了与dêmiourgia相比试，比如在《王制》里的某个段落中，他的解释是许多不适合从事哲学的人之所以都在研究哲学，是因为他们的身体因从事技艺和职业(ὑπὸ δὲ τῶν τεχνῶν τε καὶ δημιουργιῶν)而变了形，而他们的灵魂则因专业做手艺活(συγκεκλασμένοι τε καὶ ἀποτεθρυμμένοι διὰ τὰς βαναυσίας)②而残缺不全、卑微堕落。"Démiurgie"使身体沉入深渊，但如果我们是banausos的话，则灵魂也会受损。其间的差异值得我们在此稍作驻足，因为我们观察到柏拉图在使用dêmiurgos这个词时并非是完全的无缘无故。

然而，现在是将我们的démiurgies安置到克里特马格涅特人的城邦土地上的时候了。只是此时还不可能直接触及这个问题。首先必须来说一说柏拉图是如何将公民，也就是说有产者，甚或获得分配者(geômoroi)，置入《法义》里的城邦空间内的，后者是指因将公民土地划分成5040块而获得其中一块地块的人，人与地块构成一个对子，γενόμενα ἀνὴρ καὶ κλῆρος συννομή③。在国家内部，城市，以及随后的农村(chôra)，被分成12个区划(section; mérê)，另添的第13区是留给诸神用的：赫斯提亚、宙斯和雅典娜，他们占据中心的卫城。④每一个区划都被同时分配给一位神祇和十二分之一的人口，也就是后来所谓的部族，其间并非没有考虑到土地的不同质素，但这时候诸多单独的地块都会被分成两份。事实上，这是将供开发的土地聚合成两个同心的区域，一个环绕着城市，另一个则与国土的边界相连。柏拉图说："每个人都会分到两套房子，一套靠近中心位置，另一套在国土的最远端。"⑤因此，土地的地块一方面

---

① 参阅P.Chantraine，"匠人"(Artisan)，文中说到了banausos、dêmiourgos和cheirônax。
② 《王制》，VI, 495de。
③ 《法义》，V, 737e。
④ 同上，745bc。
⑤ 同上，745e；我在前言中将745ce作了概述。

与都市的居所相邻，另一方面，乡村居所则坐落在国界处。这样就等于尽其所能地废弃了城市与乡村之间的分隔，因而也就是在极力确保城邦，即asty与chôra的统一。①

但这儿还涉及到了公民，马格涅特人的城邦并非仅有公民和那些依赖于公民的人在居住，如女人、儿童和奴隶。现在我们回到第8卷，来看看柏拉图在"以克里特模式"分配了土地的产出之后，说了什么，土地的产出是在所有依靠土地生活的人中间分配的，即那些公民们，他们的家人和奴隶，匠人，通常还有外邦人，他们或是居民(侨民)，或仅仅是过客。为这些外邦人，也仅为他们，会强制性地设立一座市场。②

柏拉图随后回到了居住问题上：Τὸ δὲ μετὰ τοῦτο αὐτοῖς οἰκήσεις δεῖ χωρὶς διατεταγμένας εἶναι,③罗宾(L. Robin)翻译得很正确："我们随后要讲的，就是必须向民众分派分开的住宅。"Αὐτοῖς一词当然不是仅指公民。④在前面这些句子里，远非只有公民成问题，还有全体民众。承认柏拉图在此关注公民们的住所，就等于是承认柏拉图忘了自己在第5卷中已基本上处理了这个问题。莫罗也是这么推论的："只是这儿说得并不清楚，这表明这些细节在柏拉图的头脑中尚未完全厘清。"⑤但在这篇文本里，没有任何地方有可让人指责柏拉图年老昏聩的地方。接下来的阐述究竟又说了什么呢？必须在12个区(district)每区中心设立12座村庄(kômai)⑥(土地也是在其间分配)，⑦因此也就是设在每个公民拥有

298

① 关于该文本，参阅J.-P.Vernant，"空间"(Espace)，pp.227-229。
② 《法义》，VIII, 847e-848c；我很难概述这篇文本，再说我也实难承认自己理解了所有的细节。
③ 同上，848c 6。
④ A.Diès的译文是："此后，必须让公民们拥有分开的居所。"但他对整段文字的翻译有些不切实之处。T.V.Saunders在企鹅经典丛书(Penguin Classic)里的译文是："接下来，民众应该在不同的地方拥有房屋。"
⑤ 《克里特城邦》，p.126。
⑥ 当然，当然不是指行政区(quartier)，A.Diès这么翻译很荒谬。
⑦ 《法义》，VIII, 848c7。

的邻近城市的地块与邻近边界的地块之间的半途上。

　　每一座村庄，与应用于城市的原则一致，首先须把神圣的区域同公共区域，即神庙与广场分开，这样就能组织对赫斯提亚、宙斯和雅典娜这些马格涅特人供奉的主神，以及国土上每区，亦即每个部族的主保神的膜拜。[①]环绕神殿、高度齐平之群聚住宅的，是驻守卫戍部队的堡垒。[②]驻军(garnisaire)[③]只有居住(可以说是暂时居住)在村里的公民才能担任。事实上，柏拉图明确指出了还需提供全部土地($τὴν\ δὲ\ ἄλλην\ χώραν\ κατασκευάζειν\ πᾶσαν$)[④]将全体匠人划分至13个区划(mérè)中，其中一个区划设于城市内，分散在供公民人口居住的12个区划中间($εἰς\ τὰ\ δώδεκα\ μέρη\ τῆς\ πόλεως\ ἁπάσης$)，[⑤]但不能居于严格意义上的市中心，而是得住在外围，即环形郊区内($καὶ\ ἐν\ κύκλῳ\ κατανεμηθέντας...$)。[⑥]另外12个区划则存在于"每个村庄内"，人们会将"对耕作者有益的各类匠人"($τὰ\ πρόσφορα\ γεωργοῖς\ γένη\ τῶν\ δημιουργῶν$)[⑦]安置在那儿。结果，每区(district)中心村庄里的常住人口中也包含了匠人。如果有人从中心出发去郊远地带，那么就会相继遇到：1)政治–宗教中心，宗教比政治更强势，该区域仅留给至高无上的诸神；2)严格意义上的城市，划分成12个行政区(quartier)，与12个部族相呼应；3)市郊，也被划分成了12个区划，居住着13个区划的匠人人口(la population

----

① 《法义》，848d。
② 同上，848de。
③ garnisaire是指卫戍部队里所设的专为向拖欠税款的纳税人收税，或到欠债者家中扣押动产，或去孩子逃避兵役的父母家中驻守迫使其交出孩子使之服役的士兵。——译注
④ 《法义》，VIII, 848e。
⑤ 同上，VIII, 848e 5；我是这样理解这篇文本的：都市里的匠人形成12个群落，每个群落被分配至城市里具代表性的某部族，代表整个城邦。柏拉图对究竟有谁有权力将匠人分配至13个群落丝毫未予置喙。在雅典，由军司令官将侨民划分至10个地块中，同样，部族也归他划分(亚里士多德，《雅典政制》，58)。
⑥ 同上，848e 5–6。
⑦ 同上，848e 6–7。

démiurgique);[①]4)在5040名全体公民间划分的最初的地块,与他们的都市居所相呼应; 5)在国土中心按环形分配的12座村庄由诸神和士兵-公民占据,但对耕作者有益的匠人、那些居住于都市住宅里 300 或边界地区里的人也居于此; 6)形成外环的边界地区,每个公民在那儿都有一座乡间住宅。[②]

匠人流动性大,因此就得固定下来。和雅典的侨民一样,他们也住在"镇区(dème)内",但不担任市府的评议员。柏拉图坚称这一社会群体具有依赖性的意图,也就没什么好怀疑的了。但某些对称性不用强调都能很清楚地看出来。有12个部族分享国土,但诸神占据第13片地块。匠人本身也被划分成了12个区划,另有第13个区划环绕城市而设: 匠人所住的郊区与神圣的中心相对应。

当我们推论到这一步时,怀特黑德(D.Whitehead)的断言——将匠人的活动全部集中于非公民者的手上这种雅典未能做到之事,柏拉图却做到了——得到了证实,但他又很快作了补充,说很简单,只要把敌视匠人者称为哲学家就行了,可这种说法又有多大的道理呢?[③]从某种意义上说,恰是匠人将城邦包围了起来。

我认为,我们会以更精确的方式去理解匠人定居于城邦空间内时,还得遭遇另一个柏拉图已在第6卷中确定了其命运的群体,即agros的卫护者,或曰农艺师(agronome),此类人物可与雅典的青年男子相比,柏拉图本人就将之与拉凯代蒙的武备学员作了对比。[④]被选定的青年男子会被募为néoi,在柏拉图笔下,néoi也就是指年

---

① Bisinger,《农业国》(Agrarstaat), p.72,他认为柏拉图是受到了戈尔图斯郊区拉托西翁(Latôsion)的启发,该行政区只允许居住被解放的奴隶和等级更低的同类人员(I.C., IV, 78)。R. Willetts也按照自己的方式重述了这个观点,见《贵族社会》(Aristocratic Society), p.40。
② 这份阐明了我的论证的草图(p.316)是在坎波巴索(Campobasso)根据我要对之致以谢意的Alain Schnapp,以及Bruno d'Agostino的看法绘制出来的。
③ D.Whitehead,《外国居民》, p.132。
④ 《法义》,VI, 760b–763c;与武备学员的比对出现于该文本的末尾;参阅C. Pélékidis,《青年男子学堂》, pp.25–30。

龄为25至30岁的群体，^①既然他们有12个部族，从而也就构成了12个区划。每个部族每年需提供5名族长，每个族长团体会招募12个人。因此，就有了144个néoi。^②但这些部族代表所起的作用，就是将那些只代表部分空间的部族拒之于门外，从而为了在空间上体现整个城邦。每个区划（从该词的军事意义上而言）事实上都会于一个月的时间里设在chôra的某个区域内，它会设遍整个chôra，今年在一个地方，明年在另一个地方，它特别关注的是边界地区，^③并由此而在我描述过的6个固定的中心地区周围形成流动的环形地带。其间的平行性是很惊人的：匠人的流动性被固定下来，而今后会成为城邦管理人员的néoi则会临时受到调动。柏拉图在它们彼此之间建立了关联。判断chôra里的匠人是否好的是农艺负责人，他们会"决定每个地方多少人正好，要用哪些人，哪儿必须住人，以便于不对耕作者构成妨碍或对耕作者带来最大益处"。^④城市里的匠人则由各市政负责人(les chefs des astynomes)担负。

这样一来，柏拉图就能在其城邦内确定侨民该获取何种地位。侨民其实就是匠人，因为若想在马格涅特城邦内定居下来的话，就必须已经拥有了一门职业。与雅典的侨民相反，他并不用支付居住税，但除非有例外，居住时间不得超过20年。侨民的儿子也是如此。他本人也许拥有一门technê，20年的延展期限从15岁开始算起。^⑤

我在作出论证的时候，读者会问为什么我讲的是匠人地位的

---

① 《法义》，VI，760c。
② 我如此翻译的这篇文本(《法义》，VI，760bc)其实状态极其糟糕；在M. Piérart的《柏拉图》一书的第260—267页，有对各类假设和修正的详尽注疏。他的结论，最终我采纳了。
③ 《法义》，VI，760e。
④ 同上，VIII，848—849a。
⑤ 同上，850ab；参阅L.Gernet，他为Budé丛书内的《法义》译文所写的序言，p.CXVII–CXIX。

301

暧昧性。但柏拉图在《法义》第9卷中是重新回到了这个地位上的，这次他的这个做法似乎使这篇文本起到了将商人和匠人对立起来的作用。与前面的说法相反，可以想象得出，他是尽可能地小心谨慎。当然，他还记得5040名土地获分者中没有一个人会去服侍地位比其低的人。但特别是低等职业，就是指零售贸易，即kapêléia。唯有侨民才能从事该职业。①

302

当柏拉图又回到dêmiourgoi上时，②他是用与卷八截然不同的用语来讲的。"其职业共同组织起我们生活的匠人种族是专门献给赫法伊斯托斯和雅典娜的"；那些其他technai的从事者，像堡垒里的军人或巧匠（ingénieurs），都是专门供奉阿瑞斯（Arès）和雅典娜的。让我们在这些保护神身上略停一会儿。他们共有3名：赫法伊斯托斯、雅典娜和阿瑞斯。雅典娜起居间调停作用，这就表明该人物既是战士，又是技师，之所以是战士，是因为技师也是她自己。③但柏拉图将之置于匠人首位的这一个对子也是《蒂迈欧》和《克里提亚斯》里掌控城邦的那一对对子，这点值得我们深思。因此，匠人就有了对照性，从某种意义上说，匠人是和战争职能的代表者处于对立地位的。但这究竟是什么意思呢？柏拉图此处的说法极为特别。军人乃是οἱ τὰ τῶν δημιουργῶν σῴζοντες τέχναισιν ἑτέραις ἀμυντηρίοις ἐργα，即这些人通过掌握的其他技术，④达成卫护的目的，定然能保护由匠人制造出来的产品。战士的职能因而就有了保护匠人成果这一个角色。结果，就将匠人与士兵两相对照起来了。他们彼此都是démiurges，这是从该词词源的意义上来讲的（该词源是真还是假并不重要）。他们彼此都是服务

---

① 《法义》，XI, 919de。
② 同上，920d–922a。除了某些细节之外，我在此引用的都是A. Diès的译文。
③ 参阅M. Detienne与J.–P.Vernant，《智谋》（*Mètis*），pp.169–243.关于雅典娜既为战士又是技师的这两个层面，比如，可参阅《向阿芙洛狄忒致敬颂》（*Hymne hom. à Aphr.*），10–15。
④ 并不是"通过掌握的新技术"（A.Diès）。Ἕτερος这个词暗指彼此之间的对立性。

于民众的: Οὖτοι δὴ πάντες χώραν καὶ δῆμον θεραπεύοντες διατελοῦσιν. "他们毕其一生都是在为祖国和民众服务",①而柏拉图甚至将agôn和misthos②也作了对观，战斗是为了祖国，战斗是为了公民，和匠人的酬金。③这篇文本说实话令人震惊。所有这一切就好像是在表明柏拉图在论及匠人的时候，由于意识到了他们的角色在像雅典之类的城邦内所具有的重要性，所以在此讲起了与其自身诸原则相关的防御性。④不管怎么说，柏拉图在这篇前言里抽取出了这些结论。他确定了匠人的权利和义务: 义务是尽善尽美地完成任务，才有权利领取酬金，甚至还有特例，即如果支付的酬金延迟领到的话，还有权利获取利息。匠人的酬金作为根本法里共享的部分(sociétaire; koinônous)，甚而还得到poliouchos⑤宙斯和雅典娜的保护。⑥与军人的对观再一次介入了进来，我们要再提一次的是，《法义》里的军人并非是《王制》里的军人那般的专业人员，所以如此一来，这种对观也就显得更为独特了。他们在此被说成是拯救我们的démiurges，尽管他们是将军或专家，但仍形成了"另一个匠人阶层", οἷον ἑτέροις οὖσιν δημιουργοῖς.⑦而这样的对比又回来了: 军人的timai就是他们的misthoi。⑧战士与匠人因而构成了难分难解的一对。前者保护后者的成果，尽管他也是公民，但由于他也掌握technê，所以也就成了后者的另一项成果。而后者，只有在和前者的对比之下，才能获得更多的赞颂，我们在这篇文章开头研究的那个

---

① 《法义》, XI, 920e。
② agôn意为"竞赛", misthos意为"酬金"。——译注
③ 《法义》, XI, 920e 5–6。
④ 与民主制城邦的意识形态相关的是，就像那儿的正式文论所宣称的那样，arétê是极为排斥technê的(参阅L.Loraux,《创新》, pp.213–214)。(arétê意为"美德"。——译注)
⑤ poliouchos意为"守护城邦之神"。——译注
⑥ 《法义》, XI, 921ab; 关于《法义》中令人感兴趣的那一独特的特色，可参阅L. Gernet, 同上, p.CLXXXIII–CLXXXIV。
⑦ 同上, 921d 5。
⑧ 同上, 921e 1。(timai意为"地位; 尊严", misthoi意为"酬劳"。——译注)

边缘人物此刻已差不多成了《法义》里的城邦中心角色。有一个事实已被指出过，即根本法的这个作者，也就是柏拉图本人，也可与démiurge相媲美，而这个事实从整体来看并未显得不和谐。

依据刚刚展现的那些资料来看，我觉得我们可以走得更远，从柏拉图鲜有人研究过的思想中提取出一个事实。我们甚至可以针对古典化时代的希腊的整体文明作出假设。

现在，让我们回到《蒂迈欧》和《克里提亚斯》上去。神话中的雅典是与《王制》里的图式相符合的，但柏拉图引入了两个颇具特色的重要变体。第一个关涉的是两组对话中的空间与时间领域。《王制》里的那场谈话发生于比雷埃夫斯(Pirée)，那儿是民主制与贸易败坏的象征，那天正好是奔狄斯(Bendidies)①节，纪念的是色雷斯的女神。柏拉图甚至一上来就很明确，说有两列游行队伍，一列是雅典人的，另一列是色雷斯人的。②《蒂迈欧》与《克里提亚斯》里的那场谈话并没说在什么地方，但是在"庆祝"女神的那一天发生的，③因此那天应是雅典娜女神日，虽然这是一个雅典节日，但仍是在城邦守护神雅典娜的主保之下举办的。至于克里提亚斯，他回想起了一则在阿帕图里亚节对他说的英雄故事，④那是伊奥尼亚，尤其是雅典的节日。然而，我们通过阿提卡画家伊斯特罗斯(Atthidographe Istros)的残篇了解到，在举行这个节日的时候，雅典人就在祭献的当口，举办了火炬赛跑活动以纪念赠火者赫法伊斯托斯。⑤赫法伊斯托斯并非阿帕图里亚节关注的唯一一位神祇，但

304

---

① 奔狄斯是色雷斯女神阿耳忒弥斯的别号。——译注
② 《王制》，I, 327a–328b。
③ 《蒂迈欧》，21a。
④ 同上，21b。
⑤ F.Gr.Hist., 334, fr.2。该文本并未明说阿帕图里亚节是在何时举办纪念赫法伊斯托斯的游行的，但对献祭的暗示倒可使我们认为是在祭献头发(Coureôtis)的那一天举办的，《蒂迈欧》，21b里对此作了暗示。

如果我们还记得《法义》中的匠人守护神雅典娜和赫法伊斯托斯就是神话中原始雅典的主人和占有者，那我们前面所作的对比就会有了意义。[①]《王制》的独具原创性，存在着与哲学家–统治者截然不同的等级，事实上，这些在《蒂迈欧》和《克里提亚斯》里都付诸阙如。对《王制》概述一番，就会发现里面只有卫护者这一类别，当然，柏拉图明确说他们的灵魂就是"最高等级的哲学家"，[②]但又没上过见习哲学家的高等课程。在神话中的雅典，取代哲学家的乃是神祇，即既是战士又是哲学家的雅典娜，[③]正是雅典娜与柏拉图对我们说的集philosophia和philotechnia[④]于一身的赫法伊斯托斯构成的这一对，[⑤]后面那个词才极其意味深长地成了柏拉图的创造。当然，这一对儿本身并非柏拉图创造出来的，在埃莱赫托尼奥斯的神话以及潘多拉的神话中就已形成了该对对子；[⑥]重要的是，柏拉图在面对躁动的technê赢得胜利的亚特兰蒂斯时，就提出了何为城邦的典范这一点，但在这典范当中，由集哲学家、战士和技师于一身的女神控制的technê仍居于掌控的地位。那我们就再来钻一下牛角尖。柏拉图将之置于卫城顶端供奉这两位神祇的究竟是什么样的神庙呢？[⑦]当然，柏拉图既没受帕特农神庙，也没受厄瑞克忒翁神庙(Érechthéion)，更没受任何一栋装饰着他那个时代的卫城之建

305

---

① 《克里提亚斯》，109c；在《蒂迈欧》的前言里，据说通过暗示讲埃莱赫托尼奥斯(Érichthonios)的那则神话，而表明女神受了格(Gê)的雅典人和赫法伊斯托斯的精。(埃莱赫托尼奥斯，古希腊神话中雅典的第四任国王。——译注)

② 《蒂迈欧》，18a，J. Moreau译。

③ 同上，24c。

④ philosophia即"爱好哲学"之意，philotechnia即"爱好技艺"之意。——译注

⑤ 《克里提亚斯》，109c。

⑥ 如想了解对神话的背景所作的巨细靡遗的分析，可参阅L.Brisson，《克里提亚斯》(Critias)。关于雅典的埃莱赫托尼奥斯和潘多拉，参阅N.Loraux，《儿童》(Enfants)，见各处。

⑦ 《克里提亚斯》，112b。普罗塔戈拉斯的神话也将这两位神祇关联在了一起。普罗米修斯潜入宙斯所居的卫城中，在雅典娜和赫法伊斯托斯的作坊里窃得取火的技艺以及其他分属于赫法伊斯托斯和雅典娜的technai(《普罗塔戈拉斯》，321de)。柏拉图在让人面对他给自己设定的强劲对手普罗塔戈拉斯时，又再一次作了理论化的阐述。

筑的影响。难道我们就不能认为他已不再将广场视为高屋建瓴之处，而在这广场上，仍有我们今日能见到的这座赫法伊斯托斯神庙(Héphaïstéion)，只是如今错误地呼之为忒修斯神庙(Théséion)，而根据保撒尼阿斯的说法，神庙里立着雅典娜的雕像，边上则是赫法伊斯托斯的雕像？①

那么，让我们来明确地看一看《蒂迈欧》里的那个主要人物，严格说就是démiurge。②首先我们来概述一下哪个人物被牢固地确立了起来：démiurge是父亲，他是ὁ γεννήσας，③也就是说，他是按照赫西俄德的模式来行事的，在赫西俄德笔下，造物是由两性的结合造出来的。但这个父亲并无女伴，柏拉图并未开发démiurge角色的这一层面。Démiurge如《法义》里的立法者一样，也是城邦的创建者和殖民者。恰是他在卫城里安置了人类的灵魂，将急躁易怒的灵魂放到了"卫兵的岗位上"，④等等。

Démiurge尤其是一名匠人，这是从该词本义上来说的，布里松(L.Brisson)所作的详尽分析表明他采用了柏拉图时代所知的所有手艺：铸造与合金，锻造与装配，木工活与陶工活，上漆，蜡模，纺织，最后是农业。⑤

这一切都很清楚；我认为，不太为人所知的是，这些技术形成了一个并非无足轻重的等级制。很有意思的是，我们观察到柏拉图走得很远，他采用了我们如今所谓的尖端技术，以让人想起就等级制而言的那些最重要的要素及démiurge的作品究竟是如何制

306

---

① 保撒尼阿斯，I, 14, 6; 参阅下文，"雅典与亚特兰蒂斯"，p.346。关于赫法伊斯托斯神庙，参阅H.A.Thompson与R.E.Wycherley，《雅典的广场》(Athenian Agora)，XIV, pp.140–149，以及J. Travlos，《图像百科辞典》(Bildlexikon)，pp.261–262(附书目)。

② 此处的出发点是L. Brisson通过对démiurge所作的详尽分析而得出的，见《同一与他者》，以及P. de Fidio的"Demiurgo"，pp.244–247中所作的切中要害的评论。

③ 比如《蒂迈欧》，28c, 37c, 41ab。与L. Brisson相反，我是严肃对待这样的父亲身份的。

④ 同上，69de, 70b; 参阅L.Brisson，《同一与他者》，pp.50–51。

⑤ 参阅L.Brisson，《同一与他者》，pp.35–50。

造出来的。因此，在造物的最顶端，世界灵魂属于最精致的冶金技术，还包括铸造与合金，甚至连金属轧制也算在内。[①]相反，人类肉体的制造则属于陶工不太复杂的活动；[②]将灵魂植入肉体，供血和将皮肤移植到身体上，这些都是细枝末节的任务，只要掌握农活的技术就能操作。[③]

然而，这也提出了一个很严重的问题。[④]认为农民优于匠人的那些文本在希腊传统中数量极其庞大。[⑤]柏拉图本人以自己的方式参与了这股潮流。毫无疑问，他知道géôrgia就是technê。[⑥]无疑，匠人与农民在《王制》的第三等级中，在《蒂迈欧》的序言和《克里提亚斯》的低等类别中，都是关联在一起的。但《法义》里的情况就不同了。马格涅特城邦的公民并非职业士兵，即便对战士的赞颂与对匠人的赞颂极为相似，公民仍是个体的土地所有者，我们已经发现匠人被安置于城邦内，是为了对géôrgia有用。当然，柏拉图像是偷偷摸摸地观察到严格意义上的农事是交付给奴隶去做的，[⑦]但这一事实仅仅强调了困难出在《法义》内部，甚至是出在geôrgos这个词内部，在漫长的古希腊文化史上，该词既指拥有土地者，亦指耕作土地者。

因此，如果我们的推理有道理的话，那两个价值体系似乎就会在柏拉图作品内部起冲突。从某种意义上说，一种体系正规、公开，认为公民拥有土地，也耕作土地，geôrgos要比démiurgos优越，一种体系则遮遮掩掩，但也出现在《蒂迈欧》和《法义》里，其拥有

---

① 《蒂迈欧》，35a及以下。
② 同上，73e。
③ 同上，41e, 73c, 76c, 77c, 91c。L.Brisson写道，(《同一与他者》，p.49)："此类关于播种的隐喻出现于将灵魂引入星体或人类肉体中的说法在在可见。"
④ 与L. Brisson所写的(《同一与他者》，p.48)相反："这[《蒂迈欧》]里démiurge的农活丝毫不会造成任何困难，因为在柏拉图的城邦里，匠人与农民一直是一起出现的，他们构成了第三阶层。"
⑤ 参阅J.–P.Vernant，"劳作1"(Travaille 1)，pp.16–25。
⑥ 比如，《欧绪德谟》(Euthyd.)，291e。
⑦ 《法义》，VII, 806de。

手工制作的职能，像普罗米修斯、赫法伊斯托斯一样，位于人类活动的中心，极具榜样性。在柏拉图与其时代之间的关系中，这并非是人们第一次察觉其中的此一张力了。[1]

事实上，我们经由柏拉图所读到的，是希腊文明中匠人的一出戏剧。我在此要重述一遍已讲过的话：[2]匠人就是这种文明中的英雄，但是个隐秘的英雄。[3]从吟游诗人唱颂的史诗，《奥德赛》里所讲的这些"démiurges"，[4]到雕塑的创造，从其体量来看，若非démiurge创作出来的，在希腊文化中根本就算不上大手笔。Démiurge也是厄瑞克忒翁神庙的建造者，一系列铭文让公民、侨民和奴隶为人所知。当柏拉图把世界的创造者说成是本领非凡的匠人时，首先指的就是这些人。那在古典化时代，作为社会人物的匠人和作为政治人物的匠人之间，为何有着如此惊人的分裂呢? 分裂是在对人们想要使之显现的界限作出规定之时才存在，比如拿建筑师为例，他当然是其自身意义上的匠人，但又有别于其他匠人，这是因为还存在着官员这一公民空间的绘制者之故。[5]不言而喻的是这种存在于古典化时代的分裂本身就是历史的产物。Technê有其历史，就所有人看来，这点显而易见，但mêtis这种铭刻于头脑中的类别，我们曾经说过，乃是匠人的绝活，它本身也有历史。我们饶有兴味地观察到，自荷马至奥皮亚诺斯，其间相隔10个世纪，"mêtis

308

---

① 参阅下文"《政治家》里的柏拉图神话"。
② 参阅上文"政治哲学话语的文明"，p.31。
③ 相关出版物有很多，但我只列出近期的成果；除了上引的L.Brisson、G.Cambiano、M.Detienne及J.–P.Vernant的著作之外，还可参阅这些研究论文，即A. Burford的《匠人》(Craftsmen；最好的综合论述)、F.Frontisi–Ducroux的《代达罗斯》(Dédale)、Z.Petre的"展现"(Représentation)，如需了解图像研究，可看J. Ziomecki的《展现》(Représentations)；从这样一本著作开始，与之相似的整个研究均可得到实现；最后，要指出J.Svenbro的《话语》(Parole)的第3章"话语的匠人"(Les artisans de la Parole; pp.141–212)很重要，他在书中证明从"匠人"一词不同于隐喻的另一层意义来看，古典时代末与古典化时代初的诗人都是"匠人"。
④ 《奥德赛》，XVII, 385。
⑤ 参阅Z.Petre, "建筑师"(Architecte)。

立足其间、组织意义之网的所有语义学领域，本质上仍旧未受触动"①——但这并不是说有mêtis的人与有mêtis的神的社会角色是一模一样的。喀戎(Chiron)的名字源自cheir，意为手，神话中的半人半马怪喀戎在蛮荒世界的边缘地带对年轻的英雄们谆谆教诲，而公元前5世纪的外科医生或者说医生也要使用自己的双手，在喀戎和医生之间，有整整一段历史可资讲述。②德蒂埃纳和维尔南说得好：在古代神话中，拥有mêtis，包括对巨人铁匠库克洛佩斯锻造的产品的拥有，都是通往至高之境所必备的条件。③手艺活里的Mêtis再也不会有损荷马笔下国王的威荣。还要说一下尤利西斯吗？他当然不是démiurge，但他也制造出了自己睡的床。面对波鲁菲摩斯，他就是个掌握technê的人，当他用自己打磨的木桩剜去独眼巨人的眼睛时，其行为就隐喻意义而言，就是木匠和青铜匠的行为。④

那么，在古典时代，在雅典的民主制时代，情况又如何呢？我们有时，甚至是经常说及匠人阶层在社会上得到了提升。⑤事实如此呈现，其实将好几个层面的混淆状况给覆盖住了。

完全正确的是，公元前5世纪，在像德谟克利特之类，还有埃斯库罗斯的《普罗米修斯》，阿那克萨哥拉及其他许多作品中，终于意识到technê和高超的手艺在历史上，将人从自然的限制中解放出来时，起到了关键性的作用。⑥但在意识到技术的重要性这一事实——比如，就像阿那克萨哥拉所说的，"人在动物中最聪明，因

---

① M.Detienne与J.–P.Vernant，《智谋》，p.52。
② 参阅G.Cambiano，"手"(Main)。
③ 《智谋》，注释，pp.75–87。
④ 《奥德赛》，IX，387–394。
⑤ 比如，最近，G.Cambiano著作中就有整整一个部分，及pp.31–34 "匠人和技师在社会上的提升"(L'ascesa sociale degli artigiani e dei technici)专写这方面内容；也可参阅部分受到Cambiano影响的A. Carandini的《考古学》(Archeologia)，p.153–166。
⑥ 这份文献的重要部分汇编于G.Cambiano的《技艺》中，pp.26–79，这位作者强调了柏拉图隶属于公元前5世纪这一传统的看法，完全正确；特别是论德谟克利特，参阅T. Cole，《德谟克利特》(Democritus)。

为他有双手"①——与把匠人视为可在政治上自主行动, 可随政治
及社会斗争的进展而辗转腾挪的社会群体这一事实之间有一道鸿
沟。那我们能将什么样的文本归入档案袋中呢? 这样的文本为数并
不多。我们先把普鲁塔克的叙述放置一边, 按照他的说法, 是忒修
斯第一个将雅典人口分成了3类群体: 贵族(Eupatrides)、土地所有
者(Géomores)和Démiurges, 后两者尤其因他们的名字而体现出了
特征。②亚里士多德的《雅典政制》中有一个有名的段落, 说公元前
581/580年, 有一份和解协议, 将10名执政官分成了3组: 5名贵族, 3
名土地所有者和两名Démiurges。③但这段插曲的历史真实性着实令
人生疑, 热尔内(L.Gernet)表明它是从公元前5和前4世纪的臆测中
得来的。④这确实是一个臆测, 按照亚里士多德的说法, 这是有关理
想城邦的首个臆测, 是天才米利都的希波达莫斯臆想出来的, 他想
象出了一个城邦, 其一万名公民被分成3个自主且平等的群体: 匠人
群体, 耕作者群体和战士群体。⑤毋庸置疑的是, 其间的智性已突破
了政治与社会的现实。

　　事实上, 民主制的理论家们远未将民主制建立在匠人的基础
上。多亏了柏拉图、普罗塔戈拉斯, 他们中最伟大的、最有名的人并
未以此种方式去推论。在我们已经说过的那则神话中, ⑥普罗塔戈
拉斯认为民主制下的事实有理, 也就是指所有匠人均应在政治事
务中提出建议这一事实。他并未将民主制建基于掌握technai之上,

310

---

① 亚里士多德,《动物各部分》(*Parties des an.*), 687a 8–9(= Diels, 59 A 102); 公元
前4世纪的一个特点是, 亚里士多德是与这样的定义唱反调的, 他说: "毋宁说, 合
理的说法是, 人之所以有双手, 是因为他最聪明" (P. Louis译, C.U.F.)。
② 普鲁塔克,《忒修斯》(*Thésée*), 25。
③ 《雅典政制》, 13, 2。
④ L.Gernet, "执政官"(Archontes)。我以前专门撰文批评了这篇关键性的文章, 这
种做法是错误的(P. Lévêque和P. Vidal-Naquet,《克里斯梯尼》[*Clisthène*], p.74,
n.3)。
⑤ 亚里士多德,《政治学》, II, 1267b及以下。
⑥ 关于该神话表达了这位阿布代拉的智术师(Sophiste d'Abdère)真实思想的说法, 我
同意比如说G. Cambiano的观点, 见其《技艺》, pp.17–22。(阿布代拉的智术师, 即
指普罗塔戈拉斯。——译注)

而是建基于更高等的，及掌握tech**nê** politi**kê**之上。

古典化时代的任何一座希腊城邦都未曾将自己视为匠人之邦，也未曾把匠人视为一个群体，一个自主的阶层。那雅典的匠人有何共同点呢？或许是节庆，即卡尔开亚节(Chalkéia)，于Pyanepsion(10月)举行。我们对该节日知之甚少。全体雅典人庆祝的这个节日，是专为匠人而设的吗？雅典娜、赫法伊斯托斯，[①]究竟是为哪一位神祇而设的呢？我们的资料来源犹疑不决，很难说得清楚。[②]

311

在雅典，应该有一个瓷器区，同样，在科林斯，也应该有一个陶工区，尽管中世纪的文章里自然而然会有诸多比较，[③]但我们根本就没发现，而且今后也不会发现关于雅典和科林斯的陶工出于政治目的所作的集体陈述：在古典时代的米利都，根本就没有羊毛编织技艺(Arte della lana)，却有乐师学校，叫作Molpoi，[④]但这不是一回事。

匠人远未曾参与至对城邦的管理上来，即便在民主制时期，城邦也在对匠人的活动实施监控，而非反之：塔索斯(Thasos)是一个用双耳尖底瓮盛放葡萄酒的酒类贸易起至关重要作用的城邦；然而，加尔朗和德比杜尔(M.Debidour)刚刚用斩钉截铁的方式证明

---

① 赫法伊斯托斯和雅典娜在关于雅典城邦的一则重要神话中是关联在一起的，这是一则讲述埃莱赫托尼奥斯诞生的神话，但这并不意味着雅典的起源必定被视为与technê有关；在这则插曲中，阿提卡地区花瓶上的图案并未表明赫法伊斯托斯是个铁匠；参阅N. Loraux，《儿童》，pp.135–137。

② 资料来源汇编于L.Deubner的《节庆》(*Feste*)中，pp.35–36。最明确的一份碑铭文献，是公元前277/276年的一则敕令(I.G. II² 674, 16)，里面只提到了雅典娜。据欧乌阿雷里奥斯所引，见词条Chalkeia，史学家法罗德摩斯(Phanodémos)相反，说的是赫法伊斯托斯。在《苏达辞书》(词条Chalkeia)里，讨论的是该节庆历史上的两个时代，首先是公民的节庆，后专为匠人而设，守护神是雅典娜及赫法伊斯托斯。这些神祇的在场，在雅典神话中扮演的是公民的角色，《苏达辞书》中提到了捧女神袍游行以及侍奉女神的女祭司们捧着女神的袍子(péplos)，都使我对该节庆是否具有"行会性质"犹豫不决。词典编纂方面的文本汇编于A.Adler的《希腊的词典编纂》(*Lexicographi Graeci*)，I, 4，词条Chalkeia；还可添上Pollux, VII, 105，此处将该节庆归诸于赫法伊斯托斯。我会在别处以更详尽的方式重新回到这个卡尔开亚节上。

③ M.I. Finley的《经济学》，pp.185–186揭示了这一方面。

④ 《综论》(Sylloge³)，57；272。

了，在公元前4世纪末及前3世纪初，塔索斯有名的"瓮戳"并非陶工的标志，而是由官员强行加诸于每个匠人的印记(或许是蜡印)，他们为了城邦的利益，监控着每一家作坊的活动。总之，这种现象与 312 货币的情况颇为类似，这些戳印中有一部分就是借自于货币符号。[①]从相反的意义而言，就我所知在希腊历史的文献中存在着一个例子，是唯一一个论述反叛计划的例子，介入其中的如果不是匠人，那至少也是人口中的低等阶层，他们以匠人的工具(organa)为武器。当公元前4世纪初，基那敦筹划整个儿颠覆斯巴达的体制时，他是这样对今后揭发他的人说的："这就是耕作土地的人用的武器，有木头，有石块；至于其他职业，通常都用的是工具，对于战斗来说，这样绰绰有余。"[②]

如果与荷马笔下的人物及公元前5世纪雅典的公民-士兵遭遇，我们会观察到什么呢？与王室职能相调和的诸种价值观若非遭到抛弃，也至少会被边缘化。战略家伯里克利并不拥有尤利西斯的mêtis。夜间战斗、伏击、追踪所用的技术在前重装步兵时代均已被青年男子们抛弃了。[③]当然，也存在着一个technê占上风的领域，所以这样一来与mêtis的关系能被清晰地感知到，而这就是海洋战争，在该领域中，想象力可自由驰骋，空间并不会对约定俗成的战斗规则施加影响，[④]但雅典的水手只不过是战斗空间内的技师，重装步兵的种种价值观仍会继续掌控着意识形态。只是到了公元前4世纪，即柏拉图和色诺芬的时代，mêtis才开始与雇佣兵的技术一争高

---

① Y.Garlan，"瓮戳"(Timbres anphoriques)，1，与M.Debidour，"瓮戳"(Timbres amphoriques)，2；部分可参阅第一部分的研究结论，pp.265–266，及第二部分，pp.271–275。
② 色诺芬，《希腊史》，III, 3, 7。
③ 参阅A.Schnapp，"追猎的领地"(Territoire de chasse)。
④ 参阅M.Detienne与J.–P.Vernant，《智谋》，pp.282–285。

313　下，并将重新在战斗前沿占据一席之地。[1]但技师，某种类型技师的胜利，对全体职业人的政治与社会角色并未产生什么影响，因为确切地说，所谓的全体从来就未曾构成过政治力量。

或许我们可以从莫斯科维奇(S.Moscovici)[2]那儿借用一个概念，这样我们就能思考这个问题。事实上，必须区分两个层面：自然史的层面，也就是说，人与其置身其间的物质世界之间的关系，以及社会史层面，是人类阶层与群体彼此遭遇的历史，这两个层面永远都未能相交在一起。在希腊，我们会观察到什么呢？用自然史的语汇来说，肯定是有手工业者，没注意到他们的重要性肯定就是瞎说。但希腊人的主要发明，乃是城邦和政治活动，而这则成了手工业活动退居幕后的原因。那些在厄瑞克忒翁神庙的工地上肩并肩劳作，为了同样一份薪水的人[3]（所有的保留措施都是以奴隶薪水的实际受益人为基准建立起来的），既有公民，也有侨民，最终也有奴隶。政治层面将从技术层面重新联合起来的人又相隔开了。我们注意到在雅典的陶工身上，就有自由民的匠人和奴隶匠人之间的分别，比如在表现匠人时又加了点花哨的东西，提到了体育运动，以此表明这就是自由。[4]

可以说，希腊文明使之鲜活起来的这一悖论虽很难使人觉察到，但柏拉图的惶惶大著却使之露出了尖尖角。观念史上有一个讽刺之处，即柏拉图这位"反动的"贵族，有时竟被认为是女权主义者。女权主义者，他当然不是，但在亚里士多德之前，他观察到了这314　样一个简单的事实，即女性占据了城邦的一半，他便从中得出了与

---

① 参阅上文"雅典重装步兵的传统"，p.140。此处必须引用Yvon Garlan的整部作品。

② S.Moscovici，《自然》(*Nature*)，其所作的分析我觉得非常重要。

③ R.H.Randall Jr. "劳作者" (Workmen); M.Austin与P.Vidal–Naquet，《经济学》(*Économies*)，p.119; A.Carandini，《考古学》(*Archeologia*)，引用了后者的分析，但我们却觉得他从中得出的结论和我们的截然相反。

④ 参阅J. Ziomecki，《展现》，pp.131–132。

其弟子提出的激进程度截然不同的结论。[①]因此，在对比女性匠人时，我并不会无缘无故这么去做。[②]希腊的女性和technê之间有着极其古老的可逆关系。潘多拉难道不是赫法伊斯托斯一个组件一个组件地把她造出来的？[③]在荷马史诗中，忒提斯(Thétis)难道未曾教会赫法伊斯托斯冶金的本领？[④]

在《王制》第10卷中，柏拉图仿佛想起了欧里庇得斯在《美狄亚》中所说的话，当后者想起一个有名的匠人，即特洛伊木马的建造者埃佩俄斯(Épéios)身后的命运时，曾说女人都是作恶的"专业匠人"(tektones sophôtatai)，并说把他放到"做事机灵的女人的条件下"会怎么样，εἰς τεχνικῆς γυναικὸς ἰοῦσαν φύσιν。[⑤]柏拉图尽管赞赏匠人，但仍算不上是个女权主义者，即便他曾断言过歌颂床有多漂亮的人与造床人的理念相差十万八千里，[⑥]但他也很明白尽管必要时他能将诗人逐出共和国，但若想远离匠人则要难得多了。[⑦]　315

---

① 此外，我们还会注意到，在论及斯巴达(而非雅典)时，亚里士多德作出的这个评论，虽然他认为自己的观点具有普遍的价值，但仍限制了其范围(《政治学》，II, 9, 1269b 12及以下)。

② 参阅《向阿芙洛狄忒致敬颂》中的一个段落，引自上文，n.72，作为女技师，雅典娜主导着匠人的劳作(tektonas andras)和女孩子们的劳作。

③ 赫西俄德，《神谱》，571；《劳作与时日》，61；参阅N.Loraux，"女性种族"(Race des femmes)，尤其是pp.47–49。

④ 《伊利亚特》，XVIII, 395及以下；参阅M.Detienne与J.–P.Vernant，《智谋》，p.138，我们会在里面找到关于冶炼师忒提斯诸多细节的某些评论。

⑤ 《王制》，X, 620c，将之与欧里庇得斯的《美狄亚》，409比较一下。

⑥ 同上，596b及以下。

⑦ 如需了解对该研究所作的讨论，可参阅T.J.Saunders，"匠人"(Artisans)；在该文中，Saunders认为已完全摧毁了我的分析，但依我来看，他是悄悄地将柏拉图的都市规划(urbanisme)与花园的小径偷换了概念。

第四章　所思、所居的城邦

第一节　希腊理性与城邦*[①]

是否仍有可能将希腊理性作为参照物，就像拿我们可从中汲取灵感的某个模型作参照物一样呢？很长时间以来就有的答案并非完全无可置疑：我们建基于认同原则上的理性，我们的真理观，在希腊找到了源头，发展起来的这一思想诞生于公元前6世纪的伊奥尼亚，到柏拉图和亚里士多德手上终成正果，这种说法很平庸，但它本身也有其历史。比如说，我们知道这些饶舌者，这些有理性的理性之人，这些明晰观念的爱好者，像伏尔泰这般唯理论联盟的创建者，都对希腊人嗤之以鼻。

我们无需执着于这段历史，只要想想针对作为典范的希腊理性这样的观念，显然就存在着复杂的攻势。那扼要而言，这些力线究竟是什么呢？就是指我们的理性观和我们的希腊思想观同时发生了深刻的变化。

就展开这两个主题中的第一个主题来看，我力有不逮。但我觉得现代科学并非无法撼动我们对理性所作的描绘。《科学的新精神》(*Nouvel esprit scientifique*)的阐释者巴什拉尔(Bachelard)讲过"要让理性骚动起来，具有进攻性"；他表明认同原则只有在理性

319

---

* 发表于《当今理性》(*Raison présente*)，2(1967)，pp.51–61。

活动的某个特殊区域才可得到应用，同样，希腊人创造的几何学，即欧几里德几何学，也只不过是在黎曼(Riemann)和罗巴切夫斯基(Lobatchevsky)以降，现代数学可能有的、得到有效应用的诸多几何学中的一个特例而已。

对称的步骤则在另一个截然不同的领域里展开。当代人种学证明源于或据认源于希腊人的西方思想乃是某条极其特殊的发展路径的表达形式。即便像克劳德·列维-斯特劳斯这样一位19世纪普遍主义的坚定信徒，也在"野性的思维"中找到了"人类精神"的法则，就我们的主题而言，这样的事业并非毫无悖论，无关紧要。

其实我们都知道列维-斯特劳斯在"原始人"那里发现的东西，从严格意义上来讲，并非"野性的思维"，而是"野性状态的思维"，这是些真正的"实用理论逻辑"，而且还是建基于认同原则之上，拥有两种形式：A是A，A非非A。他说，"实用逻辑永远是一种反对力量，它反对的乃是经验整体之前的贫瘠状态视之为独特的那些词汇。"[1] 比如，图腾崇拜就是网格、符码，传递的是信息。整个图腾体系假设有个理想的"图腾操作者"将自然编成符码，赋予其整全的阐释，该阐释会在无意识的层级上，得到人类学的解码。因而，这些无意识的逻辑就将希腊理性及其后继者西方理性置于了困难之中，因为它们只不过是"特例"而已，但与此同时，这些逻辑又使之复原，使之拥有全部的尊严，因为整体而言的"人类精神"这位形式的创建者，并非如保罗·利科(Paul Ricœur)所证明的那样，而是康德知性的化身。[2]

因此，列维-斯特劳斯并未在这个层面上对希腊-西方模型提

320

<hr>

[1] 列维-斯特劳斯，《野性的思维》(*Pensée sauvage*)，pp.100–101。
[2] "结构与阐释"(Structure et Herméneutique)；关于列维-斯特劳斯笔下"人类精神"这一概念的诸多歧义，我们可参考不同的研究，如E.Leach的，尤其是他的"列维-斯特劳斯"(Lévi–Strauss)。关于图腾操作者，参阅Cl.Lévi–Strauss的《图腾制》(*Totémisme*)。

出质疑。真正的悖论和真正的困难都在别处。我觉得，它们就居于结构这一概念的歧义当中，在其摇摆于意识和无意识之间的这个游戏当中，或者说得更确切些，就在这样一个事实当中，即列维-斯特劳斯是在刻意将意识与无意识之间的全部对立关系置于从属地位。整个社会构造就是一种成为符码的书面语，必须懂得如何将之解码，整个语言就是一种思维，在万不得已的情况下，也就意味着是世界的一种构造体系，这就是为什么图腾构造富含意义，拥有诸种哲学体系中最详尽无遗的思想，而希腊的宇宙学说得再雄辩，它也根本不会对之买账的缘故。

然而，现在的问题是要去明确地知道——事物只要说得简单就行，哪怕有错误也无所谓——语言这一整体的事实是否就是思维这一事实，这乃是从该词积极的意义上而言的。

在整个语言符码中，存在着各种思维，而并不必然只有一种思维；我觉得将莱布尼茨的"小视角"(petites perceptions)与视角之间的差异，将语言和刻意为之的话语之间的差异置于次要地位，是不可能的。在列维-斯特劳斯和他的弟子笔下，结构时而具构成性，时而又具被构成性，而歧义也就定然居于了其间。认为古希腊语里元音交替出现源于印欧语系的说法，是为了使不定过去式的单数和复数(éthêka、éthémen)及其他许多奇迹之间秉持对立关系，而他认为，正如人们所说的，那些奇迹都会任凭自己去构造一个以"思维"为己任的"语言操作者"吗？像大洋洲这门语言有九种双数这一事实，就需对二元论关系的不同范畴作出极为精细的分类，而这样的事实是否是思维的自主行为，尤其是，它是否是有意识的行为，这是否就意味着必须与自然来个彻底的一刀两断，而确切地说，自希腊人以来，对我们而言，自然就是思维？

就我而言，我还是心甘情愿地要把利奥塔(J.-F.Lyotard)最近所写的话重述一遍："野蛮人当然会说话，但那是一种野性的语言，他们的语言极其精省[……]。'动词的使用常常局限于规定的条件下, 在此之外, 他们就只用词'(《结构人类学》[*Anthropologie structurale*], p.78)。他们就像布里斯·帕兰(Brice Parain)笔下的农夫, 像巴尔扎克笔下的外省人: 他们在那儿所讲的话显然只是一种准知觉(quasi-perception), 事物与人被其文化所造就也就证明了这一点, 从而使得语言的宇宙不像我们那样, 对他们来说, 这种宇宙无需去解释, 甚而无需去复原, 且立即将现实的意义创建出来[……], 原始语言本质上并非是关乎现实的言说[……]而是继之以其他手段的存在。"①

　　列维-斯特劳斯本人曾写道:"奥马哈印第安人在白人和他们之间见出了其中一种主要差异, 原因在于印第安人并不会去采花。"②我们的理解是: 这么做是为了把花插在花瓶里, 但也是"为了采集植物标本"。我很清楚, 对列维-斯特劳斯而言, 语言乃是对"自然"与"文化"之间的差异所作的体验。我同意他就图腾制所作的阐释, 同意将后者定义为某种"应用", 那是智力的工作, 是"建基于社会之上的动物及植物的宇宙",③无论如何, 这都是在将自己认同于动物和植物, 即便此种认同只不过是一种逻辑时刻而已, 即便我们无法在动物与植物相区分的二元逻辑的范围内将之分隔开来, 但它仍会使我们与科学和哲学相距十万八千里。确切地说, 只有当语言与其所想表达的东西分隔开之时, 当所指与能指之间的差异显得极具根本性之时, 这些情况才会起头。这也是赫拉克利特那句有名的话所特意表达出来的意思:"神谕, 即德尔斐神庙的神谕所属的主人, 既未说, 亦未隐; 它只是指出"(残篇93)。但仍需明确了解究竟是什么样的根本性的体验允许希腊人秉持此种分离观, 即思维中此种关键性的去自然化。

321

----

① "印第安人"(Indiens), p.71。
② 《野性的思维》, p.58。
③ 《图腾制》, p.144。

并不仅仅是我们的科学及科学思想的传统实证观念，而是我们对希腊及希腊思想的描绘经受了严峻的攻击。相当幸运的是，我们不再将希腊思想家视为纯粹的理性主义者，居于纯粹知性的天宇中谈天说地。一个世纪之久的现代意义上的古希腊文化从很大程度上来说，并未使希腊人与我们更近，反而是更远了。因此，问题就在于要去了解希腊的精神运行的时候是否有和我们一样的模式、一样的动机；特别是，当代的研究一直在和下述问题相碰撞：发现了数学的希腊理性却为何未曾发现对科学的应用呢？今日，有些人甚至自问，希腊的理性(raison)是否就是我们如今所谓的合理(rationnel)。

自尼采以来，现代语文学是要去优先勘探希腊灵魂中那些晦暗不明的区域，是要将狄俄尼索斯与阿波罗对立起来。在《希腊人与非理性》(Les Grecs et l'Irrationnel)这本很美的著作的开篇，多兹(E.R.Dodds)说了下面一则轶事，该轶事很典型地体现了现代的某种精神状态："几年前，有一天，我在观赏大英博物馆里帕特农神庙的雕塑时，一个年轻人脸露不安之色，朝我走来，说：'我很清楚这样承认不好，但这些希腊机器，真的对我一点触动都没有。'——我对他说'很有意思，您能明确地说一下您如此无动于衷的原因吗？'他想了想，最后回答道'是这样，它整个都让我觉得太合理了'。"于是，多兹便以他常有的那种兴高采烈的，有时又颇具争议的方式，同时证明了希腊思想中诸多不合理的层面，如萨满教或狄俄尼索斯崇拜(ménadisme)，以及希腊理性作出的种种意图掌控"晦暗力量"的努力。先撇开这则轶事和这样的尝试不谈，我们怎么就不能提一提，尤其是在海德格尔的影响之下，我们如今对巴门尼德与赫拉克利特的看法，与"理性主义"以及"人文主义"的关系只能说是相距遥远。我们所要强调的并不是理性与沉思之链，而是对真理的根本性体验，认为真理就是存在对exaiphnês，即巴门尼德第三个假设与柏拉图第七封书简中"倏然"(soudain)的揭示。

　　这些注疏常有的那种胡言乱语的特点在此无甚大碍；肯定的是，我们如今再也不能说雅典娜之类的理性(Raison)从神话宇宙中猛然现身，再也不会像普洛克鲁斯所说的那样认为泰勒斯和毕达哥拉斯突然间"不求助于物质，以纯粹知性的方式"处理起了这些概念。说句实话，就整个历史学派而言，我们习惯以如下这种形式所提的问题：从神话到理性，是再也不会被提出来了。这就是康福 323 德在其一本重要著作中从头至尾试图证明的东西，而且一直延续到其遗著《智慧原则》(*Principium Sapientiae*)当中。①在从神话来到理性时，我们并未从神话里步出，我们所谓的希腊人的理性，其实常常就是神话。

　　因为康福德想要同希腊的奇迹理论作斗争，所以他就想在哲学反思与神话–宗教思想之间重新拉起历史连续性这根线。在巴比伦及赫梯人的神话与阿那克西曼德(Anaximandre)的宇宙起源说之间，赫西俄德的神谱提供了缺失的一环。巴比伦创世诗《当在高处》(*Enuma Elish*)讲的是神马尔杜克(Mardouk)杀死了恶魔提阿马特(Tiamat)，且世界从提阿马特的尸体上被创造了出来，《神谱》中宙斯杀死堤丰，整个世界尽管并未从中创建起来，但至少有了风，而在阿那克西曼德的宇宙起源说中，不同的质，如冷与热、干与湿等，都是从apeiron(无限)的各个对子里提取出来的，在这三者之间几无根本性的差异。

　　康福德走得更远：他试图证明有一本著作，神话也参与了其间，但从各方面来看，我们都觉得该著作就是希腊理性的集大成者，而那就是修昔底德的著作。对《神话学家修昔底德》(*Thucydides Mythistoricus*)一书的作者而言，《伯罗奔尼撒战争史》中有整整一个层面，甚至是很本质性的一个层面，乃是埃斯库罗斯

---

① 此处，我同J.–P.Vernant的"从神话到理性"(Du mythe à la raison)中的评注颇为相近；亦可参阅《起源》(*Origines*)。关于东方起源这一难解的问题，可参阅M.L. West的《东方》(*Orient*)这本乐观的著作。

悲剧的世俗化和理性化(rationalisation)版本；恰是薛西斯(Xerxès)的hybris(过度)才导致了萨拉米斯战役，恰是阿伽门农的hybris才导致了死亡，恰是atê(致死宿命)的牺牲品阿尔西比亚德(Alcibiade)的hybris才导致了雅典人远征西西里。切近来看，康福德的分析极其深入，有时候能被原封不动地采纳；只是，为了让神话合理化，必须让理性活动起来；还必须解释修昔底德为什么并不仅限于以赤裸裸的方式来叙述神话，他为什么会断然地将神话拒之门外，虽然他采用了赫西俄德用的那种形式。即便康福德对我们的任何要求，我们都能同意，但我们仍需后退几步，以便可以跳跃得更好。

那么，对希腊理性的这一天真的观点发动这样的双重进攻，究竟意在何为呢？或许主要还在于，理性，尽管是希腊的，仍应在历史中将其替换掉。正是在希腊历史中，我们才必须寻找那些基本的特征，用以解释自愿放弃神话的原因，必须寻找无意识组织构架起来的段落，只要它们特意尝试去同时描述宇宙功能的这一做法，如列维–斯特劳斯所说的那样具有"逻辑"即可，而这就是伊奥尼亚和意大利"自然科学家"的理性，以及人类群体的职能，也是历史理性，即希罗多德，还有修昔底德的历史理性。让某某阿那克西曼德、某某恩培多克勒、某某修昔底德"可被理解的模式"究竟是什么？希腊人用这门极其特殊的语言所表达的内容，就是伊奥尼亚的自然科学或历史，其社会实践的规则就像卡杜维奥人(Caduveo)的社会规则一样，列维–斯特劳斯在《忧郁的热带》(*Tristes Tropiques*)中就极好地证明了，这些卡杜维奥人的社会规则就是通过他们镌刻于其肉身上的那些图画表现出来的。

维尔南的著作针对这些问题，给了我们一个清晰明了的答复。

"东方"神话在希腊人与之接触的"东方"社会(主要是埃及和美索不达米亚)中，有着相当明确的功能，以及限定的可理解模式。宇宙起源论如同历史，都表达了某类极为特殊的社会关系，那是国王与自然世界及人类世界之间的关系，国王将人整合于自然中, 既确保了一方的安全, 又确保了另一方的秩序, 莫雷(A.Moret)、拉巴(R.Labat)、弗兰克福特(H.Frankfort)的那些有名的著作中就是这样描述的。当然, 这种国王的神谱在历史上并不总是那么回事,[①] 但这一点丝毫没有减弱它在思想史中的重要性。在此类思想内部, 历史并未以解释得通的故事形式, 而是以人与神的交流形式, 以神的计划在人类世界中得以履行的形式呈现出来的。宇宙起源说将国王作为秩序的创建者搬移至了神的层面上。《当在高处》(*Enuma Elish*)是巴比伦一首每年新年节庆时都要诵读的仪式性诗歌, 节日期间, 国王会像马尔杜克通过每年杀死提阿马特的方式以更新自身的君权那样来更新自身的君权, 就像另一个地理区域内发生的那样, 法老也会在塞德节期间更新自己的王权。

325

希腊人是否了解这类君权呢? 当然, 必须证明其间的差异性, 但不能到克里特和迈锡尼那里寻找特别"纯粹的""东方"社会。即便在美索不达米亚, 我们也能证明在宫廷的、王室的经济和社会与都市经济及社会之间存在着张力, 而前者是建立在君主或庙宇对乡野的控制之上的。[②]在克里特, 尽管考古学上的阐释众说纷纭, 但亨利·范·埃芬泰尔(Henri Van Effenterre)对宫殿边上存在着另一个决策中心的假设或许还是有点道理的。[③]

尽管如此, 这些考量仍不应遮蔽那个证据。对B型线形文字的解读, 将希腊语的最初证据前推了约7个世纪, 自此以后, 就可认定这门语言持续演化了35个世纪, 从克诺索斯(Cnossos)、皮洛斯与迈锡尼一直延续到了卡赞扎基斯。然而, 这一点还无法如人们常常以

---

① 参阅G.Posener,《法老》(*Pharaon*), 以及他或明或暗加以批评的那些著作, 如A. Moret的《法老的王权》(*Royauté pharaonique*)、R.Labat的《亚述-巴比伦的君主制》(*Monarchie assyro-babylonienne*), 以及H.Frankfort的《王权》(*Royauté*)。
② 参阅A.L.Oppenheim,《美索不达米亚》(*Mésopotamie*), 第2章。
③ "政治与宗教"(Politique et Religion), 现请参阅《马里亚》(*Mallia*), I, pp.189–195。

令人哭笑不得的天真所相信的那样，在社会体制与社会生活领域内确立起此等连续性。不管人物有多确实，如住在克诺索斯的宫殿里的法埃斯托斯，住在马里亚的帕拉艾奥卡斯特罗(Palaeokastro)，他们都会在自己的pithoi(双耳瓮)里积攒该国的产品，管制畜牧业，登记收成，不管他是神、祭司，还是国王(不管怎么样，用来指称他的称号总是翻译得很不到位)，他们得不到今后一代代人的理解也是题中应有之义，而我也无法仅通过这一点来得出城邦的岁数，但人们所谓的荷马的世界却早已算得清清楚楚——而这一点，无论是回忆，还是传奇故事，其所拥有的力量倒是能形成或者说歪曲某个弥诺斯或某个阿伽门农那样的形象。

326　　这个世界在公元前13世纪末的时候崩塌了。当时到底具体什么情况，我们不得而知，尤其是我们忽视了现代学者所谓的"多利安人入侵"这件事究竟起了何种作用。有形的灾难极为巨大；从伯罗奔尼撒或克里特的遗址上，我们现在能轻而易举地了解到那些情况，但更为关键的仍然是人们所谓的"君权危机"。在Wanax(君主)挥之不去的存在终被清除出去的宇宙中，以村民为一方，武功贵族(aristocrates guerriers)为另一方，长久隔绝之后，如今终于面对了面，自公元前8世纪末起(赫西俄德的作品可用来设定这个界限)姗姗来迟地联合到了一起，他们终将从这联合中构建起古典的polis。在此，我们并不试图去提出polis的起源这一难解的问题。他们究竟如何达到了这一如此独特的状况，致使共同体颁布了那些敕令——我认为，最古老的应该是克里特敕令——而那些敕令的种种表达法竟能在近10个世纪的历史长河中一直都得到不断地重申，我个人也总是对此心怀崇敬之情：他让城邦满意，他让民众满意，他让议事会和民众满意……而且这些敕令还标志着由平等者构成的群体所享有的主权？我只想说的是，若想勾勒出此种变迁过程，就必须去理解此种变迁过程可以说是一种双重的缓和。众所周知，最先是出现在斯巴达和克里特诸城邦那里，因为这些共同体从未越出过这个范围，转变过程中的关键因素就是战士，就是围绕着荷马笔下的国王的年轻战士，即kouroi。

亨利·让梅尔[①]的直觉令人赞叹，他证明了荷马笔下的那些独一无二的本原意义上的政治体制：公民大会、议事会、君主制本身，其实就是军事体制。在他之前，恩格斯发明了军事民主制(démocratie militaire)这一概念，但由于缺乏文献资料，所以他无法以现实的历史角度来看待之。约自公元前8世纪末起，这些年轻人都穿起了重装步兵的军服。自迈锡尼的时代或差不多自那个时代起，所有这些要素以前都曾被大范围地汇集到一起过。

人们所谓的"重装步兵改革"因而就不是一种技术上的变迁，而是社会变迁所引致的后果。b[②]自此以后，在战场上厮杀的就是方阵，而非单打独斗了。我们现在一直处于贵族的社会范畴内，但这儿所说的其实是由平等者构成的贵族。荷马笔下的国王身边的那些年轻同伴逐渐聚合到一起，就算没有一手遮天，但至少在从今往后的政治游戏中，他们也都会在场，也都会参与其间。

我讲到过双重缓和：那接下来的时代其实就是民主制的时代。人们常常会作出推理，就好像认为在希腊的寡头制和民主制之间只存在着程度上的区别，是直接参与各方在数目多寡上的区别。然而，如果真有"希腊奇迹"的话，那也不会出现在阿提卡的天空中，或出现在帕特农神庙的柱廊间，而是整合的过程中，整合其间不仅仅有受斯巴达希洛人或帖撒利亚佩奈斯特人的劳作而得益的武功贵族，还有耕种自有田地的小农。自梭伦在雅典的改革以降，全体"雅典人"都成了自由民，全体自由民都有着想要成为公民的吁求，而这一点，克里斯梯尼的改革做到了。唯有这样的发展，即公民概念的扩大化，方能使其他社会范畴：即严格意义上而言的

327

---

① H. Jeanmaire，《船底涂层》。
② 参阅M. Detienne，"方阵"(Phalange)。

奴隶，那些被卖来卖去的人，尤其是"外邦人"，和侨民的发展成为可能。因此，古典化时代的例子便可以雅典为例，但相似的现象也发生在伊奥尼亚，还受到过吕底亚，然后是波斯、开俄斯、萨摩斯（Samos）、米利都君主制的影响。

或许，我们现在能对人们所谓的"polis的精神宇宙"[①]有更好的了解了。希腊城邦的原创性并不在于它是一个遵守规章制度的社会——所有社会都会响应这样的定义——也不在于这些规章制度构成了一个条理分明的体系——它并不仅仅是社会各群体的一项法律，也是针对这些群体作出探讨的一项法律——更不在于参与该社会的人都有着想要平等和分享权力的诉求，因为许多"原始"社会也确实都是如此。刘易斯·摩根（Lewis Morgan）在其《古代社会》（*Ancient Society*）中，比如说在克里斯梯尼的雅典，同时发现了新世界的萌芽、文明的萌芽，和人类历史上"野蛮"阶段的终结，那是他所熟悉的古典部落社会的历史，也是易洛魁人民主制的历史。在希腊，这些现象终于导致了一种有意识的状态，希腊人意识到了"君权的危机"，而这比如说只不过是他们与那些相邻的帝国遭遇后产生的结果。

我们经常说，此种转变的一个标志，是消失近4个世纪之后的文字职能的变化。文字不再是"宫廷"书记员的特权，而成了公共的技术；它不再只用于记账或将专家独享的仪式过程记录下来，而是将颁布的宗教和政治的法律条文抄录下来，供所有人使用。然而，古典化时代希腊的文明并非文字的文明——或者，说得更确切些，朝这个方向的转变是从公元前4世纪才开始的——，而是话语的文明；认为文字从此以后成了话语的一种形式，这种说法并无悖论。

城邦创造出崭新的社会空间，公共空间，以agora（公共广场）为

①　J.–P. Vernant，"起源"，第4章。

中心, 有共有的策源地, 涉及普遍利益的问题都会在此得到讨论, 在这样的空间内, 权力并不居于宫殿里, 而是居于正中, es méson。演讲家恰是 "在正中", 才被看作是在为全体的利益讲话。① 与该空间相呼应的乃是与之相适应的公民时间: 最令人震惊的事情是克里斯梯尼的议事会成员任期年(année prytanique), 它与宗教纪年截然不同, 按城邦各部落的 "任期"(prytanie)划分。②

因此, 在城邦内, 话语, 说服(peithô)就成了基本的政治工具。当然, 也会有诡计和谎言, 但再也不会是惯常的那种用语了。神谕本身不再是命令, 而成了特别庄重的话语, 其根本之处就是暧昧性。我们发现就在萨拉米斯战役前夜, 地米斯托克利用 "舰船"来解释德尔斐神谕所讲的 "木墙", 于是话语本身就进入了充满矛盾的论辩中, 而决策或法律则将从中产生。因此, 尽管有这么多的冲突, 尽管有这么多往昔的 "残存", 宗教仍具有此种渐进人道(humanisation progressive)的特征。如果说文化上的塑像成了纯粹的人, 那确切地说, 它就会变成eikôn, 即具有仪式功能的可见形象。当然, 每个人都知道这一点, 而这也恰是希腊宗教的其中一个层面; 公民宗教是和教派的宇宙和密教的宇宙相对立的, 而这一双重层面并不见得会完全与直到亚里士多德的时代仍一直被它们所共享的哲学本身有关, 它处于显现, 甚至是公开化的 "轰动"(从恩培多克勒到苏格拉底), 与隐退至阿卡德摩斯(Académos)的花园③这两者之间, 也处于外传与秘传之间。

现在谈到这一点, 我们就要简要地指出这个精神的宇宙如此简略描绘的形象, 究竟在何种程度上反映在希腊的哲学思想中。

---

① 参阅M.Detienne, "几何"(Géométrie), 很好地证明了中心化这一概念在军事上的源起。
② 参阅P. Lévêque与P. Vidal Naquet, 《克里斯梯尼》(Clisthène)。
③ 阿卡德摩斯的花园, 指柏拉图所建的学园。——译注

说实话，我们经常会理所当然地认为这些作品所反映、所阐释的并非其明言之物。我们在前苏格拉底的哲学家那儿寻找着，有时候也确实找到了秘传之说和性的象征，就像巴什拉尔(Bachelard)对火进行"精神分析"时所发现的那样。我们还在那儿找到了，至少是经常找到了，经济转化和社会变迁的直接反映。几乎不变的是，我们经常会得出明显荒谬的结论。英国的马克思主义者汤姆逊(G. Thomson)[①]就是这样将希腊哲学中彼此对立观点的斗争，与最古老的社会结构联系了起来，将部落中两个彼此对立的氏族之间的互补性与内婚制扯上了关系。不幸的是，无论何种文本都无法证明希腊存在这样一种结构。

而另一种类型的研究则以愈来愈反其道而行之的方式凸显出来，相关的研究成果有盖兰(P.Guérin)、弗拉斯托斯(G.Vlastos)、维尔南(J.–P.Vernant)的著作:[②]在"经济"与哲学之间，有一个优先得到思考的领域，确切地说，那儿呈现出的是希腊人的根本性体验，即政治生活。

要例举诸多这样的例子很容易:有克罗顿的阿尔克迈翁的文本，他在定义何为身体健康时，就求助于isonomie这一概念，而疾病则是君主制和僭主制的结果，因在僭主制中，其中一个要素是凌驾于其他要素之上的。我们所了解的还有阿那克西曼德的作品，只有在他身上，我们才发现自己尚未深入至这幅图像的堂奥之中。无限，即apeiron，乃是除去宇宙中所有构建性元素之外的现实，它是能让所有人汲取养分的取之不竭的源泉。亚里士多德对我们说:如果其中一个元素占有豁免权，那世界就无法保持彼此平等的平衡状态，而平衡乃是世界的特征。这位伊奥尼亚的"自然科学家"的那篇著名残篇在定义世界的这一秩序时，表明诸要素会互相矫

330

---

① G.Thomson，《早期哲学家》(*Premiers Philosophes*)。
② 参阅P.Guérin的《正义》(*Justice*)、G.Vlastos的"平等"(Equality)、J.–P.Vernant的"从神话到理性"。

正不义,使之变得正义,它们会遵照世界的秩序让一方来反抗另一方。①

我还要稍微强调一下,因为波拉克(J.Bollack)论恩培多克勒的巨著②出版之后,就有机会让我们了解到对这位阿格里真托(Agrigente)的哲学家的研究现状。波拉克常常展现的是此人"古老"、"原始"的层面。多兹认为他是个萨满。热尔内则表明这位风雨的主宰着实让他想起了弗雷泽的"魔法国王"。③很久以来,人们一直将恩培多克勒的宇宙视为是从sphairos的绝对统一体的不同阶段到Cosmos的绝对多样性,从爱统治一切到恨统治一切。波拉克认为此种本原意义上的灵知派视点乃是虚谬之说。在此一世界的内里,并不存在由爱到恨的循环,而是同时存在爱与恨,这是对城邦统一体与多样性这一问题所作的激化表述,而柏拉图与亚里士多德也都曾为此而思考过。

将神圣的sphairos(球体)摧毁,就是要让权力共享,让诸要素,火、土、水、气共享,这一点可与荷马笔下的诸神共享世界相比,伴随而来的对sphairos的构建,就是平等在彰显其权力,不再让诸元素流离散乱,而是使之保持平衡;火之熊熊,海可与之平衡,与日相悖者(anti-soleil)可使日悬于中空;而血液本身,这一集诸种"球形"(sphéromorphes)元素于一身的整体,可以说也是由各个平等的元素构成的。正如阿那克西曼德的作品所言,现在每个元素都会轮流(宛如城邦里的公民)实施自身的权力,但使每个元素保持平等这一点,却会将掌控它们的极端之物摧毁殆尽。"万物同时充盈着光亮及无光的暗夜,且无一例外。"

就算明确地说我不想将哲学思想化约为政治上的透明性,也几乎没用。政治世界欲使思想呈现为这样一种图景,即那既是被创

331

---

① 尤其可参阅Ch.Kahn,《阿那克西曼德》(*Anaximander*)。
② J.Bollack,《恩培多克勒》(*Empédocle*)。
③ L.Gernet,"起源"(Origines)。

造出来的秩序，也是可用于创造的秩序，但哲学思想自巴门尼德的时代以来，很快就发展出自身的语言及其自身的问题。与之平行的是，自主的政治思想，即那些智术师的政治思想，这是些专研政治的专家，这些人和普罗塔戈拉斯一道都认为政治之所以可能，乃是因为选择的技艺是公民的共通本性，政治会以其自己的方式经历这位"意大利的"和"伊奥尼亚的自然科学家"的影响。

那历史学家呢？我们常常会忘记他们在希腊理性诞生、发展的时候也起到过作用。[1]其中最早的那位，即米利都的海卡泰欧斯说："我写的是我信以为真的东西，因为希腊人的话语虽不计其数，但我觉得，很多都很荒谬。"修昔底德的著作特别表达了历史理性，构建历史的理性。我们都知道克劳德·列维–斯特劳斯是如何在神话中有系统地发现了隐藏其间的二元结构的。它们并未隐藏于雅典史学家的著作中，很容易就能发现这些交叠在一起的双生结构，如合理的决策(gnômê)与偶然性(tychê)、话语(logos)与事实(ergon)，法律与自然，和平与战争。历史就是如此使规模宏大的政治对抗成型的；政治家的规划需经受其他政治家的规划的考验，需经受现实、tychê、ergon、自然的考验，修昔底德在第1卷开篇中颇为奇怪地说到了自然，他说自然也分担了人类世界的震动，仿佛伯罗奔尼撒战争曾引起过地震一般。

我认为对政治理性的勃勃雄心已经说得够多的了，这项征服的事业，在公元前5世纪，欲将万物皆臣服于法律之下，因为我们还能使之扩展至我刚才勾勒出的其他许多领域身上，比如说医学。从某种意义上说，所有的人类活动，对希腊人而言，都是政治活动。

维尔南对这一点说得很好，他认为使希腊理性强大的也造就了它的缺陷：严格意义上而言，它确乎悬垂于自由公民的理想之中。人们常说这么一句很有名的话，即希腊思想有其"技术瓶

---

① 参阅F. Chatelet，《诞生》(*Naissance*)。

颈"(blocage technique)，而所谓的瓶颈无疑有经济原因和社会原因
（奴隶制），也有智识上的原因。在希腊理性所设想的那些机巧中，
它并未看见自然在转化时用了什么工具，而是看见了体现了人之二
元性的奇迹(thaumata)。

　　仿佛希腊人能将自然与文化之间的差异推至最最极端之处似
的，或者这么讲吧，若用其自己的语言来说，就是将自然与法律之
间的差异推至极端，他们只是在对法律至上主义的种种奇迹感兴
趣之时，才会念及那些机巧。维尔南还看得很清楚的是，政治模
式，即智术派的那些政治模式，再一次起到了根本性的作用。智术
师教学生的是，在政治上，如何以薄弱的推论来战胜强有力的推
论。希腊的学者，在谈及自然时，并不欲从中汲取教训，他只想给自
然提供教训，如有必要还要掌控自然，而从不会向其臣服。

　　在《论力学》(Mécaniques)中，亚里士多德分析了，比如说反向
力原则，反向力可使直线运动的绞盘转化成圆形运动。他是在"智
术派"论园的含混性时发现这一点的："园本身乃是矛盾的现实，最
让人惊异的是，彼此对立之物竟能结合成具有同一本质的东西。它
能往一个方向和另一个方向移动，它既凹又凸，既动又不动"；[1]简
而言之，园本身乃是逻辑的现实，也是智术师的论据。

　　在这种情况下，如果说在技术领域获得关键性进展的希腊人，
在军事领域也取得长足的发展的话，那还有必要感到惊讶吗？确
实，他们认为唯有technê才关涉到城邦的未来。

　　界限同步产生；我们还要稍微说一说政治理性的历时性界限，
我们曾试图描述这个界限。公元前6世纪末和前5世纪初，堪称新
兴民主制与理论思想之间保持平衡的时期。在公元前5世纪，尤其
是前4世纪，随着"希腊文化内在缺陷"的发展（艾马尔[A.Aymard]
语），我们发现城邦之爱女，理性，可以说又重新回到了城邦那儿，

---

[1] "技术思想"(Pensée technique)，p.54。

且致力于批评与审视，而且在很大程度上，又转而反对起了城邦。

333　在某种程度上曾是宗教某门某派人士的哲学家——这种情况在毕达哥拉斯派圈内尤为显见——通常都会将贵族阶层联系进来，他会观察到城邦并不会遵循由其亲自创立起来的、使之统摄自身的那个正义的理想，比如说算术上的平等——一个公民就等于一个公民——与几何上的非平等，后者以哲学家建议的比例为基准。

　　所有这一切都会导致柏拉图的悖论。在柏拉图笔下，人本身就是城邦，是各类对立的力量彼此抗衡的角力场；至于哲学家的城邦，则再也无法从全凭经验行事的城邦内找到其范式，要觅也只能从宇宙秩序当中觅得；各种关系都确确实实地颠倒了过来。遭现实的城邦排斥的柏拉图则逃往 "我们内心当中的这个共和国"，《论正

334　义》这篇对话录就是这么说的。[1]

---

[1]　若需整体研究本章提出的这些问题，可参阅G.E.R.Lloyd最近出版的《魔法》（*Magic*），pp.226–267。

第二节　雅典与亚特兰蒂斯：柏拉图神话的结构与意义*

　　哈罗德·切尼斯(Harold Cherniss)写道："关于古典时代以来众说纷纭的亚特兰蒂斯这个问题，要让进入瓶中的精灵从瓶里出来还是很容易的。"[①]当然是这样，但问题究竟出在哪儿呢?[②]在《蒂迈欧》开篇和《克里提亚斯》中断的对话中，柏拉图说到了梭伦从侍奉女神奈特(Neith)及至撒伊司(Saïs)的那些祭司口中听来的传说故事，而这些传说又经由梭伦传到了老克里提亚斯(Critias l'Ancien)那儿，最终再由其子小克里提亚斯(Critias le Jeune)汇集起来，而小克里提亚斯既是"三十僭主"之一，又是柏拉图的叔叔，[③]柏拉图便以此种传说故事的形式论及了体制、政治地缘与9000年前消失的两座城邦的历史，其消失的时间在最后一次灾难(弥漫的大火或洪灾)之前，这些灾难会定期更新我们所在的地球，[④]即原始雅典和亚特兰蒂斯。

　　为什么要说这个故事呢? 苏格拉底和他的那些朋友概述了柏拉图式城邦的基本特征后，刚刚又提及了同样出现于《王制》第2

335

---

* 该版本已作改动，原文发表于《希腊研究杂志》(*Revue des études grecques*)，77(1964)，pp.420—444。

① "论格根夏茨"(Compte rendu Gegenschatz)，p.251。

② 我们会在P. Lévêque与P. Vidal–Naquet的《克里斯梯尼》，pp.134—139里找到初次对这些观点所作的概述。

③ 这样的传播过程肯定会存在编年上毋庸置疑的困难，而柏拉图这么做则很反常。《克里提亚斯》里出现的这个人物是否真是"三十僭主"之一，抑或是他的祖父? 从后一种情况看，6代人中间出现了3个克里提亚斯："僭主"，他的祖父和后者的祖父; 我们可在J.K. Davies的《家族》(*Families*)，pp.325—236里了解到有关该争论的概述。如若必须取一个观点的话，我还是要说我觉得僭主克里提亚斯与赫莫克拉提斯(Hermocrate)发生对话会比较正常，后者是叙拉古的国务活动家，在公元前5世纪算是个知名人士，在修昔底德的著作中他是抵抗运动的代言人。最后，我还要补充一点的是，就是这个克里提亚斯成了政治哲学极其重要的理论家。

④ 《蒂迈欧》，22d及以下，与23e。

卷至第5卷中的内容：存在着卫护者团体，有男有女，与其他人等分
开，女人和儿童共有，架构合理，秘密操控两性的结合。①于是，苏格
拉底解释道，他其实是想让城邦以这样的方式运转起来，总之就
是要将之嵌入具体的世界中，即充满了战争与协商的世界中。那对
我们来说，这么说是否就是指将之嵌入历史中呢？当然不是；毋宁
说，这儿所说的是要创建一种机械论的典范（modèle），而柏拉图素
来就喜爱想象这类典范，这样一来就便能使抽象的讨论变得更为
白热化。②

　　不过，典范在原始雅典与亚特兰蒂斯之间挑起的争斗却是
另一层意义上的。事实上，用柏拉图的语言来说的话，整个范式
（paradigme）的意思乃是指在塑形者（le modelant）与被塑者（le
modelé）之间，在现实与神话之间存在着一种共同的结构；③因此，
在《治国者》里，君主是按照织工的形象来定义的，因为政治领
袖就是织工，是双眼紧盯着神圣典范亲自操劳的匠人。由《蒂迈
欧》及《克里提亚斯》所提出的这些问题还要远远复杂得多。《王
制》描述了城邦（Cité）的种种原理，而该城邦就是诱发了原始雅典
政体的范式；因而，亚特兰蒂斯的历史，其帝国史和最终沉没的灾
难史，显然都与正义城邦得以构建起来的某个固定的点有关。但
所谓的"双城记"本身与《蒂迈欧》里的自然科学是以更为紧密的
方式联系在一起的。柏拉图就明确表述过这一点：正如《克里提
亚斯》所述，一旦在这位罗克里斯生理学家于众目睽睽之下重构
的这一自然中，人的地位得到了规定，那就无法对人所作的此种
冒险行为作详细的叙述。④自然科学本身由于其客体属于生成的世

① 《蒂迈欧》，17b–19b。
② 参阅P.–M. Schuhl，《虚构》（Fabulation），pp.75–108。
③ 尤其可参阅V. Goldschmidt，《范式》（Paradigme），特别是p.81及以下。
④ 《蒂迈欧》，27ab。

界，故而只能诞生出"貌似为真的神话"；[①]沉思冥想之余，将"并不参与生成的永远的存在者"（τὸ ὂν ἀεί, γένεσιν δὲ οὐκ ἔχον）视为démiurge的叙述者，虽无法领会"附属于感官的看法"（δόξα μετ᾽ αἰσθήσεως），却能理解"伴随推论而来的智性"（νόησις μετὰ λόγου），[②]简而言之，它们其实乃是"同一回事"，故而他的叙述定然会以真理为基准，与人们为其庆祝的那位女神（雅典娜）颇为相称。苏格拉底甚至将之定义为"犹如真实的历史，而非彻头彻尾的虚构故事"（μὴ πλασθέντα μῦθον ἀλλ᾽ ἀληθινὸν λόγον）。[③]柏拉图之后，那些写小说的作家就是这么讲的，他们依赖的是现实与虚构之间的"相似性"。就此而言，柏拉图的手法作为西方文学此种文体的开山鼻祖，其成功可以说是极为巨大的。

想要理解亚特兰蒂斯神话的史学家不得不臣服于三重义务：他无法将柏拉图使之如此紧密连接的两座城邦分离开来，他会持续参考《蒂迈欧》里的自然科学，从而与他试图用柏拉图式"理想主义"确定其结构的历史神话建立关联。也只有事先做好这样的研究工作，才能得出本原意义上的历史阐释。[④]

337

尽管原始雅典是柏拉图眼中的范式，但亚特兰蒂斯神话却由于同时拥有精确性和浪漫化的特征而饱受关注。[⑤]在古典时代，这位

---

① 《蒂迈欧》，29d。
② 同上，28a。
③ 同上，26e。
④ 这样的研究工作很少有人去尝试、去涉及。比如，让我们惊讶的是，在A.E.Taylor和F.M.Cornford的《蒂迈欧》里那些洋洋洒洒的评注中，这些问题竟鲜有论及。但E. Gegenschatz的《亚特兰蒂斯》（*Atlantis*）这篇论文，就其所作的努力而言，还是颇值得引用一番的。
⑤ 原始雅典的书目长期以来就少得可怜。O.Broneer那篇颇有意思的论文"早期雅典"（Early Athens）却是个例外，但该文更令考古学家和宗教史学家感兴趣；现在可参阅H.Herter, "Urathen"。关于《克里提亚斯》的近期书目，可参阅H. Cherniss, 《柏拉图I》（*Platon I*），pp.79–83, L.Brisson，《柏拉图III》（*Platon III*），p.266, 它们对《克里提亚斯》均有所涉及，但反之，对亚特兰蒂斯的研究却丰富得多。E.S.Ramage（主编），《亚特兰蒂斯》（*Atlantis*），pp.196–200对这些著作作了综合，颇为方便；若想了解这些层出不穷的观点，也可参阅L. Sprague de Camp，《消失的大陆》（*Lost Continents*）。

哲学家的叙述要么被视为是在讲故事，自公元前4世纪起，泰奥彭波斯就饶有兴致地模仿了一番，他用羊人塞莱诺斯(Silène)与国王米达斯(Midas)之间的对话，取代了梭伦与撒伊司众祭司之间的交谈，用尚武之邦(Machimos)取代亚特兰蒂斯，用虔敬之邦(Eusébês)取代雅典，[1]要么被视为开启了地理大讨论的先河；希腊化时代的语文学使得这类关注语词甚于现实的思考方式更有市场；至少，斯特拉波就将波西多尼奥斯与亚里士多德对立了起来，前者相信柏拉图叙述的"现实性"，后者则认为亚特兰蒂斯就像荷马笔下的阿开亚人的城墙：诗人杜撰了这座大陆，却也将之摧毁了事。[2]对于那些哲学家的阐释，我们所知甚少，除了普洛克鲁斯的《"蒂迈欧"注疏》(Commentaire du Timée)之外，我们几乎是一无所知。普洛克鲁斯不无洞见地指出《蒂迈欧》的开篇是在宇宙理论的图景下铺陈开来的。[3]前人的这些阐释与他本人对此所作的解释，尽管有时候不无荒谬，但至少仍有个优点，即没敢把那些现实主义的假设排斥尽净，所以也就没把雅典和亚特兰蒂斯分开来考虑，还颇为系统地在该神话与《蒂迈欧》的自然科学之间建立了关联。[4]但那些哲学家由于浸淫其间的社会和宗教环境与柏拉图所熟悉的那种环境截然相异，故而他们对雅典人思想中的政治层面就完全不得要领。再后来，有个基督教地理学家将梭伦(Solon)……和所罗门(Salomon)等同了起来，还指责柏拉图歪曲了源自"迦勒底人神谕"的那则叙

338

---

① Fr.75 in Fr.Gr.Hist., 115。这儿涉及的是这位开俄斯历史学家所写的Meropia的摘录（换句话说，故事讲的是人类的状况）。我们对该故事的了解，基本上都源自Élien, Hist.var., III, 18。
② II, 102, 与XIII, 598。关于古典时代以来亚特兰蒂斯的阐释史，可参阅P.Couissin, "神话"(Mythe)，尤其是E.S.Ramage, "视角"(Perspectives)。
③ 《"蒂迈欧"疏》(In Tim.), I, 4, 12及以下(Diehl)。
④ 同上, I, 75, 30及以下。

述。[①]

　　总而言之，"现实主义"在古典时代造成了少许破坏；自文艺复兴起，情况就再也不同了。到17世纪末和18世纪，亚特兰蒂斯已成了广泛争论的焦点：柏拉图描述的这片大陆是否就是新世界，是美洲呢？它是否就是基督徒们所见的文明从中涌现的世界，也就是犹太人的巴勒斯坦呢？或反之，它是否会是反巴勒斯坦的，是人们认为起自西伯利亚或高加索地区的科学与艺术之源呢？现代民族主义发端的时候，它也参与了进来。[②]于是，瑞士人奥洛夫·鲁德贝克(Olof Rudbeck)以令人难以置信的旁征博引证明了，亚特兰蒂斯不可能坐落于其他地方，只能在斯堪的纳维亚。[③]毫无疑问，这些研究渐渐地从学者手中来到了半吊子学者手中，[④]然后又到了谎话连篇者与江湖骗子手中，即便如今，那些人仍在黑尔戈兰岛(Heligoland)和撒哈拉沙漠之间，在西伯利亚和的的喀喀湖(lac Titicaca)之间飘忽不定，说自己在那儿找到了亚特兰蒂斯，或者想

339

----

① Cosmas Indicopleustes,《基督教地形学》(Topographie chrétienne), 452a 11及以下(Winstedt)。柏拉图对Cosmas的征引当然不可能毫无错谬，W.Wolska,《科斯马斯》(Cosmas), p.270对此说得很有道理；至少，这位拜占庭僧侣对柏拉图叙述的历史真实性的怀疑还是颇有力度的。至于其他参考资料，如斐洛(Philon)、教父和后来的作者，他们笔下的亚特兰蒂斯神话重要性则稍逊，可参阅E.S.Ramage，"视角"，pp.24–27。

② 我在此概述了自己的论文 "希罗多德与亚特兰蒂斯" (Hérodote et l'Atlantide)。

③ 《亚特兰蒂斯》(Atland.)。Rudbeck尤其是花了很大的精力去驳斥那些认为已在美洲找到亚特兰蒂斯从而万事大吉的人。关于Rudbeck及其与之紧密相连的知识潮流，可参阅Erica Simon的著作，H.Marrou跟我说过有这样一本书，即《民族觉醒》(Réveil national), pp.269–284, 以及J.Svenbro文献极为丰富的论文 "哥特化的观念" (Idéologie gothisante)。

④ 半吊子学者？如今读过皮埃尔·伯努瓦(Pierre Benoît)的小说之后，我承认一开始我还认为小说中经常提到的地理学家贝尔里欧(Berlioux)实乃子虚乌有之人。这纯粹是我自己孤陋寡闻。在《里昂文学院年鉴》(Annuaire de la faculté des lettres de Lyon), I, 1884, pp.1–70里，是可以找到E.F. Berlioux的论文 "亚特兰蒂斯人——亚特兰蒂斯与阿特拉斯的原初历史，或欧洲史引论" (Les Atlantes – Histoire de l'Atlantis et de l'Atlas primitif, ou Introduction à l'histoire de l'Europe), 该文就是P. Benoît的来源之一。这篇文章与法国人深入撒哈拉沙漠腹地的做法是在同一个时代，指出这一点应不无裨益。

把它兜售出去。①但从科学中被逐出的"现实主义"阐释就真的会消失吗？我们常常认为，在没见过那片沉没的大陆的情况下，柏拉图应该是从某传统说法那儿了解到这片大陆的，而该传统说法则或多或少忠实地再现了对某则历史事件或某个当地传奇的回忆。

马丁(T.H.Martin)在他那本令人佩服的名著《对柏拉图"蒂迈欧"的研究》(*Études sur le Timée de Platon*)中，已将亚特兰蒂斯置于了"乌托邦岛"的附近，他自问柏拉图是否并未受到埃及传说的启发。②自从伊文斯(Evans)的那些发现以来，克里特显然最常被论及：祭献公牛在亚特兰蒂斯国王们的誓词中所起的作用，几乎不可避免地导向了那个人身牛头怪的国度，而这座神话王国之被摧毁被认为就是指陷落的克诺索斯。③遗憾的是，这些断言在严格意义上仍无法被证实，当我们从某位考古学家那儿读到亚特兰蒂斯的所在地与科帕伊斯湖(lac Copaïs)惊人相符时，对此却仍不无保留："最大的困难在于这样一个事实，即柏拉图笔下的亚特兰蒂斯远在西边，而科帕伊斯湖则在希腊的正中间。"④由此，我们甚至可以

---

① P. Couissin曾在其小书《亚特兰蒂斯》(*Atlantis*)中绘制过一幅这样的文学图景。亦可参阅已引用过的E.S. Ramage的那篇论文("视角")。自此以后，这股风潮就从未消停过。大家将会理解的是，我虽不去引用此类作品的作者，但他们仍有社会学的价值，而且会发现你们将在这些人中间遇见社会地位不一般的人，尤其是一名路德派牧师、一名上校和一名中校。

② 《论文》(*Dissertation*)，p.332。

③ 支持该论题的第一位博学之士是我的熟人K.T.Frost，"克里提亚斯"(Critias)。同样的假设也由W. Brandenstein提出过，虽然形式更复杂("传奇"替换了历史传说)，尤其是S. Marinatos(《传奇》[*Legend*])和J.V. Luce也持此种看法，但他们的说法有时空想性强(《终结》[*End*])，有时又特别审慎("起源"[Sources])。这些作者或许都思考过普洛克鲁斯的说法："当神学家想要说得明白易懂的时候，总习惯将克里特推向前台"(《"蒂迈欧"疏》，I, 118, 25)。

④ R.L.Scranton，"消失的亚特兰蒂斯"(Lost Atlantis)，p.160。该文的题目显然取自"失而复得的亚特兰蒂斯"(L'Atlantide perdue et retrouvée)一文。继A.Schulten之后，人们也向塔尔特索斯(Tartessos)那儿寻找亚特兰蒂斯；西班牙人则锁定了卡迪克斯(Cadix)，见Victor Bérard，《卡鲁普索》(*Calypso*)，pp.262–286。他考量了那则论及亚特兰蒂斯国王们的誓词中祭献公牛的论指："是否得说卡迪克斯一直就是公牛场呢，人们把(Géryon)这些未驯的畜生从邻近的大陆引到了这儿？"(p.281)。

自问从鲁德贝克以来，对该文本的阐释究竟有了多少进展。　　340

　　从这些文章的深层来看，就会发现这位哲学家有一面独特的形象，必须将史学家柏拉图的"来源"挖掘出来，就像我们试图对希罗多德或西西里的狄奥多罗斯所作的那样。但柏拉图并不会从"来源"的角度来思考问题，希罗多德将"来源"一词称之为opsis和akoê，他会从典范的角度来考量。①

　　对这些"典范"，我们也许没像对"起源"研究得那么起劲。必须说的是，我们研究的时候，有点太过经验论；我们最终找到的一定数量的证据，至少应该拿到这儿来说一说，评一评。

　　人们经常将亚特兰蒂斯岛同法伊阿基亚人的斯开里亚相比，②这样的类比并非毋庸置疑。阿尔基努斯王国，其理想的父权君主制及其富丽堂皇的宫殿，难道不就是希腊文献中首度出现的乌托邦城邦吗？③至少，这应该是公元前4世纪人的印象。仍然必须强调的是，这儿所说的乃是海上的乌托邦；斯开里亚，就像亚特兰蒂斯，乃是水手的城邦："我们将自身的希望置于飞速行驶的战舰上，因为大地的颤动已将无底的深渊赐予我们这些过客。"④亚特兰蒂斯的国王们乃是波塞冬和凡女克利托(Clito)的后裔，阿尔基努斯和

①　在作出这个评论时，我并不想——是否有必要这么说呢？——将那些把柏拉图的"信息"与他那个时代的各类见证对照起来的研究贬得一无是处，L.Gernet在《法义》的引言中给出的一个很好的例证就持此说，见《法义》，C.U.F., I, XCIV–CCVI。修道院长A. Vincent明确表明可从与亚特兰蒂斯国王们的誓词比较研究后得出结论（"献祭"[Sacrifices]；亦可参阅L.Gernet, "法律与法律的前身"[Droit et Prédroit]，pp.207–215）。但仍有必要证明这样的"信息"是如何整合入柏拉图思想中去的；R.Weil对此理解得很清楚，但他就此只研究了一半（《考古学》[Archéologie]，pp.31–33）。

②　参阅M.Pallotino, "亚特兰蒂斯"(Atlantide)，遗憾的是，该文的评论说得没错，但就亚特兰蒂斯与克里特的看法却疑点颇多。

③　参阅下文，"土地与献祭的宗教价值"，p.67。

④　《奥德赛》，7, 34–35(V. Bérard译)。

341 阿瑞忒则是波塞冬与宁芙裴里波娅(Péribée)的后裔。[1]斯开里亚的唯一一座神殿就是专门献给海神的；因此，它也是柏拉图描写的唯一一座神殿。[2]诗人提及了两个来源，而哲学家也是这么做的……[3]

于是，我们就置身在了某种气氛之中，那是史诗的气氛，而且柏拉图还在《蒂迈欧》的开篇中明确表明梭伦如果愿意的话，是会将荷马与赫西俄德等同看待的。[4]这座伟大岛屿上的国王们的名字从某种意义上而言，不正是从荷马那儿借用来的吗？[5]但荷马笔下的世界被颠倒了过来，好客的土地成了发动大军意图摧毁希腊的帝国。这样一种对比虽然什么都解释不了，但毫无疑问必须将之同哲学家与诗人之间发生争论的那份文献结合起来看。

保罗·弗里德兰德(Paul Friedländer)及其之后的约瑟夫·比代(Joseph Bidez)都坚持己见，认为柏拉图将亚特兰蒂斯放到世界的西边，使之作为前往东方与波斯世界的绝佳中转站，而这么去看亚特兰蒂斯是有好几层理由的。[6]事实上，很有可能，柏拉图在描述这座都城的城郭及城市本身时，应该是从希罗多德描写埃克巴坦纳(Ecbatane)和巴比伦的图景中受到启发的。[7]这位东方国王在希腊人的眼中看来犹如水的主宰者。希罗多德描写的是神话中的亚洲腹地，那儿的平原四周环绕着群山，且从中诞生出一条想象中的宽广巨流，它流经群山的5个缺口，一直越过大山，直到有一天波斯帝王设置了5个闸门，而且只有他才能亲自开启；[8]更不用提他还对我们说了尼罗河、埃及和法老。亚特兰蒂斯的国王们投身其间的灌溉工

---

① 《克里提亚斯》，113de；《奥德赛》，7, 56及以下。
② 《奥德赛》，6, 266；《克里提亚斯》，116d–117a。
③ 同上，7, 129；《克里提亚斯》，117a。
④ 《蒂迈欧》，21c。
⑤ 关于这些名字，可参阅L.Brisson，"克里提亚斯"，pp.422–424。
⑥ P.Friedländer，《柏拉图》(*Platon*)，pp.300–304；J.Bidez，《厄俄斯》(*Éos*)，附录II，p.33及以下。
⑦ 同上，I, 98, I, 178, 与《克里提亚斯》，116a及以下。
⑧ 同上，III, 117。关于东方君主制的"水利"层面，请允许我引证我为K. Wittfogel的《东方专制主义》(*Despotisme oriental*; 首版)一书所写的序言。

程规模浩大,①规模之宏大涉及王国全境, 这充分表明了柏拉图在
此首先提到的, 并不是由诸希腊城邦构成的小世界, 而是东方专制
主义的宇宙。我们立即看出这样的阐释会将我们引向何方, 常有的
情况是,②它会让我们将雅典与亚特兰蒂斯之间的冲突看作是希腊
人与蛮族人之间的冲突, 尤其是米底亚战争, 在神话中的转型。我
认为, 我们甚至还能就此证明, 柏拉图并未直接受希罗多德的影
响。事实上, 我们在《蒂迈欧》中读到:③ "于是, 梭伦就向克里提亚
斯说, 正如我的祖父喜欢向我回忆时所说的, 这座城邦的丰功伟绩
(μεγάλα καὶ θαυμαστά)因时间流转, 物是人非, 而堕入遗忘之
境" (ὑπὸ χρόννου καὶ φθορᾶς ἀνθρώπων ἠφανισμένα)。希罗
多德也是这样开始自己的叙述: "托乌里奥伊人希罗多德将自己的
研究呈现于此, 是为了不致人的回忆因时光流转之故而消弭尽净,
也是为了使无论是蛮族人还是希腊人的丰功伟绩(ἔργα μεγάλα
τε καὶ θωμαστά)不断让人赞美"。④这位历史学家努力想要使自己
公平对待这两个敌手。⑤

　　如果这儿说的确实是米底亚战争的话, 那普拉铁阿(platées)一
役就应在马拉松战役之前: 雅典首先是希腊盟军的首领, 但这是雅
典打的唯一一场胜仗, 也是它唯一一次赢得战利品, 且将希腊人和
帝国的臣民们全都解放了出来,⑥战后, 历史上的雅典还掌控了这些

---

① 《克里提亚斯》, 117cd。
② A.Rivaud就是如此看待的, C.U.F.版, p.352。
③ 20e。我在此引用的是A.Rivaud的译文, 我自由地作了改动。
④ I, 1, Legrand译。我的论证已获J.V.Luce的采纳, 见《起源》(Sources), p.66。如
　需了解与历史学家们的那些文本所作的其他对照, 可参阅C. Gill, "风格" (Genre),
　pp.297–298。
⑤ 我并不怀疑亚特兰蒂斯的这个名称是柏拉图从希罗多德那儿借用过来的。他将自
　己笔下的那些亚特兰蒂斯人放到了他所知道的撒哈拉沙漠外缘的最西边, 他明确
　表明亚特兰蒂斯人还要再往西, 要越过赫拉克勒斯的那些殖民地(IV, 184–185)。
　这些亚特兰蒂斯人居于山间, 类似于殖民地的形式。柏拉图只要稍微把这个地缘
　神话再推远一点即可, 把自己笔下的这座岛屿移植到 "你们所谓的赫拉克勒斯的殖
　民地的那条通道前就行" (《蒂迈欧》, 24e)。
⑥ 《蒂迈欧》, 25bc。关于柏拉图的叙述在其与 "雅典的雅典史" 的关系中所占的次
　序, 可参阅N. Loraux, 《创新》, pp.300–308。

城邦与这些民众。我们应对此感到惊讶吗? 第二次米底亚战争对柏拉图而言，因阿耳忒弥斯(Artémision)与萨拉米斯的海战而被玷污了。[①]他在叙述这段历史时，当然不会去颂扬地米斯托克利的勇猛及舰队所起的关键性作用。当薛西斯准备进犯阿提卡时，"雅典人认为无论是陆上，还是海上，自己都打不赢。[……]他们觉得唯一的出路，虽毫无疑问既靠不住又令人绝望，但舍此已无他法，当时他们考量了先前的事件，那时候又是如何打的胜仗时，觉得那种状况也是错综复杂，可他们也脱身而出了；于是他们就抱着这样的希望(ἐπὶ δὲ τῆς ἐλπίδος ὀχούμενοι)，认为只有依靠自己和诸神才会有救"。[②]因此，经柏拉图重塑的雅典人根本就没登船……雅典人是在陆上，而非海上，战胜海上民族亚特兰蒂斯人的。奇怪的雅典和奇怪的"东方"……无需否认的是，对这些文本的深度审视难道并未使我们对两座城邦的冲突作出更复杂的阐释吗? 因此，与亚特兰蒂斯遭遇且将之征服，难道不正把柏拉图笔下的雅典，甚至雅典本身，给征服了吗?

这样的断言显得怪异；[③]但还是让我们来重新看一看事实情况和那些文本吧。

① 《法义》，IV, 707bc。
② 同上，III, 669ac。坚持认为贵族柏拉图对涉及到海洋和海军生活的东西时抱有敌意，这样做几无益处。参阅J. Luccioni汇集的资料，见"柏拉图与海洋"(Platon et la Mer)，及R. Weil的《考古学》，p.163。
③ 这样的断言算不上绝对的新颖。雅典人在描述亚特兰蒂斯时体现出来的各类特点，尤其被A. Rivaud(C.U.F.版，pp.249–250)、P.Friedländer的《柏拉图》，pp.300–304所提及，其他各位论及这些特点的作者，则在H. Herter的"亚特兰蒂斯"(Atlantis)里被提及；其中最重要的，最具原创性的，也是最年长的那位，就是G.Bartoli(《历史解释》[Explication historique])，我在自己那篇文章"希罗多德与亚特兰蒂斯"里关于他提到过一些细节。若想了解在亚特兰蒂斯的帝国主义与雅典的帝国主义之间所作的比较，亦可参阅Ch. Kahn，"美涅克塞努"(Menexenus)，p.224。在W. Weilliver最近出版的专著《蒂迈欧—克里提亚斯》(Timaeus–Critias)，p.43, n.8里，他颇为认真地写道："其他许多人都注意到了这些对比，另一些人则还注意到了以亚特兰蒂斯为一方、波斯与雅典为另一方之间的对比；而就我所知，没有一个人认为柏拉图想在同一面镜子中反照彼此的意图。"

　　在菲狄亚斯和伊克提诺斯(Ictinos)设计的帕特农神庙的西侧门楣上刻着传奇故事中雅典娜与波塞冬纷争不休的形象；我不想夸大其词，说这样的纷争乃是雅典历史中的一个神话基质。《美涅克塞努》(Ménexène)里有一段颇具嘲讽意味的葬礼演讲："我们的国家值得受万民、而不仅仅是我们自己人的赞颂，其理由有许多，第一个，也是最有说服力的一个就是它有机会获得诸神的爱。我们的断言因掌纷争的神(éris)与掌判断的神(Krisis)为此争论不休而得到了证明。"[①]这篇文本与《克里提亚斯》的一个段落直接对立："诸神有朝一日会按地区来分配整片大地。分配时毫无纷争(oὐ κατ' ἔϱιν)！因为说诸神对其中每个人的适当需求不管不顾，或者说，明知某些人最适合什么，另一些人却利用纷争来巧取豪夺，这种说法是有失公允的。"[②]于是，就由正义之神(Dikê)来分配土地。雅典碰巧成了雅典娜和赫法伊斯托斯的领地，而亚特兰蒂斯则成了波塞冬的地盘。[③]这两位受到共同尊崇的厄瑞克忒翁神庙里的神祇于是就分了开来，柏拉图将希腊的两种有关力量的形式分隔而开，并使之对立起来；出自赫法伊斯托斯与该亚之精的雅典人[④]传承了土地的力量；作为波塞冬后裔的亚特兰蒂斯的国王们则承袭了海洋的威力。但柏拉图通过这一点向我们表明，他是以两种不同的角度来呈现生养自己的这座城邦的：雅典娜和橄榄树的城邦与原始雅典等同，作为马匹与海洋之主的波塞冬的城邦则化身为了亚特兰蒂斯。

　　我们再来更仔细地审视一番理想雅典的地貌与体制。雅典，在本质上而言，就是一座庞大的卫城，除了卫城之外，还占据了普

---

① 《美涅克塞努》，237c，L.Méridier译。我们还记得该场纷争的裁决是按刻克洛普斯的传统作出的，而柏拉图就明确地让刻克洛普斯当了史前时期雅典的其中一名军事首领(《克里提亚斯》，110a)。
② 《克里提亚斯》，109b。
③ 同上，109c与113c。
④ 《蒂迈欧》，23e。

尼克斯山(Pnyx)与吕卡维多斯山(Lycabette)，并由此绵延至神河(Éridan)与伊利索斯河(Ilissos)；所以，最后，土地丰饶的雅典就与柏拉图所熟悉的悬崖峭壁截然不同。[①]最高点一马平川，四周环345 俟着独特的壁垒(ἐνὶ περιβόλῳ)，[②]由战士们把守着，第二阶层的人群，即匠人和耕作者则居住在边缘地带，耕作四周的田地。柏拉图用颇有特点的方式来定义战士团体(machimon génos)，他用的表达方式会令人想起不变的存在，即αὐτὸ καθ' αὑτό。[③]公民空间组织起来的方式丝毫不会令人想起古典城邦。作为政治生活中心(méson)的公共广场(Agora)缺席了，建于公元前5世纪的圣殿，作为其原型的神庙也不见踪影。北边由可用来应付坏天气的集体住房和食堂以及圣殿占据，南边则坐落着花园、健身馆和夏季食堂。[④]中央由雅典娜与赫法伊斯托斯的圣殿所占，如今仍占据着公共广场(Agora)的赫法伊斯托斯神庙(Héphaïsteion)显然由其移植而来，保撒尼阿斯在圣殿前的时候注意到了这一点，但没让他有多吃惊，因为他很熟悉厄瑞克忒翁神庙及雅典娜雕像的神话，我们都知道雅典娜雕像和赫法伊斯托斯雕像一样，都是阿尔卡美涅斯(Alcamène)的作品。[⑤]

　　此处的这对神祇代表的是什么呢？荷马称颂赫法伊斯托斯的颂歌是这样歌唱这位神祇的，"他与眼睛湖蓝色的雅典娜一起，将高贵的劳作教给大地上的人类"；[⑥]但那并非荷马在此说到的唯一一种technê。"赫法伊斯托斯与雅典娜分享共同的本质，这既是因为他们这对姐弟出自共同的父亲，也是因为哲学

① 《克里提亚斯》，111e–112a。
② 同上，112b。此处所用的词汇说的是环形壁垒。
③ 同上。我无法理解A. Rivaud的译文："与剩余之物相隔"；假设这样的表达法是可译的话，那就应该说："总是与自身等同"。
④ 同上，112bd。
⑤ I, 14, 6; O.Broneer, "早期雅典人"(Early Athens), p.52, 及H.A.Thompson与R.E. Wycherley,《雅典的公共广场》(*Athenian Agora XIV*), pp.140–149。
⑥ V, 2–3, J. Humbert译。

(philosophia)和爱的技艺(philotechnia)将之引向共同的目标, 使他们俩在这片独一无二的区域内拥有共同的命运。"①故而, 赫法伊斯托斯和雅典娜能确保原始雅典的两个阶层, 即卫护者与生产者的紧密结合。

我们已经注意到这个雅典有多么的陆地化(terienne)。说实话, 该形容词可应用于整个阿提卡地区, 要比柏拉图的城邦更广, 因为该地区直抵科林斯地峡。②土地丰饶得令人艳羡, 上覆植被与森林, "能养育大批不事农活的军队",③因此也能让战士们专心当兵, 这一点正是柏拉图所想的, 他见证了军事与职业上的technê所获得的进展, 但又渴望让这样的演化过程与士兵–公民这一理想调和起来, 可是这一点就连斯巴达都未能实现。④《蒂迈欧》和《克里提亚斯》里的城邦就其整个历史而言, 乃是陆上共和国。当汹涌的洪灾突然出现时, 城邦的军队就都沉入了地下, 而亚特兰蒂斯也就消失于海底的深渊之中了。⑤几乎一眼就能看出的是, 在描述原始的阿提卡地区时, 柏拉图没给海上生活留一席之地; 那片地区临海, 却无港口。陆上共和国……唯一永存的共和国。作为柏拉图所有"政制"基质的统一性,⑥在此得到了这对神祇及妇孺孩童的肯定; 柏拉图饶有兴味地着重强调了此种统一性和此种持存性: 唯有一个来

---

① 《克里提亚斯》, 109c。柏拉图并不想通过这一点来说雅典娜是纯粹的哲学家; 相反, 战士雅典娜的那些雕像, 在他眼里看来, 倒成了以前女人和男人并肩战斗的证据(110b)。

② 同上, 110e。往北, 边境地区可抵基塔隆山(Cithéron)与帕尼萨斯山(Parnès)的峰顶, 并包含奥罗匹亚山(Oropia)。

③ 同上, 110d–114e。

④ 尤其可参阅《王制》, II, 373a及以下。

⑤ 《蒂迈欧》, 25d。

⑥ Λέγω δὲ τὸ μίαν εἶναι τὴν πόλιν ὡς ἄριστον ὂν ὅτι μάλιστα πᾶσαν. λαμβάνει γὰρ ταύτην ὑπόθεσιν ὁ Σωκράτης(亚里士多德,《政治学》, II, 1261a 15)。在此引用柏拉图的许多文本还是比较容易的; 尤其可参阅《王制》, IV, 462ab。诚然, 同古典化时代的雅典的部落组织相比, 没有一个部落组织会分割成《克里提亚斯》或《王制》里的城邦一号(Cité–Une)。关于《法义》中该城邦的部落, 参阅上文"暧昧性研究", p.302。

源，它能随冬天和夏天之变，提供温度足够均衡的水质。[①]永存：是
用尽可能保持不变的战士的人数这一数字来体现的，通过这样的
特点，就能将其所在领域的政制与政府部门确立起来；[②]更可笑的
是，永存也能通过建房术体现出来，而房子的居民"总是会将同样
的技艺(传播)给其他与他们相似的人"。[③]

在这陆上的结构、此种统一性与此种永存性之间，除了直接
作用于精神之外，还是否可以作一下比照呢？在《蒂迈欧》的宇宙
论中，明确说来，土地的四个要素是无法转换的：οὐ γὰρ εἰς ἄλλο
γε εἶδος ἔλθοι ποτ' ἄν。[④]从所有的层级来看，宇宙论是在永存原
则、"不可分割的且永远以不变的方式行事的物质"，即同一(le
Même)，以及"可分割的、肉体中的物质"，即他者(l'Autre)这一混
合体中运动的。[⑤]原始雅典可被视为同一(le Même)的政治代表。从
政治上讲，神话的意义并没有什么不清楚的地方。柏拉图让梭伦当
中介者，使得雅典的这幅图景为人所知，这一点并非偶然：公元前
594年当选的这位执政官，在公元前4世纪中叶，成了温和派人士、
patrios politeia支持者里的大人物。[⑥]动乱从雅典手中褫夺了曾被其

---

① 我就是这样来理解(与J.Moreau合著，Pléiade版)εὐκρὰς οὖσα πρὸς χειμῶνά
τε καὶ θέρος(112d)这一表达法的，和A. Rivaud不一样，他的译文是"在冬天
和夏天同样健康"，其中丝毫不见混合观，而说到季节的时候，同样是这样来
表达的(ὥρας μετριώτατα κεκραμένας, 111e；亦可参阅《蒂迈欧》，24c：τὴν
εὐκρασίαν τῶν ὡρῶν)。

② 《克里提亚斯》，112de。"他们密切关注其中携带武器的女人和男人的人数，或任
何时候都使之尽可能保持同一，最多约两万人。"在某句句子的隐微之处，我们了
解到雅典人"和希腊人达成一致，成了希腊人的向导"。和原始雅典其他许多描述
性的段落一样，此处也借用了葬礼演讲中的语汇，关于这一点，我会再一次求助于
N. Loraux的《创新》。

③ 同上，112c。所有这些内容，Proclus都理解得很到位，见《"蒂迈欧"疏》，I, p.132
及以下。

④ 《蒂迈欧》，56d。

⑤ 同上，35a及以下。像Rivaud一样，我在这儿也采纳了J.Burnet的文本，Burnet认为
αὖ πέρι这两个词乃是古代的插入语；但可参阅L. Brisson的反驳，见《同一与他
者》，pp.270–275。我觉得我尽管认同他的意见，但我的论据基本上没有改变，因
为同一与他者仍是世界灵魂(l'Âme du Monde)结构中的基本要素。

⑥ 参阅《克里斯梯尼》，pp.118–119，以及注释引用的那些作家。正如E.Ruschenbusch
在其"祖先的政制"(Patrios Politeia), p.400中所作的评论，阿波卡的演讲家所有
指涉梭伦的地方都出现在公元前356年以后，这一年雅典在联盟战争(la guerre
sociale)中惨败，当时也是雅典第二帝国的末期。我们可将《蒂迈欧》与《克里提亚
斯》确定到这些年份。

收复的大片土地。所剩无几的富饶土地见证着往昔的岁月，①就像在梭罗时代的雅典人那里，还保存着往昔雅典人的"那一点点种子"②似的。因此，雅典并未"失落"，假如这个词在柏拉图的哲学中有意义的话，就可以这么说，但与公元前5与前4世纪的城邦相比，柏拉图描述的这座城市乃是一个对立的典范，总而言之，就是反雅典(anti-Athènes)。

　　在《治国者》中，柏拉图用神话的形式呈现出宇宙的两个循环。③在某些时刻，"神(Dieu)本身会引导其步伐，主导着它的循环"，于是世界就对诗人们所谓的克洛诺斯的时代有了了解，那时候人是由神性的牧者统管着的。作为"土地之子"的人类过着与我们相反的生活，诞生的是老人，死亡的是孩童。后来，循环倒转，神不再掌管一切。人类先期管理之时还是颇为得法的；"但时移世易，遗忘侵袭，剩余的原始骚动重掌大权"。世界于是受到了堕入"无限相异区域"(εἰς τὸν τῆς ἀνομοιότητος ἄπειρον ὄντα τόπον)的威胁；④神介入进来，世界又重新翻转过来，开始运动。在《王制》第8卷与第9卷中，柏拉图展现了类似的运动，从荣誉制运转至寡头制，从寡头制到民主制，再从民主制到僭主制，这一理想的典范处于衰落过程之中，但每个城邦都保存着先前形式的某些东西。同样，在每一个阶段，也都会稍稍远离统一性(Unité)这一典

348

349

---

① 《克里提亚斯》，110e。
② 《蒂迈欧》，23c。
③ 同上，269c-274e。参阅J.Bollack，《恩培多克勒》，pp.133-135，了解神话的结构及其与恩培多克勒思想的关系。参阅下文《治国者》中的神话"。
④ 同上，273d。我援引的是手稿里的文本。间接得来的传说(Proclus、Simplicius)一般在引用这一段落时，都是用ponto替换topon，这篇文本得到许多编纂者的认可，尤其是A.Diès，他的译文是"在相异的无底海洋之中"。人们对这段文字众说纷纭(尤其可参阅J.Pépin，"大海"[Mer])。我之所以认为是topon，是出于给自己找麻烦的目的，而ponton对我自己的论证相当有利，没法使我谨慎从事。先前的那些形象，如舵手、管理者、暴风雨，毫无疑问都可使人认为"这自然就是在说大海"(A.Diès)；这些形象也必然可看作是一种校正。

331

范。民主制犹如"兜售各类政体的集市，人们可以来这儿挑选想要复制的模型"。[①]为了赋予民主制及从合乎逻辑的层面来看自然会跟随其后的僭主制以特征，柏拉图特意使用了poikilos这个形容词。[②]这两类体制其实最多也就能推进"多样性"、"不统一性"。

换句话说，这个"不统一性"，或者说这个apeiron，柏拉图是以双重形式来展现它的：既大又小，既热又冷，既尖利又低沉。"事实上，它们所到之处，都会阻碍确定数量的实现，反之，还总会倾尽全力地引入对立性，从最狂暴的到最平和的，反之亦然，他们会产生最多和最少(τὸ πλέον καὶ τὸ ἔλαττον ἀπεργάζεσθον)，让确定的数量消隐无踪。[……]若为了不让确定的数量消隐，它们会使之，即它和尺度，得以确立起来，而其中则存在着最多，最少，最狂暴，最温和，且靠着它们来逃离其所在的地方。事实上，一旦接受了确定的数量，'最热'和'最冷'就根本不会存在；因为最热和最冷总是会跑到前头，根本不会停驻，但确定的数量乃是中止，是对整个进程的停止。就此而言，最热和最冷及其相反者就会显得无限起来。"[③]我们在此认出了大与小那有名的"无限的二元性"(dyas aoristos)，亚里士多德就是依此对柏拉图著作中的物质原则下了定义的，而万物也就确乎成了《蒂迈欧》里的"他者"(Autre)。[④]

我们在这后一篇对话录的主要部分中找到了遭《治国者》分解的两个循环，但它们是紧密联系在一起的。同一(Même)之圆是与星体的运动相呼应的，且从左转向右，而他者(Autre)被分割为不平等的七个圆，也就是星球之圆，则是从右转向左，但他者的循环是

350

---

① 《王制》，VIII，557d。
② 同上，557c，558c，561e，568d。
③ 《斐勒布》，24cd，A.Diès译。我们会注意到在这个段落中，柏拉图系统化地使用了双重性。
④ 关于apeiron在柏拉图原则中的地位，可参阅K.Gaiser极其清晰的阐述，见《未成文的教义》(*Ungeschriebene*)，pp.190—192。《巴门尼德》里的第二个假设是对一如何稀释于二元性世界所作的研究；亦可参阅《泰阿泰德》，155bc。

受对之作出限制的同一的循环所牵引的;①因此,宇宙的和谐就能被证实,而臣服于它的那些偶性也能被证实。

如果原始雅典乃是同一的政治及神话的表述,那亚特兰蒂斯又是何种表述呢? 切不可说那是他者的政治表述,因为他者并不存在。受诞生与可见之物束缚(γένεσιν ἔχον καὶ ὁρατόν)就是指对智性的、持久的(νοητὸν καὶ ἀεὶ κατὰ ταὐτὰ ὄν)典范(Modèle)本身所作的模仿(μίμημα δὲ παραδείγματος)。②

为了理解亚特兰蒂斯是什么,最好的方法就是先去重新审视雅典的命运。这座原始城邦丧失了永存性向其所确保之物:"事实上,仅仅一晚的滂沱大雨就使整片大地的四周都消失不见了,且让这整个部分彻底地裸露出来。③[……]我们的大地仍与那时候一样,犹如因罹疾而形销骨立的骨架。"它成了一座悬崖峭壁,柏拉图是这么来描述的:"它从整片大陆上完全孤立出来,如今犹如岬角般伸入大海之中。"④雅典就这样被迫过上了海洋生活,被迫接受由此带来的结果:政治上的变迁、商业、帝国主义。这难道不也是亚特兰蒂斯的宿命吗? 这个异乎寻常的世界,这座"比利比亚和亚洲加起来都要大的"⑤岛屿,以及我们自己对荷马与东方的特色所作的分析,不都是雅典的吗?⑥柏拉图在描述之初,用了一个很特别的计策,用以说明他将要用到的名字都将是希腊名:"因此,当你们

351

────────────

① 《蒂迈欧》,36c及以下。世界灵魂的这些富有特点的划分方式在灵魂梯级的所有等级上都能发现。两个圆中任一个圆都是按照确定的比例,由同一、他者及其混合体所致的实体所形构。其在宇宙中的位置决定了同一之圆的至高性。关于这些机制,可参阅L.Brisson详尽靡遗的阐述,见《同一与他者》。
② 同上,48e—49a。我们在此将所有关于物质容器(réceptacle matériel)的讨论都搁置一边,物质容器可使相异性(altérité)得到发展,即chôra(《蒂迈欧》,50b及以下)。
③ 《克里提亚斯》,112a。
④ 同上,111a。柏拉图是在将之与岛屿作对比之后立刻使用这些措辞的。
⑤ 《蒂迈欧》,23d。这儿要注意在帝国主义的雅典与岛屿之间所作的比较根本不存在异乎寻常之处。伯罗奔尼撒战争之始,伯里克利要雅典人像岛民般行事(修昔底德,I, 92, 5),而这幅图景,"老寡头"(《雅典政制》,II, 14)和色诺芬的《雅典的收入》1里也都用了。
⑥ 其他人从中不无道理地发现了柏拉图对自己叙拉古之旅的回忆。参阅G.Rudberg,《柏拉图》(*Platonica*),pp.51–72。

听见这些与这儿所用之名(οἷα καὶ τῇδε ὀνόματα)颇为相像的那些名字时，切勿吃惊"；[①]这些归之于梭伦的叙述其实都是经由埃及人传过来，再重新转成希腊语的；明确地说，若是未曾提出"与这儿的名字颇为相像的名字"也能使种种现实显得不无类似的话，这样的论据可以说完全毫无用处。雅典的构造是被一劳永逸地给定的，亚特兰蒂斯的构造则相反，它是被持续创造出来的。在岛上，起始点就是肥沃的平川，就像雅典临海的那片平原一般。在这座平原之上，一座山上居住着一对"诞自大地的"夫妇，厄维诺(Événor)与留基佩(Leucippe)。[②]因此，原始现实属于土地，而岛屿的主人波塞冬在变身为海神之前，在其第一阶段也是一位地神。为了保护自己与克利托的恋情，这位神却在山的周围建起了两座环形土墙，绕海建了三座土墙；但柏拉图注意到："如此一来，人根本无法逾越它们，因为当时既无船舰，亦不懂航海。"[③]在土地与海水之间交替自这一刻起就变成了亚特兰蒂斯架构中的基本特色。水流向岛屿中心，不再是像雅典的那样四季皆可用的一眼源泉，而是两眼源泉，一热，一冷，是神亲自让泉水喷涌而出的，就像他在雅典让厄瑞克透斯(Érechtée)的那片闻名遐迩的大海喷涌而出一样。[④]水甚至在亚特兰蒂斯以更令人出乎意料的方式呈现而出；亚特兰蒂斯的土地富含各类想像得到的金属，有黄金，特别是既有名又很神秘的青铜

352

---

① 《克里提亚斯》，113b。

② 同上，113cd。亚特兰蒂斯最早的居民因此就是原生人(autochtones)，就像阿提卡的那些居民一样(《克里提亚斯》，109d)。既然这是在波塞冬和雅典娜之间对这两个地区进行分配，所以也就没什么好吃惊的，因为我们发现这就和厄瑞克忒翁神庙被一分为二，雅典娜与波塞冬–厄瑞克透斯(Poséidon–Érechtheus)在神庙里被共同崇奉一样。柏拉图为了强调这一点，将在地人(Autochthonos)的名字给了亚特兰蒂斯的国王们(113c)。这些名字从词源学上来看显然会令人完全想起亚特兰蒂斯。厄维诺是善人，留基佩是(波塞冬的)白马，他们的女儿克利托则是荣耀，等等(参阅L. Brisson，《克里提亚斯》，pp.421–424)。

③ 同上，113de。

④ 同上，113e与117a。我们已将它与上文的n.32荷马对此的说法比对过；这是柏拉图文本具有多义性的绝佳例证。

(orichalque)。①然而, 柏拉图在《蒂迈欧》中向我们明确解释的是, 这些金属, 尤其是其中最纯的, 即黄金, 只不过是水的不同变体而已。②

本身颇富深意的地-水的这一交替, 只不过是二元性中最令人震惊的一个特点, 那是柏拉图时时刻刻都在自娱自乐想要着重强调的一点, 该特点证明了亚特兰蒂斯的结构乃是apeiron、相异性显现出来的结构。

在中央, 安全岛宽为5斯塔德(stade);③在它之后则是宽为1斯塔德的水墙, 再后是两组土与水之墙, 每堵墙的宽分别有2斯塔德和3斯塔德。④因此, 我们就有了一个序列, 令人觉得很像镜像赋格(fugue-miroir): 5(3+2), 1, 2, 2, 3, 3。离开中央岛屿者会很快进入复制(duplication)的世界。⑤

与保护岛屿的5道墙呼应得极好的是一对对双生子, 那是波塞冬的成果, 由克利托分娩而出。列出一份这些双生子清单的话, 就会发现每一对双生子都既有蛮族人的名字, 也有希腊名(卡迪洛斯-欧麦洛斯[Gadiros-Eumélos]), 柏拉图则会注意将年长者与年轻者分开。⑥同样, 他还注意到在这些建构当中, 有些人很简单(hapla),

353

---

① 《克里提亚斯》, 114e。
② 《蒂迈欧》, 58b及以下。亚特兰蒂斯漫山遍野的石头同样也是经由水, 从土地中筛漏而出的(60b及以下)。这些关于金属起源的科学考量当然还是避免不了对神话的种种回忆。我们还记得第一届奥林匹亚赛会刚开始时: Ἄριστον μὲν ὕδωρ, ὁ δὲ χρυσὸς αἰθόμενον πῦρ/ ἅτε διαπρέπει / νυκτὶ μάγανοος ἔξοχα πλούτου("善之首善为水, 黄金闪烁光芒, 犹如暗夜燃起的火焰, 将罕有的丰饶珍宝抹杀殆尽"——A. Puech译)。贵金属在原始雅典自然是缺席的, 但还是为此立了法(《克里提亚斯》, 112c)。
③ 斯塔德为古希腊长度单位, 约为180米。——译注
④ 《克里提亚斯》, 115d-116a。参阅《克里斯梯尼》里重述的这个图示, p.137。我们将注意到在世界灵魂的结构中, 双重与三重间隔所起的作用(《蒂迈欧》, 36d); 双重间隔与八度音相呼应, 为五度音里的3-2之比。
⑤ Nicole Loraux让我注意到此种复制是出现在亚特兰蒂斯的男性与女性, 即在敌人的原初双重性之中的: 那儿的创新与具有在地性(autochtonie)的雅典神话相比, 极富特色, 而后者则只关注人(参阅《儿童》, 见各处)。
⑥ 《克里提亚斯》, 113e-114d。

有些人则纷杂斑驳(poikila)，而在内港中，有的港湾敞向天空，有的则封闭着，"居民们每年两次迎接土地的产物"时，冬天会用天空之水，夏天则用沟渠之水，国王们聚在一起的时间"或是每隔5年，或是每隔6年，以期让偶数和奇数都有平等的地位"(τῷ τε ἀρτίῳ καὶ τῷ περιττῷ μέρος ἴσον ἀπονέμοντες)。[①]在《蒂迈欧》中描述了自然的形成，即从世界灵魂到人、从人到鱼之后，柏拉图同时又描述了在自然(physis)中占据上风的相异性是如何进展的。在亚特兰蒂斯，自然显得广袤无垠：树木，各类植物，水果，动物，尤其是大象，"最大、最贪吃的动物"。[②]在此种结构中，镌刻着一段历史：波塞冬的10个儿子生出了10个王朝；这些王朝所致力的工作就是使中央岛屿和外海得到沟通。[③]国王们建造桥梁，使国家向海洋生活

354 敞开大门；[④]他们通过浩大的河道网络，[⑤]将平原彰显了出来，并建起了庞大的军队。[⑥]他们最终在岛屿中央创建了一个巨大的区域，还

---

① 《克里提亚斯》，116b, 117b, 118e, 119d。偶数与奇数，犹如热与冷、湿与干等，也是亚里士多德归之于毕达哥拉斯派的那份著名的对立(systoichia)表中的一部分（《形而上学》，A, 5, 986a 15）。就我看来，虽然我的看法有争议，但我认为我们仍将在R.S. Brumbaugh令人振奋的著作《想象》(Imagination), pp.47–59中，发现一种对柏拉图在亚特兰蒂斯使用那些数据及其乘积所作的阐释。我并不认为柏拉图会按照古代的数学资料来构建一个差劲的世界。但这位作者强调数字6和5在柏拉图的描述中所具有的地位，还是很有道理的：有5对双生子和5堵围墙，中央的岛屿宽为5斯塔德，水圈的整个广度与地圈之比为6:5，他还发现波塞冬的雕像里牵引的是6匹马(116d)，中央平原的表面积为6000斯塔德(118a)，平原为长方形，而非方形，这使它成了systoichia中"糟糕的一面"。数字6及其乘积在军事组织中起到了关键性的作用(119ab)。我在这儿并不想详细解释这些现象，仅限于指出这一点，即柏拉图亲自强调的是5与6之间的对立乃是奇数与偶数之间对立的一种形式，也就是说，按照毕达哥拉斯派systoichia的说法，那也是善与恶之间对立的一种形式。

② 同上，115a。

③ 同上，115b–116a。国王们同时建造了运河及桥梁，打破了克利托的岛屿最初的隔绝状态。这样就等于朝着相异性又前进了一步。

④ 同上，117e。参阅C. Gill，"起源"(Origin), pp.8–9。

⑤ 同上，118ae。我们将会注意到，在《法义》(III, 681d及以下)中，灾难之后，人们向平原殖民的时刻也就是"各类体制与城邦，各类政体上的缺陷与公民未发挥作用的缺陷彼此相遇"的时刻。

⑥ 同上，119ab。军队既具希腊特色，又具蛮族人的特色，正如重装步兵旁还有乘坐战车的战士就证明了这一点。Albert Rivaud(C.U.F.版，见争论处下的引文)说投石器同样也是蛮族人使用的武器并不确切：参阅修昔底德，VI, 93中提到的罗得岛人的投石兵。

建了宫殿, 波塞冬的圣殿, 最后还造了赛马场, 在专事敬奉该神祇的岛上, 这种做法是很正常的。①针对大多数这样的工程, 柏拉图给出了数字: 比如说, 神庙, "长1斯塔德, 宽3普莱特,②高度讲求比例 (symmétron)",③转换成普莱特的话, 就有了6、3和2, 和10个最先出现的数字这样的游戏相比, 这算是简单的例子, 尤其是数字10, 亚特兰蒂斯能给出很多例证。④

　　波塞冬的后裔们确立起来的政治体制本身就是奇异的混合体。⑤在其所在的区域中, 每个国王都是绝对的君主, 手握生杀予夺的大权, 若照哲学家的说法, 这与理想政治⑥的状态有着很好的呼应, 但也能与相反情况下的僭主制有着良好的呼应。10位国王联合起来后, 就形成了寡头制或贵族制, 他们遵循早先的国王们依照波塞冬所颁敕令而镌刻于青铜柱上的立法, 集体统治天下。⑦当涉及到要施行正义的时候, 这些规定就要通过特殊的誓词来加以确保, 有个重要的故事就说到了洒公牛血并为之祝圣的做法, 通过这种典型的方法, 非哲学家们就能维护法令。⑧当最终要处死某个王室成员时, 多数票就介入了进来。亚特兰蒂斯恰因其各种法规之故,

355

---

① 《克里提亚斯》, 116c–117a。
② 古希腊长度单位, 为30米。——译注
③ 《克里提亚斯》, 116d。
④ 数字10, 乃4个最先出现的数字之和, 它与四数之和(tétractys)相呼应。关于它在毕达哥拉斯派与柏拉图思想中的作用, 可参阅《克里斯梯尼》, p.100(附书目); K. Gaiser, 《未成文的教义》(*Ungeschriebene Lehre*), pp.118–123, 以及p.542所引的亚里士多德的文本。对柏拉图而言, 四数之和乃一种表达起源(génésis)的方式; 尤其可参阅《蒂迈欧》, 53e, 更不消说世界灵魂的构建(同上, 32b–35bc), 它就是按照双重四数之和(double tétractys)来构建的。在《克里提亚斯》的例子中, 我觉得数字的起源与自然(physis)的展开是紧密呼应的。这些意见并未说服L. Brisson, "克里提亚斯", p.430, 文中认为柏拉图主义是一个极其合理的概念, 我担心这么做就等于是在心甘情愿地接受对数字进行如此的思辨。
⑤ 《克里提亚斯》, 119b–120d。
⑥ 参阅《治国者》, 292d–297b。
⑦ 我们会想到kyrbeis, 梭伦的法律就是镌刻其上的。(Kyrbeis, 古希腊语, 意为将法令公布于其上的三角板。——译注)
⑧ 誓词在亚特兰蒂斯的根本法里所起的作用与《法义》中念咒及神话所起的作用相似。按照E.R.Dodds的说法, 需要"将承袭自往昔的聚合体稳定好"("非理性"[Irrationnel], p.205)。

故而显得很像《治国者》、《蒂迈欧》、《斐勒布》和《法义》所定义的其中一种成功的混合政体。事实上，在无数代人中间，"国王们都会听从法律，与他们之间联合起来的神圣原则紧密相依"。我们甚至还看见他们肩负"大块黄金和其他金银财宝，犹如重负"。[①]但神圣的要素消减成了这些东西，国王们满怀"不义的贪欲和权利欲"（πλεονεξίας ἀδίκου καὶ δυνάμεως）。[②]那时候，为了惩罚他们，宙斯在宇宙中心召开诸神大会，从会议所在的地方"能看见"（ἡ...καθορᾷ πάντα ὅσα γενέσεως μετείληφεν）从属于未来的万物，"但对话到此戛然而止，毫无疑问，这是因为话已说完，而后续的历史也已人尽皆知。[③]亚特兰蒂斯的历史就这样见证了相异性是如此发展起来的，而我们也已在其架构中突出了这一相异性。

到了阐述的这一阶段，重要的是要比我们迄今为止所做的，更着重地去强调这座大岛的雅典特性。克里斯梯尼的改革已将雅典划分成了10个部族；波塞冬也将自己的领地划分为10个部分（δέκα μέρη κατανείμας）。[④]当柏拉图特意提到青铜（orichalque）这种亚特兰蒂斯的国王们所拥有的金属财富时，他注意到"它堪称如今存在着的金属中极为珍稀之物，仅次于黄金"。[⑤]那些港口及其堡垒的形象，大部分都来自于——这个事实经常被注意到——由坎塔罗

---

① 《克里提亚斯》，120e–121a。在《王制》第8卷与第9卷中对社会分崩离析所作的地形学描述中，没有什么比黄金所作的分析更令人震撼的了。在斯巴达类型的荣誉制城邦中并不存在(VIII, 547b–548b)的黄金，光天化日之下出现于寡头制城邦中，并正式建立起了统治权(同上，550de)，成了建立民主制的失去社会地位者所嫉羡的目标(同上，555b及以下)；但将占有者与非占有者至于同一层面还不够，对富人的憎恨更将穷人抛至僭主的怀抱之中(同上，556a及以下)。

② 同上，121ab。我们将会发现所用的这个词汇通常就是指帝国主义。

③ 同上，121bc。同样，在《奥德赛》(XII, 154–184)，因让尤利西斯进入人类世界而背负罪责的法伊阿基亚人的命运也未得到进一步明确：当讲到祭献公牛时便戛然而止了。

④ 同上，113e。抱歉的是，关于此种划分的意义，我还是要参考《克里斯梯尼》，pp.96–98、110–111、135–136与141–142。我们会从中找到特别针对《法义》这篇文本的分析，这样就能指出柏拉图面对克里斯梯尼的法规所产生的反应有何特点。

⑤ 同上，114e。很明显，暗指的是拉乌利昂的银矿。

斯(Cantharos)、泽亚(Zéa)、莫乌努西亚(Mounychie)、斯凯沃泰克(Skeuothèque)和阿瑟纳尔(Arsenal)这些港口构成的整体形象。至于这些港口究竟有哪些活动，而且港口的军火库里还停着三层桨战船，那就来看看柏拉图是怎么说的："港口里停满了舰船，商人们来自各地。无论白天黑夜，熙攘的人群总是人声鼎沸，各色纷杂无休无止"(φωνὴν καὶ θόρυβον παντοδαπόν)，[①]而这定然会让人想起比雷埃夫斯(Pirée)。

357

　　与王宫相反的是，对波塞冬神庙的描述很详尽：尽管装饰上蛮族的味道很浓，但还是能让人强烈地想起帕特农神庙。在这座圣殿中，竖着尊波塞冬的雕像，他立于战车上，四周环绕着骑着海豚的百位海神之女(Néréides)，雕像"极高，头顶触到了天花板"：菲狄亚斯创作的处女神雅典娜的雕像(Parthénos de Phidias)也是如此。[②]所有这些雕像均为黄金制成，于是我们想起了修昔底德笔下伯里克利给出的一些细节："雕像用的是纯金，重达40塔兰。"[③]神庙周围，立着无数人像，特别是10位国王的妃子像(甚至还有用克里斯梯尼所在城邦的名字来命名的10位英雄的像)；柏拉图又添加了这个奇怪的细节："好几尊国王及其他人许愿用的伟岸雕像都来自该城邦或以该城邦唯马首是瞻的其它国度"，这句话仿佛受到了菲狄亚斯在雅典卫城竖立两尊雅典娜雕像这一图景的强烈激发，其

---

① 《克里提亚斯》，117e。Thorybos柏拉图为了提及民主制公民大会生活而特意使用的一个词(比如，可参阅《王制》，VI, 492bc)。在《蒂迈欧》里，灵魂与肉体的结合同样引出了thorybos一词(42c)。相反，真正的、不变的论证(λόγος ὁ κατὰ ταὐτὸν ἀληθής)是无声无息，亦无回音的(ἄνευ φθόγγου καὶ ἠχῆς–37b)。《王制》里的这篇对话是在比雷埃夫斯发生的，时间在举行庆祝异邦神的游行队伍之后，地点在武器制造商凯法洛斯(Céphale)的家里，置身于一大群兴奋难抑的、对哲学几乎一无所知的年轻人中间。在此情况下，难道不应该在对话最开始的那句句子"κατέβην χθὲς εἰς Πειραιᾶ"("我昨天南下去了比雷埃夫斯")里，发现这位哲学家往下进入洞穴的图景吗？而Henri Marguerite就是这样对我们说的(高等研究应用学院[École pratique des hautes études]讲义，1952–53)。

② 同上，116d。参阅Ch. Picard，《雕刻手册》(Manuel, Sculpture)，II, 1, p.174, n.2。

③ II, 13, 5。

中一尊叫冲锋陷阵者(Promachos)，①由伯里克利下令建造，另一尊叫列姆诺斯人(Lemniennes)，②该名取自供奉雅典娜的列姆诺斯的雅典殖民者。

归根结底，亚特兰蒂斯成了一个帝国主义的强国："国王们形成了一个令人叹为观止的庞大帝国。这座帝国乃是整座岛屿的主宰者，也是众多岛屿和大片陆地的主宰者。"帝国的领袖们并不满足于这些领地，于是投身海上冒险，与原始雅典发生对抗，从而引灾上身，这场灾难堪与历史上的雅典在西西里所经历的那场灾难相比，或者与柏拉图编订《蒂迈欧》和《克里提亚斯》时，③雅典面对起来造反的盟军刚刚经历的那场灾难相比。

358　若我们不去对柏拉图在这部历史神话中为何奇怪地将雅典特性与"东方"特性结合起来作出解释的话，那论证就不能算是完整的。在《法义》中，这位哲学家简要地分析了一番两种政体，它们"就像两个母亲，可以很在理地说，其他政体都是从里面诞生出来的"，④这两种政体就是指波斯的专制政体和雅典的民主制。柏拉图对它们的演化过程所作的"极少历史性的"描述，⑤在它们之间确立起了绝对平行的关系，且与亚特兰蒂斯的历史作着惊人的类比。最初确立起来的同样是虽合理却并不牢靠的平衡，同样的灾难性演化，前者在黄金与领土扩张政策(impérialisme)的影响之下，导向了僭主的专制政体，后者在经历了米底亚战争，再加上放弃了古老的

---

① Promachos是指古希腊方阵中打头排的士兵。——译注
② 《克里提亚斯》，116e—117a；参阅保撒尼阿斯，I，28，2。这些考古学上的评论大部分有价值的地方（我们可在《克里斯梯尼》，p.138里读到这些内容）都是Pierre Lévêque的功劳。
③ 《蒂迈欧》，25a；亦可参阅《克里提亚斯》，114c。《蒂迈欧》属于柏拉图的最后几篇对话之一；这种观点并不新颖，但最近又由G.E.L.Owen提出，见其"广场"(Place)，在我看来，H.Chernisse的"关系"(Relation)可以说是一锤定音，对前者作出了回应；根据C.Gill的看法，他的"克里提亚斯与政治"(Critias and Politicus)通过与《治国者》中的神话作对比，也得出了与我一样的结论。
④ 《法义》，III，693d。
⑤ 同上，694a—701b。

mousikê ①之后，导向了"剧场政治"(théâtrocratie)。另外，是否还有必要认为公元前4世纪的波斯王(Grand Roi)通过直接行事或经由居间的城邦，已成了希腊世界极具影响力的人物呢？

如此一来，《蒂迈欧》与《克里提亚斯》里对雅典的赞颂便具有了真实的意义。柏拉图任何时候都会用这种方法。②在《斐德若》里是赞扬年轻的伊索克拉底，③但他是个老人，而其对手柏拉图则既对着真实的伊索克拉底说话，也对着某个可能存在的伊索克拉底，即将其视为他根本就不是的修辞学家–哲学家来与之对话。在《法义》里，当克里特与拉凯代蒙的对话者彼此解释本国的法律，认为有必要武备先行的时候，这位雅典的外邦人就作了反驳。柏拉图就这样把斯巴达和克里特的哲学家一个个地创造了出来，他明确说道"任何一个人只要懂得法律知识，无论是技艺上的，甚或是经验上的，就会觉得体制如此形成实乃显而易见之事，而对我们这些门外汉来说，这一点仍会隐而不显"。④

不过，我们的寓言，其教益仍很复杂：雅典胜利了，城邦一号(Cité–Une)战胜了那些一盘散沙、彼此毫无共同之处的城邦。水吞噬了亚特兰蒂斯，水的完胜由此也终结了相异性的进展过程；只是，雅典丧失了它陆上的实体，反而成了亚特兰蒂斯。⑤这样的游戏算是"严肃的"吗？"我们必须严肃对待严肃的事物，但不严肃的事物则根本无需如此。[……]只有神就其本性而言，值得受到严肃

³⁵⁹（旁注）

---

① mousikê, 指诸神掌管的各门艺术, 暗含technê(技艺)之意。——译注
② R.Schaerer,《问题》(Question)已对此说得很清楚。
③ 278e–279ab。该段文字引来了许多讨论, 关于这些讨论, 在此多说无益。参阅J. Bollack的评论, 见其《斐德若》(Phaidros), pp.152–153。
④ 《法义》, I, 632d(E. Des Places译); 亦可参阅《普罗塔戈拉斯》里豁达明理的斯巴达, 342be。
⑤ 同上, 里的这一末世论神话(X, 903e–904e)是以左右摇摆的类比这样的游戏为基础的。

的对待"(σπουδῆς ἄξιον)；[①]但柏拉图刚才还说，如果"人类事务根本不值得人们严肃对待之，但我们又不得不这么去做时，那这就是我们的不幸了"。[②]人只不过是神手中的木偶，是由神造出来供自己戏耍的玩具(θεοῦ τι παίγνιον μεμηχανημένον)，[③]他会"玩尽可能漂亮的游戏"(παίζοντα ὅτι κλλιστας παιδιάς)来尊崇神。[④]神话与历史，与所有的模仿之物一般，都只不过是这些游戏而已。《蒂迈欧》难道不是说"当人们借助暂停游戏的方式，放弃与永恒造物相应的那些推理论证时，他们就试图通过细察有关生成的那些貌似有理的观点，而毫无悔意地得到快乐，这样一来，他们就能在生活中向自己赋予节制、审慎的消遣"(μέτριον...παιδιὰν καὶ φρόνιμον)吗？[⑤]只是这游戏仍然值得玩下去；在对话刚开始的时候，克里提亚斯要求听众们仔细听好，因为他郑重地说自己要"处理一个很大的主题"(ὡς περὶ μεγάλων μέλλων λέγειν)；[⑥]他说，谈论人要比谈论神更难，因为当画家想要给他画幅肖像的时候，他总是会苛求不断。[⑦]尽管柏拉图未能让其同时代人明白这个观念，但后来贺拉斯将它表了出来，在他之后，许多哲学家又用其同时代的用语重复了这一观点：de te fabula narratur，[⑧]否则，这句评论根本就不会有什么影响。

360

---

① 《法义》，VII, 803c, Robin译。
② 同上，803b。
③ 同上，I, 644d及以下；VII, 803c。
④ 同上。
⑤ 《蒂迈欧》，59cd。
⑥ 《克里提亚斯》，106c。
⑦ 同上，107d。
⑧ de te fabula narratur, 为拉丁语，意为"这故事就是讲给你听的"。——译注

第三节　《治国者》里的柏拉图神话, 黄金时代
与历史的暧昧之处*

新柏拉图主义哲学家波菲利(Porphyre)在《论节制》(*De abstinentia*)这篇专门证明不吃肉食为合理之举的文论中, 引用了逍遥派狄凯阿尔霍斯(Dicéarque, 公元前4世纪末)所写的《希腊志》(*Vie de la Grèce*)里的一长段残篇, 狄凯阿尔霍斯乃是亚里士多德的嫡传弟子。①我们知道, 该书堪称远古时代以来的希腊人的文化史。

那我们的文本到底说了些什么呢? 诗人们, 特别是赫西俄德的《劳作与时日》说的是黄金时代、克洛诺斯时代, 狄凯阿尔霍斯就引用了该诗的116–119行: "所有财物都是他们的, 盛产小麦的土地(zeidôros aroura)丰饶而慷慨, 而他们依靠自己的田地, 生活得快乐平和, 置身其间的财富数不胜数", 这个奇妙的时代, 狄凯阿尔霍斯断定它事实上存在过(λαμβάνειν μὲν αὐτὸν ὡς γεγονότα), 并非什么自娱自乐的虚空杜撰(καὶ μὴ μάτην ἐπιπεφημισμένον); 这样一来, 就有必要从这个传说中剔除掉过分臆造的内容(τὸ δὲ λίαν μυθικόν), 以便通过推论, 将之还原为原本的意义。用这个方法该怎么做呢? 要将表面上显得无法调和的东西调和起来: 内心对人类历史持悲观看法, 再加上公元前5世纪所有那些历史–社会

361

---

* 该版本对原文稍作修改, 原文发表于J.Kristeva(主编)的《语言、论说、社会: 纪念埃米尔·邦维尼斯特》(*Langues, discours, société. Pour Émile Benveniste*), Seuil, Paris, 1975, pp.374–391, 由M.Jolas译成英语, 《古希腊研究杂志》(*Journal of Hellenic Studies*), 98(1978), pp.132–141。

① Porphyre, 《论节制》, IV, 2, pp.228–231 Nauck; Dicéarque的文本是F.Wehrli的残篇汇编里的第49号残篇(亦可参阅47、48、50与51的残篇, 它们均同有所本, 但并非直接引用)。我们采用的文本同样是经A.O.Lovejoy与G.Boas转述而来, 见他们的《原始主义》, pp.94–96。关于Porphyre所用资料的来源问题, 可参阅J. Bouffartigue与M. Patillon为C.U.F.版的Porphyre的《论节制》(1977)所写的前言。

的研究(德谟克利特、普罗塔戈拉斯、修昔底德……)，均让希腊思想家们了解到初民们有多艰难困苦，似无法与黄金时代的看法相符。[1]还要考虑到公元前4世纪悉心关注饮食法的医学新思想所带来的成果。[2]黄金时代其实出现于人类生活刚开始的时候，通过黄金时代，我们才能理解所有权并不存在、社会冲突与战争之类由所有权所致的后果亦不存在的那个时代。但这一"黄金时代"并非以无限的丰饶为标志，而是以生活与体制崇尚节制、简单为标志。恰是土地天然产出的稀缺性(spanis)解释了出众的体制为何会与前沿医学教学完全相符的原因。有一句谚语是说此种简单性的，狄凯阿尔霍斯(还有很多人和他一起)在想要概述为何会与简单生活断裂时，就引用了这句话: ἅλις δϱυός。[3]"黄金时代"最后是以橡树作结的，也就是说，以原始人所吃的橡实告终。这一断裂后来相继以创造出来的田园牧歌般的生活(再加上战争生活及狩猎生活)，继而以农业生活(再加上公元前4世纪人所熟知的所有政治体制下的生活)体现了出来。这样的一篇文本其本身就值得进行详尽的分析。此

362 种分析应该会使本页的观点与那个时代的文献，即泰奥弗拉斯托斯(Théophraste)的《论虔敬》(Sur la piété)发生冲突，此人主要因波菲利的《论节制》而为我们所知。还值得做的一点是，将希腊化时代的各类乌托邦及历史建构，如扬布罗斯(Iamboulos)[4]的哲学故事或波菲利的第4卷著作也包括进去，使分析更为详尽。我在这儿的建议以适度为要，我采用狄凯阿尔霍斯的文本，并非为了展望未来，而是为了用追根溯源来尝试揭示它所传承的、所遮蔽的究竟会是什么。

我们应立刻来看一看: 狄凯阿尔霍斯在经过了这么多人之后，

---

① 我只要参考T. Cole的《德谟克利特》(Democritus)这本重要的著作即可。
② 我特别想到了J. Bertier的著作《回忆》(Mnésitée)让我们了解到的那些内容。
③ ἅλις δϱυός, 意为 "成堆的橡实"。——译注
④ Diod., II, 55—60。

仍然认为人类最初的幸福——但也是简单的——时刻是在克洛诺斯那时候，身为宙斯之父的这个克洛诺斯是一个极其暧昧的神性人物。[①]因此，在其《论虔敬》中勾勒了一番人类宗教实践史的泰奥弗拉斯托斯，也认为初民性喜食蔬，有自己的祭祀仪式，他们只吃并非土地耕作出来的作物。但他告诉我们，克洛诺斯同样也是个很可怕的神，而且可以说很喜欢吃人肉，迦太基人就是将儿童献祭给他的，[②]泰奥弗拉斯托斯的这整个故事在描写原始人类的这幅图景时，将素食者与田园牧歌的特性与对同类相食、吃人肉行为所作的血淋淋的追忆紧密地混合在了一起。活人祭紧"随着"蔬食祭而来。动物祭要到随后的阶段，作为活人祭的替代，才会出现。[③]当然，当我们研究这些文本时，也确实有权在历史前后相继的情况下读出相反的逻辑，要证明狄凯阿尔霍斯和泰奥弗拉斯托斯将远比他们古老得多的神话故事作了历史化(historiciser)的处理，并不会太难。但我们是否能忽视这样一个事实，即我们的哲学家们特意将他们对我们说的那些寓言故事置于了人类的时代之中？恰是通过持续的历史演化，狄凯阿尔霍斯与泰奥弗拉斯托斯方能将自橡树与橡实的时代以来的那条路径呈现出来，对狄凯阿尔霍斯而言，橡树与橡实的时代也就是克洛诺斯的时代，要一直到城市与帝国的时代，亦即雅典、亚历山大的时代方告寿终正寝。像厄福洛斯这样的公元前4世纪的史学家则是通过类比的方法来着手的，素食论与嗜食人肉在他笔下的那个时代并不是相继出现的；它们在空间上是毗邻的。他反对的是那样一些史学家，那些人"由于很清楚不可思议之事与可怕之事都很适合于冲击心灵"，故而就把全体西徐亚人和萨尔马特人(Sarmates)都说得残暴成性，他所提请人们注意的是这些民族的习俗根本就是截然不同的；"有些人残暴至极，竟至于吃人

363

---

① 参阅上文"土地和祭献之宗教价值观"，pp.43–44。
② 《论节制》，II, 27, p.156 Nauck=残篇13, p.174, 见W. Pötshcer版, Leyde, 1964。
③ 同上。

肉，而另一些人则甚至连动物的肉都不去吃"。①

若想让自己相信在描述古典时代的那些概述时，此种类型的历史或地理的呈现方式之间有着极深的差异的话，那只要花一点点时间回到荷马与赫西俄德那儿就行了。这么做并不是要去描述连续性或邻接性。正如维尔南所证明的，赫西俄德的"种族"神话，尽管是通过故事来表达的，但这并不是一种无足轻重的做法，他的神话并未描述人类的堕落史，而是在描述一系列地位，而这些地位是建基于dikê和hybris对立之上的，毕竟黄金"种族"就完满地实现了dikê。②而各种族一旦在各自的时代里各尽其用之后，就会彻底地消失，从而这一事实便表明了对赫西俄德而言，在黄金时代与我们的时代，即hybris和dikê混淆不分的时代之间并不存在连续性。严格说来，我们并不是从克洛诺斯时代的人类那里下堕而来的。但我们还是要进一步说：人类的这种地位，荷马与赫西俄德或明或暗地视之为诸神世界与兽性之间的中介者，前者与黄金时代有关，后者则以食人肉为其特性。赫西俄德说："这就是克洛诺斯的后裔们（Cronide）给人规定的法律，即游鱼、兽类、带翼的鸟类因彼此之间并无正义可言，故而彼此吞噬。"由此可见，在赫西俄德笔下及之后的传说中，最初使人类具有社会地位的就是普罗米修斯，他是生炊之火的提供者，也是祭祀的奠定者，正是他使人与诸神及野兽之间产生了断裂。③正如马塞尔·德蒂埃纳所言："在某种情况下，普罗米修斯正因发明了祭祀，所以便使黄金时代的共餐制（commensalité）过渡到了肉食；在另一种情况下，由于带来了火，发明了各种技术，普罗米修斯遂将人从野蛮的生活里连根拔了出来，使之偏离了兽性。"④但用二元论的逻辑用语来提出这一对立关系还不够。我们还

---

① F.Gr.Hist., 70, 42, 见Strab., VII, 3, 9, A. Tardieu译。
② 参阅J.-P. Vernant，"种族神话"，1与2。
③ 同上，"会饮"。
④ "咬啮"，p.142。

必须讲一讲暧昧性。当然，并不是指弗洛伊德所认为的在语言"起源"之处、在矛盾并不存在的那些时代里所具有的那种"原始"暧昧性。邦弗尼斯特(É. Benveniste)驳斥了这样的神话，他说"若假定存在一种语言，大和小有同样的意思，那在这种语言里，大和小的区别就毫无意义，而且体积这样的范畴也不会存在，所以这就不会是一种以自相矛盾的方式来表述体积的语言"。[1]但还有，正如邦弗尼斯特所说的，"弗洛伊德欲从历史上的语言那儿所徒然要求之物，就只能用某种方式从神话中求得了"，[2]其实，很清楚的是，在古典时代，克洛诺斯的黄金时代也是兽性的时代。因此，荷马笔下的库克洛佩斯虽然拥有产出万物的土地，而且赫西俄德还说他有多慷慨大度，但他仍然是每个人都很熟悉的食人肉者。[3]

此种暧昧性，与作为城邦之女的希腊思想，却唱着反调，且试图使之更为弱化；"希腊思想"，至少是这种思想的整个思潮。在柏拉图叙述的神话中，他抓住机会一直追溯到了普罗塔戈拉斯这位了不起的智术师的思想那儿，[4]但普罗塔戈拉斯的《普罗米修斯》并未将人与神隔开来。更有甚者，自人支配从雅典娜和赫法伊斯托斯那儿得来的technê起，人就"分得了神圣的命运"，[5]但这种享有尚不足以使城邦的生活成为可能。只有当宙斯和赫耳墨斯将aidôs和dikê赐予人类，这才具有可能性。像这样引入本原意义上的公民与政治的维度，正好自行勾勒出了自荷马与赫西俄德以来所施行的那种变动。对古代诗人来说，他们借助于我前面所说的那些对立关系而描述的人类地位，乃是技艺的地位和社会的地位：政治维度，若未缺

365

---

① "评论"(Remarques), p.82
② "评论", p.83。
③ 参阅上文"土地与祭献之宗教价值观"，p.51。
④ 比如，可参阅Ed.Will在《希腊世界》(Monde grec)中所说的话，见p.482。R. Winton 的那篇尚未发表的文论中有详细的论证(Cambridge)。
⑤ 《普罗塔戈拉斯》，322a。

席的话，^①只不过是此种地位的一个维度而已。对古典化时代的思想家而言，必须单独让此种可营造文明生活的绝佳创制，即大获全胜的polis，拥有一席之地。

不过，我们还是要回到公元前4世纪，因我们就是从这个时代出发，谈论狄凯阿尔霍斯与泰奥弗拉斯托斯的。我们知道得很清楚，这是一个危机四伏、政治与社会动荡不定、大肆颠覆、价值体系备受质疑的时代。黄金时代这一问题那时候并不仅仅是人们努力要将之整合入历史论述之中的理论难题。克洛诺斯时代，亦即"克洛诺斯时期的生活"，正如人们所言，对各哲学流派和各个宗教派别来说，是表秩序的词，但公民秩序对该词并不满意，或者说再也无法感到满意了。当然，就此而言，僭越远比公元前4世纪要古老得多，但也就是恰恰在这个时代，在宗教与哲学这一双重层面上，僭越有系统地组织了起来。^②

正如德蒂埃纳所证明的那样，^③对公民范畴的超越可由两个相对的方向形成："高处"与"低处"。经由"高处"，人们试图在我们的世界里安置黄金时代的种种美德。自古典时代起，此种趋势就在俄尔甫斯教义与毕达哥拉斯派那儿表现了出来。经由"低处"，人们所作的正好相反，他们试图与动物性相通，动物性尤其是通过实践行为表现了出来，更有甚者，还通过吃生肉、吃生食这样的狄俄尼索斯般的奇思妙想体现出来，在最坏的情况下，就会导致食人肉。但问题的关键点也就在这儿，这两种僭越的形式向来都易于彼此干扰，某些悲剧作品还特别将这种干扰凸显了出来。^④因此，到

366

---

① 我在此仅提一提《奥德赛》里那些关于库克洛普斯人缺失表决制度(institutions délibératives)的著名诗行(IX, 112—115)。

② 亚里士多德或许向我们提供了一份证词，当他对我们说庞西斯特拉特(Pisistrate)的僭主制像克洛诺斯时代一样，出现于雅典农民的传统中时，这话对他所处的时代而言还是颇有道理的。

③ 上文所引的他的论文"咬啮"通篇可被视为是对亚里士多德的这句表述所作的评论，亚里士多德的表述是："那些天生如此、而非偶然所致而无城邦者，就是个邪恶之人(phaulos)，或者说，要比人更强大"(《政治学》, I, 1253a 4)。

④ 参阅N. Loraux，"干扰"(Interférence)。

公元前5世纪末那几年，《酒神的女祭司》这部悲剧就让我们看到了狄俄尼索斯的那些女伴们几乎都是住在天堂般的宇宙中的情形，信使就对彭透斯(Penthée)描述道："所有人都在额上戴着顶由常春藤、橡树叶或茯苓花编的冠冕。一人持酒神杖碰击岩石，一股冰凉清澈的水波便即刻喷射而出；另一人在门廊处翻挖土地，神便让酒泉从地下汩汩冒出。那些渴求这白色酒饮的人，深挖泥土，畅饮着这丰盈的乳汁。"①在信使的这番叙述中，与这般田园牧歌的景象相对的是，女祭司们离开山间，来到了得墨忒耳的平原上，她们抢掠孩童，将犍牛撕得粉碎，而这不过是最终谋杀的序曲，即象征性地表现彭透斯与母乱伦，几乎吃起了人肉。但将这两种矛盾的状态结合起来这一点还是很清晰的：前者与后者一样，人类与动物的区隔并未达成，或者说根本没法达成。黄金时代的女祭司们自己就不给遭其遗弃的亲骨肉哺乳，而是给幼兽和狼崽喂奶。②狂躁的女祭司们有着动物性，这点乃是不言自明的。

我们这个时代，无论是对"野蛮之水"，还是对"纯粹"之粮（俄尔甫斯派就大力提倡之），都做了大量的公开宣传，也出现了许多新自然派(néo-naturiste)的派别，所以我觉得，我们这个时代特别适于去理解公元前4世纪有这么多人想立刻让人间拥有黄金时代的做法究竟有何意义。在这么多彼此对立的派别中，有一个派别作出了自己的选择，极其严苛地要求回返到野蛮状态中去，其实它也就是激进的苦行主义，而其原型就是赫拉克勒斯。显然，我要谈一谈犬儒派。当然，如今再也没人会像上世纪③的戈特林(C.W. Gœttling)所做的那样，④会坚信犬儒派的思想就是希腊无产阶级

367

---

① 　《酒神的女祭司》，702–711。
② 　同上，701–702。
③ 　此处指19世纪。——译注
④ 　"适合于雅典无产者的学校"(Eine Schule, welche recht für die Proletarier Athens gerechnet war)("雅典郊外的体育场" [Kynosarges], p.169)。

的哲学——这种表达法本身就很荒唐——但无庸置辩的是，犬儒派更好地将这座古典城邦危机的一个层面表达了出来。作为先驱者，甚或有可能是该派创建者的安提西尼(Antisthène)，不仅是一个拥有全部权利的雅典人，而且还是个私生子，他父母分别是雅典人和色雷斯人，他就读的是雅典郊外的体育场(Cynosarges)所设的体育学校，这所学校专为nothoi(私生子)，[①]也就是我们如今所说的"边缘人"所设，就这点来看，难道不是很有特色吗? 据说，犬儒派所采纳的生活模式就是去刻意僭越社会建基其上的各种禁令，尤其是食物与性方面: 由此就出现了在面对熟食时对生食所作的辩护，在面对适度的性生活时，对手淫和乱伦所作的辩护，最终也就有了对食人肉的辩护。当我们了解到安提西尼写了两篇论库克洛普斯的文章，第欧根尼写了一部关于堤厄斯忒斯(Thyeste)的悲剧时，也就没什么好吃惊的了。[②]犬儒派的敌人，也就是埃斯库罗斯和普罗塔戈拉斯笔下那位传播文明的英雄，即普罗米修斯。[③]简言之，照普鲁塔克的说法，[④]这儿涉及到的是要让生活野蛮化: τὸν βίον ἀποθηριῶσαι。因此，如果说犬儒派是以自己的方式来重述ἐλευθερία ἡ ἐπὶ Κρόνου，即克洛诺斯时代的自由这句口号，[⑤]且这么做并未受素食论和俄尔甫斯膳食论的影响，而是受到"原始的"野蛮状态影响的话，那我们也不用惊讶。黄金时代也就是波吕斐摩斯(Polyphème)的时代，是"库克洛普斯的生活"，比如说，我们在普鲁塔克的《猪怪》(Gryllos)里就发现了对此所作的颂扬，文中让

① 第欧根尼·拉尔修，VI, I, 13;《修辞语汇》(Lexic. Rhet.), Bekker, p.274。现在可参阅S. Humphreys的讨论，见"私生子"(Nothois)，与J. Bremmer的"雅典郊外的体育场"(Kynosarges)。

② 同上，VI, 17, 18, 73, 80。

③ 参阅普鲁塔克，《水是否比火更有用?》(L'eau est-elle plus utile que le feu?)，956b; Dion Chrys., VI, 25, 29–30; 反普罗米修斯的是赫拉克勒斯。

④ 《论吃肉》(De la manducation des viandes)，955cd。

⑤ 参阅[第欧根尼]，《书信集》(Epistulae; Hercher)，第32封信，致Aristippe; Lucien,《逃奴》(Drapetai)，17; 与T. Cole,《德谟克利特》，同上，p.151, n.12。

基耳刻的受害者们发言, 用来歌唱幸福, 而这就是犬儒派起源的一个主题。

在公元前4世纪这些危机此起彼伏的十字路口, 犬儒派的颠覆性做法极为雄辩地对此作了见证, 柏拉图的哲学则同时既像是一份面对危机的文献, 又像是想要化解该危机而作的努力, 至少理论层面上是如此。就此而言, 黄金时代事实上就处在那个时代争论的中心, 我们必须经由这场争论来研究在柏拉图笔下, 尤其是在"《治国者》里的神话"(268d–274e)中, 这个主题会变成什么样。我们这就来简短地回忆一下神话所在的那场对话发生的时刻。在小苏格拉底和埃利亚的陌生人之间发生的这场讨论, 是由前后相继的二分法这条途径所引导的, 但讨论通向了死胡同: 对政治家所下的定义是, 人群的牧者。神话在此履行了"制定标准的作用",[①] 用来对"超凡论"(angélisme)[②] 保持警惕, 因后者会使我们将神性的政治家与人类的政治家、黄金时代与宙斯的循环搞混; 这并不是说国王和人类的牧者这样的身份是虚假的, 而是说只有将之适用到许许多多各种各样的人身上, 这种说法才说得通。

神话是由绪论(268e–269c)引入的, 而奇怪的是, 注疏家们似乎都忽视了绪论。事实上, 柏拉图在将三段"往昔时代的历史"熔铸统合起来之前, 就已将它们重组了一遍。第一段历史讲的是一个独特的现象, 阿特柔斯(Atrée)与堤厄斯忒斯之间的纷争是其标志, 这段插曲的来源极为繁多。[③] 这两兄弟在互争王位。有一件奇事介入了进来, 支持阿特柔斯的诉求: 于是他的畜群里便诞出一头浑身为金羊毛的羊羔。但堤厄斯忒斯在其情人阿特柔斯老婆的串通之

368

---

① V.Goldschmidt,《对话录》(*Dialogues*), p.259.关于神话在定义人类eidos中所起的作用, 可参阅S.Benardete, "原型"(Eidos), p.198.

② V. Goldschmidt,《对话录》, p.260.

③ 已由J.G.Frazer汇编于伪阿波罗多洛斯书目(Bibliothèque du Pseudo–Apollodore)中, II, pp.14–166; 这些柏拉图之前极其重要的文本, 都在Eur. El., 699–730; Or., 996–1012.

下，把那头奇羊给偷了过来。从而宙斯出面，发生了一件关键性的奇事：他将太阳和七星的轨迹来了个大翻转。这至少是流传最广的版本里的故事情节，因为还有一个版本，拉丁诗人，或许还有索福克勒斯，虽然都很熟悉，但柏拉图并未直接明言之：神通过让堤厄斯忒斯享用罪大恶极的盛宴这种恐怖的事情，[1]从而修正了太阳的轨迹。我们立刻就注意到采用这个传奇故事有那么点奇怪。为了从一个太阳周期到另一个太阳周期，柏拉图根本就不需要像阿特柔斯和堤厄斯忒斯这样令人忐忑不安的"牧者"，也根本不需要让奇事来为人肉盛宴的始作俑者作铺垫。希罗多德知道太阳"已变了四次居所，两次从如今落下的地方升起，两次从如今升起的地方落下"，[2]而他采用这个传奇故事是为另一个神话故事，即埃及永恒的那个神话作铺垫。柏拉图在《蒂迈欧》里和其他地方，都会回忆起这堂课。[3]

柏拉图所依凭的第二个传说讲的是生于大地的人类，即gêgéneis。这儿用不着去提及在讲述战争功用的希腊神话中使用此种类型的诞生来表现野蛮之力，[4]我只是提及"大地之子"在柏拉图的作品中还出现了两次。首先，在《王制》里，著名的"腓尼基史"都是"美丽的谎言"，他们作为其中的主人公，之所以说到他们，是为了说服"理想城邦"的公民们，他们都是从同一个母亲，即大地身上诞生出来的，但其中一些是黄金族，另一些是白银族，最末一些则是青铜族。[5]在《智术师》中，gêgéneis就是指那些被定义为

---

① 参阅A.C.Pearson，《残篇》(Fragments)，I, p.93。
② II, 142; 参阅Ch.Froidefond，《埃及的奇迹》(Mirage égyptien)，p.143。
③ 参阅Ch. Froidefond，《埃及的奇迹》，pp.267–342。
④ 比如，可参阅F. Vian，《卡德摩斯》(Cadmos)，及该作者的"战争的功用"(Fonction guerrière)，但我并不接受此种历史主义的阐释。野蛮之力乃是gênésis，而非所有当地人的特征(参阅Cl.Bérard，《地狱通途》[Anodoi]，p.35，与N.Loraux的《在地性》[Autochtonie]，p.9)。
⑤ III, 414c与V, 468e。

σπαρτοί τε καὶ αὐτόχθονες, 即撒种于地且从中生出的那些人,[①]
柏拉图在这篇对话中将这种 "物质主义者" (matérialistes) 与 "形式
之友" 对立了起来, 而该对话确切地说应该是《治国者》同时期的
作品。

最后, 第三个传说说的是克洛诺斯的王权。令柏拉图重返的这
个王权在他耄耋之年的作品《法义》中指的就是黄金时代。只是,
这儿要注意的是, 他在很早之前的对话录《高尔吉亚》中对此是如
何论述的。在该篇对话录收尾的神话中, 他提到了克洛诺斯时代是
如何形成的, 以及宙斯统治之初, 是如何对人作出评判的, 也就是
说这幕戏剧决定了是否有人有权进入幸运岛(Iles Fortunées), 苏格
拉底观察到当时乃是不义的时代, 因为活者的人是以彼此生命的期
限来评断对方的。宙斯遂而决定终结这种恶习。普罗米修斯奉命剥
夺人知晓自己死期的认知力。自此以后, 评判就成了灵魂的事, 而宣
告这种评判的则是弥诺斯、剌达曼堤斯(Rhadamante)和埃阿科斯
(Éaque)的灵魂该做的事。[②]可以说, 普罗米修斯助人实现了使人成
为人的使命, 而宙斯的时代则与克洛诺斯的时代相对立, 正如正义
评判者的时代与专断评判者的时代是对立的一样。柏拉图笔下的
克洛诺斯并不是一个简单的人物。

因此, 从某种意义上说, 我们提前获知了对神话本身的阐释
会产生某种暧昧性。我们简单地来看一下, 神话是如何运作的——
我说的是 "运作", 因为正如有人所证明的那样,[③]柏拉图的目的就
是要推出一个机械的典范, 该文本暗指的就是这一点。柏拉图认
为宇宙的激活, 靠的是 "两类循环运动, 它们轮流开动, 方向相反,

370

---

① 《智术师》, 248c。
② 《高尔吉亚》, 523be; 关于克洛诺斯否定的层面, 我们还可说一说《王制》, II,
   378a。
③ P–M. Schuhl, "治国者" (Politique)。

便产生了两个世界：与我们的时代相对的是神的时代，投身于这运动的，是事物现实的运转进程"；[1]这两种相继出现的世界状态因翻转，即métabolê，而分隔了开来，有时是以神引领世界为其特征，而世界届时就像《蒂迈欧》里所做的那样，会整个儿地变成同一之圆，有时又完全不听神的指令：世界朝相反的方向运转，向着"拥有无穷无尽相异性的大洋"航行而去。波拉克说得极好："柏拉图的神话是朝相反的方向发展的，其目的就是为了对同一世界的确共存的两个层面，而非循环演进的诸种阶段审视一番。"在神话内部，如何能将两个世界对立起来呢？两者之一恰恰就是克洛诺斯时代，按照赫西俄德的说法，该时代的特征是这样的：土地无限丰饶，人与兽和谐共处，同类相食完全缺席(271e)。它也与古代的说法相符，那种说法认为克洛诺斯时代的人类并非政治人，然而柏拉图特地阐发了神话的这个层面，就是为了对自己的论证有利。神牧人，就和如今人牧兽无甚区别，但"既无根本法，亦不占有女人和孩子"(272a)。我们在该段文字中注意到，希腊神话中唯有"男人"(andres)是从大地里诞生出来的；女人和儿童的在场说明这已是文明生活，但通常来说要到以后才会出现。从这层意义而言，克洛诺斯时代的生活图景有时候与某些人的看法相反，[2]它同历史中被置于远古的城邦时代截然不同，而后者就是指《克里提亚斯》里雅典这座理想的城邦。最后，在所有这些特征之上，柏拉图又添加了他觉得适合的种种特点：克洛诺斯时代这样的人类过的是相反

371

---

① J.Bollack，《恩培多克勒》，p.133；我还要参照第135页注释1所包含的精彩分析；还可参阅V.Goldschmidt，《宗教》(*Religion*)，p.104。他有时认为宇宙并不存在两种循环，而是有三个阶段：克洛诺斯时代，世界翻转的时代，我们的混合世界的时代。这种阐释得到A.Lovejoy和G.Boas，《原始主义》的辩护，见p.158，L.Brisson也单独这么做了，见《同一与他者》，pp.478-496。此种假设可以《治国者》，269d之类的文本为据，那些文本认为"我们的"世界被说成是个混合的世界，而《蒂迈欧》对那些措辞也未持否认态度，但严格说来，这种说法与对神话的精读是不兼容的。

② 尤其是G.Rodier，《治国者》(*Politique*)。

的生活；人诞自大地，生来即老。从毫无记忆的大地中出来的身体都长着白发，[①]就像赫西俄德笔下在我们这个时代末期诞生的那些人一样，都留着白发。[②]他们的生命周期与我们的相反。因此，这些与之颠倒的人并非公民；那他们是否研习哲学呢？柏拉图提出了这个问题，但只是间接作了回复。"若他们大鱼大肉狼吞虎咽，彼此之间也好，和野兽也好，都只交流些奇谈怪闻，就像我们如今在这种情况下谈论他们一样[……]那这个问题就容易解答了"(272cd)。奇谈怪闻？当然是指赫西俄德的那些叙述，但也是指柏拉图本人在讲这个神话之前的序幕里所说的故事。在这和谐对称的整体内部，再一次出现了明显的不和谐之处。因为若像弗里德兰德那样认为 372 这儿柏拉图是在嘲讽那种不信任的态度，那种针对必须对黄金时代人类作整体描述的看法所持的不信任态度，那是不充分的。[③]黄金时代的天堂归根结底就是兽类的天堂。人类，也包含哲学家笔下的人类，则处于另一面，在宙斯循环的那一侧。紧接着用来描述克洛诺斯时代田园牧歌式词藻[④]的是宙斯的循环所用的政治语汇。被神抛弃的世界[⑤]拥有针对自身的kratos(273a)，即autokratôr(274a)。[⑥]因而，我们这样的人类就要正视因神离开而直接导致的灾祸之后，

---

① 恰是因此，才必须去理解《治国者》，273e里的这样一句表达法：τὰ δ᾽ ἐκ γῆς νεογενῆ σώματα πολιὰ φύττα。A. Dies的译文就这点看来是误译了，L. Campbell则在其1867年于牛津出版的注疏本里避免了这个错误。

② 《劳作与时日》，181。

③ 《柏拉图》(Plato)，I, p.206。

④ 参阅所用的动词νέμειν、νομεύειν和名词νομή，见271d–272a, 274b；参阅E. Laroche，《Nem的词根》(Racine nem.)，pp.115–129，以及É. Benveniste《语汇》(Vocabulaire)里简短的内容，见pp.84–86。"田园牧歌的"重要性并不占首位，但在柏拉图的时代，却能很清晰地感受到它。

⑤ 对"被神抛弃"和"宙斯的循环"这两种表达法所作的比较再一次强调了柏拉图文本中极其明显的歧义性。当然，这两者都有明确的段落可资佐证(272b、e等)。不过，柏拉图也确实强调了这样一个事实，即宙斯的统治只不过是logos，这儿的意思就是指"传说"(272b)，神虽说放弃了对世界的直接管理，但仍继续密切关注之(272e)。

⑥ 荷马时代Kratos一词的史前史得到了É.Benveniste的研究，《语汇》，II, pp.57–83。作者的断言对我们的看法至关重要："据说，Kratos只有诸神和人类才享有"(p.78)。

随之而起的那种急迫性，甚而是野蛮状态(274c)。我们从普罗米修斯手中获得了火，从雅典娜和赫法伊斯托斯那儿得到了所有的技艺(274c)。总之，在《普罗塔戈拉斯》中，神话里的人类就是这样的，除此之外，重要的一点是：偷盗根本不存在。诸神的赐赠与普罗米修斯的馈赠是被放在同一个层面上的。

我说的是"我们人类"，我应该赶快纠正一下。该神话很大的难点就在于如何对"我们的"世界的地位下定义。当柏拉图说νῦν(见272b与271a)时，他指的究竟是什么呢? 神话世界是由固有的欲望，即symphytos épithymia掌控的(271e)，其逻辑是否就是在朝向相异、解体演进呢? 或者，他说的是混合的世界，是《蒂迈欧》里的世界，但那是否是建基于理性与必要性携手合作的世界呢? 比如，有人试图这样来阐释这篇文本，认为柏拉图是在将世界定义为混合的世界："我们所说的天宇及世界的存在，充满了生成者馈赠的美好之物，所以它根本不想参与其间。因此，它也就根本免不了变化；相反，在它的诸多力场中，它都是在原地移动，是它所能做的完全同一的、纯一的运动：它也分享了循环运动，[①]尤其是尽可能不去远离其原初的运动"(269d-e)。接下来的内容确实澄清了柏拉图在此想要说的话：尽管在《蒂迈欧》中，同一之圆与他者之圆是在共同运行，但其中一个是朝一个方向，另一个则是朝相反的方向，一个化身于固定不变的星体之中，另一个则是在恒星之中，[②]这儿的世界运动一会儿直行，一会儿逆行，但此种逻辑上的解决方法并未消除所有的暧昧性，它没有考虑到这样一个事实，即以神的直接指令为标志的宇宙的各种状态，乃是反世界的(anti-monde)，是

---

① 关于这一点，我要纠正一下A.Diès的译文，他的译文是："循环逆行的运动"；关于anakyklôsis的重要性，可参阅L. Robin的注释，见《柏拉图》(*Platon*)，Pléiade版，II，p.1456，n.46。Diès的译文与文本后面的内容并不相容，后面文本说的是看见世界一会儿朝着一个方向转动，一会儿朝着另一个方向转动。

② 重要的文本是《蒂迈欧》，36b-d；如需了解具体细节，我只要推荐上文所引的L. Brisson的那部著作，《同一与他者》。

倒转的世界，而且颠倒的状态正好是同正转的世界相呼应的，在正转的世界中，时间顺序就是我们所了解的那种顺序。毫无疑问，有人会反驳说，这种哲学，确切地说，就像《高尔吉亚》里卡利克勒斯(Calliclès)所说的那样，就是"颠倒的世界"，从哲学上来看，现实所察知之物，就是指从中看出与其表面显现相反的东西。这当然是柏拉图式的教诲，但还是应对这样一个独特的事实作一番解释：神的馈赠之物，即普罗米修斯、雅典娜、赫法伊斯托斯予人的礼物，[①]是在一个明确的循环时刻馈赠的，而据说当时神已完全退离了这个世界。因此，必须承认该文本的暧昧性并非偶然所为，而是处于其核心地位。在柏拉图对人类投身于自身所碰到的种种困难的追忆 374 之中，我们一向找不到论据，能说明这位哲学家乃是个平庸的好古者，将黄金时代置于历史的开端。就此而言，我们只能认为像卡尔·波普尔(K.R.Popper)和哈弗洛克(E.Havelock)这些人的说法是错误的，他们认为柏拉图是个对衰亡情有独钟的理论家。[②]我们无法特别强调这样一个基本的事实：在《治国者》里，"黄金时代"是与城邦截然分开的。当然，柏拉图对我们说得很清楚，只有在宙斯循环的初期，世界才会忆起"其作者及父辈"的谆谆教诲(273a–b)。但人类学的节奏与宇宙论的节奏并不合拍。普罗塔戈拉斯所谓的进步是指，使人脱离依附性与兽性将人拖入其中的战争，这样的进展是走在与宇宙的进化相反的路途上的。[③]柏拉图也并没有轻易地摆

---

① 确实，对柏拉图在274c里想要说的话究竟有何确切的意义，是令人颇费踌躇的：τὰ πάλαι λεχθέντα παρὰ θεῶν δῶρα，意思是"传说中所说的诸神的礼物"，而这个传说，柏拉图却并未按照自己的方式去重新复述一遍；但在由人发明的技艺和技术以及将之定义为神的礼物之间，即在这两种"传说"之间，柏拉图明显选择了与人文主义截然相悖的那个版本(参阅《美涅克塞努》，238b，其中选的就是这个版本，而不是葬礼演说中的那个"世俗化的"版本)。

② E.A.Havelock，《自由的心绪》(*Liberal Temper*)，pp.40–51；K.R.Popper，《开放的城邦》(*Cité ouverte*)，I；关于这本书，可参阅上引书目，"诸神的时间，人类的时间"，n.135；另加上V. Goldschmidt，《柏拉图主义》(*Platonisme*)，pp.139–141。

③ 我们会发现在伊壁鸠鲁的哲学中有相似的对立关系；参阅L.Robin的经典文论，"进步"(Progrès)。

脱大家对普罗塔戈拉斯的信任。因为哲学、知识与城邦都是不言自明地站在宙斯循环这一侧的。[①]某些阐释者甚至想走得更远，但在此我就不再赘述了。蔡勒(E.Zeller)在其著作《哲学史》(*Histoire de la philosophie*)的注释中[②]认为，对黄金时代人类的描述是对安提西尼的自然主义哲学所作的批评性嘲讽。罗迪耶(G.Rodier)反驳了这样的阐释，[③]他的论据得到了广泛的采纳。尽管他承认在柏拉图的黄金时代，仍有着兽性的阴影，但他仍然认为蔡勒的直观性描述并未错得离谱。柏拉图写《治国者》的日期虽尚不明了，但显然是在《法义》所说的"听天由命"(résignation)之前，[④]他既不想用黄金时代这样的方式来逃避城邦，当然也不想用返回至野蛮状态来这么做。

然而，在他的最后一部著作中，是否仍有需要加以解释的地方，或者说，至少应将黄金时代历史主义化(historicisation)一番，而在那个世纪末，狄凯阿尔霍斯的著作就作出了这样的努力？我们尝试着来提出这个问题。

《治国者》是以分解的方式将宇宙呈现出来的，还有我刚刚评注过的两个神话中的循环，在《法义》中，它就是其中一种"混合的"宇宙，《蒂迈欧》、《斐勒布》与《智术师》对此是有理论的，而这也是柏拉图在其最后一部著作的第3卷中所大致描绘的一段"混合"历史。要在这段历史中寻觅一种或"正面"或"负面"的"意义"，只能是徒劳无功。通过一系列巧合与神的干预，历史肯定能

---

① V.Goldschmidt指出下面这一点是颇有道理的，他说"城邦，其物质因就在需求当中，在个体无法满足自身当中，在盲目的必要性当中，它似乎并不需要有所超越。柏拉图的著作中并无神之城邦这样的对应物"(《宗教》[*Religion*], p.120)。但尽管在柏拉图的著作中，知识有这个权利，可与公民体制相分离，可再怎么样，正如我们所见的那般，黄金时代的人类似乎从未去践行过这样的知识。

② 《哲学史》，II, 1, p.324, n.5。

③ "治国者"(Politique)。

④ 我们知道Wilamowitz的著作《柏拉图》(*Platon*)中专写《法义》的一章就用了这个词，见II, pp.654–704。人们一般认为《治国者》的写作日期是在柏拉图第三次前往西西里(公元前361年)之后没多久，因此也就在雅典帝国末期的危机之前。

达致这个成功的混合体，像斯巴达的政制就是这样的混合体，^①又能导致灾难，将阿耳戈斯与美塞尼亚击打得一蹶不振。^②我们知道，这样的历史调研法，会使人做出创建城邦的决策，而这样的城邦与《王制》里的城邦相比的话，就是μία δευτέρας，即第二结合体。^③在这最终的尝试中，克洛诺斯的时代究竟占据何种地位呢？这位雅典人恰恰在向想象中的移民们讲话的时候，介入了进来，并解释说"神性应该是万物的尺度，我认为它具有至高无上的等级，远比我们所谓的人要高级得多"(IV, 716c)。事实上，像《法义》里的城邦这样"从该词词源学意义上而言的"^④神权政治，从某些方面来看，只不过是种表象，确实可一直使之深入至古典化城邦，亦即建立于公民责任基础之上的群体的最最细枝末节之处。传统的体制与官员制度只能承担或多或少虚假的职能；君权是在别的地方。有人把他对克洛诺斯时代的参考(IV, 713a–714b)拿了出来，认为这段参引之文就是《治国者》里神话的"摘要"。^⑤当然，要注意这样一个事实，即我们正好身处一个正在重构的时代之中，克洛诺斯在历史中太过遥远，ἔτι προτέρα τούτων, πάμπολυ(713b)，所以没法把人类的时代说成是从黄金时代开始的。但与《治国者》里的神话相比的话，就能发现三个本质性的差异。首先，有诸多守护神的政府是与神的直接指令相对称的，《治国者》仅将这类宗教人物派去管理动物。此外，克洛诺斯的统治，尽管以"丰饶却无劳作之辛苦"为其特色(713c)，照赫西俄德的说法，这样的丰饶富足乃是传说的

376

---

① 有一个神创建了双重王权，"人性与神性相结合"便创设了长老议事会，"第三救世主"发明了监察官。"因此，恰因为这样的结合，你们国家的王权由于将各要素按比例混合在一起，所以既拯救了自己，也拯救了他人"(《法义》，III, 691d–692a)。

② 《法义》，III, 690d–691b。

③ 同上，V, 739e。正如H. Margueritte以前所教我的，我要在这儿保留A与O的手稿文本，摒弃Apelt毫不出彩的推测之辞，他认为τιμία δευτέρως意为"第二信誉"，Des Places的版本也取这个说法。关于结合是柏拉图《王制》里的基础原则，可参阅亚里士多德，《政治学》，II, 1263b, 30–35。

④ V. Goldschmidt，《宗教》，p.113。

⑤ E. Des Places，《法义》版，C.U.F., II, p.61, n.2。

一部分，但其统治对政治体制及语汇还是很熟悉的。克洛诺斯的时代有poleis(713d-e)，有神圣的执政官(713b)，物产虽不丰足，却是正义行天下，aphthonia dikês(713e)，而其政治体制也是以"良好的立法"，即eunomia，为其特征的。柏拉图甚至注意到还存在着提防革命的种种举措(713e)。最后，是田园牧歌式的图景，在《治国者》中，因不适合而没有出现，但柏拉图在《法义》中又用起了它，后者依凭的是词根nem所具有的不同的重要性，从而在解释牛无法被牛管理、人无法被人管理之后，指出我们所谓的法，其实就是精神的dianomê(714a)。因而，下面的说法还是颇为合情合理的，即我们现行的种种体制之所以更好，其实是模仿了"克洛诺斯时代权力与管理"的方法，即άρχή τε καì οἴκησις... ἐπì Κρόνου(713b)。

克洛诺斯时代与现时最好的城邦相比，也可以说是典范，确切地说就像《王制》里的城邦与《法义》里的城邦相比的话，可以说是典范一样(V, 739e)。但就理想城邦而言，柏拉图只是说这样的城邦是由诸神或诸神的孩子们居住在里面。但由此可见柏拉图即便在《法义》里，仍赞成"原始主义"，也就是说赞成对人类原初时刻理想化；[①]简而言之，借用卡尔·波普尔的说法，他难道认为"其完美状态的'范式'、原初性可在极其遥远的过去被发现，可在存在于历史拂晓时分的黄金时代中被发现吗？"[②]当然，当柏拉图对我们说起特里普托勒摩斯(Triptolème)发现了农业技术，从而也谈起了得墨忒耳和科雷(Corè)时，他其实是在相当明确地暗示俄尔甫斯教仪中的传说："那时候，我们还不敢吃牛肉，不能将活牛献祭给诸神，只能把浸于蜜汁里的饼或水果，以及其他类似的纯洁之物献给神，当时之所以不吃肉，是认为吃肉或让血弄脏诸神的祭坛，是不敬神"(VI, 782c)。因此，所谓的俄尔甫斯派的生活(ὄρφικοί...

377

---

① 这样的说法严格来讲，并不确切，因为在柏拉图笔下，人类是重头再来，而非刚刚开始。
② 《开放的城邦》，p.29。

λεγόμενοι Βίοι)是在指称遥远的往昔时代。但俄尔甫斯派生活的反面也不缺"历史的"担保。"我们发现，人祭杀其他动物的做法，直到现在仍可见到许多残余"(VI, 782c)事实上，就像这儿所见的，在农业发明之前，"活物" [①] 性喜相食。因而，幽邈的往昔时代让我们见到了与独一无二的俄尔甫斯生活截然不同之处，况且，那样的生活也根本不可能被视为典范。而且，《厄庇诺米斯》(Épinomis)的作者——不管是不是柏拉图——也回到了这上面，他的解释是禁食同类与发明农业技术是处于同一层面上的，也就是说处于次级层面上(975a–b)。

　　然而，仍需仔细读一读《法义》第3卷那些有名的段落，《法义》描写了经历了灾难和族长制生活之后人类的新开端，柏拉图借助于荷马笔下的库克洛普斯，说到了这种生活，但未提及同类相食。 [②] 他说得很清楚，那是野蛮状态下的生活，但也是公正、简单的生活。柏拉图再一次与普罗塔戈拉斯相遇，柏拉图强调的是，技艺的缺失并非人类幸福的关键性障碍。但当柏拉图这些"好的野蛮人"与其同时代人相比较时，却注意到他们要我们更单纯(euêthestéroi)、更勇敢(andreiotéroi)、更节制(sôphronestéroi)、更公正(dikaiotéroi)(679e)。正义、节制、勇敢……柏拉图在《王制》中为之创立理论的这些美德，除了第一个之外，都是智慧(sophia)，而智慧就是精神的美德，是哲学家、知识持有者的美德。 [③] 智慧被单纯(simplicité)取代，这是就该词的双重意义而言的：这样的恭维相当暧昧。 [④]

　　尽管柏拉图相当清晰地解释了这个主题：我们那由历史发展而来的世界、"城邦、体制、技艺和法律""恶德一大堆，美德也是一

378

---

①　Tὰ ζῷα; 根本不可能仅指动物，农业的发明并不会仅仅关系到它们。
②　《奥德赛》的引文，IX, 112–115, 来自《法义》，III, 680bc; 参阅J.Labarbe,《荷马》(Homère), pp.236–238。
③　《王制》，IV, 428e–429a。
④　认为最初那些立法单纯、天真，也是亚里士多德的主题(参阅《政治学》，II, 1268b 42)。我要感谢R.Weil让我了解到了这篇文本。

大堆", πολλὴ μὲν πονηρία, πολλὴ δὲ καὶ ἀρετή。[①]原始主义，虽远不是一句口号，但也只不过是一种权宜之计，族长制生活的单纯性，没人会认为比《王制》里仅建立于需求基础上的初级城邦，比柏拉图的兄弟格劳孔的看法有多得多的指涉，后者虽然认为这样的生活很幸福，但仍是"猪的城邦"，[②]而这是就事物的本质而言的。不管怎样，尽管柏拉图一直到最后都未向黄金时代各异的廧景让步，而随后的时代又会使这样的黄金时代繁荣复生，但在幸福与知识之间，在人的城邦与神统治的城邦之间——必要时，就像《法义》里一样，可通过装扮成"夜间议事会"里的老人那样的哲学家来统治——，在历史与心智的诸种形式之间，仍会不无张力，

379　而此种张力，似乎最终会导向断裂。[③]有人说得极是，即如果柏拉图式的城邦本身呈现的是"最美的戏剧"[④]的话，那"这场真实的戏剧似乎已免除了任何戏剧性因素；任何无法弥补之事都无法通达灵魂；它并不包含悲剧性的高潮，甚至连收尾都没有，因为死亡并不会终结"。[⑤]真正的柏拉图式悲剧其实在别处。它就在柏拉图主义

380　本身的境遇中，在历史的暧昧性之中。

---

① 《法义》，III, 678a。
② 《王制》，II, 372d。
③ 这篇文论的开篇处试图证明断裂是在柏拉图之后发生的。
④ 《法义》，VII, 817b。
⑤ V. Goldschmidt，《宗教》，p.98。

第四节　德尔斐神庙之谜*:
关于马拉松基座（保撒尼阿斯, X, 10, 1–2)

"德尔斐神庙尚有许多未解之谜。有些或许根本就无解，无疑，和布尔盖(E. Bourguet)的想法一样，必须认为最后一任女祭司(Pythie)已经将它的秘密带走了。"费了许多笔墨，甚至恼羞成怒的一本汇编本就是这样开篇的，而我也就借用了这本论著的书名。[①]

我的看法要比让·普尤(Jean Pouilloux)和乔治·鲁(Georges Roux)的观点更谦虚，我只是想如实澄清保撒尼阿斯笔下的一个段落，该段落在"大发掘"之前、期间和之后都引起了诸多讨论。

来到阿波罗圣殿的入口，穿过庙墙后，保撒尼阿斯相继描写了科孚岛(Corcyre)的公牛、铁该亚人(Tégéates)的基座、拉凯代蒙舰长的基座(山羊河[Aigos Potamos]的还愿物)、阿耳戈斯人为纪念其与斯巴达争夺泰里亚(Thyréatide)一役而敬献的木马，之后，便写到了"马拉松基座"。

381

这篇写到最后那个祭品的文本是这样建构起来的(X, 10, 1):

Τῷ βάθρῳ δὲ ὑπὸ τὸν ἵππον τὸν δούρειον δὴ ἐπίγραμμα μέν ἐστιν ἀπὸ δεκάτης τοῦ Μαραθωνίου ἔργου τεθῆναι τὰς εἰκόνας. Εἰσὶ δὲ Ἀθηνᾶ τε καὶ Ἀπόλλων καὶ ἀνὴρ τῶν στρατηγησάντων Μιλτιάδης. Ἐκ δὲ τῶν ἡρώων καλουμένων Ἐρεχθεὺς καὶ Κέκροψ καὶ Πανδίων [οὗτοι μὲν δὴ] καὶ Λεώς τε καὶ Ἀντίοχος ὁ ἐκ Μήδας Ἡρακλεῖ γενόμενος τῆς Φύλαντος, ἔτι δὲ Αἰγεύς τε καὶ παίδων τῶν Θησέως Ἀκάμας · οὗτοι μὲν

---

* 发表于《历史杂志》(*Revue historique*), 91(1967), pp.281–302。如今的这个版本是在Alain Schnapp的帮助下完成的。

① J.Pouilloux与G.Roux,《谜》(*Énigmes*)。

καὶ φυλαῖς Ἀθήνησιν ὀνόματα κατὰ μάντευμα ἔδοσαν τὸ ἐκ Δελφῶν · ὁ δὲ Μελάνθου Κόδρος καὶ Θησεὺς καὶ Φιλαῖός ἐστιν, οὗτοι δὲ οὐκέτι τῶν ἐπωνύμων εἰσί · τοὺς μὲν δὴ κατειλεγμένους Φειδίας ἐποίηςε καὶ ἀληθεῖ λόγῳ δεκάτη καὶ οὗτοθ τῆς μάχης εἰσίν · 2 Ἀντίγονον δὲ καὶ τὸν παῖδα Δημήτριον καὶ Πτολεμαῖον τὸν Αἰγύπτιον χρόνῳ ὕστερον ἀπέστειλαν ἐς Δελφούς, τὸν μὲν Αἰγύπτιον καὶ εὐνοίᾳ τινὶ ἐς αὐτόν, τοὺς δὲ Μακεδόνας τῷ ἐς αὐτούς δέει.

4 Πανδίων correxit in margine Riccardianus gr.29: Δίων Fb Pc Vn ‖ 5 οὗτοι μὲν δὴν omiserunt Vindobonensis hist. gr.51 Parisinus gr.1399 Lugdunensis B.P.G. 16K (non uidi) et seclusit Schubart ‖ καὶ Λεώς correxit Porson (καὶ Λεώς Palmerius): Κελεός codd. (expunctum in Riccardiano) ‖ 9 Φιλαῖος (uel Φιλέας) correxit Curtius: Φιλεύς Fb Pc Vn Φυλεύς quidam et editores ante Spiro Νηλεύς Gœttling.

现有译文如下："在木马低处的基座上, 有一段铭文写道, 这些雕像是为马拉松战役征收十一税一事而敬献的: 它们是雅典娜、阿波罗, 以及当时的一位统帅米太亚德; 在那些雅典所谓的'英雄'当中, 有厄瑞克忒翁(Érechtheé)、刻克洛普斯、潘狄翁(Pandion), 以及列俄斯(Léos)[①]和安条克(Antiochos), 后者为孚朗托斯(Phylas)之女墨达斯(Méda)同赫拉克勒斯所生; 还有埃勾斯, 和忒修斯的其中一个儿子阿卡马斯(Acamas); 依照德尔斐神庙的神谕, 雅典各部族均以这些人物的名字命名。还有科德洛斯, 他是美兰托斯之子, 以及忒修斯和菲拉俄斯(Philaios), 但这些都不是用

---

① 列俄斯, 雅典英雄, 曾于雅典的大瘟疫中献出3个女儿祭神。——译注

来命名的名字。所列的这些雕像都是菲狄亚斯的作品，它们其实也 382
很好地表现了因该战役而征收十一税的事。后来，雅典人又给德
尔斐神庙送去了安提柯(Antigonos)、其子德米特里(Démétrios)和
埃及人托勒密①的雕像，之所以给最后这位立像，是因为雅典人对
他忠心耿耿，之所以给这些马其顿人立像，是因为他们能激发恐
惧。"②

　　乍一看，在描述这件文物时，提出了两个重要的历史问题。依
照保撒尼阿斯的文本的说法，马拉松战役的祭献物是一座为荣耀
米太亚德而铸的雕像，从某种意义上说，米太亚德已被英雄化，介
于两个神之间：他们是雅典娜和阿波罗，雅典城邦的女神和德尔斐
神庙之神。因此，不可能假定这一组合在马拉松战役之后米太亚德
还活着的时候，就立马确立了起来，毕竟从种种迹象来看，他们都
已成了雅典人的珍宝。③不仅仅这些已被同等人格化的雕像并不存
在于公元前5世纪初，而且紧随帕罗斯(Paros)一役的马拉松战役之
后，米太亚德还被课以极重的罚金，④只有死后，他的儿子客蒙支付
了这笔罚金，他才会获得平反。⑤因而，不可能逐字逐句地听信保撒
尼阿斯的断言，虽然他在意识到了自己的说法有矛盾后仍在坚持己
见；如果这一组合是因马拉松战役而征收的"十一税"而立的话，

----

① 安提柯一世(公元前382—前301年)为马其顿贵族，曾是亚历山大大帝手下的得力干
　将，后建立安提柯王朝。德米特里一世(公元前337—前283年)是他的儿子，后当上
　马其顿国王。埃及人托勒密(公元前367—前283年)应指埃及托勒密王朝的法老托
　勒密三世。——译注
② 我自由地引用了近来该段落的两种法语译文，一见G.Daux的《保撒尼阿斯在德尔
　斐神庙》(*Pausanias à Delphes*)，p.29，一见G.Roux的《谜》，p.7。
③ 最后，可参阅P. de la Coste-Messelière，《雅典人的珍宝》(*Trésor des Athéniens*)，
　p.260及以下，我们可从中找到该论战的文献，法国学者和德国学者彼此持相反的
　观点。但最全面的阐述还是J. Audiat的《雅典人的珍宝》(*Trésor des Athéniens*)。
④ 希罗多德，VI, 136。
⑤ 同上；普鲁塔克，《客蒙传》(*Cimon*), 4。

那这也只能是在该战役结束后过了很多年之后才发生的事。保撒尼阿斯通过说出艺术家的名字，菲狄亚斯，来确证自己所言非虚。尽管菲狄亚斯生平不详，但再怎么样，有一点是肯定的，即他最初的作品均创作于第二次米底亚战争之后。[①]所以，和注疏家们大体一致，我们都承认马拉松的基座是在客蒙当政时竖立起来的，时间差

383   不多是在公元前5世纪下半叶。[②]

但真正的困难，最神秘的谜题，还在别处。这尊雕像不管究竟何时铸成，都成了我们所谓的阿提卡各部族命名神(Éponymes)最古老的代表，[③]从时间上看，它与克里斯梯尼改革最为接近，这次改革创建了部族，并在询问德尔斐神庙后给各部族分配了命名神，[④]从各方面看，它都要比竖于公共广场(Agora)上的那一组合更接近，美国人的挖掘工作找到了关键性的证据，似可将日期溯至

---

① 参阅Ch.Picard，《雕刻手册》，II, 1, p.310及以下。

② H.Brunn，《艺术家》(*Künstler*)，理解得很到位，见p.164。我没发现还有任何需要进一步加以明确的地方。然而, P. de la Coste-Messelière，《德尔斐神庙博物馆》(*Musée de Delphes*)，p.447, n.2却认为可以这么去看，即德尔斐神庙的基座是和雅典的冲锋陷阵者雕像(公元前451—前448年)同时期创作出来的；该基座也是为了纪念马拉松战役。Raubitschek有个——根基不稳——的假设，他认为客蒙是在公元前456年之后死的，E.Kluwe("代表大会法令集"[Kongressdekret])以该假设为基础，凭空将基座的建造日期明确到公元前460—前457年。最后再引几个错误的观点：H.Pomtow认为("研究二"[Studien II], pp.95–96)保撒尼阿斯把艺术家的名字说错了，应将作品归于赫吉亚斯(Hegias)，此人是菲狄亚斯名不见经传的老师。这个说法在《德尔斐神庙》(Delphoi)中也出现过，见c.1217。相反, A.Furtwängler, "通往献祭之途"(Zu den Weihgeschenken)却采用了极其矫饰的考古学论证方法，认为该作品的创作日期只能在公元前4世纪。持同样看法的F.Poulsen("献祭之龛"[Niche aux offrandes], pp.442–425)认为我们所说的雕像和"木马"是公元前414年由雅典人与阿耳戈斯人合力所献。

③ 在专门研究保撒尼阿斯该文本的文章"阿提卡的国王"(Attische Könige)里，F.Brommer并未提到雅典人的各大命名神。所以，他的研究尽管梳理了大量引申出来的文献，很有意思，但仍不具任何阐释上的价值。关于命名神，其神话与宗教人格，其图像记录，今后可参考一本基础性的著作，见U.Kron，《部族英雄》(*Phylenheroen*)。必须实实在在地逐页阅读这篇文论；关于马拉松的基座，可参阅pp.205–227。

④ 参阅P. Lévêque与P. Vidal-Naquet，《克里斯梯尼》，pp.50–51、70–72。

公元前4世纪最末的30多年内。^①毫无疑问，不管怎么说，该雕像对雅典人而言很久以前就已铸成，因为他们还特意将独眼克里斯梯尼(Clisthène Antigonos Monophthalmos)与攻城略地者德米特里(Démétrios Poliorcète)添为命名神，这两人是于公元前307/306年获得此项荣誉的，而行善者托勒密三世(Ptolémée III Évergète)则或许是于公元前224/223年被用来命名部族的。^②然而，我们注意到，照保撒尼阿斯的文本所言，在这栋极具雅典城邦精神的建筑内，有3位命名神付诸阙如，他们是埃阿斯、俄伊纽斯(Oineus)和希波托翁(Hippothoôn)，而经保撒尼阿斯所着力强调的、并未获封"创建者"(archégète)名号的3位英雄却是一个不缺。^③那该如何解释这样的缺席和这样的在场呢？

384

3个"增补进来的"英雄都在里面，那他们都是什么样的英雄呢？科德洛斯和忒修斯肯定是得到了确证，但就我对保撒尼阿斯所作的不怎么多的注释粗粗一看，^④则证明了无论是原稿还是编者

---

① 参阅T.L.Shear Jr.，"作为命名神的英雄"(Eponymous Heroes)；但这位考古学家认为约于公元前350年被毁、位于"中廊"(Middle stoa)的一处构造说明该建筑是于公元前5世纪下半叶建成的；各类不同的文本均提到过该建筑(阿里斯托芬，《和平》[Paix]，1183；《骑士》979；如需了解其全景图，可参阅R.E.Wycherley，《雅典的公共广场》[Athenian Agora]，III，p.85-90)；T.L.Shear的观点得到了H.A.Thompson与R.E. Wycherley的采纳，见《雅典的公共广场》，XIV，pp.38-41；保撒尼阿斯本人则在I, 5中描述了这栋建筑；也可参阅U.Kron的《部族英雄》，pp.226-236。

② 参阅G.Busolt与H.Swoboda，《政治科学》(Staatskunde)，I，pp.973-974，与Ed.Will，《政治史》(Histoire politique)，p.73与pp.363-364，可见其中也提到了就托勒密部族的创建日期所作的讨论。我们还将注意到雅典人在公元前224/223年后已不再去关心德尔斐神庙的这尊雕像呢。因此，无论是公元前201年对两个"马其顿"部族的镇压，还是公元前200年创建阿塔利斯(Attalis)部族，之后到帝国时代，又创建了哈德良(Hadrianis)部族，均未记录在册。

③ G.Roux于1967年2月23日在写给我的信中，很好地描述了这个谜题："对雅典的命名神从未凑满10个这一点，我一向都很惊讶：隶属于被排除在外的3个英雄部族的雅典人在拜访德尔斐神庙的时候会有何感想呢？我们对之情有独钟的这些英雄又会想些什么呢？"

④ 我的"注释"都很实用，只着眼于强化我的论证。我自然已将"正字法错误"、iota字母的缺席等排除在外了。(iota是古希腊语字母ι。——译注)

都未达成一致意见，前者似乎在难以理解的菲列乌斯(Phileus)和弗列乌斯(Phyleus)之间拿捏不定，后者则一会儿择取弗列乌斯，一会儿选涅列乌斯(Neleus)，一会儿又是菲拉俄斯(Philaios)。

385　托布纳(Teubner)版由斯皮罗(F.Spiro)于1903年印行，其之前的所有编者均采用了弗列乌斯这一异文，[1]而这位"英雄"在各处出现时，注释均引用了保撒尼阿斯的文本。[2]但弗列乌斯究竟是谁呢？由于不可能是指国王奥吉阿斯(Augias)的儿子，因此人显然和这尊雅典雕像毫无瓜葛，于是很久以前就有人假设，那应该是指为部族(Phylé)镇区命名的英雄，那儿是希波托提斯(Hippothontis)部落的领地，这是其中一个未在马拉松的基座上出现的部落，但这个人物无法另行获得证明。[3]因此，这样的异文只不过是表面上与某些手稿文本相合而已。

有这样一种历史阐释，后面我会再说到，那就是戈特林(C.W. Gœttling)于1854年提出的修订成奈列乌斯(Nêleus)这样的说法。[4]所以，这个出现在德尔斐神庙里的人物应该就是科德洛斯的儿子，是伊奥尼亚诸城邦其中一个颇具传奇色彩的创建者。[5]此种假设虽

---

[1] 但必须注意的是，J.G.Frazer在其译本中采用了Phyleus这一异文，他在注释和评论中论证了为何要修正Philaios。参阅《保撒尼阿斯》(*Pausanias*)，I, p.608; V, pp.265–266。

[2] 因此，还在1941年的时候，Th.Lenschau就在《菲拉俄斯》(*Phyleus*)，c.1016中写道："由阿提卡的英雄塑造成的雕像是雅典人为马拉松战役而献于德尔斐神庙的祭品"(Attischer Heros, seine Statue in dem Weihgeschenk der Athener in Delphi für Marathon); F.Brommer，"阿提卡的国王"，p.152; W.Gauer，《献祭物》(*Weihgeschenk*)，p.66。

[3] 参阅H. Sauppe, *De Demis*, p.8: Hunc heroem Atticum, eponymum Phylasiorum, fuisse docent ea quae de statuis ex praeda marathonica Apollini Delphico consecratis Pausanias narrat.(该句拉丁语意为：此人为阿提卡英雄，是部族的命名神，保撒尼阿斯会来叙述德尔斐神庙阿波罗圣殿内被祝圣的马拉松雕像的由来。——译注)

[4] "雅典郊外的体育场"，pp.17–18。C.W.Gœttling批驳了Ernst Curtius的反驳意见，他重述了自己在《论文选》(*Gesammelte Abhandlungen*, II, pp.163–164)里的论证，并有所发展。

[5] 关于这些传奇故事，参阅M.Sakellariou，《希腊的迁移》(*Migration grecque*)(参阅索引的Neleus词条)，关于公元前5世纪政治上利用这些传奇故事的情况，可参阅J.Barron，"雅典的宣传"(Athenian Propaganda)与"宗教宣传"(Religious Propaganda)。

然很明显无法依赖于任何一种古文字学的论证，但仍获得了某种程度的成功。[①]然而，若是想证明其合理性，就必须要有极具决定性的历史论证。

最后，就是恩斯特·库尔蒂乌斯(Ernst Curtius)于1861年提出的远非严格的修正意见，因为他认为应该读作菲拉俄斯或菲列阿斯(Phileas)。[②]因此，第三位英雄应该就是埃阿斯的儿子，老米太亚德(Miltiade l'Ancien)的先祖，从而如果可以这么说的话，就是小米太亚德(Miltiade le Jeune)的那位被选定的先祖。[③]这样的修正本身获得了一定程度的赞同。[④]是否有可能用某种大致确定的方式在这3个选项中作出选择呢？只有对手稿里的传说故事更仔细地检视一番，我们才可对此作出回答。保撒尼阿斯数量多达18卷的原稿，很久以来就有人研究，但只是到了最近，迪勒(A. Diller)提出的分类法才似乎让人确信起来。[⑤]所有手稿事实上都源自尼科洛·尼科利(Nicolo Nicolli)于1416年得到的书版(codex)，1437年，尼科洛去世后，它落到了佛罗伦萨圣马可修道院的手中，时间长达一个世纪，

386

[①] E.Loewy以自己的方式重复了这个假设，见"祭坛"(Donario)，该作者只是经由下引的那篇Curtius的论文才间接了解到Gœttling的著作。由此可见，该假设既出现于F. Spiro(Teubner)版的著作中，后者只是在其注释中才仅仅提及Loewy，也出现在1918年的W.H.S.Jones的"版本"(Loeb)中，但并未告知读者其中作了修订。该假设还得到了A.Furtwängler的采纳，见"通往献祭之途"，p.396, n.2，也得到了A. von Domaszewski的认同，见《阿提卡的政治》(Attische Politik)，p.20。另一种修订的提议很荒谬，是由E. Berger提出的，见"马拉松战役群像"(Marathonische Gruppe)：说到菲列乌斯的话，就必须追溯到俄伊纽斯(Oineus)。因此，这样就只缺两位命名神。但必须提及的是，保撒尼阿斯曾指出这3位"多出来的"英雄并非命名神。

[②] "祭献物"(Weihgeschenke)，p.366。

[③] 希罗多德，VI, 35；普鲁塔克，《梭伦传》，10。

[④] 除了已经引用的J.G.Frazer的观点之外，我们还引用了J.Overbeck的《古典时期的资料来源》(Antiken Schriftquellen)，p.117里的观点，尤其是H. Hitzig与H. Blumemner《保撒尼阿斯》(Pausanias)，p.547与678的看法。Hitzig与Bluemner的这篇文本与G.Daux(《保撒尼阿斯在德尔斐神庙》)及G.Roux(《谜》)一脉相承，可惜的是，未给出注释。

[⑤] "保撒尼阿斯在中世纪"(Pausanias in the Middle Ages)与"手稿"(Manuscripts)。在对Diller的分类法进行验证后，我相信其可靠性能得到证实。我觉得，M.H. Rocha Pereira在其新版Teubner(1973)中并未修改Diller的结论，但两者有细微的差异。

后来就消隐无踪了。迪勒论证道，我们拥有的手稿中唯有3本是该印刷批次的抄本。它们是威尼斯的马尔西安希腊抄本（Marcianus Venetus Graecus）413（Vn），国立图书馆的巴黎希腊抄本（Parisinus Graecus）1410（Pc），以及佛罗伦萨的拉丁姆抄本（Laurentianus）56–11（Fb）。可见，保撒尼阿斯的考证版本应该是仅仅依据这些手稿写出来的。[①]尽管很容易就能核实我们拥有的这3份手稿并没有弗列乌斯这一异文，[②]但菲列乌斯也站不住脚。[③]因此，英雄弗列乌斯就连他迄今为止一直享有的那么一丁点存在都丧失了。这一点只能依赖于某人文主义者的推测，此人对奥吉阿斯的儿子的名字或抄写者的疏忽大意很是了解，他认为抄写者受到了与属格Phylantos相符的那个名字的诱惑而误入歧途的。很容易依据库尔蒂乌斯在《菲拉俄斯》（*Philaios*）里提出的那个假设对菲列乌斯的起源作出解释。由于发音相同，从某个时代起，便将ai与e的拼写混淆了起来，这样的错讹很是经典，司书在自己眼皮底下将*菲列俄斯（Phileos）写完后，因受到旁边忒修斯（Thêseus）这个名字的吸引，也就自然而然地写成了菲列乌斯（Phileus）。[④]由此可见，这几乎就是板上钉钉的事。事实上，其中一个被用作命名神的雅典英雄的名字也出过几乎一模一样的错误。在我们所有手稿中的那些名字里，出现了艾琉西斯的国王凯列奥斯（Celeos）的名字，但他和这儿当然完全没有关系。所以，

387

[①] 尽管如此，仍必须注意到一点，即其他手稿都经过了人文主义者很好的修订。所以，我们这3份手稿的修订结果是潘狄翁（Pandion），而非狄翁（Dion），自从1516年出现阿尔丁（Aldine）原版以来，这样的修订得到所有编订者的认可也颇合情合理，修订出现于《里加狄亚努斯希腊抄本》（*Riccardianus Graecus*），29的书页边缘，正如我在缩微胶卷上见识到的那样，根据Diller的系统分类法，也出现于从中派生出来的手稿中。

[②] 因此，它只出现于某些经不起推敲的地方（deteriores），正如我所核实的那样，比如出现于《巴黎希腊抄本》，1399中。

[③] 我的那位帕多瓦大学的同事E. Mionni很想为我检验一番威尼斯的手稿，我朋友M. Papathomopoulos则向历史协会咨询了最后一份手稿及佛罗伦萨手稿的缩微胶卷文本事宜。谨向两位致以谢意。我亲自检验了《巴黎希腊抄本》，1410。

[④] 和我在这儿所作的推论类似的论证，只有H.Hitzig概述过，见他在H.Pomtow的《研究二》，p.86中所引的一封信里所作的推论，但他未对手稿进行合理的分类。

把它读作kai Léôs，而非Kéléos，也说得通。①弗列乌斯与菲列乌斯就这样被排除在外了，涅列乌斯也很难被证实，我们可以这么认为，即很有可能保撒尼阿斯在德尔斐神庙的基座上看见过英雄菲拉俄斯的名字。②

在对保撒尼阿斯的这篇文本进行深入分析且作出阐释之前，应该提一下另一个先决条件，即考古学。对德尔斐神庙的挖掘是否可使人较为确定地重构马拉松的基座，确定其确切的位置、长度，并明确基座上共有几座雕像，简言之，就是是否可确证保撒尼阿斯的这篇文本、他向我们传递的内容，或使之失效呢？遗憾的是，回答只能慎之又慎，应该提及考古学家本身所持的怀疑态度。我无法扩展这些讨论，况且它们也超出了我的能力范围；我只是想说一些主要的结论。

我借自普尤和鲁的这幅插图③(n°5)可能就是马拉松基座的真实所在地。④当然，必须将其中一个所说的位置排除出去，那就是

388

389

---

① 因此，并列连词消失不见了，或许是因为出现了οὗτοι μὲν δή所致吧，其1839年的版本不赞成Schubart的说法是合理的。某些经不起推敲的地方(deteriores)新添了καί，于是就变成了καὶ Κελεός τε。《里加狄亚努斯希腊抄本》，29的抄写者——或修订者——怀疑Κελεός是有道理的，Πανδίων这一很好的异文也与他有关。修订结果κελεός = καὶ Λεώς是1768年由Jacques Le Paulmier de Grentemesnil(Palmerius)的《练习集》(Exercitationes)第435页第一次提出来的，作者认为这是笔误(应为Λεών，而非Λεώς)：Suspicor legendum Πανδίων καὶ Λεών. Non enim censetur Celeus inter Heroes Epnymos, nihil ceriius est, omnia enim alia nomina sunt eponymorum qui nomina tribubus Atheniensium dederunt. 该修订结果得到了R.Porson的认可，见Th.Gaisford《柏拉图读本》(Lectiones Platonicae)的附录，p.184。它也出现在了Clavier(1821年)修订版之后的各个版本中，但在1794年J.F.Facius精美的Leipzig版本中也早已出现过，该作者在书中指出了J. Le Paulmier所作的修订。

② 应该写成菲拉俄斯(Philaios)，而非菲列阿斯(Phileas)，就像保撒尼阿斯本人所写的那样，见I, 35, 2。

③ 《谜》，图34。该平面图本身就是P. de la Coste-Messelière《德尔斐神庙博物馆》平面图L的修订版。我要感谢我的朋友P. Lévêque，他自愿为我重画了这幅插图。

④ G. Roux给我写道(引自1967年2月23日信)："在《谜》中的平面图上，我们把那个基座(5)放到了山羊河基座(3)的后面。但有可能会有变化：3号基座更往南一点，5号基座延长到3号基座前[……]，所以就连基座的体积大约是多少都没法计算。"

9号壁龛，该壁龛时间更早，出现于公元前4世纪下半叶。[1]"艺术史家会觉得很有意思，因为德尔斐神庙的挖掘人员至少能让他们看到某块有可能，或者说极有可能是基座的石头。"[2]这样的希望是否能得到满足呢？关于这次大规模挖掘，奥摩尔(Th.Homolle)是这样写的："没有一块基座、一块石头、一块铭文的碎片，我们能归之于这件文物。"[3]此后，还做过各种不同的尝试：彭托(H. Pomtow)有一段时间认为双层石灰巨岩底座应在马拉松基座的西端，[4]但这块巨岩的上层事实上是呈西北角的角度，因此，就像彭托本人所见的那样，更适合阿耳戈斯人的特洛伊木马(Doureios Hippos; n°4)。[5]这位学者还提出了一个截然不同的建议：他提议将一组"约15块石灰岩板"认作为马拉松基座所用，其中几块石灰岩板滑到了拉凯代蒙舰长基座所在位置(n°3)很近的地方。[6]最近，鲁重新

390　计算并检视了一番这些石块，他写道："我在围墙东南角的壁龛缺口处及罗马公共广场上，算出有22块石灰巨岩——我对自己这么说毫无信心——这些石灰巨岩经过许多次打磨，磨有石沟，用来放T形扣钉，必然是来自圣殿东南角公元前5世纪的其中一座大型基座。"前不久，开始开挖这个位置，[7]维维安·雷尼奥(Viviane Regnot)愿意让我自由使用那些文献。彭托的15块石板变成了29

---

[1] H.Bulle和Th.Wiegand，"地形图"(Topographie)，p.333及以下。参阅Th.Homolle的认可，见"地形图2"(Topographie 2)。A.Furtwängler也重述过这个假设，见"通往献祭之途"，F.Poulsen也重述过，但方式更复杂，见"献祭之龛"。关于该壁龛，可参阅《谜》，pp.19–36。

[2] J.Bousquet，"铭文"(Inscriptions)，p.132。

[3] "地形图1"(Topographie 1)，pp.297–299(页码出错，应为397–399)。

[4] 参阅《研究二》，p.75与图5。E.Bourguet似乎也认可这种说法，见《德尔斐神庙的废墟》(Ruines de Delphes)，p.40，G.Daux也持此说，见《保撒尼阿斯在德尔斐神庙》，p.88。

[5] 参阅插入"德尔斐神庙"(Delphoi)的平面图，见c.1199–1200，与《谜》，p.53，图17及pl.XI，1–2。

[6] 《德尔斐神庙》，c.1215。

[7] 参阅G.Daux，"1965年编年纪"(Chronique 1965)，p.899。参与挖掘的有Cl.Vatin和V.Regnot。

块。那些都是"浅灰色石灰岩板和直立石灰岩板，用(T形或Γ形)铁件固定"。"发现这些东西的地方，固定件、材质，与地表挖掘相似的工作，促使人们认为这些石块就是用于公元前5世纪这件文物身上的"，它事实上应该就是马拉松战役的还愿物。[1]我们有4类高度不等的石块，因此至少会有4层。保存最好的那一层没有一块石块是有棱角的，其长度应该至少有12米。可惜，任何一块石块都无法归到顶饰那一层上去，这便造成我们丝毫不清楚菲狄亚斯的雕像究竟是如何布局的。[2]还要指出最后一个细节：那些巨型石块本身就是一整块有棱角的巨石，在那些石块上，"稍微侧一侧即可看见竖直的脸型，那是为了与相邻的雕像相适应，事后粗略切削所致"。[3]鲁并未排除的观点是，有可能"马拉松基座会延长，以便在上面安放希腊化时期的君主雕像"。[4]

尽管这样的线索很珍贵，但我们发现它们对我们的问题仍丝毫于事无补。的确，只有与保撒尼阿斯的文本相比，考古学家们才能作出决定，保撒尼阿斯的文本乃是他们参考的核心；圣殿内东南区域的损毁状态恰好让光线泼溅而入。

因此，我们不得不深入地重新检视一番保撒尼阿斯的这篇文本。现如今，我们究竟该如何阐释它呢？最简单的解决方法是1861年由恩斯特·库尔蒂乌斯提出来的。[5]保撒尼阿斯的这篇文本有一

---

[1] 这只是一个假说，正如G.Roux向我指出的(1967年3月9日信)，我们只能认为山羊河基座与此无关(平面图n°3)。

[2] 事实上，如果真是马拉松战役的还愿物的话，那就很难把J.Bousquet在其《铭文》pp.126–129描述的白色纹理的黑色石灰石认作是该基座的顶饰层，这些石灰石上都有阿提卡的铭文，可在上面发现两个洞孔，用于安放青铜像的脚座。J. Bousquet对自己的分析所下的结论是，这些雕像的高度应该都不高。他指出那边另一块灰色石灰石上刻有针对雅典人的保护外国人的敕令(324–3)，Bourguet认为这块石头应该是嵌在马拉松基座上的(参阅《挖掘德尔斐神庙》[*Fouilles de Delphes*]，III, I, n°408)。

[3] 《谜》，p.54及pl.XI, 4.

[4] 引自1967年3月9日信。我们还会在Hitzig–Bluemner的《保撒尼阿斯》中发现其他考古学方面的讨论，见III, pp.677–679。

[5] E. Curtius, "祭献物"。

处缺文。换句话说，公元前5世纪的这栋建筑内并非只有13尊雕像，而是有16尊，它们是雅典娜、米太亚德和阿波罗，10位雅典的命名英雄，以及忒修斯、科德洛斯和菲拉俄斯。因此，在希腊化时期，应有19尊雕像，而非16尊。[①]我们会发现自己并不会将这个解决方法纳入考虑范围之内。尽管如此，库尔蒂乌斯有一个论点还是值得侧耳倾听的。他所强调的是，如何才能假定在雅典人的这栋官方建筑物内，并未将阿扬狄斯部族呈现出来，该部族在马拉松战役中占据战线的右翼，而战斗就是在他们的地盘上打响的，统帅阿披德纳伊的卡利马科斯(Callimachos d'Aphidna)也参与了其间[②]——因而，普鲁塔克描写他们时，下笔多有照顾？[③]我们还要补充一点的是，如何才能假定米太亚德本人所属的、作为拉夏代(Laciadai)镇区一员的俄伊纽斯部族并没有马拉松战役还愿物一事？

这一论据理所当然会与那些假定文本没有缺文、而是建筑物本身存在缺失的理论相左。因此，洛维(E.Loewy)认为埃阿斯、俄伊纽斯和希波托翁的雕像在希腊化时期已经更名，为供奉马其顿

392

---

① Curtius的这一假设据我所知，只引起了B.W.Sauer和Frazer的注意，前者见《群像》(*Gruppe*)，pp.18–19，后者见《保撒尼阿斯》，V, pp.265–266。但B.W.Sauer由于恰好对雕像的平衡性颇为敏感，所以将库尔蒂乌斯的理论复杂化了。他提请别人注意的是，只有在承认3名补充进来的英雄，忒修斯、科德洛斯及菲拉俄斯与另外3名英雄成对的基础上，这组雕像才会对称。所以，公元前5世纪的这栋建筑内应该有19尊雕像，而到了希腊化时期，我们的3名不知名的英雄就会被3位命名神的雕像取而代之。这个说法显然与上文的假设并不相容，因后者将希腊化时期的底座做了改动。最近，T.L. Shear Jr.还是在思考这则缺文，见"作为命名神的英雄"，p.221，n.112。正如U. Kron在其《部族英雄》第225页所指出的，保撒尼阿斯本人就说并非所有的命名神都在场。

② 《会饮问题集》，10, 628a–629a。关于在这些事实之间确立关联一事，可参阅G. Busolt，《希腊史》，(*Griechische Geschichte*)，p.589, n.4，以及概述性质的"毕达哥拉斯派埃帕米农达斯"，上文，pp.97–99。

③ Curtius的思考值得在此引用("祭献物"，p.365)，他写道："令人难以想象的是，在德尔斐神庙这样一栋极具重要性的官方建筑物内，改动竟然如此随意，毕竟10个部族就是在这地方获得其称号的。法定英雄缺席的这些部族又是如何容忍此等羞辱的呢？特别是，阿扬狄斯部族声名如日中天，从而使其获得在公共节日期间，代表他们的歌队永远不会占据末席的特权，可又如何假定阿扬狄斯部族是被排除在外的呢？"我们刚才翻译的这篇文本明确涉及了前一则注释援引的普鲁塔克的一些说法。

诸王而重新命名了。[①]但人们不仅难以想象那些长胡子的命名神如何能变成希腊化时期君王常有的无须形象，而且罗马时期以前，人们还根本不了解雕像还会有这样的"变形"（métonomasies）。[②]彭托的意见是这个假设的变体，近几年，他认为3位缺如的命名神的雕像，由于空间不足，到希腊化时期已被安提柯、德米特里和托勒密的雕像取而代之了。[③]这个假设严格说来很是荒谬，和洛维的一模一样，因为我们的这件文物并不会成为它明确想要成为的那样，去体现雅典命名神：明确地说，他们并非是以群体形象呈现的命名神；由于并非群像，所以他们就只不过是个体的英雄，与城邦并无特别的瓜葛。[④]还需补充一点的是，如若有关地方的问题起关键作用，当然这还是存疑的，那雅典人就正好可以支配这3个可供支配的地方：忒修斯、科德洛斯和菲拉俄斯的所在地。

在这种情况下，还必须返回文本存在缺文这一假设上去吗？相反，仔细分析后就可证明，在公元前5世纪，保撒尼阿斯对这件文物的描述很有逻辑性，写得四平八稳。我们的还愿物就像是对"米太亚德的神化"，[⑤]而这位游记作者（Périégète）也恰是从描述雅典娜、阿波罗和打了胜仗的统帅开始的。我们可以很肯定地认为这3人形成了该建筑的核心。[⑥]至于英雄，不管是不是用来命名，在文本中他们都被划分成了两组，用 ἔτι δέ 分开；一边是厄瑞克忒翁、刻克洛

393

---

① "祭坛"（Donario）。
② 参阅 E.Petersen，"马拉松战役的青铜群像"（Marathonische Bronzegruppe），p.144, n.1。Loewy 的回答（"报告"[Zu Mittelungen]）仍未使讨论有所进展。但 U.Kron 的反驳意见（《部族英雄》，p.225）是，他根本不确定这些命名神是否都有胡须：埃阿斯、希波托翁和俄伊纽斯经常是以年轻人的形象出现的。
③ "吟诵"（Vortrag），pp.82–84；"研究二"，p.87："当雅典人向德尔斐神庙送来新的国王雕像时，3位老的命名神就必须让出自己的地方。"Pomtow 通过引人他颇为熟稔的一个变体，明确摒弃了自己的假说（参阅"德尔斐神庙"，c.1215–1216）。但我在 J.Barron "宗教宣传"的第46页也找到了这种观点，发现他并未参考那位德国学者的意见，而且 U.Kron 也转而支持起了该观点，见《部族英雄》，p.225。
④ 参阅 N.Loraux，"在地性"（Autochtonie），p.12。
⑤ 这一说法出自 G.Karo，"边缘"（En marge），p.198。
⑥ 很有可能，米太亚德介于这两个神之间。遗憾的是，根本说不清楚这位统帅和这两个神是占据了群像的第一级，还是占了一列里的中间位置。

普斯、潘狄翁、列俄斯和安条克，另一边是埃勾斯、阿卡马斯、科德洛斯、忒修斯和菲拉俄斯；[1]但后面的3位是由插入句分开的，这句插入句说的是他们和命名神的数目并不相符。因此，我们可以假定无论从核心群像的哪一侧看，都有5个英雄。这句简单的话足以使我们认为科德洛斯、忒修斯和菲拉俄斯特别代表了所谓缺席的3个部族，而且是在雅典人，或至少某些雅典人能理解英雄的这种独特的变动法的情况下，起代表作用的。

说实话，这个假设既毫无新意，也不具革命性。它是1854年起由戈特林提出的，[2]不幸的是，他依据的是修订颇成问题的文本，而且那是一个如今看来根本站不住脚的体系。与其许多同时代人一样，[3]1840年出版《罗马政制史》(*Histoire de la Constitution romaine*)的这位耶拿教授在解释罗马政制起源的时候，说到了拉丁、萨宾和伊特鲁里亚这3个起构成作用的"种族"，有意求助于此种类型的阐释，而不管其间往往存在着的差异，而这样就是为了将希腊历史上的各个谜题凸显出来。因此，他认为科德洛斯、忒修斯和涅列乌斯(这乃是他的释读)这3位特殊的伊奥尼亚英雄(科德洛斯和涅列乌斯分别是伊奥尼亚世界领袖家族颇具传奇色彩的先祖，也是好几个城邦的创建者，而忒修斯本人就其传奇故事来看，也拥有伊奥尼亚人的特征)[4]于客蒙时代，甚至在雅典，至少在论及德尔斐神庙这样一栋建筑时，已是极其公开地取代了别具特

---

① ἔτι δέ的意义已由Sauer强调过，见其《群像》，p.19，但是E.Petersen对雕像的构成作了最清晰的阐释(参阅"希腊青铜像"[Griechische Bronze]，pp.277–278，与"马拉松战役的青铜群像")。但当E.Petersen将底座上的阿波罗作为台伯河的阿波罗原型，那就走得太远了。就E.Petersen的观点来看，Hitzig–Bluemner，《保撒尼阿斯》，p.678将还愿物的构成与三角楣的构成作对比，还是相当有道理的。

② "雅典郊外的体育场"。

③ 参阅Ed.Will，"多利安人与伊奥尼亚人"(Doriens et Ioniens)。

④ 关于这些传奇故事，我们还是来看看M.Sakellariou颇为审慎的结论吧，见《希腊移民》。关于忒修斯"伊奥尼亚的"传奇故事，我们可带着怀疑态度读一读H.Herter的"伊奥尼亚人忒修斯"(Theseus der Ionier)一文。与C.W.Gœttling的观点(其中包括对涅列乌斯的修订)相近的阐释仍旧是由J.Barron提出来的，见其"宗教宣传"，p.46。

色的3位阿提卡英雄：埃阿斯(但他不是阿提卡人)、俄伊纽斯和希
波托翁。这个观点当然并不荒谬，可以肯定的是，之所以采用这些
传奇故事，是为了赞颂syngéneia，即雅典与伊奥尼亚诸城邦在神
话中的亲族。因此之故，在士麦拿(Smyrne)和米利都，存在着忒修
斯(Théséis)部族，虽确切日期已不可考，而在雅典却完全不存在这
样的部族；但米利都同样也存在着俄伊纽斯部族，该英雄的名字
在德尔斐神庙里是缺席的。[①]尤其是，在关于雅典命名英雄的清单
的构成方面，戈特林是有功劳的，他提出了一个问题，即他说得很
有道理的"对忒修斯刻意无知"[②](eine absichtliche Ignorirung des
Theseus)的做法。希罗多德有一篇有名的论伊奥尼亚人的文本，讲
的是希巨昂的克里斯梯尼(Clisthène de Sicyone)与雅典的克里斯梯
尼之间的敌意，[③]他借由"反伊奥尼亚学说"(anti-ionisme)，解释了
将忒修斯排除在外的理由。

395

然而，接受这种解释并非不可能。没有任何东西能证明客蒙刻
意持一种"亲伊奥尼亚"的政策；说实话，他之所以被视为斯巴达
人的朋友，也并非毫无道理。在戈特林的假设中，再也不会有任何
地方能逐词逐句地证明3位命名英雄是被另3位英雄取而代之的，
而这一点，也正是他要明确加以阐释的。

戈特林尝试之后过了好多年，这个问题又由蒙森(A.
Mommsen)[④]在一篇文章里提了出来，该文的根底并不扎实，因为

---

① 参阅L.Robert，"关于双子圣殿"(Compte rendu Didyma)，p.673，我们可从中找到
　附注中的铭文文本，还可参阅P.Lévêque与P.Vidal-Naquet，《克里斯梯尼》，p.111，
　n.6。米利都采用雅典部族的体制和体系这一做法的日期似可确定为公元前442年
　(J. Barron，"宗教宣传"，pp.5–6)；从那个时候起，米利都是否就有了忒修斯部族
　呢？
② "雅典郊外的体育场"，p.159。
③ V, 66；关于该文本，可参阅C.W.Gœttling论及克里斯梯尼时截然不同的阐释，
　pp.50–51。
④ "十位命名英雄"(Zehn Eponymen)，pp.451–460。我以编年的形式所作的梳理
　并不应造成讨论仍在继续的幻象。Gœttling的假设只有Curtius熟悉，后者还讨论
　过它；Mommsen的文章只有到1924年的H. Pomtow手上("德尔斐神庙"，c.1215–
　1216)，才会被引入到广泛的讨论中，只是蒙森的文章所作的分析极不严谨。

作者假定想象出来的弗列乌斯是存在着的，但尽管如此，该文仍有重要的进展。蒙森所作的极吸引人的基础性假说是这样的，马拉松战役的这件文物体现了阿提卡部族战斗时的秩序。[①]俄伊纽斯部族则是由其统帅米太亚德及英雄"弗列乌斯"双重体现出来的，但保撒尼阿斯事实上把后者搁到了这栋建筑的最远端，即阿扬狄斯部族的边上，而这是马拉松方阵中极受尊崇的位置，因为米太亚德期望这次能由他来统帅军队，向波斯大军发动进攻。[②]巧妙的是，蒙森利用了这样一个事实，即列昂提斯（Léontis）部族成员地米斯托克利和安条西斯（Antiochis）部族成员阿里斯提德，在马拉松方阵中央是彼此相邻的，[③]他把德尔斐神庙建筑里列俄斯与安条克相邻作了对比。最后，他说了句很关键的话，即埃阿斯、萨拉米斯人（Salaminien）在雅典都是外邦人，[④]而希波托翁、艾琉西斯人（Éleusinien）这些站在欧摩尔波斯（Eumolpos）一边与雅典作战的人，都很差劲。[⑤]因此，他们被统一全境的国王忒修斯、雅典传奇中的英雄国王科德洛斯所取代，也是不言而喻之事。之后，有个相近的论点得到了彼得森（E. Petersen）的支持。[⑥]俄伊涅斯的统帅米太亚德为这个部族负责；埃阿斯的儿子在雅典扎下了根，菲拉俄斯体现

396

---

① 关于这一秩序，希罗多德只是对我们说（VI, III），各部族是"按照编号"（ώς ἀριθμέντο）前后相续而来的，而普拉塔伊阿人则占据右翼——该文本易于受到诸多阐释的影响。

② 参阅希罗多德，VI, 110。

③ 普鲁塔克，《阿里斯提德》，5。

④ 希罗多德强调了这一事实，V, 66。

⑤ 关于希波托翁，参阅U.Kron，《部族英雄》，pp.177–187。波塞冬的儿子希波托翁是也是被忒修斯所杀的强盗刻耳库翁（Cercyon）的孙子。关于他与欧伊尔波斯的关系，参阅Hérodien所引的佚名的史诗诗人，见II, 615(Lenz)。供奉他的英雄庙（héroôn），据保撒尼斯，I, 38, 4所述，靠近雅典和艾琉西斯之间旧的边界。关于这条旧边界在神话中的作用，可参阅Ch.Picard有时想象成分比较重的文章"原始战争"（Luttes primitives），p.7。例外的是，希波托提斯（Hippothotis）部族的中心并不在雅典，而是在艾琉西斯（参阅I.G. II², 1149, 153）。

⑥ 在引用的文章中，尤其可参阅"马拉松战役的青铜群像"，p.144。该假说有一个不同寻常的变体，是由E.Berger提出的（"马拉松战役群像"，p.25, n.92），该文认为——菲列乌斯乃是俄伊纽斯之误——忒修斯体现了整个雅典，米太亚德体现了阿扬狄斯（尽管他属于俄伊涅斯[Oinéis]部族），科德洛斯体现了希波托提斯，他们在神话上的关联并不明确，这一点可与雅典的最后一任国王和希波托翁之间的关联作比较。

了阿扬狄斯部族；出身于波塞冬涅列得斯世系(génos)的科德洛斯取代了波塞冬之子希波托翁；最后，忒修斯代表了整个雅典。关于最后这则断言，我们要马上来说一下，我们觉得它与彼得森对该建筑所作的确切分析并不相容。被放在中央位置的统帅(米太亚德)难道只是代表一个部族吗？被置于命名神中间的英雄(忒修斯)难道能成为拥有10个部族的城邦的代言人？

397

最终，1924年的时候，受蒙森的假说强烈吸引的彭托抛弃了以前的错误，采纳了后者的假设，并作出了自己的阐释。①

我认为，在这个方向上，肯定能找到真相，但若想从假说到论证，那至少得看一看我们的资料来源能给我们设定何种限度，现在最好从历史一途迂回前行，问一问自己在客蒙时代的德尔斐神庙里，为向马拉松战役还愿，竖起这样一件文物，究竟意有何指。

如今，我们或多或少总能比较确切地重构一场战役，像米太亚德与阿披德纳伊的卡利马科斯之间的战役，雅典重装步兵与普拉塔伊阿人之间的战役，眼下德尔斐神庙里作为雅典人的珍宝的那些文物以及卡利马科斯死后竖于雅典卫城上的柱子所纪念的那场战役，②之后，马拉松战役很快就成了意识形态上的典范，重装步兵战役的典范，其有效性应该是一直延续到了公元前4世纪末。③公元前4世纪，柏拉图将马拉松与普拉塔伊阿战役中重装步兵的荣耀同阿耳忒弥斯及萨拉米斯战役中水手的耻辱对立了起来。④阿曼德利(P.Amandry)的功劳就是于最近证明了公元前5世纪，第一次米底亚战争的崇拜者与第二次米底亚战争的辩护者，地米斯托克利的

---

① "德尔斐神庙"，c.1216。Pomtow概述了Mommsen的观点，他提出了以下的公式：菲拉俄斯(弗列乌斯)代表了阿扬狄斯，忒修斯代表了希波托提斯，科德洛斯代表的俄伊涅斯。但蒙森只有一个断言说得极其断然，他认为"弗列乌斯"作为部族(Phylè)的英雄，体现的是俄伊涅斯(p.459)。

② A.E.Raubitschek，"献辞"(Dedications)，pp.18–20，其复原重构的程度并不可靠。以该铭文为中心展开的各类争论和作为统帅的卡利马科斯究竟起何种作用，文中都未向我们述及。

③ 参阅上文"雅典重装步兵的传统"，p.134及以下。亦可参阅N.Loraux，"马拉松战役"(Marathon)。

④ 《法义》，IV, 707ad。

拥护者与米太亚德之子客蒙的跟随者之间意识形态上颇为相类的
对立关系。此种对立关系完美地镌刻在这件文物上，15年后，为了
荣耀萨拉米斯与普拉塔伊阿战役的战士们，还在上面刻了一首短
诗，人们还添上了一篇文本，颂扬马拉松战役的战士，因他们的功劳
卓异非凡，不但迎战"找上门的"敌人，还免使城市毁于大火。[①]雅
典的重装步兵，马拉松战役与普拉塔伊阿战役的重装步兵，大约有
9000人，而舰队则用了多达近4倍的市民。[②]事实显而易见，完全可以
这样说，即重装步兵与大多数水手当然不属于同一个社会类别。关
于意识形态层面，很清楚的是，客蒙乃是重装步兵——和骑兵——
的人，这有点像地米斯托克利是舰队的人一样。眼下，当然只涉及到
意识形态，因为这位欧里墨东（Eurymédon）战役的统帅，雅典联盟
在阿里斯提德之后的组织者，一刻都未曾想过要把地米斯托克利
赠予雅典的新武器摒弃不用。在萨拉米斯战役期间，地米斯托克
利还作了榜样，将自己坐骑的嚼子祭献给了雅典娜。[③]但从意识形态
领域来看，在雅典的土地和德尔斐神庙的土地上，颂扬马拉松战役
是以牺牲萨拉米斯战役为代价的。阿曼德利认为马拉松战役的短
诗并非孤例。保撒尼阿斯对我们说，客蒙时代，到处竖起的菲狄亚
斯的"冲锋陷阵者雅典娜"（Athéna Promachos）雕像，本身也是对
"下船来到马拉松的米底亚人"[④]的战利品征收的"十一税"。马拉

---

① "马拉松战役的短诗"（Épigramme de Marathon）。就此而言，还可参阅
　W.K.Pritchett，《马拉松战役》（*Marathon*），pp.160-168，以及G.Nenci，《导
　论》（*Introduzione*），p.41，n.46。亦可参阅P.Amandry通论性的论文，"未
　来"（Lendemain）。此后，讨论仍在进行着；尤其可参阅Ch.Delvoye，"艺术
　与政治"（Art et Politique），与Z.Petre，"马拉松战役的短诗"（Épigramme de
　Marathon）。
② 我们可在"雅典重装步兵的传统"中了解到详细信息，见上文，pp.136-137。
③ 普鲁塔克，《客蒙传》，4。然而，必须注意的是，客蒙之所以从技术上革新雅典的
　三层桨战船，完全是为了能让更多的重装步兵登上战船（同上，12）。
④ I, 28, 2。关于该作品有可能为真的日期（公元前460—前450年），可参阅B.D.Meritt，
　"希腊铭文，1936年"（Greek Inscriptions 1936），pp.362-380，此处讲的是铭文
　I.G.I² 388（冲锋陷阵者的人数）。此后，G.P.Stevens和A.E.Raubitschek（"底座"）都
　试图重构该底座及其题辞，其日期可追溯到公元前480—前460年。他们认为这尊
　雕像是为了纪念那几次米底亚战争的。然而，P.Amandry却持怀疑态度："重构题
　辞，鉴定石块，均不可靠"（"马拉松战役的短诗"，p.7，n.16）。

松战役还体现在客蒙时代末期雅典的绘图门廊(Pœcile d'Athène) 399
上，[①]后来，让保撒尼阿斯惊讶不已的是，"埃斯库罗斯在其感觉到
终期将至时，这位因写诗而饱受赞誉、曾在阿耳忒弥斯和萨拉米斯
的大海上奋战的人，忘了一切，只写下自己姓甚名谁和城邦的名字，
并补充说自己亲眼见证了马拉松海湾的重要性，还看到了下船登岸
的米底亚人。"[②]

　　最后，万德普尔(E.Vanderpool)用马拉松战役的战利品认出了
建筑物上伊奥尼亚式的柱廊和柱头，它们是在马拉松平原上的圣
米索斯帕里蒂萨(Panagia Mésosparitissa)礼拜堂内被发现的。其建
成日期再一次被推算为公元前5世纪的第二个25年内。[③]显然，作为
本人研究对象的雕塑群像就是排列成这一个系列的。但德尔斐神
庙也允许我们作出比我们迄今为止所描述的内容更大胆的尝试。
尽管并未成为传播教义的宣传中心，也看不清哪群人会创造并拥护
这个教义，[④]但德尔斐神庙当然仍旧是宣传的场所，城邦，有时候是
公民，都会让自己到神庙里去体验一番在家里不敢去尝试的那些
经验。恰是由于在德尔斐神庙里为新的神庙筹资，克里斯梯尼和阿
尔克迈翁家族(Alcméonides)才会坚信那座神庙将会成为他们返回
雅典的基地；[⑤]正是在德尔斐神庙里，摄政王波桑尼阿斯(Pausanias)
才敢夸耀自己是第二次米底亚战争的胜利者；[⑥]正是在德尔斐神庙
里，斯巴达人有史以来第一次推出了吕山德(Lysandre)这位打了胜
仗的将军，就连波塞冬都为其大唱赞歌。[⑦]

400

---

① 保撒尼阿斯, I, 15。

② I, 14, 5。

③ "纪念碑"(Monument)。有人曾经强调过，德尔斐神庙内雅典人珍品库里的雕塑可
追溯至客蒙时代(参阅G. Perrot, 1907年6月13日《讨论日志》, p.2, 第2卷)。我参考
了P. de la Coste-Messelière(《雅典人的珍宝》, p.267, n.3), 他虽然坚信那些雕塑
为公元前489年创作而成，但并未绝对排除创作日期靠后的可能性。

④ 正如J. Defradas所说的，见《德尔菲神庙的宣传》(Propagande delphique)。

⑤ 参阅P. Lévèque和P. Vidal-Naquet,《克里斯梯尼》, p.40。

⑥ 修昔底德, I, 132。

⑦ 保撒尼阿斯, X, 9, 9–10, 与Meiggs-Lewis铭文, n°109。若想了解针对该基座的位
置所作的讨论，可参阅《谜》, pp.16–36。

大体而言，我们所说的这件文物到底是在哪儿呢？认为它主要代表了那些英雄的说法，对我的论证来说，不无重要。再也没有什么能比公民宗教领域内作为宗教对象的英雄更造型艺术的了。其实，我们首先要求的就是他在那里，但他之所以能像我们如今所说的以完全人工的方式被创造出来，是因为他和政治生活的种种需求合拍之故。因此，克里斯梯尼凭借德尔斐神庙，便创造出部族的命名神或创建者(Archégète)这一团体，与之携手的祭司们和该团体也是关系紧密，他还将镇区的英雄或创建者的团体也组织了起来。①按照亚里士多德叙述的那则轶事，有一份清单，上有100个名字，清单会被交给女祭司(Pythie)，然后再从中选出10名命名神，②无论是否会对这则轶事秉持完全严肃的态度，反正很难否认克里斯梯尼选出的所有这些英雄并未获得同样的资格。某些次要人物受到了"出乎意料"的"抬举"，某些显得很重要的人物则奇怪地遭到了忽视，其中首要的一个人物自然就是忒修斯。

现在，将马拉松战役的还愿物嵌入雅典的历史和德尔斐神庙的历史之中，这还是有可能的。③忒修斯与雅典的关系史远远算不上简单；他的父亲埃勾斯和他的儿子阿卡马斯都被排除在了那份命名神清单之外，马拉松战役之后不久，由于他的神话都是和四城(Tétrapole)地区联系在一起的，所以他的重新出现便显得愈发的引人瞩目。这一局限于某一地区的现象虽然对他这位埃勾斯的儿子来说很不利，但由于那是第一次米底亚战争结束之后没多久，所以这种情况又显然对他很有利。德尔斐神庙宝库里的那些雕塑将忒修斯的循环与赫拉克勒斯的循环结合了起来，而马拉松战役中的公

---

① 参阅《克里斯梯尼》，pp.23–24。
② 参阅《雅典政制》，21, 6, 以及《克里斯梯尼》中所持的怀疑态度，见p.50, n.7。
③ 关于雅典与德尔斐神庙之间的关系，参阅G.Daux的说明，见"雅典与德尔斐神庙"，该文强调了它们相对晚近的特征，并在pp.61–67中列出了一份有用的编年史。关于马拉松战役的还愿物，参阅p.44。

牛插曲则在其中占据了一个有利的位置。[①]像米太亚德和客蒙这样
的一家人将会攫取这种重临的荣耀，尽管他们自己并没有去激发 401
之。我们有一点是确信的，即在公元前6世纪末和前5世纪初的雕像
中，任何地方只要出现忒修斯的形象，克里斯梯尼总会对其阐释一
番。[②]有一个既无用又很荒谬的假设：“我们并未忽视的是，米太亚
德那一方面的家族都是亲忒修斯的(Théséomanes)，而对于阿尔克
迈翁家族，我们却是忽视的。”[③]说实话，我们都知道这是和真实情
况相反的。不管怎么说，正是客蒙于公元前476/475年在斯基罗斯
(Skyros)“发现了”忒修斯的遗骸，于是就郑重其事地把遗骸安置
到了雅典的公共广场上，将这位英雄奉为雅典城邦的殖民地创建
者。[④]

　　况且，有一个表明客蒙家族与神话之间关系的特别珍贵的
证据，是由雅典第一位散文家斐列库得斯(Phérécyde)向我们提供
的。[⑤]事实上，雅各比(F.Jacoby)清楚地证明了为这些英雄编订谱系
的作者对忒修斯与科德洛斯的传奇故事很感兴趣，他对忒修斯与
科德洛斯这些英雄的死亡了解得也很清楚，[⑥]而且也很关注德尔斐

---

① 参阅P. de la Coste-Messelière,《雅典人的珍宝》, pp.58–63。
② K. Schefold, “克里斯梯尼”(Kleisthenes), p.66。
③ P. de la Coste-Messelière,《雅典人的珍宝》, p.261。我坚持这一看法，尽管
近年来有很多人赞成Schefold的假说：参阅C. Sourvinou-Inwood, “忒修
斯”(Theseus), pp.99–100, J.Boardmann, “赫拉克勒斯1”(Herakles 1)与“赫拉克
勒斯2”(Herakles 2)，以及Cl. Bérard, “收复”(Récupérer)。当然，这些作者也都证
明了忒修斯在阿提卡花瓶上的那些境遇总的来说都是在僭主倒台以后发生的事；
因此，Nilsson说忒修斯是庇西斯特拉图的宣传工具，肯定就不对了(“宣传”)。总
而言之，尽管花瓶是对雅典城邦主要部分的直接表述，但我们仍然不能根据它们
来作出推理。当J.Boardmann(“赫拉克勒斯1”, pp.61–62)将赫拉克勒斯的狼牙棒
作为庇西斯特拉图手下持铁头棒的卫兵(Korynêphoroi)的象征时，他是在说胡话：
因为怎么可能忘记忒修斯并非克里斯梯尼心目中的英雄呢，他是米太亚德与客蒙
心目中的英雄。
④ 普鲁塔克,《客蒙传》, 8; 忒修斯, 36, 1; 保摘尼阿斯, I, 17, 2;《埃斯基涅斯驳泰
丰评注》(Scholies d'Eschine, contre Ctés.), 13。
⑤ 参阅J. Jacoby, “雅典首位散文家”(First Athenian Prose Writer)。下引的Phérécyde
的残篇依据的是Jacoby的F.Gr.Hist., n°3。
⑥ 参阅残篇147–150(忒修斯)与154–155(科德洛斯)。

神庙的那些传奇故事，①这是一个颇为独特的情况，所以从他的作品中我们仍然能将菲拉俄斯②（他称其为菲拉亚斯[Philaias]）的后裔一直追溯到有历史记载的时期，并由此溯往老米太亚德。我们知道客蒙正是与这个家族有关系的。③雅各比从中得出一个合理的结论，即斐列库得斯以某种方式成了米太亚德家族的拥护者。④

因而，德尔斐神庙里的忒修斯就出现在了马拉松战役之后，⑤在雅典则出现于萨拉米斯战役之后。在客蒙的时代，当我们发现在这两座缅怀取得大捷的大型纪念物，即我们所说的德尔斐神庙里的纪念物和门廊上的绘画这一有可能是波吕格诺（Polygnote）的作品中，出现了他的朋友时，还有必要感到惊讶吗？⑥保撒尼阿斯不仅见过了，而且还描述了所有这些闻名遐迩的作品。在呈现第一次伯罗奔尼撒战争期间阿耳戈斯人战胜拉凯代蒙人的俄伊诺埃（Oinoé）战役时，在同样的这幅画上也可以找到忒修斯与女战士们（Amazones）战斗的情景，出现于"画作中最角落处"的这场战斗讲的就是马拉

①　残篇36。

②　残篇2。

③　参阅H.T.Wade-Gery画的谱系图，见《文论》(Essays), p.164, n.3。老米太亚德收养了天真汉客蒙(Cimon Coalémos, Coalémos意为天真的人)，而老米亚德则与"菲拉亚斯家族[Philaïdes]"的后裔有关系。

④　"雅典首位散文家"，p.31："斐列库得斯(Pherekydes)不仅血统可追溯到公元前6世纪下半叶，而且[……]他还为每个人添了名字，给他们安上名号，以荣耀菲拉亚斯[Philaid]家族。"但当雅各比论证客蒙的名字之所以缺席，是因为(pp.32-33)斐列库得斯的著作出现于客蒙第一次运筹帷幄之前，我就不同意了。该论据对小米太亚德也很适合，这样就不得不将斐列库得斯追溯到很早的时候了。斐列库得斯给某个历史上的人物编制谱系，而且还要将此人一直上溯至某个活着的人时，这样就足以发现这么做有多独特了。在雅典，任何人都知道客蒙与老米太亚德之间的关系。

⑤　我在这儿注意到，按照普鲁塔克的证词(《忒修斯传》, 5)，在德尔斐神庙里有一个名叫"忒修斯节"(Theseia)的地方，是用来纪念雅典英雄完成的青年男子学堂仪式的。

⑥　普鲁塔克，《客蒙传》，4。H.Herter强调了这两座关涉到忒修斯的纪念物之间所具有的平行关系，见"雅典人忒修斯"(Theseus der Athener), pp.291-292。在这篇文章中(p.290), H. Herter援引了所有将忒修斯与马拉松地区结合起来的文本，有时是相当晚近的文本，其中一篇(评注[Scholies de Stace, Théb.], V, 431, XII, 196, p.284与473 Jahnke)甚至断言，忒修斯是在马拉松长大的。亦可参阅E.Simon，"波吕格诺的绘画"(Polygnotan Painting)，关于忒修斯在马拉松的情况，可参阅A.J. Podlecki，《背景》(Background), p.13。

松战役:"画上画的就是马拉松战役的英雄忒修斯,那儿的平原即
以他命名,画作将他比作雅典娜和赫拉克勒斯,也把他描绘成从大
地中出来。"在那些战士中间,卡利马科斯与米太亚德就这样与忒 403
修斯紧密地联系在了一起。[1]

　　现在,我们可以自问:忒修斯是否取代了德尔斐神庙里的还愿
物?我觉得回答不容置疑。马拉松战役的这位英雄取代了萨拉米
斯国王,就像在客蒙时代的意识形态中一样,在第一次米底亚战
争期间取得了上风的重装步兵战斗,与大型海战形成了竞争关系。
有一个细节似乎提供了额外的证据:在门廊画上,确实不是萨拉米
斯主人、而是奥伊莱(Oïle)之子埃阿斯,即"小"埃阿斯,经常会与
其同名者被混淆起来,前面那位埃阿斯被置于极为低下的地位,因
国王们聚在一起对他试图在祭坛上偷窃卡珊德拉塑像的做法作出
判决。[2]在雅典,这样的暗示还是颇为小心谨慎的,但在德尔斐神庙
里,则干脆利落得多。而忒修斯是这样采取报复的:被排除于克里
斯梯尼的命名神名单之外后,名单上却仍可见到由其父亲埃勾斯及
其子阿卡马斯所代表的家族。但被排除于马拉松战役群像之外的
埃阿斯还是以某种方式出现在了上面,因为名单上有他在雅典的儿
子菲拉俄斯。[3]忒修斯在马拉松群像中代表的是阿扬狄斯部族,该
部族在战斗的队列中占据了颇为荣耀的位置;菲拉俄斯的地位还
更荣耀,毫无疑问他被安在了右端,与中央的队伍相连,他体现的
是俄伊涅斯部族。事实上,毋庸置疑的是,国王潘狄翁的私生子默

---

① I, 15。就该作品而言,我们所掌握的对该文本作最深入的评注,且提供难得一见的
　信息的仍然是C. Robert,《马拉松战役》(Marathonschlacht), pp.1–45。依据埃琉
　斯·阿里斯提德评注(Scholiaste d'Aelius Aristide), III, p.566(Dindorf),米太亚德
　伸出手臂,向蛮族人证明了雅典人的勇气。根据普林尼的说法,该作品至少有一部
　分由帕纳伊诺斯(Panainos)所绘,见H.N., 35, 37。关于忒修斯"出现"在马拉松的
　情况,亦可参阅普鲁塔克,《忒修斯传》, 35, 8。
② 保撒尼阿斯, I, 15, 2。
③ 普鲁塔克,《梭伦传》, 10。

默无闻的俄伊纽斯，①并未被用来取代菲拉俄斯。无疑，菲拉亚斯家
族所在的镇区并不属于俄伊涅斯部族，而是属于埃该斯(Aigeis)部
族；然而，老米太亚德似乎被安在了某个地方，而那个地方后来则
成了俄伊涅斯领地上的拉夏代镇区，②有一点肯定的是，那儿也是米
太亚德及其儿子客蒙所在的镇区。③拉夏代(Lacias)的这位英雄在那
儿有一座祝圣场(temenos)，靠近这座圣殿，那儿是用来祭拜招待
得墨忒耳的弗塔洛斯(Phytalos)的，也是弗塔洛斯的后人们迎接忒
修斯的所在地。④

404 位于左侧

从而，还剩下艾琉西斯人希波托翁，仔细盘算一下的话就会发
现，他只可能被科德洛斯所取代。但是否有可能证明这样的取代就
像前面的两个例子里那样清晰可辨吗？⑤

保撒尼阿斯提到过的科德洛斯的父亲美兰托斯，从各种可能
性来看，都应该是美拉奈(Mélainai)的命名神，美拉奈就在希波托
提斯部族的领地上；⑥但我也应该承认那儿是我们能在这位雅典国
王和据说代表德尔斐神庙的这一部族之间确立起来的唯一地理上
的关联。据说墨东(Médontides)一脉的胞族齐聚了科德洛斯的一
众后裔，所以再怎么看，该胞族都不应被定位在希波托提斯的领

---

① 关于这个人物及其神话故事，参阅U. Kron，《部族英雄》，pp.188–189。
② D.M.Lewis就是这么认为的，他的论证很不错，见"克里斯梯尼"(Cleisthenes)，
　 pp.24–25。
③ 客蒙经常去那儿(参阅亚里士多德，fr.363[Rose])。关于米太亚德后裔的家族墓
　 地，参阅希罗多德，VI, 103; Marcellinus，《修昔底德生平》(Vie de Thucydide)，
　 55; 墓地就在希波托提斯领地里的科莱(Koilé)。
④ 保撒尼阿斯, I, 37, 2; 普鲁塔克，《忒修斯传》, 12, 1; 参阅F. Jacoby, F.Gr.Hist.,
　 IIIb, I, pp.207–208。
⑤ H.Riemann("希波托提斯"[Hippothontis], c.182)将这两个人物作了对比，因为这
　 两人均是波塞冬的后裔。
⑥ 参阅F. Jacoby, F.Gr.Hist., IIIb, II, p.50。

地上。^①依据帝国时期的铭文，科德洛斯的陵墓也可以说就在雅典卫城的脚下，^②那儿就是神话中他的死亡之所，毗邻伊利索斯河，^③他与涅列乌斯(Néleus)及巴西勒(Basilé)共享圣殿。^④

405

　　然而，有一篇文本为我们的分析带来了意想不到的确定性：这是宣讲于喀罗内亚(Chéronée)战役之后的一篇演讲的其中一个段落，出自吕库古驳列奥克拉特斯(Léocrate)的一篇文章。^⑤身为观念学家与考古学家的吕库古，其文既广征博引，又掺杂着伪文献或被篡改的文献，^⑥而且他还很关心雅典人在德尔斐神庙里的状况——或许应该为他竖起有名的"舞女"柱，布斯盖(J.Bousquet)认为该柱与阿格劳洛斯家族(Aglaurides)有关^⑦——吕库古当然不是不偏不倚的见证者。但他在叙述科德洛斯时，向我们讲了一则德尔斐神庙的轶事。其名字本身就意味深长的德尔斐居民(Delphien)克列俄曼提斯(Cléomantis)——名声很大的预言者——告诉雅典人有一则神谕警告了他们的敌人，只有在他们宽待国王科德洛斯的情况下，他们才会攻占雅典。于是他就设计杀了国王，吕库古明确说克列俄曼提斯的后裔在雅典有权享有圣所的尊荣，他的结论是："他们显然

---

① 关于由这些问题引起的讨论，参阅M. Crosby，"拍卖官"(Poletai)，铭文n.1, pp.21–22，列出了先前的书目。(拍卖官是指雅典出租收税权及将充公的产业拍卖给出高价者的10名官员。——译注)

② I.G.Hist., II² 4258。

③ 保撒尼阿斯，I, 19, 5; 参阅J. Travlos，《绘画语汇》(*Bildlexikon*), pp.332–334。

④ Dittenberger, Sylloge³, 93。关于科德洛斯的雅典传说故事，论述得最详细的文章无疑应该是A. Ledl的《宪法史》(*Verfassungsgeschichte*)。科德洛斯只是出现于伯里克利时期的以他命名的花瓶上，Beazley, A.R.V.², 1268, 1: 科德洛斯遇到了预言者埃托斯(Ainetos)。在该杯爵的外侧显然还出现了埃阿斯、埃勾斯和忒修斯的形象。这可与出现于德尔斐神庙里和被排除在神庙外的那些英雄形成有趣的比照，但我们从中什么结论也得不出！

⑤ 83–88。

⑥ 关于吕库古及其时代的这一层面，参阅L. Robert，《研究集》(*Études*), p.316。

⑦ "阿格劳洛斯家族"(Aglaurides)。

很爱自己的祖国，这种爱与列奥克拉特斯却是截然不同，①这些国王为敌人设下陷阱，特意为了祖国而死，为拯救所有人而献出自己的生命。因此，他们享有独一无二的特权，可用自己的名字来命名自己的国家(τοιγαϱοῦν μονώτατοι ἐπώνυμοι τῆς χώϱας εἰσίν)，且值得受到神宠。"我们得把各种情况都考虑在内，也要将夸大其辞考虑进去。吕库古显然将科德洛斯的例子与厄瑞克忒翁的例子混在了一起，因为后者虽未献出自己的生命，但至少是献出了自己的女儿潘得洛索斯(Pandrosos)的生命。吕库古正是将这一篇长篇大论献给

406 了他，他在这段文字中援引了欧里庇德斯②——但我认为只有在承认吕库古暗指的是德尔斐神庙里出现了科德洛斯、忒修斯和菲拉俄斯这些用来替代的命名神之形象的纪念物时，该文本才说得通。

407 而这至少是我得出的结论。

---

① 他控诉了这个背叛者，在讲了考古方面的情况后，他又以常常意想不到的方式回到主题上。

② 《驳列奥克拉特斯》，99–100。U.Kron反驳我的是，在这篇文本中，讲的是"祖国的命名神"(ἐπώνυνοι τῆς χώϱας)，而没有讲部族的命名神(《部族英雄》，p.224，注释1087)。这是很奇怪的反驳，因为此处是在将科德洛斯与厄瑞克忒翁神庙的命名神厄瑞克忒翁相比。为了研究了公元前4世纪命名神这一意识形态，有一篇极有特色的文本，就是德谟斯提尼的《墓前演说》(Epitaphios)，34–43，由N.Loraux评注，见《创新》，p.127，138–142。

③ 是否还有必要说我丝毫未曾试图去证明客蒙想要在雅典创建忒修斯部族、菲拉俄斯部族和科德洛斯部族呢？德尔斐神庙里的纪念物充其量只是"试探性的做法"，无论如何，这也算是见证了德尔斐神庙所能允许的一种极端大胆的做法，也见证了英雄世界的极端灵活性。还存在其他现象，和我们研究的这种现象极为相像。因此，J.Barron便专门就这些颇为奇怪的文献写了一篇前面已屡次提及的论文("宗教宣传"，pp.35–48)，该文论述了公元前5世纪的种种界限，在萨摩斯，就划定了一块献给雅典娜的祝圣场(téménê)Αθηνῶν μεδέουσα，以及献给命名神与伊翁(Ion)的祝圣场。那些铭文或使用伊奥尼亚方言，或使用阿提卡方言，其来历可追溯至公元前450—前446年。J.Barron将之归为萨摩斯人的首创，就这个观点而言，我持保留态度，因为某些文献用的是阿提卡方言。由于我并不赞同所有这些论证，所以我认为当他说在与雅典联合起来的范围内，组织对"雅典的伊翁"及"雅典的命名神"的崇拜时，就很难认同这种观点，因为该观点毋宁是在说这最后几位是指"伊奥尼亚"诸部族的先祖伊翁的4个儿子，而非克里斯梯尼的10位命名神。被克里斯梯尼取而代之的那些命名神因而就在从雅典到萨摩斯的庇护下这有限的范围内，正式存在着。那是否还有必要承认这样的歧义是刻意为之的呢？

参考文献

Acosta J. de, *Indias : Historia natural y moral de las Indias*, Séville, 1590; trad. fr. : *Histoire naturelle et morale des Indes tant orientalles qu'occidentalles*, par Robert Regnault Cauxois, Paris, 1598; je cite l'édition récente des *Obras del P. José de Acosta*, procurée par le P. Francisco Mateos, Madrid, 1954.

Amandry P., « Lendemain » : « Athènes au lendemain des guerres médiques », *Revue de l'Université de Bruxelles*, avril-mai 1961, p. 1–26.

— « Épigrammes de Marathon » : « Sur les *Épigrammes de Marathon* », *Mélanges W. H. Schuchhardt*, Baden-Baden, 1960, p. 1–8.

— « Thémistocle » : « Thémistocle : un décret et un portrait », *Bulletin de la Faculté des lettres de Strasbourg*, 1961, p. 413–435.

Amelung W., « Rito » : « Di alcune sculture antiche e di un rito del culto delle divinità sotterranee », *Dissertazioni della Pontifica Accademia romana di archeologia*, 9 (1907), p. 115–135.

Anderson J. K., *Horsemanship : Ancient Greek Horsemanship*, Berkeley et Los Angeles, 1961.

— *Theory : Military Theory and Practice in the Age of Xenophon*, Berkeley et Los Angeles, 1970.

Anderson P., *État absolutiste : L'État absolutiste. Ses origines et ses voies*, II, *L'Europe de l'Est*, trad. D. Niemetz, Paris, 1978.

Andrewes A., « Philochoros » : « Philochoros on Phratries », *Journal of Hellenic Studies*, 81 (1961), p. 1–15.

— « Phratries » : « Phratries in Homer », *Hermes*, 89 (1961), p. 129–140.

APEL H., *Tyrannis : Die Tyrannis von Heraklea*, Halle, 1910.

ARRIGONI G., « Atalanta » : « Atalanta e il Cinghiale Bianco », *Scripta philologica*, 1 (1977), p. 9–42.

ASHERI D., « Distribuzioni » : « Distribuzioni di terre nell' antica Grecia », *Memorie dell'Accademia delle scienze di Torino*, Turin, 1966.

— « Herakleia Pontike » : « Über die Frühgeschichte von Herakleia Pontike », *Ergängungsbände zu der Tituli Asiae Minoris n° 5. Forschungen an der Nordküste Kleinasiens*, I, Vienne, 1972, p. 11–34.

— « Mariage forcé » : « Tyrannie et Mariage forcé, essai d'histoire sociale », *Annales E.S.C.*, 32 (1977), p. 21–48.

AUDIAT J., *Trésor des Athéniens : Fouilles de Delphes*, II, 4, *Le Trésor des Athéniens*, Paris, 1933.

AUSTIN M. et VIDAL-NAQUET P., *Économies : Économies et Sociétés en Grèce ancienne²*, Paris, 1973.

AYMARD A., « Hiérarchie du travail » : « Hiérarchie du travail et autarcie individuelle dans la Grèce archaïque », *Revue d'histoire de la philosophie et d'histoire générale de la civilisation*, 11 (1943) ; repris dans *Études d'histoire ancienne*, Paris, 1967, p. 316–333.

— « Mercenariat » : « Mercenariat et Histoire grecque », *Études d'archéologie classique*, II, *Annales de l'Est, 1959;* repris dans *Études d'histoire ancienne*, p. 487–498.

— « Philippe » : « Philippe de Macédoine otage à Thèbes », *Revue des études anciennes*, 56 (1954) ; repris dans *Études d'histoire ancienne*, p. 418–436.

AYMARD J., *Chasses romaines : Les Chasses romaines des origines à la fin du siècle des Antonins*, Paris, 1951.

BACHOFEN J. J., *Das Mutterrecht : Das Mutterrecht*, Stuttgart, 1861 (nouvelle éd., procurée par K. Meuli, 2 vol., Bâle, 1948).

BADER F., *Démiourgos : Les Composés du type de Démiourgos*, Paris, 1965.

BAMBROUGH R., Plato, Popper and Politics. *Some contributions to a modern controversy*, ed. by R. B. Cambridge, 1967.

BARBAGALLO C., *Déclin : Le Déclin d'une civilisation ou la fin de la Grèce antique*, trad. G. Bourgin, Paris, 1927.

BARRON J., « Athenian Propaganda » : « Milesian Politics and Athenian Propaganda », *Journal of Hellenic Studies*, 82 (1962), p. 1–6.

— « Religious Propaganda » : « Religious Propaganda of the Delian League », *Journal of Hellenic Studies*, 84 (1964), p. 35–48.

BARTOLI G., *Explication historique : Essai sur l'explication historique que Platon a donnée de sa République et de son Atlantide et qu'on n'a pas considérée jusqu'à maintenant*, Stockholm et Paris, 1779.

BELLOUR R., « Entretien » : « Entretien avec Cl. Lévi-Strauss », *in* R. BELLOUR et C. CLÉMENT (éd.), *Claude Lévi-Strauss*, Paris, 1979, p. 157–209.

BELMONT N., *Van Gennep : Arnold Van Gennep*, Paris, 1974.

BELOCH K. J., *Geschichte : Griechische Geschichte²*, Strasbourg, 1914–1916.

BENARDETE S., « Eidos » : « Eidos and Diairesis in Plato's *Statesman* », *Philologus*, 107 (1963), p. 196–226.

BENEDETTO V. DI, « Il Filottete » : « Il *Filottete* e l'Efebia secondo P. Vidal-Naquet », *Belfagor*, 33 (1978), p. 191–207.

BENGTSON H., *Griechische Geschichte: Griechische Geschichte von den Anfängen bis in die römische Kaiserzeit⁴*, Münich, 1969.

— *Staatsverträge : Die Staatsverträge des Altertums*, II, *Die Verträge des griechischrömischen Welt von 700 bis 338 V. Chr.*, Munich, 1962 (2ᵉ éd. 1975).

BENVENISTE E., « Remarques » : « Remarques sur la fonction du langage dans la découverte freudienne », *La Psychanalyse*, (1956) ; repris dans *Problèmes de linguistique générale*, I, Paris, 1966, p. 75–87.

— « Rythme » : « La Notion de rythme dans son expression linguistique », *Journal de psychologie*, 1951 ; repris dans *Problèmes de linguistique générale*, I, Paris, 1966, p. 327–335.

— « Tempus » : « Latin Tempus », *Mélanges A. Ernout*, Paris, 1940, p. 11–16.

— *Vocabulaire : Le Vocabulaire des institutions indo-européennes*, Paris, 1969 (2 vol.).

BÉRARD Cl., *Anodoi : Anodoi. Essai sur l'imagerie des passages chthoniens*, Neuchâtel, 1974.

— *Eretria*, III : *L'Hérôon à la porte de l'Ouest* (*Eretia, Fouilles et Recherches*, III), Berne, 1970.

— « Hérôon » : « Topographie et Urbanisme de l'Érétrie archaïque : l'Hérôon », dans *Eretria*, VI (ouvrage collectif), Berne, 1978, p. 89–95.

— « Récupérer » : « Récupérer la mort du prince », dans G. Gnoli et J. P. Vernant (Éd.), *La mort, les morts dans les sociétés anciennes*, Cambridge-Paris, 1982, p. 89–105.

BÉRARD J., *Colonisation : La Colonisation grecque de la Sicile et de l'Italie méridionale*², Paris, 1957.

BÉRARD V, *Calypso : Calypso et la Mer de l'Atlantide. Les Navigations d'Ulysse*, III, Paris, 1929.

BERGER E., « Marathonische Gruppe » : « Das Urbild des Kriegers aus der Villa Hadriana und die marathonische Gruppe des Phidias in Delphi », *Römische Mitteilungen*, 65 (1958), p. 6–41.

BERSANETTI G., « Pelopida » : « Pelopida », *Athenaeum*, 27 (1949), p. 43–101.

BERTIER J., *Mnésithée : Mnésithée et Dieuchès*, édition et traduction, Leyde, 1972.

BETTELHEIM B., *Blessures : Les Blessures symboliques*, trad. Cl. Monod, Parïs, 1972.

BEVERLEY R., *Virginie : Histoire de la Virginie* « par un auteur natif et habitant du Païs » (trad. de l'anglais), Amsterdam, 1707.

BIDEZ J., *Éos : Éos ou Platon et l'Orient*, Bruxelles, 1945.

BISINGER J., *Agrarstaat : Der Agrarstaat in Platons Gesetzen*, Leipzig, 1925.

BLEEKER C. J. (éd.), *Initiation : Initiation. Contributions to the Theme of the Study* (Conférence de Strasbourg, 17–22 sept. 1964), Leyde, 1965.

BOARDMAN J., « Herakles 1 » : « Herakles, Peisistratos and Sons », *Revue archéologique*, 1972, p. 57–72.

— « Herakles 2 » : « Herakles, Peisistratos and Eleusis », *Journal of Hellenic Studies*, 95 (1975), p. 1–12 et pl. 1–4.

BOECKH A., *Philolaos : Philolaos*, Berlin, 1819.

BOLLACK J., *Empédocle : Empédocle, 1, Introduction à l'ancienne physique*, Paris, 1965.

BOLLACK J. ET VON SALIN E., *Phaidros : Platon, Phaidros*, Francfort, 1963.

BONNEFOY Y., Ed. Dictionnaire des mythologies, 2 vol., Paris, 1981.

BOURDIEU P., *Esquisse : Esquisse d'une théorie de la pratique*, Paris, 1972.

BOURGEY L., *Observation : Observation et expérience chez les médecins de la collection hippocratique*, Paris, 1953.

BOURGUET E., *Fouilles de Delphes*, III, 1 : *Fouilles de Delphes*, III, *Épigraphie*, 1, Paris 1909.

— *Ruines de Delphes : Les Ruines de Delphes*, Paris, 1914.

BOUSQUET J., « Aglaurides » : « Delphes et les Aglaurides d'Athènes », *Bulletin de correspondance hellénique*, 88 (1964), p. 655–675.

— « Inscriptions » : « Inscriptions de Delphes », *Bulletin de correspondance hellénique*, 66–67 (1942–1943), p. 124–136.

BOWRA C. M., « Atalanta » : « Atalanta in Calydon », *Essays by Diverse Hands*, 25 = *Transactions of the Royal Society of Literature of the U.K.*, Oxford, 1950, p. 51–69.

BOYANCÉ P., « Euthyphron » : « La Doctrine d'Euthyphron dans le *Cratyle* », *Revue des études grecques*, 54 (1941), p. 141–175.

— « Religion » : « La Religion de Platon », *Revue des études anciennes*, 49 (1947), p. 178–192.

— « Religion astrale » : « La Religion astrale de Platon à Cicéron », *Revue des études grecques*, 65 (1952), p. 312–350.

BRADEEN D. W., *Agora XVII : The Athenian Agora*, XVII. *Inscriptions : the Funerary Monuments*, Princeton, 1974.

— « Casualty Lists », 1 : « Athenian Casualty Lists », *Hesperia*, 33(1964), p. 16–62.

— « Casualty Lists », 2 : « The Athenian Casualty List of 464 B.C. », *Hesperia*, 36 (1967), p. 321–328.

— « Casualty Lists », 3 : « The Athenian Casualty Lists », *Classical Quarterly*, 13 (1969), p. 145–159.

BRANDENSTEIN W., *Atlantis : Atlantis. Grösse und Untergang eines geheimnissvollen Inselreiches*, Vienne, 1951.

BRAVO B., « Sulân » : « Sulân. Représailles et justice privée contre des étrangers dans les cités grecques », *Annali della Scuola Normale Superiore di Pisa*, Série III, 10 (1980), p. 675–987.

BRELICH A., *Eroi : Gli eroi greci*, Rome, 1958.

— *Guerre, Agoni : Guerre, Agoni e Culti nella Grecia arcaica*, Bonn, 1961.

— « Initiation » : « Initiation et Histoire » *in* C. J. BLEEKER (éd.), *Initiation*, p. 222–231.

— « Monosandales » : « Les Monosandales », *La Nouvelle Clio*, 7–9 (1955–1957), p. 469–489.

— *Paides : Paides e Parthenoi*, Rome, 1969.

BREMMER J., « *Kynosarges* » : « *Es Kynosarges* », *Mnemosyne*, 30 (1977), p. 369–374.

BRÉMOND Cl., « Message » : « Le Message narratif », *Communications*, 4, 1964, p. 4–32.

— « Postérité » : « Postérité américaine de Propp », *Communications*, 11,1968, p. 147–164 ; textes repris dans *Logique du récit*, Paris, 1973, p. 11–47 et 59–80.

BRESLIN J., *Prayer : A Greek Prayer*, Pasadena, s.d. (1978).

BRIANT P., *Antigone : Antigone le Borgne. Les débuts de sa carrière et les problèmes de rassemblée macédonienne*, Besançon, Paris, 1973.

— « Laoi » : « Remarques sur *laoi* et esclaves ruraux en Asie Mineure hellénistique », *Actes du Colloque 1971 sur l'esclavage*, Paris, 1973, p. 93–133.

BRISSON L., « Critias » : « De la philosophie politique à l'épopée, le *Critias* de Platon », *Revue de métaphysique et de morale*, 1970, p. 402–438.

— « Instant » : « L'Instant, le Temps et l'Éternité dans le *Parménide* (155e-157b) de Platon », *Dialogue*, 9 (1970–1971), p. 389–396.

— *Même et Autre : Le Même et l'Autre dans la structure ontologique du Timée de Platon*, Paris, 1974.

— *Platon III : Platon 1958–1975, Lustrum*, 20, 1977 (1979).

BROMMER F., « Attische Könige » : « Attische Könige », *Mélanges E. Langlotz*, Bonn, 1957, p. 152–164.

BRONEER O., « Early Athens » : « Plato's Description of Early Athens and the Origin of Metageitnia », *Hesperia*, suppl. 8, 1949 (= *Mélanges T. L. Shear*), p. 47–59.

BRUMBAUGH R. S., *Imagination : Plato's Mathematical Imagination*, Bloomington, 1957.

BRUNEAU Ph., *Recherches : Recherches sur les cultes de Délos à l'époque hellénistique et à l'époque impériale*, Paris, 1970.

BRUNN H., *Künstler : Geschichte der griechischen Künstler*, Brunswick, 1853.

BUFFIÈRE F., *Mythes d'Homère : Les Mythes d'Homère et la Pensée grecque*, Paris, 1956.

BULLE H. et WIEGAND Th., «Topographie»: « Zur Topographie der delphischen Weilhgeschenke », *Bulletin de correspondance hellénique*, 22 (1898), p. 328–334.

BURFORD A., *Craftsmen : Craftsmen in Greek and Roman Society*, Londres, 1972.

BURKERT W., « Kekropidensage » : « Kekropidensage und Arrhephoria », *Hermes*, 94 (1966), p. 1–25.

— *Lore : Weisheit und Wissenschaft. Studien zu Pythagoras, Philolaos und Platon*, Nuremberg, 1962 ; trad. angl. E. L. Minar Jr., *Lore and Science in Ancient Pythagorism*, Cambridge (Mass), 1972.

BURNET J., *Aurore : L'Aurore de la philosophie grecque* (trad. A. Reymond), Paris, 1952.

BURROW J. W., *Evolution : Evolution and Society : A Study in Victorian Social Theory*, Cambridge, 1966.

BUSOLT G., *Griechische Geschichte : Griechische Geschichte*^{2}, Gotha, 1892.

BUSOLT G. et SWOBODA H., *Staatskunde*, I : *Griechische Staatskunde*, I^3, Munich, 1920.

BYWATER I., « Fragments » : « On the Fragments Attributed to Philolaos the Pythagorean », *Journal of Philology*, 1 (1868), p. 21–53.

CAILLOIS R., « Temps circulaire » : « Temps circulaire, Temps rectiligne », *Diogène*, 42 (1963) ; repris dans *Obliques*, Paris, 1975, p. 130–149.

CALAME Cl., *Chœurs : Les Chœurs de jeunes filles en Grèce archaïque*. I. *Morphologie, fonction religieuse et sociale;* II. *Alcman*, Rome, 1977.

— « Cyclopes » : « Mythe grec et Structures narratives : le mythe des Cyclopes dans l'*Odyssée* », *Ziva Antika*, 26 (1976), p. 311–328.

— « Philologie et Anthropologie » : « Philologie et Anthropologie structurale ; à propos d'un livre récent d'Angelo Brelich », *Quaderni Urbinati di cultura classica*, 11 (1971), p. 7–47.

CAMBIANO G., « Main » : « Le Médecin, la main et l'artisan », *Corpus hippocraticum. Colloque de Mons, septembre 1975*, Mons, 1977, p. 220–232.

Tecniche : Platone e le tecniche, Turin, 1971.

CARANDINI A., *Archeologia : Archeologia e cultura materiale*, Bari, 1975.

CARRIÈRE J.-C., *Le Carnaval et la Politique*, Besançon et Paris, 1979.

CASABONA J., *Sacrifices : Recherches sur le vocabulaire des sacrifices en grec des origines à la fin de l'époque classique*, Aix-Gap, 1966.

CASTORIADIS C., *Imaginaire : L'Institution imaginaire de la société*, Paris, 1975.

CAWKWELL G., « Epaminondas » : « Epaminondas and Thebes », *Classical Quarterly*, 22 (1972), p. 254–278.

CERTEAU M. DE, « Lafitau » : « Writing Vs. Time : History and Anthropology in the Works of Lafitau », *Yale French Studies*, 59 (1980), p. 37–64.

CHADWICK J., « Dorians » : « Who were the Dorians? », *Parola del passato*, 31 (1976), p. 103–117.

CHAIGNET A. E., *Pythagore : Pythagore et la philosophie pythagoricienne*, Paris, 18–73.

CHANTRAINE P., « Artisan » : « Trois noms grecs de l'artisan », *Mélanges A. Diès*, Paris, 1956, p. 41–47.

— *Études : Études sur le vocabulaire grec*, Paris, 1956.

— *Formation : La Formation des noms en grec ancien*, Paris, 1933.

— « Gauche » : « Les Noms de la gauche en grec », *Comptes Rendus de l'Académie des inscriptions et belles lettres*, 1955, p. 344–347.

CHÂTELET F., *Naissance : La Naissance de l'histoire*, Paris, 1962.

— « Temps de l'histoire : « Le Temps de l'histoire et l'évolution de la fonction historienne », *Journal de psychologie*, 1956, p. 355–378.

CHERNISS H., « Compte rendu Gegenschatz » : « Compte rendu de E. Gegenschatz, *Platons Atlantis*, Zurich, 1943 », *American Journal of Philology*, 68 (1947), p. 251–257.

— *Platon I : Plato 1950–1957, Lustrum*, 4 (1959).

— *Platon II : Plato 1950–1957, Lustrum*, 5 (1960).

— « Relation » : « The Relation of the *Timaeus* to Plato's Later Dialogs », *American Journal of Philology*, 78 (1957) ; repris dans R. E. ALLEN (éd.), *Studies in Plato's Metaphysics*, Londres, 1965, p. 339–378.

CLARKE H. W., *Art : The Art of the Odyssey*, Englewood Cliffs, N.J., 1967.

CLERC M., *Métèques : Les Métèques athéniens*, Paris, 1891.

COCHRANE C. N., *Thucydides : Thucydides and the Science of History*, Oxford, 1929.

COLE T., *Democritus : Democritus and the Sources of Greek Anthropology*, Ann Arbor, 1967.

COLLINGWOOD R. G., *Idea : The Idea of History*, Oxford, 1946.

COMPERNOLLE R. VAN, « Doulocratie » : « Le Mythe de la gynécocratie-doulocratie argienne », *Mélanges Claire Préaux*, Bruxelles, 1975. p. 355–364.

— « Tradizioni » : « Le Tradizioni sulla fondazione e sulla storia arcaica di Locri Epizefiri e la propaganda politica alla fine delle v e nel iv secolo av. Cr. », *Annali della Scuola normale superiore di Pisa*, 3ᵉ série, 6, 2 (1976), p. 329–400.

CONNOR W. R., *Theopompus : Theopompus and Fifth Century Athens*, Washington, 1968.

COOK A. B., *Zeus : Zeus. A Study in Greek Religion*, Cambridge, 1914–1940.

CORNFORD F. M., *Attic Comedy : The Origin of Attic Comedy*, Londres, , 1914.

— *Cosmology : Plato's Cosmology*, Londres 1937.

— *Parmenides : Plato and Parmenides*, Londres, 1939.

— *Principium : Principium Sapientiae. The Origins of Greek Philosophical Thought*, Cambridge, 1952.

CORSANO M., « Sparte et Tarente » : « Sparte et Tarente : le mythe de fondation d'une colonie », *Revue de l'histoire des religions*, 196, 2 (1979), p. 115–140.

CORSSEN P., « Sendung » : « Die Sendung der Lokrerinnen und die Gründung von Neue Ilion », *Sokrates*, 1 (1913), p. 188–202 et 235–252.

COSTE-MESSELIÈRE P. DE LA, *Musée de Delphes : Au musée de Delphes*, Paris, 1936.

— *Trésor des Athéniens : Fouilles de Delphes*, IV, 4, *Sculptures du trésor des Athéniens*, Paris, 1957.

COUISSIN P., *Atlantide: L'Atlantide de Platon et les origines de la civilisation*, Aix-en-Provence, 1928.

— « Mythe » : « Le Mythe de l'Atlantide », *Mercure de France*, 15 février 1927, p. 29–71.

CRAHAY R., *Littérature : La Littérature oraculaire chez Hérodote*, Liège et Paris, 1956.

CROSBY M., « Poletai » : « A Poletai Record of the Year 367/6 B.C. », *Hesperia*, 10 (1941), p. 14–27.

CUFFEL V., « Concept of Slavery » : «The Classical Greek Concept of Slavery », *Journal of the History of Ideas*, 27 (1966), p. 323–342.

CUILLANDRE J., *Droite et Gauche : La Droite et la Gauche dans les poèmes homériques en concordance avec la doctrine pythagoricienne et avec la tradition celtique*, Paris, 1944.

CULLMANN O., Christ *et le Temps : Christ et le Temps*[2], Neuchâtel et Paris, 1966.

CUMONT F., *Lux perpetua : Lux perpetua*, Paris, 1949.

— *Symbolisme funéraire : Recherches sur le symbolisme funéraire*, Paris, 1942.

CURTIUS E., « Weihgeschenke » : « Die Weihgeschenke der Griechen nach der Perserkriegen », *Gesammelte Abhandlungen*, Berlin, 1899, t. II, p. 359–374 (article datant de 1861).

DAUX G., « Chronique 1965 » : « Chronique des fouilles », *Bulletin de correspondance hellénique* (1965), p. 683–1008.

— *Pausanias à Delphes : Pausanias à Delphes*, Paris, 1936.

DAVIES J. K., *Families : Athenian Propertied Families 600–300 B.C.*, Oxford, 1971.

DERIBOUR M., « Timbres amphoriques », 2 : « Réflexions sur les timbres amphoriques thasiens », *Thasiaca, Bulletin de correspondance hellénique*, suppl. V, Athènes, 1979, p. 269–314.

DEFRADAS J., *Propagande delphique : Les Thèmes de la propagande delphique*, Paris, 1954.

DELATTE A., *Études : Études sur la littérature pythagoricienne*, Paris, 1915.

DELCOURT M., *Pyrrhos : Pyrrhos et Pyrrha. Recherches sur les valeurs du feu dans les légendes helléniques*, Paris, 1965.

— *Hermaphrodite : Hermaphrodite. Mythes et Rites de la bissexualité dans l'Antiquité classique*, Paris, 1958.

DELVOYE CH., « Art et Politique » : « Art et Politique à Athènes à l'époque de Cimon », *Mélanges Cl. Préaux*, Bruxelles, 1975, p. 801–807.

DEONNA W., « Cornes gauches » : « Les Cornes gauches », *Revue des études anciennes*, 1940, p. 111–126.

— « Monokrêpides » : « Monokrêpides », *Revue de l'histoire des religions*, 89 (1935), p. 50–72.

DESPOTOPOULOS C., « Esclavage » : « La Cité parfaite de Platon et l'Esclavage. Sur *République* 433 d », *Revue des études grecques*, 83 (1970), p. 26–37.

DETIENNE M., *Dionysos : Dionysos mis à mort*, Paris, 1977.

— « Géométrie » : « En Grèce archaïque : géométrie, politique et société », *Annales E.S.C.*, 20 (1965), p. 425–441.

— *Jardins : Les Jardins d'Adonis*, Paris, 1972.

— *Maîtres de vérité : Les Maîtres de vérité dans la Grèce archaïque*[3], Paris, 1979.

— « Panthère » : « La Panthère parfumée », dans *Dionysos mis à mort*, Paris, 1977, p. 51–131.

— « Phalange » : *La Phalange : problèmes et controverses, in* J.-P. VERNANT (éd.), Problèmes de la guerre, p. 119–142.

— « Repenser » : « Repenser la mythologie », *in* M. Izard et P. SMITH (éd.), *La Fonction symbolique. Essais d'anthropologie*, Paris, 1979, p. 71–82.

— « Ronger » : « Ronger la tête de ses parents », dans *Dionysos mis à mort*, Paris, 1977, p. 133–160 (publié d'abord sous le titre « Entre bêtes et dieux », *Nouvelle Revue de psychanalyse*, automne 1972).

— « Violentes Eugénies » : « Violentes *Eugénies*. En pleines Thesmophories : des femmes couvertes de sang », *in* M. DETIENNE et J.-P. VERNANT (éd.), *Cuisine*, p. 183–214.

DETIENNE M. et VERNANT J.-P. (éd.), *Cuisine : La Cuisine du sacrifice en pays grec*, Paris, 1979.

DETIENNE M. et VERNANT J.-P., *Mètis : Les Ruses de l'intelligence. La métis des Grecs*[2], Paris, 1978.

DEUBNER L., *Feste : Attische Feste*, Berlin, 1932.

DIELS H., *Die Fragmente der Vorsokratiker*[7], éd. W. Kranz, 3 vol., Berlin, 1954.

DILLER A., « MANUSCRIPTS » : « The Manuscripts of Pausanias », *Transactions of the American Philological Association*, 88 (1957), p. 169–188.

— « Pausanias in the Middle Ages » : « Pausanias in the Middle Ages », *Transactions of the American Philological Association*, 87 (1956), p. 84–97.

DODDS E. R., *Irrationnel: Les Grecs et l'irrationnel*[2], trad. M. Gibson, Paris, 1977.

DOMASZEWSKI A. von, *Attische Politik : Die attische Politik der Zeit der Pentekontaetie*, Heidelberg, 1925.

DOW S. et HEALEY R. F., *Calendar : A Sacred Calendar of Eleusis*, Cambridge (Mass.), 1965 (= *Harvard Theological Studies*, 21).

DUCAT J., « Hilotisme » : « Aspects de l'hilotisme », *Ancient Society*, 9 (1978), p. 5–46.

— « Mépris des hilotes » : « Le Mépris des hilotes », *Annales E.S.C.*, 29 (1974), p. 1452–1464.

— « Récits » : « Les Thèmes des récits de la fondation de Rhégion », *Mélanges G. Daux*, Paris, 1974, p.93–114.

DUCHET M., *Anthropologie et Histoire : Anthropologie et Histoire au siècle des Lumières*, Paris, 1971.

— « Discours ethnologique » : « Discours ethnologique et Discours historique : le texte de Lafitau », *Studies on Voltaire and the Eighteenth Century*, 151–155, Oxford, 1976, p. 607–623.

DUCREY P., *Prisonniers : Le Traitement des prisonniers de guerre dans la*

Grèce antique, des origines à la conquête romaine, Paris, 1968.

DUMÉZIL G., *Aspects : Aspects de la fonction guerrière chez les Indo-Européens*, Paris, 1956.

— *Lemniennes : Le Crime des Lemniennes*, Paris, 1924.

— *Héritage indo-européen : L'Héritage indo-européen à Rome*, Paris, 1949.

— *Horace : Horace et les Curiaces*, Paris, 1942.

— *Idéologie : L'Idéologie tripartite des Indo-Européens*, Bruxelles, 1958.

— *Mythe et épopée*, I : *Mythe et épopée*, I, Paris, 1968.

— *Religion romaine : La Religion romaine archaïque*, Paris, 1967.

— « Temps et mythe » : « Temps et mythe », *Recherches philosophiques*, 5 (1935–1936), p. 235–251.

DUMONT J.-C., « Aristonicos » : « A propos d'Aristonicos », *Eirene*, 5 (1966) p. 189–196.

DURAND J.-L., «Délit»: «le Corps du délit», *Communications*, 26 (1977), p. 46–61.

EFFENTERRE H. Van, « Clisthène » : « Clisthène et les mesures de mobilisation », *Revue des études grecques*, 89 (1976), p. 1–17.

— *Crète : La Crète et le monde grec de Platon à Polybe*, Paris, 1948.

— « Fortins crétois » : « Fortins crétois », *Mélanges Ch. Picard*, Paris, 1948, p. 1038–1046.

— *Mallia : le Palais de Mallia et la cité minoenne*, 2 vol., Rome, 1980.

— « Politique et Religion » : « Politique et religion dans la Crète minoenne », *Revue historique*, janv.-mars 1963, p. 1–18.

— « Serment » : « A propos du serment des Drériens », *Bulletin de correspondance hellénique*, 61 (1937), p. 327–332.

EITREM S., *Opferritus : Opferritus und Voropfer der Griecher und Römer*, Kristiania, 1915.

— « Phaiakenepisode » : « Die Phaiakenepisode in der *Odyssee* », *Videnskabs — Selskabet Skrifter. Hist. Filos. K1*, 1904 (2), 35 p.

— « Phaiaker » : *s.v.* Phaiaker », *R.E.*, 19 (1938), c. 1518–1534.

ELIADE M., *Éternel Retour : Le Mythe de l'éternel retour*, Paris, 1949.

— *Nostalgie des origines*, Paris, 1971 (partiellement repris du recueil de C. J.

BLEEKER, *Initiation*) ; « L'Initiation et le Monde moderne », p. 1–14.

ELLINGER P., « Gypse » : « Le Gypse et la Boue, I. Sur les mythes de la guerre d'anéantissement », *Quaderni Urbinati di cultura classica*, 29(1), p. 7–35.

FARNELL L. R., *Cults : Cults of the Greek States*, V, Oxford, 1909.

— « Dionysia » : « The Megala Dionysia and the Origin of Tragedy », *Journal of Hellenic Studies*, 29 (1909), p. XLVII.

FAURE P., *Cavernes : Fonction des cavernes crétoises*, Paris, 1965.

FERGUSON W. S., « Salaminioi » : « The Salaminioi of Heptaphylon and Sounion », *Hesperia*, 7 (1938), p. 1–74.

FERNANDEZ NIETO F. J., *Acuerdos belicos : Los Acuerdos belicos en la Antigua Grecia (época arcaica y clásica)*, I, *Texto*, II, *Los Instrumentas materiales de los conventos*, Saint-Jacques-de-Compostelle, 1975.

FESTUGIÈRE A. J., « Arétalogies » : « A propos des arétalogies d'Isis », *Harvard Theological Review*, 1949, p. 209–234; repris dans *Études de religion grecque et hellénistique*, Paris, 1972, p. 145–149.

— *Dieu cosmique : La Révélation d'Hermès Trismégiste*, II³. *Le dieu cosmique*, Paris, 1949.

FIDIO P. DE, « Demiurgo » : « Il Demiurgo e il ruolo delle *technai* in Platone », *Parola del passato*, 26 (1971), p. 233–263.

FINLEY M. I., *Ancestral Constitution : The Ancestral Constitution*, Cambridge, 1971 ; repris dans *Use and Abuse*, p. 34–59.

— *Ancient Slavery : Ancient Slavery and Modern Ideology*, Londres, 1980 (trad. D. Fourgous, Paris, 1981).

— *Sicily : Ancient Sicily²*, Londres, 1979.

— « Sparta » : « Ancient Sparta », *in* J.-P. VERNANT (éd.), *Problèmes de la guerre en Grèce ancienne*, Paris-La Haye, 1968 ; repris dans *Use and Abuse*, p. 161–177.

— « Aristotle » : « Aristotle and Economie Analysis », *Past and Présent*, 47 (1970) ; repris dans M. I. FINLEY (éd.), *Studies in Ancient Society*, Londres, 1974, p. 26–52.

— « Between Slavery and Freedom » : « Between Slavery and Freedom », *Comparative Studies in Society and History*, 6 (1964), p. 233–249.

— *Économie : L'Économie antique*, trad. M. P. Higgs, Paris, 1975.

— *Monde d'Ulysse : Le Monde d'Ulysse*, nouvelle éd. augmentée, trad. M. Alexandre et Cl. Vernant-Blanc, Paris, 1978.

— « Myth » : « Myth, Memory and History », *History and Theory*, 4(1); revu et augmenté dans *Use and Abuse*, p. 11–33.

— « Servile Statuses » : « The Servile Statuses of Ancient Greece », *Revue internationale des droits de l'Antiquité*, 7 (1960), p. 165–189.

FINLEY MI. (éd.), Slavery : *Slavery in Classical Antiquity²*, Cambridge, 1968.

FINLEY M. I., *Use and Abuse : The Use and Abuse of History*, Londres, 1975.

— « Utopianism » : « Utopianism Ancient and Modem », *Mélanges H. Marcuse*, Boston, 1967 ; repris et augmenté dans *Use and Abuse*, p. 178–192.

— « Slave Labour » ; « Was Greek Civilisation based on Slave Labour? », *Historia*, 8 (1959), p. 145–164; repris dans M. I. FINLEY (éd.), *Slavery*, p. 53–72.

FOLEY H., « Similes » : « Reverse Similes and Sex Roles in the *Odyssey* », *Arethusa*, 11 (1978), p. 7–26.

FORTINA M., *Epaminonda : Epaminonda*, Turin, 1958.

FOURGOUS D., « Invention des armes » : « L'Invention des armes en Grèce ancienne », *Annali della Scuola normale superiore di Pisa*, série III, 6, 4 (1976), p. 1123–1164.

FRANK E., *Sogenannten Pythagoreer : Plato und die sogenannten Pythagoreer*, Halle, 1923.

FRÄNKEL H., « Ephemeros » : « Man's *Ephemeros* Nature according to Pindar », *Transactions of the American Philological Association*, 77 (1946), p. 131–145.

— « Stileigenheit » : « Eine Stileigenheit der frühgriechischen Literatur », *Göttingen Nachrichten*, 1924 ; repris dans *Wegen und Formen der frühgriechischen Denkens*, Munich, 1955, p. 40–96.

— « Zeitauffassung » : « Die Zeitauffassung in der frühgriechischen Literatur », *Zeitschrift für Aesthetik*, 1931, Beilagenheft ; repris dans *Wegen und Formen der frühgriechischen Denkens*, Munich, 1955, p. 1–22.

FRANKFORT H., *Royauté : La Royauté et les Dieux. Intégration de la société et de la nature dans la religion de l'ancien Proche-Orient*, trad. J. Marty et P. Krieger, Paris, 1951.

FRAZER J. G., *Pausanias : Pausanias' Description of Greece*, 6 vol. Londres, 1898.

— *Rameau d'or* II : *Le Cycle du rameau d'or* II. *Tabou et les Périls de l'âme*, trad. H. Peyre, Paris, 1927.

FRIEDLÄNDER P., *Platon : Platon*, I², Berlin, 1954; trad. anglaise par A. J. Meyerhoff, 2 vol., New York, 1958–1964.

FRITZ K. VON, « Philolaos » : *s.v.* « Philolaos », *R.E.*, suppl. 13 (1973), p. 454–483.

FROIDEFOND Ch., *Mirage égyptien : Le Mirage égyptien*, Paris, 1971.

FRONTISI-DUCROUX F., *Dédale : Dédale. Mythologie de l'artisan en Grèce ancienne*, Paris, 1975.

— « Temps retrouvé » : « Homère et le temps retrouvé », *Critique*, 348, p. 538–548.

FROST K. T., « Critias » : « The *Critias* and Minoan Crete », *Journal of Hellenic Studies*, 33 (1913), p. 189–206.

FUKS A., « Slave War » : « Slave War and Slave Troubles in Chios in the Third Century B. C. », *Athenaeum*, 46 (1968), p. 102–111.

FURTWÄNGLER A., « Zu den Weihgeschenken » : « Zu früheren Abhandlungen. I. Zu den marathonischen Weihgeschenken der Athener in Delphi », *Sitzungsberichte der philosophisch-philologischen und der historischen Klasse der K. B. Akademie der Wissenschaften zu München*, 1904, p. 365–370.

GAIDOZ H., « Mythologie comparée » : « La Mythologie comparée, un mot d'explication », *Mélusine*, II, 1884–1885, c. 97–99.

GAISER K., *Ungeschriebene Lehre : Platons ungeschriebene Lehre*, Stuttgart, 1963.

GAISFORD Th., *Lectiones Platonicae : Lectiones Platonicae*, Oxford, 1820.

GARAUDY R. (éd.), *Mode de production asiatique : Sur le « mode de production asiatique »*, Paris, 1969.

GARLAN Y., « Esclaves grecs », 1 : « Les Esclaves grecs en temps de guerre », *Actes du Colloque d'histoire sociale* (1970), Besançon et Paris, 1972, p. 29–62.

— « Esclaves grecs », 2 : « Quelques travaux récents sur les esclaves grecs en temps de guerre », *Actes du Colloque 1972 sur l'esclavage*, Besançon et Paris, 1974, p. 15–28.

— « Fortifications » : « Fortifications et Histoire grecque », *in* J.-P. VERNANT (éd.), *Problèmes de la guerre*, p. 245–260.

— *Guerre : La Guerre dans l'Antiquité*, Paris, 1972.

— *Poliorcétique : Recherches de poliorcétique grecque*, Athènes et Paris, 1974.

— « Timbres amphoriques 1 » : « Koukos. Données nouvelles pour une nouvelle interprétation des timbres amphoriques thasiens », *Thasiaca, Bulletin de correspondance hellénique*, suppl. V, Athènes, 1979, p. 213–268.

GAUER W., *Weihgeschenke : Weihgeschenke aus den Perserkriegen*, Tübingen, 1968.

GAUTHIER Ph., *Poroi : Un commentaire historique des* Poroi *de Xénophon*, Paris, 1976.

— « Xénoi » : « Les *Xénoi* dans les textes athéniens de la seconde moitié du vᵉ siècle av. J.-C. », *Revue des études grecques*, 84 (1971), p. 44–79.

GEGENSCHATZ E., *Atlantis : Platons Atlantis*, Zurich, 1943.

GENNEP A. VAN, « Contributions » : « Contributions à l'histoire en France de la méthode ethnographique », *Revue de l'histoire des religions*, 67 (1913), p. 321–338.

— *Rites de passage : Les Rites de passage*, Paris, 1909.

GERMAIN G., *Genèse : Genèse de l'Odyssée*, Paris, 1954.

— *Mystique : Homère et la mystique des nombres*, Paris, 1954.

GERNET L., *Anthropologie : Anthropologie de la Grèce antique²*, Paris, 1976.

— « Archontes : « Les Dix archontes de 581 », *Revue de philologie*, 64 (1938), p. 216–227.

— « Cité future » : « La Cité future et le pays des morts », *Revue*

des études grecques, 46 (1933) ; repris dans *Anthropologie*,
p. 139–153.

— « Dolon » : « Dolon le loup », *Mélanges F. Cumont*, Bruxelles, 1936 ;
repris dans *Anthropologie*, p. 154–178.

— « Droit et Prédroit » : « Droit et Prédroit en Grèce ancienne »,
Année sociologique, 1948–1949 ; repris dans *Anthropologie*,
p. 175–260.

— « Frairies » : « Frairies antiques », *Revue des études grecques*, 41 (1928) ;
repris dans *Anthropologie*, p. 21–61.

— « Origines » : « Les Origines de la philosophie », *Bulletin de l'ensei-
gnement public du Maroc*, 183 (oct.-déc. 1945) ; repris dans *Anthro-
pologie*, p. 415–430.

— « Temps » : « Le Temps dans les formes archaïques du droit »,
Journal de psychologie, 1956 ; repris dans *Anthropologie*,
p. 261–287.

GERNET L. et BOULANGER A., *Génie grec : Le Génie grec dans la religion*, Paris,
1932 (nouvelle éd., Paris, 1970).

GILL C., « Critias and Politicus » : « Plato and Politics : the *Critias* and the
Politicus », *Phronesis*, 24 (1979), p. 148–167.

— « *Genre* » : « The Genre of the Atlantis Story », *Classical Philology*, 72
(1977), p. 287–304.

— « Origin » : « The Origin of the Atlantis Myth », *Trivium*, 11 (1976), p.
1–11.

GLOTZ G., avec la collaboration de R. COHEN, *Histoire grecque*, II : *Histoire
grecque*, II, *La Grèce au Vᵉ siècle*, Paris, 1928.

— *Histoire grecque*, III : *Histoire grecque*, III. *La Grèce au IVᵉ siècle. La
lutte pour l'hégémonie, (404–336)*, Paris, 1936.

GODELIER M., « Préface » : Préface de M. GODELIER (éd.), *Sur les sociétés
précapitalistes*, textes choisis de Marx, Engels, Lénine, Paris, 1969.

GÖTTLING G. W., « Kynosarges » : « Das Kynosarges », *Berichte über die
Verhandlungen der Königlich Sächsischen Gesellschaft*, 6 (1854) ; repris
dans *Gesammelte Abhandlungen*, II, Munich, 1863, p. 156–174.

GOLDSCHMIDT V., *Cratyle : Essai sur le* Cratyle, Paris, 1940.

— *Dialogues : Les Dialogues de Platon. Structure et méthode dialectique²*, Paris, 1963.

— Paradigme : *Le Paradigme dans la dialectique platonicienne*, Paris, 1947.

— *Platonisme : Platonisme et Pensée contemporaine*, Paris, 1970.

— *Religion : La Religion de Platon*, Paris, 1959 ; repris dans *Platonisme et Pensée contemporaine*, Paris, 1970.

— *Système stoïcien : Le Système stoïcien et l'Idée de temps⁴*, Paris, 1979.

— « Temps logique » : « Temps historique et temps logique dans l'interprétation des systèmes philosophiques », *Actes du XIᵉ Congrès international de philosophie*, t. XII, 1953 ; repris dans *Questions platoniciennes*, Paris, 1970, p. 13–21.

— « Theologia » : « Theologia », *Revue des études grecques*, 61 (1950) ; repris et développé dans *Questions platoniciennes*, Paris, 1970, p. 141–172.

— « Théorie aristotélicienne » : « La Théorie aristotélicienne de l'esclavage et sa méthode », *Mélanges E. de Strÿcker*, Anvers, 1973, p. 147–163.

— « Tragédie » : « Le Problème de la tragédie d'après Platon », *Revue des études grecques*, 59 (1948) ; repris dans *Questions platoniciennes*, Paris, 1970, p. 103–140.

GOMME A. W., *Commentary*, I : *A Historical Commentary on Thucydides*, I, Oxford, 1945.

— *Essays : Essays in Greek History and Literature*, Oxford, 1937.

— *Greek Attitude : Greek Attitude to Poetry and History*, Berkeley, 1954.

GOMPERZ Th., *Penseurs: Les Penseurs de la Grèce. Histoire de la philosophie antique*, trad. A. Reymond, t. 1–3, Paris, 1904–1910.

GOOSSENS R., *Euripide : Euripide et Athènes*, Bruxelles, 1962.

GORNATOWSKI A., *Rechts : Rechts und Links im antiken Aberglauben*, Breslau, 1936.

GRAF F., « Mädchen » : « Die lokrische Mädchen », *Studi storico-religiosi*, 2 (1978), p. 61–79.

GRIFFITH J. G., « Three Notes » : « Three Notes on Herodotus Book

II », *Annales du Service des antiquités d'Égypte*, 53 (1955), p. 139–152.

GRONINGEN B. A. VAN, *Grip : In the Grip of the Past. Essay on an Aspect of Greek Thought*, Leyde, 1953.

— *Herodotos Historien : Herodotos Historien. Commentaar*, Leyde, 1946.

GRUNDY G., *Thucydides : Thucydides and the History of his Age*, Oxford, 1948.

GSCHNITZER F., *Abhängige Orte : Abhängige Orte im griechischen Altertum*, Munich, 1958.

GUARDUCCI M., *Fratria*, I et II : *L'Istituzione della fratria nella Grecia antica e nelle colonie greche d'Italia*, I et II, Rome, 1937 et 1938 (= *Memorie della classe di scienze morali, storiche e filologiche dell'Accademia dei Lincei*, VI, 6 et VI, 8, 2).

GUÉRIN P., *Justice : L'Idée de justice dans la conception de l'univers chez les premiers philosophes grecs de Thalès à Héraclite*, Paris, 1932.

HABICHT Ch., « Falsche Urkunden » : « Falsche Urkunden zur Geschichte Athens im Zeitalter der Perserkriege », *Hermes*, 59 (1961), p. 1–35.

— « Neue Inschriften » : « Neue Inschriften aus dem Kerameikos », *Athenische Mitteilungen*, 76 (1961), p. 127–148.

HALLIDAY W. R., « Xanthos-Melanthos » : « Xanthos-Melanthos and the Origin of Tragedy », *Classical Review*, 40 (1926), p. 179–181.

HANSEN W. F., « Journey » : « *Odysseus'* Last Journey », *Quaderni Urbinati di cultura classica*, 24 (1977), p. 27–48.

HARRISON A. R. W., *Law*, I : *The Law of Athens*, I, *The Family and Property*, Oxford, 1968.

HARRISSON J. E., *Themis : Themis. A Study of the Social Origins of Greek Religion*, nouvelle éd., New York, 1962.

HARTOG F., *Miroir : Le Miroir d'Hérodote. Essai sur la représentation de l'autre*, Paris, 1980.

HAUSSLEITER J., *Vegetarismus : Der Vegetarismus in der Antike*, Berlin, 1935.

HAVELOCK E., *Liberal Temper : The Liberal Temper in Greek Politics*, Londres,

1957.

HEIDEL W. A., *Greek Maps : The Frame of the Ancient Greek Maps*, New York, 1937.

HERTER H., « Atlantis » : « Platons Atlantis », *Bonner Jahrbücher*, 1928, p. 28–47.

— « Theseus der Athener » : « Theseus der Athener », *Rheinisches Museum*, 88 (1939), p. 244–286, 289–326.

— « Theuseus der Ionier » : « Theseus der Ionier », *Rheinisches Museum*, 85 (1936), p. 177–191 et 193–239.

— « Urathen » : « Urathen der Ideal Staat », *Mélanges R. Stark*, Wiesbaden, 1969 ; repris dans H. HERTER, *Kleine Schriften*, Munich, 1975, p. 279–304.

HERTZ R., « Main droite » : « La Prééminence de la main droite, étude sur la polarité », *Revue philosophique*, 1909 ; repris dans *Mélanges de sociologie religieuse et de folklore*[2], Paris, 1970, p. 84–109.

HILL G. F., *Middle Class : The Roman Middle Class*, Oxford, 1952.

HILLER VON GAERTRINGEN F., « Voreuklidische Steine » : « Voreuklidische Steine », *Sitzungsberichte Berlin*, 1919, p. 660–672.

HIRVONEN K., *Matriarchal Survivais : Matriarchal Survivais and Certain Trends in Homer's Female Characters*, Helsinki, 1968.

HITZIG H. et BLUEMNER H., *Pausanias : Das Pausanias Beschreibung von Griechenland*, III, Leipzig, 1907–1910.

HOBSBAWM E. J., *Primitifs : Les Primitifs de la révolte dans l'Europe moderne*, trad. R. Laars, Paris, 1966.

HODGEN M. T., *Survivais : The Doctrine of Survivais. A Chapter in the History of Scientific Method in the Study of Man*, Londres, 1936.

HÖPFNER W., *Herakleia Pontike : Herakleia Pontike-Eregli, Eine Baugeschichtliche Untersuchungen*, Vienne, 1966.

HOMOLLE TH., « Topographie I » : « Topographie de Delphes », *Bulletin de correspondance hellénique*, 21 (1897), p. 256–320.

— « Topographie 2 » : « Topographie du sanctuaire de Delphes », *Bulletin de correspondance hellénique*, 22 (1898), p. 572–579.

HOUTTE M. VAN, *Philosophie politique : La Philosophie politique de Platon dans les* Lois, Louvain, 1953.

HUMPHREYS S., « Nothoi » : «The *Nothoi* of Kynosarges », *Journal of Hellenic Studies*, 94 (1974), p. 88–95.

HUXLEY G., « Troy VIII » : « Troy VIII and the Locrian Maidens », *Mélanges V. Ehrenberg*, Oxford, 1966, p. 147–164.

IMMERWAHR W., *Atalanta : De Atalanta*, diss., Berlin, 1885.

JACOBY F., « Epigrams » : « Some Athenian Epigrams from the Persian Wars », *Hesperia*, 14 (1945) ; repris dans *Kleine Schriften*, I, Berlin, 1961, p. 456–520.

— « First Athenian Prose Writer » : « The First Athenian Prose Writer », *Mnemosyne*, 1947, p. 13–64.

— *F. Gr. Hist. : Die Fragmente der griechischen Historiker*, 15 vol., Berlin puis Leyde, 1923–1969.

— « Geschichtschreibung » : « Griechische Geschichtschreibung », *Die Antike*, 1926; repris dans *Abhandlungen zur griechischen Geschichtschreibung*, Leyde, 1956, p. 1–29.

JAEGER W., *Paideia*, III : *Paideia*, t. III, trad. G. Highet, New York, 1945.

— *Théologie : A la naissance de la théologie. Essai sur les présocratiques*, trad. fr., Paris, 1966.

JAMESON M. H., « Provision » : « The Provision for Mobilization in the Decree of Themistocles », *Historia*, 12 (1963), p. 385–409.

JAULIN R., *Mort sara : La Mort sara*, Paris, 1967.

JEANMAIRE H., *Couroi : Couroi et Courètes. Essai sur l'éducation Spartiate et les rites d'adolescence dans l'Antiquité hellénique*, Lille-Paris, 1939.

— « Cryptie » : « La Cryptie lacédémonienne », *Revue des études grecques*, 26 (1913), p. 121–150.

JOLY H., *Renversement: Le Renversement platonicien. Logos, Épistémè, Polis*, Paris, 1974.

JOLY R., *Genres de vie : Le Thème philosophique des genres de vie dans l'Antiquité classique*, Bruxelles, 1956.

KAHIL L. G., « Artémis attique », I : « Autour de l'Artémis attique », *Antike Kunst*, 8 (1965), p. 20–33.

— « Artémis attique », II : « Artémis attique », *Comptes Rendus de l'Académie des inscriptions et belles-lettres*, 1976, p. 126–130.

— « Artémis de Brauron » : « L'Artémis de Brauron : rites et mystères », *Antike Kunst*, 20 (1977), p. 86–98.

KAHN CH., *Anaximander : Anaximander and the Origins of Greek Cosmology*, New York, 1960.

— « Menexenus » : « Plato's Funeral Oration : the Motive of the *Menexenus* », *Classical Philology*, 58 (1963), p. 220–234.

KAHN L., *Hermès passe, ou les ambiguïtés de la communication*, Paris, 1978.

— « Ruse » : « Ulysse, la Ruse et la Mort », *Critique*, 393 (1980), p. 116–134.

— « Ulysse » : « Ulysse », dans *Dictionnaire des mythologies*, II, Paris, 1981, p. 117–120.

KAHN L. et Loraux N., « Mort » : « Mort », dans *Dictionnaire des mythologies*, II, Paris, 1981, p. 117–124.

KARO G., « En marge » : « En marge de quelques textes delphiques », *Bulletin de correspondance hellénique*, 33 (1909), p. 201–237.

KASPAR K., *Indianer : Indianer und Urvölker nach Jos. Fr. Lafitau (1681–1746)*, Fribourg (Suisse), 1943.

KEMBER O., « Right and Left » : « Right and Left in the Sexual Theories of Parmenides », *Journal of Hellenic Studies*, 91 (1971), p. 70–79.

KENNER H., *Verkehrten Welt : Dos Phänomen der Verkehrten Welt in der griechisch-römischen Antike*, Klagenfurt, 1970.

KERENYI K., « Dio Cacciatore » : « Il Dio Cacciatore », *Dioniso*, 15 (1952), p. 131–142.

KIECHLE FR., *Lakonien : Lakonien und Sparta*. Munich et Berlin, 1963.

KIRCHHOFF A., *Composition : Die Composition der Odyssee*, Berlin, 1869.

KIRK G. S., *Heraclitus : Heraclitus. The Cosmic Fragments*, Cambridge, 1954.

— *Myth : Myth, its Meaning and Functions in Ancient and Other Cultures*,

Cambridge, Berkeley et Los Angeles, 1970.

— *Songs : The Songs of Homer*, Cambridge, 1962.

KIRK G. S. et Raven J. E., *Presocratic Philosophers : The Presocratic Philosophers*, Cambridge, 1957 (nombreuses rééditions).

KLEINGÜNTHER A., *Prôtos Heurétês : Prôtos Heurétês. Untersuchungen zur Geschichte einer Fragestellung, Philologus*, suppl. 26, Leipzig, 1933.

KLUWE E., « Kongressdekret » : « Das perikleische Kongressdekret, das Todesjahr des Kimon und seine Bedeutung für die Einordnung der Miltiadesgruppe in Delphi », *Wissenschaftliche Zeitschrift der Universität Rostock, Gesellsch, und Sprachwiss. R.*, 7–8 (1958), p. 677–683.

KOBLER R., Weg : *Der Weg des Menschen vom Links zum Rechtshander*, Vienne, 1932.

KOCH E., « Lexiarchicon grammateion » : « Lexiarchicon grammateion », *Mélanges H. Lipsius*, Leipzig, 1894, p. 11–17.

KOECHLY H., *Cryptia : De Lacedaemoniorum Cryptia commentatio*, Leipzig, 1835 = *Opuscula philologica*, I, Leipzig, 1881, p. 580–591.

KROMAYER J. et VEITH G., *Heerwesen : Heerwesen und Kriegführung der Griechen und Römer*, Munich, 1928.

— *Schlachten-Adas : Schlachten-Atlas zur antiken Kriegsgeschichte*, I, Leipzig, 1922 ; IV, Leipzig, 1926.

— *Schlachtfelder*, IV : J. KROMAYER, *Antiken Schlachtfelder in Griechenland*, IV (avec G. VEITH), Berlin, 1931.

KRON U., *Phylenheroen : Die Zehn attischen Phylenheroen. Geschichte, Mythos, Kult und Darsteliung*, Berlin, 1976.

KURTZ D. et BOARDMAN J., *Burial Customs : Greek Burial Customs*. Ithaca, 1971.

LABARBE J., *Homère : L'Homère de Platon*, Liège, 1949.

— « Koureion » : « L'Âge correspondant au sacrifice du *koureion* et les données historiques du sixième discours d'Isée », *Bulletin de l'Académie royale de Belgique, classe des lettres*, 39 (1953), p. 358–394.

— *Loi navale : La Loi navale de Thémistocle*, Paris, 1957, p. 67–75.

LABAT R., *Monarchie assyro-babylonienne : Le Caractère religieux de la monarchie assyro-babylonienne*, Paris, 1939.

LAFITAU J. F., *Mœurs: Mœurs des sauvages américains comparées aux mœurs des premiers temps*, 2 vol, in 4°, puis 4 vol. in 12°, Paris, 1724.

LAMMERT F., « Katalogos » : *s.v.* « Katalogos », *R.E.*, 10 (1919), c. 2470–1471.

LANG A., *Mythes, Cultes : Mythes, Cultes et Religion*, trad. L. Marillier, Paris, 1896.

LANG M., « Oral Technique » : « Homer and Oral Technique », *Hesperia*, 38 (1969), p. 159–168.

LAROCHE E., *Racine nem : Histoire de la racine nem en grec ancien*, Paris, 1949.

LAUFFER S., *Bergwerkssklaven : Die Bergwerkssklaven von Laureion*, 2, Wiesbaden, 1979.

LAUNEY M., *Armées hellénistiques : Recherches sur les armées hellénistiques*, 2 vol., Paris, 1950.

LEACH E., *Critique: Critique de l'anthropologie*, trad. D. Sperber et S. Thion, Paris, 1968.

— « Frazer et Malinowski » : « Frazer et Malinowski, trad. A. Lyotard-May, *in L'Unité de l'homme et autres essais*, Paris, 1980, p. 109–142.

— « Lévi-Strauss » : « Cl. Lévi-Strauss anthropologue et philosophe », trad. A. Lyotard-May, *Raison présente*, 3 (1967), p. 91–106.

LEAF W., *Troy : Troy. A Study in Homeric Geography*, Londres, 1912.

LEDL A., *Verfassungsgeschichte : Studien zur Älteren athenischen Verfassungsgeschichte*, Heidelberg, 1914.

LE Goff J. et Le Roy-Ladurie E., « Mélusine » : « Mélusine maternelle et défricheuse », *Annales E.S.C.*, 26 (1971), p. 601–622.

LE Goff J. et Vidal-Naquet P., « Brocéliande » : «Lévi-Strauss en Brocéliande », *in* R. Bellour et C. CLÉMENT (éd.), *Lévi-Strauss*, Paris, 1979, p. 265–319.

LEGRAND PH. E., *Introduction : Introduction à Hérodote*[2], Paris, 1955.

LEMAY E., « Nouveau Monde » : « Histoire de l'antiquité et découverte du nouveau monde chez deux auteurs du xviiie siècle », *Studies on Voltaire and the Eighteenth Century*, 151–155, Oxford, 1976, p. 1313–1328.

LENCMAN J. A., *Esclavage: L'Esclavage dans la Grèce mycénienne et homérique* (en russe), Moscou, 1963 ; trad. allemande : *Die Sklaverei im mykenischen und homerischen Griechenland*, Wiesbaden, 1966.

LENSCHAU Th., « Phyleus » : *s.v.* « Phyleus », *R.E.*, 20 (1941), c. 1014–1016.

LERAT L., *Locriens : Les Locriens de l'Ouest*, 2 vol., Paris, 1952.

LÉVÊQUE P. et VIDAL-NAQUET P., *Clisthène : Clisthène l'Athénien. Essai sur la représentation de l'espace et du temps dans la pensée politique grecque de la fin du vi^e siècle à la mort de Platon*[3], Paris, 1983.

LÉVI-STRAUSS Cl., *Cru : Le Cru et le Cuit*, Paris, 1964.

— *L'Homme nu : L'Homme nu*, Paris, 1971.

— *Pensée sauvage : La Pensée sauvage*, Paris, 1962.

— *Totémisme : Le Totémisme aujourd'hui*, Paris, 1962.

— « Triangle » : « Le Triangle culinaire », *L'Arc*, 26 (1966), p. 19–29.

LEWIS D. M., « Cleisthenes » : « Cleisthenes and Attica », *Historia*, 12 (1963), p. 22–40.

LEVINSON R. C., *Defense : In Defense of Plato*, Cambridge (Mass.), 1953.

LISSARRAGUE F., « Dolon » : « Iconographie de Dolon le loup », *Revue archéologique*, 1 (1980), p. 3–30.

LLOYD G. E. R., *Magic : Magic, Reason and Experience. Studies in the Origins and Development of Greek Science*, Cambridge, 1979.

— *Polarity : Polarity and Analogy. Two Types of Argumentation in Early Greek Thought*, Cambridge, 1966.

— « Right and Left » : « Right and Left in Greek Philosophy », *in* R. NEEDHAM (éd.), *Right and Left*, p. 167–186, version révisée d'une étude publiée dans *Journal of Hellenic Studies*, 82 (1962).

— « Who is attacked? » : « Who is attacked in *On Ancient Medicine?* », *Phronesis*, 8 (1963), p. 108–120.

LOEFF A. R. VAN DER, « De Oschophoriis » : « De Oschophoriis ». *Mnemosyne*, 1915, p. 404–415.

LOEWY E., « Donario » : « Sopra il Donario degli Ateniesi a Delphi », *Studi italiani di filologia classica*, 5 (1897), p. 33–38.

— « Zu Mitteilungen » : « Zu Mitteilungen oben s. 144 », *Römische Mitteilungen*, 14 (1900), p. 235–236.

LORAUX N., « Acropole comique » : « L'Acropole comique », *Ancient Society* 11–12 (1980–81), p. 119–150 ; repris dans *Enfants*.

— *« Autochtonie » : « L'Autochtonie : une topique athénienne. Le mythe dans l'espace civique »*, *Annale E.S.C.*, 34 (1979), p. 3–26 : repris dans *Enfants*.

— « Belle mort » : « La Belle Mort Spartiate », *Ktèma*, 2 (1977), p. 105–120.

— *Enfants : Les Enfants d'Athéna. Idées athéniennes sur la citoyenneté et la division des sexes*, Paris, 1981.

— « *Hébè* et *Andreia* » : « *Hébè* et *Andreia*. Deux versions de la mort du combattant athénien », *Ancient Society*, 6 (1975), p. 1–31.

— « Interférence » : « L'Interférence tragique », *Critique*, 317 (1973), p. 908–925.

— *Invention : L'Invention d'Athènes. Histoire de l'oraison funèbre dans la « cité classique »*, La Haye-Berlin-Paris, 1981.

— « Marathon » : « Marathon ou l'histoire idéologique », *Revue des études anciennes*, 75 (1973), p. 13–42.

— « Mourir » : « Mourir devant Troie, tomber pour Athènes. De la gloire du héros à l'idée de la cité », *Information sur les sciences sociales*, 17 (1978), p. 801–817.

— « Race des femmes » : « Sur la race des femmes et quelques-unes de ses tribus », *Arethusa*, 11, 1–2 (1978), p. 43–87 ; repris dans *Enfants*.

— « Thucydide » : « Thucydide n'est pas un collègue », *Quaderni di storia*, 12 (juillet-décembre 1980), p. 55–81.

LORD A. B., *Singer : The Singer of Taies*, Cambridge (Mass.), 1960.

LOTZE D., « Woikees » : « Zu den Woikees von Gortyn », *Klio*, 40 (1962), p. 32–43.

— *Métaxy : Métaxy éleuthérôn kai doulôn*, Berlin, 1959.

LOUIS P., *Métaphores : Les Métaphores de Platon*, Paris, 1945.

LOVEJOY A. O. et Boas G., *Primitivism : Primitivism and Related Ideas in Antiquity*, Baltimore, 1936 (réimp. New York, 1965).

LUCCIONI J., « Platon et la Mer » : « Platon et la Mer », *Revue des études anciennes*, 61, (1959), p. 15–47.

LUCE J. V., *End: The End of Atlantis* (en Amérique *Lost Atlantis)*, Londres et New York, 1969.

— « Sources » : « The Sources and Literary Form of Plato's Atlantis Narrative », *in* E. S. RAMAGE (éd.), *Atlantis*, p. 49–78.

LUGEBIL K., « Staatsverfassung » : « Zur Geschichte der Staatsverfassung von Athen. Untersuchungen », *Jahrbücher für classische Philologie*, suppl. 5 (1864–1872), p. 537–699.

LURIA S., « Frauenpatriotismus » : « Frauenpatriotismus und Sklavenemanzipation in Argos », *Klio*, 8 (1932), p. 211–228.

LYONS J., *Structural Semantics : Structural Semantics. An Analysis of Part of the Vocabulary of Plato*, Oxford, 1963.

LYOTARD J.-F., « Indiens » : « Les Indiens ne cueillent pas les fleurs », *Annales E.S.C.*, 20 (1965); repris et complété dans R. Bellour et C. CLÉMENT (éd.), *Claude Lévi-Strauss*, Paris, 1979, p. 49–92.

MAAS E., « Compte rendu Toepffer » : « Compte rendu de J. Toepffer, *Attische Genealogie* », *Göttingische Gelehrte Anzeiger*, 1889, p. 801–832.

MANNI E., « Locridi » : « Le Locridi nella letteratura del III sec. A.C. », *Mélanges A. Rostagni*, Turin, 1963, p. 166–179.

MANNS O., *Jagd: Über die Jagd bei den Griechen*, Progr. Cassel, 1888 (p. 7–38), 1889 (p. 3–20), 1890 (p. 3–21).

MANSFELD J., *Péri Hebdomadôn : The Pseudo-Hippocratic Tract Péri Hebdomadôn, chap. 1, 2 and Greek Philosophy*, Assen, 1971.

MARETT R. (éd.), *Anthropology and the Classics : Anthropology and the Classics*, Oxford, 1908.

MARGARIDO A., « Textos iniciaticos » : « Proposições teoricas para a leitura de textos iniciaticos », *Correio do povo* (Porto Alegre), 21 août 1971.

MARIENSTRAS R., « Prospero » : « Prospero ou le Machiavélisme du bien », *Bulletin de la Faculté des lettres de Strasbourg*, 42 (1965), p. 899–917.

MARINATOS S., *Legend : Some Words about the Legend of Atlantis*, Athènes, 1971 (traduction complétée d'un article publié en grec dans *Krètika Chronika*, 1950).

MARROU H.-I., « Civilisation » : « Rapport sur l'histoire de la civilisation, Antiquité », *IXe Congrès international des sciences historiques*, I, Paris, 1950, p. 325–340.

— *Éducation : Histoire de l'éducation dans l'Antiquité^6*, Paris, 1965.

MARTIN A., *Cavaliers : Les Cavaliers athéniens*, Paris, 1886.

MARTIN T. H., « Dissertation »: « Dissertation sur l'Atlantide », dans *Études sur le* Timée *de Platon*, I, Paris, 1841, p. 257–333.

MARX K., *18 Brumaire : Le Dix-huit Brumaire de Louis Bonaparte*, trad. fr., Paris (Éditions sociales), 1969.

MASSON O., « Noms des esclaves » : « Les Noms des esclaves dans la Grèce antique », *Actes du Colloque 1971 sur l'esclavage*, Paris, 1973, p. 9–23.

MATARASSO M., « Robert Hertz » : « Robert Hertz, notre prochain : sociologie de la gauche et de la mort », *L'Année sociologique*, 24 (1973), p. 119–147.

MATHIEU G., « Éphébie » : « Remarques sur l'éphébie attique », *Mélanges Desrousseaux*, Paris, 1937, p. 311–319.

MAURIN J., « Puer » : « Remarques sur la notion de *puer* à l'époque classique », *Bulletin de l'Association G.-Budé*, 1975, p. 221–230.

MAXWELL-STUART P. G., « Black Coats » : « Remarks on the Black Coats of the Ephebi », *Proceedings of the Cambridge Philological Society*, 196 (1970), p. 113–116.

MAZON P., *Travaux : Hésiode. Les Travaux et les Jours*, édition nouvelle, Paris, 1914.

MAZZARINO S., *Pensiero storico : Il Pensiero storico classico*, 3 vol., Bari, 1966.

MEIGGS R. et LEWIS D., *Selection : A Selection of Greek Historical Inscriptions to the End of the Fifth Century B.C.*, Oxford, 1969.

MEILLET A., *Langue grecque : Aperçu d'une histoire de la langue grecque^7*, Paris, 1955.

MELE A., *Società e Lavoro neipoemi omerici*, Naples, 1968.

MERCIER P., *Histoire de l'anthropologie : Histoire de l'anthropologie*, Paris,

1971.

MERITT B. D., *Studies : Greek Historical Studies*, Cincinnati, 1962.

— « Greek Inscriptions 1936 » : « Greek Inscriptions », *Hesperia*, 5 (1936), p. 355–430.

MERKELBACH R., « Aglauros » : « Aglauros. Die Religion der Epheben », *Zeitschrift für Papyrologie und Epigraphik*, 9 (1972), p. 277–283.

MEULI K., *Odyssee : Odyssee und Argonautika*, Berlin, 1921.

MEYERSON I., « Temps » : « Le Temps, la mémoire et l'histoire », *Journal de psychologie*, 1956, p. 333–357.

MICHEL P.-H., *Pythagore : De Pythagore à Euclide. Contribution à l'histoire des mathématiques préeuclidiennes*, Paris, 1950.

MITCHEL F. W., « Ephebic Inscription » : « The So-Called Earliest Ephebic Inscription », *Zeitschrift für Papyrologie und Epigraphik*, 19 (1975), p. 233–243.

MOMIGLIANO A., « Locrian Maidens » : « The Locrian Maidens and the Date of Lycophron's *Alexandra* », *Classical Quarterly*, 39 (1945), p. 49–53 ; repris avec un appendice dans *Secondo contributo alla storia degli studi classici*, Rome, 1960, p. 446–453.

— *Sagesses barbares : Sagesses barbares. Les limites de l'hellénisation*, trad. M.-C. Roussel, Paris, 1979.

— *Studies : Studies in Historiography*, Londres, 1966.

— « Teopompo » : « Teopompo », *Rivista di filologia e di istruzione classica*, 9 (1931), p. 230–253 ; repris dans *Terzo Contributo alla storia degli studi classici e del mondo antico*, I, Rome, 1966, p. 367–392.

— « Time » : « Time in Ancient Historiography », *History and Theory*, 6 (1966) ; repris dans *Quarto Contributo alla storia degli studi classici nel mondo antico*, Rome, 1969, p. 13–41.

MOMMSEN A., *Feste : Feste der Stadt Athen im Altertum*, Leipzig, 1898.

— « Zehn Eponymen » : « Die zehn Eponymen und die Reihenfolge der nach ihnen genannten Phylen Athens », *Philologus*, 47 (1889), p. 449–489.

MOREAU J., *Ame du monde : L'Âme du monde de Platon aux stoïciens*, Paris, 1939.

— « Compte rendu Mugler » : « Compte rendu de Ch. Mugler, *Deux Thèmes* », *Revue des études grecques*, 68 (1955), p. 363–368.

MOREL J.-P., « Jeunesse » : « Sur quelques aspects de la jeunesse à Rome », *Mélanges J. Heurgon*, Paris, 1976, p. 663–683.

— « *Juventus* » : « La *Juventus* et les Origines du théâtre romain », *Revue des études latines*, 47 (1969), p. 208–252.

— « Pantomimus » : « Pantomimus allectus inter juvenes », *Mélanges M. Renard*, II, Bruxelles, 1969, p. 526–535.

— « Pube praesenti » : « Pube praesenti in contione omni poplo », *Revue des études latines*, 42 (1964), p. 375–388.

MORENZ S., « Rechts » : « Rechts und Links im Totengericht », *Zeitschrift für Aegyptische Sprache und Altertumskunde*, 1957, p. 62–71.

MORET A., *Royauté pharaonique : Du caractère religieux de la royauté pharaonique*, Paris, 1902.

MORGAN L. H., « Descent » : « Laws of Descent of the Iroquois », *Proceedings of the American Association for the Advancement of Science*, 11, II (1857), p. 132–148.

— *Société archaïque : Ancient Society*, 1877 (trad. franç., *La Société archaïque*, Paris, 1971).

MORIN E., *Politique de l'homme : Introduction à une politique de l'homme*, suivi d'*Arguments politiques*, Paris, 1965.

MORROW G. E. R., *Cretan City : Plato's Cretan City. A Historical Interpretation of the Laws*, Princeton, 1960.

— « Demiurge » : « The Demiurge in Politics : the *Timaeus* and the *Laws* », *Proceedings and Adresses of the American Philosophical Association*, 27 (1954), p. 5–23.

— *Plato's Law of Slavery : Plato's Law of Slavery in its Relation to Greek Law*, Urbana, 1939.

MOSCOVICI S., *Nature : Essai sur l'histoire humaine de la nature*, Paris, 1968.

MOSSÉ Cl., « Archidamos » : « Sur un passage de l'*Archidamos* d'Isocrate », *Revue des études anciennes*, 55 (1953), p. 25–35.

— « Armée et Cité » : « Armée et Cité grecque (A propos de Thucy-dide,

VII, 77, 4–5) », *Revue des études anciennes*, 65 (1963), p. 290–297.

— « Classes » : « Les Classes sociales à Athènes au ive s. », *in* D. ROCHE (éd.), *Ordres et Classes*, Colloque d'histoire sociale, Saint-Cloud, 24–25 mai 1967, Paris-La Haye, 1973, p. 23–28.

— *Fin : La Fin de la démocratie athénienne*, Paris, 1962.

— « Nabis » : « Un tyran grec à l'époque hellénistique : Nabis, *roi* de Sparte », *Cahiers d'histoire*, 9 (1964), p. 312–323.

— « Périèques » : « Les Périèques lacédémoniens. A propos d'Isocrate, *Panathénaïque*, 177 et s. ». *Ktèma*, 2 (1977), p. 121–124.

— « Rôle de l'armée » : « Le Rôle de l'armée dans la révolution de 411 à Athènes », *Revue historique*, 231 (1964), p. 1–10.

— « Rôle des esclaves », « Le Rôle des esclaves dans les troubles politiques du monde grec à la fin de l'époque classique », *Cahiers d'histoire*, 6 (1961), p. 353–360.

— « Rôle politique » : « Le Rôle politique des armées dans le monde grec à l'époque classique », *in* J.-P. VERNANT (éd.), *Problèmes de la guerre*, p. 221–230.

MOTTE A., *Prairies : Prairies et Jardins de la Grèce antique. De la religion à la philosophie*, Bruxelles, 1973.

MUGLER Ch., *Deux Thèmes: Deux Thèmes de la cosmogonie grecque. Devenir cyclique et pluralité des mondes*, Paris, 1953.

MUEHLL P. VON DER, « Odyssee » : *s.v.* « Odyssee », *R.E.*, suppl. VII (1940), c. 696–768.

MUMFORD L., « Utopia » : « Utopia, the City and the Machine », *Daedalus*, 94 (1965), p. 271–292.

MURAKAWA K., « Demiourgos » : « Demiourgos », *Historia*, 6 (1957), p. 385–415.

MUSTI D., « Locri » : « Sviluppo e Crisi di un oligarchia greca. Locri tra il VII e il IV sec. », *Studi storici*, 2 (1977), p. 59–85.

— « Syngeneia » : « Sull'idea di *syngeneia* in iscrizioni greche », *Annali della Scuola normale superiore di Pisa*, 32 (1963), p. 225–239.

— « Valore di scambio » : « Per una richerca sul valore di scambio nel modo di produzione schiavistico », *in* Istituto Gramsci, *Analisi marxista e società antiche*, Rome, 1978, p. 147–174.

MYRES J. L., *Herodotus : Herodotus, Father of History*, Oxford, 1953.

NEEDHAM R. (éd.), *Right and Left : Right and Left. Essays on Dual Symbolic Classification*, Chicago et Londres, 1973.

NENCI G., *Introduzione : Introduzione alle guerre persiane et altri saggi di storia antica*, Pise, 1958.

NEUGEBAUER O., *Exact Sciences : The Exact Sciences in Antiquity, édition paperback*, New York, 1962.

NICOLET Cl., *Ordre équestre : L'Ordre équestre à l'époque républicaine (312–43 av. J.-C.)*, 2 vol., Paris, 1966 et 1974.

NIKITSKIJ A., « Aianteia » : « Aianteia », Zurnal Ministerstva Narodnógo *Prosveščenija (Otdel po Klass. Fil.)*, 43 (janv.-fév. 1913), p. 1–48 et 49–100.

NILSSON M. P., « Grundlagen » : « Die Grundlagen des Spartanischen Lebens », *Klio*, 12 (1912), p. 308–340 ; repris dans *Opuscula Selecta*, 2, Lund, 1952, p. 826–869.

— *Primitive Time : Primitive Time Reckoning*, Lund, 1920.

— « Propaganda » : « Political Propaganda in Sixth Century Athens », *Mélanges D. M. Robinson*, II, Saint Louis (Miss.), 1953, p. 743–748.

— « Salaminioi » : « The New Inscription of the Salaminioi », *American Journal of Philology*, 59 (1938), p. 385–393.

— « Ursprung » : « Der Ursprung der Tragödie », *Neue Jahrbuch für das klassische Altertum*, 1911, p. 609–642 et 673–696.

OLIVA P., « Helots » : « On the Problem of the Helots », *Historica. Les Sciences historiques en Tchécoslovaquie*, 3 (1961), p. 5–39.

ONIANS R. B., *Origins : The Origins of the European Thought about the Body, the Mind, the Soul, the World, Time and Fate*[2], Cambridge, 1953.

OPPENHEIM A. L., *Mésopotamie : La Mésopotamie. Portrait d'une civilisation*, trad. P. Martory, Paris, 1970.

ORTH F., « Jagd » : *s.v.* « Jagd », *R.E.*, 9 (1914), c. 558–604.

OVERBECK J., *Antiken Schriftquellen : Die antiken Schriftquellen zur Geschichte der bildenden Künste bei den Griechen*, Leipzig, 1868.

OWEN G. E. L., « Place » : « The Place of *Timaeus* in Plato's Dialogues », *Classical Quarterly*, 47 (1953) ; repris *in* R. E. ALLEN (éd.), *Studies in Plato's Metaphysics*, Londres, 1965, p. 313–338.

PAGE D., *Odyssey : The Homeric Odyssey*, Oxford, 1955.

PALLOTINO M., « Atlantide : « Atlantide », *Archeologia Classica*, 4 (1952), p. 229–240.

PANOFF M., *Malinowski : Bronislaw Malinowski*, Paris, 1972.

PANOFSKY E., *Iconologie : Essais d'iconologie*, trad, Cl. Herbette et B. Teyssèdre, Paris, 1967.

PARETI., *Sparta arcaica : Storia di Sparta arcaica*, I, Florence, 1920.

PARKE H. W., *Mercenary Soldiers : Greek Mercenary Soldiers*, Oxford, 1934.

PARRY A., « Iliad » : « Have we Homer's *Iliad?* », *Yaie Classical Studies*, 20 (1966), p. 175–216.

PATZIG E., *De Nonnianis Commentariis : De Nonnianis Commentariis*, Progr. Leipzig, 1890.

PAULHAN J., *Preuve : La Preuve par l'étymologie*, Paris, 1953.

PAULMIER DE GRENTEMESNIL J. LE (PALMERIUS), *Exercitationes : Exercitationes in optimos fere auctores Graecos*, Leyde, 1768.

PEARSON A. C., *Fragments : The Fragments of Sophocles*, 3 vol., Cambridge, 1917.

PEASE A. S., « Ölbaum » : *s.v.* « Ölbaum », *in R.E.*, 17 (1937), c. 1998–2022.

PÉLÉKIDIS C., *Éphébie : Histoire de l'éphébie attique, des origines à 31 avant Jésus-Christ*, Paris, 1962.

PEMBROKE S. G., « Family » : « The Early Human Family : Some Views 1770–1870 », *in* R. R. BOLGAR (éd.), *Classical Influences on Western Thought A.D. 1650–1870*, Cambridge, 1979, p. 275–291.

— « Last » : « Last of the Matriarchs : a Study in the Inscriptions of Lycia »,

Journal of the Economic and Social History of the Orient, 8 (1965), p. 217–247.

— « Locres » : « Locres et Tarente. Le rôle des femmes dans la fondation de deux colonies grecques », *Annales E.S.C.*, 25 (1970), p. 1240–1270.

— « Women » : « Women in Charge : the Function of Alternatives in Early Greek Tradition and the Ancient Idea of Matriarchy », *Journal of the Warburg and Courtauld Institutes*, 30 (1967), p. 1–35.

PÉPIN J., « Mer » : « A propos du symbolisme de la mer chez Platon et dans le néo-platonisme », *Congrès de l'Association Guillaume-Budé*, Tours et Poitiers, 1953, p. 257–259.

PETERSEN E., « Griechische Bronze » : « Griechische Bronze », *Römische Mitteilungen*, 6 (1891), p. 270–278.

— « Marathonische Bronzegruppe » : « Die marathonische Bronzegruppe des Pheidias », *Römische Mitteilungen*, 14 (1901), p. 142–151.

PETRE Z., « Représentation » : « Un âge de la représentation ; artifice et image dans la pensée grecque du VIe s. av. notre ère », *Revue roumaine d'histoire*, 18 (1979), p. 247–257.

— « Épigrammes de Marathon » : « Eschyle, Salamine et les Épigrammes de Marathon », *Revue roumaine d'histoire*, 17 (1978), p. 327–336.

— « Architecte » : « Trophonios ou l'Architecte. A propos du statut des techniciens dans la cité grecque », *Studii Classice*, 18 (1979), p. 23–37.

PHILIPPSON P., *Genealogie : Genealogie als Mythischeform, Studien zur Theogonie des Hesiod, Symbolae osloenses*, fasc. suppl. VII, 1936; repris dans *Untersuchungen über den griechischen Mythos*, Bâle, 1944, p. 4–42.

PICARD Ch., « Luttes primitives » : « Les Luttes primitives d'Athènes et d'Éleusis », *Revue historique*, 166 (1931), 1, p. 1–76.

— *Manuel, Sculpture*, II, 1 : *Manuel d'archéologie grecque, Sculpture*, II, 1, Paris, 1939.

— « Marchand d'huile » : « Chez le marchand d'huile, le maître charpentier ou le philosophe », *Revue archéologique*, 23 (1945), p. 154–155.

— « Représentation » : « Représentation d'une école de philosophie à Athènes », *Revue archéologique*, 16 (1940), p. 159–160.

Piérart M., *Platon : Platon et la Cité grecque. Théorie et réalité dans la constitution des* Lois, Bruxelles, 1974.

Pippidi D. M., « Luttes politiques et troubles sociaux à Héraclée du Pont à l'époque classique », *Studii Classice*, 11 (1969), p. 235–238.

Plassart A., « Archers » : « Les Archers d'Athènes », *Revue des études grecques*, 26 (1913), p. 151–213.

Pleket H. W., « Collegium » : « Collegium Juvenum Nemesiorum. A Note on Ancient Youth Organisation », *Mnemosyne*, 22 (1969), p. 281–298.

Podlecki A. J., *Background : The Political Background of Aeschylean Tragedy*, Ann Arbor, 1966.

Poliakov L., *Mythe aryen : Le Mythe aryen*, Paris, 1971.

Pomtow H., « Delphoi » : *s.v.* « Delphoi », *R.E.*, suppl. IV (1924), c. 1189–1431 (et tout spécialement sur la base de Marathon, c. 1214–1218).

— « Studien II » : « Studien zu den Weihgeschenken und der Topographie von Delphi », II, *Klio*, 8 (1908), p. 73–120.

— « Vortrag » : « Vortrag über die athenischen Weihgeschenke in Delphi », *Archäologischer Anzeiger*, 1902, p. 80–86.

Popper K. R., *Cité ouverte : La Cité ouverte et ses ennemis*, trad. J. Bernard et Ph. Monod, I. *L'Ascendant de Platon*, Paris, 1979.

Posner G., *Pharaon : De la divinité du Pharaon*, Paris, 1960.

Pouilloux J. et Roux G., *Énigmes : Énigmes à Delphes*, Paris, 1963.

Poulsen F., « Niche aux offrandes » : « La Niche aux offrandes de Marathon », *Bulletin de l'Académie royale des sciences et des lettres de Danemark*, 1908, p. 389–425.

Préaux Cl., « Troupeaux » : « De la Grèce classique à l'Égypte hellénistique. Les troupeaux *immortels* et les esclaves de Nicias », *Chronique d'Égypte*, 41 (1966), p. 161–164.

Pritchett W. K., *Marathon : Marathon*, Berkeley, 1960.

— « Marathon Revisited » : « Marathon Revisited », dans *Studies in Ancient Greek Topography*, Berkeley et Los Angeles, 1965, p. 83–93.

— *Topography : Studies in Ancient Greek Topography*, I, Berkeley et Los Angeles, 1965.

—   *War : The Greek State at War*, I², Berkeley et Los Angeles, 1974; II et III, Berkeley et Los Angeles, 1974 et 1979.

PROPP V., *Morphologie : Morphologie du conte*, suivi de *Les Transformations du conte merveilleux*, trad. M. Deridda, T. Todorov, C. Kahn, Paris, 1970.

PUCCI P., *Hesiod : Hesiod and the Language of Poetry*, Baltimore-Londres, 1977.

—   « Sirens » : « The Song of the Sirens », *Arethusa*, 12, 2 (1979), p. 121–132.

PUECH H. Ch., « Gnose » : « La Gnose et le Temps », *Eranos Jahrbuch*, 20 (1951) ; repris dans *En quête de la gnose*, I, p. 215–270.

—   « Temps » : « Temps, Histoire et Mythe dans le christianisme des premiers siècles », *Proceedings of the Seventh Congress for the History of Religions*, Amsterdam, 1951 ; repris dans *En quête de la gnose*, I, Paris, 1978, p. 1–23.

RADKE G., *Farbe : Die Bedeutung der weissen und der schwarzen Farbe im Kult und Brauch der Griechen und Römern*, diss. Berlin, 1936.

RAMAGE E. S. (éd.), *Atlantis : Atlantis. Fact of Fiction?* Bloomington et Londres, 1978.

—   « Perspectives » : « Perspectives Ancient and Modern », *in* E. S. RAMAGE (éd.), *Atlantis*, p. 3–45.

RANDALL R. H. Jr., « Workmen » : «The Erechtheum Workmen », *American Journal of Archaeology*, 57 (1953), p. 199–210.

RAUBITSCHEK A. E., *Dedications : Dedications from the Athenian Akropolis*, Cambridge (Mass.), 1949.

RAVEN J. E., *Pythagoreans : Pythagoreans and Eleatics*, Cambridge, 1948.

RAWSON E., *Tradition : The Spartan Tradition*, Oxford, 1969.

R.E., A F. PAULY, G. WISSOVA, W. KROLL : *Realencyclopädie der classischen Altertumwissenschaft*, Stuttgart, 1894 et années suivantes.

REINACH A. J., « Origine » : « L'origine de deux légendes homériques. I. Le viol de Cassandre », *Revue de l'histoire des religions*, 69 (1914). p. 12–53.

REINMUTH O. W., « Ephebic Inscription » : « The Ephebic Inscription Athenian Agora, I, 286 », *Hesperia*, 24 (1955). p. 220–239.

— *Ephebic Inscriptions : The Ephebic Inscriptions of the Fourth Century B.C.*, Leyde, 1971.

RÉMONDON R., « Bilinguisme » : « Problèmes de bilinguisme dans l'Égypte lagide (*U.P.Z.*, I, 148) », *Chronique d'Égypte*, 39 (1964). p. 126–146.

REVERDIN O., *Religion : La Religion de la cité platonicienne*, Paris, 1945.

REY A., *Jeunesse : La Jeunesse de la science grecque*, Paris, 1933.

RICHTER W., *Landwirtschaft : Die Landwirtschaft im Homerischen Zeitalter*, Göttingen, 1968, coll. « Archaeologia Homerica ».

RICŒUR P., « Structure et Herméneutique » : « Structure et Herméneutique », *Esprit*, nov. 1963, p. 596–627.

RIEMANN H., « Hippothontis » : *s.v.* « Hippothontis », *R.E.*, suppl. VIII (1956), c. 182–186.

RITTER C., *Untersuchungen : Neue Untersuchungen über Plato*, Tübingen, 1910.

ROBERT C., *Heldensage : Griechische Heldensage*, II, Berlin, 1923.

— *Marathonschlacht : Die Marathonschlacht in der Poikile*, Halle, 1895.

ROBERT F., « Compte rendu Cuillandre » : « Compte rendu de J. Cuillandre, *Droite et Gauche* », *Revue archéologique*, 22 (1944), 2, p. 127–134.

— *Homère : Homère*, Paris, 1950.

ROBERT J. et L., « Bulletin » : « Bulletin épigraphique »; les notes renvoient à l'année de la *Revue des études grecques* et au numéro du classement adopté par les auteurs.

ROBERT L., « Amphithalès » : « Amphithalès », *Mélanges W. S. Ferguson*, Cambridge (Mass.), 1940 ; repris dans *Opéra minora selecta*, I, Amsterdam, 1969, p. 633–643.

— *Asie mineure : A travers l'Asie mineure, poètes et prosateurs, monnaies grecques, voyageurs et géographie*, Athènes et Paris, 1980.

— « Compte rendu Didyma » : « Compte rendu de A. Rehm et R. Harder, *Didyma, 2 Teil. Die Insschriften*, Berlin, 1958 », *Gnomon*, 1959 ; repris dans *Opera minora selecta*, III, p. 1622–1639.

— *Études : Études épigraphiques et philologiques*, Paris, 1939.

— *Hellenica : Hellenica*, Paris, 1940–1965 ; le volume X est paru en 1955.

—   « Lesbos » : « Inscriptions de Lesbos », *Revue des études anciennes*, 62 (1960), p. 285–315 ; repris dans *Opuscula minora selecta*, II, Amsterdam, 1969, p. 801–831.

—   *Monnaies en Troade : Monnaies antiques en Troade*, Paris, 1966.

—   *Villes : Villes d'Asie Mineure²*, Paris, 1962.

ROBIN L., *Platon : Platon*, Paris, 1935.

—   « Progrès » : « Sur la conception épicurienne du progrès », *Revue de métaphysique et de morale*, 1916 ; repris dans *La Pensée hellénique des origines à Épicure*, Paris, 1942, p. 525–552.

ROBINSON D. M., « Bouzyges » : « Bouzyges and the First Plough on a Krater of the Painter of the Naples Hephaïstos », *American Journal of Archaeology*, 35 (1931), p. 152–160.

RODIER G., « *Politique* » : « Note sur la politique d'Antisthène : le mythe du *Politique* », *Année philosophique*, 1911 ; repris dans *Études de philosophie grecque*, Paris, 1926, p. 30–36.

RHODE E., *Psyché : Psyché. Le culte de l'âme chez les Grecs et leur croyance en l'immortalité*, trad. A. Reymond, Paris, 1928.

ROMILLY J. DE, « Cycles et cercles chez les auteurs grecs de l'époque classique », *Mélanges Cl. Préaux*, Bruxelles, 1975, p. 140–152.

—   *Histoire et Raison : Histoire et Raison chez Thucydide*, Paris, 1956.

—   « Progrès » : « Thucydide et l'Idée du progrès », *Annali della Scuola normale superiore di Pisa*, Série II, 25 (1966), p. 143–191.

ROLLEY Cl., « Thesmophorion » : « Le Sanctuaire des dieux Patrôoi et le Thesmophorion de Thasos », *Bulletin de correspondance hellénique*, 89 (1965), p. 441–483.

ROSE H. J., *Handbook : A Handbook of Greek Literature*, Londres, 1931.

ROSELLINI M. et SAÏD S., « Usages » : « Usages de femmes et autres *Nomoi* chez les *sauvages* d'Hérodote », *Annali della Scuola normale superiore di Pisa*, Série III, 8 (1978), p. 949–1005.

ROUSSEL D., *Tribu : Tribu et Cité. Études sur les groupes sociaux dans les cités grecques aux époques archaïque et classique*, Paris, 1976.

ROUSSEL P., « Chlamydes noires » : « Les Chlamydes noires des éphèbes athéniens », *Revue des études anciennes*, 43 (1941), p. 163–165.

— « Compte rendu de A. Brenot » : « Compte rendu de A. Brenot, *Recherches sur l'éphébie attique et en particulier sur la date de l'institution* (Paris, 1920) », *Revue des études grecques*, 1921, p. 459–460.

— « Principe d'ancienneté » : « Essai sur le principe d'ancienneté dans le monde hellénique du ve siècle avant Jésus-Christ à l'époque romaine », *Mémoires de l'Académie des Inscriptions et Belles Lettres*, 43, 2 (1951, date en réalité de 1941), p. 123–228.

— *Sparte : Sparte*^{2}, Paris, 1960 (1re éd. 1939).

RUDBECK O., *Atland : Atland eller Manheim-Atlantica sive Manheim*, édition bilingue, 4 vol., Uppsala, 1679–1702.

RUDBERG G., *Platonica : Platonica Selecta*, Stockholm, 1956.

RUDHARDT J., *Notions fondamentales : Notions fondamentales de la pensée religieuse et actes constitutifs du culte dans la Grèce classique*, Genève, 1958.

RUSCHENBUSH E., « *Patrios Politeia* » : « *Patrios Politeia*. Theseus, Drakon, Solon und Kleisthenes in Publizistik und Geschichts-schreibung des 5. und 4. Jahrhunderts v. Chr. », *Historia*, 7 (1958), p. 398–424.

RÜSTOW W. et KOECHLY H., *Kriegswesen : Geschichte der griechischen Kriegswesen*, Aarau, 1852.

SAÏD S., « Crimes » : « Les Crimes des prétendants, la maison d'Ulysse et les banquets de l'*Odyssée* », *Cahiers de l'Ecole normale supérieure*, 1979, p. 9–49.

SAINTE-CROIX G. E. M. DE, « Karl Marx » : « Karl Marx and the History of Classical Antiquity », *Arethusa*, 8 (1975), p. 7–41.

SAKELLARIOU M., *Migration grecque : La Migration grecque en Ionie*, Athènes, 1958.

SANTILLANA G. DE et PITTS W., « Philolaos » : « Philolaos in Limbo or what happened to the Pythagoreans », *Isis*, 42 (1951), p. 112–120.

SAUER B. W., *Gruppe : Die Anfänge der statuarischen Gruppe*, diss., Leipzig, 1889.

SAUNDERS T. J., « Artisans » : « Artisans in the city-planning of Plato's

Magnesia », B.I.S.C. XXIX (1982), p. 43–48.

Sauppe H., *De demis : De demis urbanis Athenarum*, Leipzig, 1846.

Schaerer R., *Homme antique : L'Homme antique et la Structure du monde intérieur*, Paris, 1958.

— « Itinéraire dialectique » : « L'Itinéraire dialectique des *Lois* et sa signification philosophique », *Revue philosophique*, 143 (1953), p. 379–412.

— *Question : La question platonicienne*, Neuchâtel, 1948.

Schefold K., « Kleisthenes » : « Kleisthenes. Der Anteil der Kunst an der Gestaltung des jungen attischen Freistaates », *Museum Helveticum*, 1946, p. 59–93.

Schmitt H. et Bengtson H. (éd.), *Staatsverträge*, III : *Die Staatsverträge des Altertums*, t. III, par H. H. Schmitt : *Die Verträge der griechischrömischen Welt von 338 bis 200 v. Chr.*, Munich, 1969.

Schmitt P., « Athéna Apatouria » : « Athéna Apatouria et la Ceinture. Les aspects féminins des Apatouries à Athènes », *Annales E.S.C.*, 32 (1977), p. 1059–1073.

— « Histoire de tyran » : « Histoire de tyran ou Comment la cité grecque construit ses marges », *in* B. Vincent (éd.), *Les Marginaux et les Exclus dans l'histoire*, Paris, 1979, p. 217–231.

Schmitz-Kahlmann G., *Beispiel : Das Beispiel der Geschichte im politischen Denken des Isokrates*, *Philologus*, suppl. 31, Leipzig, 1939.

Schnapp A., « Immagini di caccia » : « Pratiche e Immagini di caccia nella Grecia antica », *Dialoghi di Archeologia*, N.S., 1 (1979), p. 36–59.

— *Représentations : Les Représentations de la chasse dans les textes littéraires et la céramique*, thèse de 3ᵉ cycle, Paris I, 1973.

— « Territoire de chasse » : « Représentation du territoire de guerre et du territoire de chasse dans l'œuvre de Xénophon », dans M. I. Finley (éd.), *Problèmes de la terre en Grèce ancienne*, La Haye et Paris, 1973, p. 307–321.

Schnapp-Gourbeillon Annie, *Lions : Lions, héros, masques. Les représentations de l'animal chez Homère*, Paris, 1981.

SCHUHL P.-M., « Epaminondas » : « Epaminondas et la Manœuvre par la gauche », *Revue philosophique*, 150 (1960), p. 529–530.

— *Formation : Essai sur la formation de la pensée grecque²*, Paris, 1949.

— « Main droite », 1 : « Platon et la prééminence de la main droite », *Cahiers internationaux de sociologie*, 1946 ; repris dans *Le Merveilleux, la Pensée et l'Action*, Paris, 1952, p. 176–181.

— « Main droite », 2 : « Platon et la prééminence de ma main droite », *Cahiers internationaux de sociologie*, 1949 ; repris dans *Le Merveilleux*, p. 182–187.

— « *Politique* » : « Sur le mythe du *Politique* », *Revue de métaphysique et de morale*, 1932 ; repris dans *La Fabulation platonicienne*, Paris, 1947, p. 89–104.

SCHWYZER E., « Eid » : « Zum Eid der Drerier », *Rheinisches Museum*, 77 (1928), p. 237–248.

SCRANTON R. L., « Lost Atlantis » : « Lost Atlantis found again? », *Archaeology*, 2 (1949), p. 159–162.

SEGAL Ch. P., « Antigone » : « Sophocles' Praise of Man and the Conflict of the *Antigone* » *Arion*, 3, 2 (1964), p. 46–68.

— « Phaeacians » : « The Phaeacians and the Symbolism of *Odysseus'* Return », *Arion*, 1, 4 (1962), p. 17–63.

— « Temptations » : « Circean Temptations : Homer, Vergil, Ovid », *Transactions and Proceedings of the American Philological Association*, 99 (1968), p. 419–442.

— « Transition » : « Transition and Ritual in *Odysseus'* Return », *La Parola del passato*, 116 (1967), p. 321–342.

SEVERYNS A., *Recherches : Recherches sur la Chrestomathie de Proclus*, II, Paris, 1938.

SHEAR T. L. JR., « Eponymous Heroes » : « The Monuments of the Eponymous Heroes in the Athenian Agora », *Hesperia*, 39 (1976), p. 145–222.

SHIMRON B., « Nabis » : « Nabis of Sparta and the Helots », *Classical Philology*, 61 (1966), p. 1–7.

SIEGEL R. E., « Hestia » : « On the Relation between Early Greek Scientific

Thought and Mysticism : Is Hestia, the Central Fire, an Abstract Astronomical Concept? », *Janus*, 49 (1960), p. 1–20.

SIEWERT P., « Ephebic Oath » : « Ephebic Oath in Fifth Century Athens », *Journal of Hellenic Studies*, 97 (1977), p. 102–111.

SIMON Erica, *Réveil national : Réveil national et culture populaire en Scandinavie. La genèse de la hϕjskole nordique 1844–1878*, Paris, 1960.

SIMON Erika, « Polygnotan Painting » : « Polygnotan Painting and the Niobid Painter », *American Journal of Archaeology*, 67 (1963), p. 43–62.

SNODGRASS A. M., *Rise of the Greek State : Archaeology and the Rise of the Greek State*, Cambridge, 1977.

Société et Colonisation eubéennes : Contribution à l'étude de la société et de la colonisation eubéennes, Cahiers du Centre Jean-Bérard, II, Naples, 1975.

SOFRI G., *Modo di produzione asiatico : Modo di produzione asiatico, Storia di una controversia marxista*, Turin, 1969.

SOKOLOWSKI F., *Lois sacrées : Lois sacrées des cités grecques*, Paris, 1969.

— *Lois sacrées. Suppl. : Lois sacrées des cités grecques. Supplément*, Paris, 1962.

SORDI M., « Epaminonda » : « Propaganda politica e senso religioso nell' azione di Epaminonda », *in* M. SORDI (éd.), *Propaganda e Persuasione occulta nell' antichità*, Milan, 1972, p. 45–53.

SOURVINOU-INWOOD Chr., « *Lysistrata*, 641–647 » : « Aristophanes, *Lysistrata*, 641–647 », *Classical Quarterly*, 21 (1971), p. 339–342.

— « Compte rendu de *Paides* » : « Compte rendu de A. Brelich, *Paides e Parthenoi* », *Journal of Hellenic Studies*, 91 (1971), p. 172–177.

— « Theseus » : « Theseus lifting the Rock and a Cup near the Pithos Painter », *Journal of Hellenic Studies*, 91 (1971), p. 94–109 et pl. 12.

— « Votum » : « The Votum of 477/6 B.C. and the Foundation Legend of Locri Epizephyrii », *Classical Quarterly*, 24, 2 (1974), p. 186–198.

SPAHN D., *Mittelschicht : Mittelschicht und Polisbildung*, Francfort, 1977.

SPRAGUE DE CAMP P., *Lost Continents : Lost Continents : the Atlantis Theme in History and Literature*, New York, 1954.

STANFORD W. B., *Ulysses : The Ulysses Theme. A Study in the Adaptability of a Traditional Hero*, Oxford, 1954.

STEVENS G. P. et RAUBITSCHEK A. E., « Pedestal » : « The Pedestal of the Athena Promachos », *Hesperia*, 15 (1946), p. 107–114.

STRAUSS-CLAY J., Wrath : *The Wrath of Athena. Gods and Men in the Odyssey*, Princeton, N.J., 1983.

STROUD R. S., « Theozotides » : « Theozotides and the Athenian Orphans », *Hesperia*, 40 (1971), p. 280–301.

SVENBRO J., *Parole : La Parole et le Marbre. Aux origines de la poétique grecque*, Lund, 1976.

— « Idéologie gothisante » : « L'idéologie gothisante et l'*Atlantica* d'Olof Rudbeck », *Quaderni di Storia* 11 (janvier-juin 1980), p. 121–156.

SWOBODA H., « Epameinondas » : *s.v.* « Epameinondas », *R.E.*, 5 (1905), c. 2674–2707.

TAILLARDAT J., *Images : Les Images d'Aristophane*², Paris, 1965.

TANNERY P., « Fragments philolaïques » : « A propos des fragments philolaïques sur la musique », *Revue de philologie*, 1904 ; repris dans *Mémoires scientifiques*, III, Paris, 1915, p. 220–243.

TAYLOR A. E., *Timaeus : A Commentary of the Timaeus*, Oxford, 1928.

Terres et Paysans : Terres et Paysans dépendants dans les sociétés antiques (Centre de recherches d'histoire ancienne de Besançon), Paris, 1979.

THOMPSON H. A. et WYCHERLEY R. E., *Athenian Agora*, XIV : *The Athenian Agora*, XIV. *The Agora of Athens. The History, Shape and Uses of an Ancient City Center*, Princeton, 1972.

THOMSON G., *Aeschylus : Aeschylus and Athens*², Londres, 1941.

— *Premiers Philosophes : Les Premiers Philosophes*, trad. M. Charlot, Paris, 1973.

TIGERSTEDT E. N., *Legend : The Legend of Sparta in Classical Antiquity*, Stockholm, Göteborg, Uppsala, 1965.

TIMPANARO CARDINI M., « Cosmo » : « Il Cosmo di Filolao », *Rivista di storia della filosofia*, 1 (1946), p. 322–333.

— *Pitagorici : Pitagorici. Testimonianze e Frammenti*, II, Florence, 1958.

Tod M. N., *Selection* II : *A Selection of Greek Historical Inscriptions*, II, Oxford, 1948.

Todorov T., « Récit » : « Le Récit primitif », *Tel quel*, 30, été 1967, p. 47–55.

Toepffer J., *Attische Genealogie : Attische Genealogie*, Berlin, 1889.

— « Gemeindebuch » : « Das attische Gemeindebuch », *Hermes*, 30 (1895), p. 391–400.

Toynbee A. J., *Problems : Some Problems of Greek History*, Oxford, 1969.

Travlos J., *Bildlexikon : Bildlexikon zur Topographie des antiken Athen*, Tübingen, 1971.

Treves P., « Consenesco » : « The Meaning of *consenesco* and King Arybbas of Epirus », *American Journal of Philology*, 63 (1942), p. 129–153.

Triantaphyllopoulos J., « Varia graeco-romana » : « Varia graecoromana », III, *Mélanges H. J. Scheltema*, Groningue, 1971, p. 183–192.

Trumpf J., « Äpfel : Kydonische Äpfel », *Hermes*, 88 (1960), p. 14–22.

Tylor E. B., *Civilisation primitive : La Civilisation primitive*, 2 vol., trad. P. Brunet et A. Barbier, Paris, 1876 (d'après la 2ᵉ éd., 1873, de *Primitive Culture*, Londres, 1871).

Usener H., « Göttliche Synonyme » : « Göttliche Synonyme », *Rheinisches Museum*, 1898, p. 329–379.

— « Heilige Handlung » : « Heilige Handlung », *Archiv für Religionswissenschaft*, 7 (1904), p. 281–339.

Valenza Mele N., « Hera » : « Hera ed Apollo nella Colonizzazione euboica d'Occidente », *Mélanges de l'École française de Rome*, 89 (1977), p. 493–524.

Vallet G., *Rhégium : Rhégium et Zancle*, Paris, 1958.

Vanderpool E., «Monument»: «A Monument to the Battle of Marathon », *Hesperia*, 35 (1966), p. 93–106 et pl. 31–35.

Vernant J.-P., « Espace » : « Espace et organisation politique en Grèce ancienne », *Mythe et Pensée*, I, p. 207–229.

— « Guerre des cités » : « La Guerre des cités », introduction à *Problèmes de la guerre en Grèce ancienne*, Paris-La Haye, 1968 ; repris dans *Mythe et*

Société, p. 31–56.

—　« Hestia » : « Hestia-Hermès. Sur l'expression religieuse de l'espace et du mouvement chez les Grecs », *Mythe et Pensée*, I, p. 124–170.

—　« Manger » : « Manger aux pays du Soleil », in M. Detienne et J.-P. Vernant (éd.), *Cuisine*, p. 239–249.

—　« Mariage » : « Le Mariage », *La Parola del passato*, 38 (1973) ; repris dans *Mythe et Société*, p. 57–81.

—　« Du mythe à la raison » : « Du mythe à la raison. La formation de la pensée positive dans la Grèce archaïque », *Mythe et Pensée*, II, p. 95–124.

—　« Mythe des races », 1 : « Le Mythe hésiodique des races. Essai d'analyse structurale », *Mythe et Pensée*, I, p. 13–41.

—　« Mythe des races », 2 : « Le Mythe hésiodique des races. Sur un essai de mise au point », *Mythe et Pensée*, I, p. 42–79.

—　*Mythe et Pensée : Mythe et Pensée chez les Grecs*[6], 2 vol., Paris, 1981.

—　*Mythe et Société : Mythe et Société en Grèce ancienne*, Paris, 1974.

—　« Mythe prométhéen » : « Le Mythe prométhéen chez Hésiode », *Mythe et Société*, p. 177–194.

—　*Origines : Les Origines de la pensée grecque*[4], Paris, 1981.

—　« Pensée technique » : « Remarques sur les formes et les limites de la pensée technique chez les Grecs », *Mythe et Pensée*, II, p. 44–64.

—　« Table » : « A la table des hommes. Mythe de fondation du sacrifice chez les hommes », *in* M. Detienne et J.-P. Vernant (éd.), *Cuisine*, p. 37–132.

—　« Travail », 1 : « Travail et Nature dans la Grèce ancienne », *Mythe et Pensée*, II, p. 16–36.

—　« Travail », 2 : « Aspects psychologiques du travail dans la Grèce ancienne », *Mythe et Pensée*, II, p. 37–43.

Veyne P., *Histoire : Comment on écrit l'histoire*, Paris, 1971.

Vian F., *Cadmos : Les Origines de Thèbes. Cadmos et les Spartes*, Paris, 1963.

—　« Fonction guerrière » : « La Fonction guerrière dans la mythologie grecque », *in* J.-P. Vernant (éd.), *Problèmes de la guerre*, p. 53–68.

Vidal-Naquet P., « Avant-Propos » : Avant-propos de K. A. Wittfogel, *Le Despotisme oriental*, trad. Anne Marchand, Paris, 1964.

— « Économie et Société » : « Économie et Société en Grèce ancienne : l'œuvre de Moses I. Finley », *Archives européennes de sociologie*, 6 (1965), p. 111–148 ; ce texte et celui qui le précède sont repris dans *La démocratie grecque vue d'ailleurs*, Paris, 1990.

— « Hérodote et l'Atlantide » : « Hérodote et l'Atlantide : entre les Grecs et les Juifs. Réflexions sur l'historiographie du siècle des lumières », *Quaderni di Storia* 16 (juillet-décembre 1982), p. 3–76.

— « Philoctète » : « Le *Philoctète* de Sophocle et l'Éphébie », *Annales E.S.C.*, 26 (1971) ; repris dans J.-P. VERNANT et P. VIDAL-NAQUET, *Mythe et Tragédie en Grèce ancienne*⁴, Paris, 1979, p. 159–184.

VINCENT A., « Sacrifice » : « Essai sur le sacrifice de communion des rois atlantes », *Mémorial Lagrange*, Paris, 1940, p. 81–96.

VLASTOS G., « Equality » : « Equality and Justice in Early Greek Cosmology », *Classical Philology*, 42 (1947), p. 156–178.

VRIES G. J. DE, *Antisthenes : Antisthenes Redivivus, Popper's Attack on Plato*, Leyde, 1953.

VÜRTHEIM J., *De Aiacis origine : De Aiacis origine, cultu, patria*, Leyde, 1907.

WACHSMUTH W., *Alterthumskunde : Hellenische Alterthumskunde aus dem Gesichtspunkt des Staats*, 2ᵉ éd., 2 vol., Halle, 1844.

WACHTEL N., « Poma de Ayala » : « Pensée sauvage et Acculturation : l'espace et le temps chez Felipe Guaman Poma de Ayala et l'Inca Garcilaso de la Vega », *Annales E.S.C.*, 26 (1971), p. 793–840.

WADE-GERY H. T., *Essays : Essays in Greek History*, Oxford, 1958.

WALBANK F. W., *Commentary : A Historical Commentary to Polybius*, II, Oxford, 1967.

WALBANK M. B., « Artemis » : « Artemis Bear Leader », *Classical Quarterly*, 2ᵉ série, 31 (1981), p. 276–281.

WALLON H., *Cryptie : Explication d'un passage de Plutarque sur une loi de Lycurgue nommée la Cryptie*, Paris, 1850.

WEBER M., *The City : The City*, trad. D. Martindale et G. Neuwirth, New York et Londres, 1966.

WEIL R., *Archéologie : L'Archéologie de Platon*, Paris, 1959.

WELLIVER W., *Timaeus-Critias : Character, Plot and Thought in Plato's Timaeus-Critias*, Leyde, 1977.

WELWEI K. W., *Unfreie : Unfreie im antiken Kriegdienst*, Wiesbaden, 1974.

WEST M. L., *Orient : Early Greek Philosophy and the Orient*, Oxford, 1971.

WHITEHEAD D., *Metic : The Ideology of the Athenian Metic*, Cambridge, 1977.

WICHERLEY R. E., *Athenian Agora*, III : *The Athenian Agora*, III. *Literary and Epigraphical Testimonia*, Princeton, 1957.

WIEDEMANN A., *Geschichte Aegyptens : Geschichte Aegyptens von Psammetik I bis auf Alexander den Grossen*, Leipzig, 1880.

WILAMOWITZ-MÖLLENDORF U. VON (= WILAMOWITZ), *Lysistrata : Aristophanes Lysistrata*, Berlin, 1927.

— *Aristoteles : Aristoteles und Athen*, 2 vol., Berlin, 1893.

— *Ilias : Die Ilias und Homer*, Berlin, 1916.

— « Oropos » : « Oropos und die Graer », *Hermes*, 21 (1886), p. 91–115.

— *Platon : Platon*, 2 vol., Berlin, 1920.

WILCKEN U., *Alexandre : Alexandre le Grand*, trad. R. Bouvier, Paris, 1933.

WILHELM A., « Mädcheninschrift » : « Die lokrische Mädcheninschrift », *Jahreshefte des Oesterreichischen Archaeologischen Instituts in Wien*, 14 (1911), p. 163–256.

— « Poroi » : « Untersuchungen zu Xenophons *Poroi* », *Wiener Studien*, 52 (1934), p. 18–56.

WILLETTS R. F., *Aristocratie Society : Aristocratic Society in Crete*, Londres, 1955.

— *Cretan Cults : Cretan Cults and Festivals*, Londres, 1962.

— « Terminology » : « Early Cretan Social Terminology », *Epétèris*, 6 (1972–1973), p. 63–74.

— *Gortyn : The Law Code of Gortyn*, Berlin, 1967 (*Kadmos*, suppl. I).

— « Interregnum » : « The Servile Interregnum at Argos », *Hermes*, 87 (1959), p. 495–506.

— « Servile System » : « The Servile System of Ancient Crete : a Reappraisal of the Evidence », *Mélanges G. Thomson*, Prague, 1963.

WILL Ed., *Doriens et Ioniens : Doriens et Ioniens. Essai sur la valeur du critère ethnique appliqué à l'étude de l'histoire et de la civilisation grecque*, Paris, 1956.

— *Histoire politique : Histoire politique du monde hellénistique*, I², Nancy, 1979.

— *Korinthiaka : Korinthiaka. Recherches sur l'histoire et la civilisation de Corinthe des origines aux guerres médiques*, Paris, 1955.

— *Monde grec : Le Monde grec et l'Orient*, I, Paris, 1972.

WOLSKA W., *Cosmos : La Topographie chrétienne de Cosmas Indicopleustes*, Paris, 1962.

WOODHOUSE W. J., « Mantineia » : « The Campaign and Battle of Mantineia in 418 B.C. », *Annual of the British School at Athens*, 22 (1916–1918), p. 51–84.

— « Plataiai » : « The Greeks at Plataiai », *Journal of Hellenic Studies*, 18 (1898), p. 33–59.

WUILLEUMIER P., *Tarente : Tarente, des origines à la conquête romaine*, Paris, 1939.

YALMAN N., « Raw » : «The Raw : the Cooked : Nature: Culture. Observations on *Le Cru et le Cuit* », *in* E. LEACH (éd.), *The Structural Study of Myth and Totemism*, Londres, 1967, p. 71–90.

ZAFIROPULO J., *Diogène d'Apollonie : Diogène d'Apollonie*, Paris, 1956.

ZEITLIN F. I., « Misogyny » : « The Dynamics of Misogyny : Myth and Mythmaking in the *Oresteia* », *Arethusa*, 11, 1–2 (1978), p. 149–184.

ZELLER E., « Philolaos » : « Aristoteles und Philolaos », *Hermes*, 10 (1876), p. 178–192.

— *Philosophie*, II, 1 : *Die Philosophie der Griechen*, II, 1, Leipzig, 1889.

ZELLER E. et MONDOLFO R., *Filosofia : La Filosofia dei Greci nel suo sviluppo storico*, I, 2, *Ionici e Pitagorici²*, Florence, 1950.

ZIEHEN L., « Opfer » : *s.v.* « Opfer », *R.E.*, 18 (1939), c. 579–627.

ZILSEL E., *Geniebegriff : Die Entstehung des Geniebegriffes*, Tübingen, 1926.

ZIMMERMANN F., « Géométrie » : « Géométrie sociale traditionnelle. Castes de main droite et castes de main gauche en Inde du Sud », *Annales E.S.C.*, 29 (1974), p. 1381–1401.

ZIOMECKI J., *Représentations : Les Représentations d'artisans sur les vases attiques*, Wroclaw, 1975.

ZUIDEMA R. I., *Cuzco : Etnologia e Storia : Cuzco e le strutture dell' impero inca*, trad. de l'anglais avec une préface de N. Wachtel, Turin, 1971.

索 引

(索引中页码均为原书页码)

A

Acamas 阿卡马斯 382, 394, 401, 404

Achéens 阿开亚人 239, 241

Achille 阿喀琉斯 50, 72, 106 n.51, 168, 170

Acosta (José de) 何塞·德·阿科斯塔 179–180

Adam 亚当 180

Agamemnon 阿伽门农 84, 324, 326

Agésilas 阿格西劳斯 98 n.14

Agis 阿吉斯 100, 101, 239

Aglaurides 阿格劳洛斯家族 406

Aglaurion 阿格劳洛斯神洞 164

Aglauros 阿格劳洛斯 145

Aianteioi 阿羊忒亚人 249–250

Aiantis (tribu) 阿扬狄斯部族 135–136, 392, 393 n.46, 396–397, 398 n.67, 404

Aigéis (tribu) 埃该斯部族 404

Ajax 埃阿斯 106 n.51, 385–386, 393, 395, 397, 404

Ajax fils dOineus 俄伊纽斯之子埃阿斯 249–252, 256, 260, 265, 404

Alcibiade 阿尔西比亚德 28, 34, 324

Alcibiade/Nicias 阿尔西比亚德/尼西亚斯 196–197

Alcidamas d'Élée 埃利亚的阿尔奇戴莫斯113

Alcinoos 阿尔基努斯 58, 61–66, 341–342

Alcidamas d'Élée 埃利亚的阿尔奇戴莫斯

Alcméon de Crotone 克罗顿的阿尔克迈翁 77 n.52, 103, 330

Alcménides 阿尔克迈翁家族 400, 402

Alexandre 亚历山大 98–99, 227

Amandry, P. 阿曼德利 129 n. 15, 398–399

Amazones 女战士 26, 272, 403

Amérique 美洲 179

Amérique et Atlantide 美洲与亚特兰蒂斯 338

Amphinomos 安菲诺摩斯 59

Anabase 远征记 126

Anaxagore 阿那克萨哥拉 105, 106 n. 54, 310

Anaximandre 阿那克西曼德 34, 77, 78 n. 56, 79, 324, 325, 330–331

Anaxandride 阿纳克桑德里德斯 270

Anderson, J.K. 安德森 120

Andrewes A. 安德鲁斯 147 n.114, 148 n. 119

Antigone (roi) 安提柯国王 259–260, 262, 266, 383–384, 393

Antinoos 安提努斯 59

Antiochis (tribu) 安条西斯部族 397

Antiochos (héros Éponyme) 命名英雄安条克 382, 394, 397

Antiochos de Syracuse 叙拉古的安条克 238, 278, 280 n. 57

Antisthène 安提西尼 368, 375

Apatouries 阿帕图里亚节 147–148, 155–159, 164, 190, 305

Apelle 阿佩莱斯 294

Apollodore 阿波罗多洛斯 172, 173, 251 n. 6, 252, 253, 260, 262, 265 n. 51

Apollon 阿波罗 18, 59, 255, 258, 262, 382, 383, 392, 394

Archiloque 阿尔基库罗斯 75

Arès 阿瑞斯 303

Argonautes 阿耳戈号船工 245–246, 284

Argos, Argiens 阿耳戈斯 18, 93, 164, 226, 241, 273–275, 278, 281, 286, 376, 390

Aristarque 阿里斯塔克斯 62 n. 138

Aristide 阿里斯提德 397

Aristodèmos 阿里斯托德摩斯 275–276

Aristophane 阿里斯托芬 14, 27, 29, 141, 166, 197–198, 226, 285–287

Aristophane de Byzance 拜占庭的阿里斯托芬 62 n. 138, 227

Aristote 亚里士多德 18, 25, 26, 28, 51, 79 n. 58与60, 92 n. 135, 103–104, 105 n. 48, 107, 108 n. 64, 109 n. 65, 110 n. 70, 118, 127–129, 137, 145, 146, 192, 194–195, 228, 244, 270, 283, 296, 310 n. 113, 311, 319, 331, 333, 338

Artémis 阿耳忒弥斯 172

Atalante 阿塔兰忒 172–173

Athéna 雅典娜 17, 50 n. 60, 57, 60, 63 n. 144, 64 n. 150, 72, 73, 82 n. 76, 198, 311–312, 382–383, 392, 394, 403, 407 n. 115

Athène, Athéniens 雅典, 雅典人 18, 96–97, 99, 100 n. 23, 164–167, 328

Atlantide 亚特兰蒂斯 306

Atrée 阿特柔斯 369–370

Attalis (tribu) 阿塔利斯部族 385

Augias 奥吉阿斯 386, 388

B

Babylone 巴比伦 74 n. 28, 324, 326, 342

Bacchylide 巴库利得斯 76

Bachelard, G. 巴什拉尔 320, 330

Bachofen, J.J. 巴霍芬 181, 272

Balzac 巴尔扎克 321

Barbagallo, C. 巴尔巴加罗 218

Benveniste, É. 邦弗尼斯特 75 n. 33, 365, 373 n. 49

Béotiens 波奥提亚人 131

Bidez, J. 比代 342

Bollack, J. 波拉克 14, 331, 349 n. 71, 371

Bourguet, É. 布尔盖 381

Brauronia 布劳洛尼亚 197–199

Brelich, A. 布莱利希 102 n. 31, 116, 156, 159, 191, 196

Brisson, L. 布里松 295 n. 31, 306 n. 91与92, 307 n. 97与98, 348 n. 67, 351 n. 77, 355 n. 100, 371 n. 42

Brunschwig 布伦什维格 16

C

Callimochos d'Aphidna 阿披德纳伊的卡利马科斯 82, 136, 393, 398, 404

Callimaque 卡利马科斯 251 n. 6, 252

Calydon 卡鲁东 170, 173

Calypso 卡鲁普索 45–49, 54, 56, 58, 65

Cassandre 卡珊德拉 250, 256, 261, 404

Castoriadis, C. 卡斯托里亚蒂斯 15, 118

Cawkwell, G. 考克维尔 120

Cécrops 刻克洛普斯 44, 285–286, 345 n. 47, 382, 394

Centaures 半人半马怪 34

Céramique 凯拉摩斯 312

Cercyon 刻耳库翁 397 n. 65

Champs–Élysées 香榭丽舍 58, 104

Chantraine, P. 尚特兰 163, 169

Cherniss, H. 切尼斯 335, 358 n. 114

Chéronée 喀罗内亚 137, 140, 406

Chios 开俄斯 217, 221, 223–234, 227, 328

Chiron 喀戎 154, 309

Cicones 基科尼亚人 45, 47

Cimmériens 基墨里亚人 54

Cimon 客蒙 134, 383, 384 n. 7, 395–396, 398–399, 400 n. 77, 401–405, 407 n. 115

Cinadon 基那敦 313

Circé 基耳刻 47–49, 53–54, 65

Cléarchos d'Héraclée 海拉克列斯的克列阿尔科斯 243, 245

Cléomantis 克列俄曼提斯 406

Cléon 克里昂 141

Clisthène 克里斯梯尼 15, 29, 129, 131, 134–136, 146–147, 195, 244, 328–329, 357–358, 384, 396, 400–402, 407 n. 115

Clisthène de Sicyone 希巨昂的克里斯梯尼 396

Clito 克利托 341, 352, 354

Clytemnestre 克吕泰墨斯特拉 372–

373

Cnossos 克诺索斯 326, 340

Codros 科德洛斯 148–149, 158, 382, 385–386, 392, 394–395, 397, 398 n. 67, 402, 405–407

Collingwood, R.G.. 科林伍德 70, 84 n. 86

Conon 科农 156

Cook, A.B. 库克 158

Copaïs 科帕伊斯 340

Corè 科雷 378

Corinthe, Corinthiens 科林斯 99, 312

Cornford, F.M. 康福德 79, 85, 324

Coureôtis 祭献头发 147–148, 155, 190, 305 n. 83

Cratès 克拉忒斯 232

Crésus 克罗伊斯 82, 98

Crète 克里特 27, 46, 93, 154, 163, 167–169, 188, 196, 203, 214–215, 227, 298–302, 327

Critias 克里提亚斯 80, 91, 335

Cronos 克洛诺斯 43 n. 17, 44, 74, 76 n. 39, 92, 231, 363

Cuchullain 库丘林 174

Cuillandre, J. 居扬德尔 103

Cumes 库迈 275

Curtius, E. 库尔蒂乌斯 386, 388, 392, 393 n. 46

Cyclope 库克洛佩斯 28, 45, 47–49, 50–52, 53–54, 59, 64, 309–310, 365, 368, 378

Cyniques 犬儒派 23, 43, 367–368

Cyrus 居鲁士 98

D

Debidour, M. 德比杜尔 312, 313 n. 123

Décélie (guerre de) 德凯莱亚战役 219

Delphes 德尔菲神庙 259

Déméter 得墨忒耳 28, 56, 378, 405

Démocrite 德谟克利特 383–384, 393

Démodocos 德摩道科斯 65

Démosthène 德谟斯提尼 86, 141

Démotionides 德摩提奥尼得斯 147, 155

Denys l'Ancien 老狄奥尼修斯 141

Denys d'Halicarnasse 哈利卡纳苏斯的狄奥尼修斯 275

Descartes 笛卡尔 16

Detienne, M. 德蒂埃纳 126, 365–367

Diès, A. 迪耶斯 290 n. 6, 299 n. 51与53, 372 n. 44, 374 n. 50

Diller, A. 迪勒 387

Diodore de Sicile 西西里的狄奥多罗斯 96, 97 n. 9, 280

Diogène 第欧根尼 368

Diogène d'Apollonie 阿波罗尼亚的第欧根尼 106

Dionysos 狄俄尼索斯 23, 28, 34, 367

Dodds, E.R. 多兹 323, 331, 356 n. 104

Dolon 多隆 160

Doureios Hippos 特洛伊木马 390

Drériens, Dréros 德雷洛斯（人）

154, 196

Drimacos 德里马科斯 221, 227 n. 16

Dumézil, G. 杜梅齐尔 121, 163 n. 47, 174, 187, 193, 284 n. 75与76, 292

E

Ecbatane 埃克巴坦纳 342

Effenterre, (Van) H. 埃芬泰尔 129 n. 16, 282 n. 68, 326

Égée 埃勾斯167, 394, 401, 404

Égypte, Égytiens 埃及（人）24–25, 46, 48 n. 42, 81–82, 91, 97 n. 9, 98 n. 15, 105 n.44, 184, 220, 230 n. 27, 263, 272, 325, 335, 342, 370

Ehrenberg, V. 艾伦伯格 233

Éleusis 艾琉西斯 24, 188, 191, 397, 405

Éliade, M. 埃利亚德 70, 187

Élien 埃里亚努斯 113, 251 n. 6, 252, 255, 258–259, 260, 262, 265

Empédocle 恩培多克勒 43 n. 16, 78 n. 56, 105, 331, 325

Énée le Tacticien 战术家埃涅阿斯 244, 251 n. 6, 252, 255, 260, 265 n. 50

Engles, F. 恩格斯 182, 272, 327

Enuma Elish 当在高处 324, 326

Ényalios 阿瑞斯 204

Éole 埃俄利亚 46 n. 31, 48 n. 44, 49, 53, 65, 66 n. 164

Épaminondas 埃帕米农达斯 13, 17, 30, 138, 141, 219, 241, 271

Épéios 埃佩俄斯 315

Épeunaktoi 希洛人 242, 280, 282

Éphèse 以弗所 226 n. 10

Éphore 厄福洛斯 52, 96, 157, 168, 233, 238–241, 279, 280 n. 57, 364

Er (mythe d') 厄尔神话 88 n. 112

Érchthée 厄瑞克忒翁 382, 394, 406

Érechtéion 厄瑞克忒翁神庙 345, 352 n. 84

Érétrie 埃列特里亚 189–191

Érichthonios 埃莱赫托尼奥斯 306, 312 n. 119, 346

Éros 厄洛斯 294

Eschine 埃斯基涅斯 86, 145, 153

Eschyle 埃斯库罗斯 52, 87 n. 106, 310, 324, 368, 400

Éthiopiens 埃塞俄比亚人 56 n. 98, 63 n. 144

Eudème 欧德谟 78

Eumolpos 欧摩尔波斯 397

Eupatrides 贵族 311

Euripide 欧里庇德斯 23, 44, 48, 87 n. 106, 137, 367

Eusébês 虔敬之邦 338

F

Farnell, J. 法内尔 158

Finley, M.I. 芬利 14, 68 n. 180, 200–201, 213, 217, 221 n. 17, 224, 225 n. 6, 267, 282 n. 68

Fils de Zeus 宙斯的儿子 74

Florence 佛罗伦萨 218

Frankfort, H. 弗兰克福特 325

Frazer, J.G. 弗雷泽 102, 158, 183–185, 331, 385 n. 14

Freud, S. 弗洛伊德 365

Friedländer, P. 弗里德兰德 342, 372

Fritz (von), K. 弗里茨 119

Frontin 弗隆坦 156

Fustel de Coulanges, N.–D. 福斯特·德·库朗热 218

G

Gaia 该亚 74, 345

Galaxidi (bronze de) 加拉克西迪青铜铭文 277

Gamoroi 寡头城邦 243

Garlan, Y. 加尔朗 14, 116, 140 n. 74, 312–313

Gauthier, Ph. 戈蒂耶 14, 151 n. 1

Gennep, (van) A. 根内普 164, 188–189

Géomores 土地所有者 311

Gernet, L. 热尔内 19, 311, 341 n. 26, 331

Goettling, C.W. 戈特林 368, 386, 395–396

Goldschmidt, V. 戈德施密特 19, 73 n. 23, 83, 87 n. 106, 108 n. 64, 228 n. 21, 263 n. 46, 375 n. 55

Gorgias 高尔吉亚 80, 296

Gortyne 戈尔图司 27, 282, 293, 300 n. 61

Gschnitzer, F. 格施尼策 235

Guérin, P. 盖兰 330

H

Hadrianis 哈德良 385

Halliday, W.R. 哈利代 157

Harrison, J. 哈里森 158

Hécatée de Milet 米利都的海卡泰欧斯 81, 91 n. 130, 230, 332

Hector 赫克托尔 72–73

Hegel, F. 黑格尔 14, 92 n. 135

Heidegger, M. 海德格尔 323

Hellanicos de Lesbos 莱斯博斯的赫拉尼科斯 238

Hélos 赫洛斯 238–239

Héraclée du Pont 彭特的海拉克列斯 226 n. 10, 228, 233, 243–245

Héraclite 赫拉克利特 18, 77–78, 86, 322–323

Héphaïstéion 赫法伊斯托斯神庙 306, 346

Héphaïstos 赫法伊斯托斯 31, 42, 58, 62, 68, 308, 315

Héraclès 赫拉克勒斯 34, 148, 367, 401, 402 n. 87, 403–404

Hermès 赫耳墨斯 28, 49, 54 n. 87, 179, 366

Hérodote 希罗多德 14, 24–25, 45, 76 n. 39, 80–83, 85, 91, 125 n. 2, 132, 142 n. 88, 164, 174, 181, 243, 272, 274, 283–284, 324–325, 342–343, 370, 396

Hésiode 赫西俄德 22–23, 28, 34, 39–44, 48 n. 42, 49, 66 n. 164, 73–75,

77, 80, 92, 231, 324, 327, 342, 361, 364–366, 372, 377

hestia 住宅 28

Hésychius 赫苏基奥斯 296

Hill G. 希尔 211

Hippocrate de Chios 开俄斯的希波克拉底 107

Hippodamos de Milet 米利都的希波达莫斯 68 n. 180, 311

Hippolyte 希波吕托斯 171–172

Hippothontis (tribu), Hippothoôn 希波托提斯部族 385–386, 393, 395, 397, 398 n. 67, 405

Hobsbawm, E. 霍布斯鲍姆 220

Homère 荷马 17, 22–24, 27–28, 71–74, 80, 82 n. 76, 85, 93, 103, 160, 182, 184, 263, 296, 313, 327, 331

Homolle, Th. 奥摩尔 390

Horace 贺拉斯 360

I

Iamboulos 扬布罗斯 61 n. 137, 363

Iason 伊阿宋 56

Ilion 伊利翁 17

Ilias 伊利翁 249–260

Ion 伊翁 407 n. 115

Ionie, Ioniens 伊奥尼亚（人）236, 319, 395–396

Iphicrate 伊菲克拉特斯 141

Iroquois 易洛魁人 177, 179, 181–182, 328

Isocrate 伊索克拉底 29, 85, 93, 137–

138, 241, 359

Ithaque 伊塔刻 45, 48 n. 42与44, 50 n. 60, 56–59, 60–62, 66–68

J

Jacoby, F. 雅各比 158, 165, 166 n. 61, 254 n. 13, 258 n. 27, 402–403

Jeanmaire, H. 让梅尔 126 n. 3, 128 n. 12, 148, 152, 155, 159, 161–162, 200–201, 233, 327

K

Kahrstedt, U. 卡尔施泰德 233

Kant, E. 康德 16–17

Karneia 卡尔内亚节 167

Kéléos 凯列奥斯 388

Kyllirioi 基里里奥人 243

L

Labarbe, J. 拉巴尔布 137, 155

Labat, R. 拉巴 325

Lachès 拉克斯 142

Laconie 拉科尼亚 235

Laërte 莱耳忒斯 61, 67

Lafitau, J.F. 拉斐托 177–191–205

Lang, A. 朗 183–184

Lang, M. 朗 66 n. 167

Laurion 拉乌利昂 136, 146, 225, 229, 357 n. 109

Lautréamont 洛特雷亚蒙 14

Leach, E. 里奇 189, 192

Leibniz 莱布尼兹 321

Léontis (tribu) 列昂提斯部族 397

Léôs 列俄斯 382, 388, 394, 397

Lemniennes 列姆诺斯人 273

Lemnos 列姆诺斯 272, 283–284

Lencman, J.A. 伦茨曼 213

Lestrygons 莱斯特鲁戈奈斯 47–48,
53, 64

Leuctres 留克特拉 30, 95–96, 98 n.
15, 115

Lévêque, P. 列维克 13, 95, 115, 223 n.
1, 238 n. 58, 358 n. 113, 390 n. 30

Lévi-Strauss, Cl. 列维–斯特劳斯 22
n. 2, 162–163, 164 n. 49, 187, 206,
268, 320–322, 325, 332

Lloyd, G.E.R. 利奥德 117–118, 163

Locres Épizéphyriennes 罗克里斯人
27, 205, 276–278, 279, 281

Locres, Locride 罗克里斯（人）
226–227, 286

Loraux, N. 洛罗 13, 15, 65 n. 156,
130, 162 n. 46, 190 n. 36, 198 n.
65, 204 n. 90, 295 n. 33, 304 n. 76,
306 n. 88, 312 n. 119, 343 n. 43,
348 n. 64, 353 n. 90, 370 n. 36, 406
n. 114

Lotophages 食落拓枣者的国度 45 n.
29, 47, 50, 54

Lotze, D. 洛策 224

Lycie, Lyciens 吕奇亚（人） 181, 246
n. 89, 272

Lycophron (er scholies) 吕柯普隆（注
疏） 251 n. 6, 252–254, 256, 257 n.
23, 260–262, 264–266

Lycurge 吕库古 27, 140 n. 75, 144–
145, 151–152, 406–407

Lycurgue de Sparte 斯巴达的吕库古
200–203

Lyotard, J.–F. 利奥塔 321

Lysandre 吕山德 400

M

Macédonie 马其顿 30

Machimos 尚武之邦 338

Magnètes (cité des) 马格涅特城邦
90, 144, 298–302, 308

Malinowski 马林诺夫斯基 184–185

Mallia 马里亚 326

Mannhardt, K. 曼哈特 158

Mantinée, Mantinéens 曼丁尼亚
（人） 95–96, 98–100, 101 n. 25,
115, 138

Marathon 马拉松 17, 25, 82, 86, 97,
100 n. 23, 127, 134–137, 140–141,
190 n. 36, 343, 396–397

Mardouk 马尔杜克 324, 326

Margueritte, H. 玛格丽特 19, 357 n.
110, 376 n. 61

Mariandyniens 马利安度罗伊人228,
233, 243–246

Martin, T.H. 马丁 340

Marx, K., Marxisme 马克思（主义）
15, 92 n. 135, 182, 185, 212, 225 n. 6

Matronalia 母亲节 283

Médontides 墨东家族 158, 405

Mélainai 美拉奈 156, 158, 160, 405

Mélangeia 美兰盖亚 172

Mélanthios 或 Mélanthos 美兰托斯 148, 157–160, 174, 382, 405

Même 同一 337, 371

Ménélas 墨涅拉俄斯 46, 58, 67

Messène, Messénie Messéniens 美塞尼亚（人）26, 93, 201, 219, 228, 235–237, 239–241, 247, 271, 279, 376

Meyerson I. 梅耶尔森 15

Milet 米利都 312, 328, 395

Miltiade l'Ancien 老米太亚德 387, 403–404

Miltiade le jeune 小米太亚德 25, 82, 382–383, 392, 396–398, 401–405

Minos 弥诺斯 81, 84, 326, 371

Minyens 米尼埃伊人 284

Momigliano, A. 莫米里亚诺 17, 69 n. 1, 178, 227 n. 16, 253 n. 9, 255 n. 17, 259 n. 34, 260–262, 266

Mommsen, A. 蒙森 396–398

Montaigne 蒙田 178

Moreau, J. 莫罗 90

Morgan, L.H. 摩根 181–182, 328

Moret, A. 莫雷 325

Morin, E. 莫兰 207

Morrow, G.E.R. 莫罗 292, 299

Moscovici, S. 莫斯科维奇 314

Mossé, Cl. 莫塞 14, 126, 214, 223 n. 1, 225, 241 n. 69

Mounichion, Mounichos 穆尼奇翁 128 n. 12

Mounichos 穆尼乔斯 128 n. 12

Mounychie 莫乌努西亚 199

Müller, M. 缪勒 183

Mumford, L. 孟福德 268

Mycènes, Mycénien 迈锡尼（人）191, 213, 326

Myres, J.L. 迈尔斯 83

N

Nabis 纳比斯 219, 245 n. 85, 268

Naryka 纳里卡 249–250, 260

Naupacte 纳乌帕克托斯 99, 271

Nausicaa 娜乌茜卡 61, 64

Néléides 涅列得斯 285, 397

Nêleus 奈列乌斯 385–386, 388, 395, 405

Nestor 奈斯托耳 45, 57–58, 63 n. 144, 73 n. 22, 148, 171

Nicias 尼西亚斯 28, 126, 141–142, 264

Nicolet, C. 尼可莱 212

Nietzsche, F. 尼采 323

Nilsson, M.P. 尼尔森 158, 402 n. 87

Nonnos 诺努斯 113, 119–120

Nymphodôros de Sycacuse 叙拉古的宁佛多罗斯 221, 227 n. 16, 270, 271 n. 17

O

Odyssée 奥德赛 17, 23

Œdipe 俄狄浦斯 76

Oinéis (tribu) 俄伊涅斯部族 393,

395–397, 398 n. 67, 404–405

Oineus 俄伊纽斯 385, 393–395, 397 n. 66, 404

Oinistêria 祭发奠酒仪式 148

Oinoé 俄伊诺埃 403

Olpè Chigi 古希腊彩陶名 171

Orion 俄里翁 56, 172

Orth, F. 奥特 169

Orwell, G. 奥威尔 12, 221

Oschophories 葡萄枝节 164–168, 276

Ouranos 乌拉诺斯 74

P

Palaeokastro 帕拉爱奥卡斯特罗 326

Panathénées 泛雅典娜女神颂词 305

Pandiôn 潘狄翁 382, 394, 404

Pandôra 潘多拉 39–42, 65 n. 156, 306, 315

Pandrosos 潘得洛索斯 406

Parain, B. 帕兰 321

Parménide 巴门尼德 105, 323, 332

Paros 帕罗斯 383

Parthénies 处女之子 278–281

Parthénon 帕特农神庙 345, 358

Pascal 帕斯卡 71

Pausanias 泡撒尼阿斯 240, 275

Pausanias (dirigeant lacédémonien) 波桑尼阿斯（拉凯代蒙的统帅）400

Pélasges 佩拉司吉人 230, 236, 284

Pélékidis, Ch. 佩列基狄斯 146

Péloponnèse (guerre de) 伯罗奔尼撒战争 29–30, 84, 131, 138, 140–141, 174, 219, 332, 403

Pembroke, S. 彭布罗克 252 n. 7, 272, 276 n. 41, 278 n. 48 与 50

Pénélope 裴奈罗佩 46, 73 n. 22

Penthée 彭透斯 367

Périclès 伯里克利 29, 35, 85, 106, 133, 138, 147, 313, 351 n. 81

Phaestos 法埃斯托斯 326

Phéacie, Phéaciens 法伊阿基亚（人）45 n. 25, 46, 48 n. 42, 50 n. 60, 60–68, 341–342, 357 n. 107

Phèdre (mythe du) 斐德若神话 88 n. 112

Phérécrate 斐列克拉托斯 231

Phérécyde 斐列库得斯 402–403

Phidias 菲狄亚斯 294, 358, 383, 391

Philaios (Philéas) 菲拉俄斯 382, 386, 388, 392, 394–395, 397, 398 n. 67, 402, 404, 407

Phileus (Phyleus) 菲列乌斯 385–388, 396, 397 n. 66, 398 n. 67

Philios 菲利奥斯 171

Philippe de Macédoine 马其顿的腓力 141, 227

Philolaos de Crotone 克罗顿的菲洛劳斯 108–113, 118–120

Phocide 波奇司 227

Phorcys 福耳库斯 59

Phylé 部族 386, 398 n. 67

Phytalos 弗塔洛斯 405

Piérart, M. 皮耶拉尔 293, 301 n. 66

Pindare 品达 33, 75 n. 34, 76, 116, 154, 170, 353 n. 88

Pippidi, D.M. 皮皮迪 244

Pirée 比雷埃夫斯 305, 307

Pisistrate 庇西斯特拉图 402 n. 87

Platées, Platéens 普拉铁阿 97, 99, 100 n. 23, 101, 102 n. 31, 116, 134, 137, 142, 153, 190 n. 36, 195, 398

Platées (bataille de) 普拉铁阿之战 218, 343, 398–399

Platon 柏拉图 15, 26–27, 29, 31, 44, 71, 79 n. 58, 85–94, 107, 109 n. 65, 110–112, 196, 134, 137, 192, 201, 319, 323, 334

Plutarque 普鲁塔克 96, 201, 204, 251 n. 6, 252, 254, 257, 265, 273–274, 276, 288 n. 93

Poécile 绘图门廊 399, 403–404

Polybe 波吕比乌斯 251 n. 6, 252, 265 n. 50, 276–278, 363

Polyen 波里安 156, 158

Pomtow, H. 彭托 383 n. 7, 388 n. 27, 390, 393, 398

Popper, K.R. 波普尔 92 n. 135, 375, 378

Ponêropolis 恶人的城邦 271

Poséidon 波塞冬 52, 57, 63, 341, 354–358, 397

Posidonios d'Apamée 阿帕梅的波西多尼奥斯 227 n. 16, 233, 338

Pouilloux, J. 普尤 381

Pritchett, W.K. 普里切特 120, 135 n. 44

Proclus 普洛克鲁斯 338

Prométhée 普罗米修斯 31, 39, 41–43, 80, 308, 364–365, 368, 371, 373–374

Protagoras 普罗塔戈拉斯 91, 86, 291–292, 306 n. 89, 311, 332, 362, 365, 368, 375, 379

Ptolémée III Évergète 行善者托勒密三世 383–385, 393

Puech H.Ch. 普奇 69

Pyanopsia, Pyanepsion 10月 128 n. 12, 164

Pylos 皮洛斯 45, 56–58, 60–62, 66–68

Pythagore, Pythagorisme 毕达哥拉斯（派）23, 26, 33, 78–79, 88, 103, 121, 192, 334, 354 n. 92, 355 n. 100, 366

Pythie 女祭司 381, 401

R

Radcliff–Brown, A. 拉德克利夫–布朗 184

Regnot, V. 雷尼奥 391

Reinach, S. 雷纳克 184

Rhégium (fondation de) 赫雷基乌姆的创建 281

Ricœur, P. 利科 320

Robert, L. 罗伯特 19, 153 n. 6

Rodier, G. 罗迪耶 375

Romilly, (de) J. 罗米依 84

Rose, H.J. 罗斯 158

Roussel, P. 鲁塞尔 152, 160, 195, 234

Roux, G. 鲁 381, 385 n. 12, 390–392

Rudbeck, O. 鲁德贝克 339–340

S

Saint Jérôme 圣哲罗姆 251 n. 6, 252,
258 n. 27

Saïs 撒伊司 335, 338

Salamine 萨拉米斯 99, 126, 129, 134,
137, 141, 165–166, 324, 329, 397,
403–404

Salomon 所罗门 339

Samos 萨摩斯 328, 407 n. 115

Saturnalia 农神节 283

Schaerer, R. 夏雷 72, 73 n. 20

Schéria 斯开里亚 58, 65–66, 68

Scythes 西徐亚人 24, 52, 142, 144,
364

Sépeia 塞披亚 273

Servius 塞尔维乌斯 251 n. 6, 252,
256, 260, 262, 265 n. 50

Shakespeare 莎士比亚 45

Sicile 西西里 216, 220

Sicules 西凯莱斯 243

Simplicius 辛普利西乌斯 104

Sirènes 塞壬们 48, 54, 65

Skiras, skiron, Skiros 斯基拉斯
165–166

Smyrne 士麦拿 395

Socrate 苏格拉底 86, 88, 142, 336–
337, 369–370

Solon 梭伦 25, 29, 34, 76, 91 n. 130,
132, 136, 234, 288 n. 93, 328, 335,
338–339, 342–343, 348–349, 352,
356 n. 103

Sophocle 索福克勒斯 31, 76, 87 n.
106, 196, 369

Sosicratès 索西克拉忒斯 271

Spiro, F. 斯皮罗 385, 386 n. 19

Strabon 斯特拉彭 244, 251 n. 6, 252,
255, 260, 279, 338

Syracuse 叙拉古 243

Syssities 共餐 162, 204

T

Tarente 塔兰托 27, 277–282

Télémaque 忒勒马科斯 45–46, 57–58,
63 n. 144, 167

Télésilla 泰勒希拉 274–275

Tétrapole 四城 401

Thalès 泰勒斯 77, 323

Thasos 塔索斯 312–313

Thèbes , Thébains 忒拜（人），底比斯
（人）95–121

Thémistocle 地米斯托克利 329, 344,
397–399

Théophraste 泰奥弗拉斯托斯 363,
366

Théognis 泰奥格尼斯 172

Théopompe 泰奥彭波斯 217, 223,
226–229, 232–233, 238, 242, 244,
246, 280, 338

Théramène 塞拉麦涅斯 137

Thesée 忒修斯 160, 164–165, 311, 382, 385, 392, 394–398, 401–405, 407

Theséis (tribu) 忒修斯部族 395, 407 n. 115

Thétis 忒提斯 315

Thomson, G. 汤姆逊 161, 330

Thucydide 修昔底德 33–34, 83–85, 91, 94, 98–102, 106, 113 n. 88, 116–117, 120, 125 n. 2, 127, 131, 133, 163, 178, 194–195, 206, 219, 325, 362

Thyeste 堤厄斯忒斯 368–370

Thymoïès 提摩伊忒斯 148, 157

Thyréatide 杜列亚 174

Tiamat 提阿马特 74 n. 28, 324, 326

Timée de Locres 罗克里斯的提麦奥斯 337

Tirésias 泰瑞西阿斯 49

Tite–Live 李维 219

Toepffer, J. 托普弗 129, 158

Toynbee, A.J. 汤因比 200, 234

Triptolème 特里普托勒摩斯 378

Twain, M. 马克·吐温 157

Tylor, E.B. 泰勒 182–183

Typhée, Typhon 提丰 74, 324

Tyrtée 提尔泰奥斯 33, 142, 162, 235

Tzetzès 采采斯 251 n. 6, 252, 254, 257, 260, 262, 264 n. 48, 265 n. 51

U

Ulysse 尤利西斯 73, 39–68, 310

Un 一 87

Usener, H. 乌瑟纳 158

V

Vanderpool, E. 万德普尔 400

Varron 瓦罗 385–286

Vernant, J.–P. 维尔南 12, 15, 40 n. 4, 191, 199, 325, 330, 332–333, 364

Vian, F. 维昂 125–126, 370 n. 36

Vlastos, G. 弗拉斯托斯 330

Voltaire 伏尔泰 319

Vürtheim J. 伍尔特海姆 261

W

Wachsmuth, W. 瓦克斯穆斯 161

Wallon, H. 瓦隆 218

Wanax 君主 327

Weber, M. 韦伯 149 n. 124

Whitehead, D. 怀特黑德 301

Wilamowitz, (von) U. 威拉莫维茨 133, 144, 151, 158, 172, 376 n. 58

Wilhelm, A. 威尔海姆 249, 251 n. 5 与6, 255 n .17, 256

Will, Éd. 威尔 14, 385 n. 11

X

Xanthios 或 Xanthos 克桑托斯 148, 157, 159

Xénophane 色诺芬尼 33, 79–80

Xénophon 色诺芬 31–32, 96, 98–99, 137–138, 171, 174 n. 93, 203–204, 225, 264, 313

Xerxès 薛西斯 82, 324, 344

Z

Zeller, E. 蔡勒 108 n. 64, 375

Zeus 宙斯 42, 63, 71–72, 74–75, 298–299, 324, 356, 366

Zeuxis 宙克西斯 294

Zilsel, E. 齐尔泽尔 294

图书在版编目(CIP)数据

黑色猎手：古希腊世界的思想形式和社会形式/(法)皮埃尔·维达尔-纳凯(Pierre Vidal-Naquet)著；张竝译.
--上海：华东师范大学出版社，2016.7
ISBN 978-7-5675-4920-3
Ⅰ.①黑… Ⅱ.①维… ②张… Ⅲ.①古希腊-历史-研究 Ⅳ.①K125
中国版本图书馆CIP数据核字(2016)第060836号

华东师范大学出版社六点分社

企划人　倪为国

LE CHASSEUR NOIR:Formes de pensée et formes de société dans le monde grec
By PIERRE VIDAL-NAQUET
Copyright© Editions LA DÉCOUVERTE, Paris, France, 1991, 2005
Published by arrangement with EDITIOINS LA DECOUVERTE
Simplified Chinese Translation Copyright © 2016 by East China Normal University Press Ltd
ALL RIGHTS RESERVED.
上海市版权局著作权合同登记 图字: 09-2008-640 号

黑色猎手: 古希腊世界的思想形式和社会形式

著　　者	（法）皮埃尔·维达尔-纳凯（Pierre Vidal-Naquet）	
译　　者	张　竝	
责任编辑	徐海晴	
封面设计	吴元瑛	

出版发行	华东师范大学出版社	
社　　址	上海市中山北路3663号	邮编　200062
网　　址	www.ecnupress.com.cn	
电　　话	021-60821666	行政传真　021-62572105
客服电话	021-62865537	门市（邮购）电话　021-62869887
地　　址	上海市中山北路3663号华东师范大学校内先锋路口	
网　　店	http://hdsdcbs.tmall.com/	

印　刷　者	上海盛隆印务有限公司
开　　本	890 × 1240 1/32
印　　张	14.5
字　　数	335千字
版　　次	2016年7月第1版
印　　次	2016年7月第1次
书　　号	ISBN 978-7-5675-4920-3/K·465
定　　价	68.00元

出　版　人	王　焰

（如发现本版图书有印订质量问题，请寄回本社客服中心调换或电话021-62865537联系）